JIANG YOU YEARBOOK

江油年鉴

2018

江油市地方志办公室　编

方志出版社
Publishing House of Local Records

图书在版编目（CIP）数据

江油年鉴.2018 / 江油市地方志办公室编. —北京：方志出版社，2019.1
ISBN 978-7-5144-3479-8

Ⅰ.①江…　Ⅱ.①江…　Ⅲ.①江油-2018-年鉴
Ⅳ.①Z527.13

中国版本图书馆 CIP 数据核字（2019）第 013659 号

江油年鉴（2018）

编　　者：江油市地方志办公室
责任编辑：罗　滔

出 版 人：冀祥德
出 版 者：方志出版社
　　地址　北京市朝阳区潘家园东里 9 号（国家方志馆 4 号）
　　邮编　100021
　　网址　http://www.fzph.org
发　　行：方志出版社发行部
　　电话　（010）67110500
经　　销：各地新华书店
印　　刷：成都勤德印务有限公司

开　　本：889×1194　　1/16
印　　张：32
字　　数：876 千
版　　次：2019 年 1 月第 1 版　2019 年 1 月第 1 次印刷
印　　数：0001~1000 册

ISBN 978-7-5144-3479-8　　定价：230.00 元

2017年2月17日，绵阳市2017年一季度重点工业项目集中开工仪式在江油六合锻造举行

2017年2月24日，江油与荷兰法肯堡市友好合作交流座谈会暨友好合作城市备忘录签字仪式

2017年3月21日，在北京国家会议中心举行的第十三届国际绿色建筑与建筑节能大会暨新技术与产品博览会上，江油市被授予中德生态示范城市

◀2017 年 5 月 17 日，第四届两岸哪吒民俗文化交流活动在江油市三合镇翠屏山举行

▶2017 年 9 月 7–9 日，江油市组团参加第五届中国（绵阳）科博会，江油攀长钢等 6 家企业参加展览展示

◀2017 年 12 月 18 日，江油市 2017 年重大招商引资项目集中签约仪式

🔺2017 年 2 月 16–17 日，江油市第十八届人民代表大会第二次会议在江油大剧院召开

🔺2017 年 4 月 24 日，江油市创建全国文明城市、环境保护综合整治、城乡环境综合治理攻坚大会在江油大剧院召开

▲2017 年 6 月 28 日，四川特钢产业联盟大会暨特钢发展高端论坛在江油举办

▲2017 年 7 月 13 日，江油市全面推行河长制工作会议在江油大剧院召开

2017 年 7 月 13 日，全省社会主义核心价值观建设现场交流会议在江油召开

2017 年 8 月 7 日，江油市迎接中央环保督察专题会议召开

2017年8月15日，江油市创建全国文明城市工作推进会议在江油大剧院召开

2017年9月18日，江油市脱贫攻坚帮扶工作推进会议在江油大剧院召开

2017 年 7 月 24 日，中共绵阳市委书记彭宇行（左二）在江油市青莲镇督察涪江绵阳段河长制工作落实情况

2017 年 8 月 8 日，中共绵阳市委副书记、绵阳市人民政府市长刘超（中）在江油检查“8·8”九寨沟地震和救援保障服务工作

▲2017 年 3 月 2 日，绵阳市人大常委会主任马华（右三）在神华四川江油煤炭储备发电一体化新建工程项目施工现场调研

▲2017 年 2 月 7 日，中共江油市委书记周涛（中）调研全市工业重大项目推进情况

2017 年 6 月 13 日，中共江油市委副书记、江油市人民政府市长柳江（左二）在河口镇检查防汛减灾和地质灾害防治工作

2017 年 6 月 22 日，江油市人大常委会主任冯钢（左二）在重兴乡调研脱贫攻坚联系帮扶工作

2017 年 6 月 15 日，江油市政协主席李平（中）在厚坝镇调研西城高铁江油北站建设项目推进情况

2017 年 11 月 22 日，中共江油市委常委、统战部部长唐传凤（左）在新兴乡慰问贫困户

2017年7月12日，中共江油市委常委、常务副市长杜廷才（左五）带队调研文化街小学周边基础设施建设

2017年12月27日，中共江油市委常委、人武部部长何波（左二）在雁门镇看望慰问贫困户

2017 年 11 月 10 日，中共江油市委常委、政法委书记、江油市对口帮扶布拖县脱贫攻坚前线指挥部指挥长唐顺江（左）向布拖县基只乡老吉村“四好家庭”示范户颁发奖牌

2017 年 10 月 10 日，中共江油市委常委、组织部部长何华君（右二）在武都镇永放村调研抓党建促脱贫攻坚工作

▶2017 年 8 月 8 日，中共江油市委常委、市纪委书记姚华宗（中）在方水镇调研党风廉政建设工作

◀2017 年 12 月 31 日，中共江油市委常委、宣传部部长吕勇（右）代表江油从诗歌学会会长黄怒波手中接受旗帜，宣告重走唐诗之路在李白故里正式启动

▶2017 年 7 月 14 日，中共江油市委常委何思文（右二）到双河镇督导河长制工作

2017 年 1 月 23 日晚，“大美江油·韵律涪江”水上音乐喷泉灯光秀在江油体育公园拉开序幕

涪滨新城

华灯璀璨的城市夜景

2017 年 4 月，江油市举办首届青年诗词大会

2017 年，江油市青莲镇入选全国第二批特色小镇、四川省首批省级

▲2017年12月6日，西成高铁建成后正式投入运营。江油到西安从14小时缩短至3个小时

特色小镇

▲川矿集团筒体生产线

▲攀长钢新建锻造生产线

五洲农业公司智能温室大棚

九岭镇万亩蔬菜基地

《江油年鉴》编纂委员会

《江油年鉴》编辑部

编辑说明

一、《江油年鉴（2018）》（以下简称本年鉴）以马克思列宁主义、毛泽东思想、邓小平理论、“三个代表”重要思想、科学发展观、习近平新时代中国特色社会主义思想为指导，坚持辩证唯物主义和历史唯物主义的立场，观点和方法，主要反映2017年1月1日至12月31日江油社会各方面的情况。

二、本年鉴采用分类编辑法，以栏目为单元，分栏目、类目、分目、条目4个层次，基本内容主要由分目、条目组成，条目是基础信息载体和撰稿方式。

三、本年鉴设特载、大事记、江油概览、政治、法治·军事、“三农”工作、工业、商贸·旅游、交通运输·通信、金融、财政·税务、综合监管、城乡建设·环境保护、科学技术、教育·体育·文化、卫生与计划生育、社会民生、办事处·乡镇、统计资料、名录与先进、附录等21个栏目。

四、本年鉴所载江油市四大班子领导干部名录，江油市市级部门、乡镇领导干部名录，由中共江油市委组织部提供，并经审查核对。绵阳直属部门领导人名录因相关单位资料报送不齐未能刊载。

五、本年鉴附录栏目中收录了获绵阳市级及其以上表彰的先进集体和个人。因少数单位资料报送不齐，难免会有遗漏。

六、本年鉴所采用的统计资料由江油市统计局提供，其中正文数据由各单位提供，除年度之间的对比和说明以不变价计算外，一律以现行价格计算。少数数据因统计部门口径不一致，数值也不尽相同，引用时以《2017年江油统计年鉴》为准。

七、本年鉴所用稿件、资料主要来源于市级各部门、乡镇、厂矿、学校，并经各单位相关领导审核，史实准确可靠。稿件刊载时署撰稿人姓名，报送稿件时未署名的一律署单位名称。

八、本年鉴精选了绵阳市江油市主要领导在江油的政务活动，以及市境内举办的重大活动的图片。图片由江油四大班子办公室和李白故里通讯社、市级各部门提供。

目 录
Contents

特 载
Special Features

大事记
Events

江油概览
Overview of Jiangyou

政　治
Politics

法治·军事
Rule of Law · Military Affairs

农业和农村工作
Work on Agriculture and Country

工 业
Industry

商贸·旅游
Commerce · Tourism

交通运输·通信
Transport · Communication

金　融
Finance

财政·税务
Finance · Taxation

综合监管
Integrated Regulation

城乡建设·环境保护
Urban and Rural Construction · Environmental Protection

科学技术
Science and Technology

教育·体育·文化
Education · Sports · Culture

卫生与计划生育
Health and Family Planning

办事处·乡镇概况
Offices · Overview of Villages and Towns

统计资料
Statistical Material

名录与先进
Directory and the Advanced

附　录
Appendix

索　引
Index

特　载

Special Features

在市委十三届四次全会第一次全体会议上的讲话

中共江油市委书记　周　涛

（2018年7月26日）

市委十三届四次全会是在全市上下深入学习贯彻习近平新时代中国特色社会主义思想和习近平总书记对四川工作系列重要指示精神，决战决胜脱贫攻坚、加快迈向全面建成小康社会关键时期召开的一次十分重要的会议。会议的主要任务是：高举习近平新时代中国特色社会主义思想伟大旗帜，深入学习贯彻习近平总书记对四川工作系列重要指示精神，全面贯彻落实党的十九大、十九届二中、三中全会精神以及省第十一次党代会、省委十一届二次、三次全会和绵阳市委七届五次全会决策部署，动员全市上下不忘初心、牢记使命，坚定不移实施“工业强市、产业兴市”发展战略，推动江油转型发展、创新发展、跨越发展，奋力开启新时代“创新江油、开放江油、幸福江油、大美江油”建设新征程。

一、市第十三次党代会以来工作回顾

市第十三次党代会以来，在省委、绵阳市委的坚强领导下，市委团结带领全市各级党组织和广大党员干部群众，朝着党代会描绘的蓝图创新实干、克难奋进，大力实施“工业强市、产业兴市”发展战略，全面推进经济社会发展和党的建设，全市各项事业取得了新的成绩。2017年，全市实现GDP 384.6亿元、增长9.2%，工业总产值529.11亿元、增长21.3%，增加值增长11.2%，固定资产投资218.1亿元、增长19.1%，社会消费品零售总额184.5亿元、增长12.6%，地方一般公共预算收入19.07亿元、增长8.1%，主要经济指标增速均高于全省和绵阳平均水平，为绵阳经济总量迈上2000亿元台阶做出了积极贡献。今年上半年，全市实现GDP 198.5亿元、增长8.5%。

市第十三次党代会以来，我们工业主导、三产联动，实体经济实现新发展。深入推进“工业大会战”，高标准编制并实施工业空间布局和产业发展新规划，攀长钢实现20年来首次扭亏为盈，六合锻造等一批骨干和领军企业发展壮大，工业园区跻身省级高新技术产业园区，规模工业企业新增23户、达到235户，“两新”产业产值占规上工业总产值33.8%。积极推进农业农村现代化，创新开展绿色乡村、休闲乡村、文化乡村“三村”建设，成功构建“135”现代农业产业新体系，新安农业公园加快创建“中国农业公园”，双河、小溪坝等现代生态循环农业产业园建设成效初显，连续九年荣获全省“三农”工作先进县（市、区），成为绵阳唯一入选全省首批乡村振兴战略规划试点县。加快发展现代服务业，促进全域电商、全域旅游发展，推进电子商务进农村国家级综合示范县、国家全域旅游示范区建设，绵阳华夏历史文化科技产业园建设稳步推进、中华洞天建成运营，获评全省旅游强县，2017年接待国内外游客736.41万人次、增长21.4%，实现旅游总收入97.96亿元、增长22.3%。三次产业结构比例调整为11.9：38.7：49.4，首次形成“三二一”产业格局。

市第十三次党代会以来，我们深化改革、扩大开放，动能转换进发新活力。紧扣中央、省委和绵阳市委改革部署，出台并落实好110余项专项改革方案，农村集体资产股份合作制、相对集中行政许可权等多项改革经验在全国全省推广，成功争取并推进全国农村集体产权制度改革、国家知识产权强县工程试点县等16项国省级试点工作，社会主义核心价值观示范基地改革经验获省委肯定、专报中央改革办。深入推进全面创新改革试验，“四川特钢产业联盟”等4个合作组织相继建成，军民融合企业达到16户，2017年实现产值110亿元。大力转方式、调结构，扎实抓好供给侧结构性改革，深入推进“三去一降一补”，2017年关停低端落后企业42户。坚持引进来、走出去，全力实施“百亿级工业项目招引攻坚行动”，成功签约纵横专用汽车、泰濳贯迩特钢、盛世博能军民融合产业园三个投资逾百亿元的重大工业项目，为江油工业转型发展注入强劲动力；积极融入国家“一带一路”建设，与东盟及德国、西班牙、荷兰等国家城市开展经贸文化交流合作，“李白故里、四川江油”品牌的知名度和影响力不断扩大。

市第十三次党代会以来，我们全域统筹、绿色发展，城乡面貌呈现新变化。全面打造美丽宜居环境，西成高铁、涪江五桥建成通车，九绵高速江油段建设稳步推进，持续推进城区干道、河岸、楼宇“绿化亮化美化”，“韵律涪江·大美江油”水上音乐喷泉精彩呈现，明月岛公园惊艳亮相、游人如织，龍池湿地公园项目顺利启动，人代会通过决议推动“一江两河九堰”综合治理全面启动，城南、城西组团商贸日趋活跃成熟，省级海绵城市、地下综合管廊建设成效凸显。大力推进特色小镇和幸福美丽新村建设，青莲镇获评全国第二批特色小镇，建成幸福美丽新村203个，创建“四好村”201个。全面打响污染防治“三大战役”，统筹推进中央、省环保督察反馈问题整改，全面落实“河长制”，逐步形成配套完善、品质卓越的宜居环境。

市第十三次党代会以来，我们脱贫攻坚、区域发展，群众福祉获得新改善。坚持在全省“争一流、作示范”的目标定位，树立“全面脱贫、区域发展”的工作取向，脱贫攻坚两年连战连胜，实现37个贫困村退出、9323名贫困人口脱贫，贫困发生率由2.5%下降至0.96%，被评为全省2016年脱贫攻坚先进市、位列全省非贫困县考核第一名，并在全省脱贫攻坚总结推进会作经验交流发言；成功承办四川省“中国社会扶贫网”推广暨扶贫移民宣传培训会，县乡村三级“1335”社会扶贫模式得到国家扶贫办的高度评价；坚持“布拖所需、江油所能”，按照“争创全省对口帮扶工作一流、争作对口帮扶深度贫困地区示范”的工作目标，投入各类资金8600万元，派遣帮扶干部人才128人，协力布拖县22个贫困村、4121名贫困人口如期脱贫。大力实施民生工程和民生实事，新增城镇就业8845人，高考上线率和人数继续位居绵阳各县区首位，“健康江油”建设稳步推进，农民人均可支配收入增速继续跑赢GDP增速，城镇居民人均可支配收入跨过3万元台阶。群众性精神文明创建活动蓬勃开展，成功举办纪念王右木烈士130周年诞辰系列活动，代表全省在中宣部社会主义核心价值观宣传教育工作培训会作经验交流，获评第四届省文明城市，作为全省4个参评县级城市代表参加全国精神文明建设表彰大会，入选“2018—2020年创建周期全国文明城市提名城市”。武都镇成功通过国家卫生乡镇验收。圆满完成“8·8”九寨沟地震抢险救援保障服务，受到省委、省政府和绵阳市委、市政府主要领导充分肯定。

市第十三次党代会以来，我们厉行法治、共创和谐，社会治理走出新路子。积极发展社会主义民主政治，协商民主建设成效显著，人大、政协工作水平不断提高，爱国统一战线发展壮大，工青妇等群团组织作用得到充分发挥，国防动员和后备力量建设高水平推进，民兵整组扎实推进。全面推进依法治市，司法体制改革持续深化，成功承办全国部分省（区）法学会工作会、全省矛盾纠纷多元化解创新工作推进会现场参观并作经验交流，基层法学会“实体化、实战化”建设“136法律服务”模式在全国推广，扫黑除恶专项斗争扎实开展，“七五”普法全面实施，圆满完成党的十九大和全国、省“两会”信访维稳工作，被评为全国法治县（市、区）创建活动先进单位，连续两年获评全省平安建设先进市。打好防范化解重大风险攻坚战，安全生产监管力度持续强化，成功应对“6·26”“7·11”“7·15”强降雨灾害性天气，切实保障人民群众生命财产安全。

市第十三次党代会以来，我们严字当头、实处着力，管党治党取得新成效。扎实抓好习近平新时代中国特色社会主义思想、党的十九大和习近平总书记对四川工作系列重要指示精神的学习宣传贯彻，分层分类开展专题宣讲和干部培训，常态化制度化推进“两学一做”学习教育，扎实开展“大学习、大讨论、大调研”活动，引导党员干部进一步学懂、弄通、做实。认真落实新时期好干部标准，旗帜鲜明选拔忠诚、干净、担当高素质干部，稳步推进职务职级并行试点，领导班子和干部队伍建设不断加强。统筹推进企业家等六支人才队伍建设。大力实施基层党建“3+2”书记项目，深入推进抓党建促脱贫，圆满完成村、社区“两委”换届。完成市监察委员会组建挂牌，市纪委派驻机构改革稳步推进，发挥政治巡察利剑作用，立案295件、处分242人，保持正风反腐高压态势，全市风清气正的良好政治生态进一步巩固提升。

同志们，这些成绩的取得，是习近平新时代中国特色社会主义思想科学指引的结果，是省委和绵阳市委正确领导的结果，是全市广大党员干部群众努力奋斗的结果，是广大离退休老领导、老同志关心支持的结果，是社会各界人士勠力同心的结果。在此，我代表中共江油市委，向同志们、朋友们表示衷心的感谢，并致以崇高的敬意！

二、坚定以习近平新时代中国特色社会主义思想和习近平总书记对四川工作系列重要指示精神为统揽，进一步描绘江油未来发展新蓝图

党的十九大确立了习近平新时代中国特色社会主义思想的历史地位，对决胜全面建成小康社会、夺取新时代中国特色社会主义伟大胜利作出了战略部署，为党和国家事业进一步发展指明了前进方向。习近平总书记对四川工作系列重要指示精神，是习近平总书记为四川改革发展量身定做的“定盘星”，是习近平新时代中国特色社会主义思想的“四川篇”，是做好新时代四川工作的根本遵循。省委高举思想旗帜、坚决维护核心，深刻把握新时代治蜀兴川的历史方位，聚焦建立经济高质量发展新体系，实施“一干多支”发展战略、构建“一干多支、五区协同”区域发展新格局，推动“四向拓展、全域开放”等主攻方向，不断开创四川经济社会发展新局面。绵阳市委深刻把握中央、省委重大决策部署，以“建设中国科技城和西部现代化强市作为远期目标、建设全省经济副中心和西部经济强市作为近期目标”引领全市改革发展。

进入新时代，面对新形势新任务新要求，我们必须深刻理解中央大政方针、省委战略谋划和绵阳决策部署的丰富内涵和内在联系，全面审视市情，准确把握形势：从发展历程来看，江油工业引领全市发展成效明显，积淀了雄厚经济实力。长期以来，江油发挥国家“三线建设”工业基础坚实的比较优势，带动经济社会快速发展，特别是近年来全市大力实施“工业强市、产业兴市”发展战略，经济发展重回“快车道”，在全省县域经济发展中位居前列、在绵阳勇当“排头兵”。从阶段形势来看，江油发展不平衡不充分问题突出，面临着诸多挑战压力。经济总量不大，不仅与全省“十强县”相去甚远，而且与绵阳各县区的优势也不断缩小；产业结构不优、区域发展不协调、城乡发展不平衡等矛盾明显；特别是作为老工业基地，传统产业比重依然偏高，“两新”产业发展不足，动力转换、结构优化任务任重道远。从未来展望来看，江油县域经济加快发展机遇难得，激发出更大内生动力。当前，省委围绕构建“一干多支、五区协同”区域发展新格局，将绵阳纳入环成都经济圈，并确定为全省7个区域中心城市之一，支持其争创全省经济副中心，为推动县域经济发展提供了历史机遇；绵阳明确提出构建“一核两翼、三区协同”协调发展格局，将进一步强化江油“北翼”骨干支撑作用，全面提升县域经济综合竞争力。

根据对全市发展形势的科学研判和准确把握，当前和今后一个时期工作的总体要求是：以习近平新时代中国特色社会主义思想为指导，深入贯彻落实党的十九大、十九届二中、三中全会和习近平总书记对四川工作系列重要指示精神，全面贯彻省第十一次党代会、省委十一届二次、三次全会精神和绵阳市委七届五次全会决策部署，紧扣我国社会主要矛盾变化，牢牢把握稳中求进工作总基调，牢固树立和自觉践行新发展理念，坚定贯彻“五个着力”重要要求，统筹推进“五位一体”总体布局、协调推进“四个全面”战略布局，积极融入绵阳科技城、成都平原经济区，坚定不移实施“工业强市、产业兴市”发展战略，坚决打好防范化解重大风险、精准脱贫、污染防治“三大攻坚战”，加快建设全省先进制造强县和现代服务业强县，夯实全省“一干多支、五区协同”、绵阳“一核两翼、三区协同”发展格局县域支撑，持续巩固提升绵阳县域经济发展“排头兵”地位，打造绵阳建设中国科技城和西部现代化强市重要支点，在全省类区县争先进位，奋力开启新时代“创新江油、开放江油、幸福江油、大美江油”建设新征程。

根据中央、省委和绵阳市委的战略部署，结合江油实际，将2018年到本世纪中叶按照四个时间节点作出阶段性目标安排。科学划定阶段性奋斗目标：到2020年，在全省率先全面建成小康社会，脱贫攻坚任务高质量高标准完成，经济发展水平、人民生活水平、城镇化水平、生态建设水平高于全省、绵阳平均水平，各项工作保持绵阳“排头兵”地位，夯实全省“一干多支、五区协同”、绵阳“一核两翼、三区协同”发展格局县域支撑，在全省类区县争先进位。到2025年，制造业整体素质大幅提升，初步建成全省先进制造强县和现代服务业强县，初步实现农业农村现代化，乡村振兴取得重大突破，建成全省示范样板，成为绵阳全省经济副中心骨干支撑，在绵阳建设中国科技城和西部现代化强市的重要支点作用更加凸显。到2035年，与全国全省同步基本实现社会主义现代化，以新型工业为主导、一二三产业协调互动发展更加充分合理，现代化治理体系和治理能力基本形成，社会服务体系基本完善，生态文明基本实现。到本世纪中叶，全面建成高水平现代化城市，现代化建设走在西部同类县前列。

实现奋斗目标，必须聚焦聚力“五个主攻方向”：一是加快建设现代产业体系，坚持把发展经济的着力点放在实体经济上，培育壮大经济发展新动能，建设全省先进制造强县和现代服务业强县。二是增强发展动力活力，深入推进全面深化改革，扎实开展创新创造，塑造更多依靠创新驱动、更多发挥先发优势的引领型发展。三是提高开放合作能力和水平，积极融入国家“一带一路”建设、省“四向拓展、全域开放”、绵阳“加快建设西部内陆开放新高地”发展战略，大力发展开放型经济，以开放促改革促发展。四是有感发展惠及民生，打好“三大攻坚战”，全面发展社会民生事业，加强民主法治建设，更好满足人民群众对美好生活的向往。五是城乡融合一体发展，加快50平方公里、50万人口现代化中等城市建设步伐，全力推动乡村振兴，不断提升城乡发展品质内涵。

实现奋斗目标，必须紧紧扭住工业转型发展这一主线，坚定不移实施“工业强市、产业兴市”发展战略，突出抓好“三大行动”：一是项目招引攻坚行动。精准对接国省投资导向、知名企业发展意向、东部产业转移方向，聚焦“体量大”“体质强”的大企业大集团和科技含量高、成长潜力大、质量效益好、辐射带动强、财税收入多的好项目，继续大力实施“百亿级工业项目招引攻坚行动”，力争今年再引进1~2个百亿级重大工业项目，同时积极开展重大项目产业链配套招商，做大产业规模、拉长产业链条，搭上高速奔跑的“复兴号”，实现产业转型升级决定性突破，重铸老工业基地新辉煌。二是质量品牌提升行动。坚持质量第一、效益优先，积极创建全省质量强市示范市，持续开展质量对标改进、品牌创建推广活动，引导企业提高质量意识和质量素养，健全名优品牌培育机制，培育发展一批具有江油特色的地方品牌、区域品牌、全国品牌，大力支持企业开展品牌认证和运用新媒体进行品牌推广，提升“老字号”、开发“原字号”、培育“新字号”，增强产品核心竞争力，不断提升江油品牌影响力和知名度。三是营商环境优化行动。坚持把营商环境作为重要生产力，视作城市重要品质内涵。深化“放管服”改革，进一步削减审批事项、精简程序、压缩时限，积极推进“互联网+政务服务”和代办帮办制度，让更多事项实现“一次不跑”或“只跑一次”；强化行政审批运行保障，将还未集中的行政审批事项和人员划转到位，推动行政审批全面提速提质。创新和完善事中事后监管，积极推进多部门联合监管、综合执法，减少多头多层重复执法，最大程度减少对企业生产经营的干扰。加强要素服务保障，为企业提供最优的土地、用工、能源、信贷等多方面综合服务，帮助企业解决人才引进、技工培训、上市辅导、技术升级等发展瓶颈。牢固树立“马上就办”的服务理念，深化领导联系企业“四定”责任制，对企业反映问题及时研究、专人专办、限时办结，全力营造招商亲商安商富商浓厚氛围。

“一个发展战略、五个主攻方向、三大行动”是全面贯彻落实习近平新时代中国特色社会主义思想和习近平总书记对四川工作系列重要指示精神、丰富完善市第十三次党代会总体谋划的务实举措，是江油转型发展、创新发展、跨越发展的现实需要，是下一步行动方向和着力重点。我们要高举习近平新时代中国特色社会主义思想伟大旗帜，一张蓝图绘到底，重整行装再出发，持续用力、久久为功，奋力开启新时代江油发展的新征程。

三、深入贯彻落实习近平新时代中国特色社会主义思想和习近平总书记对四川工作系列重要指示精神，用实际行动展现高质量发展新作为

做好当前和今后一个时期各项工作，必须牢固树立和践行新发展理念，盯紧抓牢、一抓到底，不断开创发展新境界。

（一）坚持新型工业引领，构建现代产业体系。树立高质量发展导向，紧抓工业这个立市之本、强市之要，推进制造业转型升级、现代服务业融合发展、项目投资做大做实，建设全省先进制造强县和现代服务业强县。一是聚力发展先进制造业。深入推进工业大会战“六大行动”和“中国制造2025”江油行动，以《工业空间布局和产业发展规划（2017—2025）》为引领，打造以金属新材料、非金属新材料、新型建材、电子元器件及光电材料为主的新材料产业基地和以模具、人工智能、专用汽车及汽车零部件、新能源及新能源汽车、节能环保装备为主的高端装备制造产业集群，培育壮大六合锻造、艾格瑞特等行业领军和骨干企业方阵，延长产业链、提升价值链，推动产业结构迈向中高端，形成现代产业体系的主体支撑。增强产业发展承载力，发挥市委工业强市领导小组总揽作用，构建“2+1”工作格局，在“一区多园一走廊”工业空间布局下，突出工业园区主阵地作用，与乡镇工业集中区“五统筹三协同三优化”管理模式紧密衔接，推动资源共享、政策共用、信息互通、产业互动，加快形成“园区引领带动、乡镇特色支撑、整体协同联动”的发展新格局。二是大力发展现代服务业。加快发展电子商务、现代物流等生产性服务业，积极推进工业互联网建设，发展面向制造环节的共享经济，加快建设智能产业创新服务平台，推动制造业向“产品+服务”转型。加快建设电子商务进农村国家级综合示范县，有序推进市乡村三级联动的电商服务、物流配送体系，形成网络营销、移动支付等新的经济增长点。加快发展全域旅游，制定全域旅游规划，构建精品旅游线路，着力建设全国重要旅游目的地，逐步形成“一核四片两环”全域全时多元大旅游格局。注重文旅融合发展，加快推进绵阳华夏历史文化科技产业园、青莲诗歌小镇等重点旅游项目建设，打造国际化国家级李白文化圣地、四川省枢纽性文化旅游基地。三是全力促进投资推进项目。深入实施“项目年”行动，积极对上争取项目。加快推动纵横专用汽车、泰潽贯迩特钢、盛世博能军民融合产业园等重大工业项目建设，积极对上沟通协调促进神华天明电厂复建，推进六合锻造航空与燃机合金技改等项目，引领带动全市工业转型升级，构建高质量发展支撑点。加快推进九绵高速江油段、江油至三台芦溪快速通道、500千伏输变电工程等重大基础设施建设，夯实经济发展物质基础。鼓励扩大民间投资，面向民间资本推出一批有吸引力的项目，引导民间资本通过参股、资产收购等多种形式参与国有企业混合所有制改革；降低企业准入门槛，破除歧视性限制和隐形障碍；加大金融信贷对民营企业的支持力度，缓解民营企业融资难融资贵问题，降低民间投资用电用气要素成本，进一步激发民间资本活力，推动民间投资占比提高至60%以上。

（二）坚持农业农村优先发展，打造乡村振兴样板。坚持把实施乡村振兴战略作为做好“三农”工作的总抓手，抓重点、补短板、强弱项，推动农业全面升级、农村全面进步、农民全面发展。一是加快推进规划试点。紧抓作为全省首批乡村振兴战略规划试点机遇，充分考虑未来发展，借鉴国内外先进经验，高起点谋划“诗意田园、大美江油”乡村振兴之路，打造一批产业“特而强”、功能“聚而合”、形态“小而美”、机制“新而活”，一、二、三产业深度融合，生产生活生态协同发展的特色乡村；突出坝区、丘区、山区特色，按照“一村一景、一村一韵、各美其美”的要求，着力打造幸福美丽新村升级版。二是统筹推进五个振兴。按照“产业兴旺、生态宜居、乡风文明、治理有效、生活富裕”总要求，统筹推动乡村产业、人才、文化、生态、组织振兴，深入推进“三村”建设，深化农业供给侧结构性改革，抓好“135”特色农产品基地建设，加快发展精深加工业，打响“李白故里”农业品牌；扎实开展“美丽江油·宜居乡村”农村人居环境整治，突出抓好农村生活垃圾和污水处理、“厕所革命”、土坯房分类改造，促进农村生产、生态、生活“三产”融合；加强乡风文明建设，建强乡村人才队伍，夯实基层组织堡垒，形成党组织领导下自治法治德治相结合的乡村治理体系。深化农业农村改革，依法有序推进农村承包地、宅基地“三权分置”，扎实推进集体经营性资产股份合作制改革，完善利益联结机制，壮大农村集体经济、增加农民收入。三是决战决胜脱贫攻坚。坚定把脱贫攻坚作为最大的政治责任、最大的民生工程、最大的发展机遇，坚持“全面脱贫、区域发展”，紧扣“精准”要求，彻底解决多年来制约山区丘区发展的道路交通、生产生活用水等基础设施瓶颈，有效解决区域发展不平衡问题，增强农业农村发展后劲；因地制宜打造特色农业和旅游产业，推动农旅融合发展，增强贫困村、贫困户持续稳定增收能力。全力推进“六大攻坚”，扎实开展“回头看”“回头帮”，健全完善返贫预警机制和脱贫长效机制；深入开展以“六个一”为主要内容的“志智双扶、精神脱贫”，持续深化“感党恩、传家风、早脱贫、奔小康”感恩奋进主题教育活动，激发贫困群众持续脱贫内生动力。进一步加大协作帮扶布拖工作力度，多措并举、综合帮扶，坚决助力布拖完成脱贫攻坚任务。

（三）坚持改革开放创新，增强发展内生动力。以改革开放40周年为重要契机，实施改革推动、开放带动、创新驱动“三力联动”，让经济发展充满活力韧劲、更具先发优势。一是深化重点领域改革。深入推进供给侧结构性改革，以化解过剩产能推动原材料粗加工行业优化升级，支持优势企业“机器换人”。稳妥推进混合所有制改革，推动国有资本、集体资本和非公有资本交叉持股、融合互促。推动普惠金融发展，发挥政府产业投资基金杠杆作用，引导金融支持实体经济。积极推进知识产权综合管理改革，让企业充分享受创新红利。稳妥推进党政机构改革。二是优化开放合作格局。聚焦省委“四向拓展、全域开放”战略谋划和绵阳市委“一核两翼、三区协同”区域协调发展部署，根据江油经济分布格局，积极构建四向融入全面开放新格局，向南发挥好西成高铁、成绵乐城际客专等大通道大动脉作用，积极融入成都平原经济区，对接成都发展配套产业，建立更加紧密的合作关系，着力把开放通道优势转化为经济发展优势；向北积极融入国家“一带一路”建设，高规格高质量办好2018四川国际文化旅游节暨江油“一带一路”李白文化节，深化与沿线国家、地区经贸文化交流合作，加强与西北、关中（西安）、中原（郑州）地区互通互融互惠；向西紧抓九绵高速建设机遇，打造大九寨旅游环线关键节点；向东积极融入长江经济带发展，承接东部沿海发达地区产业转移。大力促进国际产能合作，支持建立中德（四川）装备制造合作交流中心，加快建设“敦煌网”跨境电商服务平台，支持骨干企业用好蓉欧快铁、中亚货运班列及四川（江油）驻东盟商务综合服务平台，参加“万企出国门”、西博会、科博会等重大展会和投资促进活动，实现更多江油制造和服务走出国门、迈向世界。三是强化创新驱动发展。以建设国家知识产权强县工程试点县为契机，加快推进以产学研用为核心的科技创新、产品创新、品牌创新，引导企业加大技术创新和科研经费投入，支持优势企业与科研院所、高等院校融通创新，加快创新成果转化应用。大力促进创新创业，建立“苗圃+孵化器+加速器”服务体系，培育更多“专精特新”的创新型小微企业，厚植经济增长潜力。紧抓省创建国家军民融合创新示范区、绵阳国家科技城超常发展契机，充分发挥50亿元军民融合产业发展基金和军地衔接服务平台在撬动项目引进、承载项目落户上的叠加效应，加快推进江油军民融合产业园扩面建设、企业入园、院所设站等工作，支持军民融合企业和科研院校组建重点实验室、共享科研仪器，开展军民融合企业认定，推动军转民技术产业化，打通“军转民、民参军”双向互动通道，努力在做好军民融合深度发展这篇大文章上走出一条新路。

（四）坚持品质内涵并重，建设美丽宜居家园。坚持以人为本、城乡融合、绿色发展理念，全方位提升城市品质，让群众更好安居乐业。一是建设现代化中等城市。按照50平方公里、50万人口现代化中等城市规划要求，进一步完善城市骨干路网、生态绿地、污水处理、排水防涝等基础设施，促进生态保育、休闲旅游、体育健身、文化展示、高端服务等城市功能相互融合，全面增强城市综合承载能力。积极创建国家森林城市，完善明月岛公园等公共空间服务设施，加快建设靛池湿地公园，提高绿量饱和度，完成“一江两河九堰”综合治理阶段性目标，打造生态宜居的公园城市。坚持以城带乡，大力推进青莲诗歌小镇、青林口红色旅游小镇等特色小镇建设，促进城乡一体化发展。深化户籍制度改革，推动基本公共服务向常住人口覆盖。二是提升精细化管理水平。围绕建设环境优美、功能完善、秩序井然、适宜人居的现代化城市，完善供给与需求相匹配的公共服务，科学配置停车场、农贸市场等城市资源，综合运用法治化、社会化、智能化手段，加强城区干道、背街小巷、公园广场、学校周边等区域治理力度，推进城市精细化管理全方位覆盖、全时段监管。加快建设大数据中心，实施一批智慧城市项目，探索建立多部门公共数据资源互联互通、开放共享和协同应用机制，推动城市管理走向现代化。三是创造生态化人居环境。坚定走生态优先、绿色发展之路，壮大节能环保、清洁能源、清洁生产产业，推进资源节约和循环利用，鼓励绿色消费、绿色出行，实现生产生活方式绿色化。深入推进中央、省环保督察问题整改，打好污染防治“八大战役”，全面推进“减排、抑尘、压煤、治车、控秸”五大工程，开展废弃矿山修复工程，强化重金属污染防治和危险废物监管，严格落实河长制，不断改善环境质量和人居环境。健全生态环境监管机制，落实领导干部自然资源资产离任审计及生态环境损害责任终身追究制，加强整治群众反映强烈的环境问题，坚决制止和惩处破坏生态环境行为。

（五）坚持以人民为中心，创造群众美好生活。坚持在发展基础上多办利民实事、多解民生难事，不断提升群众的获得感、幸福感、安全感。一是办好惠民利民实事。践行以人民为中心的发展思想，围绕人民群众所思所想所盼，有针对性地安排实施重点民生工程。优化教育和医疗卫生资源配置，促进教育优质均衡协调发展，推进健康江油建设，确保学有所教、病有所医；加大就业培训力度，做好大学生、农民工、退伍军人、去产能职工及就业困难人员等重点群体就业创业；建立城乡低保、医疗救助、生活困难救助统筹衔接的社会救助体系，落实各项优抚安置政策，兜牢社会保障底线。积极创建全国文明城市、全国卫生城市，开展改革开放40周年、建市30周年等纪念活动，激励全市上下昂扬斗志、奋进新时代。二是注重依法治市实践。秉承以人为本、法治为民理念，加快建设法治政府，增强领导干部运用法治思维、法治方式解决问题的能力水平，严格规范公正文明执法，确保有权不任性、用权受监督；深化司法体制综合配套改革，提升司法公信力；加大全民普法力度，以学习宣传新修订宪法为重点，持续深入推进“法律七进”和基层法治示范创建，在全社会树立宪法法律至上、法律面前人人平等的法治理念，构建法治良序。三是提高社会治理实效。坚持问题导向和底线思维，加强矛盾纠纷排查评估、预测预警、多元化解，全力维护社会稳定。健全公共安全体系，统筹抓好工厂矿山、道路交通、建筑施工、食品药品等重点行业领域安全生产监管，提升防灾减灾救灾能力。加强社会治安防控体系建设，继续抓好“雪亮工程”建设，加强县乡村三级综治中心建设，依法开展扫黑除恶专项斗争，推动平安江油建设纵深发展，打造共建共治共享社会治理新格局。

四、认真贯彻落实新时代党的建设总要求，为全市经济社会发展提供坚强保证

我们要全面落实新时代党的建设总要求，以党的政治建设为统领，践行新时代党的组织路线，全面加强党的各项建设，深入推进反腐败斗争，坚决有力刷新吏治，巩固发展良好政治生态。

（一）强化政治建设，始终对党绝对忠诚。坚持把党的政治建设摆在首要位置，坚决维护习近平总书记在党中央和全党的核心地位，坚决维护党中央权威和集中统一领导，进一步树牢“四个意识”，严肃政治纪律和政治规矩，永远对党忠诚、听党话、跟党走。要全面加强和规范党内政治生活，加强政德建设，不断增强领导干部政治能力，确保中央大政方针和省委、绵阳市委决策部署不折不扣落地落实。积极发展社会主义民主政治，支持人大、政协依法依章行使职权，支持各民主党派、工商联和无党派人士履职尽责，深化工青妇等群团组织改革，加强党管武装工作，切实凝聚干事创业各方力量。

（二）强化思想建设，切实坚定理想信念。开展经常性思想教育和党性锻炼，扎实推进“两学一做”学习教育常态化制度化，继续深入开展“大学习、大讨论、大调研”活动，认真开展“不忘初心、牢记使命”主题教育，强化中心组学习，持续深化对习近平新时代中国特色社会主义思想、习近平总书记对四川工作系列重要指示精神和省委十一届三次全会、绵阳市委七届五次全会精神等学习教育，真正做到融会贯通、入脑入心，切实用以指导实践、推动工作，坚定做共产主义远大理想和中国特色社会主义共同理想的坚定信仰者和忠实实践者。

（三）强化组织建设，不断增强生机活力。认真践行新时代党的组织路线，深入实施“3+2”书记项目，扩大党的组织覆盖和工作覆盖。抓好全国城市基层党建示范市建设，推进社区党建、单位党建、行业党建互联互动、有机融合。树立正确选人用人导向，突出政治标准，围绕工业发展、脱贫攻坚、招商引资、维护稳定等工作一线，着力培养忠诚干净担当的高素质干部，选优配强领导班子。建立培育机制，培养一支数量充足、品质优良的年轻干部队伍。加强干部能力建设，全面提升工作本领。坚持严管厚爱，完善日常综合分析研判、容错纠错等制度，用好职务职级并行政策，进一步激励广大干部新时代新担当新作为。落实党管人才原则，以产业人才为主体制定“人才新政”，全力打造西部县域人才生态强市。

（四）强化作风建设，巩固良好政治生态。始终把纪律和规矩挺在前面，深入开展纪律教育，用好监督执纪“四种形态”，着力把严明的纪律转化为党员、干部的日常习惯和自觉遵循。认真贯彻落实中央八项规定精神及实施细则，大力开展形式主义、官僚主义等“四风”问题新表现专项整治，坚决防止反弹回潮。深化政治巡察，紧盯“三大问题”，聚焦“六个围绕、一个加强”，统筹推进常规巡察、专项巡察，适时开展巡察“回头看”，强化问题整改和成果运用。推动纪委派驻机构改革，发挥派驻监督“前哨”作用。加强“脱贫攻坚作风建设年”建设，严肃查处扶贫领域和群众身边“微腐败”问题，同时把“拍蝇惩贪”与扫黑除恶专项斗争相结合，推动党风政风和社会风气持续好转。

同志们，新时代是奋斗者的时代，每一个人都是新时代的奋斗者。让我们更加紧密地团结在以习近平同志为核心的党中央周围，在省委和绵阳市委的坚强领导下，不忘初心、牢记使命，保持定力、专注发展，超常付出、砥砺奋进，坚定不移实施“工业强市、产业兴市”发展战略，加快建设“创新江油、开放江油、幸福江油、大美江油”，奋力书写新时代江油发展新答卷！

江油市人大常委会工作报告

——在江油市第十八届人民代表大会第三次会议上

江油市人大常委会主任 冯 钢

（2018年1月23日）

2017年工作回顾

过去一年，市人大常委会坚定以习近平新时代中国特色社会主义思想为指导，认真学习贯彻党的十九大精神，在市委的坚强领导下，坚持党的领导、人民当家作主和依法治国有机统一，紧紧围绕市委决策部署，认真履行宪法和法律赋予的职责，圆满完成了各项工作任务。一年来，召开人大常委会议10次、主任会议10次，听取和审议“一府两院”专项工作报告33个，作出决议决定20项。坚持党管干部和依法任免有机统一，任免人大常委会内设机构、“一府两院”工作人员33人次。

一、坚持服务工作大局，助推经济健康发展

常委会主动适应经济发展新形势，紧扣市委中心工作和全市工作大局，发挥职能作用，助推改革发展。

依法决定重大事项，推进市委决策部署落实。坚持同频共振、议决结合，围绕事关全市改革发展稳定的重大事项，适时作出决议决定，将市委决策转化为全市人民共同意志，凝聚全市上下共识，形成发展合力。经市委同意，听取了市政府25个组成部门主要负责人述职，并进行了满意度测评，有效地促进了市委决策部署贯彻落实。按照相关规定，决定义新、东兴撤乡建镇后设立镇人民代表大会及有关事项。随着城市化进程加快，同意市政府在太平镇设立西山社区、长安社区，满足城区居民的社区服务需求。按照市委决策部署，积极探索行使重大事项决定权的有效途径，加强决议决定执行情况的监督检查，维护人大及其常委会决议决定的严肃性和权威性。

聚焦经济发展重点，推进各项事业协调发展。密切关注经济运行状况和年度目标任务落实情况，听取和审议了《市人民政府关于2017年1至6月国民经济和社会发展计划执行情况的报告》等议题，并提出意见建议。按照发展要求，先后听取市政府关于农村产权制度改革、矿产资源开发利用、沉水水库和武引二期灌溉体系建设、全市生猪定点屠宰规划建设、违法建设整治等情况报告，推动了相关工作落实。专题视察全市农产品质量安全工作，要求市政府坚决抓紧抓好农产品生产、经营、销售每个环节，对存在问题扎实整改。常委会通过调研、视察、督办等形式，积极参与招商引资、工业强市、脱贫攻坚、环保督查、重大项目推进等全市重点工作，促进各项工作高效推进，加快经济社会发展。

不断深化财政监督，推进全口径预决算管理。找准切入点和着力点，加强对财政预决算、计划和项目、审计工作监督。深化全口径预算审查，听取和审议2017年上半年财政预算执行、2016年市级预算执行和其他财政

收支审计工作、2016年市级财政决算、2017年财政预算调整草案等情况报告，认真组织专项调研，提出合理化审议意见，指导市政府做好相关工作，保证预算的严肃性和科学性。加强对审计整改情况跟踪监督，对2016年市级预算执行和其他财政收支审计查出问题整改情况进行了督查，听取了专项工作报告，要求市审计局加大问责力度，切实发挥审计监督职能作用。将政府债务管理情况纳入年度监督计划，严格执行国家最新政策规定，对市政府提请的《关于将江油市让水河片区道路基础设施建设项目政府购买服务纳入年度财政预算和中长期财政规划的报告》等10多件重大事项，严格审查，按规定进行备案处理；通过对全市国有公司调研，责成市政府对违法违规融资担保进行了整改，确保守住不发生系统性金融风险的底线。

二、坚持推进依法治市，营造良好法治环境

常委会着力保障法律法规的贯彻实施，推进依法行政和公正司法，努力为全市改革发展营造良好的法治环境。

组织执法检查。通过实地查看、听取汇报、查阅相关资料等方式，对《中华人民共和国村民委员会组织法》《四川省村民委员会组织法实施办法》落实情况进行检查，要求全市第十届村（居）民委员会换届选举严格依法规范操作、法定程序不变通、规定环节不减少，确保了换届选举圆满成功。为更好的预防和减少民间纠纷、化解社会矛盾、维护社会和谐稳定，对《中华人民共和国人民调解法》落实情况进行了检查，提出了加强领导、深化认识；加大投入、保障调解经费；规范程序，完善工作机制等四条审议意见。对《中华人民共和国档案法》落实情况进行检查，深入分析存在问题，要求市政府创新工作举措，完善相关制度，进一步提高依法治档能力，提升档案管理水平。为促进环境保护工作，对《中华人民共和国固体废物污染环境防治法》贯彻情况进行了执法检查，听取了专题报告，要求市政府加大防治力度，强化挥发性有机物污染治理和扬尘治理，有效控制了污染物排放总量，营造良好生态环境。

推进依法行政。为加快推进法治江油建设，听取了市政府2017年依法治市工作推进情况报告，要求市政府强化法治意识，全面加强法治政府建设，提高依法行政水平。在深入调研、广泛征求各方面意见的基础上，作出开展第七个五年法治宣传教育决议，进一步促进了全市普法工作开展。落实好《关于进一步加强人大信访工作的意见》，建立人大代表参与信访工作机制、改革涉法涉诉信访办理机制，强化信访督办工作，有力维护了社会稳定、推动了依法治市进程。2017年，共接待信访119件次，其中处理群众来信16件，接待群众来访103批219人次，集体访9批119人次。

推动司法公正。加强对法检两院的工作指导，听取了市人民法院《关于民商事案件执行情况的报告》，要求法院精心组织，周密部署，进一步深化认识，构建执行工作大格局；压实责任，强化措施，加大执行力度，切实保障法院裁决效力，最大限度维护司法权威和当事人合法权益。听取了市人民检察院《关于侦查监督工作情况的报告》，要求检察院紧紧围绕全市工作大局，认真履行侦查监督职能，严格规范执法行为，创新执法机制，健全完善监督机制，加强队伍建设，努力提高执法质量。

三、坚持关切民生改善，促进社会均衡发展

常委会始终把维护群众根本利益作为一切工作的出发点和落脚点，密切关注社会热点难点问题，努力促进民生改善、社会和谐。

促进生态环境改善。常委会把改善生态环境列为重点工作，2017年3月，听取了市政府2016年环境保护工作报告，要求市政府增加资金投入，加强环保基础设施建设，不断改善全市生态环境。特别是关注城区“一江两河九堰”水环境整治，2017年5月，组织相关部门和部分市人大代表对昌明河、女儿堰等水系污染及整治情况进行视察，并召开座谈会，听取了市政府情况报告，对城区水环境治理工作提出了合理化建议。2017年12月，再次安排人员进行视察，专题听取了市政府落实《“改善生态环

境 提升城市水质 建设大美江油”决议》的情况报告，要求政府及相关部门加强源头控制，加快截污纳管工程建设，提高污水收集处理能力；定期疏浚城区河道，提升河道引排水功能和水体自净能力；美化绿化亮化河道两岸，实现河道水清、岸绿、景美，让广大市民切身感受到“幸福江油、大美江油”建设成果。

促进城乡协调发展。高度重视城乡协调发展，对全市脱贫攻坚工作进行调研，听取了市政府脱贫攻坚推进工作报告，提出了因地制宜选好脱贫项目、壮大村级集体经济等工作意见。对农村道路安全防护设施建设情况进行调研，提出全面推进农村道路安全隐患排查治理、每年安排部分财政资金用于农村道路安防工程等意见。关注现代农业发展，对新型农业经营主体发展情况进行调研，要求市政府加大扶持力度，优化农业产业体系，促进农民持续增收。对农村电子商务发展和运行情况进行调研，建议市政府利用实施国家级电子商务进农村综合示范县项目，积极培育电子商务企业，促进新农村建设和区域特色产业发展，让更多江油农产品销往全国各地。

促进社会和谐发展。针对群众反响强烈的拖欠农民工工资问题开展专题调研，要求市政府建立长效机制，层层压实责任，强化部门联动、动态监管、源头治理，遏制恶意欠薪，切实保障农民工合法权益。针对义务教育均衡发展情况开展专题调研，召开座谈会 8 次，听取相关部门情况汇报，对推进义务教育向优质均衡发展提出了意见建议。针对群众关注度较高的医疗保险开展专题调研，听取专题报告，指出医保系统运行速度慢、社保持卡就医进程迟缓等问题，要求市政府加大医保系统资金投入，加强医保队伍技术力量，改善医卫系统服务质量。针对乡镇卫生院人才队伍建设情况开展专题调研，客观分析当前存在的问题，建议市政府高度重视卫生人才队伍建设，注重对医护人员的业务培训，提高专业技能，满足群众医疗卫生服务需求。

四、坚持代表主体地位，夯实人大工作基础

常委会充分尊重代表主体地位，把扩大代表参与、发挥代表作用贯穿于各项工作之中，不断夯实代表履职基础。

保障代表依法履职。加强代表履职服务，按照有场所、有标志和标识、有设施、有制度、有资料、有公示栏、有活动记录“七有”要求，投资 120 万元推进“人大代表之家”建设，建成乡镇人大代表之家 40 个、村（社区）代表联络站 96 个。探索建立人大代表履职保障机制、监督机制和考评激励机制。制订和完善了人大代表学习、小组活动、视察调研、联系选民和人大常委会组成人员联系代表等制度，不断提高代表活动的质量和水平。加强对乡镇人大工作的指导，召开了全市乡镇人大工作推进会，将乡镇代表经费人均 600 元列入财政预算，完善乡镇人大考核办法，乡镇人大工作成效显著提升。按照上级要求，2017 年度内，40 个乡镇都召开了两次人代会，有效监督并促进了乡镇各项工作。

提升代表履职能力。针对换届后人大干部新手多、业务不熟的实际，组织人大机关干部、乡镇人大主席到北京全国人大会议中心、省培训基地进行能力素质提升培训，选送 7 名人大代表到深圳人大培训中心、浙江大学学习，组织 40 余名乡镇人大主席、干事参加绵阳人大业务培训，邀请专家对 67 名绵阳人大代表、290 名江油人大代表进行党的十九大精神宣讲和《代表法》培训，提高了代表和人大干部的思想素质及履职能力。走出去学习先进经验，与新津、三台等地人大就投融资监督、农旅融合等方面进行交流学习，与平武县人大就提高人大常委会审议质量、乡村旅游发展相互交流探讨，组织乡镇人大主席、干事到游仙新桥镇、安州塔水镇等地学习基层人大工作先进经验，提升了人大工作水平。安排代表列席有关会议听取“一府两院”工作报告、参与视察检查，拓宽代表知情知政渠道。

丰富闭会期间活动。全面开展代表“双联”工作，常委会组成人员联系代表、乡镇人大主席团成员联系代表达到 100%，市乡两级人大代表联系选民达到 90% 以上。持续推进“脱贫攻坚—人大代表再行动”活动，

90%以上的人大代表联系了贫困群众。组织绵阳人大代表对绵阳华夏历史文化科技产业园等重大项目推进情况进行调研，撰写调研报告，向有关部门提出了具体工作建议。组织代表开展“我为创建文明城市献一策”活动。全年组织各级人大代表开展调研、视察、执法检查50多次，通过开展这些活动，强化了代表履职意识，激发了代表履职热情，促进了政府及其职能部门工作。

推进建议办理工作。常委会把办理代表建议作为保证人民当家作主的重要体现，为推动代表建议办理落实，常委会与市政府联合召开了建议交办会，通过完善建议办理工作考核机制、审议建议办理情况报告、开展建议办理情况“回头看”等多种方式，加大对代表建议的督办力度。市政府加强组织领导、沟通协调和督查督办，推动解决了一批群众关心的重点难点问题。市第十八届人大一次、二次会议期间，代表们对政府工作提出的建议173件，全部在规定时间内办结。

五、坚持加强自身建设，树立人大良好形象

常委会党组根据新形势的要求，积极开展机关党建规范化建设，认真实施基层党建“3+2”书记项目，推进“两学一做”学习教育常态化制度化，进一步提高了人大党员干部履职水平。

强化党建工作。常委会党组始终把党建工作作为主业主责，全面贯彻落实从严治党各项规定，从严规范党内政治生活，严格落实“三会一课”制度，严抓思想建党，认真学习贯彻党的十九大精神和习近平新时代中国特色社会主义思想，深刻理解和把握关于坚持和完善人民代表大会制度的新观点、新论断，为做好新时期人大工作奠定了扎实思想基础。始终坚持民主集中制，严格遵守“三重一大”集体决策程序，切实做到依法决策、民主决策、科学决策。常委会成员带头落实脱贫攻坚各项要求，深入乡镇督察督办，深入村组访贫问苦，深入贫困户家中对口帮扶，切实提升了扶贫实效。

强化作风效能。持续推进作风建设，组织党员干部学习《党章》《关于新形势下党内政治生活的若干准则》《中国共产党党内监督条例》《中国共产党纪律处分条例》《中国共产党问责条例》等，观看《永远在路上》《迟来的忏悔》等警示教育片，学习《忏悔实录》和各级典型案例通报，参观川北监狱接受现场警示教育，提高了党员干部思想觉悟，增强了防腐拒变的免疫力。常委会持之以恒落实中央八项规定精神，自身建设不断加强，履职能力不断提高。

强化宣传工作。进一步加强人民代表大会制度和人大工作宣传，加大人大监督的报道力度，重点反映群众意见集中的问题和解决问题的举措；加大常委会活动的报道力度，使常委会履职始终置于人大代表和人民群众的监督之下；加大代表履职先进事迹的宣传力度，积极反映代表心系群众、忠诚勤勉的精神风貌。全年在中国网、共产党员网、《人民权力报》、《民主与法制建设》等国家级、省级和绵阳市级网站、报纸、杂志上发表网评信息等100余篇，上报绵阳市人大常委会信息20多篇，本级发表信息300多篇。

各位代表，过去一年常委会工作取得的成绩，是在市委的正确领导下，全体市人大代表、常委会组成人员以及机关工作人员共同努力的结果，是“一府两院”积极配合的结果，也是全市人民、社会各界热情参与和支持的结果。在此，我谨代表市人大常委会向大家表示衷心的感谢！

2018年主要工作

各位代表，新的一年，我们将以习近平新时代中国特色社会主义思想为指导，深入学习贯彻党的十九大精神，坚持党的领导、人民当家作主、依法治国的有机统一，不忘初心，牢记使命，围绕全市发展大局，依法行使法定职权，不断加强代表工作，努力适应新形势、创造新亮点、实现新突破。

一、更加注重政治建设，牢牢把握正确政治方向

深入贯彻落实习近平新时代中国特色社会主义思想，坚持人民代表大会根本政治制度，增强政治意识、大局意识、核心意识、看齐意识，在政治上、思想上、行动上始终与以习近平同志为核心的党中央保持高度一致，做到党中央提倡的坚决响应、党中央决定的坚决执行、党中央禁止的坚决不做。坚决落实市委的决策部署，确保人大工作的政治方向。严格落实“一岗双责”，不断增强纪律规矩意识，提高政治站位，坚定政治立场，严明政治纪律，保持政治定力。

二、更加注重围绕中心，扎实开展监督工作

坚持以人民为中心的发展思想，认真贯彻落实2018年市委经济工作暨全市金融工作会议精神，主动把握经济发展新常态、社会进步新特点和人民群众新期盼，按照《中华人民共和国监督法》要求和上级人大的安排部署，着眼破解发展难题、切实回应群众关切。坚持突出重点，围绕工业强市、脱贫攻坚、招商引资、乡村振兴、城市建设、生态治理等重大问题深化调研，有针对性地提出解决问题的意见和建议，监督支持“一府两院”、监察委创造性地开展工作。坚持多管齐下，认真组织执法检查，积极探索监督手段创新，努力提高监督工作实效，保障人民群众共享改革发展成果。

三、更加注重发扬民主，依法行使决定权和任免权

围绕市委决策部署和全市经济社会发展大局，依法行使重大事项决定权，形成广泛共识、凝聚发展合力，促进经济持续健康发展。坚持党管干部和人大依法任免的有机统一，充分发扬民主，严格任免程序，使市委推荐人选通过法定程序成为国家机关工作人员。严格落实国家监察体制改革的决策部署，市人民代表大会依法选举产生监察委员会主任，常委会及时任命监察委员会副主任和委员，依法对监察委员会开展监督。认真落实宪法宣誓制度，加大任期监督力度，促使被任命人员依法履职、廉洁奉公。

四、更加注重机制创新，不断提升代表工作水平

坚持和尊重代表主体地位，增强为代表服务的意识，着力提升代表工作水平。加强代表培训，规范代表履职，进一步提升“人大代表之家”管理水平，持续开展代表主题实践活动。完善制度机制，创新方式方法，努力提高代表建议办理的工作水平，保护和调动代表提议案建议的积极性，维护代表权益。积极引导人大代表加强学习、严于律己、勤勉敬业，在各自岗位上创造新的业绩。

五、更加注重提质增效，切实加强自身建设

进一步完善作风建设、能力建设相关制度，增强与上级人大的工作联系，加强对乡镇人大的工作指导、与外地人大的交流互动，增强与“一府两院”、监察委的沟通协调，确保机关各项工作高效运作，打造一支理想坚定、政治可靠、业务精湛、作风优良、廉洁勤政的人大干部队伍，不断提升人大工作的科学化、法制化、规范化水平。

各位代表，新时代开启新征程，新时代呼唤新作为。让我们更加紧密地团结在以习近平同志为核心的党中央周围，以习近平新时代中国特色社会主义思想为指导，在市委的坚强领导下，围绕全市工作大局，万众一心、继往开来，振奋精神、开拓进取，奋力开创新时代人大工作新局面，为决胜全面建成小康社会、加快建设“创新江油、开放江油、幸福江油、大美江油”而不懈奋斗！

江油市人民政府工作报告

江油市委副书记　市人民政府市长　柳　江

(2018年1月17日)

2017年工作回顾

过去一年，面对错综复杂的宏观环境和前进道路上的风险挑战，市政府坚持团结带领全市人民，以习近平新时代中国特色社会主义思想为指导，在绵阳市委、市政府和江油市委的坚强领导下，在市人大、市政协的监督支持下，深入实施“工业强市、产业兴市”发展战略，统筹做好稳增长、促改革、调结构、惠民生、防风险各项工作，推动全市经济社会实现了稳定可持续的健康发展。全年预计实现地区生产总值383亿元、增长9%、为“绵阳突破2000亿元”贡献了“江油力量”，地方一般公共预算收入19.1亿元、增长8.1%，全社会固定资产投资220亿元、增长20.2%，社会消费品零售总额182亿元、增长12.5%，城乡居民可支配收入分别实现30840元和15617元、增长8.2%和9.2%，较好完成了市十八届人大二次会议确定的目标任务。我们重点做好了以下七个方面工作：

牢牢把握转型升级这一主线，有效提升产业层级。先进制造业加速壮大。三次产业结构比调整为12：48.2：39.8。《江油市工业空间布局和产业发展规划（2017—2025）》高起点编制，“一区多园一走廊”工业发展格局科学构建；创新发展取得新成效，组建四川省特钢产业联盟，成功举办“四川特钢产业联盟大会暨特钢发展高端论坛”；“两新”产业“双倍增”行动全面推进，规模工业总产值增长21.3%、增加值预计增长11%；优势企业不断壮大，攀长钢结束长达20年的亏损历史，六合锻造等57户工业企业利税增长10%以上，新增“亿元以上企业”12户，培育“升规”企业33户、省级“专精特新”企业22户；建成西南首家万吨“模具钢超市”，引进艾格瑞特等模具企业7家、总投资10.8亿元，工业园区集中集聚集约发展显著加快，创建省级高新技术产业园区通过省专家组评审验收。龙凤、双河、含增等工业集中区建设进一步提速。现代农业加力推进。主体培育不断加强，新增绵阳市级重点龙头企业2户、农民专合社54个、家庭农场96个，新型农业经营主体总量达3553个；产业基地不断壮大，50万头生猪全产业链项目全面启动，粮经复合产业基地达13.5万亩，规模化种植基地达85万亩，新认证“三品一标”12个，四川省农民增收新产业新业态示范县创建成功；农旅融合发展不断深入，新安镇被农业部认定为第七批“全国一村一品示范村镇”，新安农业公园被评选为“中国农业公园”创建单位，“李白故里乡村文化旅游节”系列活动常态化开展。现代服务业加快发展。全年预计实现服务业增加值152.4亿元、增长10.6%；组织开展“惠民购物全川行”系列活动69次，成功引进宝龙城市广场；与跨境电商“敦煌网”开展深度合作，外贸进出口实现4851万美元，电商交易规模达183.6亿元；“国家全域旅游示范区”创建工作全面启动，中华洞天景区建成并投入试运行，新增国家AAA级景区1家，全年举办市外省外旅游推介会7次，接待国内游客736.4万人次、增长21.4%，旅游总收入实现98亿元、增长22.3%，荣获“四川省旅游强县”称号。

牢牢把握项目投资这一支撑，有效提升增长后劲。项目推进有力。项目建设“2+3”文件高效实施，全年举行重大项目集中开工仪式2次，开工项目54个、总投资128亿元；西成客专建成通车，九绵高速江油段拆迁率先完成，神华天明煤电一体化循环经济产业园、华夏历史文化科技产业园、明月岛湿地公园、六合锻造技改项目等130个项目扎实推进，新金鑫照明产业园一期、中华洞天景区等127个项目建成完工，全市257个项目完成投资220亿元。项目招引有力。围绕新材料、节能环保、智能物联网等多领域开展招引工作，全年举办投资推介会10场、集中签约仪式2次，签订协议55个，协议投资总额达404.9亿元，推动15个项目成功落地；全年新签约5000万元以上项目41个，5亿元以上项目18个，到位国内省外资金90亿元，其中新疆金和装配式建筑产业园项目实现我市工业类“超五十亿元”项目招引“零突破”；招引项目既涵盖智能物联网等高新技术产业项目，也涉及华为技术等国内高科技领军企业的投资项目。项目保障有力。17个重点项目纳入省和绵阳重点项目“总盘子”，完成土地供应3133.3亩，盘活低效闲置土地600亩，清理违法建筑7.2万平方米；组建旅游产业基金、环保产业基金、战略新兴产业投资引导基金、工业发展投资引导基金等“四大基金”，总规模达94亿元，用于支持企业发展和项目建设，项目招引集聚力显著增强。

牢牢把握改革创新这一主题，有效激活发展动力。全面创新改革试验进入攻坚阶段。坚持以军民融合为核心，以创新转化、产业培育、人才开发、开放合作、金融服务“五大体系”为路径，圆满完成55项改革任务。供给侧结构性改革深入推进。全面实施“三去一降一补”，累计拆除碳酸钙行业落后生产线400条，化解过剩钢铁产能8.7万吨，淘汰落后产能500万吨，关停小钙粉生产企业81户。重点领域改革亮点纷呈。全国相对集中行政许可权改革稳步推进，“城区半小时，农村1小时”政务服务圈高效构建；商事制度改革取得新突破，“政务服务+互联网”深入推进，企业注册登记全程电子化大力推广，削减整合行政审批事项22项；农村集体产权制度改革稳步推进，农村产权交易服务体系全面建立，土地流转面积22.4万亩；统计体制改革工作有序推进。创新创业迈出新步伐。全年实现高新技术产业产值171亿元、增长37%，新增科技型中小企业218户，新建科技企业孵化器3个，被确定为国家知识产权强县工程试点县（区）；全市专利申请786件、授权专利388件，专利技术项目实施转化产值增幅达14.8%。首批人才公寓投入使用36套，新增高层次人才38人，扶持成功创业388人。

牢牢把握统筹城乡这一方向，有效提升全域面貌。交通攻坚成效显著。全年完成交通领域投资13.8亿元、位居绵阳各县市区第一。江油至三台芦溪段道路、江彰大道北段道路等一批重大基础设施建设项目稳步推进，长安路南段道路改造工程、李白大道渠化工程等城市主干道改造工程即将完成。城区建设品质跃升。诗仙路、涪江路、寿山路段绿化亮化改造提升工程顺利完工，省级海绵城市建设试点有序推进，城市级大数据中心、智慧政务系统一期工程、智慧城管指挥中心建设全面提速，长安路南段地下综合管廊试点项目完成管廊主体结构建设，治理老旧小区93个，改造危旧房棚户区745套，城镇化率达57%，被授予“中德生态示范城市”。城乡条件日益改善。实施农村危旧房改造674户，完成农村公路硬化94公里，村道硬化率99.7%；新改建村镇集中供水工程27处、分散供水工程112处，解决3.4万余人安全饮水问题；建成幸福美丽新村48个，创建省级“四好村”19个，青莲镇成功入选第二批

"全国特色小镇"，大康镇官渡新村成功入选首批"全国农村幸福社区建设示范单位"。

牢牢把握系统治理这一抓手，有效提升生态品质。污染防治"三大战役"强力推进。坚持"铁腕治污"，化解落后产能，推动绿色发展，整治"散乱污"企业376家，淘汰黄标车594辆，全市优良天数达277天、优良率80.5%；河长制工作全面启动，"一江两河九堰"水环境综合治理扎实推进，工业园区污水处理厂、第三批乡镇生活污水处理厂开工建设，关停禁养区152家畜禽养殖场（户），完成122座水库环境问题整治，全域水库劣V类水体全面消除，城市饮用水水源地水质达标率100%；全市80余家企事业单位完成危险废物申报登记，28家产废（危废收集）单位实现规范化考核，土壤环境总体稳定；节能减排深入开展，单位地区生产总值综合能耗下降至3.5%。绿化江油行动深入开展。"大规模绿化全川行动"率先启动，新增森林面积8144.9亩，治理水土流失面积13.7平方公里，建成休闲绿地5处，城镇生活垃圾无害化处理率75.6%、污水处理率83%。环保整改取得突出成效。以中央、省环保督察为契机，认真抓好70件中央环保督察转办信访案件办理及121个省环保督察发现问题整改工作，关停取缔企业93家，问题整改率100%。

牢牢把握增进福祉这一目标，有效提升社会事业。民生任务全面完成。突出抓好省级和绵阳市级民生任务，民生支出26.6亿元、占一般公共预算支出60.2%、同比提高8.9个百分点；脱贫攻坚再上台阶。着力在全省"争一流、做示范"目标定位，投入资金2.19亿元，实施脱贫项目682个，新改扩建村组道路及产业道路209.7公里，易地扶贫搬迁190户497人，省定贫困村退出27个、贫困人口脱贫4400人，全市贫困发生率下降至0.96%，"1335"社会扶贫"江油模式"在全省推广，荣获"省脱贫攻坚先进县"称号；围绕"争创全省对口帮扶工作一流、争当深度贫困地区脱贫攻坚示范"目标要求，立足"布拖所需、江油所能"，投入帮扶资金5800万元、实施帮扶项目34个，总投资近4000万元的布江蜀丰现代农业科技示范园和瓦沟村民俗文化活动中心建设有力推进，228套安全住房建设进展顺利，教育扶贫"四大工程"、卫生惠民"四大行动"等工作扎实开展，助力定点帮扶的12个贫困村成功退出、2900名贫困人口如期脱贫。保障体系日趋完善。城镇新增就业8845人，劳务输出23.1万人，城镇登记失业率控制在3.6%以内；完成教育事业"改薄""维改"等项目建设18个，中考主要考核指标均居绵阳各县市区第1名，高考本科硬上线率在绵阳各县市区实现"十连冠"；"五险合一"统一征收和基本医疗保险绵阳市级统筹有效实施，全民参保登记计划全面开展，全市参保率达97.2%，城乡最低生活保障标准线分别提高至460元/月、275元/月。筹措资金9.1亿元，解决应保未保失地农民参保9685人。社会事业加快发展。与荷兰法肯堡市结为姊妹友好合作城市，荣获"第四届四川省文明城市"称号，并成功入围四川4个参加全国文明城市创建中央评测的提名县（市），举办纪念王右木诞辰130周年系列活动，江油人民广播电台阳光调频97.6荣获"全国十佳广播电台"；文化惠民工程深入实施，李白入选"全省首批十大历史文化名人"，成功承办第四届两岸哪吒民俗文化交流、第二届李白诗歌奖颁奖典礼、"海灯武术杯"C3搏击联赛等活动，覆盖全市村居的基层文体设施体系基本建成；公立医院综合改革政策和补偿机制全面落实，家庭医生签约服务有序推进，中国初保基金区域卫生发展精准扶贫项目落地江油，获赠755台总价值6093.3万元的医疗设备；第三次全国农业普查顺利通过国务院检查组事后质量抽查，第四次全国经济普查国家级专项试点工作圆满完成，获国家通报表扬。社会大局和谐稳定。"雪亮工程""综治中心"建设稳步推进，社会治安防控全面加强。市公安局被公安部表彰为"全国优秀公安局"称号，安全形势总体稳定；"2345"矛盾纠纷分流联动化解工作模式在全省推广，群众满意度进一步提升。

牢牢把握依法行政这一要求，有效提升服务水平。认真学习贯彻党的十九大、省第十一次党代会等重大会议精神，深入落实全面从严治党要求，强化“两学一做”学习教育常态化制度化安排，审计监督和效能监察不断加强；服务型政府建设系统推进，“放管服”改革蹄疾步稳，“五个一”政务服务运行机制加快构建，行政审批事项办理提速74%，提前办结率98.4%；“七五”普法扎实开展，政务公开持续推进，法治政府建设进一步深化；自觉接受人大法律监督和政协民主监督，办理人大代表议案建议173件、政协委员提案480件，办结率与满意率均为100%；坚决贯彻落实中央八项规定精神，坚持不懈纠正“四风”，三公经费支出同比下降21.6%；紧盯侵害群众利益的不正之风和腐败问题，查处违纪案件205件，党政纪处分200人。此外，国防教育、国家安全、人民防空、外事侨务、档案、地方志、双拥、民族、宗教、对台、应急、防震减灾、老龄、群团等工作取得了新成绩、有了新进步。

各位委员！过去的一年，我们不仅观大势、有效应对了各种风险挑战，而且谋全局、有效提升和丰富了江油发展层次，同时，我们始终干实事、塑造了江油迎难而上、开拓进取的拼搏形象。这些成绩的取得，是绵阳市委、市政府和江油市委坚强领导的结果，是市人大、市政协和社会各界监督、支持的结果，是全市广大干部群众攻坚克难、接续奋斗的结果！在此，我代表市人民政府，向全市人民，向各级干部职工，向各民主党派、工商联、无党派人士、各人民团体，向驻江油部队指战员、武警官兵、公安干警、民兵预备役人员和复转军人，向所有关心、支持、参与江油改革发展的各界朋友，表示衷心的感谢并致以崇高的敬意！

各位委员，在总结成绩的同时，我们也清醒看到，我市经济社会发展还存在不少问题和挑战，突出表现为：经济总量不大、质量不高；工业化水平不高、服务业比重偏低；生态环境约束加剧、民生工作还有不少不如人意的问题；部分重点领域风险防控压力较大、服务型政府建设水平有待进一步提升。对这些问题，我们将高度重视，采取更加有力有效的措施，认真加以解决。

2018年工作安排

2018年，是贯彻党的十九大精神的开局之年，是改革开放40周年，是决胜全面建成小康社会、实施“十三五”规划承上启下的关键一年。做好今年政府工作，要以习近平新时代中国特色社会主义思想为指导，深入贯彻党的十九大精神，坚持党的全面领导，紧紧围绕中央“五位一体”总体布局和“四个全面”战略布局、省委“一个愿景、两个跨越、三大发展战略、四项重点工程”战略谋划以及绵阳市委、江油市委系列重要部署要求，牢牢把握稳中求进工作总基调，坚持新发展理念，紧扣社会主要矛盾变化，按照高质量发展的要求，以供给侧结构性改革为主线，以项目攻坚为主抓手，大力推动质量变革、效率变革、动力变革，坚决打好风险防范、精准脱贫、污染防治“三大攻坚战”，协同推进产业高新化、项目品质化、改革纵深化、全域均衡化、发展有感化、治理现代化，在加快建设“创新江油·开放江油·幸福江油·大美江油”上迈出更加坚实的步伐。

全市经济社会发展的主要预期目标是：地区生产总值增长8.7%左右，规模以上工业增加值增长11%左右，服务业增加值增长10%左右，全社会固定资产投资增长15%左右，社会消费品零售总额增长12.3%左右，地方一般公共预算收入同口径增长8%左右，城乡人均可支配收入分别增长8.2%、9.2%左右，城镇登记失业率控制在4.0%以内，居民消费价格指数调控目标与全省一致，节能减排、环境保护、脱贫攻坚、安全生产等约束性指标完成上级下达任务，发展质量效益明显提高，各项改革取得实质性进展。

围绕上述目标，今年要重点从以下六个方面奋力突破：

一、狠抓“产业高新化”，在振兴实体经济上奋力突破

（一）坚定发展先进制造业。以创新发展为动力，以“六大攻坚行动”为抓手，加力加劲实施“工业大会战”。一是提升传统产业，立足推动传统产业高新化发展，加快建材、钢铁等传统产业技术改造、新品开发，支持华光实业高强度螺栓用钢等30个转型升级项目加快建设，力争全年技改投入增长15%以上。二是壮大新兴产业，加快实施国家大数据战略，推进智慧城市建设，努力打造大数据研发应用、物联网和电子商务发展聚集地；深入开展“中国制造2025”江油行动，引进高端模具、精密制造等先进制造业项目，加快新松机器人智能产业创新服务平台建设，推进“机器换人”和智能化改造，培育一批智能化制造的集成商和服务商，确保战略性新兴产业产值、高新技术产业产值占规上工业产值的比重达40%以上。三是强化企业帮扶，继续实施大企业大集团“领航计划”和中小企业“涌泉计划”，开展“重点企业上台阶”“小微企业上规模”行动，扎实推进企业规范化公司制改制，力争年内新增规模工业企业20户、省级“专精特新”企业10户以上；支持星联电子、新金鑫照明等企业加快发展，引导企业发挥产业联盟功能，实现“抱团”发展。四是做强工业园区，坚持工业园区作为工业发展主引擎、项目建设主阵地、产业集聚主战场的工作取向，统筹“一区多园一走廊”工业发展布局，实现信息、水电气等要素整合，力争全年建设标准厂房10万平方米以上、常态保持工业净地1500亩。加快打造模具产业园、电子信息光电产业园等特色园中园；支持龙凤、双河等工业集中区加快发展。五是筑牢要素支撑，增强工投集团投融资能力，激励金融机构支持工业发展，加快盘活低效闲置工业用地，切实保障重大工业项目用地需求。六是弘扬“工匠精神”，以创建省级质量强市示范城市为契机，坚持品牌发展战略，全面提升质量水平，力争新培育四川名牌5个，四川省知名品牌示范区1个。

（二）持续补齐服务业短板。一是构建“全域电商”体系，依托“互联网+”，加快电子商务平台和物流配送体系建设，继续加强与“敦煌网”等电商深度合作，强化线上线下联合运营，力争全年电商交易规模突破200亿元，新培育年销售额2000万元以上电商企业5户。二是实施“全域旅游”战略，强力打造青莲镇国家级特色小镇，统筹推进华夏历史文化科技产业园、中华洞天等景区开发建设，逐步形成多点支撑的全域旅游格局；加强精品民宿、特色餐饮等旅游产品开发，持续推进“厕所革命”，切实提高旅游接待能力和水平，确保全年旅游收入增长15%以上。三是探索发展新兴业态，顺应现代消费方式转变趋势，积极推动健康养老、科技服务、文化创意等新兴先导型服务业发展，大力推动数字经济与实体经济融合发展，推动服务业占GDP比重进一步提升。

（三）做强务实农业本底。一是着力发展现代农业，抓住国家实施乡村振兴战略重大机遇，加快构建现代农业产业体系、生产体系、经营体系。加强农业产业园区建设，积极培育新型农业经营主体，促进小农户与现代农业发展有机衔接，全年新增绵阳市级以上农业产业化重点龙头企业3家、农民专业合作社40家、家庭农场60家。二是大力提升农产品质量，立足质量兴农、绿色兴农、品牌强农，坚持“建基地、创品牌、搞加工”工作思路，建立健全质量追溯体系、产品评价认证体系，唱响“江油造”农产品品牌，确保全年新建生态农业示范园（区）2个，新认证“三品一标”6个。三是加快农旅融合发展，积极推进现代农业与电子商务、旅游休闲、健康养老、文化教育等产业深度融合，构建农村一、二、三产业融合发展体系，支持新安农业公园加快创建中国农业公园，全年创建市级农旅融合示范点5个，休闲农业和乡村旅游示范点5个。

二、狠抓“项目品质化”，在扩大有效投资上奋力突破

（一）全力扩大有效投资。一是抓好争资立项，围绕科技创新、节能环保与生态建设等中央和省预算内资金、专项建设基金支持的重点领域，积极包装一批上规模、有竞争力的项目，力争全年争取上级各类资金30亿元以上。二是激活民间投资，积极稳妥推进PPP等模式，加快发展混合所有制经济，强化政银企对接合作，充分发挥好产业投资基金引导作用，严格落实支持民间投资各项政策措施，确保民间投资占比达50%以上。三是提高投资实效，全面实施政府性投资项目效益评价机制，统筹平衡经济效益和社会效益；招商引资项目全面执行市场容量性、技术可行性、生态适宜性、经济赢利性“一票否决逆向评价制度”。

（二）加力重点项目建设。一是做好项目前期工作，建立健全重大项目储备库，重点做好S209雁门至厚坝段改造工程、江油城区至武都滨江路、通用机场等30个重大项目规划论证和项目前期工作。二是加快在建项目建设，按照“四个一批”建设思路，扎实抓好九绵高速江油段、江油至三台芦溪江油段、S209雁门至六合段、团山路等一批道路交通项目，神华煤电一体化循环经济产业园、华夏历史文化科技产业园等一批重大产业项目以及工业园区污水处理厂、老旧小区治理等一批基础设施建设和重大民生工程，力争全年项目投资增长15%以上。三是强化项目要素保障，继续落实重点项目建设调度推进和考核机制，完善重大项目全链条服务管理机制，着力破解征地拆迁等难题，激励金融机构加大贷款投放力度，力争全年新增贷款20亿元以上，推动六合锻造技改项目、熔石英玻璃产业化项目等60个重大产业项目顺利建成投产。

（三）着力优质项目招引。一是明确招引路径，坚持领导带头招商，针对世界“500强”、中国“500强”等重点企业抓“精细招商”，借助国家级技术协会平台、东部沿海商协会、省市招商部门等平台抓“活动招商”，利用市场手段抓“以商招商”，力争每月都有招商活动、每月都有重大项目落地。二是聚焦招引重点，围绕新材料“补链强链”，加大非金属材料产业的招引力度，不断延长特钢产业链条，加快发展模具产业和精深机械加工产业；围绕高端装备制造“招大引强”，继续招引机器人、无人机、工业自动化等产业，大力发展环保材料和环保装备产业；围绕大数据产业“聚合整合”，重点招引电子商务、云计算、大数据、物联网、人工智能和下一代互联网企业。三是优化招引环境，开展跟踪服务、个性化服务和订单式服务，大力实施“服务绿卡”政策，切实加强土地、资本等要素保障，确保全年引进省外投资5亿元以上项目5个、10亿元以上项目5个，到位国内省外资金80亿元以上。

三、狠抓“改革纵深化”，在激发发展动力上奋力突破

（一）深化供给侧结构性改革。以供给侧结构性改革为总揽，突破一批引领性、带动性、试点性强的改革与创新事项，释放发展活力。一是推进技术进步和升级，推动特钢产品结构优化、产业提质增效；妥善处置“僵尸企业”，做好企业债务化解和人员安置工作。二是坚持把去库存和促进新型城镇化、户籍制度改革等结合起来，促进房地产业健康发展。三是继续打好降低成本“组合拳”，降低企业杠杆率，用好用活市场化债转股政策，加大股权融资力度，加强企业自身债务杠杆约束；落实各级减税、降费政策，力争企业生产要素成本、制度性交易成本低于周边地区，积极组织企业参与直购电申报，努力保障企业低负担、低能耗运转。

（二）先行先试重点领域改革。一是系统推进全面创新改革试验，实施创新驱动推动军民融合深度发展，积极筹建江油西科大工业技术研究院，深化与电子科大、西南交大、绵阳九院等高校院所的交流合作。二是深化“放管服”改革，持续推进简政放权，大力推行“互联网+政务服务”，完善“延时服务”，最大限度满足办事群众需求；深化商事登记制度改革，做好企业“五证合一”“一照一码”和个体工商户“两证整合”工作，加快实现全程电子化网上登记注册。三是抓好农业供给侧结构性改革，深入推进农村集体产权制度改革，力争在“三权分置”“土地股份合作”“农村资金互助组织试点”改革等方面实现重大突破；全面建立职业农民制度，鼓励引导工商资本和社会人士参与乡村建设。四是统筹抓好行政管理、投融资、财税体制、供销体制、统计体制等其他改革工作。

（三）激发各类市场主体活力。一是发展壮大民营经济，全面推行负面清单管理，积极引导民间资本参与基础设施、公共服务等项目建设；继续加大“个转企”“小升规”力度，加快鑫鼎新材料、新为橡塑等企业在“新三板”挂牌上市进程，并力争更多企业在主板市场、新三板市场挂牌上市。二是激发创新创业活力，积极盘活闲置办公用房、工业厂房等存量资源，加大科技公共服务平台和产业孵化平台建设力度，支持企业建立研发平台，打造研发团队，申报和建立国家、省工程技术中心，力争全年新增高新技术企业5家、科技型中小企业150家。三是完善落实扶持政策，加强职业经理人、企业家队伍建设，积极构建“亲”“清”新型政商关系，提振企业家投资兴业的信心；加快培养和引进一批科技型、高技能人才和高水平创新团队，强化人才支撑，确保全年新增高层次人才26名，全市专利申请和授权分别达750件和380件。

四、狠抓“全域均衡化”，在建设大美江油上奋力突破

（一）增强城市承载功能。一是着力畅通城市“血脉”，组织实施好投资17.6亿元的21项重点交通工程，加大九绵高速江油段、S415江油武都至北城段等重点外联工程推进力度，提速江彰大道北段、南一环一标段等内通项目建设进度，适时启动南一环西段、西环线普照段等城区道路建设，加快构建城市交通骨干线网。二是大力提升城市“品味”，加快实施投资64.5亿元的25个城建项目，深入推进城市“三化”工程，加快建设海绵城市、地下综合管廊，着力打造明月岛湿地公园、靛池湿地公园、让水河湿地公园，加大棚户区、城中村、断头路、烂尾楼等治理力度，不断完善城区路面、雨污分流、照明、消防、建筑外立面等硬件设施。三是加强城市精细化管理，继续抓好全国文明城市创建工作，启动全国卫生城市创建工作，进一步整治消除城市“六乱现象”，积极推动停车资源“共享共用”，着力解决停车难、停车乱等问题。

（二）实施乡村振兴战略。一是完善乡村基础设施，持续改善农村人居环境，推动农村基础设施建设提档升级，新改建农村公路110公里，改造危房30户、危桥3座，实施农村供水提质增效工程25处，改善农村饮水人口5.1万人，启动新一轮农村电网改造升级工程。二是大力打造特色小镇，加大青莲镇、厚坝镇、武都镇等国省重点示范镇、文化旅游名镇、特色小镇的建设力度，加强二郎庙青林口古镇、小溪坝阴坪古郡等古村落、古建筑的保护修复，注重挖掘人文底蕴和生态禀赋。三是加快建设幸福美丽新村，以绿色乡村、休闲乡村、文化乡村“三村建设”为发展方向，大力实施产业扶贫攻坚行动、品牌建设提升行动等“六大行动”，不断完善“1+N”公共服务中心，推进省级“四好村”创建，全力抓好新村扶贫工作；进一步加强乡村思想道德和公共文化建设，健全乡村治理体系，确保乡村社会和谐有序。

（三）做好污染防治工作。继续打好污染防治“三大战役”，扎实抓好中央、省环保督察反馈问题整改，推动突出环境问题得到长效解决。一是重点“治水”，全面落实河长制各项工作，加快推进“一江两河九堰”水环境综合治理，持续开展城市排污口整治，确保出境河流断面水质和城市饮用水源地水质达标率100%；加快第三批乡镇污水处理厂及配套管网建设，构建有雨能蓄、干旱能灌、洪涝能排的现代水利体系。二是铁腕“治污”，大力推进减煤、控车、抑尘、治源、禁燃、增绿“六大行动”，继续做好“散乱污”企业专项整治和城市扬尘治理，抓好武都土壤治理示范工程项目、垃圾填埋场土壤污染防治工程项目；建立健全环保执法标准化建设和执法问责机制，严厉打击环境违法行为。三是致力“增绿”，持续开展大规模绿化全川“江油行动”，大力发展分布式光伏等绿色低碳循环经济，抓好清洁能源代替工作，大力推广装配式建筑，推动建筑绿色化发展，在全社会形成绿色生产生活方式。

五、狠抓“发展有感化”，在增进民生福祉上奋力突破

（一）聚焦发力脱贫攻坚。一是围绕“两不愁、三保障”和“四个好”目标，对标“一低五有”“一超六有”底线，确保完成40个贫困村退出、5797名贫困人口脱贫的“硬任务”。二是抓好产业发展、住房改造、易地扶贫搬迁等重点工作，完善教育扶贫、政策兜底、医疗救助等帮扶体系，提高攻坚成效；结合幸福美丽新村建设、“四好村”创建，开辟旅游扶贫、电商扶贫、金融扶贫等扶贫新途径，广泛动员社会力量参与扶贫开发。三是坚决完成对口帮扶布拖县“光荣使命”，在计划投资4016余万元、实施扶贫项目29个的基础上，年内分两次预拨2018年至2020年住房建设帮扶资金3000万元，纵深推进住房安全、产业就业等“六大攻坚”，加快布拖附子标准化基地、布江蜀丰现代农业科技示范园、瓦沟村民俗文化活动中心三大产业帮扶项目建设，深入开展“四好村”创建、“四好家庭”示范户评选等活动，确保对口帮扶工作继续走在全省前列。四是强化全程“痕迹管理”，持续开展“回头帮”“回头看”，认真抓好验收考核评估，确保脱贫成效经得起检验。

（二）扎实办好民生实事。一是继续实施十项民生工程，办好20件民生实事，确保民生支出同比增长10%以上。二是深入实施积极就业创业政策，出台重点人群“就业托底”计划，确保城镇新增就业7000人以上，城镇失业人员再就业2000人以上。三是大力推进“全民参保计划”，加快覆盖城乡的多层次社会保障体系建设，不断提高社会保障待遇水平；有效完善社会救助体系，有序推进农村养老服务体系和未成年人保护中心建设。四是实施“教育优先”战略，进一步优化城乡教育资源配置，推进城乡义务教育一体化改革发展，加快城西公办幼儿园建设，推动基本公共教育服务均等化。五是深化医药卫生体制改革和县级公立医院综合改革，促进医疗资源向基层下沉，打造城乡15分钟急救服务圈；严格落实分级诊疗制度，确保重点人群家庭医生签约服务覆盖率达80%以上；认真落实全民健身计划，推动全民健身与全民健康深度融合。六是推动文化繁荣兴盛，大力实施李白文化传承创新工程，精心办好改革开放40周年、江油建市30周年、“5·12”汶川特大地震十周年等系列纪念活动，有序推进省社会主义核心价值观综合推进示范市建设。七是加强对外交流，不断深化与荷兰法肯堡国际友好合作城市的交流合作。

（三）突出防范重大风险。一是全力打好防范化解重大风险攻坚战，以问题为导向，着力筑牢金融、企业债务、政府债务风险、房地产市场等领域的风险防控底线，严控政府债务增量；强化金融监管能力建设，做好全国第四次经济普查工作。二是全力建设“平安江油”，深化“七五”普法，推进公共法律服务均等化，加快建设“法治江油”；全面构建安全生产风险分级管控与隐患排查治理双重预防机制，坚决杜绝重特大事故发生；围绕创建“省级食品安全示范市”，落实“四个最严”要求，确保食品药品安全；依法严厉打击各类违法犯罪活动，健全信息化、立体化社会治安防控体系，维护好人民群众生命财产安全。三是严格落实农民工工资保障金制度，全面实施“黑名单”管理制度，确保新开工项目农民工工资直发率、建账率达到90%以上，构建和谐劳动关系；全力打造“阳光信访”“责任信访”“法治信访”，落实信访工作责任制，基础矛盾调解成功率达到98%以上，确保社会大局和谐稳定。

六、狠抓“治理现代化”，在打造服务政府上奋力突破

（一）始终将为民作为政府工作最鲜明的导向。坚持把群众关切作为根本指向，严格落实“信访接待日”制度，办好“12345”服务热线，全力打通联系群众“最后一公里”；坚持把群众智慧作为创新源泉，做到问政于民、问策于民、问计于民，使各项决策更加符合江油实际、各项工作更加符合人民意愿。

（二）始终将务实作为政府工作最靓丽的名片。坚持用项目化的办法落实市委决策，突出抓好民生工程、项目建设、脱贫攻坚、污染防治等重点工作，做到项目化管理、节点化推进、责任化落实；坚持用一线工作法提高行政效能，变交办为督办、变转办为会办，推动问题在一线解决、工作在一线落实。

（三）始终将清廉作为政府工作最厚重的底色。坚持依法行政、按规办事，规范执行重大行政决策程序，自觉接受人大、政协监督；持续深化作风建设，坚决落实政府系统党风廉政建设责任制和责任追究制，进一步完善公共资金、公共资源交易、国有资产资本管理制度，全面加强审计监督、效能监察。

各位委员！新时代开启新征程、新时代呼唤新作为。让我们在市委的坚强领导下，全面贯彻落实党的十九大精神，以习近平新时代中国特色社会主义思想为指引，不忘初心、牢记使命，为加快建设“创新江油·开放江油·幸福江油·大美江油”而努力奋斗！

名词解释

1.“一区多园一走廊”：一区：即以工业园区；多园：即将双河镇、厚坝镇、二郎庙镇、马角镇、小溪坝镇、含增镇、香水镇等乡镇的工业规划区域作为特色产业园；一走廊：即绵江工业走廊。包括三合镇、大堰镇、彰明镇、龙凤镇等工业规划区域。

2.“1335”社会扶贫“江油模式”：“1”，即构建一张网络媒介融合互通的立体网络；“3”，即优化组织运行体系、严格选拔管理员、加强业务指导培训；“3”，即动员全市干部职工参与、动员社会各界爱心人士参与、抓好社会扶贫专业服务队伍建设；“5”，即开展爱心智能手机架设连心桥、困户注册全覆盖、电商扶贫、扶贫众筹、“感党恩、传家风、早脱贫、奔小康”宣传展示“五大行动”。

3.“改薄”、“维改”：“改薄”，即改善薄弱学校办学条件；“维改”，即中小学学校校舍维修改造。

4.教育扶贫“四大工程”、卫生惠民“四大行动”：教育扶贫“四大工程”，即“教师素质提升”“学生异地培养”“学校达标改造”“精准关爱儿童”；卫生惠民“四大行动”，即“结对共建”“机构升级”“人员培训”“义诊惠民”。

5.“2345”矛盾纠纷分流联动化解工作模式：“两个平台”，即市矛盾纠纷多元化解集中分流平台、公安110警情甄别分流平台；“三级联动”，即警务室与村（社区）联动、派出所与司法所联动、公安与职能部门联动；“四线排查”，即网格化员排查、“雪亮工程”排查、公安基层警力排查、调解组织排查；“五大机制”，即排查研判、调处责任、联动化解、疏导管控、激励保障机制。

6.“五个一”政务服务运行机制：审批受理“一窗制”、办理“一站式”、流程“一章制”、服务“一网式”、监管“一体化”。

7.“一个愿景、两个跨越、三大发展战略、四项重点工程”：“一个愿景”，即建设美丽繁荣和谐四川；“两个跨越”，即由经济大省向经济强省跨越、由总体小康向全面小康跨越；“三大发展战略”，即实施多点多极支撑发展战略、实施“两化”互动城乡统筹发展战略、实施创新驱动发展战略；“四项重点工程”，即全面创新改革、天府新区建设、天府国际机场和国际空港新城建设、中国（四川）自由贸易试验区建设。

8.“五证合一”、“一照一码”、“两证整合”：“五证合一”，即营业执照、组织机构代码证、税务登记证、社会保险登记证和统计登记证合并；“一照一码”，即营业执照和统一社会信用代码；“两证整合”，即个体工商户营业执照和税务登记证整合。

9.“六大行动”：即“六次产业”发展行动、产业扶贫攻坚行动、生态循环农业促进行动、品牌建设提升行动、农村“双创”示范行动、文化传承引领行动。

10.“1+N”公共服务中心：以村级组织（村两委）活动场所和便民服务中心、农民培训中心、文化体育中心、卫生计生中心、综治调解中心、农家购物中心等为主要内容的村级公共服务活动中心建设，推进公共服务均等化。

11.“两不愁、三保障”、“四个好”：“两不愁、三保障”，即实现扶贫对象不愁吃、不愁穿，保障义务教育、基本医疗和安全住房；“四个好”，即住上好房子、过上好日子、养成好习惯、形成好风气。

12.“一低五有”、“一超六有”：“一低五有”，即贫困发生率降至3%，有集体经济、有通村硬化路、有活动室、有卫生室、有通信网络；“一超六有”，即年人均纯收入稳定超过国家扶贫标准且吃穿不愁，有义务教育保障、有基本医疗保障、有住房安全保障、有安全饮用水，有生活用电，有广播电视。

中国人民政治协商会议第十三届江油市委员会常务委员会工作报告

——在政协第十三届江油市委员会第三次会议上

江油市市政协主席　李　平

（2018年1月16日）

2017年工作回顾

2017年，市政协常委会坚定以习近平新时代中国特色社会主义思想为指导，认真学习贯彻党的十九大精神，在中共江油市委的坚强领导下，坚持团结民主主题，紧紧围绕“工业强市、产业兴市”发展战略和脱贫攻坚战以及幸福美丽江油建设，认真履行“三大”职能，充分发挥协调关系、汇聚力量、建言献策、服务大局的作用，为加快建设“创新江油、开放江油、幸福江油、大美江油”做出了积极贡献。

一、以贯彻十九大精神为首任，深化学习、凝聚共识，履职思路更加明晰

始终把学习宣传贯彻党的十九大精神作为首要政治任务，深化认识，提高站位，凝聚推进发展共识。

坚持以习近平新时代中国特色社会主义思想统揽人民政协工作，先后组织召开党组会、主席会、常委会、委员（界别）活动小组会等会议，专题学习宣传党的十九大精神，作出《关于认真学习贯彻中国共产党第十九次全国代表大会精神的决议》，深刻理解党的十九大新论述新理论新战略新目标。党组成员率先学习示范，深入联系乡镇、村、社区宣讲十九大精神，主席会成员、专委会主任参加并指导小组学习活动，使学习宣传党的十九大精神在政协及政协委员中实现了全覆盖，市政协和全体委员进一步坚定了“四个自信”，不忘初心、牢记使命，坚持中国共产党的领导，坚决维护以习近平同志为核心的党中央权威，坚决落实中央、省委和市委决策部署，始终做到思想同心、目标同向、行动同步。

二、以服务发展大局为主线，突出重点、主动作为，参政成效更加明显

始终坚持把发展作为第一要务，全年开展调研视察协商活动50余次，提交报告和发言30余份，彰显了政协的责任与担当。

（一）围绕发展全局建言献策。在市政协十三届二次会议期间，全体政协委员围绕“一府两院”工作报告及计划、财政等重要报告，提出的意见建议有70余条。会同市委、市政府制定的《2017年度协商计划》和《重大调研视察课题计划》任务全面完成。十三届六次、八次常委会议分别听取了市政府关于全市经济运行情况和市政协意见建议办理情况的通报、市纪委关于2017年度党风廉政建设情况通报，主席会议听取了“两院”工作情况通报和市文明办关于创建全国文明城市工作情况通报，营造了知情明政环境。

（二）聚焦重大工作视察助

力。紧扣全市重点工作开展专项视察活动20余次，提出意见建议100余条。主要领导牵头联系中华洞天项目建成迎客，为我市旅游发展增添新亮点。主席会成员牵头联系的李白文化产业园、清沟乡村旅游等5个重大项目稳步推进。多次视察攀长钢、川矿集团和六合锻造、皇龙智能等企业，主动协调解决企业反映的问题。视察全国文明城市创建、挂牌督办突出环境问题整改和交通大会战项目建设，助力重大项目及重大工作加快推进。会同绵阳市政协视察模具产业园发展、农村集体产权制度改革和华夏历史文化科技产业园以及“三线建设”遗址保护和开发。班子成员多次赴北京、上海、深圳等地招商，为招商引资工作倾注心力。

（三）聚焦专题议政协商建言。常委会召开专题议政性协商会3次。专题调研武都、龙凤等工业集中区发展情况，协商建言被纳入《江油市工业空间布局和产业发展规划（2017—2025）》。用半年时间调研涪江武都至中坝段和昌明河水系以及全市矿山植被恢复与管理、农村土地整理、水库水质治理、城市禁养区拆迁等生态环境情况，报送了《关于涪江武都至中坝段及昌明河生态环境建设的专题协商报告》等3份报告。30余条意见建议被纳入《江油市生态文明体制改革实施方案》。深入新安镇农业公园、大堰镇集贤村、东兴镇阳光村等地开展调研5次，报送了《关于视察幸福美丽新村建设的报告》。

三、以助推脱贫攻坚为重点，再添措施、破解难题，政协优势更加彰显

始终坚持把助推全面建成小康社会作为政协义不容辞的责任，把实现和发展最广大人民的根本利益作为工作的出发点。

（一）坚定响应扶贫号召，广泛凝聚助困共识。认真落实各级关于脱贫攻坚的决策部署和省政协“我为扶贫攻坚做件事”活动的“六条措施”与要求。健全和完善了政协党组和主席会统一领导、各专门委员会提供组织平台、各委员（界别）活动小组搭建桥梁纽带的工作体系。建立委员帮扶工作电子和书面“双台账”，定期通报帮扶责任落实情况，组织在外人才等各方力量为贫困户捐资出力，实现了全体委员和118家企业参与32个乡镇77个贫困村脱贫工作全覆盖。引导政协委员和机关干部加入“中国社会扶贫网”，凝聚起了参与脱贫攻坚的最广泛共识与合力。

（二）坚持示范引领带动，围绕扶贫建言献策。在全体委员中开展向青方华委员学习活动。围绕脱贫攻坚开展调研视察活动10余次，重点对东安、东兴、新兴、新春等乡镇“插花”贫困人口脱贫工作进行调研，所提建议被市委、市政府采纳。主席会成员联系的贫困村和政协机关联系的永胜镇朝阳村“插花”贫困人口如期脱贫，其中八一镇东山村高标准通过全省交叉考核验收。落实省政协和市委任务，安排5批次60余人赴布拖县调研，捐资捐物近90万元。

（三）坚守委员责任担当，扶贫济困彰显优势。一是协力改善发展条件。主席会成员及机关协调各类项目资金500余万元，帮助12个贫困村解决通讯、道路、用水、生产等基础设施问题；宏安集团捐资80万元，在新春乡景台村建成“宏安桥”；红狮水泥捐献水泥500吨，用于贫困村基础设施建设。二是协力特色产业培育。青峰集团捐款50万元，打造铜星乡五佛村乡村旅游点，常年吸引游客上万人；新为橡塑捐资20万元在景台村种植雷竹60亩，可望今年实现收益；所有参与帮扶的委员企业联系的贫困村均落实了持续增收项目。三是协力智力帮扶脱贫。坤朋传媒为农村妇女和残疾人居家就业开展刺绣培训，川香园组织餐饮协会为贫困家庭的年轻人开展厨师培训，汇星集团、马记酒店、九红设备等委员企业解决贫困群众就业300余人（其中建卡贫困户100余人）。2017年扶贫日当天委员捐款180万元。

四、以服务全创改革为载体，创新理念、拓宽领域，履职实效更加突出

始终坚持为助推全面创新改革试验工作献计出力，市政协在全省政协工作经验交流会上作助推“全创”工作大会交流发言，是全省4个发言的县市区之一。

（一）加强组织引领协力全创改革。将“全创”工作列入市政协2017年工作要点，建立助推“全创”领导小组及办公室，对接我市55项工作任务并制定实施意见及工作机制，在市政协十三届六次常委会上，专题听取了市政府关于江油“全创”工作情况的通报，号召全体委员为助推“全创”工作积极作为、主动出力。

（二）开展协商视察助推全创改革。开展调研视察10余次，形成报告及委员发言6篇、信息30条。调研江油电子商务发展情况，在市政协十三届二次全会上，委员作《关于加快推进我市电子商务发展的建议》的大会发言，引起强烈反响。开展大学生创业创新调研并积极建言，助推市委、市政府出台了一系列关于鼓励和扶持大学生创业的意见。视察汇通科技、四川聚能核技术、远方高新装备等企业生产情况，建言市委、市政府与企业建立信息沟通协调机制、定向招引军民融合项目，共同做大做强军民融合产业。

（三）发挥委员作用参与全创改革。组织工商界委员视察六合锻造、星联电子等创新企业，从专家角度精准建言企业进一步加强军民深度融合技术开发和技术成果转化。邓吉宁、李寿海等委员带领创新团队进行技术攻关，使所在企业长祥特钢、六合锻造、皇龙智能等成为我市行业领军及“民参军”企业代表。在2017年全市人才工作大会上，通报表扬的5个优秀创新团队中委员企业占了3家，在通报表扬的35名“优秀创新创业人才”和“诗城工匠”中政协委员占了10名。

五、以突出团结民主为主题，凝心聚力、汇集合力，和谐氛围更加浓厚

始终坚持团结和民主两大主题，团结鼓劲、民主求实，强化协同互动，发挥民主监督作用，努力为全市改革发展汇聚正能量。

（一）抓重点、求实效，加强提案办理。首次由承办部门回复提案变为由市政府办回复，首次在《今日江油》和党政网等平台公布提案办理成效，接受社会监督。出台《提案办理协商办法》，主席会成员带队督办8件重点提案，提高提案办理实效。常委会、主席会分别专题听取市政府及食药工质局等单位关于提案办理情况的通报。会同市纪委监察局、市纠风办对市住建局、市人寿保险公司及市移动公司开展了政风行风民主评议及回访工作，促进了全市政风行风建设及效能提升。

（二）讲民主、汇民意，加强联谊沟通。通过召开中秋招待会、新年茶话会、外来投资企业家联谊会，适时邀请民主党派和工商联负责人座谈，听取各界意见，增进发展共识。市政协主要领导先后赴北京、成都、重庆等地与在外人才交换意见、凝聚思想共识。引领民族宗教界委员在促进民族团结、宗教和睦、社会稳定中发挥带头作用。加强与省内外政协的联系，组织开展了以“庆祝七一节·迎接十九大”等为主题的江油市、广汉市、东坡区三地政协书画院作品联展，先后有30余批次省内外兄弟县市区政协来我市学习考察，进一步推介了江油。

（三）听民声、解民忧，反映社情民意。视察城区教育布局规划和城市安防、旧城及老旧小区改造、农产品食品安全等工作，助推社会民生事业发展；跟踪调研农村土坯房改造、河砂红砖碎石价格上涨等热点，报送的7篇社情民意及建议引起市委、市政府重视并得到采纳。第一时间关注“8.8”九寨沟地震，组织委员及企业捐款捐物50余万元。

六、以坚持从严从实为标尺，强基固本、改进作风，自身建设更加过硬

始终坚持把自身建设作为提升能力的根本保障，着力打造政治坚定、能力过硬、奋发有为的政协队伍，提升政协工作科学化水平。

一是强化业务培训。在政协网和委员QQ群、微信群等新媒体宣传政协理论和工作方法，为委员订阅《四川政协报》300余份，印发学习资料2000余册。针对换届后新委员多的情况，举办政协委员培训班，邀请省内外专家教授讲授政协理论和履职实践经验。选派40余名政协常委、委员和机关干部分别参加全国政协、省政协和绵阳市政协举办的5个培训班，不断提高委员履职能力。二是健全制度机制。协助市委制定了《关于新形势下进一步加强和改进人民政协工作的意见》，完善了《政协委员管理办法》和优秀委员评比办法。加强乡镇工委建设，深入探索协商民主在基层的实践。坚持委员小组活动常态化，开展小组学习和视察活动20余次。强化委员服务管理，评选表扬优秀委员27名；增补委员14名；免去常委职务2人，终止委员资格6人，撤销委员资格3人，保持委员队伍先进性、纯洁性。三是强化主体责任。政协领导班子认真落实中央“八项规定”，严格履行党风廉政建设责任制，持续开展“两学一做”以及“重温入党誓词、重述入党心路”和正风肃纪等主题教育，始终保持政协履职为民的良好形象。大力宣传党政重点工作和政协履职成效，全年各级政协网刊登信息480余条，在各级政协工作简报和绵阳市级以上报刊发表信息和文章70余篇。

一年来，市政协参与“我为脱贫攻坚做件事”活动、助推我市脱贫攻坚和全面创新改革试验等工作受到市委、市政府以及绵阳市政协、省政协的肯定和表扬，助推全面创新改革试验和脱贫攻坚工作经验得到大力推广，多次被省政协、绵阳市政协《工作简报》和《四川日报》《四川政协报》《绵阳日报》刊载，新闻宣传、联合调研和提案办理等多项工作走在全省政协前列。

各位委员、各位同志：过去一年的成绩，是中共江油市委高度重视和正确领导的结果，是省政协和绵阳市政协大力指导的结果，是市政府及各方面大力支持的结果，是广大政协委员及政协工作者共同努力的结果。在此，我代表市政协常委会，向所有重视、关心、支持政协工作的同志们、朋友们，表示衷心的感谢和诚挚的敬意！

回顾一年的工作，我们仍然感到常委会工作与新形势、新要求相比，还有一定的差距，比如民主监督和参政议政机制还需进一步创新与发展，各专委会与党政相关部门对口协商的机制还需要进一步创新与实践，委员（界别）小组活动开展还需进一步创新与丰富，对此我们将高度重视，不断总结探索，认真研究解决。

2018年工作任务

2018年，是深入贯彻落实党的十九大精神的开局之年。总体工作思路是：以习近平新时代中国特色社会主义思想为指导，深入学习贯彻党的十九大精神，不忘初心、牢记使命，以“五位一体”总体布局、“四个全面”战略布局及“五大发展理念”为引领，在中共江油市委的坚强领导下，紧紧围绕市委“工业强市、产业兴市”发展战略，坚持两大主题，履行三大职能，为推动江油经济高质量发展、决胜全面建成小康社会做出新贡献。

一、深入贯彻党的十九大精神，巩固服务发展共识基础

深入学习贯彻党的十九大精神以及习近平新时代中国特色社会主义思想，不忘初心、牢记使命，坚决在思想政治行动上维护以习近平同志为核心的党中央权威和集中统一领导，保证全党的团结统一和行动一致。通过各种学习活动，引导社会各界深刻认识和把握领会中国特色社会主义进入新时代的新论断，奠定坚实的思想基础，把思想和行动统一到全面建成小康社会的生动实践上来，把智慧和力量凝聚到中共江油市委的重大决策部署上来，画出最大的同心圆，为加快建设“创新江油、开放江油、幸福江油、大美江油”的宏伟目标贡献政协智慧。

二、紧扣推进发展主线，增强建言献策工作实效

深入贯彻中央经济工作会议和省委十一届二次全会以及市委重大决策部署，以推进供给侧结构性改革为主线，紧紧围绕“两个一号工程”和“一基地一集群”产业发展具体任务开展协商，紧紧围绕乡村振兴、现代服务业和生态文明建设开展调研，紧紧围绕全面创新改革试验，主动融入“一带一路”、长江经济带以及区域性综合交通枢纽建设等重大战略实施开展视察，持续关注李白文化事业和产业发展，为助推经济高质量发展，协力构建以现代工业为主导、一二三产业协调发展的现代产业体系建言献策。坚持把脱贫攻坚作为工作重点，持续开展“我为扶贫攻坚做件事”活动，为决胜全面建成小康社会献计出力。

三、秉持团结民主主题，营造良好发展环境

深入贯彻中央关于加强和改

进人民政协民主监督工作的意见等文件精神，协力市委出台实施意见。坚持把会议、提案、视察、社情民意和民主评议作为民主监督的常态化工作方式，民主监督市委、市政府重大战略实施和重大工作推进情况。引导部门积极支持、参与政协工作，试行政协专委会和政府部门开展联合调研，对口协商提高建言献策质量。加大协商办理力度，发挥提案服务发展作用。视察“法治江油”建设、文明城市创建、科教文化和卫生事业发展以及“十大民生工程”建设情况，促进社会治理和社会事业健康发展。协力市委做好统一战线工作，真心倾听并反映各方意见。加强在外人才工作，多方吸引江油籍在外人才返乡创业。

四、强化政协自身建设，提升履职为民工作能力

严格执行中央八项规定和省委、省政府“十项规定”，坚决反对“四风”，认真履行党风廉政建设责任制，扎实开展“不忘初心、牢记使命”主题教育，确保“两学一做”学习教育常态化制度化。加强主席会、常委会、专委会和乡镇工委建设，认真学习并严格遵守《政协章程》，充分发挥人民政协服务发展的重要作用。加强委员队伍建设，强化委员培训和服务管理，提高委员履职能力，发挥委员主体作用，深入开展“五个一”活动。认真做好文史和宣传工作，树立政协良好形象。

各位委员、各位同志，党的十九大对人民政协提出了新要求，为政协工作展现了更为广阔的天地。让我们团结起来，高举爱国主义和社会主义伟大旗帜，在中共江油市委的坚强领导下，同心同德、开拓创新，积极发挥政协优势，切实履行政协职能，为实现伟大中国梦的宏伟目标，促进全市经济全面发展和社会进步再续新篇章！再做新贡献！再创新辉煌！

江油年鉴

大事记

Events

江油市2017年脱贫攻坚工作纪实

【概况】 2017年，江油市全面落实省、市脱贫攻坚决策部署，聚焦“两不愁、三保障”和“四个好”的目标，推进工作脱贫攻坚工作的落实。经绵阳市全覆盖验收，江油市27个贫困村达到“一低五有”退出标准；经江油脱贫攻坚领导小组全覆盖验收，4400名贫困人口全面达到“一超六有”标准，报经江油市人民政府批准脱贫并公告，占省定任务的103%，全市贫困发生率下降至0.96%；全年减贫人口人均纯收入达7072元，超省定脱贫人均收入标准3772元，贫困村集体经济经营性人均收入达31.6元，超省定退出贫困村人均收入标准25.6元；义务教育就学率、贫困户参合（保）率、广播电视达标率均达100%，实现贫困村卫生室、文化室全覆盖。未发现有“漏评、错评、错退”现象，群众认可度达96.7%。4月22日，江油市代表全省片区外县市在省脱贫攻坚总结推进会上作交流发言，汇报推广脱贫攻坚“江油经验”；11月15日，全省“中国社会扶贫网”推广现场会在江油市召开，江油市创新、探索的“1335”社会扶贫模式、经验作法得到国扶办、省扶贫移民局等领导的高度评价和肯定；新安农业公园成功升级为国家级农业公园，助力脱贫奔康。

【脱贫攻坚工作部署】 2017年，全市召开领导小组会议7次，对脱贫攻坚进行再研究、再部署、再加力，先后发起“春季攻势”“夏季战役”“百日攻坚”“冬季冲刺”专项行动，组织召开脱贫攻坚暨农民增收工作现场会、项目推进工作专题会、北部山区脱贫攻坚推进会、基础基层工作会、第三轮全覆盖督导工作会和年度考核验收等重要会议。研究印发《江油市“回头看”“回头帮”实施方案》《脱贫攻坚领导小组成员单位负责事项》《每月工作任务清单》《督查巡查工作办法》《项目推进日报制度》和《江油市全面决胜脱贫攻坚10条措施》，坚持“清单制+责任制+督考制”工作法，点球式交办任务，限时制整改落实，专题性督办督查，专项性追责问责。

【聚力攻坚重点】 严格按照23个专项扶贫方案，落实脱贫项目682个、总投资1.42亿元，完成新、改、扩建村组道路及产业道路209.7公里，启动实施北部山区生态旅游环线道路一期建设17公里；完成190户497人易地搬迁房屋；新建村卫生站19个、改造村卫生站14个；改造14户建档立卡户D级危房、364户C级危房；架设通乡（镇）到村支干光缆200余公里，新建20个4G基站，27个退出贫困村全部实现100兆光纤宽带接入。

【着力攻坚产业】 突出产业规划再精准，做精做实27个贫困村和4400名脱贫人口的“到村到户”产业项目规划，高质量、高水平编制23个扶贫专项方案，精心规划和打造“上、中、下”三大片区20个脱贫攻坚示范片和示范点，建成石元乡高山猕猴桃、高山生态蔬菜基地、双河循环农业、大堰幸福明天等贫困村233个种养殖项目和28个特色扶持种养殖产业园。集中50%以上的项目资金投向27个拟退出贫困村，划定产业发展资金不低于总投资的20%，实现贫困村产业发展资金不低于100万元/村，产业发展扶持基金不低于50万元/村，基金总量达3850万元。因地制宜探索发展“四方合作共富”“入股保底分红”“代种代养”“认种认养认购”等八种“造血式”精准脱贫模式，完善贫困户利益联结机制，做精做实“五项红利”分配机制，共享红利。

【巩固脱贫成果】 重点针对上级和本级督查暗访反馈发现的问题短板，构建“验收评估、持续跟进、动态查摆、返贫帮扶”四项巩固提升机制。开展“回头看”，落实好“脱贫不脱帮”政策，动员和组织4200余名干部进村入户，对标“一超六有”标准，全面摸排、核查，不留盲点、不留死角，实现扶贫对象精准率达100%。抓好“回头帮”，坚持从工作难点和重点群体着手着力，聚焦“三保障”，重点是抓好2014年和2015年19636名已脱贫人口的“回头帮”工作，逐户逐人查找问题，建立服务管理台账，制定帮扶措施，明确帮扶任务责任，实行清单管理，对标补齐短板。围绕全年脱贫的4400贫困人口，在政策、措施“精、细、准、实”上再下功夫，为1631户贫困户“一对一”制定帮扶措施3636条，安置497人，低保政策兜底1147人，医疗救助2092人。

【落实攻坚责任】 强化帮扶机制，对全市77个贫困村和非贫困村帮扶力量进行调整充实，实现“六个一”“三个一”“两结对两帮扶”力量全覆盖。全市89个部门、77名农技员、4958名帮扶干部和家庭医生服务团队真蹲实驻，用实实在在的成效赢得群众的充分认可。引领社会力量参与帮扶，构成横向到边、纵向到底的网格，做到贫困户注册全覆盖、有贫困人口的村信息管理员全覆盖、乡镇和帮扶单位管理员全覆盖，发起400余家社会组织，筹资6239万元。自中国社会扶贫网试点以来，全市注册贫困户12268户12400人，注册爱心人士53190人，注册管理员395人，审核发布贫困需求19772条，成功对接贫困需求10362条，对接成功率对接成功率52.4%；发布爱心捐赠6390条，对接成功4740条，对接成功率74.17%；

【扶贫扶智】 广泛开展“感恩奋进”主题教育，深入实施单元化联户共建共享工程，大力开展“五联创建”，表彰江油“十大好人”、五好文明家庭户、“好媳妇、好邻居”等一大批先进典型，在省定“四好村”定义的基础上提出具有江油特色的“十大好习惯”。深入挖掘自我脱贫的内生动力，安排专门财政资金70万元用于全年27个退出贫困村贫困户的实用技术培训，为贫困户发放致富手册12268册，培训21330余人次，入户指导10800次。

【攻坚整改】 全年集中开展“春季攻势”“夏季战役”“百日攻坚”“冬季冲刺”行动等专项督导、县级领导专项督导、全覆盖督查（暗访）、年终考核验收等共6轮的督查督导暗访工作。强化问题整改，以点球式下发问题整改65份，个性问题354条。5大片区督查组全面跟踪督导，实行问题整改日报制度，确保任务、责任、进度、整改“四个落实”。强化执纪问责，对未完成脱贫攻坚任务、年度考核排名靠后、重要指标未达标、项目资金管理使用不精准、扶贫专项实施不精准、“六个一”帮扶不精准、受到通报批评等情况，坚决实施“绵阳46条硬措施”和“江油10条措施”，按规定和程序对相关责任人进行问责追究。

【对口帮扶】 认真践行“布拖所需、江油所能”承诺，坚持“453”工作法，选派52名工作人员，按五年帮扶资金“过亿”标准分批足额投入布拖脱贫奔康，彰显江油力度、速度和温度。启动总投资近4000万元的“布江蜀丰示范园”和“瓦沟村民俗中心”大基地建设，引领带动到村到户产业发展；开展“千名教师能力提升工程”“布江中小学班”“千人技能培训”“四好家庭”培训评选活动，助力2017年年底定点帮扶的10个极度贫困村和2个重点贫困村退出、763户2900人如期脱贫。

（脱贫办）

名词解释

1.“两不愁、三保障”：两不愁：不愁吃（主食细粮有保障）、不愁穿（衣服能够自行购买，四季有换季衣服，日常有换洗衣服）；三保障：保障其义务教育、基本医疗和住房安全。

2.“四个好”：让贫困群众住上好房子、过上好日子、养成好习惯、形成好风气。

3.一低五有：贫困村发生率低于3%，有集体经济收入、有硬化路、有卫生室、有文化室、有通信网络。

4.“一超六有”：贫困户年人均纯收入稳定超过国家扶贫标准且吃穿不愁，有义务教育保障、有基本医疗保障、有住房安全保障、有安全饮用水，有生活用电，有广播电视。

5.“六个一批”：产业发展脱贫一批、移民搬迁脱贫一批、生态保护脱贫一批、教育脱贫一批、社保兜底脱贫一批、医疗保险救助脱贫一批。

6.“三个一”：选派第一书记、农业技术巡回服务小组、结对帮扶责任人。

江油市对口帮扶布拖县

2017年，江油市认真践行“布拖所需、江油所能”承诺，选派52名工作人员，按5年帮扶资金“过亿”标准分批足额投入布拖脱贫奔小康。全年投资4800万元，在安全住房、产业就业、教育保障、医疗保障、基础设施、干部培训、移风易俗等方面安排项目34个。结合布拖县级部门联乡包村工作情况，全市26个部门（乡镇）负责人进村入户，与结对帮扶极贫村共商帮扶措施，制定结对帮扶方案，实施项目落地落实。前线指挥部13名干部成为江油26个单位定点帮扶布拖26个极度贫困村的联络员，全年26个帮扶单位确定的总投资770余万元的115个帮扶项目，完成75个，完成投资600余万元。全年完成2个村5个集中安置点228套安全住房帮扶资金投入1300万元。投资3400万元规划建设“布江蜀丰现代农业科技示范园”，建成智能温室5000平方米、气调库1400平方米以及电商培训大楼1900平方米。组织布拖县参加第五届中国（绵阳）科技城国际科技博览会，助力布拖提升开放合作水平。投入240万元为10个受扶村建设分布式光伏发电项目2处、集中式圈舍、牲畜交易市场和加工用房8处。建成“布江300亩附子标准化种植示范基地”，试种魔芋、半夏共5.33公顷，试养蜜蜂200箱，引导种养标准化、多元化。大力推动“以购代捐”，组织市级部门认购马铃薯万斤、采购黑山猪240头。引进江油远林食品公司以每斤高于市场0.3元的价格在若普村收购附子8万公斤。组织建筑工匠、种养技术培训10期，培训870人次。全年交流互派298人次，培训布拖教师和幼儿辅导员354名，首批98名江油初高中“布拖班”和24名“幼教师资班”学生在江油接受教育，改造新建村幼儿园9所、安装“班班通”设备4套、安装远程视频互动教学设备2处，开展110名布拖小朋友参加的2017暑期精准关爱夏令营活动，向2017年考上大学的20名布拖贫困家庭学子发放助学金5.6万元。全年两地13家医疗卫生单位结成对子，培训医技人员241人次，完成6所卫生机构改造提升，组织4期江油医疗专家团队赴布拖开展义诊活动，诊治患者3500余人。深入开展“四好家庭”创建评选活动，先后在13个受扶村开展“四好家庭”评选表彰活动，向700余户“四好家庭”示范户奖励价值40余万元的电视机等生活用品。

（纪建军）

2017年江油市十大事件

1. 江油市被评为四川省脱贫攻坚工作先进县

2017年4月22日，江油市被授予四川省2016年脱贫攻坚工作先进县称号。近年，江油市委、市政府围绕“两不愁、三保障”要求，深入推进“六个精准”“五个一批”，脱贫攻坚工作取得显著成绩。

2. 江油市2017年重大招商引资项目集中签约

2017年12月18日，江油市举行2017年重大招商引资项目集中签约仪式。此次集中签约仪式共计签订正式投资协议32个，投资金额328亿元。其中，中石化、华为科技和碧桂园是江油首次引进的3家“世界五百强”企业。

3. 江油市正式获批四川省旅游强县

2017年5月15日，江油市被四川省旅游产业发展领导小组授予四川省旅游强县称号。2016年江油市旅游总收入达80.08亿元，同比增长20.12%，接待游客606.42万人次，同比增长20.97%。旅游经济总体保持强劲的发展势头，在绵阳各县市区名列前茅。

4. 江油市举行纪念王右木130周年诞辰系列活动

2017年11月12日，由中共绵阳市委组织部、宣传部、党史研究室、江油市委共同主办的纪念王右木130周年诞辰学术研讨会在江油市举行。此次系列活动探讨了王右木对四川马克思主义早期传播所做的贡献及其当代价值。

5. 江油市连续获评四川省文明城市，进入第五届全国文明城市总测评

2017年11月17日，江油市委主要负责人作为第五届全国文明城市参评城市代表，参加在北京召开的全国精神文明建设表彰大会，并同其他参会代表受到习近平总书记亲切会见。江油市人民检察院获第五届“全国文明单位”称号。2017年12月14日，江油市获得第四届四川省文明城市和四川省未成年人思想道德建设工作先进县称号。

6. 大康镇官渡村入选首批全国农村幸福社区建设示范单位

2017年12月22日，民政部发布《关于公示首批全国农村幸福社区建设示范单位的公告》，江油市大康镇官渡新村入选首批全国农村幸福社区建设示范单位。

7. 枫顺乡小坝村原党支部书记青方华被追授为“四川省优秀共产党员”称号

2016年12月20日，枫顺乡小坝村原党支部书记青方华在脱贫攻坚走访贫困户途中遭遇车祸，不幸离世，年仅48岁。2017年5月11日，中共绵阳市委追授青方华“全市脱贫攻坚优秀共产党员”称号。9月，中共四川省委追授青方华“四川省优秀共产党员”称号。

8. 西成高铁开通，江油迈上“蜀道快”的新征程

2017年12月6日，西安至成都高速铁路全线开通运营。西成高铁是国家中长期铁路网规划中的重点项目，也是全国“五纵五横”综合运输大通道和区际铁路干线通道的重要组成部分。西成高铁的开通，对江油更好更快地融入成都经济圈和成渝经济区，促进经济发展产生重要而深远的影响。同时，江油凭借自身旅游资源融入西成高铁“历史文化旅游路线”，成为南接成都，北眺西安的中转节点，境内设江油、江油北、青莲3个站点，为江油建成国内知名旅游目的地和区域旅游集散地打下坚实基础。

9.江油市青莲镇入选全国第二批特色小镇、四川首批省级特色小镇

江油是李白故里，青莲是李白出生的地方。凭借深厚独特的文化底蕴、诗情画意的城镇化建设，2017年青莲镇入选全国第二批特色小镇、四川省首批省级特色小镇。这是青莲镇在获得“全国文明村镇”“全国发展改革试点小城镇”“全国环境优美乡镇”“四川省环境优美示范镇”“四川省乡村旅游示范镇”“四川省百镇建设试点镇”等称号后获得的又一殊荣。

10.江油与荷兰法肯堡市结为姊妹友好合作城市

2017年2月24日，江油与荷兰法肯堡市举行友好合作交流座谈会暨姊妹友好合作城市备忘录签字仪式。受江油市人民政府邀请，荷兰法肯堡市政府代表团于2017年8月5日至9日对江油市进行为期5天的交流访问。法肯堡与江油正式结为姊妹友好合作城市，标志着两地之间的友好合作迈入新的阶段，进一步推动江油融入“一带一路”建设，扩大对外开放交流，促进与对外友好城市间在经贸、文化、科技、教育、旅游等方面互补合作。

（新闻宣传中心）

2017年江油市大事记

1月

6日　江油市文学艺术界联合会第三次代表大会召开。选举产生市文联第三届领导班子和委员会，审议并通过第二届委员会工作报告的决议和修改章程的决议等事项。

9日　绵阳市委、市政府决策咨询委员会主任林新一行赴江油调研文旅融合发展工作，并就江油传统文化元素融入旅游发展进行深入研讨。

△　江油市帮扶布拖县贫困村脱贫摘帽电视机及接收设施捐赠仪式在布拖县火烈乡菲土村村委会举行。布拖县委常委、工会主席陈琦，县委常委、副县长、江油市对口帮扶布拖县脱贫攻坚工作前线指挥部指挥长唐顺江，副县长、江油市对口帮扶布拖县脱贫攻坚工作前线指挥部副指挥长王成，四川广电网络江油分公司总经理杨绍清出席捐赠仪式。

10日　绵阳市副市长罗宗志赴江油调研工业发展并检查安全生产工作。

11日　绵阳市人大常委会主任马华一行先后到江油市精神病医院、江油市社会福利院、大堰镇敬老院等地看望慰问困难群众。

17日　遂宁市委常委、组织部部长周泓赴江油太平镇普照村考察基层党建工作。

19—22日　由四川省乒乓球协会主办，绵阳市乒乓球协会、江油市教体文广局承办的2017年四川省第十三届青少年乒乓球公开赛在江油开赛。共有700余名运动员参加比赛。

23日晚，“大美江油·韵律涪江”水上音乐喷泉灯光秀在江油体育公园正式拉开序幕。

2月

10日　四川省农业厅党组书记、厅长祝春秀率队到江油调研农业农村工作。

13—15日　中国人民政治协商会议第十三届江油市委员会第二次会议在江油大剧院召开。会议补选罗润为政协第十三届江油市委员会秘书长，通过市政协十三届二次会议提案审查情况报告以及政协第十三届江油市委员会第二次会议决议。

14日　绵阳市人大常委会副主任李川萍到江油市雁门镇大桥村督导检查脱贫攻坚工作。

15—17日　全省规模以下企业创新调查工作暨培训会在江油举行。来自全省21个市州调查队分管领导和业务人员共计110余人参会。国家统计局四川调查总队副队长唐建成出席会议并讲话。

15—16日，省人大法工委副主任王俊一行赴江油调研《四川省水利工程管理条例》(修订草案) 立法工作。

16日，绵阳市环境保护督察组组长、省政协副主席唐坚，督察组副组长、省住房和城乡建设厅副厅长陈勇率领督察组成员到江油市进行环境保护现场督察工作，并组织召开下沉督察谈话会。

△ 绵阳市委常委、政法委书记夏凤俭到江油调研政法工作。

16—17日　江油市第十八届人民代表大会第二次会议在江油大剧院召开。审查并通过江油市第十八届人民代表大会第二次会议《关于改善生态环境　提升城市水质　建设大美江油的决议》，关于江油市人民政府工作报告的决议，江油市2016年国民经济和社会发展计划执行情况及2017年国民经济和社会发展计划的决议，江油市2016年财政预算执行情况和2017年财政预算的决议，江油市人大常委会工作报告、江油市人民法院工作报告、江油市人民检察院工作报告的决议。

17日　绵阳市2017年一季度重点工业项目集中开工仪式在江油六合锻造举行。此次集中开工项目共计21个，总投资约19亿元，其中投资5000万元以上的项目11个，亿元以上项目3个。

△ 绵阳市工业经济工作座谈会在江油召开。会议总结回顾2016年工业和信息化工作情况，安排部署2017年工作任务。绵阳市委常委元方出席会议并讲话。

20日　江油市对口帮扶布拖县卫生计生工作座谈会暨对口帮扶协议签订仪式在布拖县举行。

21日　省政协副主席陈放一行赴江油专项督导绵阳华夏历史文化科技产业园项目建设工作。

22日　绵阳市政协副主席田荣华一行到江油调研李白文化产业发展情况。

△ 凉山彝族自治州委副书记陈忠义看望慰问江油市对口帮扶布拖县脱贫攻坚工作前线指挥部全体成员。

△ 省委常委、省农工委主任曲木史哈率队在赴江油实地调研脱贫攻坚和“三农”工作。

24日　江油与荷兰法肯堡市举行友好合作交流座谈会暨姊妹友好合作城市备忘录签字仪式。省人民对外友好协会副会长陈敏，荷兰法肯堡市长马丁·尤林斯，江油市委副书记、市长柳江，绵阳市外侨办主任方敏，江油市委常委、统战部部长唐传凤，副市长许红出席仪式。

28日　江油市对口帮扶布拖县重点项目布江蜀丰现代农业科技示范园开工仪式在布拖县特木里镇举行。

3月

3日　江油市举行“李白故

里·投资江油”推介会暨集中签约仪式。

6日　由江油市委、市人民政府主办，市委宣传部、市林业局、文明办、志愿服务指导中心承办的“大规模绿化全川·江油行动暨江油市2017年志愿服务活动”启动仪式在江油市三合镇石岭村翠屏山举行。市委书记周涛出席仪式并宣布活动启动，市委副书记、市长柳江致辞。

7日　市委副书记、市长柳江会见北京三聚环保材料有限公司蒲延芳副总裁一行。双方就推进现有项目建设进度和探索更广领域深度合作进行座谈。

8日　省林业厅厅长尧斯丹一行到江油市调研林业工作。

9日　江油市第五届乡村文化旅游节启动仪式在百合国际博览园举行。启动仪式上，来自50余个国家和地区的“中华旅游小姐”奉献精彩节目。

17日　绵阳市人民政府副市长蒋丽英赴江油专题调研教育发展工作。

18日　甘孜州委常委、农工委主任舒大春一行到江油考察学习现代农业、林业产业发展以及项目建设工作。

21日上午，在北京国家会议中心举行的第十三届国际绿色建筑与建筑节能大会暨新技术与产品博览会上，江油市与银川、荆州、白银、吉林高新区、淮安高新区等6个城市被授予中德生态示范城市。

23日　江油市召开工商联合会（总商会）第十二次代表大会第一次会议，选举产生江油市工商联（总商会）第十二届领导班子。

27日　市委书记周涛会见华强方特集团副总裁刘道宏，双方就推动项目加快建设相关事项进行深入交流。

△　国务院扶贫办考核司调研员李友成一行到江油，调研基层干部在脱贫攻坚工作中面临的主要困难和问题。

28日　市委书记周涛会见中国农业银行绵阳分行党委书记、行长曾振华一行，双方就推进银政合作相关事宜进行深入交流。

29日　绵阳市委书记彭宇行先后前往绵阳华夏历史文化科技产业园项目现场、四川六合锻造股份有限公司、乾元山文化旅游项目现场，调研江油市县域经济发展情况，强调要始终抓住产业这个重要支撑，加快县域经济发展振兴，为绵阳科学发展、加快发展注入更多强劲动力。

31日　绵阳市人大常委会2017年教科文卫工作座谈会在江油召开。

4月

6日　绵阳市人民政府副市长罗宗志一行到江油调研化工企业发展情况。

△　全省矛盾纠纷多元化解创新工作推进会参会人员赴江油参观考察。

7日　射洪县政协主席李晓曦率队到江油考察乡村旅游和现代农业发展工作。

12日　绵阳市人大常委会副主任董晓彬一行赴江油市东兴乡专题调研人大工作。

20—21日　凉山州委常委、布拖县委书记沙文，布拖县委副书记、县长罗古阿吉、县委副书记邓志红一行赴江油考察学习现代农业、乡村旅游、文化教育以及脱贫攻坚等工作并召开发展座谈会。

23日　国务院第三次全国农业普查事后质量抽查江油启动仪式举行。国家检查组组长、国家统计局核算司巡视员刘丽萍，四川省统计局机关党委书记李兴怀，江油市委副书记、市长柳江，市委副书记钟培，副市长李海出席启动仪式。

5月

3日　江油举行庆祝建团95周年、纪念五四运动98周年表扬大会暨文艺演出。市委书记周涛出席大会并寄语全市广大青年，要发扬“五四”精神，团结拼搏实干，为建设“创新江油·开放江油·幸福江油·大美江油”奏响青春最强音。

8日　市委书记周涛会见中国工商银行绵阳分行党委书记、行长李思林一行，双方就推进银政合作相关事宜进行深入交流。

9日　中央、省级驻绵阳市新闻单位、绵阳市级新闻媒体、网络媒体等10家新闻媒体记者深入江油基层，全面了解工业、农业、脱贫攻坚等方面的发展情况。

10日　江油市人大常委会主任冯钢赴布拖考察交流对口帮扶工作并出席江油市人大常委会援助布拖县人大常委会办公设备捐赠仪式。

11日　会理县委书记李怀良率领该县党政考察团赴江油考察三产融合、新农村建设以及现代农业发展工作。

14日　第四届两岸哪吒民俗文化交流活动在江油市翠屏山哪吒祖庙开幕。四川省人民政府台湾事务办公室副主任赵宇，绵阳市人民政府副市长赵迎春，中央人民政府驻澳门联络办公室台湾事务部张宪春处长，四川省人民政府台湾事务办公室交流处处长白刚，绵阳市人民政府台湾事务办公室主任陈福林，江油市委副书记、市长柳江，江油市政协主席李平等领导出席开幕式。来自中国台湾、澳门、香港地区以及新加坡、马来西亚、泰国的宫庙代表及哪吒文化信仰的嘉宾出席盛会。应邀参加的还有成都市道教协会和青城山等全国各地道观代表。

16—17日　蓬溪县委书记张向福、县人大常委会主任黄元章率党政考察团赴江油考察农旅融合、新农村建设以及现代农业发展。

17日　绵阳市政协副主席、民革绵阳市委员会主委郭兴林率调研组一行到江油调研政协工作。

△　四川省民政厅党组书记、厅长益西达瓦率省民政厅调研组到江油调研社会救助、社区管理、养老产业等工作。

19日　江油市公安局被公安部授予“全国优秀公安局”荣誉称号。

23日　“一带一路”大使论坛委员会副会长刘峰铭率队到江油考察调研工业、农业等产业发展情况。

25日　江油市政协主席李平率队赴布拖县考察交流对口帮扶工作。

26日　人力资源和社会保障部失业保险司司长桂桢一行到江油调研指导失业保险工作。

27日　晚7时，由四川省武术管理中心、四川省武术协会、四川卫视、江油市人民政府共同主办的原创国际级格斗赛事品牌峨眉传奇·“海灯武术杯”C3搏击联赛揭幕战江油举行。

31日　由中国诗歌学会、绵阳市李白诗歌协会主办，中共江油市委、江油市人民政府、绵阳市文联、绵阳市投资控股（集团）有限公司承办的第二届李白诗歌奖颁奖典礼在江油大剧院举行。第二届李白诗歌奖共征集作品1030余件。王小妮、食指、郑愁予、韩文戈、梁雪波、桑子获得“李白诗歌奖”提名奖。

6月

1—2日　省委政法委副书记王萍一行到江油调研司法体制改革工作。

2日　四川省政协副主席，农工党中央常委、四川省委主委王正荣一行到江油调研基层卫生设施设备建设情况。

4—11日　市委书记周涛带队先后赴德国、西班牙进行友好访问和项目洽谈。

6—7日　全国新型职业农民培育工作推进会在山西太原顺利召开。江油市委副书记钟培作为全国两位受邀县级领导之一，作题为《积极探索“名师带徒”新模式　加强新型职业农民队伍建设》的典型经验交流发言。

7日　江油市委副书记、市长柳江赴凉山州布拖县考察对口帮扶工作。

△ 上海虹口区政协主席石宝珍一行考察江油李白文化产业发展情况。

10—11日　中央文献研究室研究员刘金田、中央党史研究室研究员李蓉应邀到江油，就绵阳地方党组织建立90周年和王右木130周年诞辰纪念活动前期工作进行考察和指导。

13日　省委宣传部副部长李晓骏一行到江油，调研培育和践行社会主义核心价值观示范市建设情况。

14日　四川省旅游景区新标准培训会议在江油召开。会议旨在贯彻落实全省旅游产业发展电视电话会议精神，创新旅游景区发展思路，提升旅游景区软硬件建设，进一步推动全省旅游景区的创建及管理工作，促进全省旅游景区全面、持续、协调、健康发展。会议还通报全省2016年景区工作情况，安排部署2017年景区工作。

16日　绵阳市人大代表到江油市调研大学生就业创业工作。

21—22日　省委副书记、省长尹力到绵阳市安州、江油等县（市、区）调研省第十一次党代会精神学习贯彻情况，督导推动重点工作落地落实。

26日　市委书记周涛会见四川省商业投资集团有限责任公司副总经理、省商投金控集团董事长罗远航，双方就推进政企合作相关事宜进行深入交流。

△ 江油市新安农业公园被中国村社发展促进会与世界遗产研究部、世界文化地理研究院、亚太农村社区发展促进会等机构联合评选为“中国农业公园”创建单位。新安农业公园为四川省第四个、绵阳市唯一“中国农业公园”创建单位。

△ 义新撤乡建镇。

27日　2017年“李白故里杯”全国象棋公开赛在江油开幕。共有来自全国的24支象棋团体、206名专业和业余选手参赛。

△ 绵阳市政协副主席李京平率领绵阳市工商局、市红十字会等部门赴江油市战旗镇，开展脱贫攻坚全覆盖工作督查。

28日　四川特钢产业联盟大会暨特钢发展高端论坛在江油举行。

29—30日　绵阳市人大常委会主任马华带队前往江油，就学习宣传贯彻省第十一次党代会精神，抓好重点工作落地落实情况开展专项督导。

7月

4日20时至5日20时，绵阳市出现区域性大暴雨、局部地区特大暴雨的持续强降雨天气过程，雨量200毫米以上有26个站。5日下午，绵阳市委副书记、市长、市防汛抗旱指挥部指挥长刘超深入江油市河口镇防汛抗洪一线，实地指导地质灾害防治、江河防洪隐患治理等工作。

10日　绵阳市中医医疗集团江油片区学术交流会在江油举行。

11日　绵阳市委常委、纪委书记马骏赴江油市通口河流域，调研河长制工作推进情况。

△ 绵阳市委副书记付康率绵阳市国土资源局、水务局等部门相关负责人，前往江油市河口镇、青莲镇，指导检查防汛减灾和地灾防治工作。

13 日　全省社会主义核心价值观建设现场交流会在江油召开。与会人员先后考察江油市大康镇官渡村“和文化”基地、西山公园“双拥文化”基地、太白公园“积善园”、江油市政务服务中心、太平镇涪滨社区。省委宣传部副部长李晓骏,绵阳市委常委、宣传部部长张学民,江油市委副书记、市长柳江等领导出席会议。

21 日　江油市召开全面推行河长制工作会议，贯彻落实中央、省、绵阳市全面推行河长制的重大决策部署，安排部署江油河长制工作。市委书记、市河长制工作领导小组组长、市第一总河长周涛出席会议并讲话。他强调，要以强烈的历史担当和有力的工作举措，坚决把河长制工作落到实处，着力解决突出问题、切实改善环境质量，为加快建设“创新江油·开放江油·幸福江油·大美江油”提供坚强的生态保障。

24 日　绵阳市委书记、绵阳市全面落实河长制工作领导小组组长、绵阳市第一总河长、涪江绵阳段河长彭宇行率队到江油青莲镇诗仙村通口河与涪江交汇口，督察涪江绵阳段河长制工作落实情况，主持召开涪江绵阳段全面落实河长制工作推进会，就进一步做好涪江流域水环境治理工作进行研究部署。

26 日　江油市庆祝中国人民解放军建军 90 周年大会在江油大剧院举行。市委副书记、市长、市双拥工作领导小组副组长柳江出席会议并讲话。柳江强调，要团结一致、携手并进，进一步巩固同呼吸、共命运、心连心的新型军政军民关系，合力建设“创新江油·开放江油·幸福江油·大美江油”。

27 日　绵阳市人民政府副市长经大忠一行到江油市调研生态循环农业发展情况。

8月

3 日　市委书记周涛会见德国凯曼德国际贸易有限公司总经理卡特·梅腾，双方就进一步深化合作，共同打造中德产业园进行深入交流。

7 日　江油·法肯堡市旅游推介会暨签约仪式举行。省人民对外友好协会副会长陈敏，法肯堡市长简·斯海恩，江油市委副书记、市长柳江，绵阳市外侨办主任方敏，江油副市长许红等出席仪式。

△ 中央第五环境保护督察组督察四川省工作动员会在成都召开。会议以电视电话会议形式召开。江油市委书记周涛，市委副书记、市长柳江，市人大常委会主任冯钢，市政协主席李平，市委副书记钟培，市委常委唐传凤、何波、何华君、姚华宗、吕勇、何思文等市领导在江油分会场参加会议。

8 日 21 时 19 分，四川阿坝藏族羌族自治州九寨沟县发生 7·0 级地震后，绵阳市迅速组织卫生、公安交警、消防、电信等单位应急救援力量紧急驰援。9 日上午，绵阳市委副书记、市长、“8·8”九寨沟地震抗震救灾应急领导小组副组长刘超赶赴江油市，检查驰援“8·8”九寨沟地震和救援保障服务工作。

9 日 8 时，绵阳市委书记、绵阳市“8·8”九寨沟地震抗震救灾应急领导小组组长彭宇行在江油市公安局指挥中心，主持召开九寨沟地震抢险救援工作紧急会议，传达贯彻习近平总书记、李克强总理重要指示批示，以及省委书记王东明，省委副书记、省长尹力指示精神，研究部署道路保通保畅、人员转移安置等工作。市委副书记、市长、副组长刘超，市委副书记、副组长付康出席会议。

9 日晚 23 时许，国家旅游局副局长李世宏一行在奔赴九寨沟震区途中，到江油市考察九寨沟地震应急救援保障服务工作。

9 日　江油市召开九寨沟县 7.0 级地震应急救援工作会议，传达上级关于抗震救灾有关指示精神，安排部署相关应急救援工作。市委书记周涛主持会议。

10—11 日　布拖县委副书

记毛正华，县委常委、常务副县长刘浪率布拖县党政代表团赴江油考察农业产业、新村建设、脱贫攻坚等工作。

15 日　江油召开创建全国文明城市工作推进会，对全市创建全国文明城市工作进行再动员、再部署、再落实。市委副书记、市长柳江出席会议并讲话。

16 日　绵阳市委书记、市环境保护委员会主任彭宇行率队赴江油，督办中央第五环保督察组交办环保问题信访件。他强调，要立行立改、不折不扣，持续推动环境突出问题整改落实，以整改为契机，提升绵阳环境保护和生态文明建设再上新台阶。

18 日　绵阳市政协副主席胡安虎一行赴江油市调研农村集体产权制度改革工作。

25 日　江油市与四川能投集团合作设立旅游产业基金签约仪式举行。

9月

5 日　绵阳市人大常委会主任马华带领市环保局等部门有关负责人前往江油市，现场督办中央环保督察组交办问题整改工作。

14 日　绵阳市委常委、宣传部部长张学民一行到江油督导创建全国文明城市工作。

△ 绵阳市人大常委会主任马华带领检查组前往江油市，开展《四川省农村扶贫开发条例》执法检查。

17—18 日　四川省军民融合高新装备先进材料产业联盟2017 年工作会议在江油召开。江油市委副书记、市长柳江出席会议并致辞。中船重工军民融合与国防动员发展研究中心副主任许嵩、中国工程物理研究院副院长赖新春、四川省国防科工办处长沈颖、江油市工业园区党工委书记胥洪以及 33 家产业联盟成员单位负责人等出席会议。会上，江油工业园区作为 2017 年 4 家新入盟成员单位之一被正式授牌。会议期间还举行军民融合政策解读、军民融合产业发展基金介绍和联盟工作交流与研讨。

21 日　中国初级卫生保健基金会对江油市区域卫生发展精准扶贫项目捐赠仪式在绵举行。全国政协副主席、农工党中央常务副主席刘晓峰，中国初级卫生保健基金会秘书长周庆年，省委统战部常务副部长刘坪，农工党四川省委驻会副主委夏华祥出席捐赠仪式。绵阳市政协主席张锦明主持捐赠仪式。此次捐赠涉及江油市 40 个乡镇（中心）卫生院，捐赠医疗设备总价值达6093.27 万元。

25 日　绵阳市委常委、市纪委书记马骏带队赴江油，调研基层防治“微腐败”工作。

28 日　江油市第二届太白文艺奖、优秀社科成果奖颁奖大会在江油大剧院举行。绵阳市社科联党组书记、主席何季德，绵阳市文联副主席杨荣宏，江油市委副书记钟培，市委常委、统战部部长、总工会主席唐传凤，市委常委、宣传部部长吕勇，市人大常委会副主任贺勋，副市长谢林川，政协副主席毛彬出席大会并为获奖者颁奖。太白文艺奖共收到符合条件的各类文艺成果300 余件，通过初评、复评、终评 3 个环节，最终确定 14 件文艺作品和 58 位会员获奖，其中太白文艺奖特别奖 7 件、创作奖4 件、作品奖 3 件，国家级会员奖 6 人、省级会员奖 52 人。优秀社科成果奖共收到符合条件的各类社科成果 135 件，通过专家组评审，确定了 22 件社科成果获奖。其中一等奖 2 件、二等奖4 件、三等奖 6 件、优秀奖 8 件，特别奖 2 件。

10月

1 日，市委常委、宣传部部长吕勇，市政府党组副书记庞华均分别率工作组，深入雁门镇、枫顺乡、石元乡、敬元乡、六合乡等受“9·30”广元青川地震影响乡镇，检查指导相关乡镇抗震救灾工作，看望慰问当地受灾群众。9 月 30 日，广元青川发生 5.4 级地震，江油震感明显，临近震中的雁门山区乡镇不同程度受损。地震发生后，江油和受地震影响的相关乡镇立即启动应急预案，全力做好抗震救灾相关工作。地震造成相关乡镇部分群众房屋出现梭瓦、裂缝等现象，相关乡镇受损情况核查有序开展，群众生产生活秩序正常、人心安定社会稳定。

△ 省政府副秘书长严卫东、绵阳市副市长经大忠率领省、绵阳市工作组，深入江油市六合、枫顺等乡镇，实地查看“9·30”广元青川地震对江油市雁门山区造成的灾损情况，看望慰问当地干部群众。江油市委副书记、市长柳江，市委常委、宣传部部长吕勇陪同。

10 日　绵阳市政协副主席田荣华一行到江油市重华镇，就基层文化阵地建设进行调研。

11 日　市委副书记、市长柳江会见正大集团农牧食品企业中国区资深副董事长（川滇黔区董事长）白宇飞，双方就推动项目加快建设进行深入交流。

16 日　省高级人民法院党组书记、院长王海萍率队到江油调研法院工作。

17 日　江油市举行全国第四个“扶贫日”暨第二十五个“国际消除贫困日”募捐活动。

18 日 9 时　全市广大党员干部及各界群众通过广播电视、网络、手机等多种媒介，认真收听收看中国共产党第十九次全国代表大会开幕盛况。

24—25 日　国家统计局四川调查总队党组书记、总队长张小军率队到江油调研现代农业产业发展、指导城乡居民住户调查工作。

26 日　江油市人民政府与绵阳师范学院签订战略合作框架协议。

△ 绵阳市委常委、常务副市长颜超一行深入江油督导调研部分重点企业和重点项目，协调解决企业发展、项目建设推进有关问题。

△ 四川省“地方志与地方史兼容发展”研讨会在江油市召开。

27 日　江油市召开农村养老服务体系建设试点启动工作会。市委副书记、市长柳江在江油农村养老服务体系建设试点启动工作会上要求，要奋力推进农村养老服务体系试点工作，努力走出一条具有江油特色的农村养老服务体系建设之路，不断开创更多与时俱进的农村养老事业发展新思路。

11月

2—3 日　市委副书记、市长柳江率队赴布拖县考察交流对口帮扶工作。

10 日　“四川王右木研究中心”授牌仪式在江油王右木纪念馆举行。

12 日　省司法厅副厅长陈爱蓓率队赴江油，对第四批“全国法治县（市、区）创建活动先进单位”进行考核。

△ 纪念王右木 130 周年诞辰向王右木烈士敬献花篮仪式在江油市武都镇王右木故居举行。绵阳市委组织部副部长卿官亮、市委宣传部副部长王晓刚、市委党史研究室主任敬东阳、市社科联主席何季德以及江油市领导冯钢、李平、胥洪、钟培、唐传凤、何华君、吕勇等出席仪式。市级有关方面主要负责人、专家学者以及王右木亲属代表等参加敬献花篮仪式。

△ 由中共绵阳市委组织部、宣传部、党史研究室、江油市委共同主办的纪念王右木 130 周年诞辰学术研讨会在江油举行。来自全国各地 100 余名专家学者和地方代表齐聚一堂，以“传承先烈风范，建设伟大工程”为主题，共同探讨王右木对四川马克思主义早期传播所做的贡献及其当代价值。

15日　全省“中国社会扶贫网”推广暨扶贫移民宣传工作培训会在江油市召开。会议为期3天，来自全省21个市州、161个有脱贫攻坚任务的县市区扶贫移民局（办）相关负责人参加会议。绵阳市、遂宁市、江油市、蓬溪县分别在会上作试点工作经验交流。

15—16日，四川省政府副秘书长、省扶贫移民局局长降初，国务院扶贫办信息中心副主任、中国社会扶贫网建设工作领导小组办公室主任刘翔前往江油市大堰镇、方水镇调研指导“中国社会扶贫网”运营建设工作。

16日，中共江油市委召开十三届第28次常委会会议，传达贯彻全国推开国家监察体制改革试点工作动员部署电视电话会议精神，审定《关于成立江油市深化监察体制改革试点工作小组的通知》。市委书记周涛主持会议。

20日　市委副书记、市长柳江主持召开江油市人民政府党组（扩大）会议，贯彻学习中共十九大精神，总结政府系统党风廉政工作，研究部署下一步重点任务。

△　绵阳市副市长蒋丽英前往青莲镇调研指导李白文化产业园建设推进工作。

21日　江油市学习贯彻中共十九大精神市委宣讲团动员会暨集体备课会在江油大剧院举行。

22日，中共江油市委召开十三届第29次常委会会议。会议传达学习全国精神文明建设表彰大会精神，研究江油贯彻意见；安排部署近期重点工作。市委书记周涛主持会议。

△　绵阳市第四季度重大工业项目集中开工仪式暨11月工业经济运行分析会在江油市举行。此次集中开工的重大工业项目共有30个，总投资61.04亿元，2017年计划投资12.03亿元。

24日　学习贯彻中共十九大精神绵阳市委宣讲团报告会在江油举行。

27—28日　市委书记周涛率队赴宜宾五粮液集团考察，并就五粮液集团与江油共建酿酒专用粮基地相关事项与该集团负责人进行洽谈对接。

28日　由江油市农业和畜牧局主办、江油市休闲农业协会、四川国程生态农业有限公司承办的江油市休闲农业与乡村旅游产品发布会在四川国程生态农业有限公司召开。

12月

6日　西成高铁正式运营。西成高铁将西安和成都两个西部重要的旅游城市连接起来，西安到成都只需4小时左右，江油到西安从14小时缩短至3小时。

7日　市委召开十三届第31次常委会会议，传达学习省委书记王东明书记率队赴凉山州调研督导深度贫困攻坚工作指示精神，审定《江油市工业空间布局和产业发展规划（2017—2025)》。

7—8日　江油市政协主席李平带队赴眉山市东坡区参加在眉山市苏东坡书法艺术院举行的“丹青绘盛世·翰墨书华章”暨广汉江油东坡政协书画院作品联展活动。

11—12日　市委书记周涛率队赴陕西西安，与陕西竹园嘉华控股集团公司负责人就李白文化产业园项目下一步的推进工作进行座谈磋商。

12日　省人社厅党组成员、副厅长李强率队赴江油市调研综治和调解仲裁工作。

14日　绵阳市项目投资工作现场会与会人员到江油市太平镇参观绵阳华夏历史文化科技产

业园项目现场。

16日　江油市委副书记钟培率队赴布拖县考察交流江油市对口帮扶布拖县脱贫攻坚工作开展情况。

18日，江油市委副书记、市长柳江主持召开江油市人民政府十八届第24次常务会议，传达学习中共中央政治局研究分析2018年经济工作会议精神，省委书记王东明率队赴凉山州调研督导深度贫困脱贫攻坚工作指示精神以及四川省、绵阳市今冬明春重污染天气攻坚行动暨县级以上集中式饮用水水源地环境问题整治工作会议精神，研究江油贯彻意见。

△　江油市举行2017年重大招商引资项目集中签约仪式。此次集中签约仪式共计签订正式投资协议32个，投资金额328亿元。32个项目中，主要涵盖新材料、节能环保、电子信息与光电、模具加工、高端装备制造等领域，5亿元以上项目4个、10亿元以上项目10个、50亿元以上项目2个。其中，中石化、华为科技和碧桂园是江油首次引进的3家“世界五百强”企业。

19—20日　绵阳市委副书记、市长刘超赴凉山州布拖县特木里镇洛奎村幼儿园、布江蜀丰现代农业科技示范园等地，实地考察对口帮扶及深度贫困地区脱贫攻坚工作，看望慰问彝区困难群众和江油市援建干部人才。

23日　由中国诗歌学会、中国李白研究会、江油市人民政府主办的“重走唐诗之路”在江油市启动。同日下午，由中国诗歌学会、江油市人民政府联合举办的第二届中国诗歌排行榜江油发布活动及“诗与远方·唐诗中的故乡”交流座谈会在江油青莲国际诗歌小镇举行。

26日　中共江油市委召开十三届第33次常委会会议，传达学习中央经济工作会议精神，全省深度贫困地区脱贫攻坚推进电视电话会议，绵阳市委副书记、市长刘超考察对口帮扶彝区贫困县工作指示精神和绵阳市项目投资工作推进会精神，研究江油贯彻意见。市委书记周涛主持会议。

27日　江油市委副书记、市长柳江主持召开江油市人民政府十八届第25次常务会议，传达学习中央经济工作会议、《贯彻落实中央八项规定精神和省委、省政府十项规定实施细则》精神，审定《土壤污染防治行动计划江油工作方案（送审稿）》。

28日　江油市“双报到”服务为民促和谐活动启动仪式在江油大剧院举行。市领导冯钢、李平、胥洪、钟培、唐传凤、何波、何华君、姚华宗、吕勇、何思文等出席仪式。

△　省委宣传部副部长向宝云一行到江油调研李白文化产业发展工作。

29日　市委书记周涛在调研全市重点工业项目时强调，要进一步理清发展思路、明确发展方向、抢抓发展机遇，深化供给侧结构性改革，积极推动项目建设提速提质提效，着力构建现代化经济体系。

△　长祥锻造万吨模具钢展销中心及机加工项目启动仪式在江油工业园区举行。标志全国最大的模具钢销售、展示、交易平台在江油建成并投入使用。

（方志办）

江油年鉴

江油概览

Overview of Jiangyou

自然地理

【位置、面积】 江油市位于四川省东北部、四川盆地西北部边缘的涪江中上游地带。东与剑阁县、梓潼县接壤，南抵绵阳市涪城区、游仙区和安州区，西与北川羌族自治县毗邻，北与平武县、青川县连界。地理位置处于北纬31°32′26″~32°19′18″、东经104°31′35″~105°17′30″之间。市境轮廓呈东北至西南走向的条形状，东西宽约48.4千米，南北长约86.6千米，面积2720平方千米。按地貌主要类型分，平坝占22.2%，丘陵占26.5%，山地占51.2%，台地占0.1%。涪江在江油市境内全长62.3千米，多年平均流量163立方米/秒，是江油市境内最大的河流。

【气候】 江油市境气候属北亚热带湿润季风气候，具夏热冬暖，暑期长，降水丰沛，雨热同步的特点。年平均气温15.9℃，降水量1113.21毫米，蒸发量926.7毫米，相对湿度81%，日照时数1277.1小时，年平均气压为95.35千帕，极端最高气温37.5°C，极端最低气温-6.8°C，最多风向东北风，年平均风速为0.9米/秒，无霜期为238天。因为雨热同步，能保障对农作物的生长，在市境大部分地区可以满足农作物两熟的热量要求。只是西北部山区有小部分地方只能满足农作物一熟的热量要求。

【地形、地貌】 市境内地势西北高、东南低，西北部系山地，海拔一般800米~1500米，最高峰为枫顺乡与平武县交界处的轿子顶，海拔2356米；东南部系丘陵和平坝，海拔一般500米~700米，最低点为龙凤镇飞凤山麓涪江河谷，海拔462米。大地构造西北部属东北—西南走向的龙门山—大巴山台缘褶断带，地面表现为冈峦重叠，坡陡沟深；东南部属四川台坳，地貌表现为低矮的丘陵和大小不等的平坝。

（方志办）

自然资源

【土地资源】 土地面积辽阔，有31.39万公顷。土壤宜种性广，矿质养分丰富，一般耕性良好能适应多种农作物、林木、草类生长。但因境内丘陵地区丘坡上部水土流失严重和丘坡坡麓排水不畅等原因，低产田土较多，必须有计划进行改造。

【矿产资源】 矿产种类多、藏量丰富，现已探明金属与非金属矿20余种，但初步探明储量的仅有一半，探明部分储量仅有5种。已进行规模开采的有天然气、黄铁矿、赤铁矿、石灰石、白云石、硅石、石英石等7种。煤、沙金亦有少量、零星开采。

【水资源】 蕴藏量丰富，地表径流利用较好。水能资源理论蕴藏量为36.95万千瓦，其中可开发量21.69万千瓦，水利资源理论总量111.33亿立方米，按可利用水资源计算，境内耕地每亩平均在2600立方米以上。

【森林资源】 加强天然林资源保护，聘请21名建卡贫困户为国有林管护人员，对全市5万余亩零星国有林进行全面管护。兑付国家级生态公益林补偿金679.61万元。全年累计义务植树172万余株，森林覆盖率达48.2%。森林面积净增加543公顷，全市森林蓄积增加27.37万立方米。

（方志办）

主要气象灾害

【概况】 2017年，江油市年平均气温16.8℃，较常年偏高0.5℃；年降水量1190.3毫米，偏多12%；年日照时数1355.0小时，偏多5%。年内天气气候有5大特点：光热充足，年内大部分时间气温偏高、日照时数偏多；干旱偏轻，春、秋无旱，夏旱、冬干影响不大；盛夏暴雨偏强，“7·5”大暴雨、“8·7”暴雨以及8月17日至31日连续暴雨造成的灾情较重；大风天气多；秋绵雨偏重，影响部分地区晚秋作物生长发育。年内天气气候条件总体有利于小春和大春作物生长发育，农业生产获得较好收成，但极端高温、大风、冰雹、强降水等天气对供电、旅游、建筑、交通等行业造成一定的不利影响。全年天气气候条件总体正常略偏差。

气候特点及评价

【气温偏高、日照偏多，光热充足】 全市年平均气温16.8℃，较常年同期偏高0.5℃，为有气象记录后第9高位。年极端最高气温36.3℃，年极端最低气温-1.4℃。炎热日数64天，酷热日数7天。全市年平均日照时数1353.8小时，较常年偏多5%。

【总降水量、降雨日数偏多，干旱偏轻】 全市年总降水量1190.3毫米，较常年偏多12%；平均降水日数146天，较常年多10天；年内干旱总体偏轻。冬季(12月至次年2月)出现冬干，2月下旬初出现连续降雨天气，冬干得以及时解除；春季(3月至4月)无旱；初夏(5月至6月)有一般性夏旱。

【盛夏暴雨偏强，局地洪涝灾害偏重】 2017年汛期(5月1日至10月31日)总降雨量为1067.9毫米，较常年同期偏多13.8%。5月至6月无暴雨天气出现，强降雨主要出现在盛夏7月至8月，全市共出现区域性暴雨天气过程11次。其中7月4日至6日，全市出现大暴雨，个别乡镇特大暴雨(最大降雨量：养马峡景区340.5毫米)。此次强降雨天气过程，降雨时段集中，分散对流强，且单点暴雨多，造成部分城区内涝、山区地质灾害和中小河流洪水。

【大风天气多】 全市年平均风速1.1米/秒，与常年相当。江油站出现7级及以上风速共3次，其中8级大风有1次，年极大风速为18.4米/秒。乡镇监测站也录得多次大风，且个别乡镇出现大风灾害。

【秋绵雨偏重】 秋季(9月至11月)全市降雨日数50天，位列历史同期第4位。全市秋绵雨总天数20天，分别是9月29日至10月5日、10月20日至11月1日。

【气候影响分析】 上半年，全市虽有冬干但对小春生产影响不大，且解除及时；春旱不显，夏旱较轻；上半年热量、光照以及土壤墒情等农业气象条件对小春作物生长发育及大春生产较为有利，大部地区小春作物生长发育良好、结实正常、籽粒饱满，小春生产获得较好收成。下半年，全市天气复杂多变。7月天气异常晴热、气温显著偏高、日照显著偏多，而且暴雨、大风、冰雹等强对流天气频发，灾情较重；“7·5”大暴雨造成部分城区内涝、山区地质灾害和中小河流洪水。8月上半月炎热少雨，下半月转为多雨，部分乡镇降雨频繁、暴雨成灾。9月至10月，秋绵雨天气偏重，对晚秋作物生长发育有一定的不利影响，也使2018年度小春备耕受阻、小春作物播栽有所推迟。11月，上半月温高光足，有利于小春播种育苗；下半月天气突转、气温陡降，迅速入冬。12月天气更不平常，白天阳光明媚、气温挺在10℃以上，夜间辐射冷却、最低气温普遍降至2℃或以下，霜冻天气多。下半年江油市天气气候条件虽有异常状况，但光、温、水等气象条件能够满足大春作物生长发育所需，盛夏气象条件也有利于抑制大春作物病虫害的发生发展，农业气象灾害总体偏轻，大春生产也获得较好收成。2017年，全市极端高温、大风、冰雹、强降水等高影响天气对供电、旅游、建筑、交通等其他行业的生产和经营造成一定的不利影响，天气气候总体正常略偏差。

2017 年江油市各次强降雨过程统计表

表 2

要素名称	7.4—5	7.5—6	7.14—15	7.21—22	7.28—29	8.6—7	8.16—17	8.19—20	8.20—21	8.21—22	8.25—26
暴雨站次	18	14	5	3	5	20	3	4	24	5	8
大暴雨站次	24	2	0	0	2	11	0	0	6	0	0
特大暴雨站次	1	0	0	0	0	0	0	0	1	0	0
最大过程雨量	317.2	115.9	96.9	67.0	107.0	203.5	70.9	98.5	255.4	65.1	92.7
最大过程雨量出现乡镇	养马峡	青莲	重华	江油	雁门	石元	二郎庙	养马峡	石元	江油	石元
江油站日降雨量	129.7	78.3	16.9	67.0	10.3	57.0	42.0	46.9	33.0	65.1	38.8
暴雨主要落区	江油市	青莲、九岭及周边	重华、厚坝及周边	城区周边	雁门山区	江油市大部分乡镇	二郎庙、文胜周边	养马峡沿龙门山脉	江油市大部分乡镇	城区周边	雁门山区

(气象局)

环境状况

【概况】 江油市位于四川盆地西北边缘，龙门山脉北段的东南侧，涪江上游。城区属亚热带湿润气候，具有冬暖、春早、夏长、秋短、无霜期长、雨量充足的特点。年平均气温为 15.90C，主导风向为东北风，年平均风速为 0.9 米/秒，年平均雨量为 1113.2 毫米，年平均日照 1277.1 小时，年平均气压 95.35 千帕。涪江在江油市境内全长 62.3 千米，多年平均流量 163 立方米/秒，是江油市最大的河流。2017 年，江油市环境保护局完成全市大气、水体和噪声例行监测任务，完成 15 家国控、省控和绵阳市控重点污染企业和 80 余家江油市控一般污染企业的监督性监测及排污收费监测和环境污染纠纷监测。监测结果显示，城区空气环境质量优良天数达到 293 天；涪江出入境断面水质达到地表水Ⅲ类水域水质标准，城区和乡镇饮用水源地水质达到国家相应标准；功能区噪声达标；共获有效监测数据 5 万余个。

【大气环境质量】 全年，江油市环境空气优良天数为 293 天，达标率为 81.6%，比 2016 年上升 8.4%；PM10 年均值 84.9 毫克/立方米，同比下降 4.6%；PM2.5 年均值 52.5 毫克/立方米，同比下降 4.5%。

【水环境质量】 分为主要江河水系水质和集中式饮用水水源地水质。主要江河水系水质：涪江及其主要支流共布设 2 个河流地表水质监测断面，即福田坝断面、凉水井断面。涪江福田坝水质稳定，达到Ⅲ类水域水质标准；涪江凉水井水质稳定，达到Ⅱ类水域水质标准。2017 年度，涪江水质稳定达标，能够满足规定的水域功能要求。涪江干流水质较好、较稳定，全年各项指标均未出现超标，水质能达到相应的水质标准。集中式饮用水水源地水质：涪江岩嘴头和平通河涪西堰是江油市的饮用水源地，岩嘴头和涪西堰断面水质达标率 100%，能够满足集中式生活饮用水源地二级保护区的功能要求。

【声环境质量】 全年对江油城区 4 个功能区测点的环境噪声进行定期监测，每季度各监测 1 次。各功能区昼间噪声环境质量较好，昼夜平均等效声级值均未超标。功能区噪声反映城区生产生活的声环境状况，江油城区功能区的声环境状况整体良好，3

个功能区噪声均没有超标。2017年度江油市道路交通噪声昼间平均值为67.3分贝，江油市道路交通噪声质量级别为好。江油市城市区域环境噪声质量级别为较好。

（李 玲）

政区沿革

【德阳县和阴平郡、县的设置】 江油市境内最早的政区设置，为东汉光武帝建武元年（25）在今雁门镇（一说为今小溪坝镇阴平村）设置的德阳县，东汉末移治于今遂宁界（后再迁治今德阳市境）后即废此为亭，魏元帝景元四年（263）邓艾伐蜀自阴平道直取江油（今平武县南坝镇）所经之德阳亭，即为此地。境内较早设置而后来又废掉的政区，还有西晋怀帝永嘉年间（307—313）侨置的北阴平郡和阴平县。原阴平郡、县故址在今甘肃省文县西北，因西晋永嘉后郡、县俱没于氐，遂于今小溪坝镇阴平村侨置北阴平郡、阴平县。北周时郡改名为静龙，县名仍为阴平。隋朝时郡废除，北宋末县亦废除。

【江油、彰明两县的设置及其历史变迁】 境内主要境域，历史上设置政区较长时期而较为稳定的，为江油、彰明两县。彰明县初名汉昌，晋武帝泰始年间（265—274）自白沙戍（今湖南湘阴县西北）侨置于今江油市青莲镇。西魏废帝二年（552）改为昌隆县，迁县治于今彰明镇。唐玄宗先天元年（712）避讳改为昌明，五代后唐庄宗同光元年（923）改为彰明。其后经宋、元、明、清，虽屡有兴废变革，“彰明”县名一直沿用到1958年与江油县合并为止。江油县政区最早始于北魏宣武帝正始元年（504）设置的江油郡、县，“江油”郡、县名沿袭蜀汉政权于东汉建安二十四年（219）设置的“江由戍”，原址在今平武县南坝镇，南宋理宗宝祐六年（1258），江油县治由平武南坝迁于今江油市大康镇旧县坝（雍村），元顺帝至正二十三年（1363）复设置江油县于今武都镇。据《蜀中名胜记》载：“是以江水所由矣”，“由”通“油”，故名。其后历经明、清两代，虽亦有兴废变革，江油县的设置一直延续下来。新中国成立后，江油县治于1951年5月迁中坝镇。

【江、彰合县及撤县建市】 1958年9月，经国务院批准，江油、彰明两县同时撤销合并设立江彰县。1959年4月，江彰县更名为江油县。1988年2月，国务院批准撤销江油县，设立江油市，由四川省直辖，四川省批转由绵阳市代管。

（方志办）

城市发展

【城市沿革及发展】 新中国成立前江油县城设武都镇，彰明县城设治城镇。新中国成立后江油县城迁中坝镇，江、彰两县合县后仍以中坝镇为县城。撤县建市后，江油城市在中坝、三合、太平三镇的基础上发展起来。中坝镇位于江彰平原中部、江油城市中心，地理位置处于北纬31°47′、东经104°44′。城区被涪江和昌明河分隔为中坝、三合、太平镇。东南距绵阳市区38千米，西南距省会成都市156千米。中坝镇始建于元惠宗时期（1333—1368），原址位于双流村（即今罗汉坝），初名兴隆场，后改名为双流场，明末毁于战火，清康熙三年（1664）重建于今址。因其地形如船，两面皆水，中间为坝，故名中坝。涪江东岸为三合场，始建于明世宗嘉靖年间（1522—1566）。昌明河西南岸为太平场，始建于明孝宗弘治元年（1488）。其地扼川、陕、甘三省交通之要冲，又为涪江航运之重要码头，历来为川西北重要的物资集散中心，清代有“小成都”之称，民国时期被誉为四川四大名镇和五大药材集散地之一。1949年江油解放时，中坝城区建设面积约1平方千米，有人口1.74万人。1954年，宝成铁路通车后在中坝镇东北郊设立火车站，车站周边逐渐形成新的城市区域。1958年，中坝火车站（今江油火车货运站）至原城区过渡地段相继兴建一批工矿企业，城区面积大规模扩展。1964年，中坝涪江大桥（俗称一桥）竣工通车，成为连接涪江东岸工矿区和西岸文化商贸区的纽带。1965年，国家在涪江东岸江油钢铁厂原址上兴建长城钢厂，同时在县境内部署了一批重点企业和科研单位，促进了城市建设的进一步加速。以商贸为主的中坝镇逐渐向以冶金、能源、建材为基础的工业城市发展。1978年，中共十一届三中全会后，在原有基础上重新编制了城市规划，经省政府批准后实施，城市建设进入新的发展时期。进行旧城改造的同时，城区开始沿城北、城南和昌明河以西扩展。至1987年，中坝城区建成面积达9.06平方千米，新建城市道路1.6万米，面积31.96万平方米。新建了太白路中段、东大街北段、北大街西段、棉纺厂路等主要干道，新建了中坝第二涪江大桥及一大批科、教、文、卫及商贸建筑，新建了李白纪念馆、太白公园和西山公园。城市水、电、气等公用事业及交通、邮电通讯等都得到了长足的发展，城市人口也迅速增长到15.4万人，奠定了撤县建市的基础。1988年2月，国务院批准撤县建市，进一步加快城市建设的步伐。1992年邓小平视察南方发表重要讲话后，江油作为四川省发展经济一条线战略目标的北端起点，在城区西南地带设立省级工业开发区，规划面积近10平方千米，城市发展重心逐渐南移。1993年以后，在对红军纪念碑为中心的旧城区主要商业街道进行大规模拆迁和改造的同时，着力对城区绿化、道路照明和环境治理等各项工程进行改造和建设。到2001年，江油城区建成面积扩展到21.4平方千米，城区道路总长146千米，面积223.72万平方米，形成以金轮干道、太平干道、银河干道、新华干道和太白路、花园路、东大街、北大街、解放街等为主的纵横交错的市区主干道网络。2005年，江油市委、市政府为迎接“两会一节”（四川省工业现场会、绵阳市第三届旅游发展大会和国际李白文化旅游节），筹集资金、组织力量对城市街容进行大规模的修葺整饬，新建、扩建23条城市道路，城市道路达110千米，城市建成区面积拓展到25千米。同时，为突出李白文化特色、丰富城市人文内涵，组织力量在广泛征求各方面意见的基础上对城市街道进行重新命名，更名的街、路、巷48条，新命名的街、路、巷131条，保留原名的街、路、巷26条。如将原太白路更名为诗城路、人民路更名为诗仙路、金轮干道更名为纪念碑街、银河干道更名为李白大道等。2008年“5·12”汶川特大地震发生后，江油市在中共中央、国务院的亲切关怀下，在河南省及海内外人士的大力帮助下，结合灾后重建，加强市政基础设施建设，城市形象和城市承载能力得到更大的提升，城市文化品位有了大幅度的提高。明月新城是江油市灾后沿绵江产业带和涪江两岸向南拓展开发建设的城市新区，地处涪江、昌明河交汇处，集中原江油连心桥（涪江三桥）、滨江河堤景观、拦水筑坝水能发电站和大型商住小区为一体，规划范围5.92平方千米，涉及中坝、太平、彰明、三合4镇及江油工业园区，规划人口9至10万人。

【历史文化名城】 江油历史悠久，自东汉光武帝建武元年（25）设置政区以来，迄今已有1992年的历史。江油为三国蜀汉军事重镇，唐代大诗人李白故里，系道教发源地之一，又是辛亥革命“江油之役”和红四方面军围城打援“江油战役”的发生地，有着深厚的三国文化、李白文化、宗教文化和革命文化的积淀和氛围。

【实现转型升级的工业城市】 历史上的江油、彰明两县是以农业为主的产粮县，主产水稻、小麦、玉米等粮食作物及油菜、豆类、木耳、黄花、茶叶、水果、中药材等多种经济类作物，尤以地道中药材附子栽培历史悠久、驰誉全国而畅销海内外。中华人民共和国成立后逐渐发展为以冶金、能源、机械、建材、化工、纺织、食品等门类为主的新兴工业城市。境内有攀钢集团江油长城特殊钢公司、神华四川江油发电厂、中石油西南油气田川西北气矿、拉法基水泥集团四川双马股份有限公司、四川矿山机械有限责任公司、江油国大水泥有限公司、江油御华纺织有限责任公司及中国燃气涡轮研究院、四川材料与工艺研究所等国家大中型企业和科研单位20多家。江油作为“三线”建设的老工业城市，冶金机械产业长期一业独大。在全国、全省化解产能过剩的大背景下，传统的冶金机械产业在20世纪末逐渐遭遇困境。江油市委审时度势提出大力实施“11321”发展战略，强力推进城市建管、产业结构、生态环境、“一园八区”、统筹城乡、民生工程“六大转型升级”，其中工业转型升级走出一条具有江油特色的科学发展、加快发展、跨越发展之路，以两个“一号工程”(即引进培育高新技术和战略性新兴产业的产业发展“一号工程”及电子商务和“互联网+”的现代服务业发展“一号工程”)为统领，把新材料基地、高端装备制造、电子信息和光电、生物医药“一基地三集群”发展作为重点突破方向，实现冶金机械“一业独大”向高端装备制造、新能源新材料、现代医药绿色食品“三大产业”转变。

【美丽的旅游城市】 江油山川秀美，人文荟萃。境内有诗仙李白遗迹陇西院、太白祠、读书台、粉竹楼、磨针溪、洗墨池、衣冠墓等十数处，有道教祖庭乾元山金光洞、佛教名胜观雾山普贤顶，有佛、道文化浓厚、历史悠久的千古名山窦圌山。市区周围更有李白纪念馆、太白公园、太白碑林、西山公园、体育公园、明月岛公园、佛爷洞、白龙宫、陈塘关、翠屏山、老君山、养马峡、青沟等旅游名胜点缀其间。江油的旅游业兴起于20世纪80年代初，到20世纪末形成一定的体系和规模。进入21世纪，江油不断开发农业多种功能，推进文农林旅融合发展，在全市范围规划建设了中国百合国际博览园、青莲国际诗歌小镇、新安农业公园、武彩香都、申家沟生态旅游度假区等多个文农林旅融合区。

(方志办)

行政区划

2017年，江油市辖30个镇(中坝、三合、太平、武都、青莲、厚坝、含增、大康、新安、九岭、西屏、文胜、重华、永胜、雁门、大堰、二郎庙、马角、彰明、龙凤、小溪坝、双河、贯山、战旗、河口、方水、香水、八一、义新、新兴)，10个乡（东兴、重兴、新春、东安、云集、重兴、石元、敬元、六合、枫顺)，1个省级工业园区(四川江油工业园区)，2个街道办事处（长钢街道办事处和华坪办事处)，96个社区居民委员会，365个村民委员会。

(民政局)

人 口

2017年年末，全市公安户籍人口86.63万人，其中：农业人口52.88万人，非农业人口33.75万人；男性人口43.96万人，女性人口42.67万人，男女性别比为1.0302∶1；城镇化率为38.96%，比2016年提高0.74个百分点。人口出生率12.029‰，死亡率21.224‰，自然增长率−9.195‰。

(公安局)

方 言

江油方言属于现代汉语北方方言西南次方言四川方言区的一支，以江油市人民政府驻地中坝镇为代表方言，与邻近的绵阳、梓潼、平武、北川城区的方言基本相同。

江油方言与汉语北方方言的代表方言——现代汉语普通话相比，无论语音、语汇或语法，基本上是相同的。若细加比较，这三者之间差异稍大的还是语音，但也仅表现为声、韵系统和调值的略有不同而已。其次则是语汇，其差异主要表现为一些方言词汇与普通话词汇的不同，以及一些较有特色的地方性熟语。新中国成立后，随着普通话的逐步推广，尤其是广播、电视逐渐普及后，江油方言无论是语音或词汇均有一定程度的趋同于普通话的倾向。故新中国成立二三十年后，江油人实际运用的方言（尤其在城区）已与民国时期有了很大的差异。特别是20世纪80年代后出生的年轻人，受普通话的影响更大，即使说四川话也普遍受普通话声韵调以及词汇的影响，传统的江油话已有了相当程度的发展和变化。

江油地域宽广，市境东北隅的马角、雁门、二郎庙、青林口、重兴、云集、中兴、六合、枫顺、敬元、石元等乡镇，语音与城区相差甚大，除调值有很大的差别外，语音亦与城区略有差异。在有的地方，这种方言的差异性还表现得十分复杂，比如二郎庙、雁门、马角等镇，镇上居民与山乡居民讲话亦有差异，甚至有些相邻近的村所操方言也有较大的差异。

（方志办）

著名人物

【李白】 李白，字太白，号青莲居士，唐代伟大诗人。自称凉武昭王李暠九世孙。祖籍陇西成纪（今甘肃秦安县附近），先世因罪流寓西域而改易姓氏。唐中宗神龙元年（705）李白父亲逃归四川后客居绵州昌明（今四川省江油市青莲镇），恢复了李姓，李白遂生于此。出生之时，母亲长庚入梦，故取名为白，字太白。

幼聪颖，五岁诵六甲，十岁诵诗书并涉猎百家，后于江油大匡山乔松滴翠之坪读书十载。开元八年（720），苏颋出任益州刺史，他于路中投刺谒见，其才能使苏颋十分惊异，称赞他说：“这小子天才英特，稍稍再用功学习一下，便可与司马相如比肩。”他喜欢纵横术，好击剑，轻财好施而有侠义之风。曾与邑人东严子隐居岷山数年，郡守举二人有道科，皆推辞不应。开元十二年（724）后出三峡，与友人吴指南游襄汉、泛洞庭。指南病死，恸哭若天沦，猛虎临前而坚守不动。暂将指南遗体殡于湘水畔，后数年为之营葬。又东至金陵、扬州，不到一年时间散金三十余万。后娶故相许圉师孙女，居安陆十年。开元二十三年（735）游太原，识郭子仪于行伍之中，恰遇郭犯有小过，在主帅面前讲情减免了对他的刑责。与谯郡元参军携妓游晋祠，浮舟弄水。之后至齐、鲁，客居任城，与孔巢父、韩准、裴政、张叔明、陶沔等会于徂徕山，纵酒为乐，号为“竹溪六逸”。

唐天宝元年（742），李白游会稽，与道士吴筠居剡中。吴筠被召，李白亦随之至长安。往见贺知章，贺读其诗文，赞叹不已，称之为“谪仙人”。又经持盈法师（即玉真公主）举荐，唐玄宗召见于金銮殿。论当世事，草答番书，又上《宣唐鸿猷》一篇。甚得玄宗嘉赏，以七宝杯赐食，御手亲为调羹，并任命他为供奉翰林，专掌密令。

李白嗜酒，几乎日日醉于酒肆之中，故与贺知章等八人有“酒中八仙”之称。每当唐玄宗召他之时，几乎都在酒醉之中，故常以水洒面，稍解时提笔为文，往往一气呵成而婉丽精切。如《出师诏》《宫中行乐词》《泛白莲池序》《清平调》《龙池柳色》等，皆为应诏之作。多次侍宴玄宗帝，曾因酒醉后令高力士脱靴。高力士深感受辱，故摘《清平调》句以激怒杨贵妃。唐玄宗欲封给李白官爵，皆为杨贵妃所阻，同时又不断遭到张垍的谗毁。故在京三年，自知难容于近倖而请求还山，玄宗帝乃赐金放归。

此后李白便浪迹江湖，游历商、洛、梁、宋、齐、鲁等地，寓家于东鲁，与杜甫、高适、李邕交游，并请北海道士高如贵传道箓。然后再北游邯郸、幽州、太原，南至苏州、会稽、扬州、金陵，又往来于宣城、秋浦、南陵等地，前后共约十年时间。

天宝十四年（755）安史之乱起，李白转徙于宿松、匡庐间。次年，永王李璘起兵，重李白才名而将他辟为僚佐。不久兵败，李白系于浔阳狱中。乾元元年（758），以永王事被定为死罪，汾阳王郭子仪请以官爵为赎，始诏令长流夜郎。行至途中，遇赦而还，前往投靠当涂令李阳冰。唐代宗即位后以左拾遗的官职征召他，可惜他已经去世了。卒时赋《临终歌》一篇，时年六十二岁，葬于当涂青山。

李白有女名平阳，生卒年不详；有子名伯禽，卒于贞元二年(786)；有一个孙儿，出游不知所往；有两个孙女，皆嫁给普通农夫为妻。李白病重时，将诗文草稿托付给李阳冰，李阳冰编为《草堂集》，并为之作序。序言中说："自中原有事，公避地八年，当时著述，十丧其九。今所存者，皆得之他人焉。"唐代宗时，下诏以李白诗、裴旻剑、张旭草书为"三绝"。

【王右木】 王右木(1887—1924)，原名丕昌，曾用过燧、燧人、祐谟等名，江油县武都镇人，四川马克思主义运动先驱者，中国共产党四川支部和社会主义青年团成都地方执行委员会的创建人和领导者，革命烈士。

清光绪十三年（1887）11月12日，王右木出生于江油县城武都镇一个平民家庭，六岁随大哥王初龄发蒙识字。清宣统元年(1909)于四川通省师范学堂毕业后，被聘为龙郡中学监督。民国3年（1914）东渡日本，初入应庆大学学习理化，后转入明治大学法制经济科攻读社会科学。在此期间，于认真研读各派社会思想家著作的同时，他接触到马克思主义著作，尤以俄国十月革命的成功对他影响甚大。民国7年（1918）秋获政学士学位归国，次年初夏受聘于成都高等师范学堂任学监兼授经济学和日文课程。在深入研读马克思主义著作的同时，以高师为基地开辟马克思主义宣传阵地，从事马克思主义理论指导下的革命活动，并在革命实践中锻炼成长为一个坚强的马克思主义战士。

在高师任教期间，他十分注意团结青年学生，利用课堂及一切可能的机会，在青年学生中传播马克思主义，并于民国9年(1920)组织了以学习、宣传、研究马克思主义为宗旨的马克思读书会。民国10年（1921）1月，自费创办四川第一份宣传马克思主义的报刊——《新四川旬刊》，5月被军阀查封。经过一段时间的酝酿和准备，又于次年2月创办《人声》报，发行川内外，影响很大。民国11年(1922)4月，《中国社会主义青年团临时章程》在《先驱》杂志刊登后，他指导马克思读书会的骨干会员根据《章程》成立了四川社会主义青年团。6月，组织和领导了四川现代革命史上影响深远的教育经费独立运动，并取得胜利。7月赴上海与中国青年团中央联系，以谋求统一的组织。10月返川，先于重庆组建了社会主义青年团重庆书记部，再致函南充何珌辉、张秀熟，委托建立社会主义青年团川北地方组织，又于10月15日正式成立了社会主义青年团成都地方执行委员会。民国12年（1923）秋，受中共中央委托，在四川团组织中选择骨干组建了下设工人组和学生组的中国共产党四川支部，任书记。他领导党、团员开展工人运动，进行农村社会考察，筹划建立工农武装。中共三大后，他积极贯彻中央决议，在四川争取国共合作以建立革命的统一战线。他拒绝四川军阀杨森高官厚禄的利诱和收买，于民国13年(1924)年初夏前往广州参加党的重要会议，后经广西、贵州步行返川，在贵州土城至四川泸州一段途中失踪遇难，年仅三十七岁。

【海灯】 海灯法师（1907—1989)，俗名范靖鹤，又名范剑英、范无病，江油重华人。佛教徒兼武术家，曾任全国政协委员、中国佛教协会理事、四川省政协委员、江油县政协副主席及观雾山极乐寺住持。

清光绪三十三年（1907）9月14日生于江油县重华场火炮街一个裁缝家庭，自幼随舅父薛久志习武。高小毕业考入绵阳师范初师班，毕业回乡教书半年即去中江县随朱智涵武师习武。再经朱介绍到入驻金堂县淮口镇的川军二十八军第一师当兵，又随武术教官王体泉习武。民国24

年（1935）因不愿与继母带来的异父异母妹成婚而避至新都县镇静庵学佛，次年于成都五岳宫剃度出家，一年后挂单于绵阳万寿寺。民国28年（1939）年初住梓潼大庙，不久升座住持。民国32年（1943）曾赴成都青羊宫花会参加武术表演。民国35年（1946）出川经河南少林寺云游至浙江普陀山。民国36年（1947）住浙江天台县国清寺，农禅并举。

新中国成立后，1958年始迁住江苏省吴县石公寺，曾任县政协委员。1960年后，多次挂单上海法藏寺，于体育宫教青少年习武并多次参加上海、杭州、宁波等地的武术表演，与武术名家王子平、顾留馨、刘百川、万籁声等交游。1967年7月回重华，诵经参禅，传授武术，并为乡人治疗跌打损伤一类的病痛。1979年，四川峨眉电影制片厂与香港长城影业公司合拍《四川奇趣录》，应邀做武术表演。1981年，任四川省政协及江油县政协委员。1982年，应邀赴河南嵩山少林寺住持寺务，次年春回重华。1984年，任全国政协委员。同年12月至次年1月，随中国新闻电影制片厂赴美国参加新闻纪录片《少林海灯法师》首映仪式，亮相表演，并应邀至纽约州报恩寺讲经。1987年，任江油县政协副主席、观雾山极乐寺住持。1988年9月，任江油海灯武馆馆长。1989年1月10日病逝，终年八十二岁。

海灯法师以武术闻名，世称其“二指禅”“梅花桩”“童子功”为三大绝技。四川人民出版社1987年出版由他口授、弟子记录整理的《少林梅花桩精拳》。又好吟咏，巴蜀书社1985年出版其《少林云水诗集》。原四川省政协主席杨超1984年提议于江油修建武馆，国家副主席乌兰夫接见法师后题写了馆名和楹联，“海灯法师武馆”于1988年在江油太白公园内落成。

2017年江油市国民经济和社会发展统计公报

2017年，在市委、市政府的坚强领导下，全市上下坚定以习近平新时代中国特色社会主义思想为科学指引，认真学习贯彻中共十九大精神，主动适应把握经济发展新常态，认真践行新发展理念，坚持稳中求进工作总基调，大力实施“工业强市、产业兴市”发展战略，统筹抓好稳增长、促改革、调结构、惠民生、防风险各项工作，全市经济呈现稳中有进、稳中向好的良好态势。

一、综合

经济运行稳中向好。经绵阳市统计局审定，全年地区生产总值（GDP）实现384.6亿元，可比增长9.2%。其中，第一产业增加值45.73亿元，增长4.0%；第二产业增加值148.99亿元，增长9.0%；第三产业增加值189.88亿元，增长10.6%。三次产业对经济增长的贡献率分别为5.3%、40.3%和54.4%，分别拉动经济增长0.5、3.7和5.0个百分点。三次产业结构由2016年的12.5：40.2：47.3调整为11.9：38.7：49.4。服务业增加值增速高于GDP增速1.4个百分点，占比提升2.1个百分点。人均GDP达48542元，比2016年增加4816元，增长9.4%。

非公有制经济大幅拉动经济增长。2017年，全市非公有制经

济实现增加值237.67亿元，增长

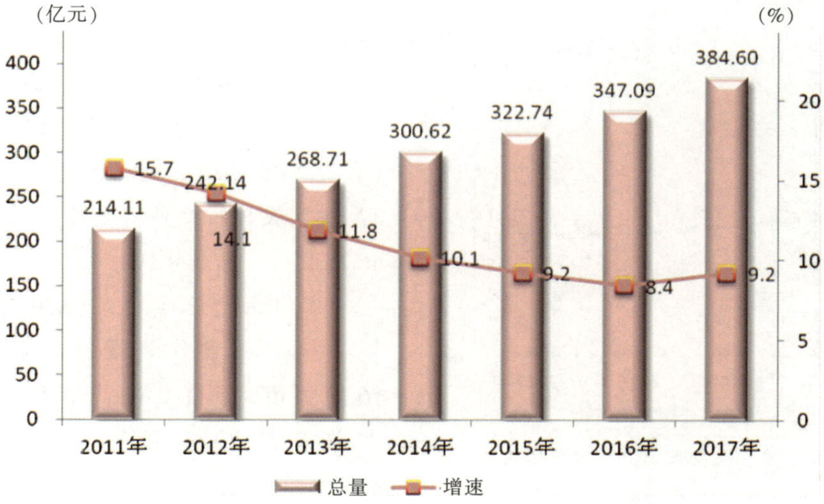

图1　2011—2017年地区生产总值及增速图

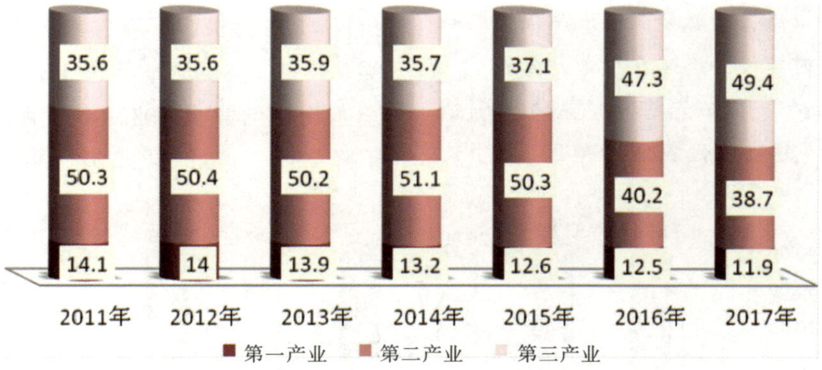

图2　2011—2017年GDP三次产业结构图

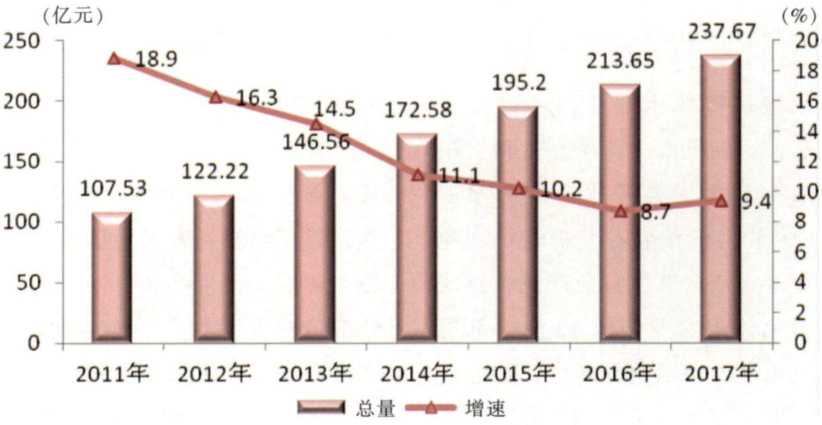

图3　2011—2017年非公有制经济总量及增速图

9.4%;占GDP比重61.8%，同比提高0.2个百分点，对经济增长的贡献率达62.6%，拉动经济增长5.8个百分点。非公有制经济中第一产业增加值8.77亿元，增长3.1%；第二产业增加值120.84亿元，增长8.9%；第三产业增加值108.06亿元，增长10.9%。非公有制工业实现增加值102.33亿元，增长9.2%。其中：民营经济实现增加值231.04亿元，增长9.5%。

二、工业和建筑业

聚力聚焦“六大行动计划”，全面攻坚“工业大会战”。我市紧紧围绕“工业强市、产业兴市”发展战略，高效实施“工业大会战”，全力推动工业朝着质量更高、效益更好的方向发展，强攻“两新”产业，推动主导产业结构调整和转型升级取得新进展。全年新增规模企业25户，达233户，其中“两新”企业35户。规模工业完成总产值529.11亿元，增长21.3%；其中“两新”产业总产值166.34亿元，增长21.6%。全部工业增加值124.93亿元，增长9.4%，对经济增长的贡献率36%，拉动经济增长3.3个百分点。工业化率为32.5%。规模工业增加值增长11.2%。规模工业企业实现主营业务收入506.89亿元，增长21.6%。攀长钢结束长达20年的亏损，实现盈利2000余万元，新增长祥特钢等税收过“千万”企业5户，六合锻造等57户工业企业实现利税增长10%以上。全年盈亏相抵后实现利润总额29.31亿元，增长14.2%;利润率5.8%。利税总额49.99亿元，增长13.2%；利税率9.9%。

“亿元”企业贡献突出。2017年，全市工业总产值过亿元的企业135户，完成产值478.76亿元，占总产值比重90.5%，其

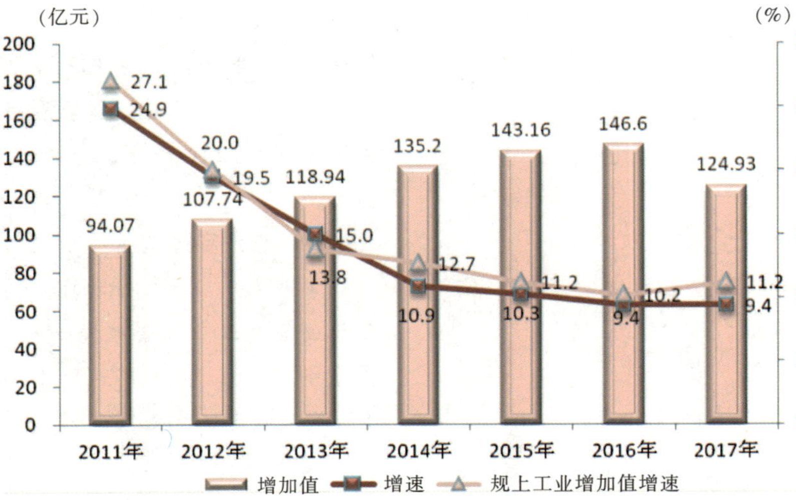

图4 2011—2017年全部工业增加值、增速及规上工业增加值增速图

中产值过5亿元的企业22户，完成总产值228.44亿元。

传统支柱产业力度不减。以冶金机械、建材、食品医药和能源业为主的支柱产业分别完成总产值229.41亿元、76.89亿元、45.47亿元和19.65亿元，占总产值比重分别为43.4%、14.5%、8.6%和3.7%，四大支柱产业产值占比70.2%。

建筑业较快增长。2017年，全市资质内总专包建筑企业39个，完成建筑业总产值74.73亿元，增长28%；其中:建安工程产值70.5亿元，增长24.4%。建筑业增加值24.17亿元，增长6.8%。建筑业竣工产值47.43亿元。房屋建筑施工面积265.33万平方米；房屋建筑竣工面积148.67万平方米，其中住宅竣工面积62.31万平方米。

三、农业

“135”现代农业体系初见成效。2017年，全市深入贯彻中央1号文件精神，“三农”工作坚持以农民增收为核心，以推进农业供给侧结构性改革为主线，以脱贫攻坚为抓手，坚持新村扶贫重点，全域全面推进幸福美丽新村建设，连续9年荣获全省“三农”工作先进市（县）。围绕“国家现代农业示范区”建设，积极培育休闲农业与乡村旅游业，不断巩固“蔬菜、生猪、粮油”三大优势产业，大力发展“林果、花卉苗木、中药材、兔业、水产”五大特色产业，建成特色休闲农业园区12个，部省级粮油万亩示范片8个，特色产业万亩亿元示范区13个，标准化规模生猪养殖场126个，粮经复合产业示范基地13.5万亩，初步形成“135”现代农业产业体系。

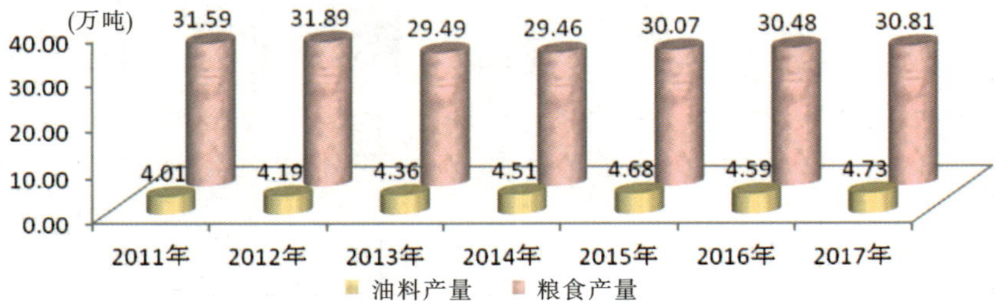

图5 2011—2017年粮食产量及油料产量图

农村经济运行平稳。全年农林牧渔业实现总产值80.53亿元，增长3.9%。其中：农业产值43.26亿元，增长5.0%，占总产值比重53.7%；牧业产值29.86亿元，增长1.2%，占总产值比重37.1%。农林牧渔业实现增加值46.76亿元，增长4.1%。

粮油生产基本稳定。2017年，全市粮食作物播种面积76.19万亩，下降0.4%。全年粮食总产量30.81万吨，增产1.1%。油料总产量4.73万吨，增长2.8%。蔬菜产量42.33万吨。

畜牧业小幅减产。全年生猪出栏41.12万头，下降3.4%；肉类总产量5.48万吨，下降1.8%。全年出栏活家禽1032.14万羽，下降2.3%；禽蛋产量2.07万吨，下降1.2%。

大力培育现代农业经营主体。全市积极开展土地流转服务，以家庭农场发展为重点，精心培育了一批带动能力强、示范效应广的龙头企业、专合组织、家庭农场、专业大户和职业经理人等新型经营主体，新培育绵阳市级龙头企业2家，总数达57家；新发展绵阳市级重点农民专合组织2个，总数达57个；新发展家庭农场96家，总数达531

家。申报创建绵阳市级以上农民专业合作社示范社6个，其中省级2个；申报创建绵阳市级以上示范家庭农场6家，其中省级1个。

森林资源实现双增长。加强天然林资源保护，新聘21名建卡贫困户为国有林管护人员，对全市5万余亩零星国有林进行了全面管护。兑付国家级生态公益林补偿金679.61万元。全年累计义务植树172万余株，森林覆盖率达48.2%。森林面积净增加8144.89亩，江油市森林蓄积增加27.37万立方米。

农业基础设施不断完善。全年整治塘堰38口，新建及整治渠道16.8千米，新建蓄水池4口，技改提灌站1座；完成高效节水灌溉面积7500亩；治理水土流失面积13.7平方千米；修复水毁工程210处；建设村镇集中供水工程16处（含管网延伸工程），分散供水工程252处（含改造），解决2.05万人饮水问题，其中贫困人口4240人。实现农作物机收面积4.06万公顷，新增提灌站24座，总数1420座。全市冷藏、烘干设施326处（座）、产地初加工能力达2.23万吨/次。

幸福美丽新村实现绿色发展。坚持按照以“业兴、家富、人和、村美”为总体要求，围绕“四好村”目标，全域全面实施了扶贫解困、产业提升、旧村改造、环境整治和文化传承“五大行动”，推进幸福美丽新村建设，幸福美丽新村建成数累计达203个，成功申报省级“四好村”34个、绵阳市级“四好村”63个。全市共评选“好习惯十星户”等各类榜样8000余户。

凝聚社会合力，脱贫攻坚强保障。2017年退出27个贫困村、4400名贫困人口，全市贫困发生率下降至0.96%；减贫人口年人均纯收入达7072元，义务教育就学率、贫困户参保率、广播电视达标率均达100%，实现贫困村卫生室、文化室全覆盖，群众认可度达98.6%。90户497人易地扶贫搬迁工作全面完成，新建村卫生站19个、改造村卫生站14个；改造建档立卡贫困户D级危房14户、C级危房364户；架设通乡（镇）到村支干光缆200余公里，新建20个4G基站，27个退出贫困村全部实现100兆光纤宽带接入。发起400余家社会组织，筹资6239万元参与社会帮扶。自中国社会扶贫网试点以来，全市注册贫困户1.23万户1.24万人，注册爱心人士5.32万人，注册管理员395人，审核发布贫困需求2.02万条，成功对接贫困需求1.15万条，贫困需求对接成功率57%；发布爱心捐赠6504条，对接成功5012条，对接成功率77.06%。

农业供给侧结构性改革顺利推进。全市农业农村体制改革实行部门分工负责，细化改革方案、明确目标任务和工作措施，挂图作战，扎实推进，顺利实施“推进主攻方向农村改革”“深化农村集体产权制度改革”“创新财政投入方式”“深化供销社综合改革”“完善农业农村发展用地保障措施”五项重大农村改革任务。

四、固定资产投资

固定资产投资持续增长。2017年，工业、服务业、“三农”、交通、城建、社会民生六大板块投资稳步提升，全社会完成固定资产投资218.1亿元、增长19.1%。按投资构成分：工业投资78.27亿元，增长17.5%；技改投资78.76亿元，增长23.7%；房地产开发投资14.97亿元，下降45.2%。按产业分，一产业投资6.90亿元，下降1.1%；二产业投资78.39亿元，增长17.4%；三产业投资132.81亿元，增长21.5%；民间投资102.06亿元，增长1%，占投资比重为46.8%。

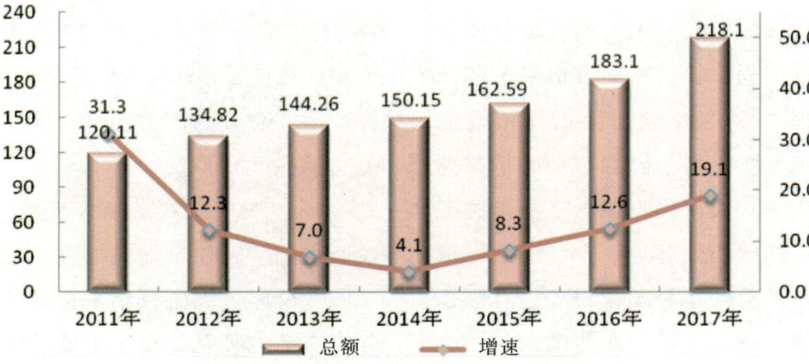

图6 2011—2017年固定资产投资总额及增速图

项目建设扎实推进。总投资达434.33亿元的神华江油煤电一体化、李白文化产业园等100个续建项目有序推进；总投资达177.57亿元的绵阳华夏历史文化科技产业园、明月岛公园等189个新项目陆续开工建设；卓璟光电产业园一期、中华洞天、西成客专等137个项目年内实现竣工投产投用。17个省市重点项目完成投资62亿元。

招商引资成效显著。2017年，全市储备、包装、推出项目55个。其中：引进5000万元以上项目41个，协议引资突破400亿元。其中5亿元—10亿元项目5个、10亿元以上项目13个，工业项目27个、协议引资256亿元。引进装配式建筑产业园和新鸿文化旅游产业基金项目，实现50亿元项目招引“零突破”；引进中石化区域总部、华为城市级大数据中心和碧桂园·绵州府等3个“世界500强”企业项目。全年国内省外项目到位资金91.17亿元，增长29.6%。

城市建设“品、量”提升。2017年全市城市建设的品质与数量得到有效提升。西成客专江油北站站前广场及配套设施建设项目计划年底完工；明月岛公园建设工程、长安路南段道路改造工程、李白大道渠化工程相继完工，明月岛公园春节期间精彩亮相于广大市民，成为江油市民又一休闲娱乐胜地。方特滨河绿地及靛池湿地公园建设工程有序推进。全年落实棚户区改造745套，基本建成595套。启动老旧小区改造93个。

五、国内贸易和旅游业

消费品市场供需平稳。全年社会消费品零售总额实现184.46亿元，增长12.6%。其中按经营地统计，城镇实现零售额104.35亿元，增长12.7%；乡村实现零售额80.11亿元，增长12.3%；城镇增长快于乡村0.4个百分点。按消费形态分：实现餐饮收入24.41亿元，增长11.6%；实现商品零售160.05亿元，增长12.7%。餐饮收入与商品零售之比13.2∶86.8。

限额以上批零住餐发展加快。全年新增11户限额以上批发零售、住宿餐饮单位，达到196户，实现社会消费品零售总额92.22亿元，增长15.3%，快于全部社消零增速2.7个百分点，占社消零总额的比重50%，同比提高1.2个百分点。

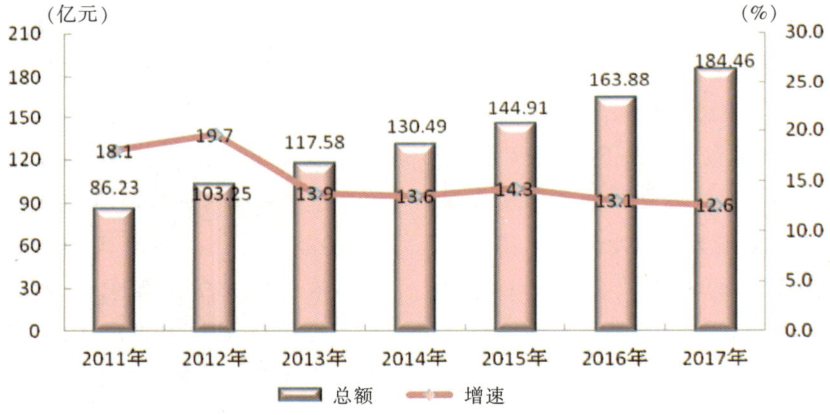

图7 2011—2017年社会消费品零售总额及增速图

一、三产业互动融合发展。农业主题公园建设加快推进，新安农业公园、大康百年好合爱情谷等2个省级示范农业主题公园服务功能逐步完善，10个万亩规模文农林旅融合发展示范区、4条文农林旅融合发展示范带和2个休闲农业发展圈，形成了“四季花海·果蔬飘香”文农林旅融合发展格局。全市休闲农业经营主体566家，新安农业公园荣获中国农业公园创建单位，被农业部认定为第七批全国“一村一品”示范村镇。吸引乡村游客430万人次，实现乡村旅游收入22亿元。2017年，全市共接待国内外游客736.41万人次，增长21.4%；实现旅游总收入97.96亿元，增长22.3%。

六、交通运输和邮电通讯业

交通运输业稳步推进。2017年，全市境内公路通车里程2574.93公里，其中等级公路1829.08公里（其中高速公路80公里）。年末，全市民用汽车拥有量13.26万辆，比2016年末下降1.8%。营运车辆5206辆，公共汽（电）车营运车辆180辆，行政村客运班车通达率为96.7%，较2016年提高3.7个百分点。

通讯业务收入小幅增长。全

年实现邮电业务总收入 5.79 亿元，增长 6%。2017 年年末，全市固定电话用户 18.73 万户，增长 18.4%。移动电话用户 93.39 万户，增长 11.6%。固定电话普及率 23.7 部/百人，移动电话普及率 118.1 部/百人，互联网用户 24.97 万户，增长 9.9%。

七、财政和金融

财政收支稳定增长。2017 年，全市实现财政总收入 50.47 亿元，增长 10.2%；地方一般公共预算收入 19.07 亿元，增长 8.1%。财政总支出 65.28 亿元，增长 7.2%。地方公共财政预算支出 44.17 亿元，增长 16%；其中财政八项支出 33.70 亿元，增长 29.3%。

金融业平稳运行。12 月末，全市金融机构人民币各项存款余额 487 亿元，增加 30.52 亿元，增长 6.7%。其中：个人存款余额 347.33 亿元，增加 30.36 亿元，增长 9.6%。金融机构人民币各项贷款余额 224.59 亿元，增加 29.49 亿元，增长 15.1%。

保费收入增长加快。2017 年，全市各类保险保费收入 5.6 亿元，增长 21.5%。其中人身保险 4.3 亿元，增长 25.7%；财产保险 1.3 亿元，增长 7.4%。两类保险赔款及给付支出 2.8 亿元，下降 13.8%。

八、科学技术和教育

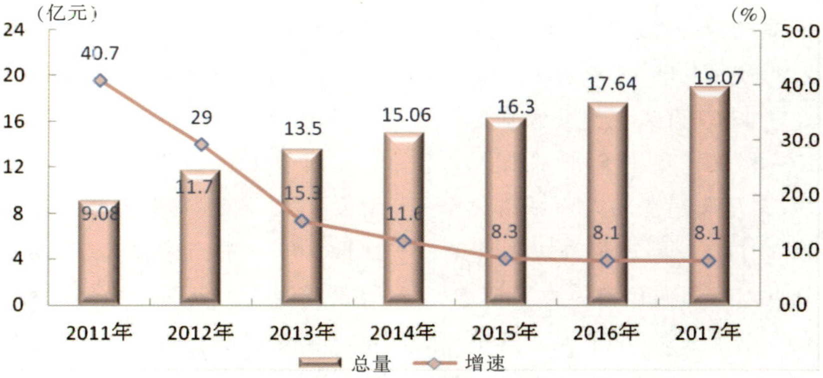

图 8　2011—2017 年地方一般公共预算收入及增速图

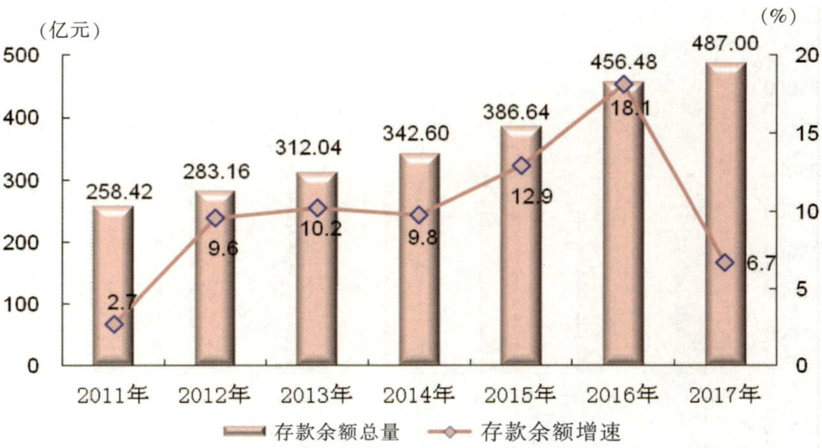

图 9　2011—2017 年金融机构各项存款余额总量及增速图

创新创业成效凸显。2017 年，全市双创主体和孵化载体不断壮大、完善，科技企业孵化器专业化服务能力不断增强。江油创客空间被认定为省级孵化器，江油科技孵化园被认定为绵阳市级孵化器。全年新增孵化器面积 1.2 万平方米、达 5.8 万平方米，入孵企业 168 户，实现主营业务收入 9800 万元。新增科技型中小企业 218 户、达 1189 户；新增高新技术企业 4 户、达 27 户。组织攀长钢、星联电子等 8 家企业参加绵阳科博会展览展示，推介融资项目 12 项，展出科技创新产品 50 多种，促进企业与高校院所开展产学研协同创新，转化“一种用于燃机转化盘的高性能耐热钢材及其制备方法”等专利成果 68 项，实现技术合同交易 7389 万元。

各类教育健康发展。2016—2017 学年，全市有各类学校 172 所，在校学生 8.85 万人，教职工 5400 人，专任教师 4897 人。其中幼儿园 86 所，在园（班）幼儿 1.98 万人；小学 61 所，在校学生 3.55 万人，专任教师 2440 人。小学、初中适龄儿童入学率分别达 102.1%、108.7%，小学、初中巩固率分别达 100.3%、102.1%。初中 18 所，在校学生 1.48 万人，专任教师 1367 人。普通高中 4 所，在校学生 1.11 万人，专任教师 856 人。中等职业学校 2 所，在校学生6837 人，专任教师 221 人。特殊教育学校 1 所，在校学生 75 人。

中高考再创新高。2017 年

高考参考5917人，重点本科上线1755人，上线率29.7%，比2016年提高3.1个百分点；一般本科上线4407人，上线率74.5%，比2016年提高3.3个百分点。中考优生人数、优生率、合格率、普高最低录取线均居绵阳各县市区第一名。

九、文化、卫生和体育

2017年末，全市有剧场1个，公园5个，省级风景名胜区3个，国家级AAAA景区5个，国家级AAA景区1个，图书馆1个，藏书22万册，博物馆2个，文物保护单位37个，全市有电影院6个，乡镇广播电视站14个，广播综合覆盖率100%，电视综合覆盖率100%。

城乡公共卫生事业有序发展。2017年年末，全市共有医疗卫生机构652个，其中医院21个、乡镇卫生院40个、社区卫生服务站18个、诊所175个、村卫生站395个、其他医疗卫生机构3个，共有医院病床位7407张，卫生机构从业人员7156人，其中医院、卫生院技术人员4914人，其中执业医师和执业助理医师2180人，注册护师、护士2485人。全年医疗机构总诊疗人次597.4万人次，其中医院253.41万人次（民营医院9.8万人次），基层医疗机构324.3万人次；出院20万人，其中医院14万人（民营医院0.6万人），基层医疗卫生机构5.6万人。拨付资金526万元，全面取消公立医院药品加成。重大传染病和地方病防治1053人，残疾人、计生特殊家庭、建档立卡贫困户“家庭医生签约服务”覆盖率达到了100%。

特色学校和群众体育全面发展。2017年，全市开展各类体育竞赛活动22次，文化体育活动广泛开展，全市各类文化场所全年免费接待群众120余万人次，成功承办省第十三届青少年乒乓球公开赛、“李白故里杯”全国象棋公开赛等大型赛事活动。在参加的省级以上比赛中取得奖牌84枚，其中：金牌16枚，银牌33枚。

十、人口、人民生活与社会保障

2017年末，全市公安户籍人口86.63万人，其中乡村人口52.88万人，城镇人口33.75万人；男性人口43.96万人，女性人口42.67万人，男女性别比为103：100。年末全市常住人口79.05万人，常住人口城镇化率为57.11%，同比提高1.26个百分点。全面两孩政策稳妥推进，全市出生人口9991人，其中二孩生育同比增加1279人，增长47.1%；人口出生率12.03‰，死亡率21.22‰，人口自然增长率4.04‰，符合政策生育率99.3%。

城镇居民收入稳步增长。2017年，全市城镇居民人均可支配收入30798元，增加2295元，增长8.1%。其中：工资性收入18114元，增长6.8%；经营净收入4344元，增长11.3%；财产净收入2780元，增长9.5%；转移净收入5560元，增长9.1%。人均消费支出20394元，增长7.4%。其中：食品支出7251元，增长7.9%；居住支出、生活用品及服务、医疗保健支出分别增长4.6%、8.8%、10%。城镇居民恩格尔系数为35.6%。

农村居民收入较快增长。2017年，全市农村居民人均可支配收入15642元，增加1338元，增长9.4%，快于城镇居民收入1.3个百分点。

其中工资性收入6361元，增长7.1%；经营净收入6219元，增长9.4%；财产净收入673元，增长17.4%；转移净收入2390元，增长13.6%。农民人均生活消费支出12377元，增长8.5%。其中食品支出4886元，增长

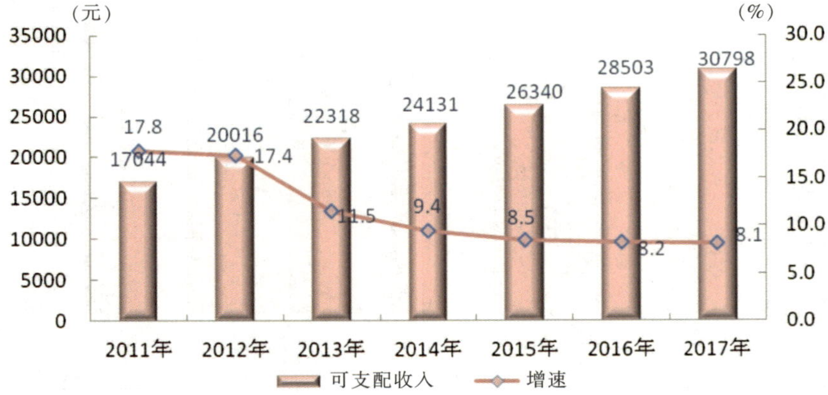

图10 2011—2017年城镇居民可支配收入及增速图

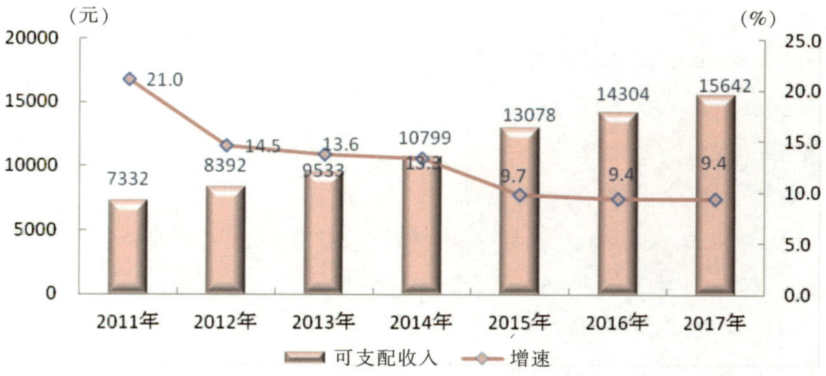

图 11　2011—2017 年农村居民可支配收入及增速图

9.0%；居住支出、生活用品及服务支出、医疗保健支出分别增长10.7%、5.6%、6.4%。农村居民恩格尔系数为39.5%。

社会保障体系更趋完善。2017年，城镇职工基本养老保险人数35.3万人，城镇职工基本医疗保险人数12.63万人，城镇居民基本医疗保险人数75.42万人，工伤险人数6.64万人，生育险人数5.7万人，失业险人数4.24万人。全年城镇新增就业8841人，城镇失业人员再就业2342人，就业困难人员再就业719人；组织各类技能技术培训81期4973人；举办各类招聘会14场，提供招聘岗位3.2万余个；组织劳务输出25.3万人，实现收入30亿元；城镇登记失业率控制在3.55%以内。

民生持续改善，社会事业全面发展。2017年年末，全市拥有各种社会福利收养性机构33家，床位4377张。其中：社会福利院1个，床位550张，社区服务设施442个。城乡低保补助标准稳步提高，城镇2623人、农村15434人享受最低生活保障，全年累计发放低保金5067万元。民政医疗救助3.04万人次，累计发放救助金1188万元；下拨临时生活救助资金460万元，惠及困难群众4052人次。累计发放困难残疾人生活补助472万元，落实养老服务体系建设资金1620万元，新增民办养老床位200张，改造公办养老床位400张。新建日照中心43个。为“8·8”九寨沟地震灾区紧急调运两批次、10车次、价值300万元救灾应急物资。

全年发放定补定抚共计3898万元，重点优抚对象“一站式”医疗救助3328人次，支出救助资金234.2万元。新增各类优抚对象360人，全市接收退役士兵316人，符合政府安排工作转业士官24人。发放一次性地方经济补助841万元。开展退役士兵技能培训2期，合格247人，占退役士兵总数的78.2%。

环境保护、生态发展备受重视。整治“散乱污”企业372家，关停89家；整治碳酸钙企业89家，关停81家；清理页岩砖厂21家，停产整顿18家，取缔关停3家；对城区及周边企业逐步淘汰工业10蒸吨以下燃煤锅炉，改用天然气等清洁能源；第一、二批19座乡镇污水处理厂已建成投运，第三批15个乡镇污水处理厂建设已启动，对禁养区内152家畜禽养殖场（户）关停；对全市189座水库进行环境问题整治。主要河流水环境质量达到功能区标准，地表水断面水质多数时段达到Ⅱ类水质标准及以上，城市饮用水水源地水质达标率100%。全年空气质量优良天数达293天，同比增加31天；优良率81.6%，同比上升8.4%；PM10年均值84.9毫克/立方米，同比下降4.6%；PM2.5年均值52.5毫克/立方米，同比下降4.5%。

注：

1.地区生产总值、各行业增加值指标绝对数按当年价格计算，增长速度按可比价格计算。

2.全市公路通车里程包括高速公路、一级、二级、三级、四级。

3.全市各类学校172所，增加2所，其中：幼儿园增加4所，拆并建制初中3所、增加高中1所。

4.医疗卫生机构652个，增加6个，其中减少诊所2个；增加村卫生站8个。

5.公园5个（西山公园、太白公园、东山公园、体育主题公园和明月岛公园）；国家AAAA级景区5个（李白纪念馆、窦圌山、佛爷洞、大康爱情谷、李白故居）；国家AAA级景区1个（中国酱文化博览园景区）；省级风景名胜区3个（窦圌山—佛爷洞、乾元山、李白故居);博物馆2个(江油市博物馆、江油市李白纪念馆);文物保护单位37个(国家级3处:云岩寺、老君山古硝洞遗址、青林口古建筑群,省级9处:太白故居、红军胜利纪念碑、河西普照寺、大水洞遗址、文胜普照寺、王右木故居、蜚英塔、牛雪樵德政坊、南雁塔,市级6处,县级19处)。

6.公报中各项指标为初步统计数据,正式数据以《江油统计年鉴-(2018)》为准。

7.公报中林业、交通运输、邮政、电信、金融、旅游、财政、保险、教育、科技、文化、卫生、体育、环境保护、人口和社会保障等数据来源于相关部门。

附表:

1.主要农产品产量

2.主要畜产品产量和牲畜存栏数

3.规模以上工业企业主要产品产量

主要农产品产量

附表 1

项目	计量单位	2017 年	同比增减%
粮食产量	万吨	30.81	1.1
小春粮食产量	万吨	6.75	0.8
# 小麦	万吨	5.25	1.6
大春粮食产量	万吨	24.06	1.2
# 稻谷	万吨	18.57	0.8
油料	万吨	4.73	2.8
# 油菜籽	万吨	4.24	2.7

主要畜产品产量和牲畜出、存栏数

附表 2

项目	计量单位	2017 年	同比增减%
肉类总产量	万吨	5.48	-1.8
牛奶产量	万吨	0.28	-0.9
禽蛋产量	万吨	2.07	-1.2
生猪出栏	万头	41.12	-3.4
小家禽出栏	万羽	1032.14	-2.3
牛出栏	万头	1.26	1.4
羊出栏	万只	5.69	1.9
猪存栏	万头	32.53	1.0
牛存栏	万头	6.38	2.8
羊存栏	万只	6.76	3.3

规模以上工业企业主要产品产量

附表 3

项目	计量单位	2017 年	同比增减%
粗　钢	万吨	21.40	23.3
钢　材	万吨	88.84	12.1
水　泥	万吨	623.54	1.4
发电量	亿千瓦时	36.02	0.0
#火电	亿千瓦时	24.71	0.3
纱	万吨	0.94	-4.2
布	万米	3082	-6.7
酱　油	万吨	10.41	15.7

江油年鉴

政　治

Politics

中国共产党江油市委员会

概　述

2017年，面对复杂严峻的宏观经济形势和持续加大的经济下行压力，中共江油市委团结带领全市人民，在省委和绵阳市委的坚强领导下，深入学习贯彻习近平中国特色社会主义思想和中共十九大精神，全面落实中共四川省委第十一次党代会、十一届二次全会和中共绵阳市委第七次党代会、七届二次全会决策部署，大力实施“工业强市、产业兴市”发展战略，坚持走以新型工业为主导、一二三产业协调互动科学发展之路，奋力开启新时代“创新江油、开放江油、幸福江油、大美江油”建设新征程。

重大活动

【重要会议】　2017年1月19日，江油市委经济工作会议召开。会议全面贯彻中央、省委、绵阳市委经济工作会议和绵阳市县域经济发展工作会议精神，全面总结2016年经济工作，深入研判当前经济形势，安排部署2017年经济工作。市委书记周涛出席会议并讲话。

2017年3月3日，江油市工业强市暨招商引资会议召开。会议总结2016年工作，安排部署2017年工业强市暨招商引资工作，进一步掀起“工业大会战”高潮，动员全市上下，凝心聚力、攻坚克难，推动工业发展和项目招商迈上新台阶。市委书记周涛出席会议并讲话。

2017年4月28日，市委召开十三届第17次常委会会议，传达学习全省脱贫攻坚总结推进会、全省农村改革工作推进暨农业供给侧结构性改革专题培训会精神；听取江油市2017年一季度经济运行情况汇报，研究江油贯彻意见。市委书记周涛主持会议。

2017年7月3日，江油市人才工作大会召开。会议总结前一阶段全市人才工作情况，安排部署下一阶段人才工作，隆重表彰创新创业人才。市委书记周涛出席会议并讲话。

【实体经济实现新发展】　深入推进“工业大会战”，全力推进经济社会发展和党的建设，各项事业取得了新的成绩，国民生产总值实现384.6亿元、同比增长9.2%，地方一般公共预算收入19.07亿元、同比增长8.1%，规模以上工业企业达233户。高标准编制并实施工业空间布局和产业发展新规划，大幅增加工业投资，加快推进技改扩能，新型工业化步伐全面提速，攀长钢实现20年来首次扭亏为盈，六合锻造等一批骨干企业和领军企业发展壮大，工业园区跻身省级高新技术产业园区，规模以上工业总产值529.11亿元、同比增长21.3%。现代服务业增长优势明显，电子商务、信息消费、金融物流等蓬勃发展，颐江电商产业园O2O农产品交易中心全面投入使用，国家全域旅游示范区建设全面启动，中华洞天一期建成运营，绵阳华夏历史文化科技产业园加快建设，社会消费品零售总额值实现184.46亿元、同比增长12.6%，接待国内外游客736.41万人、增长21.4%，实现旅游总收入97.96亿元、同比增长22.3%。积极推进农业农村现代化，着力构建以休闲农业与乡村旅游为主导产业的“135”现代农业产业新体系，创新开展“三村”建设，大力实施“六大行动”，新安农业公园获“中国农业公园”创建单位，双河、小溪坝等现代生态循环农业产业园建设成效初显，连续9年获全省“三农”工作先进市（县、区），成为绵阳唯一全省首批乡村振兴战略规划试点县，农林牧渔业实现总产值80.53亿元、同比增长3.9%。突出投资拉动经济增长主动力作用，推进重点项目建设，引进艾格瑞特、新松机器人等一批大项目、好项目落户江油，固定资产投资218.1亿元、同比增长19.1%。

【城乡面貌呈现新变化】 加强重大基础设施建设，西成客专建成通车，九绵高速江油段项目建设快速推进，通用机场建设纳入《四川省通用机场布局规划（2016—2030年）》，区位优势、开放优势、竞争优势不断增强。做美中心城区，完成诗仙路、涪江路及科光一级电站至涪江一桥两岸亮化提升改造，亮化楼宇154栋；绿化提升涪江路、诗仙路、汇丰路，新增绿地2.9万平方米；涪江大型水上音乐喷泉、水幕电影精彩呈现，明月岛公园惊艳亮相、游人如织，靛池湿地公园项目启动，城南、城西组团商贸日趋活跃、逐步走向成熟，城市品质和内涵不断提升。省级海绵城市、地下综合管廊等一批公共基础设施加快建设。东兴、义新撤乡设镇，中坝镇改设街道办事处，社区管理日趋完善。群众性精神文明创建活动蓬勃开展，城市文明程度和市民文明素质得到提升，获评第四届四川省文明城市，作为全省4个参评县级城市代表参加全国精神文明建设表彰大会。大力推进新村建设，农村基础设施建设和公共服务水平不断提高，建成幸福美丽新村203个，创建“四好村”201个，官渡村入选首批全国农村幸福社区建设示范单位，农村面貌明显改善。坚持生态优先绿色发展，打好污染防治“三大战役”，抓紧抓实中央、省环保督察反馈问题整改落实，全面落实“河长制”，“一江两河九堰”综合治理加快推进，环境质量持续改善，全年优良天数达293天、优良率81.6%。

【深化改革取得新突破】 坚决扛起改革主体责任，充分发挥市委深改领导小组总体设计、统筹协调、整体推进、督促落实的职能，推动构建起市委深改领导小组统筹决策、专项小组分块抓总、牵头部门主责实施、参与部门各尽其责、改革办协调推进的抓改革落实工作总体格局，推动改革向纵深推进。创新行政审批“五个一”工作模式，构建起“城区半小时、农村1小时政务服务圈”，形成上下联动、线上线下有机结合的政务服务格局。探索创新的“1+5名师带徒”培育职业农民新模式在全国新型职业农民培育工作推进会上进行交流发言。智慧执行自主试点卓有成效，得到省高院院长的肯定性批示并要求全省进行推广。创新精准扶贫机制、非警务警情分流、矛盾纠纷多元化解等多项试点探索得到省市有关领导的高度肯定。成功争取到全国第二批特色小镇建设、国家知识产权强县工程试点县、全省食品安全示范县建设、全省农村集体产权制度改革试点县（市、区）等多项国省级改革试点。先后承办全省社会主义核心价值观建设现场交流会、全省矛盾纠纷多元化解创新工作推进会、全省法学会系统培训暨基层法学会“实体化、实战化”建设推进会、全省“中国社会扶贫网”推广暨扶贫移民宣传工作培训会。

【社会治理走出新路子】 着力把各项事业纳入法治化轨道，全面推进依法执政、依法行政、公正司法和全民守法，深入实施“七五”普法，稳步推进司法体制改革，综治中心建设试点任务高质量完成，创新矛盾纠纷多元化解机制和法学会“实体化、实战化”建设经验在全省推广。发展社会主义民主政治，协商民主建设成效显著，人大、政协工作水平不断提高，爱国统一战线发展壮大，工、青、妇等群团组织作用得到充分发挥。国防动员和后备力量建设高水平推进，党管武装工作取得新成效。安全生产监管力度持续加强，有效遏制重特大事故发生，全市安全生产形势保持稳定。加强和创新社会治理，探索社会安全管理新模式，矛盾纠纷分流联动化解机制更加完善，“雪亮”工程作用有效发挥，严密防范和依法打击各类违法犯罪活动，有力维护全市社会大局和谐稳定，完成中共十九大、全国和省市“两会”等重要时间节点信访维稳任务，连续两年被评为全省平安建设先进市。

【群众福祉获得新改善】 脱贫攻坚实现连战连胜，共实现27个贫困村退出、4400名贫困人口脱贫，贫困发生率由2.5%下降至0.96%，被评为全省2016年脱贫攻坚先进市、位列全省非片区县考核第1名，成功承办四川省“中国社会扶贫网”推广暨扶贫移民宣传培训会，县乡村三级社会扶贫模式得到国扶办、省扶贫和移民局的高度评价；坚持“布拖所需、江油所能”，成功助推布拖22个贫困村、4121名贫困人口如期脱贫。大力实施民生工程和民生实事，全年实施民生工程项目124项，民生支出26.6亿元，占一般公共预算支出的60.2%。就业形势持续向好，新增城镇就业8845人，城镇居民人均可支配收入达30798元、增长8.1%，农村居民人均可支配收入达15642元、增长9.4%。统筹推进各类教育协调发展，义务教育学校布局进一步优化，教育办学质量和水平进一步提高，高考上线人数和上线率连续多年位居绵阳各县（市、区）首位。医药卫生体制改革稳步推进，“基层首诊、双向转诊、急慢分治、上下联动”的新型就医格局基本形成。完成“8·8”九寨沟地震救灾保障服务，受到省委、省政府主要领导的肯定。大力发展文化事业，举办“重走唐诗之路”启动仪式暨中国诗歌排行榜颁奖活动等大型文化艺术活动，国家重点文化项目川剧《诗酒李白》成功上演，川剧小戏《审英雄》荣获“中华颂”第八届全国小戏小品曲艺大展戏剧类金奖。举办纪念王右木烈士诞辰130周年系列活动，爱国主义、党史、党建和红色文化教育基地加快建设，红色文化得到广泛弘扬。

【管党治党取得新成效】 坚持党要管党、从严治党，不断推动全面从严治党向基层延伸。多层次、多途径、多媒介开展习近平新时代中国特色社会主义思想、中共十九大等学习宣传宣讲3000余场、受众50余万人次，常态化制度化推进“两学一做”学习教育，严肃党内政治生活，党员干部“四个意识”更加牢固，“四个自信”不断增强。鲜明“崇尚实干、注重实绩、群众公认”选人用人导向，领导班子和干部队伍建设不断加强。大力实施基层党建“3+2”书记项目和“‘双报到+‘服务为民促和谐’”党建项目，“一区双翼八片”党建示范建设取得显著成效，圆满完成村（社区）党组织换届，基层党组织的政治功能和服务功能有效提升。监察体制改革深入推进，完成监察委组建挂牌，市纪委派驻机构改革稳步推进，监督体系更加完善。始终保持高压态势，坚定不移惩贪治腐，驰而不息整饬作风，坚决有力刷新吏治，开展5轮政治巡察，坚决查处扶贫领域和群众身边的不正之风和腐败问题，立案295件、处分242人，反腐败压倒性态势正逐步走向压倒性胜利，全市风清气正的良好政治生态进一步巩固和提升。

（市委办）

组织工作

【概况】 2017年，中共江油市委组织部以贯彻落实中共十九大和省第十一次党代会精神为主线，突出全面从严治党，把最讲认真的精神体现到领导班子和干部队伍、基层党建“3+2”书记项目和人才队伍建设各个方面，为推动“创新江油、开放江油、幸福江油、大美江油”建设提供组织保障。

【领导班子思想政治建设】 全年印发《深化领导班子思想政治建设巩固发展良好政治生态工作方案》《关于旗帜鲜明讲政治进一步加强领导班子思想政治建设的意见》等文件，以创新的举措巩固发展风清气正、崇廉尚实、干事创业、遵纪守法的良好政治生态。出台《党的组织生活规范化管理办法》，严格落实“三会一课”、领导干部双重组织生活、主题党日等制度，规范批评与自我批评、班子成员间谈心谈话等程序，推动党内政治生活从严从实。加强各级领导班子思想政治建设，举办“固根守魂强定力、不忘初心跟党走”主题读书班，深化习近平总书记系列讲话精神学习，增强党员干部政治意识、大局意识、核心意识、看齐意识。

【“两学一做”学习教育】　开展“贯彻省党代会精神，争当干事创业先锋”学习教育月活动，用省党代会精神统一思想、凝聚共识；创新开展“千名书记讲党课、千个支部赛党日”活动，1457名基层党支部书记紧扣学习贯彻中共十九大精神讲党课，1457个基层党支部开展“学习贯彻十九大，立足岗位建新功”主题党日活动，形成《精品主题党日案例库》。持续实施党员示范行动，广泛开展向廖俊波、青方华等先进典型学习活动，全体党员对标先进，争当干事先锋。深化拓展三项整改“回头看”，构建“八个常态长效”、推进37个整改专项，推动党风政风持续好转。启动实施“‘双报到’+服务为民促和谐”活动，发挥机关党组织和党员在服务社区、服务群众中的先锋模范作用。

【干部工作】　全面落实“三严三实”要求和好干部标准，全年共调整干部169人，有121名在产业发展、脱贫攻坚、信访维稳、招商引资、环境保护等重点工作和长期扎根艰苦边远山区的干部得到提拔重用。构建多维度研判体系，对93个单位、772名领导干部进行全覆盖分析研判，对工业园区和5个经济发展部门进行专项分析研判，进一步提高领导班子和干部队伍建设的科学性、针对性、有效性。加强干部日常监督管理，分层分类对837人科级领导干部开展全覆盖谈心谈话。创新实施干部培训“靶向计划”，开展“党建大引领”“工业大会战”“农业大融合”三大专业化适应性培训，与浙江大学等高校联合开办创新能力提升班。依托“李白大讲堂”平台，邀请33名省内外知名专家教授进行专题辅导，全年培训达3764人次。出台《江油市党政群机关中层干部轮岗交流暂行办法》及3个实施方案，干部队伍实现“跨岗位”内部轮岗、“跨单位”平行交流、“跨系统”双向挂职。

【人才工作】　充分发挥绵阳市级人才优先发展试验区“金字招牌”效应，打好人才发展组合拳，率先发布人才工作领导小组及成员单位责任和权力清单，建立集“引育管用激服保”的人才政策制度，构建“十有”党管人才政策体系；在绵阳各县市区率先设立每年1000万元人才发展专项资金，大力实施招商引资与招才引智“两翼计划”、社工人才“三项计划”等八项重大人才工程，全年引进急需紧缺人才38名，发放引才各类补贴419万元。投入1100余万元购买装修36套人才公寓；召开全市人才工作大会，向5个创新团队、3类35名优秀人才发放表扬资助资金215万元；“英才风华、辉映绵州”绵阳人才之夜宣传片展现江油人才公寓等7个“江油元素”，7个团队、7名人才获得资助资金220万元；《四川日报》、绵阳电视台多次深入报道江油人才工作。

【基层党建“3+2”书记项目】　全年，制定出台《江油市深入实施基层党建“3+2”书记项目工作方案》的“1+5”文件制度，分七大领域设置规范化建设项目41个、完善一级指标142项、细化二级指标412项，制定基层党组织书记责任清单20条，层层压实压紧书记责任。打造“一区双翼八片”党建示范网络，以主城区为核心，绵广高速沿线和中雁路沿线为“双翼”，青莲、武都、新安等八大片区为依托，形成“横向到边、纵向到底、各具特色、覆盖全域”的基层党建示范网络，推动基层党建统筹发展、集群发展，首批确定56个基层党建示范点，并按照村（社区）3万元、其余1万元匹配创建资金，通过“打造样本、树立标杆”，形成可复制、可推广的工作经验，推动基层党组织建设全面进步、全面过硬。坚持以“书记项目”为重点，创新推进党建工作，全市各级党组织书记共领办“非公企业‘红领计划’、干部培养‘青苗工程’、红色教育基地、民情会审”等“书记项目”580个，其中，10个项目被绵阳筛选列为重点领办项目推进。

【基层党组织和党员队伍建设】　年内完成440个村（社区）党组织换届工作，选出村（社区）党组织书记440名、副书记216名、委员1892名。分3期举办村（社区）党组织书记培训班，对全市440名村（社区）党组织书记实施全覆盖轮训，有效提高履职能力和为民服务能力。集中开展村（社区）后备干部培养，确保每个村（社区）有2名后备干部。持续整顿软弱涣散党组织，全市共排查出软弱涣散党组织39个，制定相应整改措施，持续推进转换升级。重点从青年人才、知识分子中发展党员，全年共发展党员365人。向贫困村新选派第一书记77名（其中连任42人），对贫困户超过20户的非贫困村选派第一书记13名，抓紧抓实“选育用管爱”五个关键环节，强化第一书记工作保障，量化管理、兑现考评，2017年，1名第一书记受到省委表彰、3名第一书记受到绵阳市委表彰。加强大学生村官管理，协调各种社会资源，多渠道破解大学生村官分流难题，做好“老村干部”分流，通过事业转聘、定向考录等方式，分流村干部39人。推进“农民夜校”工作，全市365个行政村全面挂牌开课，建立中心校40所，共配备专兼职教师2900余名、图文教材2000余种、音像教材1000多部，共举办各类教育培训1.1万场次，培训党员群众30万人次，在教育引导群众方面发挥重要作用。

（组织部）

宣传思想文化工作

【概况】 2017年，全市宣传思想文化战线紧紧围绕中心、服务大局，扎实推进意识形态与理论武装、新闻宣传与舆论引导、思想道德与精神文明建设、文艺创作与文化发展、工作机制与队伍建设，进一步发挥出宣传思想文化工作的思想引领、舆论推动、精神激励、文化支撑作用，为加快建设“创新江油·开放江油·幸福江油·大美江油”提供了强有力的思想保证、精神力量、道德滋养和文化条件。2017年宣传思想文化工作获得绵阳市年度考核特等奖。

【理论武装与意识形态】 全面贯彻落实意识形态工作责任制，将意识形态工作纳入年度目标考核，提请市委常委会专题研究部署意识形态工作3次，召开意识形态工作联席会议2次，开展意识形态工作巡查研判2次，全面准确掌握意识形态领域存在的安全风险，牢牢掌握意识形态领域工作领导权。着力管好阵地，及时发现并严肃处理商家印制不完整中国地图、城区LED公益广告内容错误等事件4次，有效管控防范意识领域形态风险。着力管好网络，出台加强属地政务QQ群和微信群管理办法，组织开展“净网”等专项行动，责令属地网站删除不良信息82条，约谈网站负责人3次，治安处罚5人。制印《2017年全市党委（党组）理论学习中心组学习暨“李白大讲堂”学习安排意见》，组织召开中心组学习会15次，先后邀请绵阳市委常委、宣传部部长张学民、省委台办杨志学副巡视员等上级领导和专家学者作专题讲座。推进理论学习常态化，调阅乡镇和市级部门党委（党组）中心组学习记录及班子成员学习记录1次，组织全市各级党组织购买中共十九大精神辅导读本1.3万余册，编印理论刊物《学习参考》10期1万余册，强化全市副科级以上干部的政治理论学习。创编中共十九大精神宣传挂历，组建560余支宣讲团、宣讲小分队，开展主题宣讲220余场次，推动理论宣讲全覆盖。共同筹办王右木130周年诞辰学术研讨会系列活动，李白纪念馆、王右木纪念馆分别通过国家级、省级爱国主义教育基地复核验收。

【新闻外宣】 围绕市委、市政府的中心工作，以江油广播电视台、《今日江油》、江油市委市政府门户网站、“两微一端”等主阵地，开展“党的十九大”系列宣传活动，围绕工业大会战、脱贫攻坚、生态文明建设等重点工作开展专题宣传活动。全年江油广播电视台采写内外宣稿件3960条；《今日江油》出版52期，发表文章3000余篇，图片800余幅；江油市委市政府门户网站刊发消息、通信等4000余篇；官方微信微博“江油发布”发布信息3000余篇。邀请绵阳及以上媒体开展“第二届李白诗歌奖颁奖典礼”“纪念王右木130周年诞辰学术研讨会组委会”“重走唐诗之路启动暨中国诗歌排行榜颁奖”等集中宣传江油12次，先后召开新闻发布会（通气会）6次。中央电视台等国家级主流媒体刊播稿件25篇，《四川日报》、四川电视台等省级主流媒体共刊播稿件篇79篇（条），《绵阳日报》、绵阳电视台等绵阳级主流媒体刊播稿件1011篇（条）；国际在线、中国网、中国报道、四川新闻网等网络媒体刊播稿件2000余篇。江油对外宣传工作在绵阳市委宣传部2017年度考核中，位列县（区、市）第一位。江油市广播电视台获全国县级广播电视系统十佳广播电台。

【社会主义文化建设】 推动李白成功入围四川首批历史名人，研究出台《关于李白文化传承创新工程的实施意见》，启动实施李白文化研究阐发、教育普及、创新发展、传播交流、保护传承、人才培养“六大工程”，李白文化传承创新顺利开局。举办全国性诗歌活动《新世纪诗典》第六届颁奖礼、重走唐诗之路启动仪式暨中国诗歌排行榜颁奖活动；承办绵阳市第二届李白诗歌奖颁奖典礼、四川省音乐家协会音乐词曲创作培训活动。与央视团队合作拍摄完成《质本清廉苍生志　欲许明时家国心—李白家规家风专题片》，并在中纪委网站展播。与四川艺术职业学院等联合出品的国家重点文化项目川剧《诗酒太白》问世并成功上演。组织评选和表彰江油市第二届太白文艺奖和优秀社科成果奖。全市创作文艺作品2000余件，出版专著2部，17名江油籍诗人诗歌作品入选并刊发于《中国新诗》《中国南方艺术》《甲鼎文化》《诗天府》《古都诗刊》《新世纪诗典》等诗歌杂志和公众号，江油诗群再度受到全国诗歌界关注。川剧小戏《审英雄》获得“中华颂”第八届全国小戏小品曲艺大展戏剧类金奖，舞蹈《茉莉花开》获四川省第九届“金秋乐”舞蹈大赛金奖。举办王右木130周年诞辰学术研讨会，李白纪念馆通过国家级爱国主义教育基地验收，王右木纪念馆通过省级爱国主义教育基地考核，市图书馆完成国家一级图书馆评估定级，红军文物陈列馆被授予“绵阳党性教育地”“绵阳市革命传统文化普及基地”。深入实施文化惠民工程，深入开展群众性文化活动，常态化开展“科技、文化、卫生‘三下乡’”“我们的节日”“新年音乐会”系列文化活动。全面推进青莲国际诗歌小镇建设，扎实推进李白文化产业园和国家特色小镇建设，积极推进绵阳华夏历史文化科技产业园、江油文化创意产业园建设，大力发展独具特色的“涪江丹景石”“乌木金丝楠”文化产业和“雾山石刻”“义新草编”“黄杨木梳”等文创产品。

图12　非物质文化遗产云集薅秧歌表演

【舆情监管与网络信息】 强化全时段监管，完成“江油网信”搜集系统、短信报警、舆情转办等五大功能程序开发，借助舆情软件和手机APP实现24小时全互联网舆情收集，办理处置涉江舆情4935条。开展专业化引导，通过源头监管、及时预警、联动处置、主动发声等措施，成功处置武引大坝清库引起水质异常、江油中学校领导被调查、锰尾渣堆积引地下水污染等重大网络舆情。印发《舆情周报》40期、《舆情专报》35期、《舆情快报》3期、《网络舆情预警信息》5期。加强网络上沟通，围绕中心工作和重点项目全年主动设置西成客专开通、重大招商引资项目集中签约、农村客运票价调整等8个议题了解网络民意，处理江油市委书记、市长信箱来信2389件，处理人民网地方领导留言版网友留言58条，办结率达100%，推动解决双马子弟校退休教师生活补助、矿机生活区住房土地证办理、普通群众追回工程欠款、购买“五险一金”个人权益等一批历史遗留问题。推进信息化建设，在全市开展关键信息基础设施专项检查和常规网络安全检查，牵头推进全市政府信息系统整合共享，完成云办公平台VPN安全防护措施部署及升级优化，实现与绵阳云办公平台公文交换对接，提升了全市信息化及网络安全水平。

【创建文明城市】 聚力创建全国文明城市，不断完善创建机制、深化创建内容、保持创建常态，精准对标《全国县级文明城市测评体系》项目指标，深入实施文化项目提升文明、六类专项治理补齐短板、环保三大战役优化环境、城市三化提升品位、惠民服务温暖人心“五大工程”，搭建核心价值观建设、公民道德建设、文明细胞创建、志愿服务体系建设、未成年人思想道德建设“五大载体”，以创促建成效显著，获第四届四川省文明城市荣誉称号，入围省文明委推荐的全省4个县级参评名额，并接受第五届全国文明城市中央测评，2017年11月17日江油市作为全省参评城市代表参加全国精神文明建设表彰大会，市委主要负责人出席会议并与其他参会代表一道受到习近平总书记亲切会见。

【文明细胞建设】 扎实推进文明单位、文明校园创建，市检察院成功创建第五届全国文明单位，工商银行江油支行和市气象局成功创建为省级文明单位，江油市荣获第二届四川省未成年人思想道德建设工作先进县（市、区），花园小学、诗城小学、华丰初级中学校、江油市第一中学荣获四川省第一届四川省文明校园称号。提升志愿服务水平，着力壮大队伍、建强阵地、树立品牌，全市志愿服务队伍达125支，注册志愿者达4万余人，建立社区志愿服务工作站40余个、志愿服务点30余个、志愿服务驿站6个，常态化开展志愿服务项目10余个，志愿者参与人数达10万余人次，“彩虹盒子”“关爱学子，爱心护考”等项目形成品牌化，滴水公益志愿者王凤丽被评为“四川省优秀志愿者”。

【培育和践行社会主义核心价值观】 建阵地示范带动，坚持按照“一园十基地+一批示范点”规划建设，完成太白公园“积善园”、武都王右木纪念馆“革命传统教育”基地建设，完善提升官渡村“和文化”基地，建成纪念碑社区“红色文化”长廊、东胜社区“民俗宗教”文化长廊、涪滨社区社会治理创新示范点、诗城小学“百诗苑”等项目建设，指导市政务服务中心以“法治”“诚信”为主题，完成示范窗口单位建设，年内先后有省内外10余个县（市）到江油市考察学习。树标杆典型引领，积极推选“四川好人”，全年上报“四川好人榜”48人，其中贺烈明被评选为“四川好人榜”4月好人，评选出第三届“江油好人”10名，指导各行业开展先进评选活动，评选出“孝亲敬老”先进个人15名、先进单位20个，表扬健康卫士10名、“美德少年”50名。抓结合融入日常，在党政机关、金融及民生服务行业开展“红旗窗口”“党员示范岗”“优质服务明星”评选活动，在政务服务中心等窗口单位建立诚信体系“红黑榜”发布制度，在教育系统广泛开展传唱核心价值观歌曲、中小学生公益行动、中学生辩论赛、高中生主持人大赛等各类德育特色活动，在江油政务网开设“一园十基地”网上3D展馆，推动由社会主义核心价值观“普遍认同”向“共同实践”转变。2017年7月，全省社会主义核心价值观建设现场交流会在我市召开，江油培育和践行社会主义核心价值观的经验做法得到省委宣传部和与会代表的充分肯定。

【农村精神文明建设】 全年围绕脱贫攻坚和幸福美丽新村建设，着力“四好村”之“养成好习惯、形成好风气”建设，在全市农村广泛开展以“爱党爱国思想好、遵纪守法秩序好、诚实守信信誉好、勤劳致富生活好、孝老爱亲家风好、互帮互助品德好、文明礼仪修养好、干净整洁卫生好、健康生活身体好、崇尚科学精神好”为主要内容的“十星户”评选活动，培育广大农民群众感恩奋进的精神面貌，全市建成省级“四好村”34个、绵阳市“四好村”63个，建成幸福美丽新村118个、实施完成27个贫困村省级财政幸福美丽新村建设项目，大康镇官渡村被评为首批“全国农村幸福社区建设示范单位”。以“农民夜校”“农村综合文化站”为载体开展“道德评议堂”活动，聘请德高望重的道德评议员，围绕社会公德、职业道德、家庭美德、个人品德内容开展道德评议153次，持续提升农民现代文明修养。广泛开展“好家风好家训”评选活动，全市评选出好家规家风100余条，上报省纪委2条参加省级“天府好家规”评选活动。

（李 涛）

直属机关党建

【概况】 中共江油市直属机关工作委员会（以下简称机关工委）是中共江油市委派出机构，代表市委领导市直机关党建工作，挂靠市委组织部，管理9个党委、23个党总支，23个直属支部，共计2992名党员。2017年，机关工委以“服务中心、建设队伍”为核心任务，围绕加强机关服务型党组织建设，创新推进机关党的思想、组织、作风、制度和反腐倡廉建设，为构建高效、和谐、廉洁、文明机关提供组织保证。

【强化规范党建机制】 每季度召开机关工委委员会，定期研究机关党建工作，推行机关党组织书记“双向述职”活动，分系统分行业组织55个市直机关分批进行党建述职和逐一点评。将每年5月确定为“读书、感悟、发展、进步”主题读书月，开展“读书·荐书·评书”活动，向市直机关干部推荐优秀书目50余本，引导机关干部以读书求新知，以读书思感悟，以读书谋发展，以读书促进步。结合“三会一课”，开展“微型课堂”和“微型论坛”，由普通党员走上讲台进行“5分钟述学”。全年开展微型党课教育活动300余场次，受教育党员2800余人次。将党组织按期换届、党费收缴、党组织关系排查等11项基础工作纳入党建项目，向市直机关印发《机关党建履职清单》，明确工作标准、责任主体和完成时限，并组成5个督查组，跟踪工作完成进度。

【打造机关特色亮点品牌】 全年按照“创新促发展，特色激活力”的工作思路，开展“强基础，亮品牌，树形象”活动，力求每个机关“一个创新、一个亮点、一个典型”。同时，举办工作推进会和现场观摩会5场，组织机关党务干部到市食药工质局、市住建局等机关党建示范点参观学习，交流党建工作经验。

【服务型机关建设】 全年深入开展“树优良形象、当效能先锋”活动，大力推行争做讲技能、讲实效、讲成绩、讲贡献，能思考、能讲话、能写作、能干事的“四讲四能”的岗位能手，全年共评选“党员示范岗”270个。

【凝聚力量抓扶贫】 结合换届及时调整充实脱贫攻坚领导小组和“六个一”帮扶力量协调小组，构建“市直机关工委重点抓好机制建设、市级部门重点抓好帮扶项目实施、乡镇重点抓好扶贫对象管理、村级重点抓好项目初选”等四位一体的管理机制。按照组团帮扶的形式，构建“1名市级领导+2个市级部门+1个第一书记+1个农技员+1个非公有制企业”帮扶1个贫困村的“N+1”帮扶机制，确保全市77个贫困村帮扶全覆盖。按照项目化管理的方式，将年度工作任务分解到季度，季度工作任务分解到月份，建立年度、季度、月份任务清单，明确时间进度，实行“月分析+季点评+年考核”，推动脱贫攻坚各项任务落地落实。

（机关工委）

机构编制

【概况】 2017年，全市行政编制共计2885名（其中，市级行政编制1009名、政法专项行政编制987名、乡镇行政编制839名、街道行政编制50名），实有行政人员2671人（其中，使用政法专项编制的行政人员936人、乡镇行政人员783人）；事业编制11351名（其中，市本机事业编制10386名，乡镇直属事业编制429名，市级部门派驻乡镇事业编制536名），实有在职人员10028人（其中，全额拨款人员7299人，差额拨款人员2729人）；工勤编制204名，实有在职人员204人。

【行政审批制度改革】 年内，以市政府办名义印发《关于开展政府权责清单动态调整的通知》，推进权责清单动态管理。通过成立审改领导小组、设立行政管理体制改革股等举措理顺行政审批制度改革管理体制。行政审批局承担的审批事项从原来的245项精简到232项，减少申报材料325项，精简率12.8%。通过优化行政审批流程、完善政务服务制度、建设全省一体化政务服务平台等方式推进行政审批标准化、制度化和信息化建设。

【综合行政执法体制改革】 推进食品药品工商质监执法队伍整合，将工商经济检查大队和市食品药品稽查大队整合为市市场监管综合执法大队；做好林业综合执法改革工作，将原由市林业局承担的74项行政处罚权及有关强制措施划转至市森林公安局。

【推进乡镇行政管理体制改革】 调整乡镇行政区划，设立中坝街道办事处、义新镇、东兴镇，结合实际制定并印发相应机构编制方案。

【城乡医保机构职能整合】 将新农合医保行政管理职责划入市人社局，新农合医保待遇支付和基金管理职责划入市医保局，撤销市新型农村合作医疗服务中心。

【盐业监管体制改革】 将全市盐业行业管理和食盐专营管理职责划入市科工局，将全市食盐生产经营质量安全管理与监督执法职能划入市食药工质局，完成盐业管理体制改革，实现政企分开。

【环保与安全生产职能职责调整】 印发市委编委《关于进一步落实环境保护工作职责的通知》、编办《关于进一步明确基层安全监管机构职责的通知》等文件，进一步加强环保与安全生产工作职能职责调整。

【事业单位分类改革】 完成生产经营类事业单位改革，完成绵阳鼎立司法鉴定所撤销工作；创新公益类事业单位机构编制管理。印发《江油市事业单位人员编制结构化管理办法（试行）》，对全市545家事业单位机构类型、人员编制结构进行重新科学核定。印发《江油市事业编制挖潜创新服务发展的实施意见》，提出19条创新挖潜具体措施；推进人才由岗编一体向岗编分离转变，共统筹435名管理及专业技术人才从事农村义务教育均衡发展、市乡（镇）医疗联合、扶贫攻坚、招商引资、重大项目建设等中心工作。

【机构编制监督管理】 在机构编制日常管理中，坚持“一支笔”审批和增编增人“五不准”原则，严禁“三超两乱”（超职数配备干部、超机构规格提拔干部、超审批权限设置机构，擅自提高干部职级待遇、擅自设置职务名称），严肃机构编制纪律，严守政策红线，强化实名制管理工作和机构编制督查工作，建立机构编制违规违纪问题整改台账制度，着力从源头上防止“吃空饷”等违反机构编制纪律的情况出现。进一步加强和规范机构编制审计工作，和市审计局联合印发相关文件，实现审计监督和机构编制监督检查工作的紧密衔接。

【事业单位登记管理】 全面完成机关群团和事业单位法人的统一社会信用代码赋码颁（换）证工作，事业单位法人2016年度报告公示率100%，在绵阳市率先启动并完成事业单位法人登记信息排查工作。加强登记服务标准化建设，实行制度、办事流程和人员信息上墙，简化优化办事流程，全年核准办理设立登记6件、变更登记114件、注销登记26件。探索开展分类注销和“联审联办”试点。制定《江油市事业单位法人公示信息抽查实施细则》，全年分两批次实地核查事业单位16家，发出整改通知9份并督促整改落实。与法院、公安等8个部门建立事业单位监管联席会议制度，形成监管合力。深化事业单位法人治理结构建设试点和绩效考评试点。加强网上名称管理，对未挂标党政机关网站进行清理规范。中文域名注册单位覆盖率超过120%。举办2017年度事业单位法定代表人培训班1期。

【优化机构编制资源配置】 完善《江油市机关事业单位机构编制实名制管理办法》，印发《江油市机关事业单位申请用编审批办法》，严格执行机构编制集中统一管理、用编前置审批制度和实名制管理制度。优化整合事业单位布局，全年共减少事业机构6个、核减收回事业编制151名。围绕中心大局重点用编、动态用编，将跨层级调整的80名市级待分配事业编制统筹调剂用于乡镇社会事务建设，将其他整合收回事业编制用于综合执法改革、政策安置等重要领域和关键环节。

（刘耀路）

统一战线

【概况】 2017年，江油统一战线突出统一战线“落实年”“创新年”主题，充分发挥统一战线特色优势，围绕中心、服务大局，高标准、高质量推进各项工作，为加快建设“创新江油、开放江油、幸福江油、大美江油”贡献统战力量。

【基层统战工作】 建立健全市委统一领导，统战部牵头协调，各有关部门和人民团体各负其责的大统战工作格局。市委成立以市委书记为组长的统一战线工作领导小组，各部门、乡镇、村（社区）成立以党组织书记任组长、副书记任副组长的组织机构。进一步健全完善县（市）、乡（镇）、村（社区）三级统战工作网络体系，40个乡镇（办事处）全部配齐统战委员，市级部门配备统战干事，村（社区）明确统战工作联络员。在统战成员相对集中、统战任务较重的重点企业、行业组织、社会团体等建立统战工作联谊组织，并明确一名统战联络员，推动统战工作向各行业各领域延伸。把统一战线工作纳入全市宣传工作计划，把统一战线理论知识纳入市委党校（市社会主义学校）的教学内容，并将统一战线工作纳入年终目标考核。在中央统战部网站、《四川统一战线》、《绵阳统战工作情况》、四川省政协网、绵阳市政协网等刊登江油统战工作信息（经验）等60余条（篇）。

【民主党派建设】 坚持每季度召开民主党派学习会、每半年召开情况通报会、每年召开党风廉政建设通报会制度，组织各党派成员学习中央、省委、绵阳市委会议精神，在浙江大学举办学习中共十九大会议精神专题培训班，邀请四川省政协常委、副秘书长、民建四川省委常务副主委王元勇做《学习十九大会议精神、争做合格党外人士》专题报告，召开全市统一战线学习习近平总书记“7·26”讲话精神专题会。全年共发展26名党派新成员。全市有副科级以上党外干部33名，其中副县级4名，正科级5名，新提拔副科级领导干部8名，主要分布在医疗卫生和教育行业。建立党外代表人士后备干部人才库，储备党外后备干部30余人。全年共选派10余名党外干部到绵阳、省及省外社会主义学校学习。全市各民主党派成员紧紧围绕党委政府中心工作、重大活动和人民群众普遍关注的问题开展调研、建言献策。2017年，邀请50名非政协委员的民主党派成员列席市政协十三届二次会议，并参与分组讨论。“两会”期间各民主党派和无党派政协委员、人大代表共提出议案提案200余件。2017年，70名党外人大代表、政协委员中的特约监督员，对11个政府职能部门进行民主监督，共提意见建议

100余条，推进政府各项工作。

【非公有制经济统战工作】 2017年，工商联（总商会）换届，选举产生142位工商联第十二届执委，选举产生主席（会长）1名，常务副主席1名，专职副主席2名，兼职副主席16名,兼职副会长17名。带领全市40名优秀企业家赴浙江大学举办“李白故里（江油）企业经营管理人才专题培训班”，赴浙江省杭州市西湖区工商联、临安市工商联、西昌市工商联开展经贸交流考察活动。有效推动非公有制经济人士有序政治参与，工商联界代表进入绵阳市第七届政协委员4人，江油市第十三届政协常委17人，委员34人；进入绵阳第七届人大代表10人，江油第十八届人大常委9人，代表15人。组织召开全市民营企业学习中共十九大专题会议，参会人员达120余人，专题学习中共十九大会议精神和习近平总总书记在全国工商联界代表人士座谈会上的讲话精神。打造5户非公有制企业党建工作示范点，并纳入绵阳及省上的考核指导范围。指导成立行业商会、基层（乡镇）商会、异地商会共计24个，会员总数达到1158个。于11月成立全市女企业家商会，有会员83人。

【民族宗教工作】 围绕团结、稳定、和谐、发展工作中心，引导全市少数民族群众和信教群众，艰苦奋斗、扎实工作，营造民族团结、宗教和睦、社会和谐的良好局面。利用清真寺闲置空地投入2万元建成绵阳首家穆斯林群众妇幼健身中心；向省民宗委争取专项排危经费20万元对清真寺礼拜大殿进行维修进行补助；协调市教体文广新局实施清真寺礼拜大殿维修工程，确保宗教活动场所安全；与农投公司衔接，稳妥推进清真牛羊集中屠宰点建设工作。建立少数民族流动人口一人一卡的登记制度，详细登记其流出地、籍贯等。坚持每季度宗教界人士集中学习制度。进一步建立健全宗教场所人员、组织、财务、会计、安全、消防、档案、文物保护、卫生防疫及大型宗教活动、外事接待等内部管理制度，促进各宗教活动场所的管理规范和宗教教职人员行为规范。6月20日，在罗汉寺举行2017年度宗教场所安全知识培训暨消防应急演练。与司法、科技、防邪办等部门针对宗教活动场所及其教职人员开展了宗教事务、普法、科普和防邪反邪方面知识的集中教育培训活动。采取与司法局、法院、律师事务所联合举办“法制周周行”进宗教场所活动，向宗教教职人员、宗教场所（团体）管委会成员及信众代表专题宣讲《宗教事务条例》《中华人民共和国消防安全法》等方面的法律法规知识。

【对台工作】 联系并邀请四川省台办副巡视员、台湾问题研究专家杨志学作以“当前台湾政局与两岸关系”为主题的专题报告，276名党员干部接受一次系统全面的涉台教育。举行归侨侨属台胞台属中秋联谊会，市政协主席李平，市委常委、统战部部长、总工会主席唐传凤，市人民政府副市长谢林川，市政协副主席陈清太出席活动。春节期间慰问重点台胞台属10余户。为特困台属瞿永康募集救助资金4000元。及时协调解决台胞文瑞正与台胞文秉森纠纷事宜。向国台办、省台办、绵阳市台办、绵阳市委统战部等部门上报信息50篇。全年邀请和接待台胞到江油30余批次，500余人左右。包括：中国国民党中常委侯彩凤一行参访江油市李白纪念馆；台湾高雄市议会议员王耀裕率领高雄市基层代表参观李白纪念馆和新安镇现代农业公园等。10月30日至11月5日，江油市人大常委会主任冯钢率考察团赴台进行经贸文化方面的考察交流，并于11月4日在台北圆山饭店举行“四川省江油市在台经贸文化交流会”。10月14日至20日，江油市教体文广新局6人随绵阳团赴台参加2017两岸城市教育论坛。5月13日至15日，江油市举办国台办批复的2017年海峡两岸重要文化交流项目——第四届两岸哪吒民俗文化交流活动，300余名来自中国港澳台地区及新加坡、泰国、马来西亚等国家的哪吒宫庙代表以及内地嘉宾和信众参加活动，省台办副主任赵宇、绵阳市政府副市长赵迎春、中央人民政府驻澳门联络办公室台务部张宪春处长等出席活动并致辞。2月18日，台湾大中华产业联盟投资2800万元人民币发展文化创意产业项目举行签约仪式。3月3日，台湾巧劲企业有限公司与江油松岭农业旅游开发有限公司互签投资合作意向协议，投资不低于300万元。

【党外代表人士队伍建设】 加强党外代表人士的思想引领，做好发现、培养、使用、管理工作。紧紧抓住“培养、锻炼、配备、管理”四个关键环节，精心培养党外干部，举办第11期党外干部培训班，32名市级党员领导干部联系32名党外代表人士，同时选派1名党外正科级干部赴凉山州布拖县开展定点帮扶工作。多次向市委、绵阳市委统战部反映争取放宽党外干部使用的身份限制，加强与组织部沟通，共同研究确定党外干部的培养选拔使用和党外后备干部队伍建设工作。

【统一战线参与脱贫攻坚】 在10月17日全国第四个“扶贫日”期间，组织统一战线成员捐款3万元。以“百企帮百村”为抓手，组织号召全市118户企业精准联系77个贫困村。青峰集团投资50万元为铜星乡建设村民活动文化广场。宏安集团投资80万元为景台村修建“宏安桥”，并计划建设200公顷茶叶基地，成立太白名茶生态茶博园。顺辉集团捐资近1000万元修建乡村道路6条。宗教界代表人士开展捐资助学、扶贫帮困等活动，筹集慰问金共计5万余元。开展“江油统一战线走进布拖”活动，动员各民主党派、党外知识分子联谊会、新媒体联谊会及统战部机关干部捐款50万元为布拖县乐安乡补莫村修建幼儿园。组织各民主党派、工商联、党外知识分子联谊会、新媒体联谊会深入贫困村、贫困户围绕产业发展、致富增收等专题，开展调研26次，提出脱贫建议41条。组织各民主党派成员中的农、林、牧、渔、水等专家组建统一战线科技扶贫专家团，开展“三下乡”活动12场次，为群众送医送药送知识，活动累计接受咨询8000余人次，为群众义诊2400余人次，免费测量血压2800余人次，发放各类书籍3600余册，为群众义务书赠书画600余幅，同时开展送戏下乡12场。

(市委统战部)

对台工作

【概况】 全市对台工作认努力抓宣传、热情搞服务、不断深化交流、对台经济实现开门红、成功举办国台办批复的2017年海峡两岸重要文化交流项目——第四届两岸哪吒民俗文化交流活动。被绵阳市台办评为：2017年度对台工作先进集体、对台基础工作先进单位、对台经济工作先进单位、对台交流工作先进单位、对台宣传工作先进集体、台胞台属联络工作先进单位、对台调研工作成果奖、国台办重点交流活动组织奖。

【对台宣传工作】 积极开展对台宣传，着力提高新形势下对台宣传教育工作的针对性和时效性。联系并邀请四川省台办副巡视员、台湾问题研究专家杨志学作以“当前台湾政局与两岸关系”为主题的专题报告，为全市276名党员干部就台湾岛内政治局势、当前两岸关系形势、中央对台方针政策，以及如何做好当前四川和绵阳对台工作等方面进行分析、阐述和辅导。强化日常工作中的对台宣传意识，充分利用新闻媒体、互联网、赴台交流、接待台胞到访等渠道，向岛内大力宣传江油市良好的投资发展环境、旅游资源、建设成就和中华传统文化。举行归侨侨属台胞台属中秋联谊会。向国台办、省台办、绵阳市台办、绵阳市委统战部等部门上报信息50篇。

【服务台胞台属台企】 春节期间慰问重点台胞台属10余户。看望并慰问特困台属瞿永康，并送去了米、油及现金3000元，向市红十字会、市总工会和市慈善总会争取援助，帮助渡过难关，募集救助资金4000元。办理绵阳台办转来省台办“关于协助了解台湾居民文瑞正诉求有关情况的通知”事项，多次查核情况并帮助协调，妥善解决台胞文瑞正与台胞文秉森纠纷事宜。

【深化对台交流】 全年邀请和接待台胞来江油共30余批次，

500余人左右。包括：中国国民党中常委侯彩凤一行参访江油市李白纪念馆；台湾高雄市议会议员王耀裕率领高雄市基层代表参观李白纪念馆和新安镇现代农业公园；“四川台湾产业合作推介会”参访李白纪念馆；台湾客商谢东松参访新安镇现代农业公园、大康镇百年好合爱情谷和李白纪念馆；台北市议员、台北市城市发展促进会理事长秦慧珠率台北市基层代表团一行40人参访李白纪念馆和新安农业生态公园；台湾社团菁英四川行参访团72人参访李白纪念馆和青莲国际诗歌小镇和太白碑林等。10月30日至11月5日，江油市人大常委会主任冯钢率考察团赴台进行经贸文化方面的考察交流，并于11月4日在台北圆山饭店举行“四川省江油市在台经贸文化交流会”，《台湾导报》《大成报》《经济日报》《工商时报》等岛内多家主流媒体报道。10月14日至20日，江油市教体文广新局6人随绵阳团赴台参加2017两岸城市教育论坛。

【举办第四届两岸哪吒民俗文化交流活动】 5月13日至15日，成功举办2017年海峡两岸重要文化交流项目——第四届两岸哪吒民俗文化交流活动。活动以“弘扬哪吒民俗文化，促进两岸交流合作”为主题，包括开幕式、祭祀祈福、两岸经贸交流会、哪吒民俗文化交流研讨会、两岸书法家交流笔会、舞台剧《哪吒》展演以及台港澳嘉宾专题晚宴等内容，130余名来自中国港澳台地区及新加坡、泰国、马来西亚等国家的哪吒宫庙代表以及内地嘉宾和信众300余人参加活动。省台办副主任赵宇、绵阳市政府副市长赵迎春，中央人民政府驻澳门联络办公室台务部张宪春处长，世界华人道教文化交流协会执行主席冯健富，台湾高雄道德院住持翁太明，中华道教中坛元帅弘道协会常务理事庄正全，中国道协副会长、四川省道教协会会长唐诚青等出席活动并致辞，表达弘扬中华优秀传统文化、促进两岸关系和平发展的美好愿望。

【对台经济工作】 2月18日，台湾大中华产业联盟投资2800万元人民币发展文化创意产业项目举行签约仪式。台湾大中华产业联盟总会长陈俊霖、台湾巧劲企业有限公司总经理蔡明彦，绵阳市台办主任陈福林、文联主席马培松，江油市委常委、统战部部长、总工会主席唐传凤，副市长许红、副市长王磊以及江油市财政局、商旅局等有关部门负责人出席签约仪式。3月3日，台湾巧劲企业有限公司与江油松岭农业旅游开发有限公司互签投资合作意向协议，计划投资不低于300万元在百合国际博览园内、爱情谷大酒店周边租赁面积约2公顷土地，建置迷你高尔夫（瑞士型）的标准球场。

（台　办）

企业工委工作

【企业思想政治建设】 2017年，企工委组织开展“学党章党规、学系列讲话、做合格党员”学习教育和建章立制工作，给企业制作《“三会一课”制度》《中国共产党廉洁自律准则》《党员教育培训制度》《党员联系职工及双向培养制度》《入党积极分子培养制度》和《党员的八项权利和八项义务》，把这些制度挂在党员活动室，方便党员学习和监督。开展“千名书记讲党课、千个支部赛党日”活动。工委书记、副书记到企业组织企业党员学习，宣传《党章》《条例》和《准则》，宣传中共十九大和省十一次党代会精神。企业党组织积极参与“双千”活动，全年向学习教育协调小组办公室推荐鸿源公司、长山公司、电信公司的主题党日活动，共讲党课30课时。

【宣讲工作】 按照市委的安排部署，企工委于6月30日和12月4日召开非公有制企业党组织负责人、党务工作者会议，学习贯彻中共十九大和省十一次党代会精神并对企业党组织书记、党务工作者进行培训。鸿源公司党委、长山公司党委、国大公司党总支，恒辉租赁公司党支部、电信公司党委都对学习宣传工作做出安排和布置。

【指导“创先争优”活动】 指导各企业开展“创先争优”活动。企业党员能在工作中亮标准、亮身份（佩戴党徽）、亮承诺，比技能、比作风、比业绩，从我做起用自身形象提升党员和党组织的形象。工委所属37家企业党组织开展此项活动。

【企业党组织和党员队伍建设】 强化党组织干部队伍素质，举办二期党的基础知识学习培训班，组织企业党组织书记、党务工作者学习中央和省党代会精神，学习党的方针政策、业务理论、经营管理和法律法规知识以及先进经验，着力提高党组织书记及党务干部抓班子、带队伍、管党建的工作能力和水平。开展新一轮“三分类、三升级”工作，要求各单位书记是第一责任人，并做好专项整治工作，对有关工作情况和问题清单，明确整治重点问题、具体整改措施、完成时限和责任人等内容建立工作台账。

【“七一”建党节活动】 在庆祝中国共产党成立96周年之际，企工委同所属企业各党组织，组织开展参观红军文物陈列馆和重温入党誓词等活动；开展走访慰问生活困难的党员和老党员活动，使企业党组织和广大党员受到教育和鼓舞，增强了党组织的凝聚力和战斗力。

图13 2017年“七一”建党节前夕，组织市直机关非公企业新党员在红军陈列馆重温入党誓词

【“结对帮扶”和驻村工作】 开展“结对帮扶”工作以及组织企业开展“百企帮百村”活动。工委领导多次带领工委干部到战旗镇白沙村进行帮扶工作，全年脱贫5户，3年累计脱贫22户。加强与联系单位落实帮扶措施，共商帮扶规划。企工委书记、副书记多次深入联系的战旗镇白沙村，同当地党委、政府主要领导共商帮扶工作规划，从技术、资金、物资等方面开展全方位的帮扶。2017年企工委干部与5户贫困户开展精准扶贫，从制定帮扶规划、技术指导，为村上争取脱贫项目、协调脱贫资金等多方面开展全方位的帮扶，并采取单位筹、党员捐款的办法，落实8000元贫困户帮扶资金。汇星实业有限公司也在帮助贫困户和弱势群体上做出大量工作。深入宣传党的重大决策部署，市委重大发展战略以及党和政府的各项惠农强农政策，使群众切实感受到党和政府的温暖。同时，大力宣传相关法律法规，重点加强有关安全生产方面的法律法规宣传，增强群众的法纪意识和安全意识。

【党员管理】 工委完成2017年度党内统计工作。按照要求制定信息库审核、维护、使用和专人管理的保密制度；对党员基础数据进行核实完善，严格基础数据管理。全年完成所属企业党组织的换届选举，有33家企业按期换届。按照发展党员16字方针，把好党员发展关，在严格执行原有新党员发展公示制、预审制、政审制的基础上，强化发展源头监督，实施入党积极分子公示制。同时，进一步规范党员审批程序，严格控制不合格对象进入党组织队伍。全年，共计发展新党员29名，党员转入18人，转出33人，培训入党积极分子18名。党员人数达1100人。批准4

家企业成立党支部，分别是中共江油市星艺农业投资有限公司支部委员会、中共江油市银通融资担保有限公司支部委员会、中共江油市文化旅游发展公司支部委员会、中共江油市工业投资建设有限公司支部委员会。企业工委管理的企业党组织达37个。根据中央文件精神，进一步明确党费收缴标准，严格要求各企业党组织及时足额收取。

（企工委）

党史研究

【概况】 2017年，中共江油市委党史研究室深入贯彻落实中央、省委、绵阳市委《关于加强和改进新形势下党史工作的意见》和全国党史工作会议精神，围绕中心，服务大局，拓展思路，突出重点，做好党史征集、编撰、研究、宣传工作，充分发挥以史鉴今、资政育人作用。编撰出版的《中国共产党江油历史(1949—1978)》第二卷获绵阳市第十五次社会科学优秀科研成果评奖优秀奖和江油市第二届优秀社会科学成果二等奖。

【党史征集、编撰和研究】 2017年，编辑出版《四川马克思主义运动先驱、党团组织创始人——王右木》。在20世纪80年代王右木研究的基础上，征集、收录近30年来国内关于王右木理论研究的最新成果近70万字，在10月底由光明日报出版社公开出版发行。开展“纪念王右木130周年诞辰暨绵阳地方党组织建立90周年”征文活动，编撰出版《纪念王右木130周年诞辰学术研讨会论文集》。征文活动共收到全国各地应征稿件60余篇。10月，经纪念王右木130周年诞辰学术研讨会评委会分类甄别，选拔优秀论文50篇结集汇编，并于11月出编撰出版《纪念王右木130周年诞辰学术研讨会论文集》。完成80余万字的《中国共产党江油执政实录（2016卷)》编撰出版任务。与绵阳市委党史研究室共同编写出版中共绵阳地方党史人物丛书《“潜伏”将军——刘景素》。编撰修改党史正本第三卷。进一步修改完善《中国共产党江油历史（1978—2012)》第三卷。逐月完成党史大事记的编撰。坚持逐月收集、整理、编撰，完成2017年大事记编撰7万多字。

【党史资政活动】 结合王右木130周年诞辰，对“两馆一厅”进行“马克思主义在四川的传播与发展”和“马克思主义最新成果展”的陈列布展，挂牌成立王右木研究中心，建成王右木学术报告厅。召开王右木130周年诞辰学术研讨会。11月12日，由中共绵阳市委组织部、中共绵阳市委宣传部、中共绵阳市委党史研究室和中共江油市委主办的纪念王右木130周年诞辰学术研讨会在江油举行。来自全国各地100余名专家学者和地方代表共聚一堂，共同探讨王右木对四川马克思主义早期传播所做的贡献及其当代价值。开展三线建设和红色资源保护利用调研和普查。对市境内40多个省、绵阳、市属企业进行资源普查，开展“三线建设对绵阳科技城建设产业发展的启示与借鉴”的专题调研，对全市27处红色历史文化遗产进行普查登记，其中革命遗址遗

图14 11月12日，纪念王右木130周年诞辰学术研讨会在江油大剧院召开

迹19个，三线建设工业遗产7个，“5·12”灾后重建红色文化成果1个，形成8000多字的调研报告。

【党史宣传教育】 围绕王右木130周年诞辰纪念活动开展宣传。在《今日江油》开辟“纪念王右木诞辰130周年”专栏。通过微信平台——“江油发布”开设江油地方红色宣传专栏，连续对江油红色事件、人物、遗址遗迹等进行宣传。在江油电视台设专栏，连续播放1990年四川电视台、绵阳电视台拍摄的电视剧《王右木》，同时滚动播出王右木专题片《诗城风韵王右木》；设计制作10块“江油红色文化集群”宣传展板，在学术研讨会期间中巡回展出。围绕党史“七进”搞好党史宣讲活动。在天宝社区将军巷打造廉政、红色文化长廊。在白玉村村委会设置党史书屋，在村党建馆设置党史书柜。分别前往12个乡镇部门和企业进行党史知识和红色文化宣讲12场次。聘请4名党史宣讲员，分别到乡镇部门、社区、医院、学校等地宣讲30余场次。配合绵阳党史研究室、绵阳电视台拍摄了宣传片《从“三线建设”到“军民融合”》，以及电视专题片《初心》。

(市委党研室)

老干部工作

【概况】 2017年，江油市老干部局加强离退休干部思想政治和党组织建设，持续深化正能量活动，深入开展“畅谈李白故里新变化、展望大美江油新发展”系列主题活动，进一步抓好老干部活动阵地规范化建设，坚持“以人为本、服务为先”的工作理念，落实老干部“两项待遇”，不断提升服务管理水平，开创老干部工作新局面。

【老干部思想政治和党建工作】 全年组织老干部开展学习文件、通报情况、专题讲座及心理辅导、优秀影片观摩、红色文化体验等多种形式的政治学习活动15次。3月9日，举办由市委老干部工作领导小组成员单位和老干部工作重点单位从事老干部业务工作人员及所在单位离退休党支部负责人、部分离退休老干部协会（团体）负责人参加的全市老干部业务培训。5月15日至16日，组织离退休党支部负责人和老干部工作人员参加绵阳市委老干部局举办的“呼应新期待·唱响正能量”主题培训班，并利用集中政治学习时间，组织离退休干部传达学习《意见》精神。结合全市离退休干部工作实际，研究制定实施细则和配套措施。印发《关于进一步加强和改进离退休干部党组织建设工作的意见》，把离退休干部党组织建设纳入全市党建和老干部工作的总体规划同部署、同推进、同督导、同考核，落实离退休干部党支部上缴党费按100%全部返还及离退休干部党组织书记、委员工作补贴等具体事宜，进一步激发离退休干部党组织的活力。12月2日，组织部分离退休老干部代表、市委老干局（活动中心）全体干部职工、市委组织部（老干局）退休支部党员干部70余人召开传达学习中共十九大精神专题会议，传达学习2017年10月31日“江油市传达学习党的十九大精神大会”主要精神。深入学习中共十九大报告、中国共产党章程修正案、中央纪律委员会工作报告等主要精神，阐述新时代新判断、新时代新使命、新时代新目标、新时代新思想、新时代新部署、新时代新要求。全市广大离退休干部参与各种宣传宣讲活动，推进中共十九大精神进企业、进农村、进机关、进校园、进社区。

【组织老干部活动】 按照绵阳市委老干局关于组织开展“畅·展”活动的要求，既“讲好普通话”，又“发准地方言”，深入开展“畅谈李白故里新变化、展望大美江油新发展”系列主题活动，持续深化为党和人民的事业增添正能量活动，为中共十九大、省委第十一次党代会召开营造氛围。拟定全市深入开展“畅谈李白故里新变化、展望大美江油新发展”系列主题活动的实施方案，并于4月19日至20日举办“畅·展”系列活动启动仪式暨老干部春季门球邀请赛。进一步搭建老干部建言献策平台，4月上旬，采取集中座谈、走访调研等方式，广泛听取老同志对党和国家事业发展、治蜀兴川方略、国家科技城和幸福美丽绵阳及“创新江油·开放江油·幸福江油·大美江油”建设等方面的重要意见建议20余条。组织引导老同志围绕中共十八大以来全国、全省、绵阳、江油各地各领域的发展变化，重点抓好“六个畅谈”。6月23日，组织全市离退休老干部代表及离退休党支部书记100余人召开“畅谈李白故里新变化、展望大美江油新发展”活动座谈会。老干部们畅所欲言，谈家乡建设新变化、谈群众生活新变化、谈干部作风新变化，对江油未来发展充满信心，对全面建成小康充满期待。绵阳市委老干局副局长李彬到会指导并讲话，江油市委常委、组织部部长何华君就深入开展“畅·展”活动提出明确要求，还组织与会人员学习、解读绵委办〔2017〕6号等文件精神。7月4日，市委召开2017年上半年老干部情况通报会，市委书记周涛讲话，并与四套班子领导一起会见离退休老干部、老同志。9月26日，组织部分离退休老干部50余人集中观看中央电视台新闻频道播出的全媒体大型特别节目《还看今朝·四川篇》。10月18日，组织老干部70余人集中观看中共十九大开幕会，全程聆听习近平总书记代表十八届中央委员会所作的工作报告。老干部、老同志们纷纷发表观后感言，绵阳、江油电视台对江油市老干部的感言作专题报道。10月13日，隆重举行离退休干部“喜迎十九大·永远跟党走”文艺展演，市委副书记、市长柳江出席活动并致辞，市领导、离退休干部及各乡镇各部门分管领导400余人观看。从10月13日起历时1个多月，举办离退休干部“喜迎党的十九大·诗书画影抒情怀”书画摄影展作品展，60余个离退休党支部组织参观学习，并将展出作品编印成册。10月25日，组织开展“喜庆十九大·欢度重阳节”老干部门球邀请赛，9个队100余名老同志参加。10月26日，组织开展“喜庆十九大·欢度重阳节”钓鱼活动，近80余名副县级及以上老干部参加。6月11日，组织离退休老干部代表到王右木纪念馆开展“重温誓词·与党同心”红色文化体验活动。9月10日，邀请绵阳市政安消防知识宣传中心举办老干部专场消防安全知识讲座，进一步增强老干部、老同志的消防意识和应急防护自救技能。10月10日，邀请江油市人民医院心血管内科主任医师赵云泉举办老年慢性病防治专题讲座并现场义诊，建立老干部养生微信交流群。12月22日，组织200余名离退休干部参加由绵阳市政协副主席主讲的“健康养生·中医智慧”的专题讲座。4月27日，组织老干部代表到新安、战旗镇专题调研考察脱贫攻坚工作，并在新安镇黄土村开展“看江油脱贫攻坚、话贫困村新变化”座谈活动。6月下旬，向全市离退休干部发出倡议，引导开展“助力脱贫攻坚”志愿服务活动，引导老同志在基层党建、群众教育、技术支持等方面发挥作用。10月中下旬，动员全市近100个离退休支部组织老干部、老党员500余人登录社会扶贫网注册爱心人士，发布捐赠信息620条，帮扶贫困户460户。11月15日，组织开展“助力精准脱贫书画进村”活动，老干部为方水镇高包村村民无偿创作100多幅作品。

【老干部活动阵地规范化建设】 进一步完善老干部学习活动阵地功能，在多功能会议室安装LED电子显示屏，打造老干局机关文化墙及学习园地。管好用好阅览室、棋牌室、门球场等“九室三场”，活动中心坚持“五心”服务标准，组织老干部开展日常学习和文化娱乐活动。同时，以市老干部活动中心为依托，完善和组建老干部门球、乒乓球、台球、棋牌、书画、“正能量”学习兴趣小组等6个业余（团队）协会，并组织开展各项活动20余次，进一步丰富老干部的精神文化生活，实现政治学习与文化娱乐相结合，体育锻炼与身心健康相结合，自娱自乐与竞技比赛相结合，室内活动与室外活动相结合，为老干部展示阳光心态、体验美好生活搭建良好平台。

【落实离退休干部生活待遇及善后事宜】 落实离退休干部阅文、听报告、意见征求、参加重要会议和重大活动等制度。1月24日组织300余名离退休老干部参加江油市新春茶话会。重要节日期间，市委、市政府主要领导带头走访慰问离退休老干部代表。1月至6月，在重大节假日和老干部生病住院期间共看望走访慰问老干部110余人次。市委老干部局还派出工作小组赴北京市、青海省西宁市等地走访慰问异地安置离休干部。认真落实老干部享受生活待遇政策，建立离退休干部及离休干部遗孀特殊困难帮扶救助机制。关心离退休老干部的身心健康，并做好老干部医药费报销的协调服务工作。争取相关政策将老干局宿舍院纳入城区老旧小区综合治理并全面完成治理任务，进一步改善老干部居住环境。

【老干部队伍建设】 按照老干部工作转型发展的形势新要求，认真落实“建一流队伍，创一流服务”的要求，着力打造一支综合素质优良、思想作风过硬、富有创新精神、甘于吃苦奉献的老干部工作队伍，以强烈的敬老意识和满腔的助老热情，拓宽工作渠道，狠抓工作落实。强化机关文化建设，打造老干局机关文化墙。健全机制抓规范，严管正作风，建立健全各项制度，做到用制度管人，按规章办事，促进局机关高效快捷运转，努力实现工作作风务实、服务水平高效。

（老干局）

干部培训

【概况】 2017年，江油市委党校（市行政学校、社会主义学校）认真履行党校职责和功能，大规模开展干部培训、理论宣讲和科研工作。全年共举办各类实体培训班次40期，培训党员干部5357人次，培训人数创历年之最，居绵阳市县级党校首位。市委党校加强与各乡镇党委沟通协调，首次实现将组队干部纳入党校培训范畴，培训组队干部135人次，进一步拓展党校培训范围，增强党校基层服务职能，得到省委党校充分肯定。

【学术理论研究】 党校教师全年在省级以上刊物、学术研讨会上发表理论文章6篇。常务副校长杨旭光在《四川党校通讯》发表党建理论文章《与时俱进，推进党校事业不断发展》；于志龙、王良秋、王元君三位老师参加四川省党校系统“学习贯彻党的十八届六中全会精神暨2016年党史党建学术学会”，3篇理论文章《新形势下社会主义廉政文化的功能与作用》《抓住关键少数，强化制度规范，革新监督机制，奋力推进科学良序的党内政治生态建设》《坚定“四个自信”，加强和规范党内政治生活》入选省委党校学术年会论文专辑；王良秋撰写的党史文章《王右木精神意涵及其当代价值》在共青团山东省委主办的《山东青年》杂志发表，并在绵阳市“纪念王右木130周年诞辰学术研讨会”上作专题发言；在省委组织部“好教材、好课题、好案例”征集活动中，市委党校选送的《“小百合”催生“大产业”——江油市文农旅融合发展助推精准扶贫》入选并编入专集。

【专题调研】 市委党校教师围绕中央、省、市重点及热难点问题，深入开展专题调研，撰写资政报告，全年完成科研咨政课题11项。其中，常务副校长杨旭光主持的《江油市“造血式”精准脱贫模式研究》得到绵阳市委副

图15 6月27日，市委党校举办江油市2017年驻村第一书记岗前培训班

书记付康、江油市市长柳江等领导肯定签批，并获省扶贫局三等奖；王良秋主持的《做右木传人 当蓝衣先锋》基层党建品牌创建方案，得到省、市国税局领导肯定，获得市委书记周涛肯定签批；杨安业主持的《以创新精神促进社会组织发展　提升社会服务水平——江油市社会组织发展现状调研》为绵阳市社会组织建设提供有益参考，市委常委、组织部部长何华君作肯定签批。

【理论宣讲】　全年采取送教下乡、集中宣讲等方式共举办中共十八大、十九大、中共十八届六中全会，省委第十一次党代会精神、江油市第十三次党代会精神等理论宣讲 57 场次，听众达 3897 人次。

【干部继续教育】　市委党校持续深入地开展招生宣传，优化、创新服务管理机制，全年党校干部继续教育工作取得新成绩：四川省委党校 2017 年研究生招生工作，江油市共有 68 人报名参考，较 2016 年增长 61.9%,人数规模居绵阳市县级党校系统第二名，15 人被省委党校录取（含调剂），录取人数和上线率创党校新高；重庆大学、东北财经大学和四川农业大学网络教育学院招生工作，共有 6 名同学注册入学，招生规模稳步上升，干部继续教育工作继续走在绵阳市县级党校系统前列。

（袁　浩）

巡察工作

【概况】　2017 年，江油市委巡察办在江油市委和巡察工作领导小组的领导下，在绵阳市委巡察办的具体指导下，严格按照《2017 年度巡察工作计划》要求开展巡察工作。

【协调保障】　全年，落实巡察全覆盖要求，梳理明确 102 个被巡察对象；制定《中共江油市委巡察工作五年规划》及年度巡察工作计划，明确时间进度和任务安排；完善《巡察工作流程》《巡察机构内部管理办法》等制度、细则 11 项；编发《巡察工作学习资料》《巡察工作手册》等 200 余册，提升巡察工作科学化、制度化、系统化水平。构建“一办五组”工作格局，落实固定人员 19 名，其中，市委巡察办核定行政编制 4 名、已到位 3 名，5 个巡察组核定联络员行政编制 5 名、已到位 3 名，各组组长、副组长编制在原单位，专司巡察工作。开展“江油市委巡察工作人员库”入库人员再推荐，组建起 239 人的巡察“后备军”。筹备巡察工作领导小组会 6 次、巡察工作动员会 3 次、巡察意见反馈会 3 次，组织开展巡察干部专题培训会议 4 次，召开巡察办组工作例会 8 次，及时传达中共十九大精神及各级巡察工作精神，贯彻市委巡察工作各项决策部署，确保“立足全局看巡察、着眼全局谋巡察、服务全局抓巡察”。“三统一”严格教育管理，即巡察干部纳入纪检干部队伍统一管理、统一学习、统一考核。“三必谈”严肃政治规矩，即巡察机构领导干部任命前组织部门必谈，任命时市委书记必谈，每轮巡察启动时纪委书记必谈。“三必查”严明工作纪律，即巡察干部履职情况必查、工作纪律必查、工作日志必查。理顺党组织架构，成立巡察办党支部，建立办组党小组 6 个，强化党员管理教育和政治思想建设。

【政治巡察】　遵循政治巡察要求，督导市委巡察组从“政治”出发发现问题、分析问题、汇总问题、反馈问题；集中驻巡期间，巡察办负责人深入驻地，传达最新要求、分送文件资料、交流巡察方法、探讨下步工作，指导巡察组聚焦“党的领导弱化、党的建设缺失、全面从严治党不力”三大问题，紧盯“重点人、重点事、重点问题”三个重点，确保不跑题偏题。全年共开展三轮巡察，覆盖 10 个市级部门和 10 个乡镇，梳理归纳问题 80 个，移交问题线索 85 条，已立案 26 件，党政纪处分 14 人，诫勉谈话 5 人；综合运用“一对一”常规巡察与“一托 N”打捆巡察等方式；灵活巡察干部使用方式，财务、审计、项目等专业人员“跨组并用”；总结提炼出“三访”“四查”巡察方法，即蹲点接访、明察暗访、专门寻访，顺查资金、倒查项目、彻查信访、抽查作风，确保真找问题、找真问题。

【全程督导】 筹备巡察约谈工作，自第三轮起巡察工作领导小组组长、副组长分别约谈15个被巡党组织主要负责人；会同巡察组加强对反馈问题整改的过程督导，压实被巡单位整改主责，第二、三轮巡察发现问题已整改144个、正在整改7个，第四轮意见反馈已完成，两个月集中整改全面启动；穿插安排三轮“回访督查”，新发现问题36个，督促38个问题再整改。通过三轮巡察，共向市委、市政府提交专题报告7份、意见建议18条，推动解决共性问题14个；市纪委结合巡察发现问题，开展为期3个月专项整治，严肃查处37件37人，诫勉谈话10人，市委组织部听取巡察机构意见，暂停对1名干部的提名考察，相关部门开展专项调研5次、完善行业管理制度19项。每轮巡察动员会后，在江油门户网、江油电视台等媒体平台报道工作动态和发布巡察公告，向全市公布巡察对象、举报电话和电子邮箱。3月10日，省委巡视办专职副主任周元军调研江油巡察工作，对江油巡察“协调保障实、全程督导紧、精建细管严”等工作做法给予高度评价，省委巡视办内参刊发《江油首轮巡察着力“实紧严”》工作信息，江油巡察办被确定为省委巡视办联系点；绵阳市委巡察办4次调研江油巡察工作，认为江油巡察起步早、标准高、工作实，廉洁绵阳刊发江油巡察工作信息4则；多个兄弟区县巡察办到江油考察交流巡察工作。

（巡察办）

图16 3月13日，省委巡视办调研指导江油巡察工作

政策研究

【概况】 2017年，市委政策研究室把加强理论修养放在首位，把提高政治敏锐落在高处，充分发挥政研室参谋助手和智囊团作用，履行调查研究职能，完成文稿撰写、重大课题调研及市委领导交办的各项任务，为推动全市高质量发展做出贡献。

【服务市委重大决策】 全年，市委政策研究室参与起草《中共江油市委工作规则》《中共江油市委常委会议事决策规则》《关于加快农业产业发展推进“三村建设”培育农业农村发展新动能的实施意见》等一系列重要文件。专家咨询委员会就《工业空间布局和产业发展规划（2017—2025）》《关于推进供给侧结构性改革的实施意见》《“健康江油2030”规划纲要》《关于深化市属国有企业负责人薪酬制度改革的实施意见》等涉及江油市经济社会发展中带有战略性、综合性、前瞻性的重大问题和热点难点进行专题咨询，共收到委员50余条意见建议，相关部门吸纳30余条，编发简报5期。

【调查研究】 坚持把调查研究作为政研室“当参谋、献良策”的基础性工作来抓，筹划调研课题、制定调研计划，组织开展转型升级、提质增效、深化改革、统筹城乡、依法治市等方面重大课题调研工作。全年共有6篇调研报告被绵阳市委机关刊物《改革与发展》采用。在赴广汉、内江、遂宁等地进行学习考察后，撰写《江油市“工业大会战”专题调研报告》《江油市招商引资专题调研报告》两份专题调研报告，并编印4期《领导参考》，供领导参阅。

【文稿工作】 围绕市委中心工作，把文稿服务作为决策参谋服务的重要抓手和平台载体，立足发展之趋、紧跟时代之势，坚持以谋为本、以质为先，完成市委经济工作会发言、全市人才工作大会发言、全省脱贫攻坚大会经验交流、开展纪念王右木130周年诞辰活动情况的报告等文稿起草工作。全年共草拟领导讲话稿298篇，撰写总结、汇报材料103篇，拟制、核对文稿412份。

（市委政研室）

信访和群众工作

【概况】 2017年，中共江油市委群众工作局有行政编制7名（在岗6人），事业编制7名（在岗6人），实有工作人员12人。全年共办理群众来信来访1179批5497人次，比2016年批次增加10.5%，人次下降3.8%；其中集体访共239批4437人次（50人以上大规模集体访共17批1270人次），与2016年同期271批5440人次相比批次下降12%、人次下降18%。发生进京非访3批3人次，比绵阳控制数少7人。确保全国“两会”、省第十一次党代会、“一带一路”高峰论坛、科博会、中共十九大期间社会大局稳定，实现“零登记”。

【阳光信访】 市级领导定期定点参与接待来访群众210人次，共接待信访群众295批2120人次，现场解决230件次，交办65件次，年内规范办结60件次。各乡镇、市级部门领导严格实行开门接访，群众上访有门。群众反映问题渠道在传统书信外得到拓展，网投平台、人民网留言、领导信箱等全面受理群众诉求，群众寄信反映问题渠道更宽，共收到来信（含网上信访）471件次，与2016年同期相比增长19%，群众维权成本进一步降低。群众对信访事项办理不服，按照信访条例可申请复查，共办理群众申请信访事项复查16件，为信访人提供有效申诉渠道。

【责任信访】 举办全市信访干部业务培训班，来信、来访、督查督办、复查和网上信访业务得到进一步规范。排查梳理118件重点突出信访稳定问题，按照“一个案子、一名领导、一个专门班子、一套工作方案、一抓到底”的要求和市级领导分管工作及联系单位范围，落实25名市级包案领导和办案部门的责任，限期办结，118件全部办结，办结率达100%；开展下访活动36人次，带案下访26件，妥善解决群众合理诉求12件，做到信访案件件件有着落、事事有交代、案案有结果。全年共开展综合督查5次，对全市40个乡镇和25个重点部门，通过多种形式督导信访事项办理。针对绵阳市下达的“百日攻坚战”案件16件和进京非访交办案件2件进行专项督导。督促责任单位按照“三到位一处理”（诉求合理的

图17 4月17日，市委书记周涛接待信访群众

解决问题到位、诉求无理的思想教育到位、生活困难的帮扶救助到位、行为违法的依法处理）要求妥善办理。中央第五环保督察组交办群众来信来电举报件70件（其中来信49件、来电21件），其中加星重点案件17件。应由江油市办理的52件全部在规定时间内办结上报，无一件被返回重办。

【法治信访】 加强信访法治宣传，印发宣传资料3000余份，组织街头宣传1次，发放宣传资料，接受群众咨询，在接访大厅LED、中坝剧场广告屏播放宣传标语，引导群众依法维权。2017年，与市司法局合作，推出信访工作创新举措，安排律师参与信访日常接待，按照中央、省《关于涉法涉诉信访工作改革实施意见》要求，严格坚持法定途径优先，强化法律在化解矛盾中的权威地位，将涉法涉诉信访问题纳入法治轨道解决。不再受理涉法涉诉问题，引导信访人遵循司法程序到有关政法机关反映问题。全年律师共参与接待共40余人次，接待涉诉咨询类86件，参与协调处理疑难信访问题11件，主动代理涉诉信访案件4件。规范信访秩序，针对老缠访、闹访人员，大规模过激上访，进京到省非正常上访、群体性事件苗头等，及时预判、准确预警、整体联动，全年共依法处理违法上访人员王某某、罗某某等10余人次，信访秩序进一步规范。

【开放信访】 建立不满意信访事项第三评价机制，组织成立由市党代表、人大代表、政协委员、律师或法律工作者、其他代表组成的参评人员资源库。将信访事项的提出和处理的过程与结果置于“阳光”下，有利于增强有权处理机关的公信力，维护群众的合法权益，确保信访诉求的提出合理、合法、有据，信访事项的处理依法、依规、按政策。通过不满意信访事项第三方评价机制的有效运行，让社会各阶层来评价信访事项，从更全面的角度去剖析、更客观公正的立场去评判，使有权处理机关借势借力化解疑难信访矛盾，确保处理的公正性，增加工作的透明度，促使信访人合理提出信访诉求，依法维护自身的合法权益。全年共办理不满意信访事项第三方评价3件。

【和谐信访】 2017年重点敏感时段多，在全国“两会”、“一带一路”高峰论坛、省第十一次党代会、科博会、中共十九大期间，江油市积极开展驻京、驻蓉、驻绵阳工作，全市上下通力合作，加强劝返、接回、稳控，严把问题解决关、重点人员流出关，实现敏感节点“零登记”，确保社会大局和谐稳定。

（蔡兴伟）

目标管理

【动态调整考核指标】 将环境保护“党政同责、一岗双责”环保职责履行情况、禁毒工作、基层党建“3+2”书记项目等作为新增指标纳入2017年目标绩效考核，基础分值由160分提高至180分。同时，在否决性指标中新增脱贫攻坚，其中受到民生工作、脱贫攻坚、农民增收、安全生产和环境保护“一票否决”的单位，绩效考核基础得分按60%计分。

【创新考核评价内容】 设置“重点工作”和“重点项目”考核内容作为激励性加分，重点工作考核分值不作为单位排名依据，重大项目考核分值不计入单位得分，仅针对项目建设推进有功人员。重点工作和重大项目分别制定考评细则、单独考评、单独奖惩，使目标绩效考核更好地服务全市经济社会发展中心工作，体现“拉开差距、奖勤罚懒、突出重点、体现激励”。

【下达目标任务】 在年初及时下达《2017年度乡镇、市级部门目标》，将固定资产投资、工业经济发展、财政收入等目标任务分解至各乡镇、各部门，以加快经济发展为目标，设立略高于工作目标的奋斗目标，号召全市上下全力冲刺、跳起摸高，确保圆满并力争超额完成绵阳下达的目标任务。目标任务下达后，江油市委、市政府主要领导与牵头市级分管领导、牵头责任部门、具体责任单位分别签订三级目标责任书，明确具体责任领导、责任单位和责任人，层层传导压力、落实责任，使各项目标任务真正落到实处。

督查督办

【完善督查台账】 全年围绕“年度目标任务、市委市政府工作大局、市级领导交办事项、群众关心的热点民生实事和重大项目推进情况”五方面开展督查督办，进一步完善“旬督查、月通报、季小结、年考评、适时提醒、落实问责”的督查机制。建立专项督查工作台账，每项督查工作明确督查方式、督查要求和督办时限，根据具体工作分别采取季报制、月报制、周报制和日报制，并严格实行销号。

【重点工作督查】 针对书记交办事项和市政府议定事项建立有效工作机制，2017年市委书记交办事项50项，办结26项；市政府议定事项23件，办结7件。7月至9月，中央环保督察组入驻四川，其间，市目督办全程参与，与相关部门形成联动工作机制，将每日收到的环境信访举报和网络舆情以《督办通知》下发至相关单位，全面跟踪，适时对信访人展开回访，确保各个案件整改到位。全年对全市环境信访和网络舆情共下发《督办通知》50余期，交办环保信访案件1200余件，均已办结。

【强化结果运用】 督查结果要倒逼工作进度，起到表扬先进、鞭策后进、鼓舞干劲的作用。2017年，列入督查台账195项，办结170项。累计组织各类督查100余批次，制发《督查通报》68期、《督查专报》43期、《督查快报》24期、《督办通知》111期，对26个单位进行通报批评，并会同市监察局对工作进展滞后的7个单位进行效能约谈。

民生工作

【概况】 2017年，四川省、绵阳市下达江油市“就业促进、扶贫解困、教育助学、社会保障、医疗卫生、百姓安居、民生基础设施、生态环境、文化体育”及20件民生大事为主要内容的民生工程共计103项（其中省级民生工程项目85项、绵阳市级民生工程项目18项），加上21项自选民生实事共计124项。

【民生工程项目完成情况】 截至2017年年底，江油市实施的四川省、绵阳市级十项民生工程和20件民生大事涉及的103个民生工程项目全部完成。21项江油市自选民生实事项目涉及“西成客专江油北站站前广场建设项目”“太白公园西门建设项目”“工业污水处理厂建设项目”“方水场镇饮用水工程”等项目，由市住建局、交通运输局、环保局等相关部门和乡镇承办，其中13项已全面完成，另有8项跨年度项目，已纳入2018年继续实施。

【资金投入、拨付和监管】 全年，省、绵阳市级民生工程项目共投入资金约11.50亿元，其中省级8.07亿元、绵阳市级3.43亿元。坚持民生优先，建立民生工程财政资金稳定投入机制，优先安排、重点保障民生项目资金；严格按照专项资金管理条例对民生工程资金进行管理，实行专款专拨、专人管理；严格按照项目实施进度拨付资金；及时向社会公开公示项目进度和资金使用等情况；严格财政监督和审计监督，坚决杜绝挤占、截留、挪用和套取现象，确保资金使用安全。

（目督办）

江油市人民代表大会

概　述

2017年，江油市人大常委会召开人代会1次、常委会会议7次、主任会议8次，听取和审议“一府一委两院”和政府部门工作报告33个，提出审议意见8条，依法作出决议决定34项。依法选举任免人大常委会内设机构、“一府两院”工作人员33人次。

重要会议

【江油市第十八届人大二次会议】 2017年2月16日至17日，江油市十八届人大二次会议召开，268名人大代表出席会议。会议分别听取和审议市人民政府工作报告、市人大常委会工作报告、市人民法院工作报告、市人民检察院工作报告，审查通过《关于江油市人民政府工作报告的决议》《关于江油市人大常委会工作报告的决议》《关于江油市人民法院工作报告的决议》《关于江油市人民检察院工作报告的决议》。审查通过江油市第十八届人民代表大会第二次会议《关于改善生态环境　提升城市水质　建设大美江油的决议》。

【江油市第十八届人大常委会重要会议】 2017年2月8日，江油市第十八届人大常委会第三次会议召开。会议听取和审议市人民政府关于2016年财政预算执行情况和2017年财政预算（草案）的报告，听取市人民政府关于2015年市级财政预算执行和其他财政收支审计查出问题整改情况的报告、市人民政府关于2016年环境保护工作情况的报告、江油市人大常委会代表资格审查委员会关于江油市第十八届人民代表大会第二次会议代表出缺情况的报告，听取市十八届人大二次会议筹备工作的情况汇报，审议市第十八届人民代表大会第二次会议的有关事项，讨论和修改江油市人大常委会工作报告，依法完成人事任职事项。

2017年3月31日，江油市第十八届人大常委会第四次会议召开。会议听取24位市人民政府组成部门主要负责人述职并开展满意度测评；听取市人民政府关于市本级医疗保险工作情况的报告、市人民政府关于贯彻执行《固体废物污染环境防治法》的情况报告；依法完成人事任免事项。

2017年5月18日，江油市第十八届人大常委会第五次会议召开。会议听取市司法局局长郭从明述职并进行满意度测评，审查并通过《江油市人大常委会关于义新、东兴两个乡撤乡建镇后设立镇人民代表大会及有关事项的决定（草案）》，听取市人民政府关于村（居）民委员会换届选举工作的报告、关于农村电子商务发展和运行情况的报告、关于治理拖欠农民工工资情况的报告、关于城区水污染治理工作情况的报告；依法完成人事事项。

2017年7月27日，江油市第十八届人大常委会第六次会议召开。会议听取市人民政府关于农村产权制度改革推进情况的报告、关于农村道路安全防护设施建设情况的报告、关于义务教育均衡发展情况的报告、关于乡镇卫生院人才队伍建设情况的报告，听取和审议市人民政府关于贯彻实施《中华人民共和国人民调解法》的情况报告、关于2017年1月至6月国民经济和社会发展计划执行的情况报告、关于2017年1月至6月财政预算执行的情况报告，审查和通过《江油市人大常委会关于对市人民政府贯彻实施〈中华人民共和国人民调解法〉情况的审议意见（草案）》《江油市人大常委会关于江油市2017年1月至6月国民经济和社会发展计划执行情况的审议意见（草案）》《江油市人大常委会关于江油市2017年1月至6月财政预算执行情况的审议意见（草案）》。

2017年9月7日，江油市第十八届人大常委会第七次会议召开。会议听取市人民政府关于新型农业经营主体发展情况的报告、关于全市脱贫攻坚情况的报告、市人民检察院关于侦查监督工作的报告；听取和审议市人民政府关于贯彻实施《中华人民共和国档案法》的情况报告、关于矿产资源开发利用情况的报告、关于2016年市级财政决算的情况报告、关于2016年市级预算执行和其他财政收支审计工作的报告；审查通过了《江油市人大常委会关于批准江油市2016年市级财政决算的决定（草案）》《江油市人大常委会关于对市人民政府贯彻实施〈中华人民共和国档案法〉情况的审议意见（草案）》《江油市人大常委会关于矿产资源开发利用情况的审议意见（草案）》《江油市人大常委会关于江油市2016年市级财政决算与2016年市级预算执行及其他财政收支审计工作的审议意见（草案）》。

2017年11月16日，江油市第十八届人大常委会第八次会议召开。会议听取市人民政府关于沉水水库和武引二期灌溉体系建设情况的报告、关于违法建设整治情况的报告、关于全市生猪定点屠宰规划建设情况的报告、关于2016年市级预算执行和其他财政收支审计查出问题整改情况的报告、市人民法院关于民商事案件执行工作的报告；听取和审议市人民政府关于在太平镇成立西山、长安社区的报告，关于市第十八届人大一次、二次会议期间代表所提建议办理情况的报告；审查通过《江油市人大常委会关于同意成立太平镇西山、长安社区的决定（草案）》《江油市人大常委会关于江油市人民政府〈关于市第十八届人大一次、二次会议期间代表所提建议办理情况〉的审议意见（草案）》。

2017年12月20日，江油市第十八届人大常委会第九次会议召开。会议听取市人民政府关于依法治市推进情况的报告，听取和审议市人民政府关于江油市2017年财政预算调整草案的报告、市人民政府落实《十八届人大二次会议关于“改善生态环境　提升城市水质　建设大美江油”的决议》的情况报告；审查通过《江油市人大常委会关于批准江油市人民政府〈关于江油市2017年财政预算调整草案的报告〉的决定（草案）》《江油市人大常委会关于江油市人民政府落实〈十八届人大二次会议关于“改善生态环境 提升城市水质 建设大美江油”的决议〉情况的审议意见（草案）》；依法完成人事事项。

选举任免

2017年2月8日，江油市第十八届人民代表大会常务委员会第三次会议决定：任命陈娟为江油市人大常委会城乡建设和环境资源保护工作委员会副主任。

2017年3月31日，江油市第十八届人民代表大会常务委员会第四次会议决定：任命刘海燕为江油市人大常委会政法工作委员会主任、信访办主任；肖江丽为江油市人大常委会教科文卫工作委员会主任。免去鲁顺义江油市人大常委会政法工作委员会主任、信访办主任职务；刘海燕江油市人大常委会教科文卫工作委员会主任职务。

2017年3月31日，江油市第十八届人民代表大会常务委员会第四次会议决定：任命王英为江油市人民法院刑事审判庭副庭长；王翠翠为江油市人民法院民事审判第一庭副庭长；王金洪为江油市人民法院执行庭副庭长；孙红为江油市人民法院审判员。免去罗静江油市人民法院民事审判第二庭副庭长职务；王宇龙江油市人民法院审判监督庭副庭长职务；毛丽娜江油市人民法院三合人民法庭副庭长职务；王英江油市人民法院三合人民法庭副庭长职务；李红江油市人民法院彰明人民法庭副庭长职务。

2017年5月18日，江油市第十八届人民代表大会常务委员会第五次会议决定：免去马玉萍江油市人民法院审判员职务；陈品生江油市人民法院审判员职务。

2017年5月18日，江油市第十八届人民代表大会常务委员会第五次会议决定：免去郭定旭江油市人民检察院检察员职务；梁跃辉江油市人民检察院检察员职务；叶尚文江油市人民检察院检察员职务；杨安明江油市人民检察院检察员职务；刘邦泽江油市人民检察院检察员职务；唐应盛江油市人民检察院检察员职务；杨枝荣江油市人民检察院检察员职务；李明江油市人民检察院检察员职务；刘安宁江油市人民检察院检察员职务；邓世萍江油市人民检察院检察员职务；崔焕松江油市人民检察院检察员职务。

2017年11月16日，江油市第十八届人民代表大会常务委员会第八次会议决定：免去印邦兴江油市人民法院三合人民法庭副庭长职务；叶婷江油市人民法院审判员职务；芮发勤江油市人民法院审判员职务。

2017年11月16日，江油市第十八届人民代表大会常务委员会第八次会议决定：免去雷伟江油市人民检察院检察员职务；李小艳江油市人民检察院检察员职务。

2017年12月20日，江油市第十八届人民代表大会常务委员会第九次会议决定：任命左迪为江油市人民法院副院长。

监督工作

【推进市委决策部署落实】 坚持同频共振、议决结合，围绕事关全市改革发展稳定的重大事项，适时作出决议决定。听取市政府25个组成部门主要负责人述职，并进行满意度测评，有效促进市委决策部署贯彻落实。按照相关规定，决定义新、东兴撤乡建镇后设立镇人民代表大会及有关事项。随着城市化进程加快，同意市政府在太平镇设立西山社区、长安社区，满足城区居民的社区服务需求。按照市委决策部署，探索行使重大事项决定权的有效途径，加强决议决定执行情况的监督检查，维护人大及其常委会决议决定的严肃性和权威性。

【推进各项事业协调发展】 密切关注经济运行状况和年度目标任务落实情况，听取和审议《市人民政府关于2017年1月至6月国民经济和社会发展计划执行情况的报告》等议题，并提出意见建议。按照发展要求，先后听取市政府关于农村产权制度改革、矿产资源开发利用、沉水水库和武引二期灌溉体系建设、全市生猪定点屠宰规划建设、违法建设整治等情况报告，推动相关工作落实。专题视察全市农产品质量安全工作，要求市政府坚决抓紧抓好农产品生产、经营、销售每个环节，对存在问题扎实整改。常委会通过调研、视察、督办等形式，参与招商引资、工业强市、脱贫攻坚、环保督查、重大项目推进等全市重点工作，促进各项工作高效推进，加快经济社会发展。

【深化财政监督】 找准切入点和着力点，加强对财政预决算、计划和项目、审计工作监督。深化全口径预算审查，听取和审议2017年上半年财政预算执行、2016年市级预算执行和其他财政收支审计工作、2016年市级财政决算、2017年财政预算调整草案等情况报告，认真组织专项调研，提出合理化审议意见，指导市政府做好相关工作，保证预算的严肃性和科学性。加强对审计整改情况跟踪监督，对2016年市级预算执行和其他财政收支审计查出问题整改情况进行督查，听取专项工作报告，要求市审计局加大问责力度，切实发挥审计监督职能作用。将政府债务管理情况纳入年度监督计划，严格执行国家最新政策规定，对市政府提请的《关于将江油市让水河片区道路基础设施建设项目政府购买服务纳入年度财政预算和中长期财政规划的报告》等10多件重大事项，严格审查，按规定进行备案处理；通过对全市国有公司调研，责成市政府对违法违规融资担保进行整改，确保守住不发生系统性金融风险的底线。

【组织执法检查】 通过实地查

看、听取汇报、查阅相关资料等方式，对《中华人民共和国村民委员会组织法》《四川省村民委员会组织法实施办法》落实情况进行检查，要求全市第十届村(居)民委员会换届选举严格依法规范操作、法定程序不变通、规定环节不减少，确保换届选举成功。为更好的预防和减少民间纠纷、化解社会矛盾、维护社会和谐稳定，对《中华人民共和国人民调解法》落实情况进行检查，提出加强领导、深化认识；加大投入、保障调解经费；规范程序，完善工作机制等四条审议意见。对《中华人民共和国档案法》落实情况进行检查，深入分析存在问题，要求市政府创新工作举措，完善相关制度，进一步提高依法治档能力，提升档案管理水平。为促进环境保护工作，对《中华人民共和国固体废物污染环境防治法》贯彻情况进行执法检查，听取专题报告，要求市政府加大防治力度，强化挥发性有机物污染治理和扬尘治理，有效控制了污染物排放总量，营造良好生态环境。

【推进依法行政】 为加快推进法治江油建设，听取市政府2017年依法治市工作推进情况报告，要求市政府强化法治意识，全面加强法治政府建设，提高依法行政水平。在深入调研、广泛征求各方面意见的基础上，作出开展第七个五年法治宣传教育决议，进一步促进全市普法工作开展。落实好《关于进一步加强人大信访工作的意见》，建立人大代表参与信访工作机制、改革涉法涉诉信访办理机制，强化信访督办工作，有力维护社会稳定、推动依法治市进程。2017年，共接待信访119件次，其中处理群众来信16件，接待群众来访103批219人次，集体访9批119人次。

【推动司法公正】 加强对法检两院的工作指导，听取市人民法院《关于民商事案件执行情况的报告》，要求法院精心组织，周密部署，进一步深化认识，构建执行工作大格局；压实责任，强化措施，加大执行力度，切实保障法院裁决效力，最大限度维护司法权威和当事人合法权益。听取市人民检察院《关于侦查监督工作情况的报告》，要求检察院紧紧围绕全市工作大局，认真履行侦查监督职能，严格规范执法行为，创新执法机制，健全完善监督机制，加强队伍建设，努力提高执法质量。

【促进生态环境改善】 常委会把改善生态环境列为重点工作，2017年3月，听取市政府2016年环境保护工作报告，要求市政府增加资金投入，加强环保基础设施建设，不断改善全市生态环境。特别是关注城区“一江两河九堰”水环境整治，2017年5月，组织相关部门和部分市人大代表对昌明河、女儿堰等水系污染及整治情况进行视察，并召开座谈会，听取市政府情况报告，对城区水环境治理工作提出合理化建议。2017年12月，再次安排人员进行视察，专题听取市政府落实《“改善生态环境 提升城市水质 建设大美江油”决议》的情况报告，要求政府及相关部门加强源头控制，加快截污纳管工程建设，提高污水收集处理能力；定期疏浚城区河道，提升河道引排水功能和水体自净能力；美化绿化亮化河道两岸，实现河道水清、岸绿、景美，让广大市民切身感受到“幸福江油、大美江油”建设成果。

【促进城乡协调发展】 高度重视城乡协调发展，对全市脱贫攻坚工作进行调研，听取市政府脱贫攻坚推进工作报告，提出因地制宜选好脱贫项目、壮大村级集体经济等工作意见。对农村道路安全防护设施建设情况进行调研，提出全面推进农村道路安全隐患排查治理、每年安排部分财政资金用于农村道路安防工程等意见。关注现代农业发展，对新型农业经营主体发展情况进行调研，要求市政府加大扶持力度，优化农业产业体系，促进农民持续增收。对农村电子商务发展和运行情况进行调研，建议市政府利用实施国家级电子商务进农村综合示范县项目，培育电子商务企业，促进新农村建设和区域特色产业发展，让更多江油农产品销往全国各地。

【促进社会和谐发展】 针对群众反响强烈的拖欠农民工工资问题开展专题调研，要求市政府建立长效机制，层层压实责任，强化部门联动、动态监管、源头治理，遏制恶意欠薪，切实保障农民工合法权益。针对义务教育均衡发展情况开展专题调研，召开座谈会8次，听取相关部门情况汇报，对推进义务教育向优质均衡发展提出了意见建议。针对群众关注度较高的医疗保险开展专题调研，听取专题报告，指出医保系统运行速度慢、社保持卡就医进程迟缓等问题，要求市政府加大医保系统资金投入，加强医保队伍技术力量，改善医卫系统服务质量。针对乡镇卫生院人才队伍建设情况开展专题调研，客观分析当前存在的问题，建议市政府高度重视卫生人才队伍建设，注重对医护人员的业务培训，提高专业技能，满足群众医疗卫生服务需求。

乡镇人大工作

【指导乡镇人大工作】 加强代表履职服务，按照有场所、有标志和标识、有设施、有制度、有资料、有公示栏、有活动记录"七有"要求，投资120万元推进"人大代表之家"建设，建成乡镇人大代表之家40个、村（社区）代表联络站96个。探索建立人大代表履职保障机制、监督机制和考评激励机制。制订和完善人大代表学习、小组活动、视察调研、联系选民和人大常委会组成人员联系代表等制度，不断提高代表活动的质量和水平。加强对乡镇人大工作的指导，召开全市乡镇人大工作推进会，将乡镇代表经费人均600元列入财政预算，完善乡镇人大考核办法，乡镇人大工作成效显著提升。按照上级要求，2017年度内，40个乡镇都召开2次人代会，有效监督并促进乡镇各项工作。

【乡镇人大干部培训】 组织乡镇人大主席到北京全国人大会议中心、省培训基地进行能力素质提升培训，全年选送7名人大代表到深圳人大培训中心、浙江大学学习，组织40余名乡镇人大主席、干事参加绵阳人大业务培训，邀请专家对67名绵阳人大代表、290名江油人大代表进行中共十九大精神宣讲和《代表法》培训，提高代表和人大干部的思想素质及履职能力。

（人大办）

江油市人民政府

概　述

2017年，江油市人民政府带领全市人民深入实施“工业强市、产业兴市”发展战略，统筹做好稳增长、促改革、调结构、惠民生、防风险各项工作，推动全市经济社会实现稳定可持续的健康发展。全年实现地区生产总值383亿元、同比增长9%，地方一般公共预算收入19.1亿元、同比增长8.1%，全社会固定资产投资220亿元、同比增长20.2%，社会消费品零售总额182亿元、同比增长12.5%，城乡居民可支配收入分别实现30840元和15617元、同比增长8.2%和9.2%。

重大政务活动

【重要会议】　2017年4月1日，江油市人民政府十八届第二次廉政工作会议暨2017年第一季度安全生产例会、食品安全委员会全体（扩大）会议召开。会议传达国务院第五次廉政工作会议精神；通报一季度安全生产和食品安全情况，安排部署下一步工作。市委副书记、市长柳江出席会议并讲话，要求政府系统要全面贯彻落实上级党委、政府关于加强党风廉政建设工作的一系列安排部署。柳江强调，要居安思危，切实增强安全生产工作责任感和紧迫感；要标本兼治，准确把握安全生产工作切入点和发力点，动态整治隐患，全面加强监管、努力夯实基础、突出整体联动，扎实做好安全生产各项工作。会上，市政府还与市科工局、市安监局、八一镇签订2017年安全生产目标责任书。

2017年8月10日，江油市委副书记、市长柳江主持召开市人民政府第十八届二次全体会议并作重要讲话。会议传达学习省政府第十次全体会议、绵阳市政府七届二次全体会议精神。总结上半年全市经济社会工作，安排部署下半年工作，进一步动员全市各级各部门切实增强紧迫感、责任感、使命感，以更坚定的信念、更高昂的斗志，奋力推动政府工作再上新台阶、再出新成绩。

【转型升级提升产业层级】　先进制造业加速壮大。三次产业结构比调整为12∶48.2∶39.8。高起点编制《江油市工业空间布局和产业发展规划（2017—2025）》，科学构建“一区多园一走廊”工业发展格局；创新发展取得新成效，组建四川省特钢产业联盟，举办“四川特钢产业联盟大会暨特钢发展高端论坛”；全面推进“两新”产业“双倍增”行动，规模工业总产值同比增长21.3%、增加值增长11%；不断壮大优势企业，攀长钢结束长达20年的亏损历史，六合锻造等57户工业企业利税增长10%以上，新增“亿元以上企业”12户，培育“升规”企业33户、省级“专精特新”企业22户；建成西南首家万吨“模具钢超市”，引进艾格瑞特等模具企业7家、总投资10.8亿元，工业园区集中集聚集约发展显著加快，创建省级高新技术产业园区通过省专家组评审验收。龙凤、双河、含增等工业集中区建设进一步提速。现代农业加力推进。主体培育不断加强，新增绵阳市级重点龙头企业2户、农民专合社54个、家庭农场96个，新型农业经营主体总量达3553个；产业基地不断壮大，50万头生猪全产业链项目全面启动，粮经复合产业基地达0.9万公顷，规模化种植基地达5.67万公顷，新认证“三品一标”12个，创建成功四川省农民增收新产业新业态示范县；深入推进农旅融合发展，新安镇被农业部认定为第七批“全国一村一品示范村镇”，新安农业公园被评选为“中国农业公园”创建单位，“李白故里乡村文化旅游节”系列活动常态化开展。现代服务业加快发展。全年实现服务业增加值152.4亿元、同比增长10.6%；组织开展“惠民购物全川行”系列活动69次，引进宝龙城市广场；与跨境电商“敦煌网”开展深度合作，外贸进出口实现4851万美元，电商交易规模达183.6亿元；“国家全域旅游示范区”创建工作全面启动，中华洞天景区建成并投入试运行，新增国家AAA级景区1家，全年举办市外省外旅游推介会7次，接待国内游客736.4万人次、同比增长21.4%，旅游总收入实现98亿元、同比增长22.3%，获得“四川省旅游强县”称号。

【项目投资提升增长后劲】 全年举行重大项目集中开工仪式2次，开工项目54个、总投资128亿元；西成客专建成通车，九绵高速江油段拆迁工作完成，扎实推进神华天明煤电一体化循环经济产业园、华夏历史文化科技产业园、明月岛湿地公园、六合锻造技改项目等130个项目，新金鑫照明产业园一期、中华洞天景区等127个项目建成完工，全市257个项目完成投资220亿元。围绕新材料、节能环保、智能物联网等多领域开展招引工作，全年举办投资推介会10场、集中签约仪式2次，签订协议55个，协议投资总额达404.9亿元，推动15个项目落地；全年新签约5000万元以上项目41个，5亿元以上项目18个，到位国内省外资金90亿元，其中新疆金和装配式建筑产业园项目实现全市工业类“超五十亿元”项目招引“零突破”；招引项目既涵盖智能物联网等高新技术产业项目，也涉及华为技术等国内高科技领军企业的投资项目。全市17个重点项目纳入省和绵阳重点项目“总盘子”，完成土地供应208.87公顷，盘活低效闲置土地40公顷，清理违法建筑7.2万平方米；组建旅游产业基金、环保产业基金、战略新兴产业投资引导基金、工业发展投资引导基金等“四大基金”，总规模达94亿元，用于支持企业发展和项目建设。

【改革创新激活发展动力】 全面创新改革试验进入攻坚阶段。坚持以军民融合为核心，以创新转化、产业培育、人才开发、开放合作、金融服务“五大体系”为路径，完成55项改革任务。供给侧结构性改革深入推进。全面实施“三去一降一补”，累计拆除碳酸钙行业落后生产线400条，化解过剩钢铁产能8.7万吨，淘汰落后产能500万吨，关停小钙粉生产企业81户。全国相对集中行政许可权改革稳步推进，“城区半小时，农村1小时”政务服务圈高效构建；商事制度改革取得新突破，“政务服务+互联网”深入推进，企业注册登记全程电子化大力推广，削减整合行政审批事项22项；农村集体产权制度改革稳步推进，农村产权交易服务体系全面建立，土地流转面积1.49万亩；统计体制改革工作有序推进。全年实现高新技术产业产值171亿元、同比增长37%，新增科技型中小企业218户，新建科技企业孵化器3个，被确定为国家知识产权强县工程试点县（区）；全市专利申请786件、授权专利388件，专利技术项目实施转化产值增幅达14.8%。首批人才公寓投入使用36套，新增高层次人才38人，扶持成功创业388人。

【统筹城乡提升全域面貌】 全年完成交通领域投资13.8亿元、位居绵阳各县市区第一。江油至三台芦溪段道路、江彰大道北段道路等一批重大基础设施建设项目稳步推进，长安路南段道路改造工程、李白大道渠化工程等城市主干道改造工程即将完成。诗仙路、涪江路、寿山路段绿化亮化改造提升工程完工，有序推进省级海绵城市建设试点，城市级大数据中心、智慧政务系统一期工程、智慧城管指挥中心建设全面提速，长安路南段地下综合管廊试点项目完成管廊主体结构建设，治理老旧小区93个，改造危旧房棚户区745套，城镇化率达57%，江油市被授予“中德生态示范城市”。全年实施农村危旧房改造674户，完成农村公路硬化94千米，村道硬化率99.7%；新改建村镇集中供水工程27处、分散供水工程112处，解决3.4万余人安全饮水问题；建成幸福美丽新村48个，创建省级“四好村”19个，青莲镇入选第二批“全国特色小镇”，大康镇官渡新村入选首批“全国农村幸福社区建设示范单位”。

【系统治理提升生态品质】 强力推进污染防治“三大战役”。坚持“铁腕治污”，化解落后产能，推动绿色发展，整治“散乱污”企业376家，淘汰黄标车594辆，全市优良天数达277天、优良率80.5%；河长制工作全面启动，“一江两河九堰”水环境综合治理扎实推进，工业园区污水处理厂、第三批乡镇生活污水处理厂开工建设，关停禁养区152家畜禽养殖场（户），完成122座水库环境问题整治，全域水库劣V类水体全面消除，城市饮用水水源地水质达标率100%；全市80余家企事业单位完成危险废物申报登记，28家产废（危废收集）单位实现规范化考核，土壤环境总体稳定；节能减排深入开展，单位地区生产总值综合能耗下降至3.5%。“大规模绿化全川行动”率先启动，新增森林面积542.99公顷，治理水土流失面积13.7平方千米，建成休闲绿地5处，城镇生活垃圾无害化处理率75.6%、污水处理率83%。以中央、省环保督察为契机，认真抓好70件中央环保督察转办信访案件办理及121个省环保督察发现问题整改工作，关停取缔企业93家，问题整改率100%。

【增进福祉提升社会事业】 突出抓好省级和绵阳市级民生任务，民生支出26.6亿元、占一般公共预算支出60.2%、同比提高8.9个百分点；脱贫攻坚再上台阶。着力在全省“争一流、做示范”目标定位，投入资金2.19亿元，实施脱贫项目682个，新改扩建村组道路及产业道路209.7千米，易地扶贫搬迁190户497人，省定贫困村退出27个、贫困人口脱贫4400人，全市贫困发生率下降至0.96%，“1335”社会扶贫“江油模式”在全省推广，江油市获“省脱贫攻坚先进县”称号；围绕“争创全省对口帮扶工作一流、争当深度贫困地区脱贫攻坚示范”目标要求，立足“布拖所需、江油所能”，投入帮扶资金5800万元、实施帮扶项目34个，总投资近4000万元的布江蜀丰现代农业科技示范园和瓦沟村民俗文化活动中心建设有力推进，228套安全住房建设进展顺利，教育扶贫“四大工程”、卫生惠民“四大行动”等工作扎实开展，助力定点帮扶的12个贫困村成功退出、2900名贫困人口如期脱贫。保障体系日趋完善。城镇新增就业8845人，劳务输出23.1万人，城镇登记失业率控制在3.6%以内；完成教育事业“改薄”“维改”等项目建设18个，中考主要考核指标均居绵阳各县市区第1名，高考本科硬上线率在绵阳各县市区实现“十连冠”；“五险合一”统一征收和基本医疗保险绵阳市级统筹有效实施，全民参保登记计划全面开展，全市参保率达97.2%，城乡最低生活保障标准线分别提高至460元/月、275元/月。筹措资金9.1亿元，解决应保未保失地农民参保9685人。社会事业加快发展。与荷兰法肯堡市结为

图18 江油市政务中心

姊妹友好合作城市，获“第四届四川省文明城市”称号，并入围四川4个参加全国文明城市创建中央评测的提名县（市），举办纪念王右木130周年诞辰系列活动，江油人民广播电台阳光调频97.6荣获“全国十佳广播电台”；文化惠民工程深入实施，李白入选“全省首批十大历史文化名人”，成功承办第四届两岸哪吒民俗文化交流、第二届李白诗歌奖颁奖典礼、“海灯武术杯”C3搏击联赛等活动，覆盖全市村居的基层文体设施体系基本建成；公立医院综合改革政策和补偿机制全面落实，家庭医生签约服务有序推进，中国初保基金区域卫生发展精准扶贫项目落地江油，获赠755台总价值6093.3万元的医疗设备；第三次全国农业普查顺利通过国务院检查组事后质量抽查，第四次全国经济普查国家级专项试点工作圆满完成，获国家通报表扬。社会大局和谐稳定。“雪亮工程”“综治中心”建设稳步推进，社会治安防控全面加强。市公安局被公安部表彰为“全国优秀公安局”称号，安全形势总体稳定；“2345”矛盾纠纷分流联动化解工作模式在全省推广，群众满意度进一步提升。

（政府办）

政府办工作

【概况】　2017年，江油市人民政府办公室以优化服务为核心、创新工作为动力、改进作风为抓手、完善制度为保证，积极参与政务，精心管理事务，强化综合协调，狠抓督促落实，提升服务效能，为促进全市经济社会发展做出贡献。

【综合协调】　强化重点工作协调推进。主动参与县域经济发展、供给侧结构性改革、招商引资和项目建设等重点工作，以及环保问题整改、安全生产和信访稳定等难点工作，及时解决工作推进中遇到的困难和问题，先后召开专题协调会250余次。组织参与江油—荷兰法肯堡旅游推介会暨签约仪式、重大项目集中开工仪式、全国文明城市创建活动等大型会议和活动，确保重大活动及会议顺利举行。做好市政府全体会议、市政府常务会议确定的重大事项、重要政策、重点工作协调落实。主动做好与市委办、人大办、政协办衔接，科学合理地安排政府工作，保障政府工作高效有序运转。

【政务调研】　围绕“找短板、补短板”，着重对生态环境、农村改革、智慧城市建设等开展深入调研，全面了解经济社会发展中存在的“短板”，研究提出补齐“短板”的对策措施。注重把调研成果融入重大政策起草中，为全市经济社会发展建言献策。参与制定“3+2”项目管理办法等一系列政策文件。围绕市委、市政府的中心工作，重点关注经济社会发展中的重点、难点问题和群众关心的热点问题，采取多种形式，认真开展调查研究，为领导决策提供参考。全年承办市政府领导各类调研活动30余次，形成调研报告7篇。确把握领导意图，深入研究讨论，切实提升文稿的思想性、针对性、指导性，全年共完成政府工作报告、市政府全体会议报告、专题会议领导讲话等重要文稿300余篇。

【信息服务】　围绕经济社会发展大局，及时总结重点特色工作，积极推介先进做法，为领导全面了解情况和科学决策提供服务。全年转接绵阳市长信息信件93件，已全部办结；编辑《江油政务要情》32期，采编各单位信息376条，向上报送信息742条，其中绵阳信息处《政务要情》采编109条，省政府办公厅采编《政务交流》4条，《川政晨讯》4条，《国办要情》1条。另一方面，高度重视紧急信息报送。在“8·8”九寨沟7.0级地震抢险救灾期间，落实专人驻夜值班，第一时间报送紧急信息30余条，为领导掌握情况和及时应对发挥积极作用。重大节假日期间，严格执行市级领导带班、24小时值班报告等制度，有力保障全市敏感时期的安全稳定。

【政务督查】　全年通过OA系统分解、下达督办件120余件，办结率100%；紧盯常务会议落实事项、全市每月工作重点以及全市重点工作任务进展情况，及时通过政务网、OA系统实行月通报，全年度发出《督查督办通报》18期；定期不定期会同部门采取“四不一直”的工作方法进行现场督查37次，对全市各项重点工作全方位全过程跟踪督办，有力推动市政府重点工作任务的落实。

【办文办会】 严格秉持“政策清楚、主题突出、言简意赅”的原则，精心做好公文起草工作。加大公文审核力度，突出实效性和规范性，切实提高公文质量。按照“严格、严密、严谨”要求，严把文件审核关，健全文件审核制度，力争文件“零差错”。进一步完善发文登记、审批、统计制度，对受理的文稿及时盘点清理，提高办文效率。全年共办理各类公文5528件，其中收文4763件，发文765件，即时办结率为100%。坚持精简、效能、务实原则，严格规范办会程序，精心筹划好会议各个环节，确保会议有序进行。改进议题申报、议题审核机制，提升常务会议办会效率。全年共处办省、市200余次会议通知，进一步严肃会议纪律，主动与参会单位做好沟通协调，及时统计参会和请假情况，严肃会纪，端正会风，不断提高会议效果。

【提案办理】 做好市人大代表建议、市政协委员提案的办理工作。全年市政府系统共承办市人大代表建议173件、市政协委员提案480件，满意率均达100%。对政府系统承办的市“两会”建议提案进行督查督办，落实工作责任，积极推进中共十八届人大二次会议提出的“改善生态环境，提升城市水质，建设大美江油”议案办理，进一步增强建议提案办理工作实效。

（陈秋桔）

人事人才工作

【公务员管理】 2017年，全市招录公务员（参公人员）48名，办理公务员（参公人员）登记60人，办理公务员非领导职务晋升30人，转任47人，其中调出18人，市内转任14人，调入15人。辞职2人，提前退休4人。396名公务员（参公人员）受到嘉奖、61名公务员（参公人员）记三等功。开展“提升扶贫攻坚能力、做人民满意公务员主题培训”，培训覆盖率100%。制定江油市公务员职务与职级并行制度试点实施方案,组织开展全市职务职级并行试点套改工作。

【事业单位人事管理】 全年，对全市9969名事业人员和机关工勤进行年度考核；认定全市互联网信息办公室等42个单位及教体文广局下属77个事业单位的岗位设置。江油市2017年事业单位招考，招聘工作人员123人。对全市545个事业单位聘用合同签订情况督查及“吃空饷”情况排查工作。共有9401人签订聘用合同，签订合同率为99.5%。

【工资福利】 完成全市10500名机关事业单位工作人员按年度考核正常晋升审批工作。办理机关事业新录用、转正、晋级、降职降级后等重新确定工资2300余人次。办理退休373人；遗属困难补助46人。审核丧葬、抚恤金156人。完成“中人”视同缴费年限认定及待遇审核1300余人次。完成全市90个行政单位、471个事业单位基础数据初审，清理核实8100余人。

【军转干部安置】 全年接收自主择业转业干部3名，并为49名自主择业军转干部衔接2017年基本医疗保险27.4万元。按政策及时拨付企业军转干部解困补助601.1万元、体检费28.3万元、慰问费95.4万元。为20名企业失业军转干部购买养老保险、医疗保险和退休时医保清缴40.8万元、生活困难补助72.36万元,为63名住院危重病人和困难人员救助12.8万元。

【高层次人才引进】 年内出台支持“工业大会战”人才政策，人才发展基金增加到1000万元，新建人才公寓36套。为聚能核、攀长钢、九〇三医院等企事业单位引进人才10人，为全市113名高层次人才发放补贴418.64万元。对认定的6家技能大师工作室发放工作补贴15万元。

【专业技术人员队伍建设】　全年完成事业单位继续教育培训13037人次。组织送评中级职称385人次，高级职称219人次，办理各类职称证件4914余件。举办“江油市2017年度公需科目继续教育骨干培训班”共计100名骨干参加。组织四川聚能核技术工程有限公司等3家企业开展“博士后创新实践基地”申报工作,六合锻造申报成功并获得省厅20万元的专项资金。组织开展2017年度全市事业单位中、高级指标投放工作，投放中级指标148个，高级指标172个。开展2017年全市教师中级职务评审工作，通过评审139位教师取得一级教师任职资格。

【高技能人才建设】　2017年，“林岚中式烹调技能大师工作室”被评为绵阳级的技能大师工作室，绵阳级技能大师工作室达到2个,江油级技能大师工作室5家；选送2名人员参加成都经济区第二届职业技能大赛，分获金银奖，获得绵阳市政府的通报表扬。选送人员参加全省首届“四川工匠杯”职业技能大赛，江油市选手张勤林、刘琪代表绵阳市参加养老护理员项目比赛，分别荣获大赛一、二等奖，张勤林荣获“四川工匠”和“四川省技术能手”称号。

【高校毕业生基层服务】　2017年期满续聘高校毕业生“三支一扶”计划10名，其中支农计划6名、扶贫计划1名、支医计划3名。做好27名“三支一扶”志愿者和10名大学生“村官”的续评、管理、考核工作。

【人事代理】　全年，市人才中心新增个人代理20人，出具未就业证明50份。接收档案2200余册，转出500册，查（借阅）550人次，出具存档证明90份。

（人社局）

图19　8月29日，江油市2017年高校毕业生暨就业扶贫现场招聘会

行政审批

【概况】　江油市行政审批局是四川省人民政府批准成立的全国首批相对集中行政许可权改革试点单位，于2016年4月26日正式挂牌成立，列入江油市人民政府工作部门序列，2016年7月12日正式启用行政审批局印章开展行政审批工作。同时，根据《中共江油市委机构编制委员会关于设立市政务服务中心的通知》（江编发〔2016〕1号）要求，于2016年7月4日撤销江油市公共资源交易服务中心，组建江油市政务服务中心，为江油市行政审批局管理的公益一类事业单位，在江油市政务服务中心增挂“江油市公共资源交易服务分中心”牌子，同时挂“江油市政府采购中心”牌子。2017年，江油市行政审批局（政务服务中心）共受理各类行政审批和公共服务事项415159件，实际办结413311件，办理提速73.96%，提前办结率98.38%，现场办结率99.1%，按时办结率100%。

【创新审批机制】　2017年，江油市行政审批局紧紧结合“简政放权、放管结合、优化服务”改革总体部署，整体设计、分步实施、系统推进行政审批制度改革，创新审批运行机制，努力构建“五个一”工作模式，在重点领域和关键环节取得突破。审批受理“一窗制”：设立统一受理和发证窗口，同时建立行政审批电子要件库，股室（部门）共享使用，实现申报人与股室（部门）“物理隔离”“一窗进出”。审批流程“一站式”：申请材料一次生成、多方复用、互认共享，各审批股室（部门）根据职责，按并联审批模式内部直接审批办理。能够现场办理的，现场集中办结。审批结果“一章制”：划转24个部门的行政审批事项，简化为商事登记等六大项，由市行政审批局直接审批、盖章，申请人“一窗一章”即可通办多个事项，有效避免“权力寻租”。审批服务“一网式”：建立乡镇片区分中心，实施帮办、代办制，建立“互联网+政务服务”网络平台，借助统一身份认证体系，实现教育医疗等便民服务“一网通办”。审批监管“一体化”：由职能部门承担事中、事后监管职责，依托电子监察系统和网上查询系统实现全程查询监督，由聘请的15名社会监督员开展第三方评估。

图20 9月1日，四川省委改革办二处处长唐文超（中）在江油市行政审批局调研指导相对集中行政许可权改革试点工作

【构建智慧政务服务平台】 实施“互联网+政务服务”，充分利用现有的网络和信息资源，以政务服务中心实体办事大厅为基础建设网上办事大厅，基于公民身份证号码和法人统一社会信用代码，通过数据共享与交换，实现业务从咨询、申请、受理、审批、办结全流程网上办理。通过建设网上办事大厅、手机APP、政务微信、IPTV数字电视政务服务等，打造24小时网上办事平台，优化线上线下一体化政务服务环境。主动把政务服务大厅智能设备和四川省一体化政务服务平台整合对接，探索推进实体大厅与网上大厅线上线下融合发展。2017年10月23日至12月31日，江油市网上认领行政许可事项817项，行政处罚等9类行政权力事项5570项，公共服务事项704项，共受理行政许可事项1038件，办结1016件，受理行政处罚等9类行政权力事项2911件；受理公共服务事项222件，办结210件。

【行政权力依法规范公开运行】 大力推进行政权力网上规范公开运行工作，将行政权力清单目录在江油市门户网站公开公示，完善网上政务公开、办事指南、在线预约、事项申报、办件查询、咨询投诉、结果公示、监管监督等功能，行政许可权力运行过程及结果真实公开，网上审批过程与公开流程一致，确保行政许可权力公开信息的及时、真实、全面，从而进一步规范各项事项办理，缩减报批时间。推进一体化政务服务平台建设，全面梳理涉及面广、使用频率高的行政权力事项，针对录入中存在的问题，重新对内部流程图、文书表单、风险点和监察点等进行修改完善和优化规范，确保平台规范高效运行，做到办理一个录入一个，坚决杜绝体外循环，提高权力运行透明度和工作效率。全面推行行政审批服务事项一体化电子监察，充分运用检查结果，以提高对审批服务工作执行力的监督。有针对性地对企业和办事群众反映的突出问题进行跟踪督查，对违反、影响大厅机关作风和效能建设的，经发现查实，严肃处理，同时，严格查处不作为、乱作为等不良行为。

【推动重点领域改革】 深化商事登记制度改革，从2017年3月1日起实行企业简易注销登记改革，完善市场主体退出机制，截至12月31日，共办结简易注销91户。从9月25日起，推进企业“多证合一、一照一码”，截至12月31日，向企业颁发加载有统一社会信用代码的营业执照1440份。从1月1日起，推进个体工商户“三证整合”，截至12月31日，向个体工商户颁发加载有统一社会信用代码的营业执照9269份。从6月29日起，实施“互联网+工商登记”，从企业名称预先核准到领取营业执照实现“全流程、无纸化、零见面”的电子化登记，截至12月31日，发放全程电子化营业执照435份。按照各部门政务服务成建制向政务服务中心集中的原则，协助市国税局和地税局积极探索“互联网+税务”新模式，在市政务服务中心办事大厅设立国地税联合办税服务厅、“网上办税体验区”，让纳税服务变得更为便捷、高效、透明。配合协调相关市级部门政务服务工作，市不动产登记中心、市住房公积金管理分中心、公安户政中心、公安出入境管理中心整体入驻市政务服务中心。市行政审批局设立科技型中小企业服务窗口、帮办代办窗口，重大投资项目“绿卡服务室”，大力推进大众创业、万众创新。

【政务服务】 以扩权强镇工作推进为契机，将乡镇和村（社区）管理服务资源同市政务服务体系进行整合，形成“市中心+42个乡镇（办事处）+461个村（社区）”的三级政务服务体系，下放45项行政许可事项到乡镇便民服务中心，创建10个“村级政务服务示范点”；推行村（社区）群众事务党员干部代办制，方便群众就近办事、就地取件。全年，乡镇（办事处）便民服务中心和村（社区）便民服务室共办结审批和服务事项59.81万件（其中代办件17.81万件）。实现市政务服务中心办件量减少，乡镇、村办件量增多，体现出政务服务向基层延伸的成效。按照《绵阳市保留的村（社区）证明事项清单》《绵阳市取消的村（社区）证明事项清单》有关内容，2017年9月15日至9月30日，市行政审批局和市法制办一起组织市级相关部门召开协调会，配合绵阳市清理规范村（社区）证明事项，在成都市、绵阳市两类清单的基础上，最终确定江油市保留13项村（社区）证明事项，取消289项村（社区）证明事项，适时调整，并在江油市各乡镇（办事处）进行公示。按照建设服务型政府的要求，从2017年12月1日起，市政务服务大厅各部门窗口在每周六（法定节假日除外）9：00至17：00提供可受理的延时服务，在法定工作日，凡有服务对象正在办理未办结事项时，窗口工作人员主动延长工作时间直至事项办理完毕。

【公共资源交易整合】 全年，制定出台《江油市公共资源交易现场管理暂行办法》《评标专家现场守则》《交易评审操作规程》等14项制度，完善建设工程招投标、政府采购、国有土地出让及国有产权（资产）交易等6项交易流程规范和5项文件标准范本，按照“能进则进、应进必进”原则，扩大国有、集体公共资源进场交易范围，明确土地矿权出让、政府采购等6大类100项公共资源项目进入市公共资源交易分中心集中交易。

【电子交易创新】 开展“互联网+公共资源交易”工作模式，实现交易流程电子化、网络化，2017年1月1日至12月31日，江油市共有1192家供应商在市政府采购电子交易系统网上登记、备案，可在网上完成开、评标之外的报名、缴纳保证金、获取采购文件等7项流程。在江油市公共资源交易信息网上及时发布政府采购、国有土地使用权出让等交易信息，以短信提示方式，将招投标政策法规、交易信息等告知投标人（供应商），规范交易主体各方行为，通过信息共享、一网通办等方式，提升服务效能。全年累计完成公共资源交易进场服务项目303个，交易金额17.01亿元，增值5726.9万元，节约财政预算资金3232.57万元。

【规范交易平台】 对办事流程全面梳理，理顺各环节的衔接关系，消除服务管理脱节、重复等盲点，取消供应商报名审批表、供应商退款申请表，优化履约验收表、履约保证金退款申请表，实现全部申报表格“一单式”填报。规范交易场所，在市政务服务中心办事大厅专设2个公共资源交易服务窗口，按照功能和流程设置开标室2间、评标室4间、视频监控室1间，使开标、评标、监督、服务各环节相对独立，让各环节通过视、听监控完全公开在社会各界监督之下，减少人为操作的可能性，使公共资源交易更加公平、公正。

（岳红岩）

安全生产

【概况】 2017年，全市共发生安全事故(含经营性道路交通事故)19起，比2016年下降32%；死亡20人，同比下降35%；受伤45人，经济损失141.23万元，其中：道路交通事故17起，同比下降15%；死亡18人，同比下降18%,受伤45人，经济损失76.23万元；工矿商贸事故2起，同比下降75%；死亡2人，同比下降78%，受伤0人，直接经济损失65万元。发生较大事故1起。

【安全生产基层基础建设】 2017年，八一镇建设四川省安全社区，龙凤、武都、含增、小溪坝等乡镇安全社区持续改进工作均通过省评定组验收。年底，全市40个乡镇全面建成绵阳市安全社区，10个乡镇建成四川省安全社区。江油市安委会不断推进全市工贸企业安全生产标准化建设工作，全年共完成安全标准化企业创建、评审10家。

【安全生产双重预防机制建设】 聘请专家按照“巩固A级、提高B级、重点整治C级、压缩淘汰D级”的原则对全市高危行业开展安全生产风险分级评估。其中危化、烟花爆竹行业确认等级B级企业12家，C级企业47家，D级企业8家。非煤矿山企业确定A级1家，B级8家，C级5家，D级0家。确定全市安全生产重点监管企业338家，按照风险分级管控要求，全市共计排查安全风险点434个，其中较大风险3个（橙色），一般风险点118个（黄色），低风险点313个（蓝色），均落实管控措施。全年通过省隐患排查治理信息系统开展自查自改自报工作，累计上报一般隐患7323条，整改隐患7317条，整改率99.9%。

【安全生产宣传教育培训】 以全国“安全生产月”活动为载体，通过播放事故案例警示片、发放安全生产知识小礼品、现场解答群众提问等创新方式宣传安全生产常识，进一步提高群众及一线员工安全意识。“安全生产月”期间共播放公益广告4000余条，宣传标语300余条，张贴宣传画120幅，制作展板160张，出动宣传车12辆，发放宣传资料5万份，开辟宣传咨询点46处，受教育人数30万余人。开展安全法治进机关、进乡村、进社区、进企业、进学校、进单位、进宗教活动场所“七进”活动，努力把安全法治和安全文化产品送到基层，不断丰富基层群众文化生活，增强全社会支持参与依法治安的意识。全年累计培训安全生产各类人员670余人次，其中，提升安全监管能力培训班1期，培训120余人；危化品安全管理人员培训1期，培训考核84人；道路交通运输行业培训2期，培训考核100余人；烟花爆竹复训换证培训1期，培训125人；电工、焊工培训考核、复训换证1期，培训90余人；职业病防治培训2期，培训150余人。

【安全生产大检查】 2017年7月至10月，开展为期4个月的安全生产大检查，印发《江油市安全生产大检查实施方案》的通知，成立由市政府市长、安委会主任任组长，市政府各分管领导、市政府办联系安全生产工作副主任、安办主任任副组长，市级有关部门主要负责人为成员的大检查工作领导小组。全市共计执法检查生产经营单位1157家次，现场制作执法文书340余份，停业整顿18家，处罚款41.17万元，集中在主流媒体上曝光两批存在违法违规行为企业。市四大班子领导带队，组成20余个督查组，分两轮对全市安全大检查工作进行全方面、全覆盖的督导检查。对督查中发现的问题进行全市通报，并将整改落实情况纳入安全生产年终考核。2017年10月迎接国务院督查1次，省安委会督查2次，绵阳市安委会督查1次，均得到好评。

【安全生产专项整治】　开展汛期高温季节危化品安全管理、危化品等重点行业（领域）安全大检查、危险化学品和易燃易爆物品的安全专项检查、化工和危险化学品及医药企业特殊作业安全专项治理、烟花爆竹批发企业及零售网点专项治理、油气化学品罐区专项治理。全年共检查危化品及烟花爆竹企业92家次，出动检查组16个，下发整改指令36份。开展陶瓷、耐火材料、汽修行业和铅蓄电池行业职业卫生专项整治和职业病危害治理工作，对职业危害严重超标超限的企业下发整改通知，并按期复查验收，加强职业卫生“三同时”监管工作，全市共有4家工业企业和职业病危害重点行业的建设项目的“三同时”进行备案，对审核、审查、竣工验收要实现全覆盖。开展非煤矿山专项执法检查，共检查非煤矿山30余家次，下达现场处理措施决定书3份、下达整改指令书15份，复查意见书15份，督促企业投入整改资金150余万元，整改安全隐患120余处。

【安全隐患整治】　市财政投入373万元对12处重大隐患整治项目（其中绵阳市级挂牌隐患1处）进行挂牌督办，全年9处通过验收，其余3处已完工并进行组织验收。

【依法行政】　全年对安全生产各类违法违规行为立案查处10件（其中非事故案件8件），收缴罚款27.1万元，处理非法销售柴油等危化品1起，擅自建立危险化学品储存场所1起。

（谢英杰）

图21　7月13日，江油市危险化学品生产企业事故应急演练

外事·侨务

【概况】　2017年，市外侨办围绕中心工作、服务经济建设，严把政策关，做好因公临时出国（境）管理，加强对外合作交流，助推江油经济发展，借助自身独特优势，提升为侨服务能力和水平。

【因公临时出国（境）管理】　贯彻执行省、绵阳市关于因公临时出国的实施意见，根据江油市经济社会发展需要，经过省外侨办、绵阳市委外事领导小组审批同意，全市2017年因公出访共计5批次，其中自组团组3批次20人，双跨团2批次2人，出访人员无任何违纪现象发生，外事纪律执行严格。

【访问与合作】　2017年6月4—11日，应德国索林根政府和西班牙塔兰孔政府邀请，市委书记周涛带队先后赴德国、西班牙进行友好访问和项目洽谈。江油市与德国索林根市、西班牙塔兰孔市建立友好合作关系；与葛利兹集团高端模具产业签订战略合作意向协议，与凯曼德集团签订在江油建设高端厨具生产线的协议；确定德国能源署将继续为江油提供相关的专家资源及技术支持，支持江油市向德国复兴银行争取项目贷款；与柏林阿德勒肖夫科技园、加泰罗尼亚环境研究咨询协会、马德里节约和能源效率协会、马德里商会、塞戈维亚商会等机构也达成初步合作意向。9月23—30日，应法国伊西市政府和荷兰法肯堡市政府邀请，市长柳江带队先后赴法国、荷兰进行友好访问和项目洽谈。在法国期间参加以“智慧城市、绿色生活”为主题的中欧“一带一路”合作论坛、以“智慧城市、联合创新”中法市长论坛、以绿色创新产品展览和商务合作对接会3个国际会议，就智慧城市建设以及构建绿色生活等进行交流发言并就江油市投资环境进行推介。江油市与伊西市就引进智慧城市建设项目经验进行沟通交流；同时，与巴黎大学学区法国高科联盟、巴黎大学学区与法国12所精英大学联盟、法国我爱中国经济文化交流协会、法国旅游协会等机构达成初步合作意向。在荷兰期间举办首届法肯堡李白文化节开幕式，包括以杂技、川剧、传统歌舞、诗歌等内容的文艺演出。举办“江油市法肯堡投资说明会暨项目签约仪式”，推动两地企业合作项目落地，双方企业代表进行座谈交流，并签署《农旅融合产业发展合作协议》。与荷兰南林堡旅游局市场与活动部、世界知名教育体系蒙台梭利协会、荷兰华人学者与工程师协会达成初步合作意向。10月6—10日，应马来西亚槟城政府邀请，由省友协副会长陈敏带队，江油市侨联专职副主席蒲涛前往槟城参加中秋活动。在槟城期间，推荐李白文化，与马来西亚中国总商会进行座谈，对江油市与槟城之间的友好交流进行沟通，推动江油与槟城在文化、旅游和经济等领域的深入交往。11月11—18日，根据绵阳市外侨办安排，市委常委、常务副市长杜廷才参加由绵阳市副市长赵迎春为团长的党政代表团赴西班牙、英国进行访问。通过交流，推介江油市情、产业发展情况及招商引资、招才引智政策，表达加强相关产业的交流合作，推动相关产业的协作配合与市场对接，实现资源共享、产业共兴、市场共育、经济共荣的愿望。

【江油市与荷兰法肯堡市建立友好交流关系】 2月23—25日，应江油市邀请，法肯堡市市长尤林斯一行到江油访问，签署《江油市与法肯堡市友好合作城市备忘录》，就两市在经济、文化、教育等领域的合作进行交流。江油外国语学校与荷兰威尔特中学结成姊妹学校。5月，市外侨办拜访荷兰驻重庆总领事馆。8月5—9日，法肯堡市长简.斯海恩访问江油，举办江油市·法肯堡市旅游推介会暨签约会、美食文化交流品鉴活动和荷兰·法肯堡·林堡文化风情展等活动，市商旅局与法肯堡市旅游办公室签订《旅游发展战略合作框架协议书》。

【参加“2017中国中东欧16+1市长峰会”】 6月7—8日，市委常委、常务副市长杜廷才带领市人社局、市外侨办、鸿飞公司应邀参加由全国友协和宁波市人民政府联合举办的以“智慧交通与绿色出行”为主题的“2017中国中东欧16+1市长峰会”。会议期间，江油市参加“城市绿色公共交通的技术革新与应用”“互联网+共享交通的难点与突破”和

图22 2月24日，江油市委副书记、市长柳江（右）与荷兰法肯堡市市长尤肯斯（左）在友好合作城市备忘录上签字

“城市物流的转型升级与管理”3个主题的研讨，并向中东欧国家推介江油文化、旅游和产业方面的发展现状及优势。

【深化与日本庄原市友谊】 10月24日，日本庄原市市长木山耕三、议会议长堀井秀昭率庄原市友好代表团访问江油。市委副书记、市长柳江会见日本庄原市市长木山耕三一行。柳江希望双方进一步深化经贸合作，加强市场、资本、技术、企业等资源有效对接，在现代农业等领域开展务实合作；进一步深化民间交往，促进两地青少年和社会各界友好交往，不断增进理解、建立互信、发展友谊，共同推动两地交流合作迈上新台阶。木山耕三表示，将以此次考察访问为契机，推动双方在更大范围、更宽领域、更深层次开展友好交流交往，全面加强在农业、文化、教育、环保以及青少年活动等领域的务实合作，促进双方交往取得更多实质性成果。

【服务地方经济发展】 促成四川六合锻造股份有限公司与葛利兹集团签订高端模具产业战略合作意向协议。6月5日，在德国经济最发达地区北威州杜塞尔多夫，四川六合锻造股份有限公司与葛利兹集团签订高端模具产业战略合作意向协议。市委书记周涛参加签字仪式并表示，此次双方企业战略合作意向达成，将在“江油市场”和“德国技术”之间架起一座交流合作之桥，既有利于推动江油工业发展提质增效，也能为葛利兹集团来华投资兴业拓宽渠道。同时，前往一直致力于德国自动化打磨设备的研发与生产，与多家世界知名品牌（双立人、三叉戟等）及自动化设备企业深度合作的贝格集团洽谈该集团提供刀具打磨的智能化生产线应用于凯曼德集团的中国江油项目，促进江油全新工业4.0高端餐厨具新厂建设，使德国索林根传统手工业与现代智能化相结合，从而在江油实现德国技术与中国制造的完美结合。市外侨办配合市投促局开展“2017中外知名企业四川行”投资推介会意大利客商赴江油考察活动。以“深化合作·共谋发展”为主题的2017中外知名企业四川行活动中，协助市投促局接待来自意大利的知名企业代表团。在江油访问期间，举办智能制造与高端装备产业专题对接会，及“一对一”企业小型对接会。12月16日马来西亚华人总商会槟州分会会长郑荣兴及知名企业代表到江油参观考察投资环境和产业项目。市政府副市长杨保平会见来宾，并向客人介绍江油的经济发展状况和投资环境，希望马来西亚华人华侨多到江油投资合作。郑荣兴会长表示，江油的产业发展门类齐全，稳增长调结构很有活力，企业发展思路活跃，希望加强马来西亚槟州与江油的联系，促进两地的经贸交流。

【民间友好交流活动】 全年，市外侨办协调配合商旅局、投促局、总工会、教体文广局、市台办等单位和相关乡镇，组织“91农业”和欧盟国际考察团赴江油考察、2017中华旅游小姐推介江油乡村旅游文化、日本富士通工会赴江油开展教育文化交流、德国凯曼德公司赴江油洽谈中德产业项目、荷兰王国农民生产协会培训班、科德宝与海金小学圣诞节联谊、海峡两岸哪吒民俗文化交流及澳洲特色小镇招商引资推介及考察等活动，充分发挥外侨办自身优势，对江油对外经济、文化、教育和民间友好交流做出贡献。

【服务第五届中国（绵阳）科博会】 根据绵阳市外侨办要求，市外侨办3人参加第五届中国(绵阳)科博会服务工作。科博会开展36项主要活动，共有44个国家、地区和国内10余个国家自主创新示范区、全面创新改革试验区、国家级高新区参展参会，观众超过40万人次，其中专业观众近9万人次。市外侨办工作人员在服务期间推介江油，宣传李白文化，广泛发放各类资料，利用好科博会的平台，向世界宣传江油。

【海外宣传活动】 法肯堡市以圣诞市场闻名于世，每年11—12月每周举办盛大的圣诞游行活动，吸引荷兰及毗邻的德国、比利时等国数十万人参加。市外侨办利用这一平台，组织数十套熊猫服装、竹子道具、灯笼、舞龙、李白诗词、李白塑像等物资空运到法肯堡市，多次与法肯堡市政府协商，在江油市人员无法现场参加的情况下，由法肯堡市政府组织人员布置一辆专门宣传李白文化的花车，同时组织数十人穿上熊猫服装参加圣诞游行。截至12月下旬，该花车与荷方演员参与游行8次，参观人数多达100余万人次，荷兰各大媒体争相报道。

【提升为侨服务能力】 2017年市外侨办建立江油市“归侨侨眷之家”“侨法宣传角”和“为侨法律服务站”。“归侨侨眷之家”为全市归侨侨眷提供相互交流、活动的场地，营造全社会尊侨、爱侨、护侨氛围，进一步凝侨心、聚侨力、汇侨智、护侨益，为和谐社会建设做贡献。铜星乡侨爱蛋鸽养殖基地在省、市外侨办的支持下，年内正式投产养殖。5月，省外侨办国内侨务处处长李彪一行到江油调研铜星乡侨爱工程—蛋鸽养殖基地，对该基地的模式和未来发展前景予以肯定，并表示省外侨办将继续加大对此项目的政策和资金扶持，让更多的侨眷侨属受益。同时，李彪还走访侨资企业江油鼎苑物业服务投资顾问有限公司。通过海外社团、网络等多种途径收集外商、侨商资料，建立信息资源库，力求把资源转化为生产力。西班牙籍华人黄怡冰与市外侨办就江油市青少年足球公益活动进行商谈，初步确定在江油外国语学校进行试点。举办海外华人联谊会、商务洽谈、投资推介会，向华人华侨介绍江油市情，扩大江油的国际影响力。通过定期向已与江油市建立友好关系的俄罗斯普希金市、美国华盛顿大学城、德国索林根市、西班牙塔兰孔市和荷兰法肯堡市发去信函，促进两地之间的合作和交流。市外侨办联合公安局、应急办、卫计局等单位分别于5月12日、12月4日在江油大剧院开展“法治宣传活动”，通过设立侨法宣传咨询点，摆放宣传展板、发放宣传资料、进行法律咨询等形式开展普法宣传活动。坚持为侨服务“三个制度”（即“节日慰问制度”“平日走访制度”“困难侨眷侨属帮扶制度”），通过春节、端午节等重大节日重点走访慰问、周末常态化走访、电话慰问等方式，深入了解侨界群众具体需求，提供个性化服务，尽最大可能帮助他们解决面临的实际困难和问题。全年共走访困难侨属和侨眷代表18户51人次，发放慰问金3000元。为困难侨属龚洪川申请医疗救助金1500元。

（母贤容）

应急管理

【概况】 2017年，市政府应急办全面履行“值守应急、信息汇总、综合协调”职能，努力提高保障公共安全和处置突发事件的能力，加强应急预案演练、宣传培训工作。

【应急管理机制建设】 2017年3月27日，制定下发《关于进一步加强各类应急预案编制修订工作的通知》。各部门、各乡镇按照文件要求，结合本行业、本区域实际情况，对应急预案进行补充完善和修订。年内共有212个编制、修订后的应急预案到市应急办备案。4月11日，市应急办组织市国土、水务、农牧、林业、气象、防震减灾等部门，对2017年全市自然灾害发生趋势进行专题会商，形成《2017年全市自然灾害发生趋势会商情况通报》，对全年自然灾害防灾减灾工作提出具体的工作建议，并上报市委、市政府领导，下发各乡镇、市级相关部门作为工作参考。同时，在发生较大突发事件时，及时与有关单位会商信息，通报情况，积极应对处置。5月4日，召开全市应急管理工作会议，对全年应急管理工作进行安排部署。6月中旬，市应急办对全市各单位、各乡镇应急物资储备情况进行再次自查摸底，进一步加强应急物质储备管理。9月8日，召开全市值班工作推进会，进一步强调突发事件信息报送、值班值守等工作。

【应急宣传培训与演练】 全年，市应急办结合应急管理实际情况，进行多次大规模的宣传培训和应急演练工作。市应急办以“5·12”全国第9个“防灾减灾日”为契机，组织教体文广、公安、民政、国土等21个相关单位在江油大剧院广场开展集中宣传，就应急管理、突发事件自救互救和防灾减灾相关知识进行宣传，展出宣传展板50余块，利用市内LED屏等电子媒介滚动播放宣传标语20余条，发放宣传资料1.5万余份。4月27日，由市应急办牵头组织市人武、公安、民政、国土、交通、水务、卫计、武都等单位在武都镇豆坪村开展“2017年江油市防灾救灾综合实战演练”，市级相关单位、各应急队伍、民兵预备役人员、武都镇干部群众等280余人参演，市级部门负责人和各乡镇乡镇长共80余人现场观摩。市应急办还先后参与河口镇地质灾害应急演练、工业园区危化品生产安全事故暨突发环境事件应急救援演练。通过各项实战演练，有效地提升全市应对突发事件的能力和水平。全年，全市各部门、乡镇、学校等共开展各类应急演练500余次。4月，组织重点部门和重点乡镇参加全省应急管理干部专题培训班。5月，在全市办公室主任会议上，对全市部门和乡镇的办公室主任就突发公共事件信息报送工作进行宣传培训。

图23　5月2日，江油市开展防灾救灾综合实战演练

【应急值班与突发事件处置】 加强应急值守，市政府总值班室始终坚持市政府领导带班，市政府党组成员值班，每天安排1名市府办工作人员和1名专门值班人员进行全天24小时值班，做到突发事件第一时间上报处置。畅通市长热线，将市长热线作为群众反映自身诉求、政府了解社情民意，解决群众困难，上报突发信息的重要渠道。全年共接听处置群众来电3500余次，办理回复绵阳市长热线网上转办件1857件，办结率100%。市应急办严格按照上级要求，切实履职，快速反应，成功协调处置六合乡群众一氧化碳中毒、京昆高速辛家沟段甲醇罐车追尾、武都镇和三合镇供水站水质异常、“6·10”农村客运中巴交通事故、“7·11”疑似有害气体中毒事件、“8·8”九寨沟地震、“9·30”青川地震等多起突发事件，均未造成严重社会影响。

【应急督查与检查】 全年，市应急办按照市政府领导要求，采取抽查与定期督查相结合的方式，深入基层一线，就防汛工作进行专项督查，促进防灾减灾工作开展。严格落实政府系统值班带班抽查工作制度，市政府值班室在汛期和节假日每晚对5个市级部门和5个乡镇值班情况进行抽查，并将抽查情况纳入年终考核。1月，市应急办深入雁门片区及云集、重兴7个山区偏远乡镇，就过冬物资储备、应急预案、监测队伍建设等情况进行检查。同时，协调民政、农牧、发改、商务等部门筹集过冬物资，及时下发到偏远高寒山区乡镇困难群众手中，确保偏远高寒山区乡镇困难群众安全温暖过冬。5月，市应急办会同市目督办对全市40个乡镇和11个重点部门的应急预案、应急值守、应急物资储备、应急队伍建设等应急管理工作进行专项督查。

【应急平台建设】 市应急办争取市政府的支持，主动与广州欣伟软件技术有限公司进行接洽，商讨江油市应急指挥平台建设事宜。累计洽谈应急指挥平台建设方案10余次，提出修改意见20余条。市政府计划将应急平台与智慧城市同步统筹打造。

（应急办）

地方志工作

【概况】 2017年，江油地方志办公室按时完成《江油年鉴》的编纂出版和《四川省乡镇简志》绵阳卷暨《绵阳市乡镇简志》江油市资料的编纂工作。同时，做好“史志江油”微信公众平台的运行工作，协办“地方志与地方史兼容发展研究会，完成为《绵阳年鉴（2017)》《中国（绵阳）科技城年鉴（2017)》和《史志天地》的供稿任务，做好地情资料的收集整理与编研工作，迎接阳市方志办对江油市贯彻落实《绵阳市地方志事业十三五发展规划》情况专项检查。《江油年鉴（2016)》获全国地方志优秀成果三等奖。

【年鉴编纂与发行】 《江油年鉴（2016)》出版后，及时向四大班子领导、市级部门、乡镇和相关企业学校赠阅，并与省内外相关单位进行资料交换。发行工作在5月底结束。同时，按照精品年鉴的编纂标准，《江油年鉴（2017)》除继续采取全彩印刷外，进一步优化纲目，更加突出年度工作特色，增加内页彩图数量，并增设英文目录和索引。《江油年鉴（2016)》获得全国地方志优秀成果（年鉴类）三等。

【乡镇简志编纂】 按照绵阳市地方志办公室《关于开展〈四川省乡镇简志〉绵阳卷暨〈绵阳市乡镇简志〉编纂工作的通知》，江油市地方志办公室于2016年12月29日启动《四川省乡镇简志》绵阳卷暨《绵阳市乡镇简志》江油市资料的编纂工作。编纂过程中，针对全市各乡镇报送的初稿存在的资料不齐和不符合撰写要求等问题，通过查阅《江油县志》《江油市志》《江油县地名录》《中国政区大典四川分卷绵阳政区》和其他历史文献资料，深入实地考证，与撰稿人员多次沟通，力求做到史出有据、内容真实。编辑时严格按照撰稿要求认真审稿，根据正文内容精选配图。通过大量艰苦细致的工作，大大提升志稿的整体质量。于4月20日完成送审稿并上报绵阳市地方志办公室，得到充分肯定。

【“史志江油”微信公众平台运行】 全年制作推送“史志江油”微信公众信息40余期，内容涉及乡镇简志、工作动态、史海钩沉、社会民俗、历史人物等多个方面，订阅用户近三百人。其中，“老中坝的闹市名街”在江油市民中引起热烈反响，阅读人数突破1.3万人，江油电视台民生直通车栏目为此专门制作一期节目予以宣传。在制作微信信息时，注重深入挖掘地方历史文化资源，得到广大史志爱好者的认可和好评，部分信息被“史志绵阳”，江油部分网站和微信公众号转载。

【贯彻落实《绵阳市地方志事业“十三五”发展规划》】 9月22日，市方志办党组书记、主任余正道率检查组，对江油市贯彻落实《绵阳市地方志事业“十三五”发展规划》（以下简称《规划》）情况进行专项检查。江油市委常委、常务副市长杜廷才向检查组介绍江油市贯彻落实《规划》的情况。方志办副主任管宏光就江油市方志办近年来的主要工作情况向检查组作具体汇报。在听取江油市地方志工作汇报后，检查组对江油市地方志工作近年来取得的成绩给予充分肯定，并对进一步做好地方志工作提出要求。

【四川省“地方志与地方史兼容发展”研讨会在江油召开】 10月，由省地方志办主办、绵阳市地方志办承办的全省“地方志与地方史兼容发展”研讨会确定在江油召开，绵阳志办要求江油志办协助办理此次会议。江油方志办接到任务后，认真制定研讨会接待方案，及时向市政府分管领导汇报，协调市政府办综合股和接待办做好会务工作。10月25日至27日，“地方志与地方史兼容发展”研讨会在江油顺辉巴登铂金酒店召开。省地方志工作办公室主任马小彬出席会议并讲话。研讨会上，与会领导和课题组成员就地方志与地方史的兼容发展各抒己见，从不同的角度进行深入分析和研讨。会议指出，地方志是传承当前中华文明与发掘历史智慧的重要载体，做好地

图 24　10 月 25—27 日，全省“地方志与地方史兼容发展”研讨会在江油市召开

方志工作，对于继承和弘扬传统文化，培育社会主义核心价值观，提高各级领导干部科学决策，促进全省经济社会持续健康科学发展，具有十分重要的现实意义。地方志与地方史兼容发展对于坚定文化自信，增强文化自觉，敬重和珍视先人创造的优秀精神文化财富，挖掘和弘扬中华优秀传统文化的当代价值，具有深远的历史有意义。会议要求，各级要在地方史、志的编纂上，精细梳理，突出重点，不要面面俱到，要突出本区域有重要影响力的历史文化人物。要通过整合史志的力量，盘活地域文化的历史资源。会议强调，要以此次会议为史志兼容发展的契机，深层次开发和利用地方史志所蕴含的巨大文化资源；要进一步拓展史学研究，在设计编纂上要按照相关要求，加大对编修史志的监督力度。绵阳志办领导、工作人员，绵阳史志专家，全省部分市、县（区）方志办、史志办负责人及参与课题研究的相关单位人员近 40 人参加研讨会。

【地情资料编研与交流】　全年按时完成为《绵阳年鉴（2017）》《中国（绵阳）科技城年鉴（2017）》和《史地天地》的组稿及供稿任务，并在《巴蜀史志》发表论文 1 篇。完成清雍正版《江油县志》、清光绪版《江油县志》、《江油县志（1988—2005）》电子文档的校对工作。收集到清乾隆《彰明志略》、清同治《彰明县志》，清乾隆版、道光版《江油县志》的影印资料。向到访的甘肃省通渭县政协领导及工作人员提供清同治彰明县令牛树梅的事迹材料。11 月 22—23 日，参加“全市地方志办公室主任学习会暨《梓潼年鉴（2017）评议会”，对《梓潼年鉴（2017）》“县人大常委会到综合管理”部分进行评议。

（谢小东）

档案管理

【概况】　2017 年，江油市档案局围绕市委、市政府的工作大局，紧扣档案工作年度目标任务，加大档案基础业务建设和机关党组织建设的力度，扎实开展各项活动。被四川省档案局评为 2017 年度档案编研工作先进单位。

【依法治档】　全年，代表市政府接受市人大常委会审议《中华人民共和国档案法》执行情况的调研和审议活动，并认真落实市人大常委会的审议意见。进一步规范权力运行平台建设，录入办件 81 件。开展一体化政务服务平台建设工作，认领编辑四川省档案局下放的 13 项行政权力事项。参加全市的“法制周周行”活动，与广播电视台合作制作档案法制知识宣传片 2 期，与广播电台录制现场节目 5 期。联合市城建档案馆、攀长钢档案科、川西北石油管理局档案馆举办主题为“档案——我们共同的记忆”的第 10 个“6·9”国际档案日大型宣传活动。在全市范围内组织开展“档案——我们共同的记忆”征文活动，共收集优秀文章 9 篇，充分展现出全市基层档案工作者的职业风采。

【档案资料收集和整理】　全年，依法接收进馆档案 43359 件、503 卷，光盘 2 盘；征集精美书画作品 54 幅；顺利启动“江油地方特色档案建设工程”，邀请绵阳市书法家协会行草委员会到江油国家档案馆举办现场笔会，分别与江油书法家协会、奇石文化博物馆等民间机构达成合作协议。

【档案信息资料开发和利用】 江油市档案局与市委党史研究室联合编纂的《四川马克思主义运动先驱·党团组织创始人——王右木》于年内出版，全书70万字。分步实施《中国传统村落·江油青林村》的资料、图片收集和文字整理工作。上报各类信息21篇，其中：绵阳档案政务网刊登14篇，四川档案网刊登7篇，四川新闻网刊登1篇。全年审核上报国家重点档案信息8000条；编制馆藏档案数字化光盘目录178张。收集整理编写《档案为凭证，解决林权纠纷》等档案利用典型事例6则。开放“走进江油”大型档案陈列展，充分发挥爱国主义教育基地的作用，全年共接待参观15批次，808人；接待档案查阅利用5925人次，提供档案5374卷次，复印11193页；开展民生异地查档12例。

【档案保管保护和安全管理】 开展档案信息安全保障体系建设工作，完成馆藏档案数字化后共205个全宗档案数据移动硬盘和《江油档案志（1912—2014年）》电子版光盘的异地备份工作。强化值班制度，坚持24小时值班，定期做好防火防盗、温湿度自动调控、气体灭火系统的功能测试、安全检查和登记，确保各系统正常运行。

图25 5月14日，江油市国家档案馆首次批量征集本地书法作品

【档案学术交流】 为加强档案学术经验交流，江油市档案局组织机关干部到省档案校进行交流培训。同时，接待阆中市、盐亭县等友邻市（县）参观学习，并邀请四川省、绵阳市档案局领导和业务人员来局进行业务指导。在全市范围内组织开展“档案——我们共同的记忆”征文活动，共收集优秀文章9篇。

（王琳林）

招商引资

【概况】 2017年，江油市实现国内省外到位资金91.17亿元，位列绵阳9个县市区第2名；跟踪、推进重点项目76个；储备、包装、推出项目55个（其中“两新”产业项目37个）；引进“两个一号工程”项目36个。

【招商工作特色】 全年的招商工作具有特色。活动数量“多”：四套班子和工业园区主要领导外出招商67次，对接洽谈项目132个；举办投资推介会10场、集中签约仪式2次。招引成果“足”：引进5000万元以上项目41个，协议引资突破400亿元，其中5到10亿元项目5个、10亿元以上项目13个，工业项目27个、协议引资256亿元。引进装配式建筑产业园和新鸿文化旅游产业基金项目，实现50亿元项目招引“零突破”；引进中石化区域总部、华为城市级大数据中心和碧桂园绵州府等3个“世界500强”企业项目。产业门类“广”：签约项目涵盖新材料、节能环保、模具加工、高端装备制造、产业基金、总部经济、教育设施等十余个产业。科技含量“高”：引进项目既包括装配式建筑、竹基复合材料等“两新”产业项目，又涵盖华为技术、新松机器人、大鹏无人机等国内高新科技和工业4.0领军企业投资项目。落地保障"强"：成立总规模达94亿元的旅游、环保、战略新兴产业、工业发展等4支产业基金，并通过产业基金成功吸引军民融合产业园、赛伯乐竹缠绕、新松机器人等总投资额超过70亿元的一大批国内高新科技和工业4.0领军企业投资项目，金融招商成效初显。投资引力"大"：全年接待350余家企业、1400余人到江油考察投资环境、洽谈项目合作。

【综合保障】　组建投资促进工作委员会，抓好顶层设计和制度保障，加强对投资促进工作的组织领导和协调力度，提升工作效率。层层签订目标责任书，兑现考核抓落实；实行县级领导牵头联系重点项目制度，明确项目落地推进服务工作班子。充分保障驻外机构和工业乡镇招商引资工作经费。遴选优秀干部驻外锻炼，定期开展专题培训，收集优质项目信息。

【多点发力】　搭建数字招商和网络招商平台，制作"投资江油"LOGO，更新城市形象和招商引资宣传片，加大宣传力度。利用"中外知名企业四川行"、科博会、海科会等平台对外宣传江油，邀请客商赴江油参观考察。举办"李白故里·投资江油"推介会、"赴台经贸文化交流会""江油—法肯堡市投资推介会"等推介活动10场，集中签约仪式2次。

【精准招商】　确立新能源、新材料、电子信息及光电、食品医药、节能环保、高端金属、高端装备制造等工业类七大重点招商产业。面向长三角、珠三角、环渤海、成渝等前沿地区，世界500强、中国500强、大型央企、行业领军企业和大型科研院所等前沿企业实施精准招引；设立驻外"双招双引"工作站，引进高新技术产业和人才团队。有选择性地引进科技含量高、成长潜力大、质量效益好、辐射带动强的项目。

图26　3月，李白故里·投资江油推介会暨集中签约仪式

（霍绍刚）

机关事务管理

【概况】　2017年，江油市机关事务管理局围绕市委、市政府中心工作，推进法治化治理，加快标准化建设，提高社会化水平，保障党政机关高效运转，被省人社厅、省机关事务管理局评为先进集体。

【探索国有资产管理新模式】　依据《机关事务管理条例》，理清与发展改革、财政部门的职责分工，将政府集中统一采购划转机关事务管理局。制定江油市府办《关于对全市机关和事业单位实施统一政府集中采购管理的通知》，对办公家具和设备、物业管理等方面实行"统一审批、统一管理、统一采购、统一调配、统一处置"。全年共计申请采购项目135个，市机关事务管理局打包成73个项目进行集中采购，专家费、交通费等同比下降47.38%。构建"实体+虚拟"公物仓，主导完成全市行政事业单位通用办公设备清查登记和分类入库工作；建立《江油市公物仓管理资产管理暂行办法》，对资产实行"统一管理、统一配置、统一调配、统一维护、统一处置"。截至年底，收入"公物仓"通用办公设备2150余件，流转203余件。参与制定江油市府办

《关于印发〈江油市机关办公用房维修管理细则〉的通知》，执行分类管理，明确维修项目，规范维修程序，实现办公用房“统一维修管理，统一政府集中采购、统一维修标准、统一组织实施，统一决算审计”。按照“集中统一”原则，对组织部、宣传部和统战部办公用房等进行整合，调剂36间办公用房，约600平方米给新成立的市监察委使用。

【公车管理】 推进机关事务管理能力现代化建设，充分运用信息技术改造传统机关事务管理模式。对全市142台公务用车实行GPS全覆盖，实现公车实时动态管理。充分发挥“互联网+”强大电能，构建江油市公车管理和调度网络平台，其中包含电子申报、车辆调度、燃油统计、服务评价4个子系统，实现“一动手指用车申报、一套数据分析能耗、一张网络智能监控”。

图 27 机关公务用车管理

【公共机构效能节约】 坚持创新、协调、绿色、开放、共享发展理念，构建节约型政府。规划“十三五”时期公共机构节能工作，确保节能规划落到实处。按照规定动作，完成国家级公共机构节能示范单位的创建申报、资格备案和实施方案的编制与上报。同时，与多家节能公司的洽谈、实地考察，与重庆领鑫安公司签订实施合同能源管理协议。以“节能有我，绿色共享”为主题，通过发放节能倡议书、节能体验式等活动，引导全社会共同共参与。

【服务保障】 健全完善《食堂管理办法》《公务用车管理办法》《公务车辆司勤人员管理制度》和《会议工作人员管理制度》。规范菜品采购程序、操作标准化流程、操作区域“全覆盖”监控，实现食堂管理标准化。此外，添加地方特色江油肥肠、武引水库生态鱼、黑溜宝土猪肉和石斛饮料等，打造具有特色的人文食堂。全年完成2次接待省委、省政府重要领导任务。推行公务用车加油、维修、保险“三定点”制度；“定车、定人、定卡”燃油监管制度；“申报、评估、审核、送修”维修制度；信息反馈评价制度，实现管理标准化和精细化。要求会务人员做到会前、会中、会后服务“三规范”；会场廊面净、桌面净、玻璃净、窗帘净“四洁净”；实现体现责任心、诚实心、善解心、宽容心、奉献心的“五心服务”。实行“24小时巡查”和“全面监控巡防”，构建“10分钟内快速稳控、劝返、清除非访人员工作体系”，全年未发生一例恶性缠访事件。

【物业管理社会化试点】 以物业管理为试点，通过政府统一招投标，引进为民安防、廷全佳宝两家物业管理公司，负责办公区的安全保卫、物业和绿化管理工作，构建“政府主导、社会参与”的服务格局。同时，就年度目标、人员管理、绩效考核、效果评估等4方面与中标企业签订合同，实现服务质量分级、动态监管。

【办公用房维修和管理】 全年，认真贯彻中共中央办公厅、国务院办公厅印发《党政机关办公用房管理办法》，江油市府办出台《江油市机关办公用房维修管理细则》，全面推进办公用房统一维修管理。项目工程概算5万元以下由各单位自行维修，5万元至10万元由市机关事务管理局立项审批，项目单位自行组织实施；10万元以上由机关事务管理局组织实施。明确维修项目。办公用房分为日常维修、大中型维修和整体维修，细化维修名录。按照“统一维修管理，统一政府集中采购、统一维修标准、统一组织实施，统一决算审计”。

【“互联网+机关事务”智慧管理平台建设】 建立节能监管信息系统。推进江油市“党政综合办公中心”合同能源管理，实现能耗实时监控。构建国有资产管理系统。以“虚拟公物仓”为切入点，构建资产入库、调配、处置等智能管理系统，提高管理水平。完善公务用车信息化管理系统。优化车辆调度平台，对车辆运动轨迹、运行状态等的监控更加准确全面，对车辆的油耗、行驶里程和保养维修统计更加精确细致。

（机关事务管理局）

中国人民政治协商会议江油市委员会

概　述

2017年，政协江油市委员会紧紧围绕“工业强市、产业兴市”发展战略和脱贫攻坚战以及幸福美丽江油建设，认真履行“三大”职能，先后开展协商调研视察活动60余次，召开政协主席会议7次、常委会议6次、专委会议20余次，报送各类报告和大会发言、社情民意等30余篇，一大批建言成果被采纳并进入党政决策。市政协参与“我为脱贫攻坚做件事”活动、助推全市脱贫攻坚和全面创新改革试验等工作受到市委、市政府以及绵阳市政协、省政协的肯定和表扬，工作经验多次被省、市政协《工作简报》和各类媒体刊载、推广，在全省政协工作经验交流会上江油市政协作助推“全创”工作大会交流发言，是4个发言的县市区之一。市政协新闻宣传、联合调研和提案办理等多项工作走在全省政协前列。

重要会议

【市政协十三届三次常委会会议】 2017年2月13日至5日，市政协召开十三届三次常委会会议。会议主要就市政协十三届二次全会相关议程和讨论内容进行协商审议、决定。会议分3次举行。会议期间，听取《中共江油市委统战部关于增补罗润同志为政协第十三届江油市委员会委员的报告》，决定增补罗润为政协第十三届江油市委员会委员；听取和审议政协第十三届江油市委员会第二次会议大会议程（草案）和日程（草案），同意议程（草案）和日程（草案）提请预备大会通过；审议通过了大会执行主席名单和秘书长建议名单，决定副秘书长名单；会议原则通过常委会《工作报告（草案）》和《提案工作情况报告（草案）》；听取各委员（界别）小组讨论意见和建议情况；听取《中共江油市委关于政协第十三届江油市委员会秘书长候选人的推荐书》，同意将补选秘书长候选人建议名单提交各小组酝酿协商讨论，同意罗润作为本届政协秘书长正式候选人，提请大会选举；会议审议通过政协第十三届江油市委员会第二次会议选举办法，总监票员、总计票员、监票员建议名单，决定经各小组讨论后，提交选举大会通过；会议审议通过选举大会计票员名单，决定将选举大会计票员名单提交各小组讨论，并在选举大会上宣布；会议酝酿讨论政协第十三届江油市委员会第二次会议决议（草案），决定将决议（草案）提交各小组充分酝酿讨论后，提交大会通过；会议听取《提案审查情况报告（讨论稿）》，决定将《提案审查情况报告（讨论稿）》提交各小组讨论通过后，提交大会通过。

【市政协第十三届江油市委员会第二次会议】 2017年2月13日至15日，政协第十三届江油市委员会第二次会议在江油大剧院召开，会期3天。四大班子在家领导、法院院长、检察院检察长和工业园区党工委书记、副书记、副主任、党工委委员出席大会开幕式、闭幕式，并参加相关委员（界别）小组讨论活动，市政协常务委员会委员及270余名政协委员出席大会及小组会议，市级部门主要负责人和乡镇党委书记以及民主党派代表和三合镇、武都镇、青莲镇、厚坝镇、新安镇工委成员等列席会议。市委书记周涛在闭幕大会上作重要讲话。会议听取并审议《政协第十三届江油市委员会常务委员会工作报告》《政协第十三届江油市委员会常务委员会关于十三届一次会议以来提案工作情况的报告》；会议听取并协商讨论《江油市人民政府工作报告》（征求意见稿）《江油市人民法院工作报告》《江油市人民检察院工作报告》和《江油市2016年国民经济和社会发展执行情况及2017年国民经济和社会发展计划的报告（草案）》《江油市2016年财政预算执行情况和2017年财政预算的报告（草案）》。会议赞同“一府两院”及其他报告，批准政协第十三届江油市委员会常委会工作报告及提案情况报告，通过市政协十三届二次会议决议和提案审查情况报告，会议补选罗润为政协第十三届江油市委员会秘书长，通报全体会议期间委员讨论意见和建议汇总情况。刘明军、郭福宪、江静、刘晓利、杨茂华、张杰等6名政协委员分别代表各自所在专门委员会，在会上作《科学处置僵尸企业、为工业强市做贡献》《关于加快推进我市电子商务发展的建议》《关于进一步发展我市獭兔产业的建议》《以山水路田为载体、加快大美城市建设》《幸福美丽江油、从健康呼吸开始》《关于进一步加强江油本土文化建设的建议》等发言，另有10篇大会发言在会上作书面交流。此次会议共立案245件提案，汇总提交委员（界别）小组讨论意见建议79条。

【市政协十三届四次常委会会议】 2017年3月28日上午，市政协召开十三届四次常委会会议。会议组织传达学习全国政协十二届五次会议精神和绵阳市政协七届二次会议主要精神。会议协商并决定宋军任政协第十三届江油市委员会副秘书长；会议通过委员工委《关于第十三届江油市政协部分委员辞职等变动情况的报告》，同意罗启、陈跃斌辞去政协第十三届江油市委员会委员职务。会议协商审议并同意《2017年度协商工作计划（草案）》《2017年重大战略调研课题计划（草案）》《2017年重大调研视察活动安排计划（草案）》《政协江油市委员会2017年工作要点（草案）》《各专委会和乡镇政协工委2017年工作计划》《2017年重点提案办理及承办单位》《江油市政协提案办理协商办法（草案）》等，作出《政协江油市委员会关于开展向政协委员青方华同志学习的决定》，通过《政协江油市委员会关于“优秀政协委员”评选办法》，会议协商审议并通过《关于新形势下进一步加强和改进人民政协工作的意见（草案）》。会议要求，要深刻领悟会议精神，凝聚助推发展共识；要认真把握“六条措施”，参与“脱贫攻坚”再见效；要紧盯全年目标任务，切实发挥政协作用。

【市政协十三届江油市政协委员培训会】 2017年8月8日上午，市政协举行第十三届江油市政协委员培训会。邀请中共四川省委党校副教授、政治学博士袁旭川，浙江大学客座教授、杭州市余杭区政协常委王晓乐为全体委员作专题讲座。市政协主席李平、副主席汤国平、陈清太、毛彬和秘书长罗润出席培训会。住江油市的部分绵阳市政协委员和市本级政协委员、机关全体干部、乡镇工委以及部分民主党派成员共300余人参加培训会。此次培训主要是深入学习贯彻四川省第十一次党代会精神，宣讲人民政协基本理论和近年来中央关于人民政协工作的重要文件精神，总结政策理论在基层落实和实践经验，探讨创新政协工作方法，进一步提升人民政协及政协委员的履职能力，为更好地履行政治协商、民主监督、参政议政的职责，加快建设“创新江油·开放江油·幸福江油·大美江油”贡献政协力量。会上，市政协党组书记、主席李平作动员讲话。随后，袁旭川、王晓乐分别围绕政治协商制度和政协职能履行理论以及“如何当好政协委员”专题讲座。

【市政协十三届7次主席（扩大）会议】 2017年8月9日，市政协召开十三届7次主席（扩大）会议。市政协主席李平，副主席陈清太、毛彬，秘书长罗润出席会议，市政协副秘书长、各委室主任等列席会议。李平主持会议并讲话。会议传达中央、省委、绵阳和江油市委关于九寨沟地震抗震救灾有关指示精神，研究部署市政协参与应急救援服务保障等工作。

【市政协十三届六次常委会会议】 2017年9月22日上午，市政协召开十三届六次常委会会议。主席李平，副主席汤国平、陈清太，秘书长罗润以及46名政协常委出席会议；市政府副市长杨保平、工业园区管委会主任李林应邀出席会议；市政协副秘书长、各委（室）负责人、乡镇工委主任和机关纪检员、党总支书记等列席会议。李平作会议讲话，汤国平主持会议。会议传达学习绵阳市政协七届五次常委会精神，要求充分发挥政协组织优势、界别优势和人才优势，引导和动员广大政协委员主动作为，积极参与江油乃至绵阳以军民融合为主导的全面创新改革试验五大体系建设。会议听取副市长杨保平关于《2017年上半年经济运行情况》《关于全面创新改革试验工作开展情况》和《关于全市脱贫攻坚工作开展情况》以及《关于我市工业集中区建设推进情况》的通报。专题协商江油市工业集中区建设情况，与会的工业园区、发改局、科工局和三合、武都、龙凤、厚坝、双河、含增等乡镇的参会领导和部分常委就推进全市工业集中区发展充分发表意见。会议决定，撤销黄晓林委员、常委职务资格，根据《政协章程》等规定，撤销黄晓林常委职务还将在市政协十三届三次全会上作通报；李呈琦、刘梓明2名委员已调离本辖区，自动终止其政协委员职务。会议要求，全体委员要充分发挥积极性、主动性和创造性，在中共江油市委的坚强领导下，围绕中心、服务大局，振奋精神、勤勉履职。

【绵阳市政协在江油召开提案工作座谈会】 2017年12月6日，绵阳市政协在江油召开提案工作座谈会。绵阳市政协副主席钟正军出席会议并讲话，副秘书长黄宗甫主持会议。江油市政协主席李平、副主席毛彬及其他各区县政协分管领导参加会议。会上，李平首先向与会人员简要介绍江油市情及政协工作相关情况。随后，各区市县政协就2017年提案工作情况进行交流发言，各单位分别介绍在提案办理工作中的经验、做法及存在的主要问题，同时汇报2018年提案工作打算。座谈会结束后，与会人员先后前往九岭三一农业有限公司和青莲国际诗歌小镇，视察江油新农村建设和文旅融合发展情况。绵阳市政协及9个区市县政协提案委主任、副主任等参加会议。

【市政协十三届八次常委会会议】 2017年12月27日上午，市政协召开十三届八次常委会会议。会议组织学习《中华人民共和国宪法》及相关法律，传达学习习近平总书记关于进一步纠正“四风”、加强作风建设重要批示精神和中央经济工作会议、中共四川省委十一届二次全会精神，会议听取市政府副市长李海《关于全市2017年经济运行情况的通报》、市政府办公室主任任俊《关于市政协十三届二次全会提案和委员大会发言以及分组讨论意见建议办理情况的通报》、市纪委副书记张杰《关于全市2017年度党风廉政建设情况的通报》。会议专题协商幸福美丽新村建设情况，市政府副市长李海作《关于2017年度经济运行情况的通报》和市政协农村委宣读《关于视察幸福美丽新村建设工作推进情况的报告》，与会部分常委根据协商议题在会上发言，会议协商讨论并原则通过市政协农业委《关于视察全市幸福美丽新村建设情况的报告》。会议决定，第1号提案《借助绵阳科技城平台，促进我市工业兴市的建议》等25件提案为优秀提案，同时在会上通报表扬张建军等25位优秀提案人，鲁圣东等27人为优秀政协委员，并颁发荣誉证书。会议决定，终止“攀长钢”原统战科科长蒲开原、江油“美上美电器灯饰城”总经理李德超2名委员职务资格，增补张静波等13人为政协第十三届江油市委员会委员。会议审议并原则通过《政协第十三届江油市委员会常务委员会工作报告（草案）》《政协第十三届江油市委员会常务委员会提案工作报告（草案）》《政协第十三届江油市委员会第三次全会议程（草案）》《政协第十三届江油市委员会第三次全会日程

(草案)》；会议同意李平代表常务委员会在市政协十三届三次全会上作报告，毛彬代表常务委员会在市政协十三届三次全会上作提案工作报告；会议同意罗润任政协第十三届江油市委员会第三次全会秘书长，武功林等任大会副秘书长，万承金等20人分别担任政协第十三届江油市委员会第三次全会1~10组召集人。会议审议通过各专门委员会和乡镇工委《2017年度工作总结》。

协商议政

【调研视察】 江油市政协始终坚持把协商调研视察作为助推"工业强市、产业兴市"的有效途径，精选课题、精心组织、精准建言。全年开展专项活动50余次，提交报告和发言30余份，彰显政协的责任与担当。市政协十三届二次会议期间，全体政协委员通过大会发言和分组讨论等形式，围绕"一府两院"工作报告及计划、财政等重要报告，积极开展协商讨论，共提出意见建议70余条，许多意见建议被市委、市政府采纳到决策及工作推进中。会同市委、市政府制定《2017年度协商计划》和《重大调研视察课题计划》，市委办、市政府办、市政协办联合印发"两个计划"并向各单位提出工作要求。十三届六次、八次常委会议分别听取市政府关于全市经济社会运行情况和政协提案办理等情况通报，市纪委关于2017年度党风廉政建设情况的通报，主席（扩大）会议听取"两院"工作情况通报和市文明办关于全国文明城市创建工作情况通报，充分搭建党政领导及部门与政协委员面对面协商建言的平台，为市委、市政府科学决策提供重要参考。紧跟市委、市政府重点工作，开展寓知情、督促、建言于一体的专项视察活动20余次，提出意见建议100余条，为促进相关工作发挥积极作用。市政协主要领导牵头联系中华洞天项目建成开业，为江油市旅游发展再添新亮点；主席会成员分别牵头联系的李白文化产业园、清沟乡村旅游等5个重大项目稳步推进；主席会成员经常深入攀长钢、川矿集团和六合锻造、皇龙智能等企业开展视察、座谈，主动协调服务、解决问题，助推企业发展。市政协充分发挥自身优势，多方收集信息，班子成员多次赴北京、上海、深圳等地招商，为招商引资工作倾注心力；视察并助力全国文明城市创建工作，建言强化目标责任，对照测评体系标准完善工作举措，大力提升软硬件等意见得到采纳；视察挂牌督办突出环境问题整改、关停企业转型升级和交通大会战项目建设，协力重大工作稳步推进；会同绵阳市政协视察模具产业园发展、协力工业结构调整，视察农村集体产权制度改革、助推现代农业发展，视察华夏历史文化科技产业园和"三线建设"遗址、为开发和保护历史文化建言献策。全年，常委会召开专题议政性协商会3次，做到协商前有调研、协商中有对策、协商后有成果。为解决江油老工业区域发展中存在的问题，市政协专题调研武都、龙凤、厚坝、含增、双河等工业集中区发展情况，协商建言的明确集中区主导产业定位和政策支撑、资金支持等意见被纳入《江油市工业空间布局和产业发展规划（2017—2025）》中。为深入贯彻绿色发展理念，市政协用半年时间调研涪江武都至中坝段和昌明河水系以及全市矿山植被恢复与管理、农村土地整理、水库水质治理、城市禁养区拆迁、天然林保护等生态环境情况，报送《关于涪江武都至中坝段及昌明河生态环境建设的专题协商报告》和《关于加强对饮用水源水库管护的建议》等3份报告，协商提出"加强水系空间管理、制定水环境治理规划、维护江油水生态平衡、落实河长制、全面终止饮用水源水库承包合同、建立四级水环境监管体系"等30余条意见建议被纳入《江油市生态文明体制改革实施方案》和江河、天然林保护制度等工作中。为加快农业农村发展，促进农村社会进步，市政协深入新安镇农业公园、大堰镇集贤村、东兴镇阳光村等地开展调研5次，报送《关于视察幸福美丽新村建设的报告》，协商提出的要做好规划，强化政策宣传，整合优势资源等建议得到相关部门采纳。

【助力脱贫攻坚】 始终坚持把参与“我为扶贫攻坚做件事”活动、助推全面建成小康社会作为人民政协义不容辞的责任，把实现和发展最广大人民的根本利益作为人民政协工作的出发点和落脚点。认真落实各级关于脱贫攻坚的系列决策部署，通过党组会、主席会、常委会以及机关职工大会，专题传达省政协“我为扶贫攻坚做件事”活动的“六条措施”与要求，及时优化调整“我为扶贫攻坚做件事”活动工作方案，健全和完善政协党组和主席会统一领导、各专门委员会提供组织平台、各委员（界别）活动小组搭建桥梁纽带的工作体系。坚持每月通报委员参与脱贫攻坚工作情况和典型事例，建立委员帮扶工作电子和书面“双台账”，帮扶责任落实，切实把广大政协委员思想和行动统一到各级对脱贫攻坚的决策部署上来，实现275名委员和118家企业参与32个乡镇77个贫困村脱贫工作全覆盖，引导200余名委员和机关干部加入“中国社会扶贫网”，凝聚起参与脱贫攻坚的最广泛共识与合力。把脱贫攻坚作为重要责任，注重发挥政协“引领”作用，号召并组织各界别掀起向青方华委员学习活动。围绕“精准扶贫、精准脱贫”开展调研视察活动10余次，提出意见建议30余条，在提交的《关于对我市“插花村”贫困人口脱贫工作的调研报告》中建言统筹兼顾、协调推进，确保“插花村”与贫困村一道如期实现脱贫等建议，被市委、市政府和相关部门采纳。政协不仅为“插花村”贫困人口脱贫献计，而且主动认领永胜镇朝阳村35户插花式贫困人口帮扶任务，向该村派驻第一书记，组织在外人才等各方力量为贫困户改善环境、发展脱贫项目捐资出力，35户已实现脱贫并通过验收。参与对接江油帮扶布拖县，安排5批次60余人赴布拖县开展视察调研，与当地干部群众共同研究脱贫项目与产业发展，市政协及委员企业直接为布拖县捐资捐物近90万元。注重动员政协委员立足自身专业优势，充分展示委员情系民生、履职为民的责任担当。协力基础设施建设，市政协主席会成员及机关协调各类项目资金500余万元，帮助12个贫困村协调解决通讯、道路、用水、生产等基础设施问题；委员企业宏安集团捐资80万元，在新春乡景云村建成“宏安桥”；红狮水泥捐献水泥500吨，用于贫困村基础设施建设。协力特色产业培育，委员企业青峰集团捐款50万元，打造铜星乡五佛村乡村旅游点，成功举办龙鱼溪垂钓节，常年吸引游客上万人；委员企业新为橡塑捐资20万元在景云村种植雷竹60亩，2018年将实现收益；所有参与帮扶的委员企业在联系贫困村均落实了持续增收项目。协力能力帮扶脱贫，委员企业坤朋传媒利用“李白诗意绣”平台为农村妇女和残疾人居家就业开展刺绣培训，委员企业川香园组织餐饮协会为贫困家庭的年轻人开展厨师培训，汇星集团、星联电子、马记酒店、九红设备等委员企业解决贫困群众就业300余人，其中建档立卡贫困户100余人。在扶贫日委员捐款180万元。

【助推全面创新改革】 始终坚持以实现创新驱动转型发展为目标，以推动科技创新为核心，以破除体制机制障碍为主攻方向，为助推全面创新改革献计出力。坚持“尽力而为、量力而行，选择可为能为的题目”的原则，将全创工作列入市政协2017年工作要点和协商计划，成立市政协助推全创工作领导小组及办公室，直接对接全市系统推进全面创新改革试验2017年工作计划，制定市政协《关于助推全面创新改革试验工作的意见》及工作机制，对科技型创新企业和军民融合产业园建设、工业集中区平台建设、电子商务发展、通用机场建设规划等20余项全创任务作出安排，确保工作有力、有序开展。同时，在市政协十三届六次常委会上，专题听取市政府关于江油“全创”工作情况的通报，会议号召全体委员主动发声、主动作为、主动出力，为全面创新改革试验建真言、谋良策。围绕“推进全面创新改革”，助推制度体系创新，组织百余名委员开展调研视察10余次，形成报告及委员发言6篇、信息30条。针对体制创新，调研江油电子商务发展情况，在市政协十三届二次全会上委员作《关于加快推进我市电子商务发展的建议》的大会发言，引起强烈反响。针对企业在发展中反映审批程序环节多等问题，建言市委、市政府精简整合行政审批项目和优化审批流程，着力营造重商亲商爱商环境。针对大学生创业缺资金、场地等问题，开展大学生创业创新调研并积极建言献策，助推市委、市政府出台了一系列关于鼓励和扶持大学生创业的意见。为促进江油军民融合发展，视察模具产业联盟企业以及汇通科技、四川聚能核技术、远方高新装备等军民融合企业生产经营情况，建言市委、市政府与企业建立信息沟通协调机制、定向招引军民融合项目，共同做大做强军民融合产业。号召市政协委员立足本职，发挥在各自领域中的带头作用，积极参与创新改革试验。80余名政协委员参与全面创新改革试验工作90余件次。组织工商界专家型委员视察六合锻造和星联电子、江虹电缆等创新企业，从专家角度上精准建言企业进一步加强军民深度融合技术开发，加快技术成果转化，提高生产经营效益。政协委员邓吉宁、刘永新、李寿海等发挥自己的专业和技术，带领创新团队进行技术攻关，使所在企业长翔特钢、六合锻造、皇龙制造等成为全市行业领军及“民参军”企业代表。在2017年江油人才工作大会上，通报表扬的5个优秀创新团队中委员企业占了3家，在通报表扬的35名“优秀创新创业人才”和“诗城工匠”中政协委员占10名。

民主监督

坚持团结和民主两大主题，团结鼓劲、民主求实，强化协同互动，充分运用视察、民主评议、社情民意等形式开展民主监督，大力发挥民主监督作用，努力为全市改革发展汇聚正能量。高度关注社会和民生事业发展，协力市委、市政府解决群众关心的热点难点问题。视察旧城及老旧小区改造工作，建言创新工作举措，用好用活国家政策，整合各方资源，扩大旧城改造成果，不断改善人居环境。视察我市农产品食品安全工作，建言把好农产品食品安全关。把脉城市教育发展，多形式呼吁高度重视教育发展，抓好教育布局规划，强化教育投入和管理，保障全市教育规范有序、高效推进。继续推荐政协委员担任司法机关和政府职能部门人民陪审员、特邀监督员，向被监督部门反馈意见与建议，相关单位认真采纳并整改落实意见。参与“走进法院、走进法官”活动，现场观摩视察法院贩卖、运输毒品案件的庭审。考察调研城市安防工作，为“平安江油、智慧江油”建设献智出力。跟踪调研农村土坯房改造、河沙红砖碎石价格上涨、城市交通建设配套等热点，报送社情民意7篇，提出的问题与建议引起市委、市政府重视并得到采纳。会同市纪委监察局、市纠风办对市住建局、市人寿保险公司及市移动公司开展政风行风民主评议及回访工作，促进全市政风行风建设健康发展。关注“8·8”九寨沟地震，引领委员及企业捐款捐物50余万元。

提案办理

市政协十三届二次全会后，广大委员紧紧围绕市委、市政府中心工作，着眼经济建设和社会发展，重点关注脱贫攻坚、工业强市和生态文明建设，深入开展调查研究，运用提案形式建言献策，共撰写提案271件，参加提出提案的委员共461人次。根据《提案工作条例》及《政协江油市委员会关于提案工作的规定》，审查立案260件，立案率95.9%，转作意见11件，占4.1%。这些提案在关注民生、体现民意、维护民利方面发挥了重要作用。创新提案办理方式，首次实施由部门单位回复提案转变为由市政府回复政协提案，首次在《今日江油》和党政网等平台公布提案办理成效，接受社会监督。坚持在“督”字上做文章，在“实”字上下功夫，按照《提案办理协商办法》要求，开展立案协商，首次通过本地媒体向社会公开征集提案线索，以《致市政协委员的一封信》形式向委员提供提案参考目录和线索，提示委员结合视察调研撰写提案。对委员提交的提案，坚持初审和集体定审，对不符合要求提案，同提案人协商后完善提案内容；在交办时协商，二次全会后，市政协提案委多次主动与市委办、市政府办、市目督办协商确定承办单位，确保提案交办有针对性、操作性；在办理中协商，协商承办单位通过电话、互联网、座谈调研、登门走访等方式，加强与提案人的联系和沟通协商，推进调研办理、见面办理，共同探讨解决问题的办法。同时，创新建立委员评议评估提案办理和“双征求意见”制度，对委员评议结果为不满意的提案，协商承办单位再次办理，承办单位再次办理后，委员仍然不满意，由市政协提案委组织召开协商评估会议，作出是否继续办理的意见。《关于学校等公共运动场所向市民开放》等8件提案，委员评议不满意，通过市政协提案委协商承办单位再次办理，委员均表示满意。加大提案督办力度、突出重点提案办理，制定《江油市2017年办理提案考评实施细则》的通知，会同市政府办、市目督办对全市各单位提案办理工作进行全面督查，发出督查通报；市政协主席会成员带队督办8件重点提案，组织召开提案办理协商会，协商办理中需要解决的问题，进一步督促重点提案办理。市政协十三届10次主席会议专题听取市公安局、市水务局、市扶贫开发局重点提案办理情况的报告和市政协提案委督办重点提案的情况汇报，对办理效果差的提案提出再次办理协商意见。市政协提案委对列入计划逐步解决的提案进行跟踪检查，在市委市政府门户网站和《今日江油》上发布提案内容及办理成效，主动接受社会监督，促进提案办理的进一步落实。市政协十三届八次常委会会议上，专题听取政府关于市政协十三届二次全会提案和大会意见建议办理情况的通报，对《借助绵阳科技城平台，促进我市工业强市的建议》等25件提案被评为“优秀提案”，通报表扬张建军等25名“优秀提案人”，进一步激发委员撰写提案的积极性。

制度建设

2017年，市政协协助市委制定《关于新形势下进一步加强和改进人民政协工作的意见》，明确新形势下进一步加强和改进人民政协工作的指导思想，开展协商民主工作的内容、形式及制度机制，提出重视和支持人民政协加强自身建设的新要求，细化加强和完善党对人民政协工作的领导内容；协助市委出台《中国人民政治协商会议江油市委员会提案办理协商办法》，明确提案办理协商的总的要求和组织实施及成果应用等方面内容；同时，修改《江油市政协委员管理办法》和优秀委员评比办法，为推进人民政协事业发展提供制度保障。加强政协班子建设，严格遵守《政协章程》和主席会、常委会、专委会工作规则等制度，严格在规定范围内履行职责。加强乡镇工委建设，深入探索协商民主在基层的实践。加强委员服务管理，层层开展走访活动，认真听取委员及群众的意见，委员“五个一”活动扎实开展，主体作用得到有效发挥。坚持委员（界别）小组活动常态化，全年开展小组学习和视察调研活动20余次，活动主题突出、内容丰富，效果明显。依据委员提交提案以及参与活动等情况建立履职考核评体系，运用考核成果，评选表扬优秀委员28名。同时，全年增补政协委员14名，免去常委职务2人，正常终止政协委员资格6人，撤销政协委员资格3人，有效保持委员队伍的纯洁性。

联谊交友

全年，通过召开中秋招待会、新年茶话会、外来投资企业家联谊会，适时邀请民主党派和工商联等社会团体负责人座谈，听取意见，交流感情，增进共识；坚持举办在外人才联谊会，市政协主要领导先后赴北京、成都、重庆等地出席乡友分会年会、视察乡友企业发展情况，与在外人才交换意见、交流感情，凝聚思想共识；引领民族宗教界委员在促进民族团结、宗教和睦、社会稳定中发挥带头作用。注重加强与省内外政协的联系，组织开展以“庆祝七一节·迎接十九大”等为主题的江油市、广汉市、东坡区三地政协书画院作品联展；先后接待上海市虹口区、广西壮族自治区钦州市钦北区、甘肃省通渭县和省内罗江县、青川县、船山区、通江县、三台县、梓潼县等30余批次兄弟县（市、区）政协，至江油市考察经济社会发展情况并开展文化交流联谊活动。

（政协办）

纪检与监察

【概况】 中国共产党江油市纪律检查委员会和江油市监察局合署办公，核定编制41人，其中，行政编制39名，工勤人员2名；下设1个网络政务及教育中心，事业编制3名。截至2017年年末，市纪委监察局在职人员39人（其中机关在职干部30人、事业人员2人、工勤人员1人，派驻市级部门纪检干部6人）。市纪委监察局领导班子成员8人（含非中共党员副局长1人），市委常委姚华宗任市纪委书记，武功林任市纪委副书记、监察局局长，张杰任市纪委副书记，陈奕晖任市纪委常委、市政府纠正行业不正之风办公室主任，马骁任市纪委常委、监察局副局长，曹毅任市纪委常委，马玉萍任市纪委常委，郎艳任市监察局副局长。市纪委监察局设办公室、组织部（干部监督室）、宣传部（研究室）、党风政风监督室、信访室、第一纪检监察室、第二纪检监察室、第三纪检监察室、案件监督管理室、案件审理室10个室（部），挂市政府纠正行业不正之风办公室牌子。2017年，江油市纪委监察局忠实履行监督执纪问责职责，推动全面从严治党向纵深发展，全市党风廉政建设和反腐败工作取得明显成效，获“全省纪检监察先进集体”称号。

【党风廉政建设】 全年，制定出台《关于进一步推动乡镇、部门党委（党组）落实党风廉政建设主体责任的实施办法》，分类制作责任清单，实行责任落实“月记录、季提醒、年考核”管理模式，强化痕迹管理，扣紧责任链条。市委常委会常规每季度专题听取领导班子成员及人大、政府、政协、法院、检察院党组书记履行党风廉政建设主体责任情况汇报，传导责任压力。实行签字背书制度化，市委书记和市纪委书记分别与各乡镇、各部门党组织负责人和纪检组织负责人签订《责任书》，各乡镇各部门及时将责任分解细化，形成一级抓一级、层层抓落实的工作格局。制定《谈话函询实施办法》，推动述责述廉、谈话提醒全覆盖，市委书记带头开展廉政谈话175人次，市纪委书记与纪检干部谈话182人次，形成落实“两个责任”示范效应。坚持有责必问、问责必严，严格执行《中国共产党问责条例》，实行“一案双查”，全年共发出交办单12份、整改通知书3份，党纪处分落实主体责任不力1人，并在全市通报曝光。

【改进党风政风行风】 严查中共十八大召开之后、中央八项规定出台后的顶风违纪行为，查处、通报、曝光党员干部11人。建立正风肃纪常态化监督检查机制，紧盯重要年节假日，开展作风问题专项检查4次。持续深化三项整改“回头看”专项整治，严防“四风”反弹回潮。对群众身边的“微腐败”问题进行专题调研，开展为期6个月的干部六类作风突出问题、“微腐败”集中整治，全年共查处群众身边的不正之风和腐败问题案件136件、136人。大力开展扶贫领域“3+X”专项整治，发现问题86个，问责3人。强化媒体监督和群众监督，全面推开“村务服务监督”平台建设。升级改版播出《阳光问政》28期，开办第一期《阳光问廉》专题节目，对全市党员干部形成有效震慑。全面完成惩防体系五年规划各项任务，探索建立动态调整风险点和防控措施工作办法，排查廉政风险点位1万余个，开展一级廉政风险岗位抽查审计，强化对廉政风险的系统防控。加强行政权力依法规范公开运行执纪监督，推动网上行权录入28万件。

【反腐倡廉宣传教育】 深入开展“纪律教育学习月”活动，采取集中辅导、知识测试、演讲比赛等形式，引导党员干部知规守纪。组织全市党员干部观看《打铁还需自身硬》《被围猎的权力》专题警示片和《忏悔实录II》学习读本；召开案发单位及系统专题民主生活会、干部警示教育会；拍摄《直面作风突出问题》本土警示教育专题片，组织党员干部“走进庭审现场”，用身边事教育身边人。利用孝心文化广场、廉政文化长廊等，大力弘扬传统文化。深化家规家风建设，拍摄李白家风家规专题片，在中央纪委网站展播，不断扩大影响力。投资300余万元，新建“廉洁江油综合教育中心”，综合运用图片、影像、实物等形式，搭建廉政文化教育立体平台，推动廉洁理念潜移默化、蔚成风气。实行案后常态通报机制，通过电视、网络、会议、文件等形式，通报群众身边不正之风和腐败问题典型案例28件、39人次，在党员干部中引起强烈反响，达到查处一案教育一片的警示作用。

【惩治腐败行为】 全年共受理信访举报229件，办结率100%，其中检举控告类212件，作为问题线索移交95件。发挥市委巡察作用，创新实践“三访”“四查”巡察方法，三轮巡察梳理移交问题线索56条。充分发挥反腐败协调工作机制作用，整合公、检、法、审计等部门力量，变“等”为“找”，接收移送线索37件。实行案件分级审理试点，成立三大办案协作区，提高乡镇办案质量。深化全员办案，纪委书记亲任调查组长，带头查办案件。全年，全市立案205件，审结205件，给予党政纪处分200人，组织处理2人，免予政纪处分3人，结案较2016年同期增长95.2%。同时，深入践行“四种形态”，有效突出执纪特色。全年运用第一种形态处理161人次，占44.35%；第二种形态处理167人次，占46.01%；第三种形态处理26人次，占7.16%；第四种形态处理9人次，占2.48%。严格落实容错纠错机制，为28名党员干部澄清是非，保护党员干部改革创新、干事创业积极性。

【纪检监察干部队伍建设】 强化自我监督，提高履职能力。成立机关党总支，不断提高党建工作规范化科学化水平。落实“三个提名考察办法”，提拔使用18名纪检干部，选优配齐市级部门、市属医院学校、乡镇共16个单位纪检组织负责人。建立200余人的纪检监察后备人才库，为监督执纪提供人员储备。举办学思践悟大讲堂4期，培训纪检干部400余人次。采取上挂下派、以案代训的方式锻炼纪检干部200余人；组织47名乡镇纪委书记、副书记参加绵阳市委党校专题培训，进一步提升理论水平和实战能力。制定促进乡镇纪委履职十项措施和市纪委委员履责十项措施，形成纪检监察干部履责整体联动机制。出台《乡镇纪委书记、副书记分工备案制度》《定期谈心谈话制度》，为纪检干部全面履职提供制度保障。强化干部监督，严防“灯下黑”，严查重处违纪纪检干部2人，确保队伍纯洁性。

（唐　波）

图28　5月19日，江油市召开深化干部作风六类突出问题专项整治动员大会

社会团体

工　会

【概况】　江油市总工会内设办公室、组织保障部、法律宣教部、经工女工部、财务部，有下属事业单位2个（即工人文化宫、惠民帮扶中心）。市总工会共有工作人员14人（其中行政人员5人、事业人员9人）。2017年，市总工会先后获得全国职工公共安全卫生应急避险知识普及竞赛活动优秀组织单位；绵阳市年度工会工作目标考核特等奖第一名、绵阳市十佳志愿服务组织、绵阳市工会创新创业工作先进单位；江油市委、市政府综合目标考核先进单位，群团工作先进单位，脱贫攻坚工作先进单位，民生工作先进单位等多项荣誉。

【助力经济建设】　2017年“五一”期间，举办全市各行各业绝活绝技展示的职工技能大展演；开展四川省“创新创效金点子”合理化建议征集活动；实施红原县旅游从业人员服务技能提升培训援藏帮扶；与市卫计局联合举办江油市首届人口健康信息化技能大赛；与市地税局联合举办以“提素质、练精兵、优化纳税服务”为主题的“岗位大练兵　业务大比武”测试；在成德绵+攀西高技能人才交流赛中,江油职中李杰获汽车修理一等奖。全市有72362名职工参加各类劳动竞赛，提合理化建议、技术比武等群众性经济技术创新活动，开展面已达90%以上。“五一”期间对15位各级劳动模范代表进行走访慰问，为85名全国、省（部）级劳模提供免费健康体检；对全国劳模、省部级劳模生活情况进行摸底调查和统计，对困难的全国劳模、省部级劳模情况及时上报争取帮扶资金。与市电视台联合开展“榜样的力量”劳模风采新闻宣传周，对全市工作在各条战线的一线劳动模范、先进工作者、先进集体进行系列追踪报道。举办迎新春职工趣味运动会，增进全市职工团结、奋进、拼搏、进取的团队精神。4月18日以“中国梦·劳动美”为主题的江油庆“五一”职工系列文化活动在市体育中心开幕。期间，分别举办第五届职工男子篮球赛、男女乒乓球赛、男子和女子羽毛球赛，首次举办职工武术展演活动；“送欢乐、送法律”文化惠民文艺小分队分赴含增镇、长城办事处中心社区、方水白玉村、大康星火村等乡镇、社区演出，慰问一线职工、农民工、劳动模范、退休职工，为广大劳动者送上节日祝福。9月29日，再

图29　4月26日，卫计系统在江油市庆“五一”职工技能大展演出情景剧《白衣天使》（吴鸣摄影）

次举办以“展示新风采，喜迎十九大”为主题的秋季职工运动会，组织全市乡镇、机关、企事业单位职工参加乒乓球、羽毛球等11个大项，22个小项的比赛项目，运动员达5000余人。6月，全总资产监督管理部副部长李艳清一行到江油检查指导工作。江油市工人文化宫巧借外力服务职工彰显作为的做法，在全国工会系统进行经验交流。充分利用报纸、电视、网络等媒体和展板、简报、信息、微信、会议等多种途径，加强对中共十八届五中、六中全会和中共十九大精神以及党的群团工作会议精神的深入宣传；加强对劳动模范、优秀职工先进典型事迹进行深度报道，四川工会网、工会51网、绵阳工会网等媒体多次对江油工会工作进行宣传报道。5月，日本富士通工会到江油友好访问，促进江油工会工作国际交流。

【劳动争议调解】 建立完善市、乡镇（园区、办事处）、村（社区）、企业四级劳动争议调解组织，坚持基层为主逐级化解劳动争议，市总工会全年妥善处理上级批转和网民直接来信的网络问政信件5件，完结办理5件，办理率100%。接待处理职工、农民工来信来访16件，处理16件，对职工、农民工维权诉求受理和处理率达100%。

【维权机制建设】 2017年1月，市总工会、团市委、市妇联走进江油广播电视台“阳光政务”直播间值守行风热线，与广大职工群众进行零距离交流互动面对面倾听职工群众呼声，解答互动提问23个。7月，为52名江油籍农民工向山西大同红沟梁煤矿讨回工资143万元；妥善处理宜宾市高县农民工修建西成高铁讨要工资事件，追回工资55万元。向上级工会报送16件法律援助案件,有效维护职工合法权益和社会和谐稳定。推动劳动关系三方联席（系）会议制度建设，与市人社、工商联等部门分析全市劳动关系状况和发展趋势；对重点企业执行劳动法律的情况开展动态监督。创新工会普法教育载体，建立短信平台，发放普法教育短信，建立微信公众号开设法律讲堂，参与市广播电视台《法在身边》节目，接受职工群众的法律咨询，在工会微信上开设专栏，宣传法律、法规。全年共开展大型法制宣传活动9次，累计发放劳动法律法规资料1万余份，接受群众咨询600余人次。将工资集体协商工作纳入对乡镇党委政府的年度目标考核，调动劳动关系三方四部门共同参与推进企业开展工资集体协商工作。全市签订工资集体协议累计达到1691份，涵盖单位3884家，签订率达97%。全市有1678家企业签订女职工专项集体合同，有42家有职业危害的企业签订职业病防治专项集体合同，签订率达100%。

【助力脱贫解困】 大力实施“春送岗位”工程，全年举办两场民营企业大型现场招聘会，成功为140家用人单位提供2032人的技术性人才。招聘会现场发放职工（农民工）维权、劳动合同法、女职工劳动保护特别规定、女职工卫生保健知识实用手册等宣传资料2000余份。元旦、春节期间，为确保每一位困难职工、农民工都能温暖过冬、欢乐过节，市总工会坚持深入基层、深入职工开展“冬送温暖”活动。共慰问困难职工、群众、大学生及劳模1367人，发放慰问金和慰问品54万元，将市委、市政府和工会组织对困难职工群众的关怀送到职工群众心坎上。开展以“放飞希望、绽放微笑”为主题的“六一”儿童节慰问活动，先后深入新春小学、双河初中、双河小学，为62名贫困留守儿童送去每人300元的慰问金和学习用具，共计2.26万元。9月，四川省工会脱困解困工作会议在江油召开，市总工会就服务供给侧结构性改革做好城镇困难职工脱困解困工作进行经验交流。8月3日上午，市委书记周涛一行先后深入江油大剧院环卫清扫点、市公安局、六合锻造、明月岛建设工地看望慰问奋战在高温一线的环卫城管人员、企业工人、农民工、公安干警，为职工们现场送去毛巾、洗涤用品、绿豆、清凉油等防暑降温物品。完善惠民帮扶工作机制，在全市形成以市总工会为主导、市惠民帮扶中心为核心，各乡镇政府、各基层工会为基础的惠民帮扶工作网络，严格惠民帮扶审批程序，规范工作流程，严格执行帮扶资金预决算管理、依档实施和实名制帮扶制度，实现精准帮扶。全年新增职工互助保险参保单位40个，参保1451人。全年“金秋助学”共资助困难家庭学生512名，发放助学金95.9万元。同时还为布拖县贫困家庭考取大学的优秀子女捐助5.6万元助学金。通过开展技能培训提高职工群众创业就业水平、增强参与市场竞争能力，拓宽就业渠道，是工会变输血为造血帮扶弱势群体的重大举措。结合精准扶贫工作，充分发挥工会职业培训机构的作用，分别对200名困难职工群众实施家政育婴服务、电工（焊工）专业技能和农业实用技术培训。

【工会组织发展】 全市已发展独立基层企业工会2330家，行业、区域联合基层工会157家。全市工会组织已达2487个，入会职工达28.4万人，入会率达99%，基本实现工会组织全覆盖。为准确采集全市工会会员信息，做好会员动态管理及普惠性服务工作，对全市部门、乡镇(办事处、工业园区)、企业的工会会员进行了信息采集、登记和汇总，举行互动体验式普惠性服务启动仪式，为6家工会普惠性服务加盟单位授牌，会员信息采集已达27万人，会员卡发放6377张。此工作走在绵阳各县（区）首位，绵阳市总工会在江油召开现场推进会，江油市总工会进行经验交流，绵阳市总工会专题编发工作通报宣传江油的先进做法。选树三合镇工委、德胜社区工会联合会等12家基层工会规范化建设示范点。全市基层工会“双亮”“四有四增强”规范化建设开展面达80%以上，“会员评家”工作全面推进。为提升换届后全市各级工会干部的综合素质，开设职工夜校，举办女职工家政能力及康养知识提升培训班，组织全市86名工会干部赴浙江大学举办思维创新能力提升专题培训班，通过学习，增强知识储备和综合能力的提升。大力推进党建带工建，工建促党建，党工共建；市总工会已连续4年拨付“小三级”工会组织工作经费，深化乡镇（街道）创“六好”活动，进一步加强和推进了村（社区）工会工作。

【助力中心工作】 市总工会职工志愿服务大队2017年获绵阳市“十佳”志愿服务组织。建立全市工会系统创新成果交易网上展示平台，把全总、省总扶持创业的政策落地，形成创新创业齐头并进，竞相发展的良好局面。2017年11月举行创业扶持及创客沙龙活动，为创新创业职工发放补助资金，为初创者树立创业信心。做好工会信息的收集、采编和上报工作，2018年春节前夕，及时针对全总、省总新修订的职工慰问标准政策发出文件，严格执行工会经费收支管理的规定，务实节俭指导各基层组织搞好工会活动。成立工会改革工作领导小组，建立改革方案起草组。借鉴工会改革先行单位的好经验、好做法，深入相关职能部门、乡镇、企业，走进基层、走进班组、走进职工，开展对深化改革组织体系、夯实工会基层基础、强化经费资产监管、创新工作方式方法等进行深度调研，召开党组会4次，专题研究改革工作，修改完善专项配套文件和制度，统筹协调推进市总工会改革各项工作。江油市工会改革实施方案待市委深改组审议。

（吴　鸣）

图30　9月20–21日，全省工会脱困解困 会员普惠暨维稳工作川西北片区会议在江油市召开。（吴鸣摄影）

共青团

【概况】 2017年，共青团江油市委以服务青年创新创业促进经济跨越发展，以改革创新精神开创团的自身建设新局面，以开放合作的方式构建枢纽多层的工作平台，以务实作风助推文明城市建设和民生改善，团的各项事业持续保持良好发展势头。

【思想政治教育】 全年坚持用社会主义核心价值体系教育和引导青少年。借助建队节、主题团、队日及相关节庆日，深入学习中共十九大精神和习近平总书记系列重要讲话精神，扎实开展“青春喜迎十九大”等主题团日活动，引导和激励全市青少年听党话、跟党走。深化“青年马克思主义者培养工程”，注重加强学校的团、队工作。

【精神文明建设】 充分发挥中国传统文化、李白文化和江油红色文化育人化人作用，在全市青少年中开展“江油市青年诗词大会”“青春之歌”诗歌朗诵会、“中华经典诵读”“红色故事会”等活动，让文化在全市青少年“唱、读、讲、传”的过程中得以传承和滋养，探索构建实现伴随青少年从小到大的思想引导全过程覆盖。构建“线上线下、市内市外”全方位广覆盖的宣传引导格局，通过建设完善共青团网站群、微信群、微博等覆盖影响

图31 5月3日，江油市庆祝建团95周年、纪念五四运动98周年表彰大会暨文艺演出

“两学一做”主题教育活动，增强青年党员干部政治意识和能力素养。广泛在学校、企事业单位、村（社区）开展“高举团旗跟党走”“我的青春我的团”

更多线上青年。团市委微信公众号“青春江油”，落实专人更新维护，做到每日推送与青年相关的各类信息。用好用活“青年之声”“志愿四川”等互动社交平台，畅通了解青年呼声，把握青春需求和展示团务风采的多种渠道。组织全市200名各系统青年建立网宣队伍，与江油论坛、江豆网、西蜀网等建立舆情监控引导协同机制，分兵把守网站、论坛和贴吧，变“任务”为自觉，通过网评互动等引导青少年养成正确的社会观察和拥护认同中共的方针政策，营造全市传递正能量、和谐促发展的声势氛围。

【实施民生工程】 团市委将民生工程作为全年工作的重心之一，分解任务，落实专人，确保民生工程名副其实、惠之于民。联合邮政储蓄银行发放青年创业地方财政贴息小额专项贷款，开展青年创新创业培训，维护已经建立好的农村留守学生之家。

【青年志愿者行动】 团市委在志愿服务常态化和品牌化等方面大力探索，逐步形成具有江油特色的“社会化动员、阵地化组织、项目化服务、人性化管理”运作新模式。打造品牌服务项目深入人心，持续性开展大中专院校学生“三下乡”社会暑期实践、“大学生西部计划”“关爱留守学生”等志愿服务项目，打造出“爱心雨伞，诚信飞扬”“贡献青春力量·同绘文明诗城”等志愿服务品牌项目，近年投放便民雨伞2万余把。每月城市清洁日组织志愿者到太平社区进行垃圾清理、文明劝导等活动。组织滴水公益协会开展“黄手环带你回家”活动，为智障老人发放

身份识别手环500个，以防老人走失。加强志愿者队伍建设，定期召开志愿服务组织负责人联席会议，共同交流和讨论如何开展全市志愿服务工作。做好服务全市西部志愿者的后勤保障工作，确保西部计划志愿者全身心投入工作，扎根江油、奉献江油。多方联动、谋求实效，青少年权益维护格局日趋完善。完成涪滨社区“54°青少年活动中心”升级打造，每周组织志愿者以课业辅导、亲情陪伴、智护培训等主题开展活动，为青少年学习、娱乐提供新场所，打造线下服务青年的“共青团门店”。困难青少年群体帮扶不断深化。深入实施“青春助困创和谐”行动，广泛开展捐款捐物、志愿服务、爱心服务、结对帮扶等关爱活动，为其铺平成长道路。共建16所留守学生之家，开展留守学生圆梦计划，收集心愿368个，募集到30692元圆梦物资已全部发放给留守学生。加强关工委网络阵地建设，形成了市、镇（乡）、社区、学校四个层级的关工委组织网络。组织“五老”（即老干部、老战士、老专家、老教师、老模范）深入学校开展“法制进校园”“维权进校园”等活动，形成齐抓共管的强大合力。

【真情助困活动】 多措并举，相互联动，充分发挥团属优势服务全市脱贫攻坚工作。充分利用资源开展精准关爱系列活动。关爱留守学生义卖画展所得款项全部用于帮扶山区留守学生。举办“留守学生冬令营”活动，组织雁门、新兴等乡镇的30余名留守学生走进西南科技大学，度过美好的寒假。2017年“精准关爱呵护成长”巡回宣讲活动再次起航，走进双河、重兴等多个乡镇。开展“温暖江油”大型慈善活动，通过义卖义捐等方式募集善款19.6万元用于帮扶困难青少年。深入山区乡镇开展“温暖山区行”活动，为马角镇留守学生送去冬衣冬被100余件，确保山区留守学生温暖过冬。围绕市委中心工作，开展对口帮扶布拖系列活动。全年首次开展“江油—布拖留守学生夏令营”活动，组织120名布拖学生前往江油度过暑假。多次组织滴水公益走进布拖，深入凉山彝族自治州布拖县火烈乡依作老哈村小、乐安乡依菲老达村小、采哈乡中心校等8个乡村，向布拖学生捐赠价值45万元的“彩虹盒子”3764个，价值30万元的羽绒服784件，以及图书200本。

【促进青年创新创业】 对接需求、主动服务，不断增强服务青年创新创业的针对性和有效性。团市委围绕党政工作大局，带领全市团员青年投身经济建设主战场。完成创客空间升级打造，每周组织开展创新创业论坛、创业讲座培训、创业规划大赛、创业经验交流、创业项目推介等主题沙龙活动，搭建创业青年之间、创业青年与企业家、创业成功人士、专家学者、创业导师、金融投资经理人、政府部门负责人之间随时沟通、深入交流、学习研讨的青年平台，团结和凝聚各类青年创业人才，营造浓厚的创新创业氛围。用好四川青年创业促进计划（SYE）项目，截至2017年年底申报项目75余个，共25个项目获得审批，资金合计200余万元。深入开展“逐梦计划”，帮助200名青年进机关和企业，实施青年就业技能培训，依托已建成的青年就业创业见习基地为1917名青年开展职业体验，提升就业能力。利用“双选会”“三下乡”等活动向全市创业就业青年提供创新创业政策咨询、择业指导等服务，累计服务人群达3万余人次。

（团市委）

妇 联

【概况】 2017年，江油市妇联创新妇女工作理念，健全妇女工作机制，培育妇女工作品牌，全面提升妇联的工作水平，全市妇女儿童事业取得新发展。市妇联先后被评为“省妇联新闻宣传阵地建设先进单位”“绵阳市卫生先进单位”“绵阳市妇联2017年度综合工作一等奖”及年度政务信息、巾帼扶贫、家庭教育工作先进单位，江油市群团工作、脱贫攻坚、思想道德建设、宣传思想、计划生育工作等先进单位。

【妇女人才培养与素质提升】 全年举办城乡妇女手工编织、电商、家政等各类培训9期300余人次。推荐1名优秀女致富带头人参加全国妇联专题培训。推荐7名女干部参加上海复旦等高校及省、市各类培训，选派26名乡镇妇联主席参加绵阳妇联专题培训。以“巾帼心向党　建功新时代”为主题，通过发放宣传资料、举办主题活动、走进电台直播间做专题访谈节目等多种形式，面向妇女群众、广大家庭、妇女干部开展“五进四送”“精彩人生读书分享会”等主题宣传教育，不断提高女性综合素质。

【巾帼建功行动】 选树宣传先进典型，引导妇女岗位建功。“三八”节期间，表扬市“三八红旗集体”“巾帼建功先进集体”25个，“三八红旗手”“巾帼建功标兵”40名。推荐受到省市表彰先进集体4个、先进个人9名。通过电视栏目“巾帼风采”报道先进典型5名、先进集体3个。深化“巾帼文明岗”创评工作，坚持提质扩面，全年共有20个岗位创评，接受绵阳级“巾帼文明岗”验收3个，成功创评国家级“巾帼文明岗”1个。做好女性创新创业服务工作，与市人社局、总工会等部门举办招聘会，提供就业岗位1.2万余个，2251人达成意向性用工协议。参与全国文明城市创建，先后组织巾帼志愿者开展宣传、咨询、交通劝导等活动190余次。大力推进“巾帼脱贫行动”，开展“姐妹相助·共创幸福家庭”巾帼脱贫志愿服务关爱行动，关爱帮扶困难留守妇女儿童600余人次，送书包、图书、体育用品等价值6万余元，助力精准脱贫。做好新安镇黄土村精准脱贫工作，全年为该村解决帮扶脱贫资金、脱贫物资共计3万余元，宣讲中共十九大精神2次、上党课2次。

图32　3月7日，在江油市纪念“三八”国际妇节会大会上表彰全市“文明家庭”

【维权服务】 加强维权宣传，依托“3·8”维权周、“6·26”禁毒日等重大节点，开展法律咨询服务和预防家暴、邪教等知识宣传。深入开展“法律七进”等活动，提高妇女守法和依法维权的能力。高度关注家庭暴力问题，与市法院、司法局、大调解中心、三合法庭等部门召开江油市家事审判联席会，交流家事案件情况，商讨家事调解工作，建立常态化家事调解机制，构建多元化家事纠纷解决模式。主动值守《阳光政务》政风行风热线，探索“空中维权”，多渠道引导广大妇女理性维权、依法维权。搞好维权服务，做好婚姻家庭矛盾调解和困难妇女排忧解难工作，全年接待处理来信来访83件，109人次，回复率100%。关注未成年人权益保障，全年主动参与公安机关讯问未成年犯罪嫌疑人7次。

【深化强基固本行动】 坚持“党建带妇建”工作机制，以推进村（社区）“会改联”和乡镇妇联组织区域化建设工作为重点，认真推动妇联组织全面深化改革落地落实。完成全市440个村（社区）“会改联”工作，基层妇联组织不断延伸，村（社区）妇联组织能力得到增强。有序推进乡镇妇联组织区域化建设，在12月底前全面完成乡镇、办事处妇联组织区域化改革工作。在妇联工作经费中挤出资金，新建2个村级示范性妇女儿童之家。全市共建成乡镇、村（社区）示范性妇女儿童之家共计 72 个，累计开展主题活动 130 余场次。主动对接布拖县妇联开展爱心送温暖系列活动，为火烈乡峨青幼儿园 79 名小朋友送去羽绒服、文具大礼包；与布拖县妇联姐妹联谊交流，赠送手提电脑、台式电脑、打印复印一体机等办公设备及越冬物资；看望慰问江油援彝女干部、女教师、女医生，为她们远离家乡、支援布拖建设的奉献精神点赞加油。

（李晓莉）

工商联（总商会）

【概况】 2017 年，江油市工商联按照政治建会、团结立会、服务兴会、改革强会的总要求，充分发挥工商联职能作用和优势，围绕中心，服务大局，真抓实干，开拓创新，继续保持全国“五好工商联”和全省“先进县（市）工商联”荣誉称号。截至 2017 年 12 月，全市民营经济总量已达 237.67 亿元，占全市 GDP 比重的 61.8%，解决社会就业 1.3 万人次，占 98.3%以上。

【工商联（总商会）换届】 根据全市民营经济发展的特点，注重在新兴产业、科技型企业和中小企业中发展会员，推荐政治坚定、年富力强、德才兼备，热心工商联事业的非公有制经济代表人士进班子。2017 年 3 月 24 日，市工商联（总商会）召开十二届代表大会。大会选举产生 142 位工商联第十二届执委，其中主席（会长）1 名，常务副主席 1 名，专职副主席 2 名，兼职副主席 16 名，兼职副会长 17 名。平均年龄 45.1 岁，比十一届下降 2.3 岁，大专以上学历 82 人，比上届提高 7.89%，女性执委 23 名，比上届增长 130%，党员执委 41 名，比上届增长 12%。

【民营企业参与精准扶贫工作】 引导民营企业参与全市的精准扶贫工作。青峰集团投资 50 万元为铜星乡建设村民活动文化广场，修建完善五佛村基础设施，丰富村民文化生活。宏安集团投资 80 万元为景台村修建“宏安桥”，并计划建设 200 公顷茶叶基地，成立太白名茶生态茶博园。顺辉集团捐建乡村道路 6 条，捐资近 1000 万元，解决偏远山区群众出行难问题。四川清香园调味品股份有限公司在六合乡吉安村规模化种植鲜海椒 2.67 公顷，每亩补助“种子、化肥、农膜”500 元，共计 20290 元，全年共收购的海椒 5.6 万公斤，该项收益达 16 万元，被帮扶的贫困户人均增收 1860 元。以“百企帮百村”为抓手，做好乡镇政府与非公有制经济人士的联系对接工作，组织号召全市 118 户企业精准联系 77 个贫困村，明确帮扶对象，结成帮扶对子，签订帮扶协议，实现帮扶全覆盖。构建精准扶贫绩效考评体系，成立由党组书记为组长的精准扶贫工作领导小组，将精准扶贫行动纳入年度工作考核目标，将参与精准扶贫行动与非公有制经济人士政治安排和商会领导班子人选考核相挂钩，激励非公有制经济人士积极参与扶贫行动。召开精准扶贫工作推进会，总结交流工作经验，塑造先进典型，在全市非公有制企业营造良好精

图 33　5 月 24 日，市工商联（总商会）赴布拖县乐安乡日朵村开展精准扶贫活动

准扶贫氛围。以“助力脱贫攻坚，加强区域合作”为抓手，组织部分民营企业爱心人士到凉山州西昌市、布拖县等地，开展扶贫考察活动，为布拖县幼儿园对口捐赠10万元，并签订有关产业扶贫合作协议，为少数民族地区精准扶贫出力献策。工商联结合被帮扶村新兴乡玉清村贫困户实际情况，因户施策，以《经果+生态猪代养+小家禽养殖》模式为主导，发展家庭生态小循环产业，助农增收。市机关全体干部共捐资近3万余元，先后为贫困户发放猪苗119头、果苗4500株、黄皮树4000株。已有237户贫困户参与果树、药材等经济林木种植；28户贫困户参加生态粮食猪代养119头，全部预订销售，每头增收1200元。开展智力扶持，构建精准扶贫工作的长效机制,举办技术等各类培训班3次、发放培训资料及技术资料1000余份，对玉清村100余人次进行培训教育，介绍就业岗位100余人次，拓宽村民思路和市场信息，增强发展信心，大力提升村民素质，改善贫困村面貌。筹集资金4.5万元，用于玉清村基础设施建设，为新兴乡玉清村实现脱贫，早日建成全面小康，探索一条新路。

【民营企业家培育】 坚持政府扶持与企业自主培养相结合，依托高校和社会专业培训机构，举办“李白故里（江油）企业经营管理人才专题培训班”，带领全市40名优秀企业家赴浙江大学开展教育培训和考察交流，提升企业人才的战略思维能力和管理创新能力，增强市场开拓精神和社会责任感。组织企业家赴浙江省杭州市西湖区工商联、临安市工商联、西昌市工商联开展经贸交流考察，进一步开拓企业经营管理人才的视野，实现思维理念跨越式提升，为企业“走出去”提供人才保证和智力支撑。以“守法诚信、和谐发展；团结互助、共谋发展”为主题，把开展理想信念教育活动，推动非公有制经济人士健康发展作为工商联工作的重中之重，通过法制宣传教育、法律进企业等活动的开展，引导非公有制人士牢固树立守法诚信意识，提高诚信立业、依法兴企、合法经营、创新发展的能力和水平，自觉践行社会主义核心价值观。在2016年全市换届工作中，工商联界代表进入绵阳市第七届政协委员4人，江油市第十三届政协常委17人，委员34人；进入绵阳第七届人大代表10人，江油第十八届人大常委9人，代表15人，有效推动非公有制经济人士有序政治参与。组织召开全市民营企业学习中共十九大专题会议，重点宣讲坚持“两个毫不动摇”、支持民营企业发展、深化供给侧结构性改革、加快完善市场经济体制、构建“亲”“清”新型政商关系等内容，提升非公有制经济人士政治上的自信、发展上的自强和守法上的自觉。

【非公有制企业党建工作】 指导全市非公企业充分针对企业自身特点，把党建工作与企业文化建设同步规划、同步建设，使企业党建与企业文化相融互动。通过加强企业文化建设，依托企业报刊、展示厅、活动室、图书室、网站、QQ群、微信群等，丰富党建工作阵地，指导会员企业开展交流讨论、红色旅游等丰富多彩的文化活动，扩大党建工作的影响力。以企业文化建设促推企业党建工作，以企业党建工作丰富企业文化内涵，不断提高企业领导班子的战斗力和企业员工的向心力凝聚力。清香园、佳宝物业、兰兰食品等会员企业党建工作多次受到省委、市委表彰。大力开展企业党组织负责人和非公企业党建工作指导员的选拔培训，协助企业健全党建工作领导班子，设立党务工作指导员，重点负责党建工作的规划和实施，做好宣传工作，设立学习专栏，营造企业良好的学习氛围。建立非公有制企业党建联系制度，努力打造非公有制企业党建工作示范点，并通过《太白商界》开办“企业党建之窗”栏目。截至2017年年底，共打造5户非公有制企业党建示范点，并纳入绵阳及省上的考核指导范围。

【行业基层商会组织建设】 建立轮值主席会议制度，每两月召开轮值主席会议，专题研究民营经济遇到的困难和问题，助推改善非公有制经济发展环境，帮助企业排忧解难。建立政企沟通平台，对民营经济的问题及时汇报至市委，加强政企交流对话，形成反映、协调非公经济人士呼声、诉求的机制。搭建招聘就业平台，组织会员企业参加市人社局等部门联合举办的企业招聘活动，促进高校毕业生、下岗职工、农民就业，为民营企业招聘人才牵线搭桥，有效地发挥民营企业就业主渠道作用。搭建企业维权平台，建立法律服务体系，健全法律维权服务，组建工商联法律维权中心，聘请太白律师事务所的专兼职法律服务人员6人，及时为会员企业提供法律咨询和维权服务，维护会员企业的合法权益。以“大众创业、万众创新”活动为契机，有针对性地扶持和发展成长型小微企业优先入会，新兴产业企业和互联网+等高科技企业优先入会，不断发展壮大商会力量。指导成立行业商会、基层（乡镇）商会、异地商会共计24个，其中行业商会17个、乡镇基层商会6个、异地商会1个。全市会员总数达1158个。其中企业会员665个、个人会员492个、团体会员1个。会员数量年增长7%以上。企业会员和团体会员占总数的56%，成长型小微企业达会员总数10%以上，基本形成行业领军企业全覆盖、规模以上企业基本覆盖、新兴产业企业会员占一定比重的商会新格局。2017年11月成立江油市女企业家商会，有会员83人。

（闵　瑶）

文　联

【概况】 2017年，江油市文联围绕市委、市政府工作中心和全市经济社会发展大局，开展“深入生活、扎根人民”主题实践活动，坚持“二为”方向、“双百”方针和“三贴近”原则，牢牢把握“出作品、出人才、出影响”的目标，履行团结引导、联络协调、服务管理、自律维权的基本职能，不断加强内部管理，广泛开展各类文艺活动，大力推进文艺创作，为江油文化大发展大繁荣做出积极贡献。2017年，市文联组织成立微电影协会，并将青莲诗社纳入文联管理。江油市文联下属14个协会，会员共计2000余名。拥有国家级会员30人，省级会员近200人，绵阳市级会员近500人。

【实施李白文化传承创新工程】 全年参与制定出台《关于李白文化传承创新工程的实施意见》，着力构建以文化事业支撑文化产业发展、以文化产业反哺文化事业繁荣的李白文化传承创新体系，启动实施李白文化研究阐发、教育普及、创新发展、传播交流、保护传承、人才培养“六大工程”，到2025年，李白文化传承创新体系基本形成，研究阐发、教育普及、保护传承、创新发展、人才培育、传播交流等方面协同推进，学术研究中心和文化传习基地形成规模，品牌文化活动影响力持续扩大，创成李白文化国家AAAAA级景区，李白文化传承人才更加富集、文化产业发展壮大，李白文化的国际影响力明显提升，提升江油文化软实力、影响力和竞争力。

【开展主题实践活动】 江油市2017年“情暖山乡”文化科技卫生“三下乡”集中宣传活动走进雁门山区敬元乡，组织文化、科技、卫生等18个单位的骨干力量为当地老百姓提供医疗卫生、创业就业、农业技术、政策咨询、文明礼仪等志愿服务；免费赠送药品、图书、日历等物品。协助拍摄“李白文化家风家训”微电影，先后组织专家学者8次讨论修改拍摄剧本，为高质量、高水平拍摄完成《质本清廉苍生志　欲许明时家国心——李白家规家风专题片》打下坚实基础。承办四川省音乐家协会“深入生活、扎根人民”主题活动——全省音乐词曲创作培训活动。培训班邀请全国著名词曲作家舒楠老师和屈塬老师，给全省200多名词曲作者带来高质量、高水平的授课，课堂丰富而生动有趣，让人受益匪浅。组织协会会员参加“迎七一”广场演出、江油对口援建县——布拖火把节广场演出，配合市纪委举办“党规党纪伴我行”主题演讲、组织部举办“让足迹在扶贫路上闪光·我的帮扶故事汇”等活动。组织会员排练歌舞节目《美丽家园》，参加“火把原乡·燃情阿都——2017中国·布拖彝族火把节”江油对口扶贫文艺演出。精彩的节目得到布拖人民群众的欢迎。策划并组织实施江油市2017年双拥工作表彰大会文艺演出、“我们与你在一起”——走进义新敬老院孝亲敬老活动。

【诗歌活动】 清明前夕，江油市作家协会在青莲名贤祠祭拜诗仙李白，并在祭拜现场举行清明诗会，或朗诵李白经典诗歌，或朗诵为纪念大诗人李白而专门创作的新诗，或朗诵最新创作的清明时节的新作，以表达诗歌爱好者对诗仙的深深的怀念和敬意。参与“美丽眼睛看绵阳——世界旅游小姐走进李白故里”活动。3月，市文联在青莲国际诗歌小镇举行迎春诗会。活动中，诗人们一字一句地教来自世界各地的佳丽诵读李白的诗句，声情并茂的朗诵经典诗篇，展示李白故里深厚的文化底蕴；各国佳丽们也回赠诗人们她们国家著名诗人的名篇佳作，现场气氛友好热烈。5月5日至7日，江油市举办全国性诗歌活动《新世纪诗典》第六届颁奖礼。来自全国各地的近60位实力诗人齐聚李白故里，与本土20多位诗人一起祭拜李白，并举行“任洪渊老师作品讨论会”和本土诗人诗歌朗诵会。5月28日至31日，成功举办第二届李白诗歌奖颁奖活动。王小妮、食指、郑愁予、韩文戈、梁雪波、桑子等数十位著名诗人到江油参加活动并走进校园与上千名学生互动。成功承办重走唐诗之路启动仪式暨2017诗歌排行榜发布活动。12月23日，由中国诗歌学会、中国李白研究会、江油市人民政府联合举办的重走唐诗之路活动在李白纪念馆太白堂前举行启动仪式，中国诗歌学会会长黄怒波为江油授旗，副会长曾凡华宣读“重走唐诗之路”江油宣言，来自全国的近百位著名诗人一起见证这一历史时刻。活动现场，与会嘉宾与江油本土诗人、诗歌爱好者一起朗诵李白的名篇《将进酒》，随后为诗仙像敬献鲜花，现场庄严而隆重。其间还举行“诗与远方·唐诗中的故乡”诗歌交流会、李白文化研讨会及精品川剧“诗酒太白”演出等一系列活动。

【书画摄影活动】 举办“名家迎春书画邀请展”。来自北京、陕西、河南以及四川的20多名书画家、53幅作品参与展，为群众带来一场艺术上的盛宴，丰富了群众春节期间的文化生活。5月14日，“以书法的名义”江油市书法家协会中青年重点作者临帖研修班暨篆隶临帖学员创作汇报展在李白纪念馆隆重举行，来自绵阳地区的近百名书法家和书法爱好者参加开幕式，展出临帖作品60余件、创作作品40余件。6月29日，由江油政协诗仙书画院、广汉政协书画院、东坡书画院联合主办，江油市美协和书协联合承办的三地书画作品联展在李白纪念馆隆重开幕，展出的作品包括油画，水彩粉画、国画共计80余幅，风格迥异的作品给书画爱好者们提供了一次绝佳的学习机会，也受到市民的追捧。组织参加第四届涪江沱江流域4市25县书画作品巡回展，6幅代表江油最高水平的书画作品参展。举办“写好中国字、做好中国人”首届硬笔书法比赛。共收到参赛作品近千件，最终评出一等奖1名、二等奖5名和三等奖10名，对于普及钢笔字、弘扬优秀传统文化意义深远。举办“大美江油、诗韵涪江”灯光秀摄影大赛和第三届“李白故里夜色美”摄影比赛。春节期间，在李白纪念馆举办“迎春摄影展”。

【群众文化活动】 组织举办“欢欢喜喜过春节”春节“六天乐”广场文艺演出，为江油的节日注入活力，成为春节期间的一档品牌文化活动。1月29日，李白故里民乐团在江油大剧院举办新春音乐会暨专场汇报演出，吸引近千市民到场欣赏，这也是新春音乐会举办的第六个年头。举办“激情飞扬·舞动江油”首届舞蹈大赛。比赛分为儿童组、少儿组、青年组、中老年组，自4月21日启动，吸引100多个节目前来参赛，经过紧张的12场初赛、复赛和决赛，于6月29日为获奖的40个优秀节目举行了盛大的颁奖典礼。活动取得圆满成功，这也将是全市舞蹈类活动的品牌活动，将长期开展下去。

【协会活动】 作家协会：参与“平通梅林采风活动”“诗歌集结号头条诗人颁奖典礼”等，扩大江油诗群在川内的影响力。九寨沟发生地震时，江油市作家协会、江油诗群以诗歌的名义向九寨祈福，并在《太白文学》《华西都市报》刊登发表。9月22日，举办“中华洞天初秋笔会”，为会员更好的“写江油、咏江油”寻找灵感源泉。参加央视《中国影像志》拍摄，为更好地宣传江油、做大李白文化品牌做出贡献。

美术家协会：举办“走进春天，走近水墨”张善进水墨小品展，展出山水、人物、花鸟，李白诗意画等题材国画作品50余幅。组织会员参加“方晓书画篆刻艺术作品展”“邓枫国画作品展”“写意中国2017中国国家画院国画书法篆刻作品巡展”等开幕式，学习品鉴，拓宽眼界。6月29日，承办“江油、广汉、东坡”三地书画作品联展，作品包括油画，水彩粉画、国画作品80余幅，受到业内人士和广大美术爱好者的好评。

音乐家协会：组织李白故里民乐团录制作品哪吒道教音乐《匡山秋月》《龙腾》，参加中国民族乐器展演的预选。举办四川省第二届五地市萨克斯管重奏音乐会，受到市民热烈追捧。

书法家协会：利用研修班为全市中小学培训书法教师30余名。开办青少年书法班，开展周日和暑假期培训，已有20余名中小学生坚持学习书法。与教体文广局共同举办“江油市少儿书法赛”，共征集毛笔书法作品100余幅，硬笔书法作品近千幅，分别评出一、二、三等奖，将获奖者纳入青少年班培养。

摄影家协会：举办“大美江油·诗韵涪江”灯光秀摄影大赛，参展人数54人，作品394幅，评出一等奖10名、二等奖20名、三等奖30名。与江油市城市照明管理所举办第三届“李白故里夜色美”摄影比赛，参赛人数45人，作品328幅，评出一等奖1名、二等奖3名、三等奖9名、优秀奖78名。9月，与江油市城乡规划建设和住房保障局联合举行大美江油——幸福美丽新村摄影大赛，共收到来自全市的摄影爱好者700余幅作品，并于中共十九大开幕前展陈。

舞蹈家协会：组织会员参加“庆祝五一国际劳动节——江油市民间民俗文艺展演”文艺演出。6月参加“2017第六届国际非遗节（江油）主题日文艺展演”。7月20日组织会员编排节目在凉山彝族自治州——布拖县参加“火把原乡·燃情阿都——2017中国·布拖彝族火把节”江油对口扶贫文艺演出。9月25日至30日组织会员编排节目赴荷兰法肯堡市开展友好交流，举办李白文化展活动。10月16日至18日组织会员编排节目参加在巴中市举行的“第五届川陕甘渝黔百馆联动群众文化活动展演”。11月22日组织参加“四川省第九届金秋乐群众舞蹈展演”。

舞蹈家协会：作品《茉莉花开》，参加由四川省文联、四川省舞蹈家协会、四川省舞蹈艺术协会主办的“四川省第九届金秋乐群众舞蹈展演”荣获金奖及优秀组织奖。

戏剧家协会：举行“庆元旦、迎新春”“庆五一”和“迎七一”等大型文艺演出。9月，带领会员走进三合敬老院，给老人们带去节日的祝福。

奇石根雕艺术家协会：3月12日至19日在李白纪念馆举办迎春奇石根艺新会员新作品展，参展会员50余人，送展作品80余件。

【文艺创作】 有序推进《李白故里文化丛书》。《李白故里文化丛书》作为一项文化工程，对于进一步弘扬李白文化，激活江油文化基因，繁荣江油文化事业都有极其重要的作用。年内进入创作阶段的有《丁稚鸿著作系列》（李白文化类）、《庞泽云作品选》（文学艺术类）、《江油三剑客诗选》（个人作品选文学艺术类）、《曾健诗词选》（文学艺术类）。组织成立微电影协会，组织讨论《小家。大家》《姐姐》等微电影剧本，并拍摄完成法制微电影《法与情》，在12月4日全国宪法日纪念活动上首播。抓好江油诗歌创作，推出江油诗歌方阵，《中国新诗》2017年江油17位诗人的诗歌作品入选并刊发。继续办好综合文艺刊物《江油记忆》、文学刊物《太白文学》和诗词专刊《青莲》，充分发挥江油作协微信公众号“太白文学”的作用，广泛宣传江油文艺。在“江油市人才工作大会”上，会员蒋雪峰、赵斌、文在军获创新人才奖，朱煜、胡永洪获诗城工匠荣誉称号。胡永洪获绵阳市文广新局颁发的非遗优秀传承人荣誉称号。蒋晓青组诗《繁华落幕了，燕子还在飞》和雷兴双的诗歌《他想成为一朵棉花》分别获得“我们和你在一起”作品原创奖和提名奖。敬丹樱获得由中国诗歌学会颁发的“田园诗歌奖”；王蓉芳的散文《因为没有伞，所以要努力奔跑》，获得“人人励德志”征文大赛特等奖。李赟的作品入选第二届全国中青年书法篆刻展；王瑜的作品入选全国第四届隶书展。杨安文和张大明分别获得中国电信与四川省摄影家协会联合举办的“大美四川·把多彩世界带回家”摄影大奖赛特等奖和三等奖；杨安文获“草原商城秘境阿坝”中国·阿坝首届摄影赛二等奖；张小平的《俯瞰佛学院》获中国第十一届艺术摄影展入围奖；《春色家园》获“跨越中的四川”大型摄影艺术展入围奖；刘丽华的《沐浴晨光》获得第二届国际摄影大赛优秀奖。田虎贤水粉作品《西山之春》入选四川省美协第六届青年美术作品展；马骏国画作品《梦回白马》入选第十届中国西部大地情中国画油画作品展；徐吉敏国画《秋山幽影图》入选四川省美术书法摄影主题展；罗会平国画《草场莺飞》荣获《四川省美术书法摄影主题展”优秀奖；杨再琪漫画作品《艰苦朴素永不忘》和《炫耀》获四川省优良家风漫画展优秀奖。舞蹈《茉莉花开》“四川省第九届金秋乐群众舞蹈展演”荣获金奖及优秀组织奖。张雅馨、强蓉华剪纸作品角逐中荷文化交流展；冯启冰漆艺作品申报省级展览。罗天明论文《江油方言赏析》在《巴蜀风》发表。戏剧《审英雄》荣获“中华颂、长丰杯”第八届全国小戏小品曲艺大展金奖。观赏石协会参加“都江堰奇石博览会”“云南水富奇石博览会”“重庆万石博览会”，获金奖9枚、银奖8枚、铜奖5枚，并获得“最佳组织奖”和“优秀组织奖”奖牌；范吉明《苍松图》获得第六届中国成都国际非物质文化遗产节特等奖，梁光金《礼乐春秋》获得非遗组委会授予的一级藏品。梁光金《楼兰姑娘》北京市观赏石协会组委会、国石网等遴评为全国100枚“中华传世名石”之列。

（文　联）

残　联

【概况】　2017年，全市办理第二代残疾人证的残疾人总数为2.2万人，比2016年增长3100人。市残联扎实推进残疾人“民生工程”、残疾人“量服”，残疾人康复，残疾人就业，残疾人维权等工作。

【民生工程】　全年城乡残疾人居家灵活就业人数为8600人。扶持农村贫困残疾人1340人发展生产。辅具发放970件。为512名残疾人扶贫对象发放生活补贴。救助88名贫困脑瘫儿童，投入资金97万元。救助10名贫困家庭听力残疾儿童。重度残疾人护理补贴发放，任务5946人；加上新增重度残疾人，全年共完成8208人，其中一级2954人、二级5254人。残疾人家庭无障碍改造22户。

【康复工作】　全年完成白内障复明手术510例，其中为贫困白内障患者免费手术305例，共计补助30.5万元，人工晶体植入率100%，脱盲、脱残率分别占手术人群的100%和99%；全年为视障人士发放盲表、盲杖、听书机、盲用手机等盲用产品200余件。完成聋儿机构和社区语言康复训练9人，救助资金6.1万元；人工耳蜗植入手术1人，救助资金10万元“七彩梦行动计划”贫困聋儿助听器救助（7岁至18岁）项目2台。国家“彩金”项目听力辅具发放，救助验配成人助听器7台。成人肢体残疾人社区、家庭康复训练110人。江油市康复中心专业治疗训练残疾人患者300余人。为贫困肢体残疾人安装假肢9例，共计91550元。全年救助肢体残疾儿童康复训练5人，共计77500元。2015“彩票公益金”贫困智力残疾儿童抢救性康复项目救助18名，共计21.6万元。为57名智力残疾儿童康复提供社区、家庭康复训练及指导。四川省转移支付残疾人康复服务项目救助50名精神病患者免费服药，共计5万元；救助住院10人，共计4万元。配合卫生局做好国家精神卫生综合管理试点工作，做好重症精神病患者的医疗、康复工作。中央财政彩票公益基金，2017年江油市完成1052人，救助金额19.99万元。

【残疾人培训和就业】 全年举办各类残疾人（高校毕业生）求职专场招聘会3场，残疾人现场签订用工意向性协议70余人，为有需求的残疾人求职登记120余人，职业介绍150余人，介绍残疾人到省市相关企业就业40余人。全市共有12家福利企业安置270余名残疾人就业。全市盲人按摩机构（所）22家，盲人按摩从业60余人，累计就业90余人，其中办理盲人按摩开业许可证12家，7家盲人按摩机构分别被绵阳市残联授予2、3、4星级服务。按比例安置残疾人就业工作。残疾人就业保障金征收入库910万元。行政事业单位安置残疾人就业31人，企业等安置残疾人65人就业。全年扶持残疾人个体就业（创业）种养植加工业11人，发放残疾人居家灵活就业直补782余人，发放扶持资金50万元。全市残疾人个体就业600人。全年对4名有培训意愿的残疾人，有针对性地选送到绵阳参加盲人按摩、盲人电脑等职业技能培训。对60名有培训需求的残疾人开展有针对性技能培训。为3000余名残疾人提供居民养老保险缴费补贴，为4800名重度残疾人申请享受最低生活保障，9400名残疾人享受医疗救助，3000名残疾人享受温暖活动春节慰问，6700人享受困难残疾人生活补贴，107名下肢残疾人享受机动轮椅车燃油补贴。继续在江油市精神病医院开展“阳光家园计划–机构托养”服务工作，集中托养57人，日间照料5人，集中托养省级补助资金17.1万元，本级补助10万元。全年，残联按照省市深化“量服5335”战略的实施方案要求，入库残疾人33241人，持证残疾人21833人，需求与落实33241人，持证残疾人落实21833人，持证落实覆盖率100%，落实总项次244641次，落实人均项次3.97次，手机录入率99.88%。全年办理残疾人证3000本，其中下乡免费办证700余本。

【信访工作】 全年接待来访群众109人次，网络问政2件，咨询服务500余人次。市残联继续聘请三合律师事务所为常年法律顾问，为单位的重大决策保驾护航、为残疾人维护合法权益出谋划策。继续与市法律援助中心合作，对有需求的残疾人实行法律援助，对残疾人权益保护建立“绿色通道”。开展“法治周周行”活动，在江油电视、江油电台掀起保护残疾人合法权益高潮。

【文体宣传活动】 在助残日和“六一”儿童节期间，市残联组织三项大型活动：与电信公司为3674名残疾人办理电信电话卡，优惠132万余元；为在江油市康复中心进行康复治疗的脑瘫儿童组织开展庆祝“六一”活动，并积极筹备和组织开展绵阳市首届残疾人展能节活动，在活动中取得1金3银5铜的好成绩；为乡镇残联、残工委成员单位集中征订《中国残疾人》120份、《三月风》120份。全年共向绵阳市残联、市政务网、四川机构网、四川新闻网等报送残疾人工作信息70余条，报送并采用网评60篇。

【精准扶贫】 残疾人扶贫补贴按季度发放。全市纳入扶贫建档立卡34776人，12268户，其中困难残疾人纳入扶贫建档立卡3844人。全市享受贫困残疾人扶贫对象生活补贴512人，全年发放资金93万元。争取省残联残疾人扶贫资金15万元，建立江油市雁门镇会龙村省级贫困村贫困户残疾人扶贫资金股权量化扶贫工作，股权量化29人，以入股分红的形式将省级扶贫资金入股江油星乙农业投资有限公司，用于优质项目投资。贫困户残疾人通过入股分红，稳定增加建残疾人纯收入。安排资金12万元，扶持义新镇树家湾村、小溪坝鲤鱼口村杨梅基地、江油市李白诗意绣残疾人培训扶贫基地、江油市聚龙生态农业科技有限公司4个扶贫基地，带动扶持安置残疾人就业120人。因地制宜，整合资源，采取灵活多样的形式累计对3000名残疾人分期分批进行实用技术培训，为残疾人就业提供技术支持，提高残疾人就业率。为残疾人提供种畜、种苗、农药、化肥、饲料等物资扶持累计5900人次，扶持资金130万元。

【特色亮点】 残联多项民生工程以及康复、就业工作都需要资金支撑，在上半年资金总体不到位的情况下，市残联结合工作实际展开各项工作的前期摸底调查、筛查复核、审核建档，为后期的快速实施奠定坚实基础。在为残疾人家庭实行无障碍改造的民生工程中，根据残疾人的实际需求，合理调配无障碍改造的平均使用资金，对有需求的残疾人家庭实行多项改造。还有就是对超出5户任务的另外17户残疾人家庭一并予以改造，满足残疾人的实际需求、排除工作中的一些不稳定因素。全年共抽查和督导残疾人“量服”工作1800人次以上，各股室所负责人抽查共达18500人次以上；组织基层残疾人工作者集中培训3次、12次到乡镇培训村社工作者，为全面完成“量服”等残疾人工作提供人力资源保障。

（刘 辉）

红十字会

【概况】 2017年，江油市红十字会充分发扬“人道、博爱、奉献”的红十字精神，有序开展“三救”（救灾、救护、救助）、“三献”（无偿献血宣传、造血干细胞捐献、人体遗体器官捐献）工作，普及宣传修订后的《中国红十字会会法》，全面完成年度目标任务。

【应急救灾】 全年认真做好灾情信息的收集、报告工作，与民政部门信息资源共享。修改完善救灾预案，做到人员、方案、物资的落实，做好救灾物资的储备和管理工作，防患于未然。

【应急救护】 充分发挥红十字会在公众参与的应急救护培训中的主体作用，推进应急救护知识普及培训进社区、进农村、进学校、进企业、进机关。全年共普及培训近6000余人次，发放各种疾病预防知识、意外伤害处理等宣传资料1万余份，惠及人员1万余人。5月7日至14日“红十字博爱周”活动中，全市十余家医疗单位1万余名医护人员及志愿者参与活动，发放各种宣传资料1万余份，免费发放药品4000余元，义诊、健康咨询1000余人次，为400余名学生举办应急救护知识专题讲座。10月8日至9日，江油市红十字会在龙凤镇安全社区建设中，为职工、群众、特别是退役军人等120余人进行应急救护知识普及培训和急救员培训。2017年，厚坝镇、龙凤镇和九岭镇卫生院，在辖区内广泛开展应急救护知识普及培训，共培训6000余人次。通过培训使老百姓掌握一定的急救知识，提高应对突发灾害时自救互救能力。

图34 1月17日，市红十字会开展“博爱送万家”慰问活动

【应急救助】 助困活动：1月2日与市团委、传艺美术培训学校在中坝剧场举行义卖活动，为我市留守儿童募集善款5972元。1月16日在战旗镇11个村开展2017年度“红十字博爱送万家”活动。为100户困难群众发放慰

问金4万元，惠及300余人。3月24日世界结核病防治日中，与市疾控中心等单位在摩尔玛广场对过往群众进行防治结核病宣传，当天共发放各种宣传资料2500余份，宣传折页及海报1200余份。5月28日由共青团江油市委、江油市妇女联合会主办，市红十字会善款监管、聚力社会组织发展服务中心策划承办的“庆六一国际儿童节暨小跳蚤公益市场”在江油大剧院广场鸣锣开市。为家庭贫困学生筹得善款1520元。6月10日、17日与共青团江油市委、志愿者在摩尔玛广场为武都镇接官厅村12组村民王志国家（因家中突发大火，导致两名幼儿严重烧伤）募集善款4547.30元。8月3日争取到绵阳市红十字会100个家庭救助包，在战旗镇为100户“7·5”受灾村民发放价值3.05万元，惠及11个村290余人。10月24日到太平镇敬老院慰问，并送去募集爱心人士的牛奶30件，价值1200元。10月25日与中国造血干细胞捐献资料库四川省管理中心看望江油市老年病医院，送去慰问金1000元和各种慰问物资，价值5000余元。12月1日“世界艾滋病日”市红十字会与市人民政府艾滋病防治工作委员会等23个成员单位共200余人在中坝剧场现场举办以文艺汇演、宣传展板、发放宣传资料、现场咨询、义诊和艾滋病人关爱活动为主要内容的大型宣传和义诊活动。按照《江油市红十字会临时性生活困难救助管理实施办法（试行）》，全年共对40名求助人进行救助，救助资金4万元。向省红十字会申请人道救助，1名白血病患者获得3万元人道救助资金。与市卫计局、中国人寿保险公司开展失独家庭救助活动，全年救助失独家庭34户，发放救助金3.45万元。助医活动：2017年，借力“小天使”“天使阳光”公益品牌，江油市红十字会共为市境内7名先天性心脏病患儿完成中国红十字基金会“天使阳光基金”救助的申报，有5名患儿申请到救助，救助资金约15万余元。向省红十字会申请人道救助，1名白血病患者获得3万元人道救助资金。助学活动：6月1日与市残联在市康复中心对50余名脑瘫、智障儿童开展庆“六一”关爱慰问活动，为孩子们送去价值6000元的慰问品。

【义务献血】 2017年，江油市红十字会与市献血办配合，共同参与义务献血的宣传、动员和组织工作。全年共组织义务献血志愿者5000余人次，共计献血1700余升。

【遗体（器官）、造血干细胞志愿捐献】 组织相关业务部门和志愿者，以“5·8”世界红十字日为契机，通过展板、发放宣传小折页、LED显示屏，“爱心献血屋”设立志愿者登记点、在电视上播放宣传片等方式，开展无偿献血、造血干细胞、人体遗体器官捐献的宣传工作。通过广泛的宣传，激发广大群众和志愿者的志愿捐献热情，全年登记造血干细胞志愿者并采集血样入库293例，人体器官（遗体）志愿捐献登记12例，捐献遗体1例、眼角膜3例。

（邓乐琼 蒋 萍）

社科联

【概况】 2017年，市社科联努力打造学术交流平台、社科普及平台、理论创新平台，各项社科工作强力推进，取得了显著成绩。全市社科界在绵阳市级以上刊物发表社科成果400余项，出版专著7部。

【举办江油市第二届优秀社科成果奖颁奖大会】 9月28日，江油市举办第二届优秀社科成果奖颁奖大会，绵阳市社科联党组书记、主席何季德，江油市委副书记钟培，市委常委、统战部长、总工会主席唐传凤，市委常委、宣传部长吕勇，市人大常委会副主任贺勋，副市长谢林川，政协副主席毛彬等领导出席大会，并对2个一等奖、4个二等奖、6个三等奖、8个优秀奖和2个特别奖项目现场颁奖。

【课题研究与学术研讨】 江油市社科联创新思路，印发《关于申报江油市2017年度社会科学研究规划项目的通知》，由下达课题转变为自主申报课题，科学规划课题研究。通过对上报课题进行筛选，确定2017年立项课题18个（其中重点项目7个，一般项目8个、自筹项目3个）。截至12月底，除3项课题因故延期外，其余立项课题全部顺利结项。研究制定《江油市哲学社会科学研究扶持项目管理办法》，对立项课题给予重点项目3000元、一般项目1500元的经费扶持，不断激发全市社科工作者的创作热情。同时，各社科组织开展各类学术研究活动，据统计，2017年全市社科界在绵阳市级以上刊物发表各类社科成果405件，出版专著7部，举办各类学术会议、论坛等活动48场次，举办学术报告58场次。

【召开纪念王右木130周年诞辰学术研讨会】 11月12日，由中共绵阳市委组织部、中共绵阳市委宣传部、绵阳市委党史研究室、江油市委共同主办的纪念王右木130周年诞辰学术研讨会在江油举行。来自全国各地100余名专家学者和地方代表齐聚一堂，以“传承先烈风范，建设伟大工程”为主题，共同探讨王右木对四川马克思主义早期传播所做的贡献及其当代价值，为学习弘扬革命先烈的崇高精神，挖掘和传承推进江油红色文化遗产在新时代中国特色社会主义的伟大实践和深入推进党的建设新的伟大工程，顺利实现中共十九大提出的目标任务建言献策。

【举办第四届两岸哪吒民俗文化交流活动】 经国务院台湾事务办公室批准，由江油市人民政府、绵阳市人民政府台湾事务办公室共同主办的第四届两岸哪吒民俗文化交流活动于5月14日在江油开幕。来自中国台湾、澳门、香港地区以及新加坡、马来西亚、泰国的宫庙代表及哪吒文化信仰的嘉宾出席盛会。开幕式结束后，海峡两岸与会嘉宾、代表汇聚一堂，开展“两岸哪吒民俗文化交流研讨会”，就哪吒文化信仰、民俗在江油当地的起源、流传和保护，以及在中国台湾、澳门、香港地区及世界各地华人中的传承和弘扬展开深度交流。

图35 11月12日，由中共绵阳市委组织部、市委宣传部、市委党史研究室,中共江油市委共同主办的纪念王右木130周年诞辰学术研讨会在江油举行

【王右木纪念园被认定为“绵阳市社会科学普及示范基地”】 2017年，江油市社科联在配合做好王右木纪念园陈列布展的基础上，指导该园申报创建绵阳市市级社科普及基地工作。12月13日，中共绵阳市委宣传部、绵阳市科技局、绵阳市社科联通过考察评估，认定江油市王右木纪念园为“绵阳市社会科学普及示范基地”，并命名为“马克思主义中国化传播与普及基地”。

【承办“绵阳市社科联党组中心组学习（扩大）会暨县市区社科联工作会”】 3月30日至31日，由绵阳市社科联主办，江油市社科联承办的“绵阳市社科联党组中心组学习（扩大）会暨县市区社科联工作会”在江油召开。绵阳市社科联党组全体领导，以及涪城区、江油市、三台县等9个县市区社科联主要负责人等共计30余人参加会议。会议期间，与会人员先后到“四川省李白文化社科普及基地”“绵阳市革命传统文化普及基地”进行实地调研。

【召开“市社科联二届三次理事（扩大）会”】 1月19日，由江油市社科联主办的“市社科联二届三次理事（扩大）会”举行。会议总结2016年度工作，安排部署2017年社科重点工作，并对2016年度社科工作先进集体、先进个人进行表彰。

（社科联）

民主党派

概 述

2017年，全市有民革、民盟、民建、民进、农工党、九三学社、致公党7个民主党派，其中1个总支委员会、5个基层委员会、1个支部，下设37个支部（社），成员659人。全市有副科级以上党外干部33名，其中副县级4名，正科级5名，新提拔副科级领导干部8名。各民主党派加强自身建设，积极参政议政与实施民主监督权利，大力开展社会服务和扶贫帮助。

组织现状

【民革江油总支部】 2017年，民革江油总支下设4个支部，成员67人。总支主委贺勋（男，市人大常委会副主任），副主委曹远富、肖江丽（女）、陈强、曹亮。

【民盟江油基层委员会】 2017年，民盟江油基层委员会下设6个支部，成员130人。基委主委杨茂华（男，市政协常委，环保局副局长），副主委邓志钧、李宗裕、罗兴强、刘晓蕾（女）、王书华（女）、余国东

【民建江油基层委员会】 2017年，民建江油基层委员会下设5个支部，成员102人。基委主委唐宏（男，市政务服务中心主任），副主委何方、徐敏（女）、王克军、王麒宇。

【民进江油基层委员会】 2017年，民进江油基层委员会下设12个支部，成员172人。基层委员会主委龙合（男，市华坪办事处主任），副主委蒋雪峰、何明奎、任华、丁颖（女）、刘萍（女）、刘健蓉（女）。

【农工党江油基层委员会】 2017年，农工党江油基层委员会下设6个支部，党员共113人，主委林拥军（男，市人民医院医教部部长兼医务科主任，江油政协常委，绵阳政协委员），副主委何守再、薛静（女）、黄莉（女）、王国涛。

【九三学社江油基层委员会】 2017年，九三学社江油基层委员会下设3个支部，成员65人，基委副主委主持工作雷钦蓉（女，江油市政协常委，绵阳人大代表，科工局副局长），副主委郭大明、杜德瑞、赵文元。

【中国致公党江油支部】 2017年，中国致公党江油支部共有成员10人，支部主委陈琦（女，四川特钢产业联盟副秘书长，绵阳市及江油市政协委员），副主委黄晖（女），委员肖琼（女）。

自身建设

【政治学习】 坚持每季度民主党派和党外干部学习制度，每半年召开情况通报会制度，组织各党派成员学习中共中央、中共四川省委、绵阳市委统战工作会议精神，特别是习近平新时代中国特色社会主义思想和中共十九大精神，增强各党派成员的道路自信、理论自信、制度自信和文化自信。9月，召开全市统一战线学习习近平总书记“7·26”讲话精神专题会，把思想和行动统一到中共江油市委的重大决策部署上来。

【民主党派制度建设】 坚持标

准、严格比例，注重新发展成员的政治化、专业化、年轻化，2017年共发展26名党派成员。引导各民主党派总支（基层委员会）建立适合自身特点的工作制度，规范议事决策规则，完善内部监督机制。引导各党派形成深入实际、求真务实，密切联系基层组织和成员的作风，树立民主团结、廉洁自律的良好参政党形象。切实加强各民主党派干部队伍建设，建立科学规范的后备干部选拔制度，拓宽后备干部的培养途径。

【党外干部培养与选拔作用】2017年，全市有副科级以上民主党派干部33名，其中副县级4名，正科级5名，提拔副科级领导干部8名，主要分布在医疗卫生和教育行业。建立党外代表人士后备干部人才库，储备党外后备干部30余人。努力提高党外干部的综合素质，共选派10余名党外干部到绵阳、省及省外社会主义学校学习。

参政议政和民主监督

【参政议政】 2017年，全市各民主党派成员围绕党委政府中心工作、重大活动和人民群众普遍关注的问题开展调研、建言献策。认真执行市委、市政府《关于进一步加强政府部门与民主党派对口联系工作的通知》精神，32名市级党员领导干部一对一的联系32名党外代表人士。完善情况通报制度、会议列席制度、双向交流制度、联合调研制度、情况反馈制度，为推进党外人士基层协商民主提供坚实的保障和服务，使全市政治协商、民主监督、参政议政更加规范和富有成效。全年邀请50名非政协委员的民主党派成员列席市政协十三届二次会议，并参与分组讨论。“两会”期间，各民主党派和无党派政协委员、人大代表共提出议案提案200余件。

【民主监督】 进一步做好特约监督工作，开展民主监督，了解社会舆论，为民主党派和无党派人士参与社会监督创造条件。全年，70名党外人大代表、政协委员中的特约监督员，对11个政府职能部门进行民主监督，共提意见建议100余条，推进政府各项工作。

社会服务

【爱心捐助】 充分发挥统一战线智力密集、联系广泛、人才荟萃优势，突出重点，引资引智引企业，献计献策献爱心，大力开展精准扶贫工作，为江油经济社会发展献计出力。2017年上半年，组织统一战线爱心企业家和爱心人士累计捐资捐物180余万元，开展调研40余次，提出脱贫建议60余条，开展农业实用技术培训30余场、“三下乡”活动30余次。

【援助布拖县】 “布拖所需，江油所能”，2017年，全市各民主党派围绕全市重点任务、发挥特色优势，聚焦布拖县贫困现状，突出教育扶贫这个重点，以“绣花”功夫细化落实帮扶举措，筹集资金50余万元，为凉山州布拖县乐安乡补莫村建成同心幼儿园。该幼儿园占地1000余平方米、可容纳150名儿童。已于9月正式开园教学，有入园儿童112名、专业教师4名。并为入园儿童捐赠书包、文具、水杯等学习用品100余套。

（统战部）

法治·军事

Rule of Law·Military Affairs

法　治

政法委及综治

【概况】 2017年，江油市委政法委切实增强工作预见性主动性，以维护社会政治安全稳定、创新社会治理方式、提升工作现代化水平、深化司法体制改革、改进队伍纪律作风为着力点，深入推进平安江油、法治江油和过硬队伍建设，维护社会大局稳定、促进社会公平正义、保障群众安居乐业。

【综治维稳】 全年广泛开展维护社会稳定“五大行动”，排查各类不稳定因素431条，收集掌握涉恐涉暴、危害国家安全、重大群体性事件等情报线索20余例，妥善处置群体性事件15起。结合市情建立《重点人员稳控台账》，严格落实“一位包案领导，一个化解班子，一套稳控措施”化解制度。牵头制定《江油市社会稳定风险评估暂行办法》，围绕全市重大工程、项目开展社会稳定风险评估。坚持依法治理邪教。围绕依法治市总体部署，深入开展“无邪教示范工程”创建活动，推进“12345”依法治理邪教工作新模式，将依法治邪工作落到实处。强化全民反恐工作的组织领导，推动市委市政府出台反恐实施意见，积极构建“1中心（以城区为中心）、1咽喉（以青莲为咽喉）、4卡点（在大堰、新安、大康、厚坝设置治安卡点）”反恐工作格局。全力做好各项安保维稳工作。完成中共十九大、全国和省市“两会”“科博会”“电商大会”等重要时间节点和重大活动安保维稳任务，实现重要时间节点的“六个不发生”（即不发生大规模进京集体上访,不发生重特大安全事故,不发生有影响的非正常上访特别是极端恶性事件,不发生在京聚集滞留、丢丑滋事等事件，不发生因信访问题处理不当引发的群体性事件，不发生被有关部门通报等有影响的情况）工作目标。

【社会治理】 制定并印发《关于转发〈中共四川省委办公厅四川省人民政府办公厅关于四川省健全落实社会治安综合治理领导责任制实施办法的通知〉的通知》和《江油市社会治安综合治理五部门联席会议议事规则》，全市各乡镇、各部门担负起促一方发展、保一方平安的重大政治责任。大力推进综治中心建设工

图36 4月6日，四川省矛盾纠纷多元化解创新工作推进会与会人员参观江油市矛盾纠纷多元化解协调中心

作，制定并印发《中共江油市委办公室、江油市人民政府办公室关于推进综治中心规范化建设的实施意见》，高效推进市、镇（乡）、村（社区）三级综治中心试点建设。全市已完成42个乡镇、96个社区、275个村的综治中心建设。依托市、镇（乡）、村（社区）三级综治中心，创新建立法学会“136”（即1支会员服务队伍+3级服务平台+6项法律服务）实战模式，为法学会开展工作、发挥职能和基层法学会会员参与基层社会治理提供平台。8月，全省法学会系统培训暨基层法学会“实体化、实战化”建设推进会在江油召开，为全省基层法学会“实体化、实战化”建设提供了可复制、可推广的江油经验。“雪亮工程”建设深入推进。总结运用创建全省“雪亮”工程建设示范县（市）成果，进一步聚焦“建设、联网、应用”三个关键环节，扩大覆盖、推进共享、注重应用，持续大力推进全市“雪亮工程”建设。全年已高标准完成55个村的“雪亮工程”建设，累计完成116个村的建设，监控视屏入户5113户。进一步建立健全完善网格员管理、教育培训和考核奖惩制度，提高网格化服务管理水平。努力构建矛盾纠纷多元化解机制，制定中共江油市委办公室、江油市人民政府办公室《关于印发〈关于构建矛盾纠纷多元化解机制加快推进“平安江油”建设的实施意见〉的通知》,推动矛盾纠纷“大调解”向多元化解升级发展，构建党委领导、政府主导、综治协调、各职能部门依法履职的矛盾纠纷多元化解工作格局。2017年4月，江油市矛盾纠纷多元化解协调中心、涪滨警务室、110指挥中心作为四川省矛盾纠纷多元化解创新工作推进会现场参观点，江油市矛盾纠纷多元化解工作经验在全省推广交流。常态化推进寄递物流清理整顿工作，坚持每月对寄递物流企业开展专项检查，寄递物流企业和从业人员落实“3个100%”情况明显改观，“四川省寄递E通”使用率明显提高，安全防范措施有所改善。全面排查全市精神障碍患者3515人，对三级以上易肇事肇祸严重精神障碍患者均全面列管建档，严重精神障碍患者监护人“以奖代补”政策基本落实。不断深化人民禁毒战争，探索推进吸毒人员社会化管理，开展吸毒人员管控服务系统试点工作，江油市社区戒毒康复中心和青少年禁毒教育展览馆建成并投入使用。

【司法体制改革】 全面推进司法责任制改革，全市50名入额法官，31名入额检察官全部到位，及时启动人员分类定岗，对未入额法官、检察官及时进行岗位调整。市法院明确法官办案要求，同时根据不同岗位、职务确定不同办案比例。市检察院创新制定《领导干部办案公示制度》《江油市人民检察院关于完善司法责任制的实施细则》等制度，进一步明确检察长、副检察长、检委会的监督职责。健全审判权运行机制，修改审委会议事规则，建立各类主体权责清单，“让审理者裁判，由裁判者负责”的要求得到落实。推进民商事案件繁简分流，基本实现“简案快结、难案精审”的目标。强化证据发现和保管，新建“DNA”实验室、“物证保管保全中心”等科技信息化设施设备，强化证人保护，提高庭审保障能力。涉案财物管理处置工作更加规范，江油市涉案财物智能化管理中心于2017年6月建成并投入使用。

（政法委）

法治政府建设

【概况】 2017年，市政府法制办以“深入推进依法行政加快建设法治政府”为目标，以依法履职为重点，推进制度建设，强化执法监督，化解矛盾纠纷，法治政府工作取得新进展。

【依法行政】 全年围绕率先基本建成职能科学、权责法定、执法严明、公开公正、廉洁高效、守法诚信的法治政府目标，制定出台《江油市法治政府建设实施方案（2016—2020年）》，为法治政府建设明确“时间表”和“路线图”，并将依法全面履行政府职能，完善依法行政制度体系，推进行政决策科学化、民主化、法治化，坚持严格规范公正文明执法，强化对行政权力的制约和监督，依法有效化解社会矛盾纠纷六大工作目标任务分解落实到各地各部门。进一步明确工作职责，强化保障措施，加快推进法治政府建设。制定《江油市人民政府2017年度法治政府》，明确年度依法行政和法治政府建设目标任务。深化“放、管、服”改革，进一步推进简政放权、投资审批改革、商事制度改革。坚持制度创新，清理中介服务事项、探索建立政府购买行政审批中介服务。制定《江油市人民政府办公室关于2017年市政府常务会议会前学法安排的通知》，提升领导干部运用法治思维和法治方式解决实际问题的能力。严格执行《四川省行政规范性文件制定和备案规定》，落实风险评估、合法性审查、集体讨论决定等制度，实行制定机关对规范性文件统一登记、统一编号、统一印发制度。加强规范性文件审查，依法纠正违法设定行政许可、行政处罚、行政强制，违法减损公民、法人和其他组织合法权益或增加其义务的规范性文件，加强备案审查人员队伍建设。做到有错必纠。全年审查规范性文件17份，出具审查意见17份，统一编号7份，向绵阳市人民政府、江油市人大常委会备案2份。已生效规范性文件，按要求统一公布。市政府法制办按照相关法律法规及清理标准，对政府规范性文件继续有效、拟修改、变更、失效提出意见，之后送文件清理领导小组审批。经清理，新中国成立后（含绵阳专区时期）至2012年12月31日期间以市政府（含办公室）名义印发的全部规范性文件共663件，其中废止51件、宣布失效612件。

【推进科学民主决策】 严格执行《江油市重大行政决策程序规定实施办法》，初步建立依法决策的机制，为政府招商引资和经济管理过程中的订立各种合同审核把关，全年专门召开多次专项工作会研究“商业综合体调整商住比、大康彩虹渡项目、胡敦荣要求退还另交社保费”等重大行政决策，根据法律顾问团意见向市政府出具专项问题报告，把好重大行政决策合法关。贯彻落实《江油市行政决策合法性审查规定》市政府作出重大行政决策前，均按该规定交市政府法制办或者组织有关专家进行合法性审查，未经合法性审查或者经审查未通过的，常务会议不予审议。全年市政府法制办共审查合同120余份，提出300余条修改意见，审查文件75余份，提出15条修改意见。按照《江油市委、市政府法律顾问管理办法（试行）》《江油市委、市政府法律顾问工作规则》的规定，全年市法制办组织召开法律团工作会4次，法律顾问按要求汇报相关工作、市法制办根据法律顾问日常工作表现对法律顾问工作进行考核，考核合格的，予以支付顾问费用。全年法律顾问常规列席市政府常务会议17次，参加各种工作会议35次，办理以市政府为被告的行政诉讼案件22件，为市政府集体出具法律意见3次，单独出具法律意见65次。

【规范公正文明执法】 践行“绿水青山就是金山银山”的发展理念，配合绵阳市法制办、绵阳市检察院、绵阳市环保局开展环境执法专项检查，采取开展行政执法案卷评查，抽查专项督办案件的方式，全面推进严格规范公正文明执法；加强行政执法与刑事司法衔接工作，建立工作制度，强化协调衔接，召开现场推进会，实现行政执法与刑事处罚无缝对接。继续在全市城区范围内开展城市管理相对集中行政处罚权工作，加快推进环境保护、工商行政管理、公安交通管理、违法车辆停放车辆管理、水务管理方面（向城市河道倾倒废弃物和垃圾及违规取土、城市河道违法建筑物拆除）、食品药品监管方面（户外公共场所食品销售和餐饮摊点无证经营、违法回收贩卖药品等行政处罚权）的行政处罚权的集中行使，形成可复制经验。进一步落实行政执法人员持证上岗制度，组织全市534命人员参加行政执法资格证考试，严格把好新进执法人员资格准入关，进一步提升行政执法人员的法律素养和依法履职能力，不断提高执法人员依法行政的能力和水平。

【行政复议】 健全工作机构，发挥市政府行政复议委员会作用，重大复杂行政复议案件集体研讨决定，行政复议案件均向市政府分管领导汇报，完善工作制度，明确工作职责，规范办案程序。截至2017年11月底，市政府共受理行政复议案件22件，办结18件，其中维持4件，驳回4件，撤回、终止2件，撤销3件，责令履行3件。代理市政府应诉行政复议案件3件。贯彻落实新《中华人民共和国行政诉讼法》行政机关负责人出庭应诉的有关规定，加强学习培训，组织市政府常务会议专题学习新《中华人民共和国行政诉讼法》，提升领导干部的出庭应诉能力；强化出庭应诉考核，将行政机关负责人出庭应诉工作纳入年度依法行政考核重点，进一步提高行政机关负责人的出庭应诉率。截至11月底，共办理以市政府为被告行政诉讼案件22件，实际出庭17件，出庭应诉率达到77.27%，比2016年同期提高16个百分点。组织开展新《中华人民共和国行政诉讼法》与依法行政专题研讨活动，重点研究行政诉讼证据运用、庭审规范和诉讼程序，掌握应诉答辩技巧，确保行政机关负责人在行政诉讼中出庭、出声、出效果。进一步完善行政调解工作机制，建立人民调解、行政调解、司法调解的协调联动机制，推动信息互通、工作联动、矛盾联调、优势互补，形成化解争议纠纷合力。截至11月底，全市各级行政机关共受理行政调解案件5411起，结案5107件，调解成功率94.38%。

（法制办）

公 安

【概况】 2017年，江油市公安局以中共十九大安保维稳为主线，紧盯目标、抓住重点，精准发力、突出关键，获得“全国优秀公安局”荣誉称号。全市刑事立案2124起，比2016年下降23.15%；受理治安案件2571起，比2016年下降3.67%，未发生重大道路、消防、治安及监所安全事故。

【处突维稳】 全年完成“科博会”“电商大会”等重大安保。强化移民、涉军等群体维稳专班，针对肇事肇祸精神病人、犯罪高危人员等群体开展专门的排查和管控，尤其是中共十九大期间，围绕“江油人不进京到省滋事”目标，创新“四位一体”指挥体系、筑牢“五道防线”，稳控重点群体16个，消除隐患90人，查控失联失控重点人员112人；信访维稳专案打击2人，破获“法轮功”邪教组织反宣传品案件1件，抓获2人并依法处理。针对互联网管控工作，联合市网信办等相关单位严格落实24小时网上巡查，及时封堵删除不良网络信息和政治谣言，全年处置各类不良网络舆情2735起。

【防邪反邪】 瞄准政治、政权安全，保持对“法轮功”“全能神”等邪教组织的深挖严打高压态势，调查摸排邪教组织人员60余名，查清各类邪教组织活动线索68条，参与省厅邪教组织专案3起、进展率100%，实施“敲门行动”219人。

【命案侦破】 全年现行命案发生2件破获2件，连续9年实现命案全破。成功侦破“2·4三合镇蟠龙村命案”和“2008年林某被害10年的命案积案”。

【打击违法犯罪】 建立以局长督办为核心的大要案件督办机制，将“三打击一整治”（即打击盗抢骗犯罪、打击电信网络新型犯罪、打击影响投资环境和生态环境违法犯罪以及重点区域重点人员打击整治工作）、“缉枪制爆”等专项行动贯穿全年、持续深入。全年移送起诉720人，五类侵财审结起诉303人、经侦移送起诉81人，九类涉恶一审判决79人。“4·12电信网络诈骗”被国务院挂牌督办，专案组先后奔赴全国22个省市，破案63起、打击23人，被中新网、四川电视台等20多家媒体报道。

【严查“黄赌毒”】 全年查处涉黄赌刑事案件30件，起诉犯罪嫌疑人33人；查处涉黄赌治安案件18件，行政拘留42人、收缴赌博游戏机200台。查处涉毒刑事案件81件，抓获涉毒犯罪嫌疑人100人，起诉毒品嫌疑人72人，缴获各类毒品5911.44克，强制隔离戒毒、社区戒毒及行政拘留涉毒人员777人。

【治安防控】 针对治安防范基础薄弱，主动参与全市老旧小区改造，规划“四防”建设和交通改造，在原投入500余万元技防建设基础上，追加20余万元，在93个老旧小区视频建设中新建“人像识别系统”。针对城区反暴恐和街面案件严峻形势，结合中共十九大安保建立节假日、重大活动期间的公安、武警武装联合巡逻机制，巡特警专门组建12人的便衣反扒队。全年共抓获扒窃现行犯罪42人，城区扒窃案件下降64.67%。针对“两车”被盗案件持续高发，加强“两车”防盗系统建设。争取市财政拨付专项经费100余万元，建成社区戒毒（康复）中心和市禁毒教育展览馆，并将“中心”办公等经费全部纳入市财政预算，并协调将禁毒工作纳入全市考核。社区戒毒（康复）执行率达100%。

【安全监管】 针对道路交通安全，结合治安、交通秩序“两项大整治”，加强道路交通特别是“绵江路”管控力度。由市财政投入280万元，会同交通、沿线乡镇，强力推进绵江路创建“平安路文明路环保路”攻坚行动，新建中心隔离护栏5公里、红绿灯1处、电子警察4处，封闭路口3处，设立“双超”集中整治检查站1处。8月后，绵江路交通事故“四项指数”同比大幅下降（总数下降30%、伤人数下降4.2%、财损数下降19%、实现“零死亡”）。针对安全监管工作，对高层建筑及人员密集场所开展“火灾隐患清零”行动，印发《行动工作方案》，火灾事故“四项指数”同比大幅下降。同时，投入200余万元完成监所的视频系统升级改造，全面落实全市134家物流寄递业“三个百分之百”和文化娱乐场所等级化管理。

图37 8月11日，四川省委书记、省抗震救灾指挥部指挥长王东明（中），省委副书记、省长尹力（右），前往江油看望慰问参与九寨沟地震游客转运疏散的公安民警

【公安改革】 建立“1+4+9+N”实战指挥模式，形成党政统筹、部门联动、社会参与格局，取得显著成效。建立侵财小案管控机制，出台《关于建立侵财小案联勤联动机制的实施意见》和《二级四色预警制度》等文件，明确联勤部门职责，实现对侵财“小案”侦办全程管理。建立指挥长制度，明确指挥中心是全局警务指挥的最高机构，局长、带班局领导、指挥中心领导分别兼任一、二、三级指挥长,出台《关于推进专业指挥长团队建设的实施意见》，设置重点人员管控、案件侦查、治安防控、网络舆情导控等4个方面性指挥长团队。探索非警务警情源头分流，以“两办”名义出台《实施意见》，形成党政主导、公安主责、部门主体的工作机制。公调对接矛盾纠纷落地化解，建立人民调解与治安调解衔接联动机制，公开招聘12名专职人民调解员进驻派出所办公。2017年4月6日，全省矛盾纠纷多元化解创新工作推进会与会领导对江油市矛盾纠纷多元化解创新工作给予肯定，在全省推广“江油经验”。

【信息化建设】 新建“天网”探头345个，“天网”监控“标改高”全部完成。新建电子警察、治安卡口、微卡口16个，整合接入“雪亮”工程等社会视频监控资源315个，为一线执法执勤部门配发移动警务终端188台，大蜜蜂采集信息2394条，完成2681个小场所无线Wifi安装。

【便民服务】 为方便群众“一次办”，部省市公安机关出台的41项便民利民措施在江油市公安服务窗口全部落地。户政窗口实现全省身份证异地挂失、申领；会同民政部门出台《关于解决公民私自收养弃婴儿童入户的实施意见》,为185名无户口人员解决户口难题；窗口民警进村社、到医院开展“送服务上门”活动，全年上门服务特殊群体236人次，解决捡拾收养23人、精准扶贫对象55人的户口问题。交管窗口对非营运小型机动车、微型载客汽车实行新车6年免检政策，对摩托车检验全部实现社会化，将机动车查验采取人工与终端（PDA）相结合，提升查验效率和精确率；对机动车驾考采取人工平台与智能平台相结合模式，杜绝“徇私舞弊”等问题发生；全面推行、落实机动车驾驶人考试“网上预约”，对本地车辆省内异地简易程序交通违法可实施本地缴纳罚款。出入境窗口简化申请表格，实行普通护照、往来港澳通行证、往来台湾通行证“三表合一”、邮政快递免费照相、“24小时自助服务区”，在自助办理区域配备发证机2台、自助填表机2台。

（吴光强）

检　察

【概况】 2017年，江油市人民检察院围绕江油经济社会发展大局，坚持以司法改革为契机，以执法办案为中心，全面加强和改进检察工作，推动检察工作全面发展，成功创建“全国文明单位”，为建设“创新江油、开放江油、幸福江油、大美江油”提供司法保障。

【严打刑事犯罪】 全年共办理刑事案件892件1364人，其中受理审查批捕案件295件465人，受理审查起诉案件597件899人，审查后批准或决定逮捕214件307人，向同级人民法院提起公诉533件751人，移送其他院审查起诉2件2人。

【惩治职务犯罪】 全年依法查办职务犯罪案件27件33人，通过办案为国家挽回直接经济损失500余万元。如依法查办江油市国土资源局地矿股原副股长尚某挪用公款2000余万元的特大职务犯罪案、江油市国土资源局工作人员李某玩忽职守案、绵阳市中级人民法院知识产权审判庭原副庭长赵某某受贿案，办理绵阳市招投标领域专案4件4人等案件。

【预防职务犯罪】 全年受理行贿犯罪档案查询申请308次，先后走访江油市国土资源局、教育体育和文化广电新闻出版局、攀长钢集团江油特殊钢有限公司、中国人民财产保险股份有限公司江油支公司等单位，并向江油市国土资源局、教育体育和文化广电新闻出版局发出预防检察建议。先后到江油市扶贫、医疗、国土、教育、电力等部门及发案

图38　7月，绵阳市检察机关公诉工作会议在江油市召开。图为江油市人民检察院检察长勾支洋在会上致辞

乡镇开展警示教育和预防宣传共计12次。

【诉讼监督】 全年办理公安机关立案监督18件，纠正遗漏同案犯3人，纠正漏罪23人，通过“两法”衔接平台监督行政执法机关向公安机关移送涉嫌犯罪案件11件，提前介入重大刑事案件3件。发出书面建议纠正刑事审判工作中存在的问题8件，均被采纳，对认为确有错误的刑事诉讼裁判提出抗诉5件，均获绵阳市检察院支持。办理羁押必要性审查21件，提出变更强制措施19件，均被采纳。办理各类民事行政检察监督案件80件，其中民事审判程序违法监督9件，提出检察建议8件，获法院采纳8件，民事行政执行监督10件，提出检察建议7件，获法院采纳7件，违法行政行为监督9件，提出检察建议9件，获行政机关采纳5件。

【社会管理创新】 加强未成年人刑事案件办理，与江油市司法局会签《关于加强对涉案未成年人法律援助工作的办法》，将未成年被害人纳入法律援助范围。全年，附条件不起诉未成年人犯罪案件2件3人。强化监外执行社区矫正同步监督工作。参加社区矫正机构培训2次，开展监外专项检察2次，覆盖全市40余个乡镇司法所和派出所，发出纠正违法和检察建议33份。坚持法治宣传紧密贴近法治实践，通过以案释法、个案普法相结合的方式，深入乡镇、社区、企业、学校等地开展普法宣传工作，达到提高群众普法守法意识的良好效果。全年共开展各类法治宣传活动10余次，发放各类宣传资料6000余份，接受群众咨询700余人次。

（吴 静）

法 院

【概况】 2017年，江油市人民法院切实履行审判职能，争创一流，为全市经济社会发展提供司法保障。全年受理各类案件9407件，审、执结8856件。

【刑事案件审理】 全年受理刑事案件551件756人，审结534件723人。依法严惩故意伤害、聚众斗殴、抢劫等暴力犯罪，对故意伤害讨薪民工的陶婧以及多次在滨江河堤持刀抢劫的陈龙、田朝波等人，分别判处2至11年不等有期徒刑。依法打击涉众型经济犯罪，审结高兴勇非法吸收公众存款等案件，责令被告人退赃，为上千名集资参与人挽回经济损失1.6亿余元。保持惩治腐败高压态势，审结北川县委原副书记李某、市国土资源局原地矿股副股长尚某、雁门镇柳坝村原党支部书记高某某等职务犯罪案件11件16人。坚持罪刑法定、疑罪从无原则，改变起诉罪名5件6人，宣告无罪1件3人，退回起诉1件1人，准予检察机关撤回起诉1件2人。

【民（商）事案件审理】 全年受理民商事案件5192件，审结5006件，涉案标的金额10亿余元，其中通过调解结案或促成当事人主动撤诉2658件，调撤率53.1%。审结婚姻家庭、损害赔偿等案件2348件，针对家庭暴力发出3份“人身安全保护令”。妥善化解因资金拆借引发的民间借贷纠纷1365件，审结因债务人恶意转移财产引发的债权人撤销权纠纷3件。化解江油城投国有资产经营有限公司与华丰桥休闲街商铺承租人房屋租赁合同纠纷。服务保障供给侧结构性改革，受理破产案件11件，支持四川聚人投资有限公司进行破产重整，确保“东城尚品”项目顺利推进。

【行政诉讼案件审理】 全年受理行政诉讼案件43件，审结42件；审查非诉行政执行案件36件，裁定准予执行11件、不予执行23件、终结执行2件。依法判决撤销、责令重作行政行为、确认行政行为违法7件；审结梁明辉诉太平镇人民政府、城市行政执法局行政强制执行案件等17件，以判决驳回原告诉讼请求或裁定驳回起诉的方式，支持行政机关依法行政。加强行政诉讼协调，被告改变所作行政行为后原告自愿撤诉16件。继续推进行政首长出庭应诉制度，被诉行政机关负责人出庭应诉率达83%，同比上升5.6%；针对案件审理中发现的行政执法问题，举办执法讲座3场次。

【破解执行难题】 全年受理执行案件3358件，执结3243件，执行到位金额1.1亿余元。加强执行联动机制建设，完善“总对总”“点对点”网络查控系统，依托该系统查询被执行人财产信息8000余次、冻结案款3400余万元；推进联合信用惩戒，对失信被执行人全面曝光并限制高消费、限制出境1210人次，作出罚款或司法拘留决定41人次，追究刑事责任2人，促使主动履行债务769.5万余元。集中开展执行大会战行动，重点围绕解决有财产可供执行的涉企业、金融、弱势群体、特殊主体等类型案件进行清理，重拳出击惩治“老赖”，执结案件36件，到位标的金额1121.1万元，集中兑付93.6万元。

图39 10月16日，四川省人民法院原党组书记、院长王海萍一行调研江油市人民法院“智慧执行”试点工作现场

【做实“两项服务”】 全力服务大局，审慎处理重大敏感案件，执结青莲水利工程管理中心站申请强制搬迁秦家碾水库养猪场一案，及时消除水污染隐患。注重从末端审判中梳理前端社会治理环节存在的问题，向行政机关、企事业单位等提出司法建议5条。加强信访维稳工作，坚持案件风险评估常态化，支持依法处置大康“彩虹渡”等涉稳遗留问题，落实专人负责西屏移民心理疏导。服务旅游产业发展，制定《加强旅游案件巡回审理工作的意见》，建立多部门协调联动机制，搭建旅游案件办理“绿色通道”。认真落实“谁执法、谁普法”责任，先后17次深入机关、学校、社区开展法制宣传，配合市纪委开展职务犯罪案件庭审警示教育2次。真情服务群众，坚持群众需求导向，推进网络与实体同步运转的诉讼服务中心建设，为群众提供便捷高效诉讼服务，诉讼服务中心当场立案率99.1%，网上立案率提升10.8%，全年为群众提供诉讼引导、材料收转、查询咨询等诉讼服务1.5万余人次，接听“12368”诉讼服务热线921件次。加快推进库藏档案数字化工作，扫描库藏档案13万件1150万页，方便诉讼档案快捷查询和有效利用。进一步规范和加强人民法庭工作，围绕深化“三型法庭”建设，着力延伸诉讼服务功能，开展巡回立案1459件、巡回审理2314件。推进阳光司法，通过互联网公开裁判文书8716份，公开庭审105件，开展庭审直播58件，向执行申请人推送执行信息71834条。认真落实司法救助制度，为困难群众减缓免诉讼费50.3万元，为申请执行人发放执行救助金17.6万元。

【改革创新】 深化司法责任制改革，落实法官员额制改革，对员额法官、司法辅助人员和司法行政人员分类定岗、分类管理。科学配置审判资源，按照类型化、专业化要求组建8个审判团队，员额法官与法官助理、书记员的配比达到司改基本要求。制定各类审判主体权责清单，建立专业法官会议制度，成立审判质量评查委员会，完善《审判委员会议事规则》和《三类人员岗位绩效考核办法》，落实“让审理者裁判，由裁判者负责”等目标要求。推进执行工作与现代科技深度融合，在全省率先开展“智慧执行”试点工作，努力构建“依托信息化、构建大平台、形成大格局”的执行工作新模式。推进执行工作社会化，在市委领导和市政府支持下，有效整合基层综治网格化管理资源，发动网格员协助法院送达法律文书、查找被执行人下落、做好法律释明和法制宣传。试点工作开展后，市人民法院实际执行率同比上升11%，平均执行时间同比缩短10天左右，涉执信访投诉率同比下降20%，网格协助化解执行积案5件。该项工作已在全省推广。统筹推进其他配套改革，开展家事审判方式改革试点，创新委托调解、视频审理、心理干预等家事案件审理新方式，取得初步成效。扎实推进民商事案件繁简分流，主动承接绵阳中院裁判文书简化改革试点任务，完善繁简分流程序，做到“简案快审、难案精审”，打造案件处理“快车道”。探索刑事涉案财物管理处置改革，制定《刑事涉案财物管理处置办法》，全面清理涉案财物，与市公安局、检察院共同建成刑事涉案财物智能化管理中心，实现涉案财物集中保管、网上移交、安全处置。

【司法能力建设】 全年组织干警参加各级各类培训500余人次，开展岗位练兵70余人次、庭审观摩4次、案例研讨35次、裁判文书评查3000余份。推行人才发展战略，将7名青年干警充实到人民法庭和立案信访窗口历练，推荐21名中青年干警到最高法院、省法院参加中青年法官培训，提拔3名青年干警担任中层职务。加强与西科大法学院合作，提升应用法学研究水平，完成省、市法院系统重点调研课题2项，5篇学术论文受到省、市表彰，10篇论文被《绵阳法学》《绵阳审判》采用。自觉接受人大监督和政协民主监督，配合市人大常委会对民商事案件执行工作进行专题调研，并作专题报告。邀请人大代表、政协委员旁听庭审80余人次，办理并回复代表建议1件，委员提案2件。依法接受检察机关诉讼监督，邀请检察长列席审委会2次，办结检察建议15件。广泛接受当事人和社会各界监督，查办信访投诉20件，办理网络问政87件，邀请人民陪审员参与案件审理1205件，普通程序案件陪审率达100%。

（蒋兴旺）

司法行政

【概况】 2017年，江油市司法局司法行政工作深入开展政法干部纪律作风集中教育整顿活动、“四对照四提升　做忠诚卫士”“六类问题专项整治活动”和纪律教育学习月活动相结合，各项业务工作全面开展，为建设“创新江油、开放江油、幸福江油、大美江油”贡献司法行政力量。

【法治宣传】 深入推进“七五”普法工作，起草江油市“七五”普法规划，统筹安排部署2017年全市法治宣传教育工作。利用“三下乡”活动、国家安全日、“综治宣传月”等重大节点开展大型普法宣传活动。以《中华人民共和国网络安全法》实施、中共十九大召开为契机，全年开展大型普法宣传活动50余次。谋划“12·4全国宪法日暨法治江油建设宣传周”活动，做好法治晚会、集中法治宣传等主题活动准备工作。2017年11月，省司法厅领导带队检查验收江油市“创建全国法治示范市”工作，得到充分肯定。推进法治文化建设，加强“互联网+法治宣传”建设，完善并优化法治江油微信、微博公众号，按月编发法治手机报。配合政法委、市委依法治市办将迎宾广场打造成为法治文化广场。联系市委依法治市办、西屏镇政府将西屏移民街打造成为法治文化一条街。办好“法律夜市”，组织全市主要执法部门每天18时至20时轮流值班。“法律夜市”已接待群众法律咨询800余人次，协调解决群众法律困难200余件。

【人民调解】 在公调对接机制中引入专职人民调解员。全年，市司法局人民调解工作在原有联动机制基础上重点解决专职调解员配备问题。申请到市财政投入48.4万元，在全市范围内公开招聘12名专职人民调解员。梳理调解组织，健全调解队伍。结合基层换届，对全市人民调解组织进行再一次梳理。全市40个乡镇、365个村、96个社区均设立人民调解委员会，全市共登记专兼职调解员2969名。通过设立人民调解组织或派驻工作室等形式搭建联动平台，与市人民法院、公安局、信访局、卫生局等健全衔接联动机制。全市人民调解组织排查纠纷2108件，预防纠纷1443件，调解纠纷3585件，调解成功3481件，调解案件涉及当事人10427人，矛盾纠调解成功率达97.1%，绝大部分纠纷化解在基层。

【社区矫正】 按照省厅、绵阳关于加强社区中心建设的安排意见，在青莲镇打造“江油市社区矫正中心”。成立10个片区执法中队，每个中队配3名专职执法人员，率先在绵阳市创新开展片区集中执法办公管理模式，并实行中队长负责制，从而对全市40个镇乡的社区矫正工作实现全覆盖。加强社区矫正信息化建设，完善电子定位监管机制。全市累计接收社区服刑人员2097人，解除1685人，在册412人，其中缓刑397人、假释10人、暂予监外执行4人、管制1人。另外，为60名符合条件的回归社会人员提供64500元困难救助金。

【基层司法工作】 全年，根据上级建设规范化司法所任务要求，对全市司法所办公用房情况进行全面梳理，实地调研。全面完成年度目标任务。注重实地调研，加强对人员的学习培训。对全市各乡镇司法所工作进行调研，对各所出现的困难和问题进行了解。同时，于4月和10月开展司法所业务工作培训，极大提高司法干警业务能力。加强监管，提高管理水平。完成对10个基层法律服务所和57名基层法律服务工作者年度考核工作后，在4月、5月、9月开展相关培训。

【公证、律师与鉴定所改制】 推进律师行业党建和思想政治改革工作，率先在鼎天、太白所进行试点。进行鉴定所的脱钩改制工作，推进鉴定所党建和诚信体系建设。律师参加信访常态化。每周二在信访局接访大厅参与信访值班，局领导带领太白律师事务所2名律师参与处理大康彩虹渡事件，接待信访群众近百人，为上访群众提供法律渠道。

【法律援助】 2017年，全市共受理法律援助案件856件，办理法律援助事项8183件，受援群众达9895人次。新建成规范化法律援助工作站3个，为受援人避免或挽回经济损失2256万余元。加大特殊案件办理力度，如成功办理11名藏族民工追索劳动报酬案，雁门集体火灾事故损害赔偿案、江油川富兔业有限公司涉及33人的欠薪等案件。

（司法局）

军　事

人民武装

【概况】 2017年，江油市人武部在省军区、绵阳军分区党委的领导下，围绕政治建军、改革强军、科技兴军、依法治军重大战略思想，按照“举旗铸魂把方向、扭住中心抓备战、严格管理守底线、持续深入改作风”的工作思路，努力推进各项工作和建设的开展。

【思想政治建设】 持续深入学习中共十九大精神，党委专题研究制定学习十九大精神方案，组织干部职工对十九大报告原文精读、细读，全面系统理解精神实质和深刻内涵。抓好“维护核心、听党指挥”主题教育4个专题学习和军队规模结构和力量编成改革专题教育，特别在推进

"两学一做"学习教育常态化制度化方面，突出抓好党课辅导、党费收缴、承诺践诺和组织生活制度的严格落实。紧密结合人武部姓"军"的特点、联系阶段学习教育进展、联系驻地人文地理情况，更换营区灯箱、LED显示屏，在办公楼过道悬挂宣传画，为图书室增添书籍，组织观看《将改革进行到底》《建军大业》和《强军》等影片。全年在中国民兵、省军区政工网、国防时报等报纸杂志上稿34篇，军分区转发工作经验材料2篇。

【军事训练和备战打仗】 严格落实战备制度，重大节日、敏感时段坚持抓好形势政策讲解和战备教育，结合担负的抗洪抢险等任务修订完善应急方案，与市维稳办和公安局建立情报互通机制，推进人武部指挥信息化建设，将公安天网系统内的市区4个人员密集区、交通节点监控探头接入人武部信息指挥系统。持续强化军事训练，严格落实党委议训，先后3次召开会议部署训练任务、分析查找短板、完善办法措施，3月组织人武部全体干部职工开燕尾服野营拉练，5月组织4个乡镇民兵应急排进行防洪抢险演练，7月组织90名乡镇武装部部长、干事、民兵骨干和人武部干部职工进行7天封闭式集训，11月底组织11个乡镇近300名民兵进行支援队伍和储备队伍训练。

【年度征兵】 2017年，江油市通过电视、广播、LED、橱窗等方式进行兵役登记和征兵宣传，市征兵办工作人员走进辖区内高等院校、普通高中、职业中学，面对面宣传、手把手传授。全市兵役登记近4000人，应征报名3000多人。为强化征兵过程中的监督机制，市征兵办通过公开招聘，聘请6名廉洁征兵监督员，与各乡镇武装部签订廉洁征兵责任书。完成年度征兵任务。

【民兵整组和国防潜力调查】 按照建在当地、抓住手中、用在关键的原则，在数量上进一步压缩规模，结构上突出专业队伍和应急力量，布局上实现农村和城镇并重、偏远地区和交通沿线同编，先后组织41个乡镇（办事处）进行民兵整组点验，对身体素质不好和年龄达超的调整出队，新吸收部分素质相对过硬的人员入队，提高退伍军人、党团员和高学历民兵比例。8月，按照情况摸实、数据摸准的要求，采取军地联动、上下配合和内容条目式、数据清单式的办法，集中15天时间对全市政治、经济、信息、交通、人防、医疗等情况，进行登记统计。

【抢险救灾】 2017年，从腊月二十八到大年十五，每天组织40名民兵维护江油水上灯光秀活动秩序，并派干部、职工轮流到现场值守。九寨沟"8·8"地震发生后，市人武部迅速组织民兵300多人次连续3昼夜执行道路保通任务，协助地方分流过往车辆，装卸救灾物资，保障西部战

图40 8月14日，海军航空大学青岛校区政委洛长双大校（右）在江油市人武部部长何波陪同下，前往大康镇看望烈士赖戈林的父母。赖戈林，江油市大康镇人，生前在南海舰队服役、海军航空大学青岛校区（原海军航空工程学校青岛分院）学生。2005年8月21日，赖戈林在过完暑假返回部队途中，见窃贼行窃，上前干预制止，并与被窃人一起同3名持刀歹徒进行搏斗，不幸遇难牺牲，时年24岁。（隆敏摄影）

区抗震救灾指挥部回撤，先后受到省委王东明书记、绵阳市委彭宇行书记等领导的肯定，《中国民兵》对江油人武部救灾情况进行报道。

【国防宣传教育】 市人武部协调宣传部、教体局、电视台、报社等有关单位，结合年度征兵、民兵整组、民兵训练、学生军训，搞好国防教育宣传，增强全市人民的国防观念。6月，邀请国防大学教授在全市科级党政主要领导干部读书班上开设国防教育课；10月，走进溪山美郡好时光幼儿园开展《童心系国防》国防教育授课；12月，全体干部职工参观西山烈士陵园和王右木纪念馆。

【双拥共建】 深入开展军民共庆建军90周年活动，协同市民政局开展以举办一场专题晚会、召开一次座谈会、对驻军组织一次普遍性慰问、为驻军解决一批实际问题为主要内容的“四个一”活动。协助海军航空兵大学青岛校区领导慰问看望江油籍勇斗歹徒烈士赖戈林。为江油市3000多名60岁以上的退伍老人查阅复印档案。支持地方经济社会建设，组织干部、职工和民兵广泛参加新农村建设、“全国文明卫生城市”创建和文明出行劝导活动。保护军队军人合法权益，协调地方政法部门建立完善工作机制，联合开通涉军维权热线电话，建立法律服务工作站，为来信来访的军人军属提供法律服务。

（隆　敏）

武装警察

【概况】 武警江油市中队主要担负江油市看守所外围武装警戒任务，负责江油地区的应急反恐和抢险救援，维护江油地区社会稳定和保护江油人民安居乐业。中队连续5年被四川省总队评为“基层建设先进中队”，先后17人立个人三等功，50余人被评为“优秀士兵”并受到各级嘉奖，3名战士被评为强军典型。

【训练强军】 发挥军事尖子优势，严密组织勤务训练，参加支队组织的各类军事训练集训，抓好在队训练、“五小”练兵，部队军事训练水平有所提升，本着“从严治警，科技练兵”的思想，以《训练大纲》为依据，坚持“四个贴近”的标准，结合中队担负的任务和江油市社会治安的实际特点，进行有针对性、实效性的防逃制逃、处置突发群体性事件、抢险救灾等情况的训练，同时以提高单兵作战能力为目的，加强对射击、擒敌技术、战术等技战术科目的训练力度。选拔军事尖子参加武警绵阳市支队组织的“四会”教练员集训、尖子集训、骨干集训、军械员集训、抗洪抢险集训、反恐集训。并多次在武警四川总队、武警绵阳市支队举办的各项比武中获得优异的成绩。通过高强度的训练和各种集训，培养军事人才，打造反恐尖兵，塑造一支特别能战斗、特别能吃苦的队伍。

【政治建军】 全年围绕打牢“三个绝对”（绝对忠诚、绝对纯洁、绝对可靠）思想根基，筑牢官兵迎接、保卫十中共九大的

图41 江油武警中队官兵苦练军事技术

政治意识,打赢改革调整期间“两个确保”主动仗;坚持以培塑部队精神气为重点,抓好思想调查分析、矛盾问题梳理、集中授课解惑、组织讨论辨析、形成思想共识五个环节。学习内容上突出中共十九大理论学习与习近平主席报告讲话相结合,突出“两学一做”学习教育常态化制度化,筑牢听党指挥的思想根基。依托市图书馆在中队设立分馆,每季度为官兵更新100本书籍;各类载体作用发挥充分,官兵共制作黑板报25期,心得体会52篇,手抄报24篇,警营广播18期,书画作品6幅;以“传承雷锋精神,投身强军实践”主题活动和群众性主题实践活动为纲,重温党团誓词、公开承诺践诺、讲强军故事、唱“强军战歌”、开展演讲比赛和“六小”活动等,进一步丰富教育内容,用正能量占领官兵的思想阵地。

【后勤建设】 武警中队驻城郊三合镇龙桥村3组,根据武警部队“正规化建设标准”要求和部队建设需要,为解决营房陈旧、设施老化和官兵生活问题,中队报请批示申请建设新营房。2017年,在市委、市政府和市公安局的大力支持下,新营房建设完成各类施工手续,开始动工,一期营房主体工程计划在2018年年初完工。按照武警绵阳市支队“六种”文化建设要求,提出“打造诗仙文化,培育四有军人”建设目标,对警营政治文化环境进行规划建设。

【参与地方建设】 2017年,武警中队官兵积极参与各项军地双拥活动:武警中队先后与江油团市委、中国农业银行江油市支行、川西北矿区、中国银行江油市支行、中国建设银行江油市支行、四川省江油市师范学院、江油市图书馆等共建单位,广泛开展节日联欢,参观学习等共建活动。在建军90周年之际,市委、市政府及市人武部主要领导莅临中队开展节日慰活动;中队参与在中坝大剧院举办的“‘中国梦·强军梦’暨江油市庆祝中国人民解放军建军90周年大会”,并被评为“拥政爱民先进单位”。

【执行任务】 全年,武警中队在确保目标单位固定勤务工作的绝对安全基础之上,完成看守所重大节日监区查监任务,担负“9·30江油市公祭革命烈士活动”礼兵任务等各类临时勤务,有效维护各类大项活动秩序正规,确保了江油社会安全稳定。

(江油武警中队)

农业和农村工作

Work on Agriculture and Country

农牧业

【农村经济发展】 2017年，江油市认真贯彻落实中央、省、市农村工作会议精神，坚持以建设幸福美丽新村为目标，以推进农业供给侧结构性改革为主线，以深化农村改革为动力，以绿色乡村、休闲乡村、文化乡村“三村建设”为抓手，着力构建现代农业产业体系、生产体系、经营体系，发展壮大农村集体经济，决胜脱贫攻坚，开创“三农”工作新局面。全年实现农林牧渔业增加值45.73亿元、同比增长4.04%；全市农村居民人均可支配收入达15642元、同比增加1338元，同比增长9.4%。连续9年获得“全省三农工作先进县”荣誉称号。

【农村产业结构调整】 按照“平坝发展精致农业，丘区发展标准农业，山区发展生态农业”的总体布局，构建“135”现代农业产业体系，着力培育“休闲农业与乡村旅游业”主导产业，进一步巩固提升蔬菜、生猪、粮油三大优势产业，创建部省级粮油万亩示范片8个、建成商品蔬菜基地1.47万公顷，新建“1100”生猪标准化规模养殖场48个。大力发展林果、花卉苗木、中药材、兔业、水产五大特色产业，优质林果基地达1.47万公顷，建成花卉苗木基地1666.67公顷，新发展中药材基地160公顷，建成獭（肉）兔基地600万只、健康水产养殖基地4533.33公顷。

【粮油作物】 全年，江油市粮食播种面积50791公顷，总产30.82万吨。其中：水稻播种面积23571公顷，总产18.57万吨；玉米播种面积9535公顷，总产4.84万吨；红苕种植面积924公顷，总产0.46万吨；豆类栽种面积1466公顷，总产0.37万吨；高粱种植面积27公顷，总产0.0049万吨；小麦播种面积11665公顷，总产5.25万吨；土豆种植面积2181公顷，总产0.70万吨；油菜播栽面积16385公顷，总产4.24万吨；花生种植面积1236公顷，总产0.49万吨。全年，分别在大堰镇、小溪坝镇、厚坝镇、三合镇、西屏镇、战旗镇、新兴乡、重华镇、永胜镇、香水镇、二郎庙、双河、新春建设高产高效示范片8个，面积7286公顷，开展水稻、小麦、油菜试验11个；建立水稻、小麦、油菜新品种展示区15个，面积10公顷，展示新品种36个；建立新技术展示区7个，面积73公顷，展示新技术4项；建立新模式展示区3个，面积53公顷，展示新模式3个。建设社会化服务超市（中心）31家，其中县级1家、片区级30家，开展大宗农作物耕种收全程机械化、土地托管、病虫害专业化统防统治、农资配送、粮食烘干加工等农业社会化服务作业。

【经济作物】 全年，全市蔬菜种植面积19698.33公顷，较2016年增加1165公顷；水果种植面积8071.41公顷，较2016年增加1138.08公顷；中药材种植面积1200公顷，较2016年减少133公顷；茶园栽种面积100公顷；蚕桑种植面积133.33公顷；蚕茧总产量35.7吨，较2016年减少34.3吨；花卉苗木栽种面积1400公顷。全市经济作物总产值达27.78亿元，较2016年增加6.48亿元。完成石元乡樟木山村、枫顺乡小坝村、雁门镇斑竹园村等12个产业扶贫现代农业示范市建设项目。完成940公顷水果、中药材现代经作基地建设。全年共举办桃、李、枣、猕猴桃、柑橘、西瓜栽培管理技术培训35期，培训种植户2600余人次。开展大樱桃北种南引试验示范，引进5个品种在太平镇双胜村种植成活，试验顺利。完成经济作物产区面源污染治理，集中整治蔬菜11.8万亩、水果3646.67公顷、中药材426.67公顷，清除残枝败叶约30吨，清除各类废弃包装物25吨。

【农村能源建设与管理】 农村能源建设工作首次被纳入江油市2017年23个脱贫攻坚专项之一。全市完成省级新村集中供气项目2处，二郎庙镇金石村，集中供气60户，建设地上中温厌氧反应罐80立方米，湿式气柜30立方米，沼液储池100立方米，净化棚13平方米，项目总投资39万元；大堰镇复兴村集中供气

120户，地上中温厌氧反应罐150立方米，湿式气柜75立方米，沼液储池150立方米，净化棚13平方米，项目总投资78万元，于2017年12月底实施完成并正常运行。实施新安镇晒金村江油市状元种养殖专业合作社规模化大型沼气工程1处，建设800立方米厌氧发酵设施。

【农业病虫害防治及检疫】 全年，全市建立40个疫情普查监测与防控点。实施政府购买植保

图42 12月7日，农业部畜禽粪污资源化利用现场会在江油市召开

病虫灾害防治公共服务项目5786.67公顷，其中小麦1333.33公顷、水稻4453.33公顷（含1333.33公顷绿色防控与统防统治融合服务面积）。主要作物统防统治覆盖率达48.2%。种子苗木生产、经营检疫抽查率达45.05%。对12个单位（个人），水稻、小麦、草莓、莲藕等5种作物的产地检疫，出具“检疫合格证”84份，产检面积810.73公顷，“生产基地证明”11份。在永胜、小溪坝建立粮食作物（水稻）绿色防控示范区2个、面积1466.67公顷，核心示范面积各146.67公顷；在大堰、贯山建立稻鸭、稻渔（稻虾稻蟹）综合种养示范基地，核心示范区66.67公顷以上。在新安镇建立经济作物（水果）绿色防控示范区1个、面积733.33公顷，核心示范面积100公顷。与江油市农旺蔬菜种植专业合作社协作建立经济作物（蔬菜）绿色防控示范园区1个、面积733.33公顷，核心示范面积80公顷。全年绿色防控覆盖率达37.81%。建立大春水稻10个品系，小春小麦5个品系的病虫观测圃。新增闪讯3SJ-03害虫远程实时监测仪1台（仅传输数据），新增TPCB-III-C 7.0远程拍照式虫情测报灯1台（每半小时传输一次图片）。依托全市稳定运行的自动虫情测报灯5台及5个群众测报员，实现数字化监测、网络化传输，人工调查相配合的测报体系，由传统的病虫测报向智慧测报迈进。发电视预报（8期），手机短信群发（9次），涵盖全市乡镇的专业合作社、农业大户等服务对象，发送短信息累计1.5万条。

【农业经营管理】 全年，全市40个乡镇、涉及耕地保护补贴的361个村、3244个组、190236户、591735人，应享受耕地地力保护补贴面积35217.7公顷，发放补贴5754.40万元，平均每亩108.93元；全市享受2016年种粮大户补贴涉及8个农民专业合作社，6个家庭农场、85个种粮大户、1个龙头企业，涉及补贴面积1512.12公顷、金额104.95万元；实施村级公益事业建设“一事一议”财政奖补建设项272个，涉及36个乡镇、151个村、347个组，受益人口9.89万人。项目总投资5120.74万元，其中财政奖补资金2535万元（省级专项1680万元、江油本级配套855万元），群众自愿以劳折资93.24万元，村民筹资9万元，群众出劳5.83万个，换算为投资2452.34万元，整合资金10万元。共整修塘堰水池66口，整修村内水渠10.548千米，兴修水泥路186.22千米，其他路面6千米，建其他公共设施1处，建漫水桥1座。市负担办共审批“一事一议”筹资筹劳方案272件，审批率100%。

【农田基本建设】 全年，在八

一、永胜、战旗等3个乡镇建设高标准农田面积2453.33公顷，其中建立高标准农田绿色示范区3个，建设面积1026.67公顷。总投资7868.17万元，其中，财政投入5803.21万元，群众自筹2064.96万元。建设内容：田型调整1560公顷，灌排渠67.65千米，小型水利工程61座，生产道路74.54千米，地力培肥2013.33公顷。江油市高标准农田建设获得绵阳市2017年度农田水利基本建设“大禹杯”农业项目一等奖。全年财政补助320万元，新建、技改提灌站51处；补助90万元用于全市机电提水抗旱，全年共提水9420万立方米，灌溉农田2300公顷，其中水稻14166.67公顷；补助5000万元硬化机耕道、组道及入户道260千米，方便农业机械下田和村民出行。

【农业行政执法】 加强饲料、兽药、农药、种子等农资市场的执法监管，全年共检查乡镇40个、农资市场106个次、生产和经营企业401个次、出动执法车辆145台次，出动执法人员5001人次。全年累计办结行政处罚案件16件，其中动物卫生监督1件、水产渔政5件、兽药3件、农药5件，累计处罚款8685元。及时协调处理九岭、永胜、双河、武都等7个乡镇的农资纠纷8起，累计为农户挽回经济损失17.2万元，维护农户的合法权益，进一步规范市场经营秩序。

【农业制种】 全年成功申报中央财政制种大县奖励资金项目和国家杂交水稻制种基地（四川）建设项目，总投资3678万元，其中：中央投资3473万元，地方投资205万元。全年12家水稻制种企业在全市16个乡镇48个村发展水稻制种2400公顷，生产杂交水稻种子680万公斤，助农增收2000余万元。在龙凤、大堰、小溪坝、铜星、永胜5个乡镇建立13.33公顷以上集中连片无插花田的标准化水稻制种示范片6个，面积达105.33公顷。市政府出台《江油市杂交水稻种子基地发展规划（2017—2019年）》和10个水稻制种基地管理制度。完成农作物种子经营网上备案662个品种，水稻种子生产企业备案12家。春、秋两季开展种子市场检查49次，出动执法车辆118台次，出动执法人员463人次，共抽取样品360个，抽检合格率达100%。水稻制种隔离区检查面积达50%以上，田间花期去杂检查面积达30%以上。完成四川省水稻新品种区域试验早熟组试验任务1组14个品种和水稻生产试验3组6个品种。在大堰镇泉水村实施四川省2017年现代农业发展工程江油市水稻制种产业发展建设项目，省财政总投资150万元，其中：100万元建设田间工程渠道750米，硬化道路2591米，砌筑田埂180米；31万元采购制种肥料，15万元补贴制种保险，4万元培训制种技术1000人次。

【农机管理】 全年，全市农机总动力达71.21万千瓦；机耕作业54060公顷，机播作业26..8万亩，机收面积40580公顷，机电提水量9420万立方米，灌溉农田23000公顷，其中水稻14166.67公顷；耕种收综合机械化生产水平达68.04%，处于丘区较高水平。全年财政补助资金用

图43　10月8日，省农业厅、绵阳市农业局专家调研江油泗洲村提灌站

于机耕作业道、提灌站、农机合作社、购机补贴以及农机社会化服务等建设投入5878.4万元，其中：发放购机补贴390.4万元。实施硬化机耕作业道（含组道）260千米，新建、技改提灌站51处，新成立农机专业合作社2个，全市农机社会化服务组织达16个，承担作业面积达3.73万公顷。新增大中型拖拉机152台，联合收割机90台；全年新入户车辆206台，检审各类农机736台，新办“G”类驾驶证“G”196个，新办“R”类驾驶证5个；年末农机维修网点达73个。全市农机化经营总收入实现34471万元，其中：农机社会化合作组织服务作业收入达7000万元。

【农产品质量安全】 全年，以创建“四川省农产品质量安全监管示范市（县）”为工作重点，搭建“市—镇（乡）—村”三级网格化农产品质量安全网格化监管体系，全市40个乡镇建立农产品监管服务站、快检室，并配备专业检测仪器，设立协管员、快检人员，将检测工作纳入年终考核。全年共组织开展农残快检员培训8次，乡镇农产品质量安全监管员、协管员培训5次，10月通过绵阳市级初验，12月通过省级考核组验收；开展农业投入品专项整治行动，在农药销售和使用的关键季节组织开展监督检验，严厉打击违法生产、销售和使用高剧毒农药行为，共检查农资门市158个次，生产和经营企业144个，出动执法人员432人次，对太平、青莲、九岭、武都、双河、永胜、小溪坝、新安、战旗等9个重点乡镇组织开展农资打假专项整治。加大产品检验检测，全年自行抽检蔬菜样品1110个，合格数1110个，合格率100%，接受省、市对江油市的3次例行抽检工作，共计16个种类80个样品，检测结果全部合格；强化品牌培育，完成绿色食品认证（续展）5个、无公害农产品认证5个、有机食品2个。落实《江油市农产品“三品一标”及品牌农业奖励办法》，全年共计拨付奖励金额35.8万元，共涉及8家企业、16个品种；普及农产品质量安全知识，共计开展咨询3200余人次，发放宣传资料40万余份，进村入户指导62次，设立4块农产品质量安全监管核心示范区标志、标牌，提高群众的知晓度、扩大影响面。

【养殖】 全年，全市出栏生猪41.12万头，比2016年（下同）下降3.4%；年末生猪存栏32.53万头，增长1%，其中能繁母猪3.67万头，下降7.9%。出售和自宰活家禽1032.14万只，下降2.3%；年末家禽存栏482.07羽，下降5%，禽蛋产量2.07万吨，下降1.2%。出售和自宰家兔429.37万只，增长0.5%；年末兔存栏146.6万只，增长0.4%。肉类总产量5.48万吨，下降1.8%，其中：猪肉产量2.98万吨，下降2.5%。禽肉产量1.61万吨，下降2.2%。兔肉产量0.64万吨，增长0.6%。全年共完成水产品总产量13950吨，增长7.3%，其中:生产鱼苗鱼种1400吨，投放各类鱼种1450吨（13500万尾）,渔业经济总产值达3.55亿元，增长9%，实现水产品的稳定增长，水产产业化得到逐步推进。市委、市政府坚持以“五大发展理念”总揽全局，紧抓“沃野绵州”现代生态循环农业发展契机，突出种养结合、生态循环，抓好规模养殖、高效养殖、集约养殖，实现生猪产业发展质量和效益“双提升”。将生猪产业列入全市“135”现代农业产业体系，在全市国家现代农业示范区、四川省现代农业示范县建设中优先发展，在江油“十三五”现代农业发展规划中再次将生猪产业明确为主导产业，重点支持发展。全市生猪产业规模化程度高，优质品种率高，建成“1100”生猪代养场47栋，与正大、正邦集团签订发展50万头生猪全产业链项目的投资合作协议，市政府对每建1栋“1100”猪舍补贴20万元。同时，支持差异化发展，在武都、方水，按照循环农业发展模式，生产优质猪肉产品，打造“黑溜宝”“白玉黑”等优势品牌。

【兽医】 全年开展9次假兽药查处和4次不合格兽药查处，向兽药经营企业及规模养殖场发放《食品动物禁用兽药及化合物清单》《兽药地方标准废止目录》和《处方药凭处方购买使用告知书》并要求张贴在显眼处，印制《兽药安全使用告知书》和《安全使用兽药知识》各5万份向养殖户发放，广泛宣传兽药安全使用知识，严格执行休药期和限药期，控制畜禽产品药物残留。以动物诊疗机构专项整治为抓手严格管控动物诊疗机构，对在全市从业的执业兽医、乡村兽医和动物诊疗机构信息录入信息管理系统，实行电子化管理；严格管理城区7家动物诊疗机构，规范其处方、诊疗、手术、消毒、用药和医疗废弃物处理行为。全年养殖环节共处理病死动物7970头，经各乡镇财政所“补贴专户”兑现补助资金53.4万元到分布全市的养殖户，屠宰环节共处理病害生猪354头，兑现补助资金31.15万元，确保动物卫生安全和猪肉产品质量安全。为克服动物防疫中的诸多问题，深化动物防疫社会化服务改革。运行近1年，基本达到改革预期，先后迎来农业部、省农业厅的调研并得到充分肯定，且在9月农业部的动物防疫社会化服务改革会议中作经验交流，兄弟县市前往学习考察络绎不绝。

（田春燕　王　枫）

林　业

【概况】 2017年，江油市林业工作围绕全年目标任务和工作安排开展林业工作，发挥林业在生态建设中的主体作用，推进全市林业健康有序发展。

【天然林资源保护工程】 加强天然林资源保护，新聘21名建卡贫困户为国有林管护人员，对全市3333.33公顷零星国有林进行全面管护。对全市3.07万公顷生态公益林进行常年有效管护，与管护人员层层签订管护合同，落实职责。全面完成本年度国家级生态公益林补偿金679.61万元，资金兑现率100%。加强生态公益林管护宣传，在林区设立80个宣传标牌，组织1场宣传森林防火及天然林保护的文艺会演。责任落实到位，措施有力，确保天然林资源的安全，提高林业的经济效益、社会效益、生态效益。

图44　3月6日，大规模绿化全川江油行动暨江油市2017年志愿服务活动启动仪式在三合镇石岭村翠屏山举行

【退耕还林工程】 巩固退耕还林成果，江油历年退耕还林面积1.07万公顷，全市新一轮退耕地还林任务333.33公顷，截至年底已脱贫退耕农户192户、456人。通过“一折通”为全市退耕农户兑现419.45万元退耕还林补助资金，对2016年新一轮退耕还林进行检查验收。完成营造林总面积0.44万公顷（其中：人工造林200公顷，中幼林抚育0.41万公顷，低产低效林改造133.33公顷），栽植的主要树种为桤木、核桃、皂角、银杏、柳杉等。完成退耕还林行权平台录入工作，共录入9260条。

【造林绿化工程】 2017年3月6日，江油市率先启动“大规模绿化全川”行动，四大班子主要领导及16个市级单位共600余人参加启动仪式。全市40个乡镇，49.78万名适龄公民参加义务植树，栽植各类树种172万余株。同时，对观雾山自然保护区内29253公顷的野生动植物资源和自然生态环境进行有效保护和管理。全年共收集距瓣尾囊草种子3.6万余粒，在距瓣尾囊草育苗基地新增育苗2400余盆。

【林政资源管理】 加强森林采伐限额管理，成立行政审批局，负责全市林木采伐和木材运输审批发证，印发通知，规范林木采伐审批、监督管理和木材运输行为。共发放林木采伐许可证1082份，采伐蓄积量10651.51立方米(其中1765.08立方米未占用采伐限额)，占下达总限额的6.04%。加强木材运输证管理，全市共计发放省内外木材运输证353份(其中省内332份、省外21份)，运输各类木材2780.4立方米，运输竹材92吨。木材检查站总站全年共查处违法运输案件31件，没收木材78.2402立方米，没收活立木12株、木片22吨、薪柴34.5吨，处罚人民币109300元。加强木材加工经营管理，宣传林业政策，鼓励企业进行产业结构升级。强化执法，对全市的木竹经营加工单位和个人的经营加工行为和安全生产情况进行了拉网式检查，发现问题限期整改。将木材经营加工监督管理纳入目标责任制统一进行考核，进一步完善对木竹材经营加工的监督和管理。进一步加强林地征占用管理。坚持先批后占原则，对违反规定的业主，责令其限期停工整改，全年共办理征收使用林地36宗，占用林地面积共计27.53公顷。其中江油市审批27宗，占用林地面积11.82公顷；绵阳市局审批3宗，占用林地面积1.88公顷；省厅审批6宗，占用林地面积13.83公顷。

【生物多样性保护】 加强野生动物驯养繁殖管理，对全市22家野生动物驯养繁殖户进行全面清理整顿，登记造册，全年新增“三有”动物驯养繁殖户5户。凡发现病危、受伤、迷途或群众救送的野生动物，市林业局都全力救护，全年共救护放生野生动物20余起。开展“世界野生动植物日”和“爱鸟周”宣传活动。

【林业有害生物防治】 全年超额完成上级下达的测报准确率95%以上、产地检疫率90%以上、无公害防治率85%以上、全市林业有害生物成灾率3‰以下的“四率”指标，及枯死松树株数、松材线虫病发生面积和疫点个数均较2016年同期下降50%以上的目标。

【森林防火防灾】 全年印发各类防火宣传资料12余万份，为全市刻录音频宣传资料40余套。强化野外火源管控，增聘临时护林人员加强巡护，设立森林防火检查站13个，临时检查站点80处，为全市371名护林员、林业站人员和局机关相关人员配备天翼对讲机400部，对全市森林防火人员进行动态管理，有效地提高管理效能。深入开展火灾隐患排查专项整治行动。按照全市7个责任片区，协调派出督查组共236批次，954人，对39个林区乡镇和以森林为载体的风景旅游区的森林防火工作进行督促检查，检查中共排查出8个方面75起火灾隐患，并督促整改到位。强化值班值守。严格坚持森林防火24小时值班和领导带班制度，确保信息畅通。

【林业执法】 开展“雷霆行动”“林区禁毒”“利剑行动”“守护绿川”“关于开展全面保护长江经济带林业资源专项行动”“加强破坏野生动物资源违法犯罪打击工作”等专项行动，出动警力820余人次，出动警车380余台次。全年共办理各类涉林案件70件，打击处理违法犯罪嫌疑人59人。其中：立刑事案件15件，破案10件，立林业行政案件55件，处罚55人，挽回直接经济损失26万元，为全市创造稳定和谐的林区治安环境。10月11日，江油市人民政府办公室印发《江油市林业综合行政执法改革实施意见》，江油林业综合行政执法改革开始正式实施。林业综合行政执法服务中心（由市森林公安局代管），将机关警力置换到执法一线，壮大执法队伍，充实执法力量。

【森林资源双增长】 2017年度，全市森林面积净增长542.99公顷，超额完成下达江油市的新增森林面积533.33公顷的年度目标任务。全年，全市森林蓄积增长量为27.37万立方米左右，超额完成上级下达的年度新增森林蓄积量16万立方米的目标任务。超额完成上级下达的森林资源“双增长”目标任务。

【林权制度改革】 探索开展自留林流转，依法规范自留林流转程序，简化自留林归还集体程序。做好改革任务销案工作，按照“一个专项改革方案、一份年度推进计划、一份自查报告、一份督察评估登记表、一条经验信息”的要求进行自查并逐项形成自查材料报深改专项小组办公室进行销账。探索林地“三权分置”改革，有针对性地赴福建省武平县、浙江省遂昌县考察学习林地“三权分置”、林权抵押贷款等集体林权制度改革先进经验，为全面推进林地“三权分置”改革奠定基础。

【林业产业】 全年，市林业局大力培育新型农村经营组织和生态旅游业。申报江油市级示范合作社3家，申报绵阳市级示范合作社1家、绵阳市级示范家庭农场1家。已有省级龙头企业4家，成功申报绵阳市级龙头企业1家。全面完成招商引资任务9052万元，新引进两新产业投入5000万元和2000万元项目两个；完成第一届森林人家星级评定30家工作，向绵阳市推荐条件成熟的森林人家进行市级评定申报6家，向省林业厅推荐省级森林人家评定。全市实现林业总产值20.65亿元（其中，生态旅游业产值5.95亿元），农民林业总收入9.35亿元，农民人均从林业中获得收入1550元。

【环保督查工作】 成立迎接中央环保督察工作领导小组并下设宣传组、维稳组等5个工作组，明确各自职责。先后召开党组会、专题会及职工大会10余次，研究、部署迎检工作，投入整改资金140余万元。加强林政资源管理，全面清理涉林环保问题。对全市涉林环保问题进行排查，特别是对自然保护区内违法违规问题进行了清理，经排查自然保护区内存在采矿权3个、探矿权11个，均已进行处置。严格落实中央环保督察组转办等举报件办理。环保督查期间，市林业局共办理中央环保督察组转办举报件6件，其中牵头办理1件、作为责任单位参与办理5件。另办理江油市政府转办举报、舆情案件2件。

（蒙淑君）

图45 11月18日，江油市获得“全国林业信息化建设十佳县”荣誉称号

水 务

水利建设

【概况】 2017年，全市水利建设投资59482.34万元，其中：中央4036万元，省级2069万元，绵阳200万元，县级34773.55万元、群众和社会投入17998.21万元。整治山平塘183口、蓄水池16口、提灌站9座、石河堰5道、渠道94.37公里，新建输水管道50.13公里，除险加固水库1座，水库生态修复与保护18座，治理水土流失面积13.7平方公里，农村水电增效扩容改造0.22万千瓦，水利精准扶贫脱贫6280人，水利支持幸福美丽新村建设215个，千万亩农建综合示范区建设面积666.67公顷，新增和恢复蓄引提能力80万立方米，新增有效灌面66.67公顷，发展节水灌面800公顷,解决农村安全饮水7477人。

【高效节水灌溉和小农水项目】 全年高效节水灌溉和小型农田水利建设项目属水利发展资金项目，项目实施后可新增灌面66.67公顷，恢复灌面160公顷，改善灌面166.67公顷，新增蓄引提水能力12万立方米，新增高效节水灌溉面积500公顷，新增节水能力66.5万立方米。高效节水灌溉建设项目在西屏、青莲、双河、二郎庙、小溪坝等5个乡镇的8个村实施，总投资1134.49万元，其中：中央财政资金800万元，县级财政资金262.93万元，投劳折资71.56万元。工程内容为新建高效节水灌溉面积500公顷。小型农田水利建设项目在重华镇和文胜镇的6个村实施，总投资927.75万元，其中：省级财政资金800万元，县级财政资金37.07万元，投劳折资90.68万元。工程内容为新建渠道5.30千米，整治渠道11.50千米，整治山坪塘14座，整治石河堰4座，新建蓄水池4口，整治提灌站1座。

【胜利水库灌区配套改造项目】 项目总投资744.4301万元，其中省级补助资金619万元。项目于2016年6月开工，2017年11月完工，业主为江油市小溪坝水利工程管理中心站，工程内容为新建左干渠5.6275千米，右干渠6.216千米，左支一渠4.15千米，左支二渠2.365千米，右支二渠3.32千米，维修底筒渠3.05千米，合计建设渠道24.7285千米，其中新建渠道（明渠、暗渠、隧洞）共21.6785千米，底筒渠整治渠道共3.05千米。项目建设完成后，新增灌溉面积426.67公顷，渠系水利用系数从0.4提高到0.65，灌溉水利用系数由0.36提高到0.58，年增供水能力117.28万立方米。

【水利工程维修养护】 全年小型农田水利工程维修养护在二郎庙镇新安村、河口镇文星村、小溪坝镇赵家河村、永胜镇海棠村、新兴乡马蹄岗村、大堰镇开化、红豆村、青龙村、贯山镇懒板凳、三教村、太平镇大莜、武都镇汝州村、方水镇宝珠村、义新镇新堰村、书房村等15个村实施，于2017年4月开工建设，10月完工。项目总投资156万元，其中：省级财政资金120万元、其他投资36万元。共维修养护小山坪塘20处，小渠道体维修养护1850米改善灌溉面积1613.33公顷。

【小型水库移民扶助基金项目】 2016年小型水库移民扶助基金项目总投资110万元，其中：省级财政资金100万元、其他投资10万元。项目主要用于解决龙泉水库、岐山水库、东林寺水库和拱桥沟水库移民出行困难，共计硬化农村道路3.23千米，将解决行路难人口9400人。项目于2017年4月开工建设，8月完工。

【沉水水库建设】 鸭子头交通洞建成通车。石板垭交通洞建成通车。上坝路和进场路的路基土石方工程开挖基本完成。牛背梁引水隧洞洞室开挖完成1360米。大坝左右坝肩开挖施工完成，大坝左坝肩EL758.7以上边坡喷锚支护完成；灌浆廊道及交通廊道预制完成，4#、5#、6#坝段EL716.15以下碾压砼浇筑完成；左、右坝肩灌浆平洞洞室开挖及一次支护已完成，新增随机锚索安装已完成。

图46 3月10日，江油沉水水库工程大坝上升至713高程总结表彰大会现场

江河管理

【堤防建设与维护】 2017年“7·5”暴雨洪水袭击，造成平通河大康镇下庄坝村4组和7组段河道堤防水毁严重，当地群众生命财产受到严重威胁。7月14日至8月14日，市水务局组织对水毁堤防进行应急抢险整治，整个工程投资95万元，由四川省江油市城建集团有限公司承建。2016年洪灾造成青江雁门镇北口村蹇溪沟段河道已有堤防水毁严重，按照市委、市政府要求，5月17日至6月17日，市水务局组织对水毁堤防进行应急抢险整治，整个工程投资100万元，由四川省登威建筑工程有限责任公司承建。彰明镇明月村5组段渗水整治项目建设内容为埋设混凝土排水管150米，埋设滤水沟350米，所需费用在涪江干流江油市中坝河段堤防工程结余资金中列支。市水务局组织于11月15日至12月15日对水毁堤防进行应急抢险整治，整个工程投资49万元，由四川省江油市城建集团有限公司承建。2017年4月和11月，在日常河道巡查中，发现平通河河西大桥下游段河道淤塞严重，严重影响河道行洪安全，江油市下达市本级财政资金20万元，由市水务局负责组织实施，四川省江油市城建集团有限公司承建，对河道进行清障处理，确保汛期河道行洪安全。

【河道采砂管理】 根据《四川省河道采砂管理条例》《江油市依法整治河道采砂工作方案》《江油市河道管理河长制工作方案》和中央环保督察信访工作组要求，要求各采砂企业，按照中央环保信访督察督察组要求，一律停产整顿，待验收合格后，方能开工生产；强化砂场污染治理和安全生产，要求各采砂单位（业主）进行湿法制砂生产，成品砂和砂石原料堆放地要适时洒水抑尘或覆盖防尘布，执行《禁止超限超载安全责任承诺书》承诺事项；与各采砂单位（业主）签订“江油市河道砂石资源开采履约保证金管理卡”；严格涉河建设项目督查，对未办理工程建设方案审查同意手续的涉河建设项目，责令建设单位停止违法行为，限期补办有关手续；加强日常巡查、专项巡查，在检查、巡查过程中，对在河道内未经批准进行各项活动的，责令限期整改，逾期不整改的，坚决予以查处，做到发现一起打击一起。编制河道采砂年度实施方案，年度实施方案批准后再进入采砂权出让拍卖阶段。2017年4月代市政府新公开拍卖4处河道砂石资源开采点，拍卖砂石资源使用费4098万元。严格处理中央环保信访督察案件。2017年6月至9月，处理中央省市和本级环保信访转办案件9件，其中涉及江河管理所牵头处理案件2件。2017年4月21日，市政府分管领导对河道采砂场安全度汛进行调研，并提出工作要求。5月20日，市水务局下发《江油市水务局关于河道汛期安全管理的通告》。

防 汛

【概况】 2017年汛期（5月1日至10月31日），全市总降雨量为1067.9毫米，较常年同期偏多13.8%，较2016年同期偏多28.2%。首场区域性暴雨天气过程出现在7月5日，较常年同期偏晚。2017年汛期共出现区域性暴雨天气过程11次。汛期降雨强度北部山区重，东边丘区降雨偏轻，城区及周边雨量适中。年平均气温16.8℃，较常年偏高0.5℃；年降水量1190.3毫米，偏多12%；年日照时数1355.0小时，偏多5%。年内天气气候有5大特点：光热充足，年内大部分时间气温偏高、日照时数偏多；盛夏暴雨偏强，“7·5”大暴雨、“8·7”暴雨以及8月17日至31日连续暴雨造成的灾情较重；秋绵雨特重，影响水稻收割，油菜栽种，油菜死苗无数。全市江河均以低水位为主，主要江河均未发生灾害性洪水；全年江油市因洪涝灾害造成直接经济损失8002.29万元。其中农林牧渔业直接经济损失6128.46万元，农作物受灾面积4460公顷，成灾面积2260公顷，绝收面积640公顷，因灾减产粮食1.67万吨；工业交通运输业直接经济损失114.44万元，公路中断21条，供电和通信中断各2处；水利设施直接经济损失1460.14万元，堤防损坏9.26千米，冲毁塘坝94座，损坏灌溉设施197处。

【防汛日常工作】 各乡镇、市属以上企事业单位、水库、涉河水电站均建立健全防汛指挥机构，明确乡镇长、单位行政“一把手”为防汛责任人；市防指继续与各乡镇签订防汛安全责任书，各乡镇与辖区单位签订防汛安全目标责任书。2月13日至28日，组织8个检查组，对全市防汛准备工作落实情况和存在的防汛安全隐患进行1次全面检查；又安排住建局对城市、交通局对路桥船、国土局对地灾、教体局对学校、卫计局对医院进行汛前安全专项检查。对查出的薄弱环节和隐患，实行责任到人、限期整改。汛期进行两轮督导检查，重点检查宣传培训工作，各种预案、措施，“两卡”发放等落实情况，为安全度汛做好准备工作。对急需整治的142处重点度汛安全隐患市财政分两次安排资金1133.6万元进行限期整治，同时安排121.5万元用于山洪灾害预警系统运行维护等防汛日常工作。4月27日在武都镇进行防汛演练。各乡镇、各部门也分别开展有针对性的培训和演练工作。将各水库预案摘编印制成抢险避险明白卡3000余份，分发张贴到水库下游场镇、村组、院落。各乡镇、单位、水库、水电站根据应急抢险需要，分别建立以人武部部长或单位分管领导任组长，以单位职工、民兵应急分队、村组干部和受益群众组成的防汛抢险队伍。采取自购自储、协议订购代储和受益农户备储等方式，准备较为充足的防汛抢险物资、工具、机械设备。各乡镇、单位落实专人、专用电话、报送汛情时限，制定预警信号和传递方式，值班人员、带班领导向社会公告，对不定期巡查和抽查防汛值班，确保防汛值班到岗到位。

抗旱

【概况】 江油地处四川盆地西北边缘，处在平坝、丘陵向山区的过度地理带上，具有“旱洪交替、三年一小旱十年一大旱、冬干春旱频率高”的显著气候特征。2016年降水偏少，且不均匀，有效降水较少，个别水利工程蓄水不足，秋冬干旱明显。进入2017年干旱明显表现出来，突出表现在人口饮水困难上。春收春种期间，降雨很少，出现春旱连夏旱情况。而进入下半年后，雨水增多增大，反而出现秋绵雨过盛现象。

【旱情】 2017年1月降雨4.9毫米，2月降雨12.6毫米，3月降雨41.3毫米，4月降雨44.1毫米，5月降雨74.9毫米，6月降雨95.4毫米，7月降雨382.1毫米，8月降雨345.5毫米，9月降雨63.5毫米，10月降雨106.5毫米，11月降雨19.7毫米，12月降雨0.0毫米，分别为多年平均的66.22%、105.88%、159.46%、62.46%、77.94%、70.77%、122.78%、130.67%、31.77%、168.78%、75.48%、0.00%。上半年降雨273.2毫米，为多年平均的78.80%，下半年降雨917.3毫米，为多年平均的105.28%，年总降雨量1190.5毫米，为多年平均的97.77%。2016年降雨偏少，年总降雨量为多年平均的76.47%，且极不均衡，尤其铁路以东老旱区最为突出，致使水利工程蓄水不足，新安天尊寺水库汛末仍为死水位，长征水库春灌前蓄水仅30万立方米，狮儿河水库不到100万立方米。另一方面又冬不寒冷，东安、新安、义新等乡镇的一些村组出现冬春饮水困难，而采取送水方法解决。新安场镇以天尊寺水库为水源，因天尊寺水库蓄水太少，开春即场镇饮水告急，2月9日开始从武引向天尊寺水库补水，至2月27日共补水23万立方米。2017年春旱现象明显，而5月和6月降水也偏少，且不均匀，旱象突出。进入7月雨水增多，7月2日江油开始一轮降雨过程，7月4日至6日基本100毫米以上，最大300毫米以上，水旱作物旱情解除。进入8月降雨仍较多，无旱情产生。2017年秋季秋绵雨特别突出，出现连续月余无晴天情况，水稻收割受阻，油菜栽后水浸淹死无数，物以稀为贵，冬春油菜薹、豌豆尖价格上涨，为常年价格的两倍以上。

【抗旱服务队建设】 市抗旱服务队成立于1996年，共计11个，其中县级1个、乡级10个。队员共计128人，其中队长11名、副队长2名。有仓库1座、送水车2辆、挖掘机1台、水罐及水袋各1个、找水仪2台(套)、打井机4台(套)、空压机3台(套)、柴油抽水机组35台(套)、电力抽水机组35台套、输水软管2200米。建立健全《抗旱服务队管理办法》《抗旱补助费管理办法》《物资储备管理办法》《财务管理办法》《安全生产管理制度》《设备管理制度》《设备维修养护制度》《保管员职责》等管理制度。

水政水资源管理

【概况】 2017年,全市总用水量4.03亿立方米,其中农业用水2.48亿立方米,工业用水0.77亿立方米,公共用水0.08亿立方米,生活用水0.45亿立方米,生态环境补水0.25亿立方米。全市共有取水户118户,其中省管4户、绵阳市管4户、全市直管110户。

【水法宣传】 2017年3月22日是第二十五届"世界水日",3月22日至28日是第三十届"中国水周"。联合国确定2017年"世界水日"的宣传主题是"Wa秒tewater(废水)",中国宣传主题为"落实绿色发展理念,全面推行河长制"。围绕宣传主题,利用LED显示屏、展板、宣传海报、微信、QQ等多种形式进行宣传,在城区中小学、重点取水户、水利工程单位张贴主题宣传海报100张,展出宣传展板30张,印发宣传资料3600余份,悬挂宣传标语24幅,现场接受群众咨询20多人次。通过开展此次宣传活动,向市民宣传江油市的水资源和水生态现状,提升市民水法治观念和水环境保护意识,倡导市民用实际行动节约用水、合理用水、保护水资源。

【水资源管理】 按照坚守"三条红线"、执行"一套定额"、完善"一种机制"的总体要求,落实最严格水资源管理制度,健全组织领导和管理考核体系,成立领导小组,设立办公室,实现城市水资源的统一管理、联合调配,并把水资源管理与保护纳入各镇乡及市级有关部门政绩考核的重要内容。加强水资源监管力度,加强巡查,做好记录,填报年取水总结和下一年度取水量计划,确保有效控制了取水总量。抓好宣传培训工作,联合多部门,深入企业、单位、小区,利用宣传活动,开展水法普法及节水型社会建设宣传。规范水资源论证和水资源费征收制度。通过实行最严格水资源管理制度,规范规划区和重大项目的水资源论证,做到了水资源费按时按标准征收,万元产值用水量逐年降低,用水效率得到进一步提高,水功能区的管理进一步完善,全市水功能区水质全部达标,水资源管理水平进一步提高。

【节水型社会建设】 按照节水型社会重点县建设的要求,大力推进工业、农业和生活节水,全市农业灌溉水有效利用系数达到0.59,万元GDP用水量为117.8立方米,万元工业增加值用水量为52.0立方米,2017年8月,通过绵阳市第一批节水型社会重点县建设技术评估。

【水库水质管理与保护】 市委、市政府印发《关于进一步加强水库水质管理与保护的通知》,召开专题会议,签订目标责任书,调整水库水质治理领导小组,相继印发4个有关水库水质治理工作的文件,编制"一库一策"治理方案并实施。加强库内控污,拆除122座水质不达标的重点水库库区直排畜禽养殖场和水产养殖设施。举办水产养殖水体水质管理及技术培训会;对全市水库水质的全面检测,并形成常态化,每年至少检测一次。下发《关于开展重点水库水质治理自查工作的通知》,明确责任追究;印发《关于进一步推进水库水质治理工作的通知》,在各乡镇单位自查期间分成4个督导组对重点水库水质进行暗访,防止反弹。全面消除劣V类水体,饮用水源水库水质全面达标。经整治,2017年年底已全面消除劣V类水体,全市8座饮用水源水库水质均达到Ⅲ类水体及以上,达到或高于《地表水环境质量标准》(GB383—2002)及其他规定的相关要求。

水土保持

【水土流失治理】 按照省水保局统一要求,2017年11月委托四川汇棱水利电力勘测设计有限公司编制江油市2018年国家水土保持重点工程项目实施方案，2017年12月26日该方案通过四川省工程咨询研究院组织的方案评审，2017年12月29日绵阳市水务局、绵阳市财政局下达实施方案批复。2017年12月29日江油市水保县级规划（2015—2030），经江油市人民政府第十八届第15次常务会审定通过。2017年国家水土保持重点工程朝天小流域治理范围为江油市大堰镇青龙村、爱国村、龙王村、南河村、群光村、集贤村（贫困村）和东兴乡朝天村（贫困村）共2个乡镇7个村。其中涉及大堰镇集贤村贫困户31户103人，东兴乡朝天村贫困户35户、贫困人口125人。年底完成坡改梯45公顷；硬化渠道6047米；硬化道路4000米；完成塘堰15座，修建沉沙凼34个，完成蓄水池2座。累计完成投资436万元，完成投资的87.7%。年度完成投资5551.91万元（其中中央投资1634万元、省级投资3917.91万元），完成水土保持生态综合治理30.5平方千米，坡改堤1830.3公顷，经果林88.11公顷，封禁治理118.93公顷，其他治理1112.94公顷。

【预防监督】 制作《江油水土保持工作手册》300本，并发放到矿产资源开采、房地产开发、制砖等企业。设立1个醒目的大型水土保持固定宣传广告牌，发放宣传单1200余份，树立广告标语1幅，书写固定标语24幅，宣传横幅41幅，组织法律法规培训会2次，主动送法上门68家。贯彻“三同时”制度，主动对生产建设项目进行监督检查。全年对国家级重点建设项目检查14次，省级重点建设项目检查28次，市级建设项目检查60余次，本级生产建设项目近200次。共检查项目76个，查处案件8个，验收项目8个。征收水土保持补偿费200余万元。

农村人口饮水

【工程建设】 江油市2017年10乡镇旱区农村饮水安全项目。依据《江油市农村饮水安全工程“十三五”规划》，江油市本级财政投入资金1835.00万元，通过管网延伸、小集中和分散供水工程相结合，改善和解决云集乡、重兴乡、河口镇、东安乡、新兴乡、八一镇、义新镇、东兴镇、彰明镇、大康镇等10个乡镇27717人安全饮水。江油市2017年市本级财政预算内农村饮水巩固提升工程。市本级财政安排150万元建设资金，解决雁门镇园坝村、西坝村、云罗村、柳坝村，小溪坝镇小溪村、铜星乡五福村、铜广村、白泥村，永胜镇水牌楼村、西屏镇祥和村、凉风村饮水（包含1197名贫困人口的饮水）。项目新建2米沉井2座，DN600机井1座，拦水堰4处，取水泉室1座，10立方米蓄水池1座，20立方米蓄水池1座，50立方米蓄水池2座，拦水堰加固，电源工程，管网及附属工程等。三合片区及东兴、大堰等乡镇供水管网建设项目。天一自来水有限公司自筹资金铺设主（支）供水管道43.5千米，新建加压泵站2座，1000立方米蓄水池1座，加药房1处以及配套设施，投资3316.00万元。全市农村饮水安全水质检测任务：水质检测任务按照“乡镇供水工程水质监测全覆盖，乡镇以下集中供水工程每个村监测1处，分散供水工程每个村监测2处，集中供水工程相同覆盖范围不重复检测”基本要求对全市已建农村饮水安全工程进行抽样检测，抽样涵盖39个乡镇220处供水工程。经检测，全市农村饮水安全工程水质除少数大肠杆菌、菌落总群超标需煮沸饮用外其余均符合《生活饮用水卫生标准》（GB5749—2006）。检测单位通过招标确定，江油市财政投入资金25.60万元。2017年全市6280名脱贫人口的饮水问题，由扶贫专项资金实施，投入资金329.9万元，群众自筹32.9万元，采取打井、修建蓄水池、管网延伸、修建大口井等工程。

河长制建设

【体系建设】 全面建立县、乡两级河长和村级巡河员的河长制体系，市境内28条主要河流和26座小（一）型以上水库（含在建的沉水水库）按河流划分实行县、乡两级河长，县级河长由市委书记、市长、市委副书记、市委常委、副市长担任，其余48条河流及小（二）型水库由属地乡镇党政主要负责人担任河长，河库所在村的党支部书记或村主任担任该村巡河员，全市共设立县级河长17名、乡镇级河长80名、村级巡河员856名。同时，在市本级和乡镇均设立河长制办公室，落实专门工作人员，统筹全市推进河长制工作的组织、协调、督察和考核。

【制度建设】 制定《江油市全面落实河长制工作方案》，成立江油市河长制工作领导小组，确立工作目标、工作任务和时间节点，落实责任主体，明确责任分工，河长制工作稳步、有序推进。全市40个乡镇完成河长制工作方案的制定，成立工作领导小组及河长制办公室，确立1名分管领导，并将河长制工作纳入党委、党组分工，确保工作常态化。出台《江油市全面落实河长制工作领导小组会议制度》《江油市河长巡河制度》等9项制度。建立公众参与，社会监督制度，在全市范围聘请社会监督员200余名。

【宣传机制】 制作发放《江油市河长制工作手册》3000余册；设立河长公示牌410块，标明河长职责、河库概况、管护目标、监督电话，双二维码等内容。结合"世界水日·中国水周"等宣传活动，采取制作展板、挂横幅标语、散发宣传资料、媒体报道、水润诗城微信公众平台和聘请社会监督员等形式，强化"河长制、河长治"的舆论引导，营造良好氛围。

【六大任务治理】 根据六大任务（即水资源保护、水域岸线管理、水污染防治、水环境治理、水生态修复）治理，夯实后劲，加大工作推进力度。到2020年用水总量控制目标为4.6亿立方米，工业增加值用水量比2015年下降26%。每半年对乡镇饮用水源地水质和全市189座水库水质进行监测，对7条主要河流的50处入河排污口进行经常观测。完成涪江河堤护堤（岸）地测绘及打桩定界工作；关停14处砂场，17家制砂企业，拆除沿岸违章建筑4处（其中构筑物约1500平方米）、拆除违法修建护岸30米，管道约3000米。编制完成《水污染防治行动（江油行动方案）》《2017年江油市水污染防治行动计划工作实施方案》，实施畜禽养殖污染治理行动，关停禁养区内畜禽养殖场（小区）151家。完成城市饮用水源地规范化建设，修复城南、岩嘴头饮用水源地破损及延伸设置隔离网2400米，新增警示牌117个，拆除饮用水源保护区内企业4家，6户农户。建立水务警务室1个，设警察1名，协警2名，督促整改涉水问题隐患39起，化解涉水矛盾纠纷12起，联合整改涉水问题194起，实施停限产措施10件，实施按日连续处罚3件，共处罚金208余万元。

【开展四项行动】 围绕清河、护岸、净水、保水四项行动，消除破坏河库生态环境的顽疾，改善生态环境质量。组织人力1600余人次，对市辖区28条主要河流进行集中整治，共打捞漂浮物和垃圾1453余吨。完成28条主要河流河段堤防工程管理和保护范围蓝线划定，完成河库生态林网绿化建设工程15.33公顷，启动二郎庙镇渭河流域栽植雷竹1.2万株的绿化项目。全年整治养殖、工矿、餐饮企业543户，化肥使用量同比减幅2.81%；修建22个垃圾分类回收池，改扩建并启动8座农村及乡镇片区生活垃圾压缩转运站；规划新建医疗废物污水处理系统3个，维修医疗废弃物暂存间29个。在平通河流放8种鱼类、91余万尾。严格执行禁渔期制度，查处非法电鱼行为8起。

武都引水工程建设与管理

【右支渠工程】 武都水库直灌区右支渠从武都水库右坝端取水，经武都镇白山村、公坪村、双埝村到大康镇前锋村，官渡村境内李家山止，总长8630米。右支渠取水口工程隧洞长857米，投资1500万元，已基本建成；右支渠灌溉渠道总长7773米,由2座隧洞（含暗拱）2457米,8座渡槽233米,明渠5083米及建筑物82处组成，设计灌溉武都、大康、太平、含增农田1666.67公顷。支渠分两段设计，分段流量分别为2.5立方米/秒、0.64立方米/秒，渠首水位为624.000米，渠末水位为617.769

米。下设 2 条斗渠，大太斗渠 10.97 千米,引水流量 0.33 立方米/秒，大让斗渠 20.53 千米,引水流量 0.43 立方米/秒。右支渠隧道完成衬砌 34 米，明渠平台开挖 500 米,1#、2# 渣场的挡墙砌筑。右支渠计划征地 164 亩，统一补偿标准，成立武引二期安保征搬部，由市武引局负责牵头，武都镇及相关村组具体实施。右支渠全年完成工程建设投资 234.9 万元，完成 12.3%。基本完成武都境内征搬工作，完成征搬投资 226 万元。

【左支渠及配套渠系】 武引二期江油直灌区左支渠下设永重、永东两条分支渠。永重分支渠从水库直灌区左支渠凉风垭隧洞出口(桩号 1+863）分水，沿分水岭由西向东布置，至江油市厚坝镇代家槽止，渠道全长 24.015 千米，全渠由 21 座隧洞（长 7.435 千米），暗渠 3 处（长 0.336 千米），10 座渡槽（长 1.09 千米），4 座倒虹管（长 2.389 千米）及其间的明渠（长 12.765 千米）组成。永重分支渠灌溉江油市永胜镇、铜星乡、新春乡、重华镇、厚坝镇、二郎庙镇、小溪坝镇 2 乡 5 镇的大部分农田，设计灌溉面积3833.33 公顷（其中田 2720 公顷、地 1113.33 公顷)。根据灌区水量平衡计算和各级渠道流量推算，确定渠首设计流量为 1.68 立方米/秒，根据灌面分布和渠系布置确定该支渠分三段设计，分段设计流量分别为 1.68 立方米/秒、1.3 立方米/秒、0.9 立方米/秒。永重分支渠下设 3 条斗渠，其中：铜新斗渠长 6.16 千米，引水流量 0.4 立方米/秒，重厚斗渠长 8.464 千米，引水流量 0.4 立方米/秒，厚二斗渠长 9.129 千米，引水流量 0.5 立方米/秒。根据左支渠水位推算确定渠首水位为 648.933 米，经水位推算渠末水位为 634.482 米。永重分支渠Ⅰ、Ⅱ标段：2017 年 5 月 15 日挂网招标；2017 年 6 月 15 日在江油市公共资源交易中心开标；2017 年 10 月 18 日发放中标通知书，中标单位：永重Ⅰ标段为新疆北方建设集团有限公司，永重Ⅱ标段为四川洲桥水电工程有限公司；2017 年 11 月 14 日签订合同协议书。永东分支渠从武都水库直灌区左支渠凉风垭隧洞出口(桩号 1+863）分水，沿分水岭由北向南布置，至江油市东安乡白家湾止，渠道全长 28.86 千米。渠系由 18 座隧洞（长 6.330 千米），暗渠 5 座（长 0.459 千米）,9 座渡槽（长 1.269 千米），5 座倒虹管（长 2.3264 千米），提灌站 1 座（长 0.377 千米）及其间的明渠（长 18.0986 千米）组成。永东分支渠灌溉江油市永胜镇、双河镇、三合镇、新安镇、小溪坝镇、新兴乡、东安乡、河口乡 3 乡 5 镇的大部分农田设计灌溉面积 6.70 万亩（其中：田 5.36 万亩，土 1.34 万亩)。根据灌区水量平衡计算和各级渠道流量推算，确定渠首流量为 1.69 立方米/秒，根据灌面分布和渠系布置确定该支渠分三段设计，分段流量分别为 1.69 立方米/秒、1.3 立方米/秒、0.8 立方米/秒。根据左支渠水位推算确定渠首水位为 648.933 米，经水位推算渠末水位为 666.150 米(有提灌站)。永东分支渠Ⅰ、Ⅱ标段：2017 年 6 月 2 日挂网招标；2017 年 7 月 3 日在江油市公共资源交易中心开标；2017 年 10 月 31 日发放中标通知书，中标单位为：永东Ⅰ标段江苏淮阴水利建设有限公司，永东Ⅱ标段

图 48　武引电站

新疆北方建设集团有限公司；2017年11月27日签订合同协议书。截至2017年12月，永重、永东分支渠施工单位已进场作施工前准备工作，其中，永重分支渠复核测量已完成，永东分支渠在进行复核测量。

【武引一期灌区管理】 全年完成三新支渠及治新斗渠等10条支斗渠和农渠的清淤工作，共完成武引灌区渠道清淤任务220千米。完成江油市武引灌区6个提灌站的维护和检修工作，确保春灌供水。向灌区供水7100万立方米。完成绵阳市武引局下达的农业水费征收任务。防汛抢险工作做到安全无事故，确保水利工程安全度汛。

（李胜林）

水产渔政

【概况】 2017年，全市水产品总产量13950吨，比2016年（下同）增长7.3%，其中：生产鱼苗鱼种1400吨，投放各类鱼种1450吨(13500万尾)，渔业经济总产值达3.55亿元、增长9%，实现水产品的稳定增长，水产产业化逐步推进。

【渔政管理】 全年加强渔业船舶安全检查，定期对辖区河道进行巡视，对非法进行鱼类捕捞行为及时进行制止和查处。2月1日至4月30日开展禁渔工作，加强天然水域渔业资源的管理和保护，确保渔业可持续发展，维护水生生物多样性，利用悬挂张贴标语、散发宣传单等多种形式，向社会及广大市民广泛宣传渔业法律法规、春季禁渔的意义。全市共发放宣传资料1000份，悬挂横幅50幅，张贴公告600张。对全市重点江河、乡镇进行执法检查，共检查休闲庄、餐馆等20余家，共检查市场20余次，出动综合执法人员460人次和车辆90台次。依法对8个“水生野生动物经营利用许可证”“水生野生动物驯养繁殖证”进行年审。

【水产品食品安全】 为加强对水产品食品安全管理，进行水产品食品安全宣传教育工作，提高全社会对食品安全的关切度。全年共检查水产养殖企业12个、10余家水产品经营企业、渔业专业合作社13个和渔用物质经营点2个，小（一）型以上水库20个，出动执法人员220人次、检查车辆60台次。全年完成农业部、省水产局、绵阳市农业局等单位共抽检全市水产品46批次，包括鲈鱼、鲟鱼、鲫鱼、草鱼、鲢鱼、鳙鱼等品种，抽检合格率100%。2017年江油市两家水产企业成功申报无公害水产基地（四川宁润农业科技有限公司、江油市三齐水产养殖有限公司）。

【保护区管理】 对平通河裂腹鱼国家级水产种质资源保护区实行全年禁渔，设立警示标牌，完成让水河大桥施工对保护区鱼类影响的资源评审。

【标准化池塘建设】 全年完成标准化鱼池改造8.53公顷，引进四川森林雨农业科技有限公司，在江油市龙凤镇顺江村、云龙村建设“江油市现代渔业产业园”，2017年年底已建成工厂化流水池3000平方米。

【技术服务与指导】 对养殖龙虾的集中乡镇新安镇、铜星、贯山、永胜进行养殖培训4次共计350人，组织全市水产养殖户、水产专业合作社社员和渔业协会会员开展其他水产养殖培训6期，参加培训人员近400人次。指导江油市贯山镇江油市贯福生态种养殖专业合作社成功创建成为国家级稻渔综合种养示范区。

（田春燕）

农村工作

【新型农业经营体系基本建立】 围绕现代农业产业体系，精细培育一批带动能力强、示范效应广的新型经营主体，全年培育绵阳市级重点龙头企业2个、农民专业合作社54个、家庭农场96家，新型农业经营主体总量达3553个。按照“经营主体+产业园区”推进现代农业产业园区建设，建成333.33公顷以上的现代农业产业园区37个，促进现代农业重点产业规模发展、主导产品聚集发展。

【农民增收】 坚持产业融合发

展，大力发展休闲农业、乡村旅游、农村文化创意、农村电子商务等新产业新业态，全年乡村旅游接待游客430万人次，实现旅游综合收入22亿元。开展技能培训35万人次，转移输出农村劳动力13.8万人，实现劳务创收39.72亿元。全年农村居民人均可支配收入达15642元，同比增加1338元，增长9.4%。

【幸福美丽新村建设】 全面实施扶贫解困、产业提升、旧村改造、环境整治和文化传承的“五大行动”，全年建成幸福美丽新村48个，累计建成203个。方水镇白玉村获评“全国文明村”，大康镇星火村入选四川“最美乡村”之一，新安农业公园、大康百年好合爱情谷被命名为“四川省级示范农业主题公园”，新安农业公园成为“中国农业公园”创建单位。

【“四好村”创建】 坚持以社会主义核心价值观教育为主线，全域推进“四好村”创建，大力开展农村清洁、村容村貌整治、院落环境卫生行动，实施文化大院打造，村村建立农民夜校并开展培训，开展“好习惯十星户”“好媳妇”“好公婆”“好儿女”“好妯娌”“好邻居”“文明户”等创评活动，不断养成农民好习惯、形成农村好风气。全年成功申报省级“四好村”19个、绵阳市级“四好村”63个、江油市级“四好村”137个。

【新型农业经营主体】 截至2017年年底，全市农民专业合作社发展到777个，比2016年增加102个。正常运营的合作社585个，比2016年增加119个。其中种植业272个，养殖业295个，其他18个，成员总数达到6.8万余户。家庭农场已发展到500个，比2016年增加96个，其中种植业145个，养殖业186个，种养结合169个。已建成国家级农民专业合作社示范社4个，省级示范社16个，绵阳市级示范社11个，江油市级示范社82个。省级示范家庭农场6家，绵阳市级示范家庭农场8家，江油市级示范家庭农场44家。开展对40个农民专业合作社2016年度财政专项奖励扶持，兑现奖励扶持基金100万元，有力推进合作社、家庭农场加快发展。

【土地流转】 全年，全市新增流转土地面积3000公顷，累计流转土地1.49万公顷，土地流转率达38.62%，流转合同签订率达99.8%，其中流转用于种植粮食的面积为275.47公顷，种植其他作物的面积为10801公顷。

（王 枫 田春燕）

农村改革

【概况】 2017年，江油市大力实施乡村振兴战略，聚焦培育发展现代农业、重点产业、主导产品，以深化农业供给侧结构性改革为主线，以推进农村集体产权制度改革为路径，以脱贫攻坚为抓手，推进农村集体产权制度改革、新型农业经营体系、农业社会化服务体系、农业农村支持保护制度、城乡发展一体化体制机制、农村社会治理等6个方面工作，释放农业农村发展新动能。

图49 2月10日，省政协副主席、省农业厅厅长祝春秀（中）调研江油市农村一、二、三产业融合发展

【农村社会化服务体系建设】 江油市大力鼓励和发展农业社会化服务企业、合作社，充分利用政府购买社会化服务项目，依托专业合作社大力实施专业化统防统治、蔬菜商品化处理。全年，江油市主要农作物良种覆盖率达100%；主要农作物病虫害专业化统防统治覆盖率48.2%；主要农作物耕种收综合机械化水平68.04%，机耕作业5.41万公顷，机播作业1.79万公顷，机收面积4.06万公顷；建成现代化农业社会化服务超市5家。

【财政支农】 江油市实行财政“投入改担保”，注入风险金、担保金2000万元，推进农村产权抵押、土地收益保障贷款试点，为经营主体发放贷款1.69亿元。实行财政“投入改奖补”，整合运用丘区山区产业发展、农民专业合作社发展、家庭农场发展、土地适度规模经营、江油农产品品牌建设等专项奖补资金，撬动社会资金投入2.8亿元。实行财政“投入改融资”，注资1亿元成立江油市农业投资（集团）有限公司，以专业平台融资参与农业重大项目实施运营，截至2017年，融资1.6亿元投入贫困村基础设施、产业项目建设，推动农业发展、农村繁荣、农民富裕。

【农村产权制度改革】 全市40个乡镇、365个村、3315个村民小组于2017年9月30日前全面完成农村财务清理和农村集体资产清产核资工作，准确核实填制《村（组）集体财务清理核实汇总表》。村、组全面更新登记健全完善《农村集体资金台账》《农村集体资产台账》《农村集体资源台账》，核实填制《村（组）集体经营性资产登记核实表》《村（组）集体非经营性资产登记核实表》《村（组）集体资源性资产登记核实表》，召开村、组村民（代表）会议，对清产核资结果进行审核确认。对得到确认的清产核资结果，及时在村务公开栏张榜公布，并上报乡镇农村经营管理部门备案。全市40个乡镇、365个村、135个组，建立集体股份经济合作社。在方水镇白玉村、西屏镇常青村、新安镇黑滩村、双河镇牛踩石村、文胜镇安顺村、敬元乡敬元村、大康镇星火村、三合镇蟠龙村、马角镇印坪村、枫顺乡小坝村、河口镇圣马村、二郎庙镇青林村、武都镇接官厅村、九岭镇中河村、青莲镇邀月村、战旗镇三清村等16个村整体开展农村集体资产股份合作制改革试点示范，试点村及所辖各组制定《农村集体资产股份合作制改革试点实施方案》《农村集体资产股份合作经营实施方案》，围绕资产营运型、服务创收型、土地经营型、产业带动型、资源开发型、项目兴业型、资本运作型、基础设施运作型等多种经营模式和路径，开展试点，探索创新，发展壮大集体经济。在三合镇盘龙村、盘龙村2组、盘龙村3组、三合镇喻家观村、双河镇牛踩石村、敬元乡敬元村、战旗镇三清村，探索出“集体股份经济合作社+工商资本（投资性租赁）”经营、“集体股份经济合作社+（参股）龙头企业”经营、“集体股份经济合作社+产业发展（扶贫）”经营、“集体股份经济合作社+资源开发”经营、“集体股份经济合作社+土地集约”经营等五种经营模式和路径，总结出了一套有江油特色、可复制、可借鉴的产权制度改革试点经验。2017年，江油市被四川省农业厅确定为省级农村产权制度改革试点县（市）。

【农村产权确权登记】 全市完成40个乡镇、369个行政村、3205个村民小组的确权工作（其中涉及10个乡镇、20个行政村、38个村民小组面积862公顷，因城市规划、新村建设等原因暂缓确权）。全市完成确权登记承包农户16.97万户。全市耕地面积58493公顷，确权完成面积57773公顷，完成率达98.76%，承包面积52493公顷，占全市耕地总面积的89.74%，比二轮承包面积40393公顷，增加11433公顷，增幅达29.96%。自留地面积2507公顷，占全市耕地总面积的4.28%；村组集体经营的机动地为2773公顷，占全市耕地总面积的4.74%；暂缓确权面积720公顷，占全市耕地总面积的1.24%。健全完善县有“中心”、乡镇有“站”、村有“点”的土地流转服务体系和乡村调解、县级仲裁、司法保障的土地流转纠纷调解仲裁体系。

（王　枫　田春燕）

工　业

Industry

工业园区

概 述

2017年，江油市大力实施“工业强市、产业兴市”发展战略，坚持科技驱动、创新发展，奋力推进“工业大会战”，着力攻坚“两新”产业和项目建设，强力推进两个“一号工程”，努力打造“一基地一集群”，推动江油老工业基地逐步向区域性先进制造业中心强势转型。全年实现规模工业总产值529亿元，比2016年增长21.3%，增加值增长11.2%，同比提升1个百分点，名次提升至绵阳第二；工业投资和技改投资均达78亿余元、位居绵阳第一。

四川江油工业园区

【概况】 四川江油工业园区位于江油城区东南，是省级先进开发区、优秀开发区、招商引资先进单位、四川省新型工业化重点培育基地、四川省新型工业化产业示范基地、四川省承接产业转移重点推荐特色园区、四川省知识产权试点园区和“园保贷”试点园区。规划面积28.02平方公里，19平方公里基础设施全面达到“九通一平”，标准厂房、供电供气管网、企业服务中心配套完善。经省人民政府批复为省级高新技术产业园区。园区主导产业为高端金属材料、高端装备制造、电子信息与光电、生物医药与食品。园区共拥有院士（专家）工作站2个，博士、硕士工作站2个；国家级检验检测中心1个、省级工程技术研究中心1个，省级企业技术中心5个、市级企业技术中心10个，建有科技创新孵化平台3个，总面积达1.42万平方米；历年累计申请1317件，获得授权944件，拥有中国驰名商标1个，四川省著名商标6个，绵阳市知名商标5个，中国地理标志保护产品1个，名牌产品13个。

2017年，四川江油工业园区围绕“创千亿园区、建产业新城”目标，协调推进“四个全面”战略布局，结合落实两个“一号工程”，着力培育发展“一基地三产业”，加快推进“创新江油·开放江油·幸福江油·大美江油”建设，园区各项工作取得新成效。全年，园区规划区域规模工业总产值实现441.4亿元、同比增长23.3%；实现营业收入422.7亿元，同比增长24.3%；实现税收收入3.82亿元，同比增长16.9%。全年完成固定资产投资71.6亿元；新增规模企业16户，规模以上工业企业达160家。引进高新技术项目7个，战略新兴产业项目8个，新培育高新技术企业7户。全年招商引资共签约协议24个，其中直接协议投资项目共19个，协议总投资142.15亿元。

【创新改革】 着力构建转型升级体系，开展江油市工业空间布局和产业发展规划，发展“一园八区”工业集中发展区；建设西南模具产业园，把模具产业发展作为当前产业转型升级的带动者、领航者，引进的艾格瑞特、森邦汽车等投资上亿的模具企业已产生虹吸效应，已有6户投资5000万元以上的模具下游企业慕名而来，模具产业链条已初具雏形，园区新兴产业发展即将步入新时代。截至2017年年底，园区共引进模具企业10余家，投资近15亿元，正在建设12万平方米模具加工园，模具超市和模具检验检测中心。

【推动产业转型升级】 全年经

济增长态势良好，以高端金属材料、高端装备制造、电子信息及光电、生物医药产业集群为核心的各项产业发展得到强有力推动与发展。尤其是模具产业，实现从无到有。

【招商引资】 从全市统筹选派干部到园区，建立高端装备制造、电子信息与光电以及食品医药三大战略型新兴产业招商组，在园区机关实行“人人都是招商员，个个都是项目手”，紧盯长三角、珠三角和成渝地区，多渠道多方位展开招商引资工作。全年共接待投资客商223批次，收集招商信息295条。其中：进入实质性洽谈项目124个，投资商活跃度42%；新签约17个，洽谈签约率13.7%；签约投资额达126亿元。特别是通过引进艾格瑞特模具科技股份有限公司，使江油多年的“模具梦”成真，实现模具产业“从无到有”“从0到1”“从1到N”的重大突破。围绕“模具产业链”，园区已成功引进申邦、新丰精等13家模具产业链项目签约落地，另有宁波南方塑模等4家模具项目尚在洽谈阶段。

【产业化格局初具雏形】 2017年，园区围绕六合锻造航空燃机合金高端模具钢项目、新金鑫光电二期项目、神光石英高品质熔石英玻璃项目、殷田电子高新电子材料项目和军民融合产业园项目、时方科技新型墙体材料项目等重大产化项目，着力打造特钢材料产业、光电产业、光学产业、电子产业、新型建材产业、军民融合等产业基础，以建好产业龙头企业为引领，谋划和构架园区产业化新格局。深圳蓝桥资本成功完成对神光石英的直接股权投资，计划在3年内通过借壳上市或IPO方式推动神光石英上市，形成光学产业的融资架构。

【军民融合】 坚定落实“梧桐计划”，加快建设江油市军民融合产业园区。高度重视军民融合产业，落实牵头领导、建立招商队伍，制订军民融合产业发展战略规划，出台相关产业发展相关优惠措施；划定产业发展区域，制订产业发展蓝图。带领企业主动与燃气涡轮研究院、材料所接洽，共同商讨融合发展路子。中物院材料所的中子吸收材料项目建成投产，中物院久远集团的熔石英项目主体完工，与几家企业达成意向性协议。

【十大基础设施配套项目有序推进】 2017年，以10万米标准厂房、中小企业孵化园、1500亩项目建设用地规划整理、工业污水处理厂、融创中心建设等为主要内容的十大基础设备配套项目有序推进。针对市场低迷和生产要素价格上扬，主动与项目投资者进行交流沟通，加强项目前景市场引导，稳定和增强项目投资信心；积极搭建园区在建项目、投产项目投融资平台，建立银企直贷，解决项目建设资金问题，充分释放园区政策红利，着力推动项目建设速度和质量；建立健全“四十”项目攻坚联系责任机制，推进项目零距离精准服务，提升项目工作效率，特别是对六合锻造航空燃机、10万平方标准厂房等一些重大项目，专门成立工作推进组，负责工作协调，全面提升项目履约率、开工率、竣工率；全年共承接项目46个，其中续建项目15个、新建项目31个；艾格瑞特汽车精密模具制

图50　TCL西部物流中心

造基地项目、长祥万吨模具钢超市项目等16个项目已竣工验收，六合锻造航空与燃机合金项目、东方玻璃12万吨中高档玻璃瓶项目等20个在建项目有序推进。

【规范服务】 为解决项目建设和企业发展难题，出台园区招商引资、项目建设、财经工作、干部人事等专题会议制度。优化服务，出台“服务企业十项举措”，建立年度1000万元的产业发展专项资金、年度100万元的科技专项资金。分类施策，着力解决项目引进、促建和企业发展等方面问题。

【争创省级高新技术开发区】 通过创建省级高新技术产业园区，进一步夯实江油工业园区的平台基础，更好承接传统产业的改造和新型产业的培育，推动整个工业园区经济转型升级，优化产业结构，提升产业发展水平。创建省级高新技术产业园区工作通过省专家组的验收。

（何　波）

工业集中区

工业园区

【功能定位】 工业园区是江油市工业发展的主战场、主阵地、主引擎，是引领全市工业企业质量效益提升发展核心区，要以创新驱动为牵引，以创建国家级高新技术产业开发区为目标，大力实施工业园区创新工程，全面推进创新、协调、绿色、开放、共享发展，建设新型“智慧园区”。以新材料、高端装备制造等产业集约集聚集中发展和军民融合战略的深入实施，推动园区科学发展、加快发展，力争5至8年建设成为国家重要的新材料产业基地和西部高端装备制造产业集群。全面实施园区与三合镇、彰明镇、大堰镇一体化发展，推动园区体制机制改革创新，探索开展“园区引领带动、乡镇特色支撑、整体协同联动”发展模式，将园区建设成为江油工业发展的产业聚集中心、创新服务中心、科技孵化中心、人才引领中心。

【原工业园区区域】 按照总部经济、创新研发、产业集聚、孵化转化、综合服务等功能进行布局，以培育战略性新兴产业和高新技术产业为主导，重点发展军民融合、模具、物联网、电子元器件及光电材料、新能源汽车等产业，统筹生活区、商务区，发展配套服务等,实现产城人融合发展。

【三合片区】 盘活现有土地存量、做好传统工业企业转型升级。依托热电联产项目实现工业保障要素多联供；依托交通优势发展工业物流；大力发展金属新材料产业，重点突破装备制造产业（矿山装备、索道装备、环保节能装备、模具、破磨装备、汽车配件等）。可行性分析：产业基础较好，域内有攀长钢、长祥特钢等特钢企业，川矿、新川矿机等高端装备制造企业；热电联产产业园的加快建设，提升要素保障水平；存量土地较多，已有规划面积126.67公顷，未使用空地66.67公顷；该区域大部分已纳入工业园区发展规划，未纳入区域毗邻工业园区，已形成一定工业基础，承载部分工业园区产业转移，便于与工业园区一体化发展。

【彰明片区】 立足冶金、机械等产业基础，盘活闲置工业用地，大力发展高端装备制造产业。可行性分析：紧邻园区规划区域有333.33公顷可用于工业发展的土地；涪江年径流量达48

亿立方米，科光水电、雄峰电力等电力企业装机容量 6 万千瓦时，年发电量 2.1 亿千瓦时；涪江五桥、涪江七桥、城市南一环相继建成，中绵快速通道加快建设，彰明镇交通区位优势将更加突出；彰明镇与现工业园区的发展已初步实现一体化，相关行政管理渠道比较顺畅，部分土地规划及利用已纳入工业园区统筹。

【大堰片区】　大力发展人工智能和新能源汽车产业，利用京昆高速江油段主出入口优势，建设综合物流基地。可行性分析：可提供 266.67 公顷土地作为工业用地使用；征地成本相对较低，地势相对平缓，基础建设投入较少；区位优势良好。位于京昆高速出入口，物流运输便捷，紧邻工业园区，便于整体发展。用地规模;到 2025 年规划工业用地 1660 公顷，需新增土地 666.67 公顷（三合镇新增 80 公顷、彰明镇新增 320 公顷、大堰镇新增 266.67 公顷）。具体位置：在园区现有建设用地和已编未建用地范围外，对彰明、三合、大堰等乡镇，进行用地评定及乡镇区域定位分析，将适宜工业发展的用地纳入规划范围，作为拓展用地；其中：三合镇工业集中区，规划 80 公顷；彰明镇南江村、福田村、长庚村等区域，规划 320 公顷；大堰镇宝回村、爱国村，规划 146.67 公顷；群光村、泉水村、龙王村，规划 120 公顷。到 2025 年，预计工业园区实现工业产值 1000 亿元。

乡镇特色产业园

【概况】　根据二马厚产业园、含增香水产业园已有的资源禀赋和产业基础，重点发展相关产业。具体为：双河镇发展新型建材产业；厚坝镇发展新型建材、交安装备产业；马角镇发展建材骨料基地及延升加工产业；二郎庙镇发展石英砂深加工、再生砂生产加工产业；小溪坝镇发展食品加工产业；含增镇、香水镇发展非金属新材料。

【双河镇】　功能定位：以发展神华天明煤电一体化循环经济产业园为主导，利用粉煤灰、脱硫石膏重点发展新型建材产业，引进集成建筑材料、加气混凝土砌砖、纸面石膏板等生产企业，不断延伸装配式建筑产业链，建设装配式建筑产业园；利用电力资源发展热电联产项目，发展附加值较高的食品加工、生物医药产业。可行性分析：带动效应强，神华天明煤电一体化循环经济产业园可与生态循环农业产业园互动互促、协调发展。神华天明发电后粉煤灰年产量将达 70 万吨，脱硫石膏达 20 万吨，可用于发展新型建材产业；热能资源丰富，可提供高达 300℃的纯净高温蒸汽，为食品加工产业提供能源保障。用地规模：到 2025 年规划工业用地 200 公顷，新增工业用地 146.67 公顷。具体位置：新增工业用地布局在天明村、桂花村。东至桂花村，南至神华天明电厂运灰道路，西至神华天明电厂，北至中雁路。到 2025 年，预计双河镇实现工业产值 100 亿元。

【厚坝镇】　功能定位：作为北部工业经济发展的核心镇，根据已有产业基础和北片区建材资源优势，大力发展新型建材、交安装备产业；提升北部工业经济服务功能，建设综合物流产业基地。可行性分析：已有新型建材、汽车配件、道路交通装备等规上企业，有一定产业发展基础；作为全国重点镇、四川省百镇建设试点镇，以及位于成都与西安、绵阳与广元的黄金分割点，京昆高速、宝成铁路、西成客专、中雁公路紧邻规划工业区域，具有较好政策优势、交通区位优势，有利于产业招商和集聚发展。用地规模：到 2025 年规划工业用地 200 公顷，新增工业用地 133.33 公顷。具体位置：工业新增用地布局在香龙村、白马村、万寿村、烧坊村。东至西成客专铁路线，南至厚文路，西至厚文路香龙村段的区域范围，北起高院村老村委会至厚文路与文胜镇交界处。到 2025 年，预计厚坝镇实现工业产值 100 亿元。

【马角镇】　功能定位：立足原有产业基础，充分利用非金属矿资源优势，发展建材骨料、矿产品精深加工，建设新型建材骨料基地。可行性分析：辖区内有丰富的矿产资源和26.67公顷闲置、低效资产，盘活成本较低，部分闲置厂房可供招商；宝成铁路马角站运输优势明显，货运承载能力强。用地规模：到2025年规划工业用地133.33公顷，新增工业用地53.33公顷。具体位置：新增工业用地布局在龙宫村和马角场镇南北端，以及原马角机务段生活区及蓉铁水泥厂区域。东至马阁寺村，南至二郎庙镇沿梓江河交界处，西至龙宫村，北到水泥矿山生活区。到2025年，预计马角镇实现工业产值50亿元。

【二郎庙镇】 功能定位：重点发展石英砂深加工产业。发挥石英砂矿藏优势、交通区位优势，实施石英砂生产加工改造升级，盘活闲置厂房用于石英砂深加工，推动石英砂产业链向下游延伸，提升产品附加值。可行性分析：有一定工业基础，产业基础配套较为完善；以石英砂为主的矿藏资源丰富；有一定闲置厂房可用于石英砂深加工；地势平坦，用地成本较低。用地规模:到2025年规划工业用地126.67公顷，新增工业用地73.33公顷。具体位置：工业新增用地布局在芭蕉湾村；东至中雁公路，南与厚坝镇交界，西与椽子湾交界，北接二郎庙镇场镇。到2025年，预计二郎庙镇工业产值达50亿元。

【小溪坝镇】 功能定位：重点发展食品加工产业；全面提升现有农副产品生产加工能力，建设集初、精加工生产、物流仓储、电商交易、技术研发、循环利用等功能于一体的综合性环保农副产品循环加工园区，打造辐射江油全境和梓潼、剑阁部分区域的农副产品加工交易基地。可行性分析：有一定农副产业加工基础，有规模以上农产品加工企业3家；交通便利，紧邻京昆高速出入口。用地规模：到2025年规划工业用地60公顷，新增工业用地40公顷。具体位置：新增工业用地布局在人民村，东至宝成铁路小溪坝段，南至人民村，西至中雁公路，北至厚坝镇交界处。到2025年，预计小溪坝镇实现工业产值20亿元。

【含增镇】 功能定位：重点发展非金属新材料产业；依托丰富的碳酸钙资源，延展非金属材料产业链，建好碳酸钙绿色产业园；进一步布局产业链相关上下游企业，发展建筑新材料产业，打造西南地区先进非金属新材料产业基地。可行性分析：碳酸钙资源丰富，且品位高。采矿业和碳酸钙系列加工基础较好，适宜发展碳酸钙相关产业；工业集中区占地126公顷（有53.33公顷可扩），基础设施较为完善，有利于产业链上下游发展和招商引资；九绵高速含增进出口距离产业园1公里，交通区位优势较好；闲置土地2350亩，可利用土地面积大。用地规模：结合含增香水碳酸钙产业园区规划，到2025年规划工业用地233.33公顷，新增工业用地133.33公顷。具体位置：新增工业用地布局在界池村和谭庄村；东至太平镇青龙村交界，南到谭庄村，西至界池村，北至界池村。到2025年，预计含增镇实现工业产值100亿元。

【香水镇】 功能定位：与含增镇协同发展建好碳酸钙绿色产业园。充分利用矿产资源、水能、电力优势，加快发展高端非金属新材料产业，布局钙品产业链相关上下游企业。可行性分析：境内米黄大理石等碳酸钙资源丰富，储量达7000万立方米，相关产业发展基础较好；产业园区正加快建设，设施配套较为完善，已入驻碳酸钙产业链企业3家。境内有香水电站、通口河等水、电资源，日发电量最高可达48万千瓦时，满足直供电供给的优势条件，可降低企业用水用电成本。用地规模：结合含增香水碳酸钙产业园区规划实施，到2025年规划工业用地66.67公顷，新增工业用地53.33公顷。具体位置：新增工业用地布局在元坪村、战斗村。东至通口河元坪村段，南至省道105线道路，西至战斗村与场镇交界，北至元坪村与东环路相连。到2025年，预计香水镇实现工业产值30亿元。

绵江工业走廊

【概况】 以武都镇、三合镇及彰明镇沿涪江沿岸区域、龙凤镇、九岭镇、方水镇形成绵江工业走廊格局。具体为：武都镇发展金属新材料、电子元器件及光电材料产业;龙凤镇发展新材料、电子元器件产业，依托交通区位优势发展交通物流；九岭镇、方水镇主要承接绵阳国家科技城产业转移及配套，为江油高端装备、智能制造等产业发展配套服务。

【武都镇】 功能定位：重点发展金属新材料产业、电子元器件及光电材料产业；通过技改升级做大做强高端金属新材料，不断延长金属新材料产业链。可行性分析：有攀长钢四分厂、重鑫特冶等特钢生产企业；电子产业园加快建设，为发展金属新材料、电子元器件及光电配套产业奠定坚实基础；产业基础配套完善，技术工人较多，武引水库、武都电站等为企业生产提供较低的要素成本。用地规模：到 2025 年规划工业用地 166.67 公顷，新增工业用地 86.67 公顷。具体位置：新增工业用地布局在武都镇工业集中区（攀长钢四厂区、汝州村、双埝村、五通村），东至长城路以西，南至七里坡，西至西山铁路，北至横三路。到 2025 年，预计武都镇实现工业产值 100 亿元。

【龙凤镇】 功能定位：重点发展新材料、电子元器件和工业物流；主动融入绵阳国家科技城军民融合产业园，承接军民融合项目，发展电子元器件，实现江油工业产业与绵阳周边产业的配套发展与抱团发展；依托聚甲氧基二甲醚项目，新建 20 万吨的清洁溶剂类项目，建设新材料产业基地；依托九绵高速、江油至芦溪快速通道和宝成铁路等交通优势，发展工业物流产业。可行性分析：产业基础较好，域内有鑫达新能源、启明星氯碱化工等规上企业 6 家；区位优势好，南邻游仙军民融合产业园与绵阳国家科技城，北接江油工业园区，可承接绵阳国家科技城和江油工业园区产业发展。水、电、天然气等要素齐全，绵阳至江油天然气输气管线预留龙凤分口可提供 50 至 100 万立方米/日供气量，产业园区道路、电力、污水处理等服务工业的配套完备。用地规模：到 2025 年规划工业用地 166.67 公顷，新增工业用地 80 公顷。具体位置：新增工业用地布局在龙云村，顺江村，飞凤村；东至宝成铁路龙云段，南与游仙区东林镇飞凤村交界，西至老中绵路顺江村段，北至龙凤场镇与集中区间隔离带。到 2025 年，预计龙凤镇实现工业产值 70 亿元，力争达 100 亿元。

【九岭镇、方水镇】 九岭镇、方水镇与绵阳国家科技城接壤，交通区位优势明显。重点承接绵阳国家科技城产业辐射和配套，为江油高端装备、智能制造等产业配套服务。要严格控制一般工业用地，规划储备 333.33 公顷交通区位优势好的成片土地，根据引进项目情况适时规划工业用地或生产性服务用地。

工业项目

2017 年，江油市聚力项目攻坚，按照“四个一批”（一批攻关科研课题、一批可转化的科技成果、一批可转化的实用技术、一批拟建的示范工程）工作要求，组织实施“项目攻坚年”，着力抓好一批关系工业经济发展的重大项目。全年实现规模工业总产值 529 亿元,工业增加值增长 11.2%。全年建设项目 77 个，计划总投资 139 亿元，2017 年完成工业投资 78.3 亿元、技改投资 78.7 亿元。省重点项目 5 个，计划总投资 86.2 亿元，2017 年完成投资 28.6 亿元；绵阳市级重点项目 7 个，计划总投资 88 亿元，2017 年完成投资 23 亿元。其中：新开工建设巨鑫国际照明产业基地、艾格瑞特模具制造等投资 5000 万元以上项目 28 个，完成投资 22 亿元；加快建设神华天明煤电一体化循环经济产业园、六合锻造航空燃机合金高端模具制造等投资 5000 万元以上续建项目 30 个，完成投资 38 亿元；已竣工立航汽车发动机核心零部件、长祥特钢万吨模具钢展销中心等项目 24 个，总投资 18.3 亿元，预计新增产能 35 亿元；全年招引重大工业项目 28 个，协议引资 197.6 亿元。

（王慧凤）

工业产业类型

金属材料产业

【概况】 金属材料产业是国民经济的基础，是高新技术产业化的载体，是国防建设的基础工业。江油冶金产业依托国家三线建设时期建成的长城特殊钢公司（攀长钢）逐步发展壮大起来的。经过多年的发展，江油已成为中国西部重要的特殊钢生产基地，现有攀长钢、六合锻造、长祥钢等规模以上冶金企业户，拥有自主知识产权独立钢种 39 个，可按照国际标准或国家标准，生产以模具钢、不锈钢等中高端产品为主要特色的 12 大类、350 余个牌号、5000 余个规格的高级优质钢，约占全省特钢总量的 94%，广泛应用于航空航天、高端制造业领域。2017 年实现规模工业总产值 15231 亿元、同比增长24.3%，占江油工业总产值的 28.8%。

【代表性企业】 攀钢集团江油长城特殊钢有限公司已具备年产特殊钢 70 万吨、成品钢材 70 万吨、钛材 3000 吨的生产能力，曾列为国家 512 户重点企业、全国工业技术开发实力百强企业第 5 位，累计完成国家下达科研项目 350 余项、国家级科研新试课题 2800 余项，研制生产 50 余个牌号、300 余个规格品种的新材料。其中：模具大轧棒、薄规格模具扁钢、高温合金、军工产品、核电材料制造技术处于国内领先水平，中高齿轮钢轧棒、不锈轧棒、高档无缝管产品技术处于国内一流水平，已建成多条生产线，锻、轧、挤、焊、拔、铸等加工方式齐全。

长祥特殊钢制造有限公司拥有从原料→冶炼→精炼→锻造→热处理→精整→机加工→理化检验全过程的高技术完整特殊钢产业链，装备能力在西南地区处于领先优势。具备年产 10 万吨特殊钢锻材锻件的能力，可为电力、石油、化工、锅炉、模具、机械、船舶、汽车、汽轮机、航空、军工等行业提供特殊钢锻材锻件。已取得由国家质检总局颁发的特种设备制造“A 级压力管道元件生产许可证”，已取得 ISO 9001:2008、GJB 9001B-2009 武器装备质量管理体系认证，产品顺利通过 SGS、BV 等国际检验机构检测及认证，并取得多项发明专利。

四川六合锻造股份有限公司超临界、超超临界和核电汽轮机组叶片、螺栓、转子、加强环等专用锻材锻件，年生产规模 10000 吨左右，军工及其他用途锻材锻件、叶片、螺栓，年产 2000 吨左右，尤其是该公司生产的多个超（超）临界机组动叶片用锻材锻件已逐渐替代国外高价进口。拥有自主发明专利 5 项、实用新型专利 12 项。

图 51　四川六合锻造股份有限公司

高端装备制造产业

【概况】　2017年，围绕攀长钢产业链形成的装备制造业有规模以上企业38户，以川矿集团、皇龙破碎为代表的机械集群，在矿山、水泥、化工设备制造方面位居西南地区前列，是国内唯一具有自主知识产权客货运输索道生产企业，主要涉及采矿、矿山设备制造、水泥成套设备制造、化工压力容器制造、建筑材料生产专用机械设备制造、锅炉及辅助设备制造等，具备年加工制造成套装备10万吨。全年实现规模工业总产值77.1亿元、同比增长28.3%。

图52　皇龙智能破碎技术股份有限公司

【代表性企业】　四川矿山机器（集团）有限责任公司　公司属全国重型矿山机械行业、中国建材机械行业大型骨干企业之一，是国内机械制造企业中首批通过ISO 9001国际质量体系认证单位，是国家二级计量和理化认证企业。1958年建厂，有铸钢、铸铁、木型、锻压、下料、铆焊、热处理、金加工、装配、电气系统集成等门类齐全的13个车间，拥有各类机械加工设备近2000台（套）。

四川皇龙智能破碎技术股份有限公司　专业从事破碎机、输送筛分、环保工程、工业制粉设备以及新型耐磨材料研发和生产。具备生产五大类169种规格的大、中型、智能型破碎机及输送设备的生产能力。自主研发的破碎相关技术先后获得110多项专利和3项科技成果鉴定。HL型系列破碎机经四川省科技厅鉴定为“国内首创、世界领先”，该产品采用的一机两级破碎和独特的拉破破碎技术有效的解决困扰破碎机行业百年的粘堵、粉尘、振动等问题，促进破碎设备的技术进步，具有显著的社会效益和经济效益。

四川汇通能源装备制造有限公司　集生产核电、火电管道支吊架；火电吊挂装置；核电核级和非核级锻件、锻材；核电标准和非标准紧固件；特殊钢材的热处理服务五大业务板块于一体的专业企业。

绿色食品产业

【概况】　食品医药是江油的传统产业，已形成门类较全的工业体系，拥有清香园调味品、李白故里酒业、附子科技等规模以上企业25户，主要食用植物油、肉类制品、调味品、饮料制品、白酒、附子饮片等近百种类300多个系列产品。粮食年加工能力50万吨，食用油年加工能力5万吨，肉制品年加工能力16万吨，白酒年产约1万吨。2017年规模以上食品医药企业实现工业产值45.47亿元、同比增长19.4%，占江油工业总产值的8.5%。

【代表性企业】　四川清香园调味品股份有限公司　已建成20万吨规模的“清香园绿色食品产业园”。公司产品覆盖中坝（口蘑）酱油、中坝食醋、料酒、清香园泡菜、调料、酱类等品类，已成为中国川菜调味品知名品牌，产销量及品牌影响力连续多年稳居川渝地区酱油生产企业前列。同时，公司花巨资修建占地1.33公顷的“清香园·中国酱文化观光园”。

江油市李白故里酒业有限公司　公司有员工300余人，占地面积7万余平方米，仿汉唐风格的标准厂房2万平方米。拥有窖池1000余口，全自动灌装线5条，并建有先进的纯净水处理系统、全封闭不锈钢灌群和输酒管网系统。储酒能力5000余吨，年灌装能力1万余吨。曾多次获得部优、省优，“中国历史文化名酒”等称号。先后被评为“四川省食品行业先进企业”“四川省著名商标”“绵阳市明星企业”等。企业通过ISO 9001：2000质量认证，并首批取得“国家白酒生产许可证”。所产“诗仙阁”“玉罐”“川北人家”等系列产品，畅销全国20多个省、市。

图53　清香园公司中国酱文化观光园

非金属材料产业

【概况】　全市有规模以上建材企业69户，形成以水泥、墙材、石材、商混、精制石英砂、高、中密度纤维板材、轻、重质碳酸钙、玻璃纤维等8个板块，门类较为齐全的建材产业。2017年建材工业实现产值76.89亿元，同比增长13.1%，占规模工业总量的14.5%。

【代表性企业】　拉豪双马水泥股份公司　公司生产“双马牌”和“拉法基”牌各标号水泥，产品均通过国家ISO 9000质量体系认证和产品质量认证，各项质量指标均优于国家标准，并以早期强度高、抗冻性能佳、脱模块、色泽好等特点，广泛应用于国防、水利、重点工程和高层建筑，屡次被评为“四川省名牌产品”“国家质量认证产品”和“国家质量免检产品”。

四川国大水泥有限公司　公司占地46.67公顷，投资1 5亿元建成两条日产5000吨带纯低温余热发电、年总产能220万吨水泥的大型水泥生产线。四川国大是国家鼓励发展的大型现代化、高标号新型干法水泥生产企业，被列为四川省重点企业。

江油红狮水泥有限公司　由浙江红狮水泥集团公司投资8亿元新建一条日产4000吨熟料的新型干法水泥生产线。该项目已于2010年6月18日点火投产，年产各种水泥200万吨，年销售收入达6亿元的生产经营能力。

化工产业

【概况】　江油把培育壮大化工产业作为加快经济结构调整、提升工业发展水平的重要举措，坚持用高新技术和先进适用技术改造提升传统化工产业，培育发展精细化工和医药化工，有效促进化工产业的发展。拥有鑫达新能源、启明星氯碱化工等规模以上企业13户，主要生产甲醇、离子膜烧碱、甲酸、甲醛、合成氨、二甲醚等20多种化工产品，

图54　四川国大水泥有限公司

甲醇年设计生产能力12.5万吨，离子膜烧碱年设计能力2万吨。2017年，规模以上化工企业实现产值71.44亿元、同比增长27.5%，占江油工业总产值的13.5%。

【代表性企业】 四川鑫达新能源科技有限公司　一期工程占地面积10多公顷，公司有员工300余人，采用中国科学院兰州化学物理研究所研发的国际领先专利技术，一期投入近5亿元建成全球首套5万吨/年聚甲氧基二甲醚生产装置，该项目具有科技含量高、战略意义大、环保效益好的特点，是国家“863计划”“973计划”重点研究项目，是“十一五”“十二五”科技部重点支撑项目和国家先导性项目以及“十三五”重点推广发展科技项目。

江油启明星氯碱化工有限责任公司　由利尔化学股份有限公司、江油华兴电力有限责任公司、绵阳创力科技发展有限公司和成都华骄电器设备有限公司共同投资，以生产工业用氢氧化钠及其系列产品为主的基础化工原料生产企业，采用的是目前国际、国内先进的零极距离子膜电解生产技术，年生产烧碱能力2万吨，公司生产的液碱、液氯、盐酸等产品，广泛用于造纸、印染、冶金、化工、制药等行业。

（王慧凤）

中国石油西南油气田川西北气矿

【概况】　川西北气矿主要担负四川境内北起广元、南至雅安、乐山等地矿权面积3.794万平方千米区域的油气勘探开发、管道运输、油气产品和天然气化工产品的加工及销售业务。生产天然气、凝析油、硫磺等油气化工产品，为广元至成都沿线及川西北地区的46个市（县）提供工业、民用和商业天然气。截至2017年年底，有机关职能科（部）室12个，直属机构9个，直属单位5个，基层单位16个。在册员工2697人。在册干部665人，在册工人2032人。干部中具有高级专业技术职务职称74人。工人中具有高级技师18人。拥有固定资产原值122.13亿元，净值12.52亿元。累计发现地面及潜伏构造151个，已钻构造69个，获气田7个，含气构造26个。累计钻井649口，有获工业价值油气生产井312口。拥有集气管线236条773.62千米，输气管线50条844.27千米，气举管线22条75千米，污水运输管线39条154千米，输油管线2条5.7千米，有天然气净化装置2个，回收装置2个，公用工程1个，轻烃生产装置1套，储运、充装装置1套。集配气站、增压站33座。

2017年，生产天然气5.46亿立方米，商品量5.15亿立方米，石油液体6264吨，销售天然气14.89亿立方米；实现账面收入20.66亿元（含西南销售7.13亿元），与预算同口径调整后实现营业收入8.57亿元，较年度预算增加1.69亿元，完成年度预算的125%；实现账面内部利润总额-12.58亿元，与预算同口径调整折旧等费用后，较年度预算减亏1.68亿元。

【油气勘探】　全年，推动实施物探采集项目5个、探井18口、开发井7口，累计进尺40283米。双鱼石地区下二叠统勘探获得新进展。在双探1、3井上古生界勘探取得重大突破的基础上，双鱼001-1、双探8井栖霞组分别测试获83.72万立方米、36.88万立方米高产工业气流，极大地推动中坝—双鱼石构造带下二叠统圈闭预探及气藏评价勘探进程。九龙山主体构造栖霞组勘探获得新进展。龙探1井下二叠统栖霞组测试获105.66万立方米高产工业气流，预测有利储层分布面积达120平方千米，进一步证实九龙山构造下二叠统具有良好的勘探开发潜力。川西南部大兴场构造下二叠统勘探获得新进展。大深001-X3井栖霞~茅口组、大深001-X4井茅口组分别测试获气12.68万立方米和12.66万立方米。特别是大深001-X4井栖霞组首次发现厚层状白云岩储层，预测区内白云岩分布面积达3000平方千米，进一步拓展大兴场构造南段的勘探区域。川西南部雷口坡组勘探获得新突破。兴探1井雷口坡组测试获气

5.17万立方米，是川西南部地区第一口获工业气流的预探井，区内提交天然气预测储量612.49亿立方米，对促进和推动川西北中三叠统连片勘探开发起到重要作用。立足气田效益开发，精细管理水平进一步提升。新区试采有序推进。做实、做细双鱼石区块、九龙山气田以及龙岗62井区前期评价，新井新增产能60万立方米。以九龙山、双鱼石区块试采方案为支撑，加快推动九龙山、双鱼石新井产能准备和净化厂建设工作，预计新增天然气净化能力420万立方米。跟踪重点井试采动态特征，完成专项试井监测及解释评价，为新区气田科学高效开发提供指导依据。老区实现稳定开发。全面系统评价242口气井产能、投入、产出及效益，关停气井13口，排水采气工艺30井次，增产4662万立方米，综合递减率2.17%，同比下降10.08%。开展储量新增和复算工作，老区新增探明地质储量104.98亿立方米。两化融合有序推进。以风险管控、提质增效为目标，推进两化深度融合管理体系贯标工作。开展54个井站的信息化完善和改造，新增无人值守站10座，风险管控能力进一步加强。江油采气作业区试点开展“作业区数字化管理平台”应用，实现一线场站作业流程信息化、无纸化。开展“集输管道智能管理系统”建设，两化融合与工作质量标准紧密结合，工作模式从线下转变为线上，初步实现管道巡护工作“岗位标准化”和“管理数字化”。强化天然气市场营销，区域竞争能力进一步增强。天然气供应保障有力。提前谋划冬春季天然气保供工作，做好天然气下载，累计下载7.6亿立方米，单日下载最高达625万立方米，创历史新高。市场潜力充分挖掘。开展现场调研，紧跟“煤退气进”承接项目，开发“煤改气”项目10个，“煤改气”销量突破1亿立方米。新开发梓潼分布式能源项目1个，年需求天然气3800万立方米。市场发展平稳有序。建立天然气终端销售联合管理机制，协同推进区域市场开发，促进燃气销售上中下游业务一体化协调发展。开展天然气需求调研，科学实施销售计划，支撑川西地区管网规划建设决策。价格市场化强力推动。积极协助客户注册开户及线上竞拍交易，33家客户完成注册工作，其中7家成功实现线上竞价交易，竞拍天然气275万立方米，每立方米最高达1.87元。

【风险管控】 推进基层站队QHSE标准化建设，开展“三册一图”编制，做好对标梳理和整改，加强培训和考核，气矿6个主要生产单位通过公司达标验收。开展全员安全环保责任制建设工作，层层签订责任书，逐级开展QHSE绩效考核，实现工作目标。“两个现场”监督有力。开展QHSE管理体系审核，审核15个基层单位，发现各类问题722个，均制定整改措施，实施闭环管理。接受公司QHSE管理体系审核，举一反三进行排查和整改验证。抓好承包商入场监管，全年现场检查施工作业805次，纠正违章行为301项，4家承包商被处罚，累计HSE违章记分10分，5家承包商纳入“黑名单”。管道管理更加规范。严格执行“4+1”管道巡护模式，开展“四级督查”，全年累计巡检集输气管道35万千米，输气管道未发生第三方施工破坏事件。开展管道高后果区识别和地质灾害评估，加强内部集输管道动态分析和失效事件分析，较2016年同比失效次数下降50%。应急处置能力持续提升。制定完善应急预案，构建起气矿应急预案管理体系。扎实推进“一案一卡”工作，编制应急处置卡454张，修改应急预案34个。强化双盲应急演练和上下游联动演练，开展各级演练345次。

【生产协调】 推进重点工程建设，柳池坝计量站改造完成并顺利投运。完成净化、轻烃装置和雷三气藏检修工作。首次实施龙岗062-C1井至元坝27-1/2井高含硫管道清管预膜工作，降低内部腐蚀风险。净化轻烃装置生产进一步受控。完成净化厂和轻烃厂操作规程、工艺卡片的年度评审、操作卡修订，以及龙004-X1井脱硫站操作规程、工艺卡片的评审和出版工作。严格执行工作流程、工艺纪律，净化装置、轻烃装置实现安全平稳运行。土地管理、对外协调进一步提升。取得双探9井等8口钻井项目临时用地10.11公顷，取得龙岗062-C1等4口井试采地面工程新增建设用地2.64公顷，协调处理各类纠纷事件30起。防灾治患工作进一步加强。开展汛前检查和隐患排查，查出问题23个，识别出地灾敏感点17处，梳理出重点防汛部位8处，制定相应的防控措施。科学处置、及时应对九寨沟7.0级、青川5.4级地震，杜绝次生灾害发生。

【企业管理】 开展川西北部震旦系—下古生界构造特征及含油气地质条件研究，提出有利勘探区带和钻探目标。开展双鱼石、九龙山构造下二叠统天然气地球化学特征及烃源评价研究，指导了区内下二叠统资源量计算、区带评价等工作。气矿承担的9项公司级科技项目参加审查验收，7项获优秀评价。气矿1项新型实用专利获国家知识产权局授权，2项新型实用专利和1项计算机软件著作权通过股份公司审查，待授权。开源节流取得明显成效。精细生产组织运行和营销管理，全年超额完成天然气产量任务、销售计划，增收1.36亿元。优化投资结构，提升投资回报，节约投资5020万元。加强招投标管理，规范运营成本，招标、谈判、询比价节约376万元。严格控制“五项费用”支出，人均节约1000元、非生产性支出下降325.16万元。依法合规管理逐步加强。加强基础建设工作，修订各类规章制度23项。开展关键岗位员工、科级领导干部合规评价，覆盖率100%。强化承包商考核，考核评价70家承包商、服务商，年检13家气矿准入承包商。依法依规签订合同684份，到期未履行合同为零。开展依法合规能力考核，获得公司“甲级”授权评价。气矿连续12年保持四川省“守合同重信用企业”称号。

【优化整合】 完成机构业务整合及人员分流安置。成立“矿区业务管理部（老干部科）”“生活后勤服务中心”“离退休管理中心”，明确工作职责和管理界面。完成新成立机构“五定”工作，采取内部调剂、组织调动、公开竞聘和双选等方式，多渠道安置分流托管人员。存量资产处置和“三供一业”移交稳步推进。完成江油片区存量土地房屋资产清理以及资料收集、评估和测绘等工作，处置方案经公司研究同意，已上报集团公司审批。大力推进“三供一业”移交，水、电、气移交工作进入实施阶段，中油涪滨花园、阜丰花苑物业管理全部移交川油物业公司，企业办市政、社区设施及管理业务移交全部完成。灾后重建结算审计和房屋权证办理有序开展。推进重建项目竣工结算工作，46项结算审核项目，累计完成45项，完成率97.8%；32项结算审计项目，累计完成29项，完成率90.6%。推动中油涪滨花园不动产权证办理工作，争取地方政府最大支持，惠及员工群众。

（贾兴福）

图55 川西北气矿江油采气作业区总配气站

攀钢集团江油长城特殊钢有限公司

【概况】 攀钢集团江油长城特殊钢有限公司（以下简称攀长钢）原名冶金工业部长城钢厂，始建于1965年，1972年正式投产。公司注册资本43亿元。2017年末在岗职工人数3570人，其中技术人员及研发人员370人。2017年，公司产钢21.2万吨，比2016年增长22%；产材34.89万吨，同比增长18%，其中自炼钢成材16.75万吨，同比增长26%；实现主营业务收入27.56亿元，同比增长41%；实现利润412万元，同比增加1.99亿元。

【企业发展】 2017年，攀长钢编制《2018—2020年快速发展规划》，制定“双50工程”产品大纲，突出产品集约度，明确产品发展方向；加大技改项目投入力度，12吨真空感应炉、自耗炉、LF炉、8MN精锻机、扁钢生产线自动化改造与新建等项目紧锣密鼓加快推进；强化科研战略合作，与钢铁研究总院签订每年不低于1000万元的特种金属材料研发协议；加强人才引进和培养，引进5名高端技术人才，启动中层领导干部能力素质培训工作。全面贯彻落实两级集团调研指示精神，全力推进“两大工程”，成立“3525、9795”工程指挥部，重点解决炼钢和成材工序的瓶颈问题，“两大工程”指标有效优化。

【推进精益生产】 突出高效炼钢，通过推行“列车时刻表”生产模式等措施，有效释放炼钢产能，缩短冶炼时间，提高炼钢效率。增强工序协同，加快坯料流转和入库进度，全力保障合同交付。加强计划管理，强化供产运销衔接，严格推行按月度计划和合同交货期组织生产，全年合同兑现率为86.4%，同比提高1.35个百分点。深化系统量化降本，全年降本增效3.2亿元，其中制造环节降本1.14亿元。存货占用从年初的10.13亿元下降至9.46亿元，外部应收账款从年初的1.84亿元下降至1.54亿元。加快非钢发展，坚持责、权、利对等，继续对非钢单位实行自主经营，充分授权，放开搞活，激发非钢产业发展活力。

图56 攀长钢新建的锻造生产线

【推进质量振兴】 夯实质量基础，完成质量判定系统升级改造，形成96个《岗位常见工艺质量问题及处理方法》规范。完善自检、专检职责，全年钢材一次合格率提高2.38个百分点；加大质量改进和质量攻关力度，全年质量攻关立项23个，创效759万元；推进质量管理QC小组课题152个，创效908万元，其中11个QC小组分别获得冶金工业质量经营联盟、省、市以及集团公司表彰。提高军品质量，全年军工产品质量异议量同比降低128.2吨，减少44.1%。推进品牌建设，不锈钢棒材、模具钢获第十二届“四川名牌”称号，轴承钢换证许可顺利通过，武器装备科研生产许可证、特种设备（压力管道元件）制造许可证换新成功，ABS船级社、BV船级社认证通过现场年审，淬透性结构钢热轧圆钢“金杯奖”通过复评。

【科研成果】 全年，8个国家级项目通过审计，2个省级项目完成节点任务，17个对外技术合作项目完成阶段目标，3个集团协同项目、28个公司重点项目、36个一般项目完成率达100%。“高强高韧钢大截面锻材开发”项目获省科技进步奖二等奖，“快锻与精锻机组锻造工艺研究及应用”等两个项目获三等奖，“新型S系列钢关键工艺技术研究”项目获集团公司科技进步一等奖。提交专利申请13项，获国家知识产权局专利授权4项，成功通过四川省企业技术中心认定。在第22届全国发明展览会上，攀长钢公司申报的3个项目，获得2金1银。

【提升基础管理】 实施LP项目管理，制订基础管理提升工作方案，推进“五制配套”管理；开展精益六西格玛管理，确立“黑带”项目20个，推进快赢改善措施120条。强化运营机制建设，进一步优化组织机构，开展规章制度“立、改、废”工作，优化125项，完善公司制度体系。提升装备发展实力，主要设备可开动率比年度目标提升0.53个百分点，完成“两大工程”重点技改项目4个、零固购置项目14个、检修资本化项目4个、质量计量相关项目3个，并对9个环保整治项目进行立项。启动公司“两化融合”项目，实施锻轧MES系统建设。修订完善《安全生产事故隐患排查治理制度》，向“四川省隐患排查治理信息系统”申报隐患61项并全部完成整改；加大资金投入力度，实施炼钢料场除尘、连轧酸洗改造等环保项目，强化环保设施运行监督。实现全年重大交通事故、危险化学品事故及重大环境污染事故为零，废水、废气在线监测，比对监测合格率100%，污染物综合排放合格率达99.5%，外排污水同比减少450万立方米。

（李　辉）

江油年鉴

商贸·旅游

Commerce·Tourism

商业贸易

概　述

【概况】　2017年，全市实现服务业增加值152.4亿元，比2016年增长10.6%，位居绵阳第四；实现社会消费品零售总额182亿元，增长12.6%，位居绵阳第一；实现旅游收入98亿元，增长22.3%，位居绵阳第；实现电子商务交易额183.69亿元；实现外贸进出口4851万美元。

【外贸进出口】　全年，全市外贸进出口（自营）5240.6万美元，有进出口实绩企业20家。其中：进口3488.1万美元，实绩企业4家；出口1752.5万美元，实绩企业16家。培育新增“对外贸易经营者”备案企业8家。截至12月底，全市拥有进出口经营资格的备案企业共98家。主要进口企业：四川德华皮革有限公司、四川佳运油气技术服务有限公司，进口产品：水貂皮、电动调节阀；主要出口企业：江油星联电子科技有限公司、四川六合锻造股份有限公司、江油市长祥特殊钢制造有限公司、江油天安矿业有限公司，出口产品：精密电路板、工具钢、模具钢、特殊钢锻材、合金不锈钢、大理石石材等，主要出口市场：美国、英国、韩国、土耳其、伊朗等国家和地区。

【外贸发展】　2017年3月14日，经四川省商务厅同意原“四川（江油）驻东盟商务综合服务平台”扩大、升级为“四川东盟贸易与商务合作联盟”，在越南河内的办公场地、营销中心、产品仓储式展示中心即将完成，全省共计400余家企业签约加入联盟、近60家企业（其中江油企业4家）达成入驻平台意见。10月，由绵阳市商务局组织、新未来公司承办，在越南举办绵阳茶业饮品展示推广，江油企业四川鼎丁益科技有限责任公司的石斛类产品参加相关活动并受好评，东盟市场拓展可以有效带动江油市石斛产业和农村合作社发展，形成企业“走出去”示范效应。四川特钢产业国际合作联盟。由江油市泰生金属实业有限公司具体承办，年内已完成欧洲子公司在德国的注册手续，计划在德国鲁尔区西玛克工业园建国际展览馆、市场营销中心、技术质量及售后服务中心。该公司申请在欧洲子公司设立中德（四川）装备制造国际产能合作交流中心获四川省商务厅批准，通过该平台把江油市剩余的特钢产能消化出去，开拓德国乃至欧洲市场。江油市对外劳务合作服务平台与中建集团、中石油、中水集团等数十家央企和知名国企、民企建立良好的战略合作关系，每年向境外输送务工人员500人以上。

【现代服务业发展】　全年江油实现服务业增加值189.88亿元、同比增长10.6%，服务业占GDP比重较2016年提高10.3个百分点达49.4%，超出工业10.7个百分点。第三产业对GDP增长贡献率达51.6%，全市产业结构由“二三一”调整为“三二一”的局面基本形成；实现社会消费品零售总额184.46亿元，同比增长12.6%，增速位居绵阳第一，限额以上企业总数达196家（其中批发企业30家、零售企业74家、住宿企业17家、餐饮企业75家）；第三产业内部结构呈现优化升级的态势，传统生活性服务业占比缩小，生产性服务业占比提升，现代服务业高速发展。批零住餐四大标志性生活性服务业增速连续3年低于服务业增速，占服务业比重由2015年的28.53%、2016年的28.28%降低到2017年的27.95%。金融物流、商务服务、邮电、房地产等生产性服务业占服务业比重已经达49.02%。全年实现旅游总收入97.96亿元、同比增长22.3%，电子商务交易规模151.4亿元。房地产业、现代金融和文化旅游业、电子商务等新兴服务业的发展势头喜人，对经济发展的贡献不断升高。由市政府牵头建设省级现代商贸服务业转型升级示范县，抓好城西、城南和纪念碑三大商圈建设。规划建设“慢生活”特色商业街有效整合城西片区10万平方米商业面积；引进投资6亿元的宝龙城市广场入驻恒大商业综合体，加快城南商圈形成；投资1.8亿元对纪念碑银鹰大厦、汇星商场等进行改造，投资1亿元建设地下商业步行街，有效提升纪念碑商圈功能形象；打造区域性消费洼地。

【节会经济】 全年组织企业参加“川货全国行”“惠民购物全川行动”“万企出国门”三大活动30余次，扩大知名度和影响力。筹备开展第四届李白故里啤酒节、江油汽车博览会、第五届乡村旅游节系列活动，年货采购节暨李白故里第二届年货节等大型特色会展10余次，涉及汽车、日用百货、服饰、美食等十余个品类，参展商家上千户，积聚大批人气，拉动消费10亿余元。

【市场运行监测】 全年，江油市商贸系统共确定市场运行监测样本企业20家（其中重点流通企业10家，生活必需品企业6家，重要生产资料企3家，信息泵监测1家），样本企业直报数据准确率达100%，根据监测企业的报表数据的收集及分析，随时掌握市场的运行动态及供求情况，为政府决策提供科学依据。

【市场应急保供】 全年，江油市共确定4家市场应急保供储备企业（其中绵阳生活必需品应急储备企业2家，江油储备企业2家）。

【商业管理】 全年开展专项执法活动，“12312”投诉平台有效运行，组织成员单位开展打击侵犯知识产权和假冒伪劣商品活动和诚信服务活动4次。行业安全责任层层落实，全市15家大型商贸流通企业均签订年度安全生产目标责任书，确定任务，落实责任。累计进行安全检查50余次、共查出一般安全隐患12处，发出整改通知10份，并督促企业对安全隐患及时进行整改。

【电子商务】 全年全市实现电子商务交易规模183.69亿元，网络零售额16.83亿元，绵阳名优特产品线上交易额1.33亿元。加快推进国家级电子商务进农村综合示范项目建设，建立和完善县、乡、村三级电子商务运营服务网络。2017年全市已累建电商进农村服务站点112个，建档贫困村电商服务站点建设实现全覆盖。牢固树立电子商务和“互联网+”这一现代服务业发展“一号工程”的核心地位，强力推进电子商务产业发展，通过各类电商平台搭建优质宣传、推广和销售贫困村的农特产品，促进农民增收，加快电子商务扶贫步伐。组织劳务输出企业、电商运营企业、农产品生产包装加工销售等

图57 9月28日，中国（四川）电子商务博览会江油专场推介会

企业相关负责人20余人深入江油对口帮扶贫困县——布拖县的多个乡镇、村组调研摸底，与相关单位、乡镇的领导干部沟通交流，做成布拖县农业产业化发展、电子商务运用、农民工培训输出等工作方案。为联系的布洛乡尾石沟村制定畜禽养殖基地方案，为特困户送去价值5000余元的生活必需用品。指导四川翔风科技有限公司、四川微米电子商务有限公司、四川省冯老汉科技有限公司三家企业申报四川省商务厅开展的2017至2018年度电子商务示范企业创建工作。指导四川清香园调味品股份有限公司、四川皇龙智能破碎技术有限公司等6家企业申报绵阳市2017年电子商务重点项目申报工作。指导黄远明、张从容等5人申报绵阳市人才工作服务脱贫攻坚资助项目。组织全市12家电商企业参加2017中国（四川）电子商务发展峰会，在江油特装馆内进行产品线上线下展销，参展企业线上线下销售额累计达百余万元。颐江国际电子商务产业园项目二期O2O线上线下融合发展的仓储冷链物流展示交易中心和线上幸福（江油）生活应用服务平台已投入运营。积极打造农特产品，开展网销品牌培育，培育冯老汉石磨面、含增鱼腥草茶、微米天麻等近52个农产品品牌。在企业、各乡镇、村社组织开展电商知识普及培训，推动传统企业和涉农企业拓展电子商务应用，培训人次达2000人次以上。

（商旅局）

【酒类流通管理】 2017年，承办绵阳市白酒质量安全风险研判会。全年立案查处流通领域酒类违法案件47件，主要包括虚假宣传、侵犯注册商标专用权、经营不合格白酒、无照擅自从事酒类经营等案件。

集贸市场

【概况】 2017年，江油市食药工质局以创建全国文明城市为契机，组织开展市场秩序专项治理，严厉查处集贸市场经营户各类违法违章行为，努力营造规范有序、公平竞争的市场交易环境，维护市场交易秩序。截至年底，全市有各类商品交易市场47个，其中城区集贸市场14个（新建长钢市场、新水果批发市场，关闭老水果批发市场），专业化市场6个，批发市场2个。集贸市场的流通和辐射功能进一步增强，促进商品销售稳定增长。

【市场管理】 全年，江油市食药工质局集中精力抓好对市场交易行为和竞争行为的监督管理，开展食品安全、餐饮卫生等多个专项检查，开展“百城万店无假货”“放心购物一条街”等多个主题活动，营造良好的市场竞争环境。同时，在全市的酒店、宾馆以及餐饮店开展文明餐桌行动，制作宣传座牌和资料3000余个（份）。

（赖　寒）

【物流业管理】 全年，做好危爆物品寄递物流清理整顿工作，会同相关部门开展危爆物品寄递物流清理整顿联合检查，指出存在的问题，并要求其限期改正，有效维护寄递物流市场经营秩序。

【生猪定点屠宰管理】 全年，全市22家生猪定点屠宰场全部通过资格年检清理并取得“生猪定点屠宰证”“动物防疫条件合格证”“污染物排放许可证”。全年共屠宰生猪47.3万头。按照“管行业就必须管环保”的要求，制定畜禽屠宰场环境保护监管细则和实施细则，严格整治屠宰场废弃物的排放，取得在迎接中央环保督查中零举报的业绩。实施屠宰检疫检验风险管理，将检疫检验规程落到实处，责任落实到人，制定屠宰检疫风险点8个，肉品品质检验风险点6个，把检疫检验重要环节的风险责任压实到具体责任人；制定并印刷《肉品品质检验5册记录表》并要求屠宰场严格按《记录表》要求操作并如实记录，确保肉品质量安全；加大日常巡查力度，结合环保整治；创新培训方式，利用科教站职业经理人培训项目，对22家生猪屠宰场负责人和业务骨干进行培训。

（田春燕）

“互联网+”

【概况】 为充分发挥“互联

网+”在生产要素中的优化集成作用，促进资源配置优化与全要素生产率提升，加快传统产业转型升级，制定出台《江油市2017年“互联网+”重点工作方案》,在市发改局设立江油市“互联网+”领导小组办公室加强组织领导，定期召开“互联网+”工作例会，协调解决工作中的问题和困难，全市“互联网+”工作取得显著成效。

【电商企业与服务】 2017年，全市237户规模以上工业企业已全部实现互联网接入。川矿集团投入过百万资金建立ERP管理系统，对企业资源进行整合，减少库存积压30%，缩短生产周期25%左右，降低成本20%左右。长祥特殊钢制造有限公司、四川清香园调味品股份有限公司和豫蜀夜视利反光材料有限公司等30余户企业在淘宝、阿里巴巴、京东、天虎云商及江豆商城上等国内、市内知名电商平台进行入驻销售。同时，江油市成功申报省级电子商务集聚区项目，并引进总投资6亿元的四川（江油）颐江国际电子商务产业园落户江油，建成预计可入住电商企业及电商服务业上百家。全年已建电商进农村服务站点103个，建档贫困村电商服务站点建设实现全覆盖。培育优质农产品，成功上线冯老汉水磨面、诗乡兔、小愚娘、山里来亲家母豆腐干等近48个农产品品牌。四川清香园调味品股份有限公司的系列产品作为名特优农产品参加2017全国农商互联大会。颐江国际电子商务产业园的二期O2O仓储冷链物流展示交易中心项目线上线下与物流体系全面投入运营。“幸福（江油）生活平台”的线上平台与淘宝特色中国绵阳馆正在进行数据链接和流量共享的技术测试。完成共同配送物流体系建设，覆盖江油40个乡镇及城区、社区的共配物流服务网点120个，自购车辆5辆、整合社会运力53辆。2017年，全市建设江油市三一养殖场智慧农业示范龙头企业1家；累计建成江油市大康百合爱情谷、青龙峡漂流、武都勇强生态农业、国程农业等智慧乡村旅游试点和智慧乡村旅游景点10个；培育江油市茂禾专业合作社（中华蜜蜂养殖）、江油市正禾种养殖专业合作社智慧农民专业作社2家，培育江油市铜星乡创意家庭农场、小溪坝川通家庭农场等智慧农场5家。投资200余万元建设农业信息进村入户生产、销售、物流配送为一体的省、市、县、村多级电子商务平台“益农信息社”216个。实现农业电子商务交易额4.46亿元,占农牧业总产值的6%以上。龙头企业触网率达80%以上，全市规模以上农业企业电子商务普及率、行业电子商务普及率、农村电子商务普及率均达30%。

【创新创业】 全年新增认定电子商务创业中心、创客空间两个大学生创新创业园区（孵化基地），给予青年（大学生）现代农业创业示范园、电子商务创业中心、创客空间、科技孵化园四个大学生新创业园区补助资金共20万元。实地走访返乡农民工、大学生等创业项目94个,发放创业补贴61.7万元；发放小额担保贷款31笔304万元。完成1439人次电商服务培训，其中2017年度高校毕业生994人。

（吕珮茹）

供销合作商业

【概况】 江油市供销合作社联合社（以下简称市供销社）全面贯彻落实中央、省、市关于深化供销合作社综合改革文件精神，以改革促发展，强化服务“三农”工作。2017年销售总额8410万元，农副产品购进2186万元，电子商务销售1076万元。市供销社所属的三合镇供销合作社被全国供销合作总社授予“基层标杆供销社”称号；市供销社被四川省供销合作社评为“安全工作先进单位”，被江油市评为“孝老敬老先进单位”。

【农村产权流转交易市场体系建设】 成立江油市农村产权流转交易服务中心，完成江油市40个乡（镇）服务站、365个行政村信息收集点打造。2017年6月12—13日绵阳市农村产权流转交易市场体系建设推进现场会在江油召开。8月22日颁发绵阳市首本“农村产权交易鉴证书”，绵阳新闻网、《今日江油》等媒体进行报道。2017年挂网发布产权流转信息41条，组织交易10笔，总面积2.3万余亩，成交金额1600余万元。

【农村合作金融服务】 以江油市蜀岭资金互助合作社为试点企业，探索农村资金互助组织股权优化和监管模式创新。针对该社少数社员持大股，一般社员持股少，互助资金受益面窄等问题，通过社员代表大会决定大股东减持1/3股份由小股东增持，已优化股权60余万元。出台《蜀岭社监督管理办法（试行）》，严格实施“三锁定、两规范、一禁止、一审批”，全年发放借款78笔、金额665万元，利息收入20.1万元。

【基层组织建设】 加大与涉农企业、农民专业合作社的合作力度，扩大供销社为农覆盖面。全年发展江油市福地农业科技有限公司、四川省地安生态农业开发有限公司、江油市梓州附子专业合作社、江油市川通种养殖专业合作社4个基层组织。

【农资应急储备】 建立江油市农资应急储备机制，服务农业生产。编制《江油市2016—2020年农资应急储备规划》；修订完善《江油市农资应急储备管理办法》，实现常年储备农药5吨、化肥4300吨以上。

【农业社会组织服务】 吸纳江油市福地农业科技有限公司、江油市农村合作经济联合会、江油市农资协会、江油市种子协会等涉农经营服务组织为成员，注册营运江油市农业社会组织服务中心。该中心2017年在江油市建乡（镇）、村为农服务站11个，并在江油市的三合、青莲、新安、双河四镇以及太平镇清华村建成现代农业社会化服务超市5个。开展农资、农技、植保等培训130余人次，推广配方施肥533.33公顷、统防统治666.67公顷。

（李旭光）

【粮油购销】 2017年，全市粮食系统原粮总购进13.4万吨，原粮总销售12.7万吨，其中转入储备2万吨。全市粮油总库存7.4万吨（其中原粮7万吨、油脂3370吨、成品粮630吨），销售收入2.1亿元，毛利400万元，利润36万元。

（发改局）

烟草专卖

【概况】 2017年，四川省烟草公司绵阳市公司江油分公司共销售卷烟23668.5箱，其中：地产烟销售9403.0箱，比2016年增长3.7%；单箱结构32855元/箱，同比增长1.9%。实现销售收入7.78亿元，实现税利2.17亿元。

【营销工作】 精细客户货源需求预约工作，在卷烟市场“供大于求”及社会整体经济下行的情况下，利用货源预约调整杠杆效应，努力突破销售进度瓶颈。加强品牌培育，以开展品牌培育座谈会、“川烟品牌进重点企业”宣传推介、川烟亲情寄送活动、川烟培育明星评选活动、“李白文化系列旅游节”宣传活动为载体，以节日消费、婚庆寿宴、升

图58　10月5日，市烟草专卖局在重华镇指导零售客户开展卷烟新品上市宣传推介

学宴等节点为抓手，通过品牌实物展示、展板图片宣传、消费者现场品吸等方式，有效推动川烟培育和川烟销量的提升。挖掘川烟新的增长点，打造细支烟品牌培育标杆市场。通过开展川烟细支烟重点推介工作，营造川烟细支烟良好的市场氛围。加强营销队伍建设，组织开展客户服务、市场分析、品牌培育卷烟零售终端等方面培训活动12次和“强员工素质、展营销风采”为主题的卷烟营销岗位练兵活动，提升营销人员综合素质。

【专卖工作】 开展“3·15”“6·29”“12·4”主题法制宣传活动，并通过自律小组、客户座谈会、市场走访等方式，向消费者、零售户普及烟草法律法规知识、假烟鉴别常识、许可证办理程序、举报政策等，进一步提高社会各界对烟草专卖法律法规的认知度。开展错时检查以及“2017年春节前交叉检查”“2017年物流快递运输涉烟违法整治”“铁拳2017”“2017年国庆、中秋卷烟市场集中整治”和“2017年年末市场集中整治”等专项行动。建立市场监管协作机制，畅通专卖与营销、送货的信息沟通渠道，多方位收集市场异动信息，加强涉烟情报信息网络建设。加强与公安、工商、铁路、快递部门的协作，构建一套职能专业、深入市场、分工明确、信息准确的情报搜集和分析决策机制，掌握打击涉烟违法犯罪的主动权。同时，以严格“执行烟草专卖法律法规规定和许可管理制度”为总体目标，对许可证管理工作流程进行再次梳理，明确后续监管的程序、时限、法律文书等要素标准。确保涉及人员严格依法依规行使工作职权。进一步推进标准化稽查中队建设，开展专卖岗位培训和职业技能鉴定知识培训，全面提升职业技能和案件查办能力。强化内部监管，注重管销对接，抓好宣传教育、网上监管、全面自查，及时排查违规经营隐患，有效落实问题整改，以持久的定力守住规范经营的底线。全年共计查获各类涉烟违法案件626起，其中，销售假冒卷烟案件343起、非法渠道购进卷烟案件219起、无证经营案件64起；查获非渠道卷烟1790.6条（价值30.98万元）、假冒卷烟3788.9条（价值88.30万元）；收缴罚没款10.52万元；破获万元案件25起，其中，五万元案件3起。共受理各类行政许可482起。受理新办136起，其中准予125起，不予11起，变更1起，补办5起，停业132起，恢复营业33起，注销148起，歇业19起，责令整顿4起。

（烟草专卖局）

旅 游

概 述

【概况】 2017年，江油市被四川省旅游产业发展领导小组批准为四川省旅游强县，全市旅游总收入97.96亿元，比2016年增长22.33%，接待游客736.41万人次，同比增长21.42%。2017年度，入库（国家旅游局旅游项目管理系统）在建旅游项目完成投资11.04775亿元，同比增长20.5%。启动《江油市全域旅游发展规划》编制工作，为江油市打造国家级旅游目的地和创建“国家全域旅游示范区”做好顶层设计。成功设立省内首支省级国资平台与县级政府合作旅游产业基金。江油市政府与川能投下属企业新城基金公司正式签署《合作框架协议》，基金总规模达50亿元。以“畅游李白故里，体验大美江油”为营销宣传主题，积极参加省、市组织的对外营销宣传活动，抓住西城高铁即将开通的机遇，走进成都高校、重庆、西安开展旅游宣传营销。并与西安、重庆的旅行商达成合作意向。8月，荷兰法肯堡市政府代表团到江油，开展为期5天的交流访问。期间，双方签署旅游战略合作框架协议，进行两地美食文化品鉴和两地文化风情展览。举办江油市第五届乡村文化旅游，全年开展2017中华旅游小姐绵阳之旅走进江油、第十一届青莲桃花节、第五届辛夷花节等19个乡村旅游节庆活动。全年乡村旅游总收入26.02亿元，增长23.96%，接待游客388万人次，增长30.57%。先后举办“旅行社从业人员技能培训”“养马峡景区旅游从业人员培训”“高层次专家智力服务中国（绵阳）科技城——江油市北部片区旅游扶贫培训会”“江油市星级酒店从业人员培训”“江油市乡村旅游从业人员培训班”等有针对性的旅游培训班，全年共培训服务人员1950人次。新增旅行社网点备案13家，注销2家。评定星级农家乐2家，创建国家AAA级旅游景区1家，新增和更换了S205线、S302线及市内部分旅游标识标牌。全年举办培训8次，培训旅游人员2000余人次。6月13日承办省旅发委“旅游景区新标准培训会”，省旅发委及全省21个地、市、州旅游委（局）、拟创建国家AAAA级旅游景区所在县（市、区）旅游部门及景区负责人330余人参加了会议。7月19日承办省旅发委《川北片区行管督查及培训会》，省旅发委及成都、德阳、乐山等6个地、市、州旅游委（局）30余

图59　3月9日，江油市第五届乡村文化旅游节启动仪式

人参加会议。全年组织开展旅游安全专项检查36次，共检查涉旅企业116家(次)，检查出一般性安全隐患58条，并全面整改完成。发现重大安全隐患1处(佛爷洞地质灾害)，请示市委、市政府安排专业部门排除隐患。

（商旅局）

【窦圌山景区】 窦圌山位于江油市武都镇，距市区25千米，以奇险幽秀著称，李白曾在此留下“樵夫与耕者，出入画屏中”的著名诗句，为国家AAAA级旅游区景。窦圌山地处四川盆地东北部，涪江上游东岸，系龙门山构造带与四川盆地沉降接触地带，地层出露为侏罗纪泥岩、砾岩。由于地质运动，风蚀雨溶，形成三座笔直矗立的石峰，其主峰海拔1140米。三峰耸峙，如刀砍斧削，直插云天。峰顶各有一庙，依山取势。西为问月峰，上有东岳殿；北为神斧峰，上建鲁班殿；南为飞仙峰，建有窦真殿。三峰中仅问月峰有石径可上。三峰之间铁索勾连，形成“圌岭飞渡”的奇观，被誉为“华夏一绝”。云岩寺为窦圌山现存古建筑的主要部分，位于窦圌山主峰下，始建于唐，重建于清乾隆年间。寺庙以三座奇峰为屏障，东傍悬崖绝壁，西邻群峰密林，临岩负云，极有气势，殿宇重叠，高低错落，主次分明。窦圌山现存古建筑中以飞天藏历史最为久远。据清雍正版《江油县志》载：“飞天藏在窦圌山。南宋淳熙八年（1181）建，元至正时重葺，明季遭兵火，城郭居室荡然，惟此独存。”1988年，云岩寺被国务院公布为全国重点文物保护单位。景区不断完善旅游基础设施建设，开设有林中穿梭、滑草等游客参与性项目，服务水平也有所提升。

图60 窦圌山风光（刘华伟摄影）

【佛爷洞景区】 佛爷洞位于江油城西北14千米处的大康镇境内，李白曾读书十载的大匡山下，为国家AAA级旅游景区。佛爷洞是一个岩溶风景区，因民国23年（1934）人们在洞内发现一尊3米多高的石刻如来佛像，故称佛爷洞。佛爷洞地处前龙门山北段，南西端宣陵山区，海拔700米，年降雨量1000毫米以上，年均气温15℃左右。该洞形成于山原期，距今约1200万年。佛爷洞全长3700多米，分上中下三层。第一层为佛手迎宾至南天门，第二层从盘陀路进入“东海龙宫”，第三层是一条地下河。洞内景点近两百个。“佛手迎客”“南天门”“一柱厅”“半边天”“东海龙宫”“定海神针”“五彩神泉池”等天然造型气势磅礴，相映成趣，尤为壮观。驾船寻胜探幽，可直达“西方境”景点。

【李白故居景区】 李白故居为国家AAAA级旅游景区，位于江油市区以南15千米处的青莲古镇，由陇西院、粉竹楼、太白祠、太白碑林等几大部分组成。其中陇西院为李白旧宅、粉竹楼为李白胞妹李月圆的妆楼、太白祠为宋代修建的李白纪念场所。陇西院、粉竹楼始建于唐代，太白祠始建于宋代，这三处建筑几经兴废，当前保存的建筑系清代乾隆年间重建，在2008年汶川特大地震中损毁，2010年修复，为四川省级文物保护单位。太白碑林是21世纪兴建的集书法碑刻园林景观于一体的大型李白文化主题园区。根据李白诗风的特点，碑林分为“李白诗精品园”“清风明月园”“故园山水园”“磨针寻梦园”“诗仙醉酒园”五大部分。景区内的巨碑广场最具代表性的是巨型的浮雕墙碑。上面刻有被称为江南四大才子之一的明代著名书画家祝枝山书写

图 61　太白碑林

的《蜀道难》，明代书法家徐渭书写的《梦游天姥吟留别》和毛泽东主席书写的《将进酒》。李白故居依天宝山而建，天宝山顶为“清风明月园”，以太白楼为主体建筑。登临太白楼，青莲古镇四面风光尽收眼底。太华山、磨针溪、洗墨池、名贤祠、文昌宫、法华寺、石牛沟、衣冠墓、盘江、漫坡渡等大量与李白有关的景点和遗迹遗址环绕古镇周围，文化氛围十分浓厚。米芾、李调元、张大千、莫言等知名文人曾前来吊谒并留下珍贵墨迹。

【李白纪念馆】　李白纪念馆为国家AAAA级旅游景区，坐落在江油市风景秀丽的昌明河畔，占地40余亩。馆内清幽高雅，太白堂、归来阁等仿唐建筑错落有致，镶嵌在花林竹海之中。纪念馆融资料征集、学术研究、陈列、宣传、文化交流、旅游服务于一体，1962年筹建，1982年10月开馆。馆内藏有历代有关李白的碑刻、墨迹，各个时期中外版本李白著述、画册，邓小平、江泽民等党和国家领导人题词，祝允明、杨慎、石涛、张大千、郭沫若、启功、吴作人、黄君璧等名人书画作品，珍贵文物和资料近万件。建馆之后，已接待中外游客1500多万人次。2008年汶川特大地震致太白堂、精品陈列室、临江仙馆等主体建筑和游道损毁，部分围墙、建筑坍塌，受损面积1.4万平方米。2010年，河南省对口援建江油市，投资4000万元修复了李白纪念馆大门、太白堂、临江仙馆等建筑，并在馆内增建杜甫堂，凸显诗仙诗圣情意。2011年，江油市投资4200万元提升陈列，对园林进行改造，5月8日对外开放。从2012年5月1日起，李白纪念馆免费对外开放。为第四批全国爱国主义教育示范基地，四川省级平安景区。

【中华洞天旅游景区】　天音洞旅游区位于江油市含增镇，距江油市区12千米。洞内的钟乳石鬼斧神工，构成了瑰丽的地下艺术宫殿。溶洞地貌中所具有代表性的景观应有尽有，溶洞内移步换景、美不胜收、洞洞相连、奇幻迷离，石笋、石柱、石幔、石花、石钟乳千奇百怪、琳琅满目，洞中有洞、洞中有泉、洞中有河、洞中有天，钟乳石景观多达30多万平方米。国内首创洞天漂流，新颖奇特，四季可漂，漂流总长度3000余米，可体会

图 62　中华洞天旅游景区

黑洞、峡谷、奇石、彩林和钟乳石林各种元素，集溶洞漂流、空中漂流、峡谷漂流、彩林漂流于一体，洞漂峡漂乱石穿空，空漂彩漂曲径通幽，浪在空中，景在脚下，激情飞跃，令人心旷神怡。

【乾元山风景名胜区】 乾元山风景名胜区位于江油市西部16千米的含增镇，与北川羌族自治县通口镇隔河相望，是古典小说《封神演义》《哪吒传》等神话故事的主要发祥地，也是传说中的太乙真人炼丹修道和哪吒拜师学艺之地。乾元山景区有与道教封神文化和神话故事相关的哪吒肉身坟、哪吒点将台、哪吒号、乾坤圈及天地二旋坑、太极峰、金光洞太乙真人炼丹池等景点。金光洞又名太乙洞，坐落于乾元山太极峰右侧，是西蜀道教尊崇的圣地，洞外现存唐、宋、元、明、清时代道教石刻造像三十余尊。主要景点有太乙真人三道炼丹池、九龙柱、九转宫、龙池、孝子跪天桥、张三丰藏身处等。近年，有泰国、新加坡等国家及中国香港、台湾地区的上千名信教徒到此寻根问祖、朝拜游玩、寻仙访道。每年农历六月初六为朝山会。景区尚在开发建设之中，已建成哪吒大桥，并修通了游道。

【吴家后山】 吴家后山位于江油市大康镇，乾元山与观雾山之间，距市区约60千米，区内岩溶峰丛、漏斗及近水平的溶洞发育，且多数坡面呈深切割的峡谷景观。吴家后山每年的辛夷花海是其一大特色，在花庙子、韭菜园、烂房子一带有大片的辛夷花林，有上万棵树龄在百年以上的辛夷花树，面积达105公顷。辛夷花又名木兰、木笔，当地人称老木花，其花蕾在春天开放，花朵硕大，外紫内白，十分美丽，有较高的观赏价值。2013年有10万名游客上山观花，成为四川最佳赏花地之一。吴家后山除辛夷花自然景观外，还有奇特的岩溶漏斗，洞穴，峰丛和茂密的松林以及镶嵌其间的小块田园与农家相融，构成极富诗情画意的山乡田野风光，可供开展生态旅游与徒步登山，进行多项科普考察专项旅游。吴家后山大水洞遗址为新石器时代晚期遗址，距今约5000年，与川西宝墩文化、三峡梢棚嘴文化处于同一时代。

【老君山·藏王寨景区】 老君山又名藏王寨、唐王寨山，由严家岩、老君山、魔芋山、藏王寨山、寨子山、贺家山、梨树坪峰等山峰组成，主峰梨树坪海拔2345米，其余山峰海拔均超过2000米。山岭南北延绵21千米、东西宽14千米，面积300余平方千米。在此区域分布着众多的古硝洞遗址，这些洞穴多位于悬崖绝壁上，形态各异，洞穴入口狭小，洞深在几十米至十余里不等。硝洞内，古代炼硝留下的硝渣、下脚料等堆积如山，人工开采痕迹清晰可见。经过考古专家和地质专家多次深入洞内考察，确认江油藏王寨老君山古硝洞遗址群是迄今为止全国发现的生产规模最大、生产设施保存完好的古硝洞遗址。2006年6月，老君山硝洞遗址被国务院公布为第六批全国重点文物保护单位。老君山水体资源非常丰富，主要以3条溪沟为主，并形成了表态各异、数量众多的潭、叠水、瀑布等。老君山雄伟壮观，主峰海拔近2400米，在10千米距离内形成1800米落差，山前构造对称，呈二龙戏珠状，具备风水玄机。老君山保留着许多以道教建筑为主的庙宇，尤以建于500多年前的老君山道观最为典型。老君庙是古代道教的遗存，与旅游区的核心文化“火药文化”形成响应，建筑特色显著。明惠帝朱允炆隐居老君山的传说，更增添了旅游区的魅力。

【养马峡风景区】 养马峡风景区位于江油市文胜乡安顺村，距江油市区53千米，景区总面积约80平方千米，属藏王寨自然保护区的重要组成部分。养马峡相传为三国时期魏将邓艾攻占江油关后歇马休整之地，现通过进一步挖掘三国文化资源，开发生态旅游，按照“休闲、消夏、避暑、观光”的指导思想，进行总体旅游规划。景区交通规划将与九环线连通。景区以苍翠的群山、茂密的原始森林和草地为基调，一谷一坝三洞四峡景观为代表，峰丛绝壁、群潭众瀑、古镇古道古寺为主景，三国蜀汉和明代文化为背景，组成多景型综合性的中低峡谷自然景观和独特的历史文化人文景观。景区已开发出望天峡、蒲家沟、转迁峡等景点，并提供骑马等娱乐项目。景区地质构造奇特，良好的气候条件孕育了众多的动植物资源，其中包括国家一、二级保护动物、植物，享有“地质公园”“植物王国”“天然氧吧”“动物天堂”等美誉。养马峡景区共有碧园、蓝光谷、云集园、龙福园等农家乐、休闲庄80余家，餐饮可接待游客5000人、会议1000人、住宿3000人。年接待游客30余万人次。

【青林口古镇】 青林口古镇系中国历史传统村落，全国重点文物保护单位，位于江（油）梓（潼）剑（阁）三市（县）交界处，享有“川北第一古镇”之美誉。始建于元末明初，丁字形街道，至今仍保持着明、清时期的建筑风貌。古色古香的陕西馆、江西馆、火神庙、绣花楼飞檐翘角、气势雄伟。民国24年(1935)，红军北上曾在此短暂驻扎，并留下了许多宣传标语。古镇豆腐宴尤为出名，高抬戏为国家非物质遗产项目，曾获“山花奖”。每年3月，前往观光的游客甚多。

图63 青林口古镇传统剧表演

图64 百年好合爱情谷

【新安正禾农业公园】 正禾农业公园是2012年后，江油市在原新安生态农业公园的基础上，按照“体验现代农业、畅游美丽新村”的理念，集中连片打造既是现代农业公园又是社会主义新农村综合体的万亩农业观光产业园。新安镇位于江油城东18千米，具有较好的区位优势和产业发展基础。为此，江油加大对新安镇的规划、投入、建设力度，在产业发展中，集中连片发展猕猴桃、早熟梨、葡萄733.33公顷，引进伊顿、金蓉等企业9户。在新农村建设中，引导农民相对集中居住，改旧房、建庭院，打造依山傍水、风貌优美的新型村落。在设施建设中，整合项目资金7000余万元，实施山水田林路综合整治，形成了田成方、路相通、沟相连、林成形的现代农业设施格局，社会事业公共服务相配套的新农村示范片。正禾农业公园总面积已达19平方千米，涉及4个行政村，集中连片发展猕猴桃、葡萄、早熟梨三大主导产业，新建环形游道、农家乐、湿地公园等设施和景点，一个集农耕体验、乡村旅游、文化娱乐、生态保护于一体的休闲农业生态田园新区已初具规模。

【中国百合国际博览园】 中国百合国际博览园（百年好合爱情谷）位于江油市西北部大康镇，距离江油市区8千米。景区依托平通河沿岸的地形地貌与旅游资源，有序地开展旅游开发与规划建设。经过近5年的发展，百年好合爱情谷已建成为标准化百合种植基地，成为全国最大的百合专类公园。百合公园拥有“风情悦意、青梅竹马、青云花梯、爱情索桥、一见钟情、两情相悦、情定三生、四季花海、海誓山盟、百年好合”等10余处特色景点，并开发建设有平通河水景带、匡山、百合温室大棚、百合风情街、情定三生广场、一线牵桥、百合户外种植基地等游览项目。

【李白文化产业园】 位于青莲镇，总规划用地面积约1200公顷，预期项目建成总投资在100亿元以上，计划分3期建设。展示中心建筑面积3500平方米，主要展示江油丰富的文化旅游资源。磨针溪景观改造提升项目共规划设计有磨针亭、磨针遗址、暮云春树、粲花之论、梦笔生花、由水流觞、竹林迷雾、一道青、满月入镜、浣纱得鲤、蛮婆古渡、水上集市等景点。改造提升后的溪流两岸山水环绕、风景秀丽。漫坡古渡景点占地28亩，为集休闲、娱乐、观光、购物等功能为一体的水上集市。太白古村融居住、商业、休闲、度假等功能为一体。剑仙大道起于青莲高铁站前广场，向南连接太白古村落和太白词，全长约1.3千米，为双向四车道。国际诗歌小镇整体采用“七大洲”的空间布局设计，集展陈、体验、休闲、度假等多种功能为一体。欧洲院子占地3000余平方米，由展示馆、咖啡图书馆以及6幢欧洲诗人之家小屋等建筑组成。诗歌大道全长约870米，集中呈现上古到盛唐六个阶段的中国诗歌文明发展史。地处道路后段的“春江花月夜”景观创意源自唐代著名诗人张若虚的诗作《春江花月夜》。该景观水域面积达6000余平方米，主要采用大型水景、园林、建筑等表现形式，实景呈现《春江花月夜》描绘的美好意境。太白祠文物展示，水池堆坡造型，重新栽植绿树和铺设草坪。此外，对长青堰、涪济堰、磨针溪等水系进行水道疏浚，并引入清流、加大水量，为产业园打造了清新明快的水环境。太白碑林金樽广场、南大门广场的园林全方位提升，移栽新木、铺设草坪使太白碑林景区更富吸引力。

【青龙峡漂流】 青龙峡位于江油市敬元乡境内，清江河流经高山峡谷，河水清澈，两岸青山吐翠，或激流险滩，或河水迂回，河内野鱼成群。已开发漂流项目，整个漂流长渡达三四千米，用时3小时左右。

【中国酱文化观光园】 中国酱文化观光园以清香园“日晒夜露，国色天香”古法制作工艺及百年成长历程为背景，全面展现“中坝酱油，川菜味魂”的品牌价值。2015年年底，中国调味品协会授权清香园独家使用“中国酱文化观光园”称号。

江油年鉴

交通运输·通信

Transport · Communication

交通运输

【概况】 2017年，绵阳市下达江油市交通大会战投资目标任务为81741万元，截至12月底，完成投资231217万元（含九绵高速投资125562万元），居绵阳市各县（市、区）第一。

【项目建设】 全年在建项目4个（25.8公里），新开工项目8个（231.4公里）。其中，九绵高速：2017年1月全面启动房屋拆迁、青苗附作物补偿等工作，拆迁房屋346户、企业28家，搬迁坟墓2143座，青苗附作物补偿2126户；签约率、搬迁率均达100%。完成投资12.56亿元。国省干线：江油至三台芦溪公路（江油段）成立项目协调指挥部，完成立项、PPP项目实施方案等前期工作和监理招标。截至11月底，完成前期工作及征地拆迁投资1.56亿元；G347线江油中坝至含增段路面改造工程全部完工投入使用；S209线江油雁门至六合段改造工程于4月初开工，进行路基施工，完成总工程量的72%，完成投资8500万元；S415江油武都至北城段于4月底开工建设，进行路基施工，完成总工程量的70%，完成投资3000万元。农村公路：重东路完工，完成投资480万元；明三路二期完工，完成投资1700万元。北河渡改桥（涪江五桥）主体工程完工，完成投资4900万元。全兴渡改桥完成招标，准备开工建设。新双路、新新路、三新路、方龙路已进行施工图设计工作。厚六路河石坝至养马峡段完成施工图设计，进行审查阶段。撤并建制村道路、村道窄路加宽等约60公里，总投资约5500万元，已开工建设。完成公路安保工程60公里，完成投资1791万元。

图65 规范出租车营运

【公路管养】 开展公路管养工作，确保道路畅通。全年共计维修路面4493余平方米、挡墙345立方米，各路段地质灾害点危险路段增设警示牌共计40块标志、标牌；完成桥梁检查41座、隧道2道；全年清理塌方2000立方米、维修涵洞1道；小伏路K7+500护坡治理工程完工、中雁路K51+200滑坡治理工程完工。补栽百米桩、警示桩945根，公里桩24根；行道树刷白3万余棵，栽行道树115棵。

【路政管理】 保持治超高压态势，遏制车辆超限超载运输。加强源头监管，对9家重点货运单位进行重点监管。严格路面执法，加大重点路段、重点时段、运输砂石料、水泥等货物的大型运输车辆的联合治理力度，坚持“逢超必卸”，全年共出动检测车辆6500辆次，查处超限以及抛洒滴漏车辆385辆，卸货320吨。出动执法人员1100余人次、执法车辆400余台次，依法拆除非公路标志、标牌23块，制止“三夏”打场晒粮15起，保障公路安全畅通。

【道路运输】 春运期间，全市8家客运企业共投入客运车辆605辆，旅游客车33辆，公交车180辆，其中客运班车发班85158班，日发班2129班次，开行加班车156个班次，包车175班，发放省际加班牌2块，市际加班牌18块，县际加班牌17块，旅游运输包车113趟次，普通包车62趟次，其中县际包车21趟次，进出广东牌6块，共运送旅客94.279万人次，日均客流量2.357万人次，各种运输方式运力充足、衔接方便，未出现旅客滞留现象。提升公共交通服务能力。新增（更新）营运客车27辆，货车159辆，更新出租车32辆，新增货运企业20家，新增二、三类维修企业15家。加强出租车行业管理开展交通秩序治理整顿，打击非法营运，遏制出租车不打表、乱收费、拒载等现象，营造安全、畅通、有序的城市道路交通环境。

【安全工作】 强化红线意识，落实目标和职责。修订《突发事件应急预案》等，制订局属单位安全生产、综治维稳和防汛应急等责任目标，框定2017年综合“大安全”工作格局。开展安全生产大检查、平安交通建设宣传月等活动，全方位开展春运、全国“两会”、“一带一路”峰会、中共十九大等敏感期安全督导检查。严格执行稳定工作分级负责、领导包案等制度。加强信访基础建设，及时发现不稳定苗头，妥善化解矛盾纠纷。密切关注全国、省、市“两会”和春节期间等重点时期信访稳定，确保社会大局稳定。

【行业改革创新】 强化公路超限运输治理：全面开展超限运输专项整治行动，加大多部门路面联合执法力度，建立违法违规行为“黑名单”制度，启动公路非现场执法治超检测系统项目，探索非现场治超模式。开展危化品运输专项整治：以“危化品运输安全整治年”为主题，全面清查道路危货运输企业、车辆、从业人员资质，规范道路危货运输企业安全管理，督促危货运输企业严查安全隐患，打击非法违法道路危险货物运输行为。深化关键领域改革攻坚：稳妥推进出租汽车行业改革，逐步取消出租汽车经营权有偿使用费，推进网约车管理的有效方法。加强法治宣传教育，以深化“三基三化”建设为载体，组织开展执法人员专题培训。严格实施规范性文件和重大决策合法性审查制度，探索法律顾问参与重大决策和信访维稳等工作，组织好“12·4”宪法宣传日、“谁执法谁普法”“法律六进”“七五普法”等活动。

（胡　果）

通　信

电　信

【概况】 2017年，中国电信江油分公司完成考核收入2.32亿元，收入市场份额达到35%，天翼手机在网用户突破35万户，电信宽带及电视三网融合用户突破30万户。在全省同规模区县公司中，排名一类公司第一。

【网络品质全面升级】 全年，江油电信分公司拥有固定资产投资3300万元。城、乡、村以上光纤网络100%覆盖，家庭宽带入户带宽达100兆；“169+”客户带宽达300兆；全国、全省、全市手机流量不限量全面覆盖。4G机站共有388个，天翼4G信号城乡覆盖率达99%，同行第一；出口到联网带宽800G，同行第一，光纤网络品质全面升级。

【扶贫攻坚】 江油电信分公司联系敬元村86户贫困户，2017年实现脱贫。深入开展扶贫慧民工程建设持续升级，对贫困地区小石村、楠木园村、敬元村等投入建设资金300万元，加快对贫困地区基础设施建设，改善贫困地区通信落后现状。2017年公司被中共江油市委、江油市政府评为“脱贫攻坚先进单位”。

【行风建设】 2017年，江油电信分公司在全市公共服务单位政风行风群众满意度测评排名第6，同行业排名第一。

【信息化建设】 全年，电信持续推进“智慧江油”信息化建设是，江油电信充分发挥综合信息化服务提供商的系统优势，为江油信息化建设提供保障和支撑。

(杨　槐)

移　动

【概况】 2017年，中国移动通信集团四川有限公司江油分公司(以下简称江油移动分公司)深入落实“深化转型年”工作部署，加快转型发展，持续改革创新，开启“万物智联”助力“智慧江油”发展。

【服务地方经济建设】 全年固定资产投资1.9亿元，主要用于网络与光纤宽带建设项目，累计建成基站1659余个，4G网络、宽带覆盖率均明显提升。持续拓展营业网点，围绕整个移动通信产业链，带动合作伙伴为全市提供直接和间接就业岗位已经超过4000个，经济效益显著。

【网络通信保障】 实现西成铁路江油沿线2G/4G信号全覆盖。青川地震、九寨沟地震时，第一时间组织通信抢险人员、应急通信车等保障江油区域通信服务，快速抢通偏远地区信号，支援九寨沟地震重建。着力解决偏远山区的通信覆盖问题，最大限度的解决当地老百姓通信、上网难的问题。

图66　江油移动公司营业大厅

【落实精准扶贫】 聚焦信息化脱贫，向贫困户赠送智能手机，实现人人用得起手机、户户免费看电视、家家得到互助，帮助贫困户通过“社会扶贫网”APP得到社会上更多爱心人士的帮助。按时保质保量完成包括云集镇关炉村等10个贫困村的电信普遍服务试点建设工作，为贫困村信息化建设提供基础支撑。

【推进江油信息化升级】 江油移动分公司大力推进信息化建设，通过提供立体化的无线网络、基础化的信息系统、聚合化的运营平台和多样化的业务应用，陆续建设完成党政军行业多项信息化应用，让信息服务惠及全社会。

【强化信息安全】 不断强化垃圾短彩信源头管控、骚扰诈骗电话治理和伪基站治理工作。中共十九大召开期间，为保证通信网络的安全，江油移动分公司配合政府相关部门破除新安等地出现的非法无线干扰信号源，成功遏制干扰器扩展态势。

(江油移动分公司)

联　通

【概况】 2017年，中国联合网络通信有限公司江油市分公司(以下简称江油联通)全业务收入5200余万元，其中：移网收入

3900余万元，固网收入1300余万元。江油区域内实体渠道营业厅、自有营业厅83家，同时加速农村市场触点建设（业务代办点），全年完成触点建设89家，实现偏远地区用户就近交费、便捷办业务。

【客户服务】 江油联通坚持树立“客户为本”的服务理念，让服务意识贯穿生产、营销全过程，切实提升客户满意度和营业厅服务窗口满意度，从而真正达到从被动服务转向主动服务，实现服务营销一体化。持续自有营业厅的服务质量监督及检查制度，同时对社会实体营业厅进行投诉考核扣罚制度，为实现联通精品服务窗口而努力。通过建立以上考核管理机制，江油联通全年投诉率同比下降14.35%，服务类KPI指标及服务满意率居绵阳联通各区县分公司系统首位。

图67　8月8日，江油联通公司参与阿坝州九寨沟地震通讯抢险

【网络建设】 全年完成基站建设、网络优化及固网资源项目投资建设2000万元。通信网络基站新建：六合乡河石村4G基站1处，太平镇石磬村4G基站1处，彰明镇昌明村4G基站1处，大康镇官渡村3G、4G基站各1处，东安乡福严村3G、4G基站各1处，文胜乡安顺村3G、4G基站各1处等基站建设项目，实现乡镇、村庄和主要交通道路的网络信号覆盖，手机通话质量和上网速率得到有效提升。光纤接入改造工程建设：完成恒丰园、河景花园、丰华园、蓝湾花园、中央大道、江东生活区、马路湾片区、九〇三生活区、长钢生活区、永丰社区、矿机生活区、纪念碑片区、武都、大康、小溪坝等区域13110余线光纤端口接入改造工程。已建设光纤端口数量总计143400余线，已有端口数可满足城区35%、乡镇25%的宽带用户接入需求。同时持续开展光纤端口高速宽带和联通电视普及工作，让用户充分享用联通宽带网速快、信号稳，联通电视信号高清、教育、娱乐等互联网功能。

【履行社会责任】 全年认真落实中央提速降费号召，真正实现“提速降费”惠民落地措施。移动业务增加4G主流套餐折扣销售政策，通过存费送费、合约惠机等模式向用户赠送20%至40%通信费，实现套餐月费打折。固网宽带业务将套餐资费的10兆及以下速率宽带提速至20兆，20兆提速至50兆，50兆提速到100兆。履行网络与信息安全责任，严格执行《电话“黑卡”治理专项行动方案》文件要求，规范自有营业厅、社会实体营业厅的客户入网实名登记工作，加强用户身份信息核验，强化监督检查和考核问责，确保实名制工作严格落实。同时全方位、多维度管控手段，严格开展实名登记工作，为垃圾短信治理、电信诈骗防范、避免被不法分子利用等工作奠定良好基础。协助保障国家通信安全畅通任务，为江油市重大社会活动的成功举办提供支撑和通信保障服务。全力配合完成中共十九大会议、中国诗词大会、江油市全行业职工运动会及江油节日节气活动期间的通信保障工作。

（江油联通）

邮　政

【概况】 2017年，中国邮政集团公司四川省江油市分公司（以下简称江油邮政）深入实施“一体两翼”经营发展战略，加快改革创新，推进转型升级，实现收入规模和经济效益双提升。全年完成业务总收入8060.79万元，利润总额5117万元。

【机构调整】 实施经营组织架构改革，调整优化分公司机构编制，各层级、各部门职能职责进一步明晰，市场经营、经营支撑和综合职能部门之间的协作关系进一步理顺，促进企业从“以产品为中心”向“以客户为中心”的转变。

【创新工作】 在江油黄金地段布放电子阅报栏15个，在配合文明城市建设的同时，给文媒业务的创新转型提供路径。包裹快递号牌寄递项目成效显著，实现寄递收入的大幅提升，实现政府满意、群众受益、企业创收的三方共赢。

图68　12月8—10日，绵阳2017中华全国专项集邮展览在中国（绵阳）绵阳科技会议展览中心举办，江油邮政“诗仙邮局”受到广泛关注

【流程优化】 推行转运分拣投递“三合一”流程优化工作。缩短邮件处理时长、简化作业流程和综合利用生产人员。建设智能包裹柜31个，补齐发展短板，扩大有效供给，方便客户取件寄件，优化投递服务流程，提升投递服务质量。新一代寄递业务平台一阶段上线，远程集中监控系统、固定资产信息系统、金融网点免填单系统等重大信息化建设项目实施。全市邮政新增采集数据超过2万条，同比增长近一倍。

【营销体系建设】 开展“蜜蜂行动”百万客户大走访。全年签约市总工会、市检察院等总部客户项目。从支局抽调客户经理组成专兼职综合营销团队，因地制宜地落实营销体系建设。

【服务提升】 至2017年，江油邮政拥有邮政普遍服务网点、便民服务站、农村电商服务站等渠道资源317个，覆盖全市所有乡镇。全年参与江油“医保代扣”项目，成功扣款20万户；“工会普惠”项目发放会员卡7214张。

（唐　欢）

金　融

Finance

金融管理与服务

【概况】 2017年，江油金融业以改革创新统领各项工作，认真执行稳健中性的货币政策，积极落实金融改革各项措施，防范化解金融风险，全面提高金融服务和管理水平，促进江油经济金融平稳健康发展。

【落实货币信贷政策】 认真贯彻落实稳健中性的货币政策和宏观审慎政策双支柱调控要求，通过加强窗口指导和各项政策工具运用，实现信贷规模合理增长。2017年年末，辖内金融机构各项贷款224.28亿元，比年初增加32.54亿元，增长16.9%；各项存款487亿元，比年初增加30.52亿元，增长6.7%。履行金融精准扶贫牵头职责，加大金融支持力度，2017年年末全市金融精准扶贫贷款余额6.86亿元，比年初增长338.3%。应收账款融资服务实现扩面升量，融资余额16.46亿元，比年初增长81.8%。科技和金融结合试点工作深入推进，推动设立科技金融专营机构3个，创新拓展科创·税e贷、税务贷、税贷通等金融产品的广度和深度，2017年末军民融合贷款余额3.47亿元，比年初增长34.7%；科技型中小微企业贷款13.59亿元，比年初增长11.9%；科创·税e贷贷款0.17亿元，比年初增长110%。利率定价自律机制不断完善。

【完善金融基础设施】 启动“农村金融综合服务示范市”创建工作，创建支付惠农示范站3个、示范点6个，建立助农取款服务点601个，2017年助农取款2.95万笔、1259.07万元。全面开展“三项评定”工作，对全市建档立卡贫困户信用评定实现100%全覆盖,助力金融精准扶贫，落实对诚信主体的授信倾斜、利率优惠等金融激励措施。金融IC卡景区闪付通道建设和金融IC卡交通便民工程实现新突破，计划在2018年上半年实现全支付公交领域的应用。财税库银横向联网进一步扩面上量，2017年年末电子缴税共计222968笔,占比已达99.14%；办理预算收入224902笔，金额50.81亿元,办理预算支出30754笔，金额75.72亿元，办理退库452笔，金额7328.41万元。2017年末辖内通过商务部门备案获得对外贸易经营资格的外向型企业90家，外汇管理局货物贸易外汇监测系统共有名录登记企业59家；外汇存款余额1154.57万美元，其中：单位存款36.23万美元、个人存款1110.35万美元；共16家企业出口1600.34万美元；共有6家企业进口3339.08万美元。

【防范化解金融风险】 加强重点领域金融风险排查，实现风险早发现早处置。协调政府部门和有关企业稳妥处置不良贷款风险，形成维护金融稳定合力。实施存款保险制度，开展评级和早期干预，风险管控作用有效发挥。强化金融业综合管理，促进金融机构严格落实各项政策要求。综合运用反洗钱现场走访、洗钱风险评估等手段，加强对银证保机构的反洗钱监管。强化监管执法,切实有效履行。

【金融市场服务】 全年，市政府金融办大力实施电子商务和“互联网+金融”的“一号工程”，护理金融机构与科技型中小企业进行线上线下对接，支持其发展壮大。引入基金公司到江油市对接，金融办主持7次投融资有效对接会议并达成相关合作协议。高位推进“互联网+金融”精准扶贫，建立财政分险补偿并引进扶贫资金机制，截至10月底，全市建档立卡贫困户扶贫小额贷款累计发放3034户、0.81亿元。提高农村社会保障制度，完善农村社会保障体系和灾害救助体系等工作受到上级表扬，获得2017年绵阳市农村小额保险工作先进单位荣誉称号。

(人行江油支行　市政府金融办)

银行业

工商银行

【概况】 中国工商银行股份有限公司江油支行党总支书记、行长：周世宏；江油支行党总支委员、副行长：蒲虹（挂任江油市财政局副局长）；江油支行党总支委员、挂职副行长：吕进；江油支行行长助理：冯枢。2017年年末，工行江油支行各项存款余额52.61亿元，较年初净增3.29亿元;各项贷款余额32.04亿元，较年初净增2.38亿元；实现中间业务收入0.39亿元；实现拨备前利润1.69亿元。

【法人金融业务】 把握总行对基建项目信贷政策倾斜之机，密切与政府融资平台公司合作关系，通过为平台公司重点项目江油让水河片区城市基础设施建设项目开辟绿色快速通道，实现该重点项目2.4亿元贷款的投放；通过税务信息平台，以纳税信息为依据，筛选诚信纳税客户，利用“税务贷”创新产品，为纳税A类优质小微企业发放“税务贷”100万元，实现绵阳地区首笔“税务贷”创新业务突破；顺应互联网+新形势发展，渗透优质无贷户网上小额贷款产品，按照“行业优选、风险可控”的原则，推动网上小额贷款业务发展，投放4户小额贷款，金额299万元。

【个人金融业务】 围绕客户拓户、储蓄存款、个人资产等核心工作，开展系列专项营销活动，推动个人金融业务发展。开展金融社保卡专项营销活动，通过高层营销，上门营销等方式，批量为社区居民及在校学生办理社保卡。通过在2个营业网点配置即时制卡机设立专柜，安排专人即时制卡，即时激活社保卡金融功能，其余网点落实专人负责社保卡信息采集，弹性安排人员到有制卡机网点即时制卡等举措，全年办理社保卡5.29万张。开展拆迁项目安置补偿资金专项营销活动，通过制定项目专项服务方案和营销落地方案，开展跟进服务、对接营销，客户维护等工作，营销拆迁安置资金3.22亿元。开展代发工资专项营销活动，通过进企业、进单位对重点个金产品进行演示营销，营销代发工资单位25户，月增代发额528万元；开展“工银理财节”专项营销活动，通过营业网点开展微沙龙活动、微信朋友圈群发、进代发工资单位和人流聚集的广场大力宣传造势等方式，销售理财重点产品0.71亿元。通过对存量楼盘持续维护、新建楼盘主动营销、按揭楼盘贷款及时投放等举措，持续推动个人贷款业务稳步发展。

【新兴业务】 推进转型发展，拓展新兴业务领域，以为客户提供“结汇+理财质押+开立银承”一站式全流程资金金融服务，营销市重点进出口大户开立美元账户，拓展国际业务；以科技+金融新手段，创新客户服务方式，积极响应“让数据多跑腿，让群众少走路”工作思路，充分发挥工行信息化优势，率先在同业中上线“财政无纸化”项目与“工银e缴费”社保缴费项目，缩短预算单位客户和社保缴费个人客户业务办理时间，有效提升行政效率和服务体验。

【金融服务和社会责任】 深入推进窗口服务改进工作，持续改善客户服务体验，牢固树立“客户为尊 服务如意 员工为本 诚信如一”服务文化核心理念，争创省级文明单位，促进服务口碑提升，江油支行被四川省精神文明建设委员会授予“四川省文明单位”称号；支行营业室被中华全国总工会授予“全国五一巾帼标兵岗”称号。开展消费者权益保护、防范非法集资、金融网络安全等宣传活动，教育引导群众增强金融安全意识，提高金融风险防范、识别能力和自我保护能力，远离各类非法金融活动。

【内控案防和风险管理】 落实监管部门和上级行各项专项整治工作，开展综合整治自查和操作风险排查工作，通过一系列自查、排查，摸清底子，逐一整改和风险排查。加强全员对制度、案例、操作流程的教育学习，引导全员牢固树立依法合规经营思想。多措并举防范和化解潜在风险贷款，通过不定期实地走访企业、约谈企业负责人，密切监控抵押物及开展裸贷治理等形式，防范化解企业不良贷款。定期开展反劫持人质抢劫、反持爆炸物抢劫和防火灾应急处置预案演练，提高营业网点工作人员、保安人员应急处置能力。开展员工异常行为和操作风险排查工作，及时防范和化解风险隐患。

(房梅平)

农业银行

【概况】 2017年，中国农业银行股份有限公司江油市支行（以下简称农行江油市支行）各项存款余额达57.68亿元，较年初减少2.29亿元。各项贷款余额34.36亿元，较年初增加4.65亿元。实现中间业务收入3302万元，实现营业收入17976万元，拨备前利润12075万元，拨备后利润9426万元，净利润6727万元。

【法人金融业务】 全年，农行江油市支行为地方支柱企业和中小企业转型发展提供金融支持，助推江油市的改革发展进程。全年新增投放项目贷款4.625亿元，其中向市鸿飞集团投放2.675亿元用于河西片区基础设施项目建设，向市文旅公司投放1.05亿元用于罗汉堰项目建设，向沉水水库投放0.4亿元，成绵乐铁路专线投放0.5亿元。同时，农行江油市支行在基础设施建设、旅游、教育、棚户区改造等优势产业、行业中取得营销新进展，成为绵九项目银团贷款主牵头行，且新营销碧桂园房地产开发项目4.5亿元，江油城投公司棚改项目8亿元，中绵路PPP项目7.5亿元。

【个人金融业务】 全年，农行江油市支行以“春天行动”“激情仲夏”“赢在金秋”等零售业务综合营销活动为重要抓手，促进各阶段个人存款稳定增长。结合支行理财、基金等金融产品，用产品深挖客户存款潜力，充分发挥金融产品吸存揽存的功能。充分利用互联网金融优势，发挥个人网上银行、电子银行等电银产品的资金牵引能力，大力归集客户资金到行。同时，充分发挥公私联动优势，把握企业资金、养老金、项目拆迁代发等资金源头，成功营销龙凤镇、彰明镇和河西片区拆迁代发专户，并积极跟进绵九高速相关标段拆迁代发和青莲镇古村落拆迁代发项目。在提高储蓄存款的同时，支行还大力发展住房贷款，成效显著，

图69 11月，农行江油支行开展“寻找最美‘研’值”青年员工调研报告汇报比赛

不仅积极跟进新泰国际、中央大道二期等存量楼盘客户，加快按揭贷款投放，并成功开拓二手房贷款市场，全年实现二手房贷款发放2.5亿元，位居全市同业第一。此外，支行还大力拓展消费贷、网捷贷、经营贷等个贷品种，实现个贷全面发力。

【中间业务】 着力在新兴中间业务上取得新突破：强化电子渠道建设，主要利用企业短消息、银企对账、代发工资、销售对公理财和贷款户监管等企业电子银行重点产品，提升企业网银客户的动户率和渗透率，同时针对学校、公共事业、零售网络等营销电子对账单、现管、网上交易市场等电子商务产品，推进电子渠道多元化发展；强化代理业务，加强与国信证券、华西证券等券商的合作，深入推进三方存管业务。强化贸易融资，重点以攀长钢、川矿、六合锻造为目标客户，加大贸易融资产品运用，置换传统短期流动资金信贷产品，深挖结售汇、涉外信用证、保函等业务潜力，全年共办理代理福费廷18笔24040万元，自营福费廷7笔6422万元，跨境福费廷2笔1646万元，涉外信用证2笔39.56万欧元，结汇业务10笔566.6万美元，国内非融资性保函14笔960万元。

【金融服务】 大力提升优质服务水平：对内，全面完成二次转型工作，实行弹性柜员制，优化劳动组合，释放人力资源；定期开展微讲堂，充实营销力量；布置网点文化墙、图书角，打造网点特色文化，丰富服务内涵；实施网点标准化服务管理。对外，建立起客户维护机制和客户价值提升机制，针对重点客户成立专门团队定期走访，做好分层维护，提高客户忠诚度；针对潜在个人贵宾客户做好识别推荐；针对对公客户做实扩户提质，通过产品组合营销，制定相应提升维护方案。同时，网点开展形式多样的服务活动，提高客户黏性，包括开展新春客户答谢会；在春节前夕为返乡务工人员送上福字、春联；开展“花样美人节”“插花品香，雅致人生”等微沙龙活动；在开学季为四川幼儿师范高等专科学校代收学费；履行社会责任，全年共计发放社保卡39647张。

【扶贫攻坚】 全年指定辖内6个网点专攻扶贫贷款工作，网点人员深入42个责任包干村，逐户开展扶贫贷款政策宣讲，并在贫困户家中张贴“明白卡”“联系卡”和扶贫贷款政策宣传栏。通过资料收集，支行对符合条件的建档立卡贫困户发放小额扶贫贷款，共发放小额扶贫贷款677笔，金额1546.7万元，同时还发放产业扶贫贷款4250万元，项目扶贫贷款4000万元，成为全市唯一一家成功发放项目扶贫贷款的银行，并为江油政府在绵阳扶贫专项考核中挣得1.5分中的至少1分。同时，农行江油支行持续加大“金穗惠农通”工程在贫困地区的建设投入，在全市共铺设93个银讯通代理点，实现40个乡镇全覆盖，为贫困户提供金融便利。全年银讯通代理点交易量共计22021笔，交易金额合计318.33万元，并打造八一、云集两个助农取款优质服务示范点和印坪村一个江油支行金融服务点。

【风险管理】 严把风险防控，强化贷后检测管理，严格执行贷后管理例会制度；按季召开风险管理委员会，评价全行整体风险情况；加快不良资产清收处置，全年实现不良资产现金清收243万元，核销不良贷款181户1456万元。截至12月末，不良贷款余额4785万元，不良率1.39%。严防运营风险，以“三化三铁创建深化年”“运营档案管理提升年”和“金库管理年”活动为主导，进一步做实运营管理常态化、精细化。加强对重大业务风险点的检查监督，开展授权后抹账、集中授权退回、AI账户等专项治理；深入开展“三化三铁”创建工作；全面提升运营档案管理质量，配合市分行开展运营档案外包保管工作，并组织网点将各自保管的运营档案清理、造册、装箱后移交支行统一管理；提升现金中心运营质量，严格落实集中加钞整体换箱、7天至少清机1次的规定，并优化岗位配置，人员轮岗执行到位。严格按照考核标准，进一步规范网点日常安全管理。

（农行江油市支行）

中国银行

【概况】 截至2017年12月31日，中国银行股份有限公司江油支行（以下简称中行江油支行）人民币存款余额为232148万元，较年初增长862万元。其中：公司存款余额58014万元，较年初减少6638万元；储蓄存款余额180400万元，较年初增长7500

图70　1月，中行江油金轮支行党支部与江油金轮社区党支部开展迎新春游园活动，并为市民发放宣传资料

万元。人民币贷款余额94086.81万元，较年初增加25597.32万元，其中公司贷款余额49390万元，较年初增加21208万元，消费贷款余额44696.81万元，较年初增加5861.63万元,信用卡分期业务1834万元。

【业务发展】 截至12月末，中行江油支新增社保卡发卡7833张，占整个绵阳分行全年发卡的41.3%。成功营销江油市人民检察院开立“案件扣押款专户”及“江油市中环环保产业股权投资基金合伙企业（有限合伙）”基本账户。江油市中环环保产业股权投资基金合伙企业（有限合伙）在江油市行政区域范围内从事环保产业领域的投资经营业务，合伙企业认缴出资总额为人民币20亿元。利用互联网普及机会，培养客户利用自助设备、网上银行、手机银行等手段加快推进网络金融业务发展。截至2017年12月末，实现手机银行交易客户13505户，较2016年同期增加7413户。抓住“三去一降一补”（即去产能、去库存、去杠杆、降成本、补短板）政策，加强与政策性银行的合作。与中国农业发展银行开展深入合作，截至11月末，与江油农发行合作的三合镇片区安居房项目，累计代发284笔，合计金额5866万元。年初，通过分支行上下联动，成功营销企业存款3.4亿元、行政事业存款3000万元。在经济下行的形势下，以对公理财产品为主打产品营销，营销江油市文旅集团4000万元、农投集团3000万元续作支行日积月累理财产品；为拉法基豪瑞（北京）技术服务有限公司发放委托贷款业务21185.5万元，实现绵阳分行辖内2017年委托贷款业务首笔投放，并实现手续费收入10.59万元。营销四川天丰节能板材有限公司、四川矿山机器（集团）有限责任公司在中行江油支行开办保函业务8.36万元、52.41万元，实现绵阳分行辖内2017年保函业务首笔，并实现手续费收入3900元。

【贷款管理】 加强资产质量管理与控制，加大贷后管理力度，通过电话催收、上门催收、起诉、建立催收时间进度表等方式，降关注、减不良，向资产质量要效益。截至2017年11月30日，个贷不良185.2万元，不良率0.45%，较年初下降0.16个百分点。中行江油支行密切关注“裸贷户”与上、下游主要客户的合作情况，全面掌握借款人生产经营动态，定期进行现场检查和授信分析，重点了解借款人的现金流，并要求“裸贷户”的日均存款余额不低于授信金额10%，支行对不达标的客户提高贷款利率，压降授信总量。

【提升服务】 借助支行营业部全国百佳示范网点创建的契机，对营业部的软硬件环境进行改造，通过聘请外部培训老师对营业部进行礼仪服务培训，安排专人对营业部的非现场监控进行查看，寻找不足，利用晨会、夕会进行通报学习，力争在服务环境、服务态度、服务效率、服务技巧等各方面，成为行内领先示范点。根据支行服务工作计划安排,5个网点每周轮流到营业部进行服务跟班学习交流，通过跟班学习指出营业部服务工作中存在的问题，并审视自我将营业部的好的服务措施带回网点传达落实。在全年省、市分行的检查通报中中行江油支行各营业网点排名均名列前茅，在江油市行风政风测评中在全市公共服务单位排名第三，全市各金融机构中排名第二名。

【风险管理】 成立由支行行长牵头的内控案防专项治理工作小组，全年坚持边查、边改、边问责，聚焦内控操作风险，针对重点领域开展风险排查和整改，排除重大隐患。根据排查结果评估现行规章制度、管理措施的有效性并进行优化完善，形成风险发现、缓释、监控的日常管理机制，提高条线和分支行发现问题、解决问题的主动性和能力。大力开展各项主题教育活动，通过学习教育，警示全员，汲取教训，增强规矩意识、法纪意识和案防意识，坚守职业操守和道德底线，消除风险隐患，营造良好企业文化。定期开展内控合规检查每月通过现场或非现场对一线网点的文明优质服务、合规操作、安全保卫进行检查，发出各类检查通报6期，并及时督促网点及相关部门对通报问题作出整改。

（中行江油支行）

建设银行

【概况】 截至2017年12月31日，中国建设银行股份有限公司江油支行一般性存款余额39.9亿元，较年初新增2.9亿元。其中：个人存款余额28.3亿元，对公存款余额11.5亿元，新增1.9亿元。贷款余额25.5亿元，较年初净新增2.9亿元。其中：公司类贷款19.9亿元，个人贷款5.6亿元。中间业务收入1133万元。利润总额6762万元。持续实现无案件、无重大违法违纪事件、无重大责任事故、无重大监管处罚的“四无”目标。

【业务发展】 公司业务方面全年重点抓好联动，优化信贷结构，坚持产品创新，业绩突出。大中型客户贷款审批通过额度超过10亿元，投放7000万元，首次展开与政府背景公司的合作。完成数个大中型贷款项目的储备、失地农民养老保险2.3亿元。新产品单位公积金信用贷实现全省首笔投放。个金业务方面抓重点、强管理，利用大数据挖掘建企类客户，通过网点每周跟踪并上报进度，提升客户经理对客户的了解、掌控、挖掘技巧，持续做大存量VIP客户的AUM值。公私联动，推动网点综合化经营效果。提升客户对中行江油支行的黏性度。

【渠道建设】 优化渠道、布局智慧化，完成恒丰分理处迁址更名，太平路支行于11月16日正式对外营业；督促网点STM智慧机运用，引导分流，有效缓解客户等候时间，提升综合性服务水平。加强自助设备运维管理，全功能服务率、故障率、缺钞率等指标均超过全省平均水平，为支行各网点的业务发展和分流承担起突出的支撑和保障作用。

【队伍建设】 强化员工业务知识、业务技能培训。采取集中培训、交叉培训、轮岗学习、外出学习等形式，全面系统地学习业务知识。公司业务部设立网点经理交流学习岗；营业部设立营运主管会计业务交流学习岗，综合提升全层级人员综合营销能力，把工作能力提高与业务知识提高紧密结合。聘请专业机构开展“存量精准营销与大客户营销”“优质服务流程管控”等培训，为员工营销上添措施，为能力上注血液。抓好网点优质服务建设，规范网点服务环境，有效提升服务品质，针对网点服务多次举办培训、演练，涵盖优质服务着装、仪表仪态、服务手势、哑语、日常英语会话等，让员工优质高效地做好柜面服务，缩短客户等候时间，让客户体验服务价值。

（建行江油支行）

农业发展银行

【概况】 2017年，中国农业发展银行江油市支行（以下简称农发行江油市支行）累计投放贷款89033.5万元，比2016年增加56848.5万元；各项贷款余额211614.45万元，比年初增加69099.95万元，增长48.49%；各项存款余额达76964.23万元，比年初增加45591.05万元，增长145.32%。

【业务营销】 坚持粮油收储业务为基础，做好粮油收储信贷资金供应管理。2017年，全行粮油储备贷款8284.51万元，地方储备小麦11566吨，油脂2610吨、稻谷9500吨，保证江油市地方粮食储备供应的安全。坚持新农村建设为核心，全力支持“两区同建”。投放7.6亿元整体城镇化建设贷款支持江油市涪江东南片区两区同建整体城镇化项目，该项目将对江油市涪江东南片区（工业园区扩区启动区）339.06公顷范围内的土地整理、农民集中安置区、道路及配套管网、基础设施、幼儿园和小学校、金林农贸市场和明月农贸市场、生态环境整治和园区绿化提升工程，以及社区医院、文化体育中心、社区服务中心和创业培训中心等7个工程进行建设，已累计投放15800万元。坚持重大水利工程项目为重点，大力支持武引二期灌区工程。支行投放重大水利工程建设专项过桥中长期贷款1.9亿元，用于支持四川省武都引水第二期灌区工程，全年完成第二笔1亿万元贷款投放。该项目建设内容包括武都水库直灌区取水工程、西梓干渠、金峰囤蓄水库、灌区骨干渠系及配套建筑物等。其中江油市武管局承担江油市境内4条中小支渠的建设，总长72.66公里。

【信贷基础管理】 认真执行贷后检查和尽职管理制度，对流动资金贷款重点加强企业库存和销货款回笼监管，对项目贷款重点强化企业账户和资金流监管，确保专款专用，到期收回。加强风险管理，在一季度开展客户风险大排查，利用排查结果对客户进行分类排队，进一步优化客户结构。加强法律事务审查工作，依法维权，严控资金损失和声誉风险，确保信贷担保、规章制度和其他非业务合同的法律合规性。加强内控管理，自觉接受和配合上级内审部门和监事会、银监局的检查。

【财会基础管理】 认真执行坐班主任定期异地交流制度，进一步完善落实结算账户管理、大额支付管控、热线验证、IC卡管理、票据业务开展、内外账务核对等方面风险防范措施，做好会计综合柜员制管理工作。支行以增收节支，降低经营成本，提高经济效益为工作重点，牢固树立“勤俭办行”的理念，加强经营管理各环节的成本控制，把有限的费用资源用在保障和促进业务发展上。全年支行财务收入为7570万元，财务支出为5355万元，实现账面利润2215万元。

【内控管理】 支行继续推行重要岗位轮换和强制休假制度，采取不定期走访企业，召开行风监督员会议、开通违规违纪举报电话等措施，及时发现问题苗头及时处理，严防经济刑事案件和不廉洁问题的发生。加强安全保卫工作，强化安防意识和安全设施建设，坚持通过自查和专项检查工作，消除安全事故隐患；加强保密和印章管理，落实好保密制度和重大事项报告制度；加大全行网络监控管理力度，确保各项信息系统安全稳定运行，巩固“四无创建”成果。

（农发行江油市支行）

商业银行

【概况】 绵阳市商业银行股份有限公司江油支行（以下简称江油商行）下辖5个营业网点，内设综合业务部、综合保障部2个职能部门，共有职工51人。截至2017年年末，全行存贷款规模达827580万元，产品利润10702万元。

【业务发展】 江油商行有力支持江油中小企业的发展，各项业务持续健康、稳定发展。截至

2017年12月31日，全行存款余额为557864万元，较年初增长53895万元，其中对公存款210621万元，较年初增长11674万元；储蓄存款347243万元，较年初增长42221万元。资产业务方面，截至年末，全行贷款余额269716万元，全年投放176626万元，新增30848万元，账面暂无不良贷款，存贷款总规模网均、人均、增量、存量均持续领跑同业。全年实现报表利润10702万元，实现人均利润206万元。

图71　5月27日，“绵阳市商业银行杯”江油首届舞蹈大赛

【风险防范】　资产业务方面，针对企业经营普遍不景气，银行资产业务压力巨大等种种不利，2017年，江油商行坚持严格从规范化、制度化、标准化入手，在严格执行信贷工作规章制度的同时，组织全行客户经理加强业务学习，不断提升风险意识和业务素质，并制定落实《江油支行资产业务限时办结管理办法》，通过绩效挂钩考核激励，有效地保障信贷资产的质量。全行暂无不良贷款，风险防范工作成效显著。认真落实安全保卫责任制，完善管理制度，严格内部安全管理，做好安全防护设施建设，加强案件查防和保卫队伍自身建设等措施，确保全行正常经营。

【惠民服务】　江油商行下辖营业部、纪念碑支行、恒丰支行、武都支行、三合支行共计5个经营网点，分布在中坝、三合及武都镇。全年累计在江油城区安装POS机100余台、全行现有存取款一体机12台，已基本覆盖江油地区重点城镇。全年结合业务经营进度组织一系列主题活动以提升服务水平，如“学习《优质服务案例汇编》答题竞赛”、网点经营转型服务提升、优质服务检查标准考试等，通过活动使全员进一步转变服务观念，提升服务技能。在江油市行风政风满意度测评中，江油商行连续第6年在金融同业中获得第1名，“优质服务”已经成为江油商行立足江油的一面旗帜。在金融政策方面也推出很多惠民举措，如推出科技城卡用户免收开卡工本费、年费、密码重置手续费、小额账户管理费、ATM跨行取款手续费、ATM异地取款手续费等，为广大老百姓跨行、异地取款业务提供诸多优惠。同时，江油商行结合江油百姓关注的热点，组织开展人民币反假、金融知识进社区，打击防范非法集资等活动，惠民为民、服务地方、服务市民的经营理念进一步得到江油市民的认可。

（江油商行）

农村信用社

【概况】　2017年，江油市农村信用联社（以下简称江油信合联社）围绕改革和发展的工作基调，努力提升存贷款市场份额和综合竞争力。年末，全市农村信用社各项存款总额136.10亿元，各类贷款总额59.95亿元。

【文明服务】　通过增设服务窗口、开设绿色通道、落实上门服务、实施专车押运、延长服务时间等措施，做实客户服务工作。同时，开展“五个一”活动，搞一次上门服务、打一遍务工电话、发一次节日短信、催收一次不良贷款、补录一次基础信息，确保服务上水平、升品质。开展

“七进”业务营销和城区外拓营销，积极参加银政企联系会、项目对接会以及商家节日促销和商展会，对辖内客户进行“扫街”式营销，储备一批经营前景好、信用程度高、有信贷需求的客户。联社与园区管委会签订了战略合作协议，全程参与园区招商引资项目，主动对接，提前介入，切实做好入驻园区企业信贷资金需求、账户开立、资金结算等综合金融服务。截至12月末，累计向园区23户企业发放对接融资贷款4.61亿元，重点支持羌山畜牧、正禾农业、五洲农业、华丰肉联等县域产业龙头企业。加强代理服务，集中代发政府补贴期间，开辟绿色通道，做好代理资金留存工作。截至12月末，共计代发33项涉农补贴资金70.79万户、2.63亿元，其中代理发放征地拆迁5472万元、低保补助5470万元、民政五保4463万元、粮食直补4295万元。在各类酒店宾馆、大型商场、批发市场等经营场所投放自助机具，在学校、医院、商贸集市等区域增设离行式自助银行设备，满足客户需求，打造便民银行。全年累计安装EPOS机380台，覆盖全市364个行政村，安装POS机792台；累计安装自助银行ATM机122台（其中在行式ATM机98台、离行式ATM机24台）。加快电子银行推广，全年累计办理短信服务11.18万户、开通企业网银422户、手机银行7.97万户；新发行蜀信卡5.93万张，累计发行蜀信卡61.88万张，活卡率达70.37%；电子银行交易占比达79.76%，实现7×24小时全天候服务，让市民足不出户即可尽享金融便利。

图72　11月22日，江油信合联社举办“支持实体经济·携手共同发展”融资对接会

【支持“三农”、小微客户】　全年共对15.39万户农户重新评级授信，授信金额达32.02亿元，小额农贷余额达4.82亿元；累计签约“卡贷通”12560户，授信金额5.3亿元，余额3.59亿元。大力推广小微贷业务贷款品种，满足客户多层次融资需求。截至12月末，通过小微、小贷条线累计发放贷款569笔，1.78亿元。在贷款服务方面，重点突出一个“快”，重新修订贷款利率定价管理办法，有效降低客户融资成本。同时，确定每周一、四为联社贷款审批日，建立信贷审批“绿色通道”，并根据分社管贷能力、风险指标和贷款余额，适度放宽贷款审批权限，进一步提高审批效率和办贷水平。

【提升业务经营效益】　深挖收入潜力，按照应收尽收总体要求，逐社下达利息收入任务，并纳入经营目标考核重要指标。全年实现贷款利息收入3.80亿元，占财务总收入的48.28%，贷款收息率达7.35%。大力推进成本精细化管理，充分发挥财审会管理职能，在严格控制费用开支的同时，实行财务费用预算制，严格控制非业务支出。充分运用全国银行业债券市场平台和系统内外票据市场，加强与省联社资金清算中心、商业银行和兄弟联社的合作，通过同业存放、约期存款等方式，在资金市场和债券市场上实现收益最大化。截至12月末，资金业务全年业务量达到1890.20亿元，比2016年减少

19.92%；实现业务收入 4.19 亿元，同比增加 24.4%，占财务总收入的 53.24%。提升代理保险业务，与 8 家保险公司签订合作协议，推出个人、企业和团体险种。按照“谁营销、谁受益”的原则，建立激励机制，鼓励员工上班时间营销与八小时外营销相结合，调动员工营销积极性。截至 12 月，实现代理保险业务收入 167.78 万元。

【金融精准扶贫】 加大金融扶贫力度，对全市 12239 户建档立卡贫困户逐一上门采集信息，对符合评级授信条件的 9290 户贫困户全面授信、授信金额 23765 万元，累计发放建档立卡贫困户扶贫小额贷款 4814 户、11248 万元。响应“扶贫日”活动，分别以单位和职工名义捐款设立 20 万元的爱心基金，专项用于八一镇东山村村委文化墙建设及活动室修整等。深化金融扶贫模式，与市委组织部联合发文开展“双基共建助推脱贫攻坚”活动，开展支部共建、派驻扶贫村干部工作，探索金融扶贫新机制新模式。截至 2017 年年底，已派驻“农信村官”77 人到村社挂职，聘任金融联络员 77 人，行风监督员 77 人；派驻非贫困村“农信村官”91 人，金融联络员 91 人，行风监督员 91 人，“双基共建”工作初见成效。

（尹　菲）

邮政储蓄

【概况】 中国邮政储蓄银行股份有限公司江油支行（以下简称江油邮储银行）位于江油市纪念碑中段 318 号，设有综合管理部、综合业务部二个内设部门，下设 3 个二级支行、32 个代理营业机构。主要经营个人金融、个人贷款、小企业贷款、公司金融、电子银行业务，拥有丰富的业务品种和便捷的服务渠道，定位于服务社区、服务中小企业、服务“三农”。截至 2017 年年底，各项存款余额 464738.76 万元，较年初增加 16509.36 万元；各项贷款余额余额 49712 万元，较年初增加 7456 万元。

【管理与内控】 开展银监系列自查整改工作，落实上级行“合规管理专项排查”及“信用风险排查”等专项活动，进一步加强员工合规管理办法学习意识，提高员工主动合规意识和能力。通过完善规章制度、加强安全设施及系统建设、加强网点人防力量、加大安全检查力度、强化安全考核、加大员工教育力度等，不断提升安全管理能力与水平，大力提升员工安防意识。整理制度汇编、创新检查方式，在金融案件日渐复杂化，消防安全、地质灾害、洪涝灾害等日益严峻的安全防范形势下，继续保持“零案件和零责任事故”的良好态势。

【服务实体经济】 坚持把服务实体经济作为出发点和落脚点，在支持实体经济发展中做实体经济的忠实服务者。支持乡村振兴，深化“三农”服务，充分利用邮储银行在农村地区的网络优势和对农村地区、农户情况比较熟悉的特长，开展农村小额质押贷款、小额信贷、代理保险和各种代收付业务，不断探索三农信贷产品，研发以农村家庭农场、专业大户、专业合作社等新型农业主体贷款，与其他商业银行实现错位竞争，竭力填补农村市场的金融空白；助力创新创业，优化小微金融，走政府、走平台、走协会、走园区、走目标企业，搭建合作平台，对接中小微企业，全力支持本地实业。

【履行社会责任】 2017 年，邮储银行江油支行与江油市总工会、江油市邮政分公司共同开展工会会员普惠服务工作，全面落实会员服务卡办理、普惠商家加盟等各项具体工作，打造工会会员卡用卡环境，携手商家营造让利多销、职工得到实惠的服务体系。做好社会养老金代发和新农保代收代付两项大的民生工程。

（邮储银行江油支行）

华夏村镇银行

【概况】 2017 年，四川江油华夏村镇银行（以下简称华夏村镇银行）秉承“立足县城、服务三农、支持小微”的办行宗旨，大力发展和拓宽自身业务，积极履行社会责任。全年新成立三合支行，共有网点3家，辐射江油市北、中、东部，截至12月31日，存款余额95571.72万元，贷款余额71715.01万元，被授予“四川银行业服务实体经济先进单位”“脱贫攻坚先进单位”“工业经济发展服务保障先进单位”等荣誉称号。

图73　12月9日，江油华夏村镇银行举办“服务三农，支持小微”技能竞赛活动

【支“农”助“微”】　作为新型农村金融机构，华夏村镇银行坚守“服务三农、助力小微”的市场定位，下乡走访客户、分析研究客户需求，因地制宜推出“小额农户贷款”等一系列贷款产品，让农民在融资渠道的选择上更加多样化，解决农民无抵押、无担保不能有效融资的难题。并且重点关注小微企业，支持科技型小微企业和军民融合企业，创新推出11项特色信贷产品，多措并举解决小微企业“融资难、融资慢”问题。2017年，小微企业贷款余额71014.89万元，发放涉农贷款66403.45万元，惠及农户1403户，支持涉农企业95家，涉及项目包括水果种植、苗木种植、家禽养殖、农副产品生产及销售等。同时，与江油市商务和旅游局签订国家级电商进农村项目战略合作协议，就“农村电商产业项目”达成战略合作意向，为江油市农村电商项目提供2亿元授信额度。深入服务农村经济，建立农村金融服务体系，旨在提供更优惠、更便利、更优质的金融服务，为地方经济发展做贡献。

【风险管控】　华夏村镇银行严控风险，全年无案件、无重大违纪违规、无重大有责投诉，不良率低于地方同业金融机构平均数。该行全力防范信用风险，强化风险监测分析，严控新增贷款质量，开展高风险贷款“四个一批”分类工作，实施差异化授信管理。全力化解存量风险，及时通报风险处置新进展与新问题，积极与借款人、担保公司、律师、法院进行沟通，采取“一户一策”的风险化解方案，逐步改善信贷资产质量。全年化解风险客户41户，金额达11786.94万元。严密防范流动性风险，做好流动性动态监测预警，通过优化业务结构、稳定核心负债、降低期限错配，全力防范流动性风险。防范操作风险，把遏制案件多发高发态势作为打好风险攻坚战的重中之重，强化风险排查。截至2017年12月末，全行共接受外部检查11次，开展内部检查19次，针对检查发现问题，共计对225人次实施处罚，扣罚绩效68150元。

【爱心帮助】　8月8日九寨沟7.0级地震发生后，江油华夏村镇银行立即成立保障服务应急工作小组，到达江油市集中服务点开展志愿服务活动中,为由受灾区域转移过往的人员和车辆发放应急救灾物资、提供路线导航等服务。积极参与“精准关爱·留守圆梦”工作，开展关爱留守儿童暨“送金融知识进校园”活动，开展美化家乡志愿服务活动，义务清理垃圾、撕毁小广告、做文明交通行为劝导员。银行员工还自发组织向阿坝州若尔盖县红星乡捐赠衣物，员工急救街边晕倒老人等事迹还被当地媒体多次报道，倡导市民们传递社会正能量。

【扶贫攻坚】　全年发放精准扶贫贷款7801万元，支持227户贫困户脱贫，其中向169户建档立卡贫困户发放贷款845万元，连续两年成为江油市首家完成市委市政府下达目标任务的金融单位。全年向定点贫困村捐助63585元扶贫资金，用于贫困村建设以及贫困户的帮扶，帮助朝天村贫困藕农销售莲藕400余公斤，认购莲藕1500余公斤。同时，还举办“农民金融夜校”活动，设立金融扶贫宣传栏，制作金融精准扶贫“明白卡”宣传金融扶贫政策并对贫困户进行慰问。通过结对帮扶形式，对定点扶贫村江油市东兴镇朝天村一名蔬菜养殖户发放农户信用贷款，帮助农户解决其蔬菜的部分销售问题。以实际行动践行着“精准扶贫，华夏先行”社会责任。

（严　敏）

保险业

人民财产保险

【概况】　中国人民财产保险股份有限公司江油支公司（以下简称人保江油支公司）共有职工39人，内设1室11部。为支持“三农”工作,在市境内设有9个农村营销服务部，22个乡镇“三农”保险服务站，213个“三农”保险服务点，聘请近22名“三农”保险服务站站长和261名“三农”保险服务农保员。有经济师6人，保险公估师3人，全市兼业代理机构10家。开办有机动车辆保险、企业财产保险、货运保险、各种责任险和短期健康医疗保险等50余个险种。2017年，公司保费收入13818万元。公司向社会各界、大中企业、家庭个人提供全方位、多层次的服务。市境内的大中型企业资产，25000多台机动车辆等约70亿元的财产在公司得到保障。与市境内的攀长钢总公司、通力79队等各个大中型运输车队及企业都建立合作关系。全年处理赔案1.6万余件，赔付7484万元。上缴当地税金1583万元，其中代收车船税905万元。获中共江油市委、江油市政府颁发的“2017年度脱贫攻坚工作先进单位”称号、市分公司颁发的“2017年度先进集体”“2017年度先进基层党组织”，省公司颁

图74　6月16日，人保江油支公司在江油大剧院广场参加江油市安全生产月宣传活动

发的“2017年度区县支公司经营管理先进单位”称号，继续保持四川省级“守合同重信用企业”“省级卫生先进单位”“文明单位”“卫生先进单位”和江油市“星级示范窗口”称号。

【保险业务】 2017年在激烈的市场竞争中，人保江油支公司外比服务品质，内比改革创新，通过经营管理的创新，增强竞争能力。公司调整展业方式，大企业、大单位都牢固的掌握在经理室手中，以利于展开公关活动。各业务部将业务化解到人头，分片分类包干。注重巩固挖潜，扩大效益性险种，加强银保合作，与各大银行签订代理协议，个贷保险业务全年共收66万元。

【政策性农业保险工作】 2017年3月召开“2016年江油市政策性农业保险工作会议”，江油市22个乡镇分管政策性农业保险的乡（镇）长、农技站（或农服中心）负责人、畜牧站站长等，共计100余人参加会议。会上对2017年政策性农业保险工作的任务、措施、办法，作出安排。会后,组织全司职工分片包干，进行宣传动员。全年承保水稻、玉米、油菜、蔬菜3.85万公顷、森林271.73公顷、承保能繁母猪32533头,育肥猪322824头。全年共收保费2595万元。全年共支付政策性农业保险赔款1754余万元，及时地为农户解决灾后恢复生产的资金困难。

【保险理赔】 公司以优质服务和“内强素质、外塑形象”提升客户满意度。提供全方位的高效、优质、文明服务。实行24小时值班和节假日值班制度，不分昼夜，接到报案及时赶赴现场查勘定损，帮助车主解决疑难问题,现场到位率为95%。1万元以内无人伤，定损、核损、报价完成，责任明确，且无异议，1小时内通知赔付，客户也可授权协作修理厂代为办理理赔；单方事故只有车辆损失，客户授权协作修理厂或自己前来办理，公司均采取无纸化理赔。定期安排回访客户,征求对承保及理赔服务工作的意见,以改进公司工作。坚持“赔偿手续简洁、严谨、有效、快速”的原则，以提高理赔效率为重点，实行理赔服务时限制，方便保户。全年共做各种赔案1.6万余件，赔付金额达7484万元。

（人保江油支公司）

人寿保险

【概况】 中国人寿保险股份有限公司江油市支公司（以下简称江油人寿保险）下设个险销售部、团体业务部、银行保险部、健康保险部、综合管理部、客户服务中心等部门，从业人员1700余人，城区服务窗口1个，乡镇服务点13个，为江油80%以上的公民提供意外、医疗、重疾、养老、教育、分红等各类保险，致力于解决百姓生有所育、老有所养、病有所医、死有所赔的民生经济问题。截至2017年12月31日，江油支公司完成总保费4.31亿元，其中期交新业务1.04亿元、短期险业务3193万元、续期业务2.29亿元。全年公司赔案及给付金额合计2.8亿元。上缴税款585万元。

【个人保险业务】 以开展保险文化节“缤纷嘉年华”第一季客户主题活动为契机，个人保险业务部回馈广大新老客户和提升客户服务品质，为全市20余万名客户提供全面的人身保障，包括个人、家庭短期意外伤害保险、大病保险、防癌险、分红保险、养老保险、子女教育保险等，全年实现新业务期交保费8018万元，短险保费1140万元。在发展业务的同时，招募服务专员，既提升服务，同时解决社会就业1300余人。

【团体保险业务】 重点推广农村小额保险，全年实收农村小额保险保费710万元。公司在全市40个乡镇便民服务中心设立小额保险服务窗口，由农村小额保险专管员提供服务，方便客户理赔，全年共赔付农村小额保险540万元，为17万余名农村客户提供保险保障。开拓信贷保险业务，实收信贷保费210万元。拓展学生平安险业务，实收保费300万元,为3.8万多名中小学生提供保险保障。大力推广计划生育家庭保险，为全市独生子女家庭提供医疗、身故等保障，减轻独生子女家庭负担。为全市11万多名在职职工及离退休职工提供大病补充医疗保险，全年支付近千万理赔基金，极大减轻城镇职工的医疗费用负担。

【银行代理业务】 按照上级公司的安排部署，开展期交转型工作，渠道业务以“把握健康未来、屹立财富前沿”贵宾客户尊享会项目为抓手，以产品带给客户的“教育规划、养老规划、理财规划”为切入点，与代理渠道积极配合取得良好的效果。以重点维护银行网点核心柜员为切入点，运用理财规划师知识点激发高端客户需求，全年产生多张期交大单，为高端客户实现养老规划、资产保全、资产传承等资产配置。通过以上方法，转型取得成效，完成期交2398.8万元。

【客户服务】 客户服务中心大力推广E宝电子化服务平台，让客户足不出户即可办理28项常见保全业务，便利性较大提升，得到客户好评。针对广大客户查询理赔不便的情况，客户服务中心推出微信理赔服务，出险客户可以在手机上报案并提交理赔资料影像，减轻客户负担，增加理赔工作的透明程度。简化理赔手续，实行理赔优化：医疗发票票面金额在2000元以下（含）的门诊赔案；医疗发票票面金额或社保住院结算单费用总额减报销金额余额在5000元以下（含）的住院赔案；同一客户一次申请连续住院天数10天（含）以内的赔案。以上3类情况理赔案件，客户只需微理赔上传影像，无需提供纸质资料。微回执、微回访的运用，让合同送达时效得到很好控制，客户在合同签收的第一时间自主签收与回访问卷处理，让保单的售后服务更贴心。无纸化投保工作，销售伙伴直接在国寿E店进行电子投保处理，客户电子签名，拍照采集证件，方便快捷。

（江油人寿保险）

证 券

华西证券江油营业部

【概况】 2017年，华西证券江油营业部资金开户数1867户，客户保证金额比2016年净减少5715.75万元，同比降幅27.58%；客户现金净流入7233.95万元，同比增幅549.31%；托管市值净减少2545.33万元，同比降幅2.11%；客户资产周转次数为10.48次，同比降幅34.25%；完成A、B股、基金交易总量176.34亿元，同比降幅9.15%；创造营业收入2196.47万元，支付营业支出864.04万元，上缴增值税及附加98.11万元，实现利润1505.47万元，同比降幅23.08%（含内部核算利润部分）。

【客户服务】 做好网上交易、手机炒股等场外交易方式的宣传推广工作，提高短信服务质量。全年累计发送短信828058条，内容包括新股发行、打非宣传、反洗钱宣传、投资者教育、适当性教育、公司资讯产品及配股、配售、各类重大信息。建立客户分层服务体系，推进财富管理品牌化发展，全年新增签约赢财富956户，保有6145户，客户覆盖率36.8%，付费率18.3%。保有客户资产6.6亿元，实现增值收入48.99万元。通常与客户的联系主要是通过电话、QQ、微信等方式完成。对客户回访除重要客户、客户生日慰问，增加新股中签、双融客户、港股通客户、基金销售、赢财富客户等进行电话回访、风险调查回访、新软件下载回访等内容，加强对客户的风险揭示。全年累计CC系统回访客户8000余条。对营业部高净值客户主要通过电话、面谈、短信等服务方式加强日常沟通。全年针对每日新股中签、合约到期、公允价值客户通知等一些重要而紧急的工作，以快速、细致、高效的梳理和安排派单留痕等方式做好存量客户服务，确保客户通知送达率100%，提升客户满意度。全年组织大型投资者策略报告会3次；开办股民学校20期，内容包括证券基础知识、投资风险、技术分析、基本面分析、双融知识、港股通知识等证券投资知识及风险提示；加大对港股通、融资融券、个股期权、适当性管理、整非、投资策略、新股民入市等风险教育。每季按时上报投资者教育工作季报，及时上报计划及总结，做好投资者保护基金对客户的网络问卷调查，并定期上报。做好投资者教育宣传，创办包括反洗钱、港股通、整非、法制宣传等4期专栏，对投资者进行各项金融知识、反洗钱知识、法律的普及和风险教育。同时做好营业部对外资讯信息发布及咨询产品的信息发送。在面临市场不景气状况下,营业部部多次开展针对双融业务、分级基金等风险提示讲座,极大回避市场大幅下跌风险,无一起关于双融平仓、分级基金的重大投诉。

【风险管理】 江油营业部一直秉持合规经营的理念，致力追求在风险可控下的合理收益，对业务体系的风险点、盲点都有着清醒地认识，持续做好监控、排查，将风险控制工作前置，实现对业务流程风险的过程控制。建立事前的自律性监控、事中的实时监控、事后的集合检查监控等三道防线，严把各项风险关口。全年营业部共进行5次安全大检查，5次应急演练，内容包括：地震应急演练、群防冲突应急演练、火灾应急演练、电力故障应急演练、网络故障应急演练。

(华西证券江油营业部)

宏信证券江油营业部

截至2017年12月31日，宏信证券江油营业部累计开户数44054户，全年新增客户数2807户，较2016年同期下降45.52%；托管资产13.8亿元，同比下降3.9%；股票交易额131.95亿元，同比下降21.55%。全年营业收入1653万元，上缴税金（营业税及附加）20.9万元，上缴企业所得税140万元，实现利润1066万元。在当前证券行业严监管的态势下，营业部更加注重各项业务开展的合规性，注重对投资者的适当性管理及投资者教育工作。

财政·税务

Finance·Taxation

财　政

财政管理

【概况】　2017年，江油市财政局围绕全市经济发展大局，充分发挥财政职能作用，依法规范组织收入，优化支出结构，强化预算执行，深化财税改革，全力防范政府债务风险和财政支付风险，预算执行取得预期效果，财政运行总体平稳，财政收支预算基本完成。

【财政收入】　全年积极应对增长乏力、经济下行的严峻形势，依法组织财政收入。江油市财政局提请市人民政府召开2017年财税工作会议，分解落实财政收入任务；定期召开收入分析会，掌握收入变动情况；组织对重点税源、重点纳税企业摸底调查，掌握税源基础。通过一手抓征收、一手抓发展，有效推进财政收入平稳快速增长。全市一般公共预算收入实现190671万元，完成调整预算190500万元的100.1%，比2016年增长8.1%。收入质量持续改善，税收占比为50.1%。

【民生资金保障】　支持教育优先发展，全市投入27160万元，教育优先发展地位更加凸显。其中：投入4155万元，免除义务教育阶段学生学杂费、免费提供教科书和作业本；投入2208万元，实施农村义务教育营养餐改善计划，向农村义务教育阶段学生免费提供营养午餐；发放家庭困难寄宿生生活补助936万元；减免家庭经济困难幼儿保教费198万元；投入1002万元，用于资助普通高中学生及免除家庭经济困难高中学生学费；投入280万元，用于太白中学学生宿舍扩建；投入校舍维修改造资金883万元，用于城乡义务教育校舍维修改造；投入2000万元，启动城西幼儿园建设；投入职业教育资金1583万元，提高现代职业教育校企合作水平。健全社会保障体系，全市投入140452万元，完善以基本养老、失地农民参保、新型农村合作医疗、救助救济、就业创业为重点的社会保障体系，社会保障范围不断拓宽，保障水平显著提升。其中：多方筹集资金，解决失地农民参保问题，2017年失地农民参保9685人，社保缴费91079万元，有效化解社会矛盾；投入城乡居民基本养老保险11372万元，着重解决城乡居民基本养老问题；投入新型农村合作医疗资金27095万元，保障农民获得基本卫生服务，在缓解农民因病致贫和因病返贫方面发挥重要作用；投入就业创业资金3259万元，新增城镇就业人员8221人，营造良好就业创业氛围；投入高校毕业生基层服务项目资金283万元，保障实施高校毕业生“三支一扶”计划；发放医疗救助资金970万元，进一步加大城乡医疗救助力度；发放城市、农村低保资金4177万元，用于城乡困难群众最低生活保障。完善医疗卫生体系，全市投入26484万元，以加快“健康江油”建设为目标，全力推进卫生大市向卫生强市跨越发展，切实提高全市医疗保障水平。其中：投入基本公共卫生服务资金3942万元，为城乡居民免费提供健康档案、慢性病管理等十二类基本公共卫生服务；投入重大公共卫生资金982万元，开展艾滋病、结核病等重大疾病防控，重点实施农村妇女宫颈癌和乳腺癌免费检查、免费婚前医学检查、补服叶酸等重大公共卫生项目，城乡基本公共卫生服务均等化水平明显提高；投入计划生育奖励扶持资金4654万元，用于向符合条件的农村计划生育家庭父母发放奖扶金。推动现代农业发展，全市投入61983万元，以深化农业供给侧结构性改革为工作主线，以优化供给、提质增效、农民增收为目标，拓宽新渠道，加快推进农业转型升级，促进城乡统筹协调发展。其中：投入农业基础设施建设资金10809万元，用于农业综合开发、水利、道路、土地整治等农业基础设施建设；投入农业产业化建设资金847万元，支持农业产业化经营；投入“一事一议”、美丽乡村、农村公共运行维护财政奖补资金5072万元，支持新村建设，促进产村相融；投入土地确权登记资金600万元，推进农村土地承包经营权确权登记；投入各类补贴资金5754万元，全面落实农业支持保护补贴、农机购置补贴等财政补助政策，推动农民增收。改善城乡住房条件，全市投入23814万元，启动改造城市棚户区和危旧房，着力改善住房条件，解决城镇低收入无房家庭的住房困难，让困难家庭住上放心房。促进文化繁荣发展，全市投入3864万元，着力推进公共文化服务均等化，促进文体事业全面发展。其中：投入公共文化服务体系建设资金1112万元，建成乡镇综合文化站40个、农家书屋365个，图书馆、红军文物陈列馆、李白纪念馆等公益性文化设施免费开放；投入重点文化产业发展项目资金1812万元，完成《李白家规家风诗仙李白的家国情怀》专题片脚本创作，举办“李白诗歌奖”“海灯武术杯”C3职业搏击联赛、“李白故里杯”全国象棋公开赛,进一步提升全市文化内涵，促进文化产业发展升级；投入291万元，加快群众体育基础设施建设，做好体育场馆免费开放工作。重点加强生态文明建设和环境保护，全市投入11333万元，坚持生态优先，持续推动生态文明建设和改善环境质量。其中：投入2628万元，用于禁养区畜禽养殖专业户关停搬迁，加强农村生态环境保护；投入2454万元，狠抓大气污染防治，着力改善环境质量；投入336万元，加强重点流域污染治理，全市水环境质量持续改善；投入1030万元，支持重点生态功能区建设，落实绿色发展理念，推进生态文明建设。

【支持全市经济发展】 全年投入18534万元，促进产业结构调整为重点，推动经济发展方式转变。其中:投入工业大会战资金7068万元，全力推动江油工业大发展，重塑江油工业新形象，让老工业基地焕发出新的生机与活力；投入军民融合产业发展资金1038万元，主要用于产业园建设；投入技术改造资金547万元，引导企业技改升级，保证企业生产设备及生产工艺达到国家环保标准；发放财政金融互动奖补资金685万元，给予金融机构激励补助和风险补偿，提高实体经济的金融资源配置；投入电子商务专项资金932万元，结合江油实际，探索“全域电商”模式，加快电子商务进农村项目建设。

【支持脱贫攻坚工作】 全年，全市投入21990万元，聚焦“两不愁、三保障”和“四个好”目标，围绕45个贫困村退出（含市定预退贫困村18个）、4400名贫困群众精准脱贫任务，聚力“一超六有、一低五有”硬性标准，统筹协调资金，全力保障扶贫资金足额到位。村均投入500

图75　9月18日，江油市财政局召开脱贫攻坚紧急会议

万元，用于改善贫困村基础设施建设和产业发展；投入1511万元，用于开展已脱贫户回头看、回头帮工作，主要解决"缺啥补啥"的问题，提升已脱贫户的获得感；建立卫生扶贫救助基金825万元、教育扶贫基金532万元，切实解决了贫困家庭看病就医和子女就学方面的困难；投入35万元，确保江油中学布拖班和长城实验学校布拖班在2017年9月顺利开班，让122名布拖学生在江油接受良好的教育；筹集扶贫小额信贷基金1710万元，向6500户建档立卡贫困户，发放小额信贷资金15104万元，用于支持贫困户创业；投入1302万元，对口援建布拖县，帮助建设安全住房，助力产业发展；投入882万元，对口支援藏区。

【支农惠农】 全市投入61983万元，以深化农业供给侧结构性改革为工作主线，以优化供给、提质增效、农民增收为目标，拓宽新渠道，加快推进农业转型升级，促进城乡统筹协调发展。其中：投入农业基础设施建设资金10809万元，用于农业综合开发、水利、道路、土地整治等农业基础设施建设；投入农业产业化建设资金847万元，支持农业产业化经营；投入"一事一议"、美丽乡村、农村公共运行维护财政奖补资金5072万元，支持新村建设，促进产村相融；投入土地确权登记资金600万元，推进农村土地承包经营权确权登记；投入各类补贴资金5754万元，全面落实农业支持保护补贴、农机购置补贴等财政补助政策，推动农民增收。

【推进财政改革】 加强重点税源监控，挖掘非税收入潜力；积极向上争取，加大项目申报力度。坚持厉行节约，压缩行政成本，严格控制"三公"经费。加快转移支付资金下达和资金拨付，减少资金滞留。确保财政收入任务完成和预算收支平衡，实现财政稳健运行。按照"量力而行、统筹兼顾、可持续发展"的要求，拓宽民生资金保障面，提高民生保障水平。加强对民生资金的管理，开展重点民生支出绩效评价，健全完善政策执行机制，确保政策实施取得预期效果。

【加强财政管理】 深入研判财税改革新动向，做好分析应对预案，把培植财源作为财政工作的重中之重，加强重点税源监控，挖掘非税收入潜力，挖潜堵漏，做到应收尽收。密切跟踪财政收入形势，加强分析、妥善应对，坚持提升总量与优化结构并重，努力提高一般公共预算收入占GDP的比重、税收收入占一般公共预算收入的比重，有效促进可用财力持续稳定增长。

(财政局)

财政收支和预算执行情况

【预算调整】 2017年，全市一般公共预算支出预算由市第十八届人民代表大会第二次会议审议的289928万元（剔除预告知上级专项资金17764万元，2016年结转资金3031万元），调整变动为353685万元。市本级（不含乡镇）一般公共预算支出预算由市第十八届人民代表大会第二次会议批准的257430万元（剔除预告知上级专项资金17764万元，2016年结转资金3031万元），调整变动为311776万元。

【财政收入预算执行情况】 全市一般公共预算收入实现190671万元，完成调整预算190500万元的100.1%，比2016年增长8.1%。收入质量持续改善，税收占比为50.1%。

【财政支出预算执行情况】 全市一般公共预算支出实现441746万元，完成调整预算437680万元的100.9%，比2016年增长15.7%。

【预算收支平衡情况】 全市一般公共预算收入190671万元，加中央、省转移支付补助收入219584万元、地方政府一般债务转贷收入134300万元、2016年结余资金3031万元（自然灾害生活救助、金融机构涉农贷款增量奖励和定向费用补贴等资金）、调入预算稳定调节基金378万元、收回结转两年以上专项资金6700万元等收入后，可供安排的收入总量为554664万元。收入总量减去当年支出441746万元、上解上级支出19019万元、一般债务还本支出89600万元、援助布拖县支出900万元、安排预算稳定调节基金383万元等支出551648万元后，全市结余资金3016万元（地质灾害救灾、农业大灾保险、干旱河谷地区机电提灌站建设等资金），主要是因项目跨年实施需要结转2018年继续使用。

【市本级财政收入预算执行情况】 市本级一般公共预算收入实现145191万元，完成调整预算144500万元的100.5%，比2016年增长7.1%。

【市本级财政支出预算执行情况】 市本级一般公共预算支出（剔除上级专项）实现312269万元，完成调整预算311776万元的100.2%。

【市本级预算收支平衡情况】 市本级一般公共预算收入145191万元，加中央、省转移支付补助收入188623万元、地方政府一般债务转贷收入124799万元、2016年结余资金3031万元（自然灾害生活救助、金融机构涉农贷款增量奖励和定向费用补贴等资金）、乡镇上解21587万元、调入预算稳定调节基金378万元、收回结转两年以上专项资金6700万元等收入后，可供安排的收入总量为490309万元。收入总量减去全年支出378505万元、上解上级支出19019万元、一般债务还本支出88486万元、援助布拖县支出900万元、安排预算稳定调节基金383万元等支出487293万元后，市本级结余资金3016万元（地质灾害救灾、农业大灾保险、干旱河谷地区机电提灌站建设等资金），主要是因项目跨年实施需要结转2018年继续使用。

（财政局）

税　务

国家税务

【概况】 2017年，市国税局累计入库各项税收收入160408万元，比2016年增长63.9%。除消费税与同期持平，其他税种全面增收，其中增值税96083万元，同比增长21.1%；消费税551万元，与同期持平；企业所得税59055万元，同比增加3.2倍；车辆购置税4719万元，同比增长21.4%，64924万元，全年累计入库完成66608万元，同比减少1684万元，下降2.5%，其中“两税”入库51811万元。

【税制改革】 加强“放管服”改革，推进税制、征管、商事制度等改革交织进行。持续推进“营改增”试点第四、五阶段工作，加强“营改增”税负及效应分析，做好四大行业申报数据、开票数据联动分析，深入开展“营改增”政策“大辅导”，进一步巩固扩大“营改增”成果，建筑业链条管理成效初显。深化国地税征管体制改革，共同制定《江油市国地税征管体制改革实施方案》（以下简称《方案》），按照《方案》中所列项目有序推进，联合创新开展数据清理工作，年度联合地税清理问题数据1.57万条，总体完成率达96.76%，位列绵阳各局前四。同时稳步推进大企业服务管理改革、商事制度改革以及实名办税等工作。

【税收征管】 在征管基础方面，抓好税户普查，对全局444户漏征户和12户漏管户开展集中清理，清理餐饮业漏征漏管户2000余户，开展走逃（失联）企业虚开发票专项治理工作，清理专用发票2904份，转出发票631份，转出进项税额7797144.37元，清理普通发票205份，征管基础得到夯实。在所得税管理方面，抓好所得税汇算清缴，汇算清缴申报进度与审核通过率均达100%，征税面较2016年有所提升。在风险管理方面，共下发风险任务243户次，完成风险任务238户次，查补税款2205万元，已入库税款2012万元，已入库滞纳金300万元，应对收入占税收收入比率为1.55%。

图76　6月6日，市国税局承办绵阳市国税系统文艺会演

【税务稽查】 全年围绕打虚打骗、专项整治以及大要案件的查处，立案检查24户，组织企业开展自查3户，查补入库1956万元，移交江油市检察院提起公诉11起，江油市人民法院刑事判决7起，充分发挥以查促收职能。

【纳税服务】 加强非接触式办税推广，增设网上办税体验区，增添自助办税终端，与建设银行合作建立2个自主延伸点，设置4台自助办税机，开通邮政配送，逐步形成集办税服务厅、延伸点、自助服务厅、网上办税厅等多方位互为补充的办税服务模式，非接触比率占比居全市前列，2017年度纳税人满意度实现得分排名双提升，居全市第6。2017年，1名工作人员评为全省税务服务明星，大厅2名工作人员入选参加绵阳市系统纳税服务“业务大比武、岗位大练兵”前10名。

（吴　贤）

地方税务

【概况】 2017年，江油市地税局累计组织各项收入81293万元，比2016年增长7.27%，增收5428万元。其中，入库税收收入73720万元，同比增长8.02%，增收5386万元；入库基金附加收入7573万元，同比增长0.56%，增收42万元。为地方经济稳中求进做出贡献，并较好地发挥了税收职能作用。

【税收征管】 全年先后完成6批次国地税征管数据清理工作，清理数据达2万余条；为713户企业发放网上办税CA认证数字证书。完成“以地控税、以税节地”改革试点工作，入库城镇土地使用税税款及滞纳金合计109.65万元。不断强化所得税日常控管，防止税款“跑、冒、滴、漏”，高质量完成2016年度企业所得税汇算清缴工作，实际汇算清缴企业达957户，汇算申报率100%；开展企业所得税评估工作，入库企业所得税4013万元。超额完成1850人次的年所得12万元以上个人所得税申报工作，较2016年同期增长74.36%，入库税款357.23万元。实现征管电子档案系统常态化运行，全年共受理事项2428项。进一步强化对项目税收的日常管理，按照“属地管理、重点监控”原则，全程跟进项目进度，根据项目建设情况，及时足额催税入库。继续深化税库银横向联网工作，依托“存量房交易价格评估系统”，强化二手房交易税收征管，全年实现存量房交易税收1990.95万元。

【税制改革】 市地税局先后与市财政局、市水务局、市环保局等相关单位联合成立“水资源税改革试点”工作领导小组和“环境保护税改革”工作领导小组，明确各自的工作职能及工作目标，通过日常协作配合，抓实措施落地，在时间节点内，顺利完成106户企业水资源费档案资料和48户企业排污费征收档案资料的交接工作。期间，组织举办“两税改革”专题培训8次，宣讲解读相关税政，为后期有效征管打下坚实基础。

【税务稽查】 市地税局充分发挥税务稽查整顿和规范税收秩序、打击“偷、逃、骗”税的作用，达到“以查促管、以查促收”的目的。全年协助绵阳市地税局办理涉税案件4件，直接查处办理案件8件，办结6件；受理各类举报案件13件，办结10件，查补入库收入共计4118.16万元。与国税局成立联合稽查工作领导小组，制发联合稽查工作办法，初步形成国地税联合稽查办案工作机制。

图77 4月17日，市地税局与国税局在百合花国际博览园联合开展第26个税收宣传月主题活动

【纳税服务】 在第26个税法宣传月期间，与国税局联合开展税收宣传，发放各类宣传资料，接受现场咨询；携手江油电视台《法在身边》栏目，大力宣传二手房交易税收政策；利用纳税人学堂开办6期税收政策专题培训；以“深化税收改革，助力企业发展”为主题，在全市主要街道和干线40余个公交站台发布税收法制宣传海报和标语。多次组织税法宣传小组走进企业发放国务院6项减税政策等税收宣传资料，现场解答纳税人咨询；继续深化“便民办税春风行动”，对国地税联合办税资源进行了再次整合优化，设立江油市办税大厅，全面实行“一窗一人”联合通办，真正实现“进一个门、叫一个号、到一个窗、办两家税”的良好局面。启动周六延时服务，为纳税人办理税费申报与缴纳业务，最大限度地满足纳税人对办税服务的需求。

【税收优惠】 2017年，为助力供给侧改革，国家减税政策力度进一步加大，这些普惠性政策极大减轻了企业税负，全市累计减免地方各税30128万元，同比增加11705万元，增长63.53%，减免税额占全市地税收入的比重为40.87%，较2016年同期增长21.16个百分点。其中：改善民生减免20117万元，鼓励高新技术减免1356万元，支持金融资本市场减免3913万元，支持其他各项事业减免4742万元。减免额度较大的税种分别为企业所得税6155万元、个人所得税8853元、契税5574万元、土地增值税3652万元。广大纳税人及时分享到国家税收优惠政策带来的红利。

（李　涛）

江油市 2017 年纳税 100 万元以上单位名表

表 7

纳税人名称	金额（万元）
江油市人民政府	4380
江油鸿飞投资（集团）有限公司	3863
四川西南水泥有限公司	2158
绵阳华飞文化科技有限公司	2812
攀钢集团江油长城特殊钢有限公司	2555
中国石油天然气股份有限公司西南油气田分公司川西北气矿	2481
江油市天一自来水有限责任公司	1680
江油市文化旅游发展有限公司	1679
神华四川能源有限公司江油发电厂	1335
四川广通建设有限公司	1149
中国人民财产保险股份有限公司江油支公司	1081
四川省江油市建工房地产开发有限公司	1051
江油远太投资实业有限公司	951
江油新炜发展投资有限公司	932
江油市财政局	923
四川佳运油气技术服务有限公司	880
江油市宏安建筑工程有限公司	811
四川鑫蜀江置业有限公司	778
中国航发四川燃气涡轮研究院	759
江油市人民医院	734
江油市农村信用合作联社	731
四川石油管理局川西北矿区	715
江油红狮水泥有限公司	706
绵阳市建力达建设有限公司	651
四川万达建设集团有限公司	651
四川六合锻造股份有限公司	619
江油市创元开发建设投资公司	605
江油市华丰房地产开发有限公司	599
国网四川省电力公司江油市供电分公司	589
四川品润房地产开发有限公司	532
四川广通房地产开发有限公司	518

续表 7

纳税人名称	金额（万元）
四川清香园调味品股份有限公司	508
江油市城建建筑劳务开发有限公司	488
中国人寿保险股份有限公司江油市支公司	475
中国平安财产保险股份有限公司江油支公司	448
拉法基瑞安（四川）投资有限公司	425
四川国大水泥有限公司	423
江油市城北房地产开发有限公司	417
江油市第二人民医院	409
四川江油宏安实业（集团）房地产开发有限公司	361
江油市中坝镇先锋村村民委员会	293
四川继峰房地产开发有限公司	351
四川巴蜀江油燃煤发电有限公司	337
四川省江油市第五建筑工程有限公司	332
四川省江油市新华建筑工程有限公司	326
四川皇龙智能破碎技术股份有限公司	303
四川省烟草公司绵阳市公司江油分公司	287
四川省圣名实业有限公司	281
江油城投建设工程有限公司	276
四川省江油市建工建筑工程有限公司	272
四川双马电力股份有限公司	266
四川省正一天源实业有限公司	261
江油拉豪双马水泥有限公司	256
中国人寿财产保险股份有限公司江油市支公司	242
四川建兴房地产开发有限责任公司	227
江油东辰房地产开发有限公司	221
江油联智投资有限公司	221
四川江油顺辉投资（集团）有限公司铂晶巴登酒店分公司	219
四川省帮均房地产开发有限责任公司	217
四川申浦路桥工程有限公司	217
太平人寿保险有限公司四川分公司江油营销服务部	213
江油城投国有资产经营有限公司	211

续表 7

纳税人名称	金额（万元）
江油市先锋社区居民委员会	177
四川省江油市蜀玉实业有限公司	210
江油市第十建筑工程有限公司	207
四川汇通能源装备制造股份有限公司	207
江油兴蜀石化有限公司	197
宏信证券有限责任公司江油金轮干道证券营业部	192
江油市长祥特殊钢制造有限公司	188
江油市华丽房地产开发有限公司	190
江油市颐江电子商务产业园有限公司	186
江油南玻矿业发展有限公司	186
江油第三建筑工程有限责任公司	186
江油市康大建筑工程有限责任公司	183
四川省汇星实业（集团）有限公司	180
四川矿山机器（集团）有限责任公司	177
江油巴蜀通口河电力有限公司	176
四川九〇九建设工程有限公司	176
四川鑫鼎新材料有限公司	172
四川神华天明发电有限责任公司	171
四川江油华夏村镇银行股份有限公司	170
中国工程物理研究院材料研究所	168
江油炜城房地产开发有限公司	165
江油市中医医院	164
中国建设银行股份有限公司江油支行	162
四川富临运业集团江油运输有限公司	159
四川中润远邦投资发展有限公司	153
中国农业银行股份有限公司江油市支行	151
中国电力工程顾问集团西南电力设计院有限公司	151
中国工商银行股份有限公司江油支行	149
四川瑞丰房地产开发有限公司	144
四川江油五星投资（集团）有限公司	144
天风证券股份有限公司江油李白大道证券营业部	144

续表 7

纳税人名称	金额（万元）
绵阳启明星嘉晨实业有限公司江油分公司	140
太平财产保险有限公司江油支公司	140
四川聚能核技术工程有限公司	139
江油市富临汽车客运站有限公司	134
四川幼儿师范高等专科学校	133
四川省江油市城建工程集团有限公司	133
江油市青莲竹园文化旅游开发有限公司	132
绵阳艺精防辐射科技有限公司	131
江油为民安防服务有限公司	130
江油启明星氯碱化工有限责任公司	130
四川新泰房地产开发有限公司	130
阳光财产保险股份有限公司江油支公司	124
江油长联实业开发总公司	123
四川江油顺辉投资（集团）有限公司	121
四川省江油华泰建筑工程有限公司	118
四川江油中坝附子科技发展有限公司	119
四川竹园嘉华置业有限公司	117
江油市万利化工有限责任公司	112
江油市道合建筑劳务有限公司	109
绵阳市江油顺辉小额贷款有限公司	107
中国电信股份有限公司江油分公司	104
四川超声印制板有限公司	103
中国能源建设集团天津电力建设有限公司	103
四川省武都水利水电集团有限责任公司武引电力分公司	103
四川省江油市龙凤水电有限公司	101
江油鸿飞投资（集团）有限公司燃气分公司	101
四川长钢机电建设发展有限公司	100
绵阳川矿重型机械有限责任公司	100

（江油市地税局）

江油年鉴

综合监管

Integrated Regulation

经济和社会发展

【概况】 2017年，江油市坚持稳中求进工作总基调，大力实施“工业强市、产业兴市”发展战略，统筹抓好稳增长、促改革、调结构、惠民生、防风险各项工作，全市经济呈现稳中有进、稳中向好的良好态势。全年实现地区生产总值384.6亿元，同比增长9.2%，超十八届人大二次会议确定的全年目标任务0.7个百分点，总量居绵阳各县（市、区）第1位。三次产业结构为11.9∶38.7∶49.4，与2016年相比，第三产业占比提升10.3个百分点，一产业占比下降0.8个百分点，二产业下降9.5个百分点。

【现代农业稳定发展】 第一产业实现增加值45.7亿元，同比增长4%，超全年目标任务0.2个百分点。全面落实粮食安全省长责任制，粮食安全保障有力，全年实现粮食总产量30万吨。农业产业化快速推进，新增绵阳市级龙头企业2家，新发展家庭农场96个。农业结构调整步伐加快，特色产业持续壮大，农业供给更加精准有效，订单式农业快速起步，绿色农业、有机农业蓬勃发展，新认证“三品一标”（即无公害农产品、绿色食品、有机农产品和农产品地理标志）12个。农旅融合发展不断提速，休闲农业、体验式农业发展迅猛，圆满举办“江油市第五届乡村旅游节”系列活动，实现乡村旅游综合收入22亿元。

【构建现代工业体系】 深入推进工业大会战“六大攻坚行动计划”，优势企业不断壮大，全年新增亿元以上企业12户、十亿级企业2户，新增立航科技等规模企业33户，总数达233户，实现规模工业总产值529.1亿元、同口径增长21.3%；规模工业增加值增长11.2%，超全年目标任务0.2个百分点。发展平台更加优化，构建起“一区多园一走廊”的工业空间布局，工业园区成功创建省级高新技术产业园。“两新”产业发展全面提速，全年新增战略性新兴产业企业5户，总数达25户，完成总产值228亿元，同比增长25%；新增高新技术企业4户，总数达27户，完成总产值171亿元，同比增长37%。工业效益逐步提升，攀长钢结束长达20年的亏损，实现盈利2000余万元，全年新增长祥特钢等税收过千万元企业5户，六合锻造等57户工业企业实现利税增长10%以上。

【现代服务业提速增效】 实现服务业增加值189.9亿元，同比增长10.6%，超全年目标任务1.4个百分点。电子商务发展迅速，“全域电商”模式初见成效，全年电子商务基础设施共投入1.4亿元，颐江电商产业园O2O农产品交易中心全面投入使用，全年实现电商交易规模183.6亿元；中石化、科凰商贸两个区域性总部型经济建设快速推进。“全域旅游”建设稳步推进，旅游业持续繁荣，获“四川省旅游强县”称号，李白故里AAAAA级风景区、“国家全域旅游示范区”创建工作全面启动，中华洞天一期开放迎客，乡村游、短途游持续火爆，全年接待游客736.4万人次，实现旅游总收入98亿元，增长22.3%，高于全年目标任务4.3个百分点。金融系统运行平稳，服务水平不断提升，截至12月底，金融机构各项存款余额476.8亿元，同比增长4.4%；各项贷款余额221.7亿元，同比增长13.6%。

【投资保持快速增长】 工业、服务业、“三农”、交通、城建、社会民生六大板块投资全面发力，全年完成固定资产投资218.1亿元、同比增长19.1%，提前1一个月完成绵阳下达目标任务，并超全年目标任务8.1亿元。投资结构不断优化，实现产业投资140亿元，占总投资比重达63.6%，其中：工业投资78.3亿元，同比增长17.5%，技改投资78.7亿元，同比增长23.7%，高于投资总额增速3.5个百分点。

【推进项目建设】 不断加强项目管理，出台加强政府投资项目管理和项目前期工作两个文件，以及PPP、EPC、社会化融资三个项目管理办法；市财政安排专项工作经费切实加快推进项目前期工作，加强项目招投标管理，严格落实重点项目“四定”责任制，项目建设推进有力。总投资达434.3亿元的神华江油煤电一体化、李白文化产业园等100个续建项目快速推进；总投资达177.6亿元的绵阳华夏历史文化科技产业园、明月岛公园等189个新项目陆续开工建设；卓璟光电产业园一期、中华洞天、西成客专等137个项目年内实现竣工投产投用。17个省市重点项目完成投资62亿元，完成年度计划的129.8%。

【消费市场供需两旺】 开展商贸流通示范市创建工作，加快推进城市老商圈改造提升，着力打造慢生活特色商业街，举办第四届“李白故里啤酒节”；组织开展惠民购物全川行动、川货全国行、万企出国门等系列活动69次，引进“宝龙广场”入驻恒大商业综合体。全年实现社会消费品零售总额184.5亿元，同比增长12.6%，超全年目标任务0.1个百分点；196户限额以上批发、零售、住宿、餐饮业企业实现零售额92.2亿元，同比增长15.3%，占社消零总额比重达50%。

【供给侧结构改革】 逐步化解过剩产能，整治碳酸钙石英砂行业，推动14户企业入园发展，淘汰碳酸钙产能330万吨，全面关停10蒸吨以下燃煤锅炉，消化商品房库存106万平方米。全创改革顺利推进，军民融合发展不断提速，16户军民融合企业参与近430余个军工产品生产配套，实现军民融合产值210亿元；四川特钢产业联盟正式成立，构建起“产学研用”一体发展机制；长钢、川矿、六合锻造等国企民资混合所有制改革顺利推进；创新创业工作扎实开展，新建科技企业孵化器3个，江油创客空间被认定为省级孵化器；全年新增科技型中小企业218户，授权专利388件，转化科技成果68项。重点领域改革稳步推进，全国相对集中行政许可权改革稳步推进，“放管服”改革不断深化，“五证合一、一照一码”和“三证整合”强力推进；农村集体产权制度改革、农村产权抵押融资改革等顺利推进；国家投资工程建设项目招标投标改革、生态文明体制改革、投融资体制改革等各项改革稳步推进。

【固定资产投资】 2017年1月至12月，全社会固定资产投资完成218.1亿元，比2016年增长19.1%。其中：第一产业完成投资6.9亿元，同比下降1.1%；第二产业完成投资78.39亿元，同比增长17.4%；第三产业完成投资132.81亿元，同比增长21.5%。

【开放合作实现新突破】 成立四川——东盟（越南）工程设备供应与商务合作联盟，与跨境电商外贸平台——敦煌网对接服务有序开展；主动融入“一带一路”建设，长祥特钢等20余户优势企业与沿线国家开展深入合作。成立江油市投资促进工作委员会，坚持领导带队招商，强力推动项目落地，全年举办投资推介会10场、集中签约仪式2次。通过争取中央、省预算内资金、发行企业债券、资本市场融资，转移支付等渠道获资金支持达76亿元，组建规模达94亿元的旅游产业、环保产业、战略新兴产业、工业发展投资引导“四大基金”，招引集聚力显著增强，成功引进华为技术、成都纵横无人机等多个“两新”产业企业。全年签约项目2000万元以上项目55个，协议投资总额达404.9亿元；实现国内省外到位资金90亿元，同比增长27.9%，超全年目标任务15亿元。

【脱贫攻坚】 聚焦“两不愁、三保障、四个好”（农村贫困人口不愁吃、不愁穿，农村贫困人口义务教育、基本医疗、住房安全有保障；让贫困群众住上好房子、过上好日子、养成好习惯、形成好风气）标准，进一步加大扶贫攻坚基础设施建设，全年投入资金2.19亿元，集中用于贫困村的产业发展、基础设施、能力提升、农居环境、公共服务等方面建设。启动实施北部山区生态旅游环线道路一期建设17公里，完成新、改、扩建村组道路、产业道路建设209.7公里。贫困村义务教育就学率、贫困户参合（保）率、广播电视达标率均达100%；全年实现27个贫困村摘帽，4400人脱贫；190户497人易地扶贫搬迁工作全面完成，年底前已实现全面入住。

【民生建设】 “十项民生工程”和“20件民生大事”扎实开展，全年民生支出达26.6亿元。坚持促进就业创业，全年城镇新增就业人员8845人，城镇登记失业率严格控制在3.6%以内；居民收入稳步增长，城乡居民人均可支配收入分别实现30798元、15642元，同比增长8.1%、9.4%。城市、农村最低生活保障标准线分别提高至460元/月、275元/月。建立起统一的城乡居民医疗保险制度，参保率达97.2%。养老服务体系不断健全，新增老年人日间照料中心43个，新增民办养老床位200张。完成改造危旧房棚户区745套。

【社会事业全面进步】 全国文明城市创建工作取得阶段性进展，成功入围中央评测提名县(市)。义务教育均衡发展，全年投入各类资金4722万元，改扩建校舍面积3万余平方米，启动城西幼儿园建设。基本公共卫生服务均等化有序推进，基本药物制度、县级公立医院改革深入实施。文化体育活动广泛开展，全市各类文化场所全年免费接待群众120余万人次，成功承办省第十三届青少年乒乓球公开赛、“李白故里杯”全国象棋公开赛等大型赛事活动。

（发改局）

物价管理

【价费管理】 2017年，根据国家发展改革委和四川省发改委《关于全面实行收费目录清单制度的通知》的要求，及时编制并适时更新《江油市行政事业性收费目录清单》《涉企行政事业性收费目录清单》，制定《江油市2017年政府定价和政府指导价收费项目及收费标准目录清单》，在江油市政府门户网站上进行公示。严格要求各执收单位按照“醒目、固定、长期”的规定，对收费项目、收费标准、计价单位、收费依据（必须注明批准机关名称及文号）、收费范围（注明可收取的范围或禁止收取的范围）、收费性质、投诉电话(12358)及公示内容的核准日期等通过电子显示屏、电子触摸屏、公示牌、公示栏和公示墙等方式进行公示，提高收费透明度，更好的接受社会各界监督。

【价格改革】 加快建立主要由市场决定的价格形成机制。推进服务价格和收费管理体制改革，清理规范全市行政事业性和服务性收费项目。放开大部分中介和专业性服务收费标准。逐步推进全市农业综合水价改革。进一步规范行业协会商会收费。完善收费公示制度，规范收费公示格式。做好供给侧结构性改革降成本工作，降低资源要素价格，增强工业经济动能。严格执行电价优惠政策。实行直购电政策。为企业节约电费4261万元，落实富余电量消纳政策，为企业节约电费360万元，下调大工业电价和一般工商业电价，为企业节约电费580万元，基金下调，为企业节约电费200余万元，全年共为企业节约电费约5400余万元。严格执行天然气优惠政策。非居民用天然气最高门站价格每立方米降低0.10元政策，全年约为企业减轻负担1200余万元。清理取消部分收费政策。取消环境监测服务费、白蚁防治费、计量收费等共计18项收费政策，为企业减轻负担近200余万元。制定和完善社会救助和保障标准与物价上涨挂钩联动机制，保障困难群众基本生活。制定《江油市进一步完善社会救助和保障标准与物价上涨挂钩联动机制的通知》，缓解物价上涨影响，保障困难群众基本生活。

【价格和粮食监督检查】 加强法律法规宣传和普及，不断增强法律意识。强化市场监管，维护市场价格稳定。在“8·8”九寨沟地震期间，主动出击对加油站、饭店、超市等场所的价格行为进行了检查；认真组织开展砂石钢材市场价格专项检查；重点检查旅游景点、酒店、停车场、出租车等明码标价执行情况；做好价格监测预警工作，关注粮油、肉、蛋、菜、奶等居民生活必需品以及节日期间交通运输、旅游等重要商品的供应及服务价格动态，对市场商品价格进行动态分析，并及时进行预警预报。开展粮食流通、粮食库存、政策性粮食购销活动专项整治行动等专项检查；认真开展落实粮食安全省长责任制考核。

【价格举报投诉】 充分发挥“12358”价格举报电话作用，及时查处价格举报案件，切实维护群众利益。认真接待群众来电、来信、来访，积极受理价格投诉和举报，全年共受理价格举报268件，其中：价格政策咨询267件;价格举报违法案件1件。所受理案件年内全部办理完毕。

（发改局）

国土资源保护与管理

【概况】 2017年，江油市国土资源局严格保护耕地，严格依法行政，改革创新，改善和提高保障、服务能力，为江油社会经济发展提供有力的国土资源保障。

【国土资源保护】 落实耕地保护各项措施，加强耕地保护目标责任考核，确保耕地保有量6.98万公顷、基本农田保护面积5.81万公顷。科学规划，完成2016年度土地变更调查、耕地质量等别年度更新及监测、全市土地利用总体规划调整完善、《江油市“十三五”土地整治规划》等成果，全市永久基本农田划定工作通过验收。开展农村土地综合整治，实施省投资土地整理项目3个、建设规模0.22万公顷，争取省级财政资金3496万元；开展市财政筹资土地整理项目4个、建设规模0.26万公顷。严格执行矿山地质环境恢复治理保证金制度，受理矿业权延续登记和变更登记10个，其中办结8个、剩余2个待绵阳市国土资源局审批。首次开展全市2017年矿业权人勘查开采信息公示工作。形成《江油市第三轮矿产资源总体规（2016—2020）》成果。抓好国土资源执法监察，通过2017年土地例行督察省域督察和2016年度土地矿产卫片执法检查，依法整顿金属非金属矿企业20家，清理项目违法用地90宗，处置闲置土地8.1公顷。

【建设用地供给】 规范征地拆迁管理，出台《江油市征地拆迁补偿安置资金管理办法》《江油市征地拆迁补偿安置办法》等制度，实施征地拆迁项目50余个、面积0.13万公顷。加快征地报批，2017年预存社保资金1.69亿元，上报农用地转用及土地征收报件7个批次、绵九高速先行用地、单独选址项目1个（中绵路），共涉及土地面积146.85公顷。加强供地管理，完成土地供应55宗、面积235.92公顷，实现土地收入18.8045亿元。2012年至2016年供地率达65.24%。

【地质灾害防治】 严格落实汛期值班守等制度，落实专职监测队伍414人，并召开监测培训会37次，开展应急演练41次、避让转移3554人次，编制应急预案414份、发放“两卡”2541份，建立气象灾害预警信息发布平台和MAS地灾短信预警平台，发送地灾预警短信2万余条，组织实施重点地灾隐患点整治16处、避险搬迁50户。

【国土资源改革】 完成绵阳地区存量数据汇交和数据整合等工作，共受理不动产登记业务29296件，办结28068件。实施工矿废弃地复垦利用试点项目3个，复垦规模84.27公顷。完成项目实施方案编制5个，9个尚在编制中。同时，争取到省国土资源厅同意追加下达江油市2016年历史遗留工矿废弃地复垦利用试点计划指标413.33公顷。开展城乡建设用地增减挂钩试点工作，实施城乡建设用地增减挂钩项目4个，其中完工3个，取得城镇建新区挂钩周转指标1056亩。开展耕地保护补偿机制持续试点工作，探索建立耕地保护经济补偿制度，健全约束与激励并行的耕地保护长效机制，编制完成《江油市耕地保护补偿工作方案》，落实补助资金114.14万元。

（韩 静）

工商行政管理

【概况】 2017年，江油市食品药品和工商质监管理局结合全市“工业强市、产业兴市”发展战略，围绕服务发展主线、守牢安全底线的要求，努力夯实基础、提升能力、强化效能，推动工商工作再上新台阶。

【服务经济发展】 为企业量身打造合同帮扶计划，协助企业理顺自身经营思路；大力开展守合同重信用企业培育，对32户省级、绵阳级“守重”企业进行回访。办理动产抵押登记46件，帮助企业解决融资逾2亿元。主动对4户进入规模以上企业进行帮扶，给予企业在政策扶持、融资担保等方面大力协调、帮助，使其在“入规”企业产值、利税增长上名列前茅。同时，对江油近3年新成立企业多次进行实地调研，最终选定1家经济实力强，有发展前景的企业进入江油规模企业目录，为江油GDP增长贡献力量。组织开展“依法治企、诚信兴企、控制风险、转型升级、做优做强”为主题的民营企业“诚信守法企业”示范创建活动。继“四川兰兰食品有限公司”和“四川科海电子商贸有限公司”成功创建“诚信守法企业”示范单位，2017年新推荐“四川江油宏安实业（集团）有限公司”参加此项创建工作。

【推进商标战略】 引导松花岭公司、江虹线缆、勇辉生态3家企业和天农生态、兰兰糕点2家企业分别申报四川省著名商标、绵阳市知名商标。走访四川省著名商标企业，帮助企业有效解决在商标方面遇到的困难，引导企业增强商标品牌意识。全年新办注册商标505件，全市有效注册商标2307件，其中中国驰名商标1个、四川省著名商标10个、绵阳市知名商标16个。

【年报公示工作】 制定完善年报工作方案，对各项任务进一步细化，明确任务完成阶段和时限，采取每周定期通报的形式推进年报工作深入开展。全市企业、个体、农民专业合作社年报率分别为99.61%、99.97%、98.79%，均高于全省和绵阳市平均年报率，3项年报工作均得到四川省工商局的通报表扬。同时，引入第三方对企业年报开展不定向抽查工作。

图78 3月15日，江油市在中坝大剧院广场举行“网络诚信 消费无忧”“3·15”国际消费者权益日特别活动

【双随机抽查工作】 邀请市人大代表、政协委员、企业、个体工商户、消费者代表现场督导，通过电脑摇号的方式随机抽取生产经营单位，随机抽取执法人员开展实地检查。进一步建立和完善“双随机”抽查工作机制，全年抽查企业186户，抽查率100%，正常率94.62%；抽查个体623户，抽查率100%，正常率100%；抽查农专社18户，抽查率100%，正常率94.44%，对存在问题的列入“经营异常名录”并发出责令整改。

【市场监管】 全年加强对无证无照经营行为的查处打击，推进全国文明城市创建工作；对节日热销商品、生活必需品、电子电器产品、服装、儿童用品等商品大力开展质量整治，检查商品来源是否合法、质量是否合格，及时发现和查处制售假冒伪劣商品违法行为。加强对节日促销、商业广告等行为的监管，严厉打击虚假宣传、不正当竞争行为等违法行为，保护人民群众的消费安全。全年查办各类案件680件；共计抽检流通领域商品155批次，合格117批次，不合格38批次，商品质量抽样合格率为75.48%。

【"红盾春雷行动2017"】 实行政府主导、部门联动、整体推进，全年出动执法人员964人次，检查各类市场经营主体3000余户，共受理消费者投诉127件，发布消费警示、消费提示20次，为消费者挽回经济损失10余万元，红盾春雷行动期间立案查办各类违法违章案件530件，被绵阳市综合考核为第一名，被评为全省"红盾春雷行动2017"先进集体。

【消费维权】 大力开展消法宣传活动，加强消费维权体系建设。全年共受理消费者投诉307件，处理投诉调解307件，受理消费者咨询376件，为消费者挽回经济损失22.37万元。

（赖　寒）

审　计

【概况】 江油市审计局是负责全市审计监督的综合行政执法部门。编制30人，2017年在编28人，其中：公务员19人，行政工勤2人，事业编制（参公管理）7人，具有大专以上学历28人，具有初级以上专业技术职称16人。设有办公室、政策法规股、财政审计股、金融与社会保障审计股、固定资产投资与外资运用审计股、行政事业与环保农业审计股，下属事业单位江油市经济责任审计分局。

2017年，全局完成审计项目45项，查出违规金额16,964万元，管理不规范金额294.424万元（其中固定资产投资审减2.391万元），上缴财政资金16.964万元，归还原渠道资金43万元，提交审计综合报告8篇。向有关单位（含上级安排交叉审计项目）移交审计线索13件，有关部门处分责任人员19人。向市委、市政府领导报送审计要情6期，提出审计建议8条。

【审计行政执法制度建设】 全年，根据《法治江油建设2017年工作要点》及职责分工，通过落实行政执法责任制、规范执法行为、加强业务学习，依法履行审计监督职责。构建联网审计平台，经政府采购，由四川欣越洋科技有限公司以76.5万元中标承建的联网审计平台建成并运行。充分运用OA（审计管理平台）和AO（计算机辅助审计）软件进行办公和实施审计，并组织完成AO案例2个。局纪检组坚持对重点项目实施跟踪监督，深入现场了解，对于工作中出现的吃拿卡要、推诿扯皮、不作为、乱作为、效率低下等情况反映及时进行提醒谈话，纠正和制止不正之风的蔓延。向被审计单位发去《审计组和审计人员遵守工作纪律情况征求意见表》和《遵守廉政纪律回访表》，采取个别约谈，实行审计人员遵守工作纪律情况意见反馈制度和审计回访制度，避免审计组人员被被审计单位宴请的现象。全年无行政复议、行政诉讼案件发生。

【政策措施落实情况跟踪审计】 全年围绕省、绵阳市和江油市关于"项目年"、扶贫攻坚等重大决策部署，以项目落地、资金保障、简政放权、政策落实、风险防范为抓手，围绕去产能、去库存、去杠杆、降成本、补短板五大任务，对保障性安居工程、财政政策落实、预算管理与执行、精准扶贫政策落实、政府投资重大项目建设等方面持续开展跟踪审计，推动政策措施落地落实。查出管理不规范金额3.227万元。

【财政预算执行情况审计】 对市本级2016年财政预算执行情况及其他财政收支情况、市地税局2016年度税收征管情况进行审计，并对市人力资源和社会保障局、商务和旅游局等5个部门和单位的财政预算执行及其他财政收支情况进行延伸审计，审计查出违规金额16.645万元，归还原渠道资金43万元，管理不规范金额279,592万元。

【专项审计调查】 全年，对市农发办2015年农发水保项目财政资金财务收支情况、2015年市级农业综合开发高标准农田建设项目财政资金财务收支情况、2015年农业综合开发产业化贷款贴息项目财政资金财务收支情况、2016年财政现代农业生产发展水稻项目财政资金财务收支情况等7个专项审计(调查)。

【领导干部任期经济责任审计】 在市委、市政府的统一安排下，受江油市委组织部委托，对香水镇原党委书记余永革、东安乡原党委书记陈坤、市财政局局长程忠、城市行政执法局局长严勇、安全生产监督管理局局长朱晓辉、江油市第二人民医院院长杨晓宏6名领导干部经济责任审计。共查出各类问题金额9.533万元，其中：违规金额319万元，管理不规范金额9,214万元，移送市纪委派驻卫计局纪检组处理1人(已作出“行政警告”处分)。针对审计查出的各类违规资金和问题，审计局依据相应的法律、法规作出处理，收缴财政资金316万元。对审计查出的问题结合被审计领导干部的职责分工进行责任划分。对被审计单位和被审计领导干部提出审计建议17条。

【竣工决算审计】 围绕审计内容转思路、审计责任转职能、审计质量转方式，规范审计业务流程，出台《江油市社会中介机构参与政府投资项目审计管理办法》和《江油市社会中介机构参与政府投资项目审计管理办法实施细则》规范性文件，修订完善《江油市审计局投资审计管理规定》，建立中介机构审计库25家、中介机构复核库35家。截至2017年底，完成对太平场棚户区改造配套基础设施项目(一期)、河西路道路改建工程项目等竣工结(决)算审计计划159项，工程送审总金额64046.95万元，核减工程投资8953.16万元，提出审计建议37条；牵头组织“公开摇号”方式确定中介机构参与政府投资项目审计3期，全程监督和指导中介机构参与政府投资项目审计19项，涉及送审金额89.423万元。

【自然资源资产责任审计】 对江油市香水镇原党委书记余永革自然资源资产和环境保护责任离任审计。

图79 9月28日，江油市审计局首次通过公开摇号选取中介机构参与政府投资项目审计工作

【配合审计】 根据上级审计机关统一安排，市审计局派出3个审计组，分别开展三台县2016年保障性安居工程跟踪审计、绵阳市涪城区2016年至2017年6月新型农村合作医疗基金审计、三台县2016年扶贫资金和扶贫政策落实情况审计，向相关部门移送案件线索10件，审计建议函2件，处理相关人员18人；抽派2名审计人员配合绵阳市审计局对中共巴中市巴州区委书记张平阳、巴州区人民政府区长杨波进行任期经济责任审计及审计署成特办对中央节能减排资金进行专项审计。做好绵阳市审计局扶贫审计协调工作，完成对含增、新春、云集、敬元扶贫资金安全检查，完成2018年乡镇21个村近1亿元扶贫资金审计。组织配合审计监督，加大对重点部门、重点单位、重点项目、重点资金的审计监督，配合开展执行中央八项规定和“三公经费”专项监督检查工作、常态开展严肃财经纪律检查、深化拓展三项整改“回头看”督查、“乡镇扶贫资金安全检查”、脱贫攻坚暗访督查、政府建设项目投资资金的收入使用情况专项检查、村两委换届“三资”审计，促进各单位厉行节约和规范管理。

(杨淇媛)

统　计

【概况】 江油市统计局是江油市人民政府的职能机构,内设办公室、综合统计股、工业与能源统计股、农业与投资统计股、社会科技贸易统计股、核算与服务业统计股“五股一室”和1个参照国家公务员法管理的事业单位普查中心。2017年年底，统计局（含普查中心）共有人员编制27名（其中：行政编制18名、参公管理编制9名）；实有在编在职人员22人（其中：行政编制16人、参公事业编制6人），空编5人。配置局领导6人（局长1名、副局长3名、总统计师1名、纪检组组长1名）。具有大专以上学历22人，其中本科学历13人。全年，夯实统计基层基础，规范常规统计和专项调查，全面完成各项工作任务，获“全国经济普查国家级专项试点先进单位”“绵阳市第三次全国农业普查先进单位”“绵阳市统计工作综合一等奖”“绵阳市2017年度统计信息化一等奖”“全市目标督查工作先进单位”等荣誉称号50项（其中：先进单位11项、一等奖23项、优秀个人7人）。

【统计调查】 贯彻国家统计局“提高统计能力、提高数据质量、提高政府统计公信力”工作要求，做好统计年报、定期报表工作，加强对数据的评估审核，全面提高数据质量，全面完成常规统计工作25项，客观反映江油市国民经济各行各业的发展水平，提高政府统计公信力。做好统计调查监测，开展城乡居民收入调查、粮食监测、畜禽监测、文化产业、劳动力调查、妇儿两纲等专项调查工作，并建立调查户电子档案与外出人口资料档案，完善调查户基本情况台账和历年原始资料、报表的建档工作。此外，还配合市委市政府中心工作，组织开展文明城市创建、精准扶贫农民收入调查等监测工作；完成“三农普”阶段性工作任务，通过国家和绵阳市普查工作数据质量验收工作。

【提升统计服务水平】 围绕市委、市政府的决策需求，不断丰富统计产品，便于及时掌握、了解经济社会发展情况，密切关注经济运行和社会发展中出现的新情况、新特点，深入基层和一线调研，形成一系列专题分析资料。组织撰写季度分析、半年分析、全年分析、《统计月报》《统计年鉴》《统计资料汇编》《统计分析》《江油主要数据动态》《统计专报》《统计快报》《国民经济和社会发展统计公报》《扩权县主要经济指标》等资料86篇（份），全方位、多角度反映全市经济社会发展情况，为市委、市政府科学决策提供优质高效统计服务。做好信息对外发布和数据解读工作。通过政府信息公开、党务信息公开网站等形式，及时对外发布统计信息资料，加强统计社会化服务工作；加强统计分析监测预警，密切关注经济运行和社会发展中出现的新情况、新特点，通过下企业、走现场、搞问卷调查等多种形式深入基层、深入一线，形成一批针对性强、有深度的调研分析报告，并每月开展一次全市经济运行分析，为党政领导决策提供重要参考依据。

【统计基层基础建设】 巩固统计基层基础规范化建设成果，在原有规范化建设达标的基础上再完善，再提高，查漏补缺、巩固成果，长效管理，常抓不懈；开展“统计诚信企业”创建活动，通过自愿报名，向企业发放承诺书，上门核实等方式和步骤，开展统计诚信活动。加强统计队伍建设，改选机关党支部，增加2名党组成员，明确领导班子成员和副局级领导干部岗位职责分工，提拔1名副科级领导干部和2名股级干部。

【统计法治工作】 加强统计法律法规宣传，让广大市民更全面了解统计有关常识和统计法律法规知识，进一步提高统计工作的知晓度和公信力。坚持部门统计联席会议制度,由相关市级分管领导牵头，坚持每季召开部门统计联席会议，就统计指标完成情况进行通报，并对当前部门统计工作中存在的问题进行讨论，要求加强部门统计工作，提高部门统计数据质量，确保部门数据的完整性、准确性，做到真实可靠、应统尽统。

【统计教育培训】 开展和参与各项统计业务培训教育活动。组织参加省统计局和绵阳统计局召开的各类培训会议653人次，组织17人参加全省统计技术职称考试、3人参加全国统计执法证

图80 8月22日，市统计局“金秋助学”暨四川鼎鑫新材料有限公司扶贫捐赠活动

考试、16人参加行政执法考试。同时积极组织开展江油市统计业务知识讲座11场次，共培训统计人员1156人次，提升统计人员业务素质。

【“四经普”国家专项试点】 全年，市统计局争取到“四经普”国家专项试点工作，并按照国家、省专项试点工作要求，按照“一套班子统筹、两本台账记录、三层级业务培训、四媒体联动宣传、五项重点工作有序推进”的方式，高标准完成“四经普”国家专项试点工作。在完成试点工作的同时，探索建立分片联系指导工作和普查工作例会制度，强化信息收集汇总，建立试点工作台账和问题台账，并及时总结分析试点过程中遇到的难点、重点问题，发现问题9类28条，反馈问题453条，为2018年开展第四次全国经济普查提供可借鉴、可复制的工作经验。

(马高林)

质量技术监督

【概况】 2017年，江油市食品药品和工商质监管理局将质量强市战略放在更加突出的位置，以全面提高产品质量、保障人民生命财产安全、促进经济发展为目标，为全市经济社会发展做出贡献。

【品牌培育】 确定“江油雾山石刻”为地理标志保护产品申报项目，成立由分管副市长任组长的保护工作领导小组。省质监局正式批准成立江油雾山石刻国家地理标志保护工作领导小组办公室。通过举办品牌培训班、深入企业宣传发动、畅通联络渠道等方式，指导企业加强品牌建设，鼓励企业申报，及时帮助企业遇到的问题，提高企业市场竞争力。

【质量强市战略】 编制并审议通过《江油市“十三五”质量发展规划》。并按照《政府质量奖评审管理办法》要求，评出3家企业荣获江油首届政府质量奖。推动“四川省质量强市示范城市”创建工作，省质监局已正式受理江油市的申请。同时将质量强市工作纳入政府工作目标考核，制定具体的考核细则。面向全社会公开征集到全国各地投稿的“城市质量精神”表述语作品2000余条，通过层层筛选，经市政府审定，“诗蕴江油 质赢天下”确定为江油市城市质量精神表述语。召开质量发展大会，举办质量创新论坛，绵阳市质监局、江油市委市府领导、有关专家到会指导。同时开展形式多样的“质量月”主题宣传活动和对企业进行了质量管理的统一培训工作。

【实施标准化战略】 围绕供给侧结构性改革、淘汰落后产能等方面，鼓励企业参与国际、国家、行业标准的制修订工作，并指导企业在“企业产品标准信息公共服务平台”上声明公开相关标准。已有30余家企业公开标准60余项。四川新为橡塑有限公司主导编制《客运索道用橡胶

轮衬》国家标准，填补该产品没有相应国家标准的空白，提高企业在该行业的话语权和产品竞争力。同时，围绕现代化农业建设，以农业标准化为突破口，推进农业规模化布局，创建一批农业标准化示范基地。2017 年 11 月，江油市果桑种植、永顺生态、川御皇后香菇 3 个省级农业标准化示范项目通过验收。“江油百合”第十二批四川省级农业标准化示范区项目已由省质监局批准，下一步将按照标准指导企业建立健全标准化体系。

图 81　9 月 18 日，江油市召开质量发展大会

【特种设备安全监管】 开展“特种设备安全隐患排查治理专项行动”“大型游乐设施、客运索道专项监督检查”等专项行动，有效保障特种设备安全运行。开展老旧电梯的排查工作，开展推进燃煤锅炉节能提标升级改造工作。同时，配合开展燃煤锅炉的淘汰工作，督促使用单位锅炉淘汰后迅速完善报废注销手续，对新增锅炉进行现场核查，不得新增不符合节能环保要求的锅炉。全年共出动安全监察人员 800 余人次，检查辖区内 293 家特种设备使用单位，共抽查各类特种设备 600 余台，下达特种设备安全监察指令书 34 份，立案查处 15 起。

【产品质量安全监管】 开展工业产品生产许可证获证企业年度自查报告审核工作。并组织全市工业产品生产许可证和食品相关产品获证企业、重点企业法人代表和质量负责人等进行全市工业产品生产许可证证后监管暨重点企业质量监管培训。按照大气污染防治工作要求，重点对生产、销售煤炭、石油焦等商品的产品质量进行监督检查，有效提升全市空气质量。

【计量工作】 对全市涉及贸易结算、安全防护、医疗卫生、环境监测等有建标资质的 36105 台（件）在用强检计量器具实施检定。检测定量包装产品净含量 20 批次。结合创建全国文明城市，组织对 20 余家城乡集贸市场和专业的钢材、废品回收、果蔬食品批发、农资等 2700 余台（件）计量器具（台秤、案秤、电子秤等）开展免费强制检定工作，维护市场公平诚信的交易秩序。全面停止计量器具强制检定收费，为江油企业减负 200 余万元。

【行政执法】 开展以“打击侵犯知识产权和制售假冒伪劣产品”“质检利剑行动”为主线的专项执法行动，立案查处各类产商品质量违法案件 64 件。抽检彩涂钢卷等产商品共计 155 批次，不合格 38 批次，查获假冒伪劣产品货值 27 万余元。

（赖　寒）

食品药品监督管理

【概况】 2017 年，江油市食品药品和工商质监管理局认真执行上级关于食品药品安全工作精神，围绕确保人民群众饮食用药安全这一中心任务，全面开展食品药品安全风险排查，不断整顿和规范食品药品市场秩序，全市食品、药械、餐饮服务、化妆品等市场得到有效监管，保障了公众饮食用药安全。

【创建省级食品安全示范市】 全年多次组织召开专题会议研究、部署创建工作，印发工作方案，细化目标任务，将创建工作列入2017年政府重点工作并纳入年度目标考核。认真梳理食品安全监管难点及薄弱环节，深入开展食品安全专项整治，严厉打击食品违法犯罪。继续开展食品示范店、示范街、学校食堂示范单位及示范乡镇创建工作，以点带面提升食品安全整体水平。开展多形式的食品安全宣传，增强社会公众认知能力，科学防范风险，营造参与创建、支持创建的良好氛围。

【食品生产领域监管】 与全市食品生产企业签订《食品质量安全责任书》，继续开展食品安全授权人工作，强化企业质量安全意识。帮助企业加强质量管理，指导其做好食品生产许可证申请和换证复审工作，使申报企业全部顺利通过现场审查。结合食品生产企业风险特点，从静态和动态风险因素进行综合量化，对全市113家获证食品生产企业实行风险分级管理，辖区内食品生产企业风险管理覆盖率达100%。

【食品流通流域监管】 全年组织开展白酒、淀粉制品、茶叶、瓶（桶）装饮用水、冻库制品、保健食品、畜禽、水产品、“三小”食品、“地沟油”治理等专项整治，主要以校园周边地区、旅游景区周边、集贸市场、农村地区、城乡接合部地区、小作坊生产集聚区等为重点区域开展整治，共计检查经营单位7000余户次。围绕民生工程食品抽检工作及消费者关心的热点问题，全年完成各类食品抽检615批次，其中大宗食品监督抽检355批次，合格313批次，不合格42批次；食用农产品监督抽检260批次，合格率100%。

【餐饮服务食品安全监管】 倡导餐饮服务单位加强“明厨亮灶”工程建设、参加食品安全责任保险。加强网络订餐专项整治，依法查处取缔无证无照从事网络订餐经营行为。开展餐饮服务食品安全专项检查。加强农村自办群体性宴席监管，全年开展农村自办群体性宴席食品安全管理指导工作40余次，培训专业加工服务者219人，现场指导500人以上聚餐3次。出动保障人员1000余人次，为20余起重特大活动做好食品安全保障工作。

图82　3月17日，江油市召开创建省级食品安全示范市动员会

【药品监管】 制定《全市药品安全“十三五”发展规划》，为促进药品安全监管体系建设和安全监管机制长远发展奠定坚实的基础。加强药品不良反应评价工作，共初审上报药品不良反应470例，医疗器械211例，化妆品15例。对全市94家药品经营企业在认证2年来实施GSP的人员、硬件、软件等内容进行全面检查。开展药品流通领域专项整治“回头看”、全市城乡接合部农村地区药店诊所药品质量安全、互联网药品经营监督检查等多次专项整治，抽验药品100批次，检出不合格药品3批次。

【医疗器械监管】 全年开展无菌和植入性医疗器械、角膜塑形用硬性透气接触镜、互联网医疗器械等专项整治；完成医疗器械抽检5批次，检出不合格医疗器械1批次。督促全市二类以上医疗器械经营企业注册电子监管档案，并及时录入日常监管情况。拟定实施二类医疗器械经营企业辖区备案工作方案和流程，并按要求开展第二类医疗器械备案工作。

【化妆品监管】 加强日常监督检查，按照制定的《2017 年江油市化妆品专项检查工作方案》，在全市范围内开展为期两个月的化妆品专项检查。完成 55 批次祛痘类、防晒类等不合格化妆品下架的全面清查工作，检查经营企业 564 家次。严厉打击化妆品经营使用中的违法违规行为，有效规范化妆品市场秩序。

【投诉举报】 强化办理，采取 24 小时值班制度，做到第一时间受理、第一时间查处、第一时间反馈。强化宣传，在日常检查和案件办理过程中宣传相关法律法规，提高经营者及消费者的责任意识、维权意识。强化诉案结合，对于投诉举报涉及的违法线索及时立案，依法处置。全年共受理投诉举报 85 件，诉转案 14 件，为消费者挽回经济损失 18 万元。

【行政执法】 突出保健食品、毒性药品等重点品种，针对食品加工小作坊、学校及周边等重点区域，结合中高考、全国文明城市创建等重点时段，开展稽查执法工作。捣毁违法使用食品添加剂的豆腐干加工坊、存储非法添加激素食品的仓库、销售假冒五粮液的酒类专卖店等制假售假窝点 6 个，查办如食品经营领域的马肉冒充牛肉案、食品生产领域的临近有效期食品翻包销售案、食品宣传领域的虚假宣传保健食品功效案、药品经营领域的非法销售一类精神药品案等食品药品案件。

（赖　寒）

江油年鉴

城乡建设·环境保护

Urban and Rural Construction·Environmental Protection

城乡建设

【概述】 2017年，江油市市政基础设施建设投资4.34亿元，村镇基础设施建设投资2.225亿元，建筑业总产值58.38亿元，房地产投资27.2亿元，保障性住房建设投资4.17亿元，各类行政事业性收费9072.76万元。江油市城市行政执法局以营造现代文明、和谐优美的城市环境为目标，全面实行网格化管理，有序推进环卫清扫保洁、违法建设整治、城区综合执法等各项工作。

截至2017年年底，江油市鸿飞集团合并资产总额184.14亿元（其中集团经营性资产总计77.03亿元，融资性资产总计107.11亿元），实现固定资产投125万元。员工1120人。集团下设4家分公司：燃气、水务、公交、工程安装维修；13家子公司：江油市文化旅游发展有限公司、江油鸿飞农业发展投资有限公司、江油鸿飞教育投资有限公司、江油鸿飞市场经营管理有限公司、江油鸿飞旅游出租车有限公司、江油市生活垃圾综合处理有限公司、江油凯盛投资建设有限公司、江油市城市污水净化有限公司、江油鸿飞机动车检测服务有限公司、江油市大场口农贸市场有限公司、鸿飞劳务服务有限公司、鸿飞检验检测有限公司、鸿飞妥鸿商贸有限公司。

城乡规划

【城乡规划编制】 《江油市城市总体规划（2014—2030）》编制成果于2017年12月获省政府批准；《李白故里风景名胜区总体规划（2014—2030）》通过省住建厅评审，于5月获省政府批准，完成《李白故里风景名胜区天宝山景区片区控制性详细规划》编制成果和报省住建厅评审前的对接工作；完成《江油市历史文化名城保护规划》报审前的各项准备工作，组织专家完成《江油市交通专项规划》的评审，协同编制单位完成江油智慧城市编制的前期资料收集工作。

【规划管理】 坚持重大项目公示制度、重大规划项目变更听证制度，提高规划审批的透明度。规范“一书三证”制度，共办理规划设计条件64份，“建设项目选址意见书”27份、“建设用地规划许可证”48份、“建设工程规划许可证”44份，为20个工程项目办理竣工规划验收；组织召开3次城乡规划委员会全体会议，审议城区控规调整成果、《颐江电子产业园方案设计》等32个议案。

【测绘管理】 配合各项城乡建设工程，完成各类地形图测绘65处、建筑定位测量43处；完成成西高铁江油北站地形图及道路测绘，城市第二污水处理场及乡镇第二批污水处理站所需1：500数字化地形图测量工程。

城市建设

【概况】 全年组织实施涵盖城市道路、水系、桥梁、绿化、消防等方面的30个城市基础设施建设项目，年内完成5个项目，年度市政基础设施建设投资10.8亿元。

【城市道路桥梁建设】 江油市南一环一标段建设工程、江油市长安路南段道路改造工程、江油市花园路北段和九华路北段道路建设工程、江油市江彰大道北段道路建设工程、江油市团山路建设工程、江油市西环线及南一环普照段建设工程、江油市江彰大道（圌山路至诗城路段）建设工程、江油市乾元路建设工程、江油市文昌路建设工程、江油市东环线北延伸段建设工程、江油市月圆路天姥路道路建设工程、江油市外国语学校周边道路及绿化建设工程、江油市通明路建设工程、江油市匡山路建设工程、江油市方特滨河绿地及滨江西路建设工程。

【城市绿化改造提升】 江油市明月岛公园建设工程、江油市寿山路西侧绿化节点及配套服务设施建设工程。

【城市水系综合治理】 启动江油市“一江两河九堰”[涪江、昌明河、平通河、六合堰、雷鸣堰、女儿堰(含罗汉堰上游)、树德堰(含东河)、碓河堰、涪西堰、罗汉堰、黄金堰(含穿城堰)、龙州堰]水系综合治理及城区26处[泰山路后、太白公园李白纪念馆后门旁、紫石桥下、福利桥下、大河社区居委会背后、华丰中学门前、丽景苑内、华丰桥河对岸、华丰桥以下、华丰桥至彩虹路、华丰桥以下、彩虹桥以下、科技桥下、三合镇江彰大道江东华庭、三合镇镇政府旁、长城新村1号楼、三合镇江东社区人口文化屋、幸福村7队涪江北路与泰山路交叉口、诗仙美郡一期背后(久盛华庭旁)污水沟、康桥医院旁至东升路段排水沟、东胜路社区居委会背后污水沟、双江村4组、体育馆背后金轮1组、原丝绸公司污水管网改造、科技桥下游事故排放口改造]排污口改造工作。

【城市配套设施建设】 江油市李白大道渠化工程、江油市交通信号灯增设工程、江油市城区路灯及消防栓增补建设工程、江油市第一、二批乡镇污水处理厂支管网建设工程、江油市十一座乡镇污水处理厂建设工程、江油市第三批乡镇污水处理厂建设项目、西成客专江油北站站前广场配套设施及下穿铁路框架桥建设工程、江油市老旧小区治理、江油市长城办事处北二社区老旧小区综合治理工程、江油市政府北侧片区旧城改造基础设施二期建设工程。

【城市地下管网建设】 推进排水管网建设规划及管理办法的编制，做好城市综合管网普查工作。《江油市排水管理办法》完成初步审定，按程序上报市政府审定。《江油市排水(雨水)综合规划》和《江油市污水处理及中水利用规划》完成初步成果，按省厅初评意见修改完善。全面启动城市雨、污水及综合管网的市政基础设施普查工作，为建立数字化，信息化管理平台奠定坚实的基础。

建筑业管理

【概况】 2017年，着力在优化产业结构、规范建筑市场、推行绿色施工、提升工程质量安全管理水平等方面做工作，建筑业继续呈现良好发展势头，安全生产情况平稳，建筑业总产值74.73亿元，同比增长28.18%。

【工程质量与安全管理】 全年采取定期抽查、重点检查、全面检查的方式，开展建筑安全生产的检查和巡查工作。深入开展大气污染防治工作，推行绿色施工，城区在建工地施工扬尘得到有效控制。深化建筑工程领域重点环节的安全生产和专项整治，全面消除在建工程项目的质量安全生产隐患，确保全市建筑业未发生安全生产责任事故。全年报建工程60个，总面积193万平方米，其中公共建筑40个，面积64万平方米，住宅工程19个，面积129万平方米，市政工程16个。受监工程质量监督覆盖率达100%，受监工程质量合格率100%，工程一次验收合格率90%以上，未发生一起结构垮塌重大质量事故,2个工程项目评选为绵州杯。办理施工许可证59份，竣工验收合格工程18个，竣工验收合格率达100%，竣工备案27份。开展房屋市政在建工程安全文明执法检查累计310余次，发出责令整改通知书42份，发出责令停工整改通知书8份，对违反施工安全和扬尘治理的违法违规行为行政处罚26件次。

【工程招投标管理】 全年对93个房屋建筑建筑和市政基础设施工程项目的招标投标活动进行监督，中标金额24.29亿元，应公开招标率达100%。

【建筑劳务输出】 全年共输出建筑劳务1.90万人，实现建筑劳务产值5.39亿元。其中向巴哈马、巴基斯坦等国输出劳务约200余人。

【建筑节能】 全市完成散装水泥供应量294万吨，预拌混凝土生产43万方，预拌砂浆生产6.8万吨，散装率达66%。采用新型墙体材料的建筑竣工面积占建筑竣工总面积95%，新建建筑按节能标准设计和施工的达95%。

【城建档案管理】 按照档案管理工作业务规范要求，做好工程竣工档案的指导、接收、归档工作，并对接收进馆档案进行科学分类管理，及时准确提供馆藏档案查阅利用服务。全年办理建设工程档案立项报建登记27个，核发《建设工程档案竣工验收审核意见书》37份，接收90个建设工程竣工项目4176卷，馆藏档案总量达38007卷，入库归档合格率达97%以上，馆藏全部档案案卷信息已进行案卷级录入，案卷信息检索实现计算机化。对馆藏1025卷工程档案进行了文件级数字扫描，其中：扫描文字材料992卷，图纸33卷，馆藏数字扫描总卷数达7158卷。

房产开发与管理

【房地产行业管理】 加强商品房预售及其登记备案管理，做好网上签约审查和合同备案登记工作，强化房产市场的执法检查。完成房地产开发项目投资14.97亿元，全年办理商品房预售项目10个，预售面积59.93万平方米，合同登记备案9682余份，商品房销售106.5万平方米；对全市43家房地产开发企业、37家经纪机构、4家评估机构进行了执法检查，建立开发企业诚信档案43家。

【物业管理】 规范物业管理市场，完成前期物业招投标项目9个，办理后期物业服务合同备案51个，6家企业被评为“江油市诚实守信物业服务企业”。改善小区人居环境，5个小区被评为“绵阳市法治示范小区”，10个小区被评为“江油市法治示范小区”，1个小区被评为“绵阳市优秀住宅小区”，5个小区被评为“江油市优秀住宅小区”。强化维修资金归集使用管理，归集维修资金2441.6万元，监督使用维修资金99.19万元。

【房屋安全监管】 开展国有土地上老楼危楼的安全排查，经核实，全市国有土地上共排查疑似存在安全隐患房屋290栋48.4万平方米，其中未鉴定房屋150栋13.7万平方米，经鉴定为C、D级房屋140栋33.7万平方米;共拆除危房5处，约3500平方米。

【白蚁防治】 全年加强白蚁防治施工管理，完成白蚁预防施工面积67万平方米。

【保障性住房建设与分配】 主动对接，向上争取到公租房建设、棚户区改造、低收入租赁补贴、公租房配套资金共计2759万元。2017年，江油市跟上级政府签订的保障房目标责任书的任务数650套，通过新建、筹集、棚改、配建等方式提前超额完成。全市实际落实745套，超额完成任务11.5%。审核发放职工住房补贴263人436.2万元，发放城镇低收入租赁货币补贴410户51.25万元。四是规范保障性住房管理。审批合格经济适用房购买申请35户，提供农民工公共租赁住房120套。落实弱势群体租金和物业管理费减免政策，核减租金150户85244.9元。

村镇建设

【规划编制】 2017年，全面启动武都镇等11个乡镇总体规划修编工作。

【规划管理】 全年依法办理“乡村建设规划许可证”1816份(其中：个人建房项目1810份，集体土地上建设项目6份)、“建设项目选址意见书”3份、”建设用地规划许可证“12份、“建设工程规划许可证”20份，出具《初选址意见函》46份、地块规划条件21份。

【农房及乡镇基础设施建设】 完成2016年第三批660户C级危房改造及2017年第一批14户D级危房改造工作，2017年第二批C级危房改造已安排到全市28个乡镇。完成江油市现状土坯房调查、脱贫攻坚住房建设质量安全隐患排查及全市1631户脱贫户住房达标认定工作。推广绵阳市农村居民建房通用设计图集和技术导则。委托有资质的培训机构对全市村镇建筑个体工匠进行业务培训，完成第二批11个乡镇(厚坝、青莲、西屏、马角、重华、雁门、文胜、双河、香水、方水、战旗）污水处理厂厂区建设、外管道及厂区设备安装，设备单体调试。

【特色小镇】 协助青莲镇成功创建国家、省级、绵阳市级特色小镇。

【传统古村落】 协助含增镇长春村、重华镇公安社区申报第三批省级传统村落，并申报全国第五批传统村落保护名录。

【数据录入】 完成《四川省农村住房建设管理信息系统》、村镇统计年报和农村人居环境调查录入工作。

（住建局）

城市建设

【亮化、绿化、美化】 全年完成诗仙路和涪江路段亮化提升改造项目及科光一级闸坝至涪江二桥、涪江二桥至一桥两岸亮化提升改造项目，亮化楼宇154栋，安装灯具6万余盏。对涪江路、诗仙路、汇丰路进行绿化提升，改造绿化面积8500平方米，新增绿地2.9万平方米。春节、国庆期间，在城区主次干道路灯杆上、主要入口、桥梁以及重要点位路段悬挂国旗、摆放鲜花，营造出热烈喜庆的节日氛围，共栽植及摆放鲜花90余万盆，组景造型50余处，悬挂灯笼26800余个，悬挂国旗6400面。

城市经营与管理

【城市综合执法】 部门联动，集中治理噪声扰民，由市城市执法局牵头，各属地社区具体负责，对餐饮集地段的餐饮经营户进行监管，市城管执法大队、公安局属地派出所联合开展夜间巡查，督促商户在规定时间内经营并劝阻食客降低噪声。处理噪声扰民问题342次，发放整改通知书73份，整改商家86户（次），拆除娱乐场所不达标设备设施8处。

【市容环境卫生管理】 全年完成城区500余万平方米道路的清扫保洁和3万余米道路隔离栏擦洗工作，做到280余吨生活垃圾日产日清。突击清理城郊接合部环境卫生300余次，清理积存的建渣、杂物650余吨。清理“牛皮癣”11万余处、乱写乱画66万余处。定时保洁、维护44座直接管理公厕，确保设施完整、环境干净。

【城市秩序容貌管理】 针对流动摊点、坐商出店、占道经营、非机动车乱停乱放等不文明行为进行整治210次，规范坐商出店及流动摊点28900余户，拆除违章搭建帐篷840余顶，暂扣违规摆放的广告牌和手推车3700余个，拆除随意悬挂的横幅、标语2870余条。

【市政综合设施管理】 建立巡查维护整改台账，及时维修、更换、增补市政设施，安装、拆除方块砖40524平方米，新增设盲道砖98676平方米、无障碍设施20446平方米、路缘石13956米；铺设路面31089平方米，更换行道砖19550平方米；维修路灯9700盏次，更换各类光源电器2800套，维护电缆300余处，敷设及更换电缆8000余米。

【排水排涝改造工程】 对城区2.8万余座道路雨、污水检查及

图83 雾炮车洒水降尘作业

排水管道井进行及时清掏，疏通雨、污水管道5.3万余米，转运建渣、淤泥300余立方；借助管道潜望镜对部分路段雨水、污水管网现状进行调查，更换破损、丢失检查井123个，安装水情监控系统5处，整改城区雨、污水井、雨水篦640余座，安装防坠网2000个。

【违法建设拆除】 对违法建设实行网格化管理，建立巡查台账和日志，分类登记，跟踪管理，按照“控制新增、消除存量”的原则，早发现、早纠正、早处置。全年累计完成拆除违法建设面积66193.58平方米。

（雷 倩）

【电力供应】 国网江油市供电公司担负江油市40个乡镇和平武、北川等部分地区的供电任务，供电面积约3100平方公里，拥有电力客户38.46万余户。2017年，公司完成售电量20.74亿千瓦时，同比增长6%；关键业绩指标评分排名绵阳公司各县公司第二。江油配电网规模位居绵阳第二，是绵阳电网的重要组成部分，通过220千伏变电站和多回220千伏线路构成的主网架接入绵阳主网。截至2017年12月底，公司辖区内有35千伏及以上变电站28座，变电容量199.48万千伏安；35千伏线路17条，总长度222.26公里；10千伏线路120条，总长度2996.88公里；全网最高负荷40.28万千瓦（2017年12月）、最大日电量654.74万千瓦时（2017年12月）实现连续安全生产1191天。

（江油供电公司）

【燃气供应】 截至2017年年底，江油市鸿飞燃气分公司已拥有中等城市的供气规模，建成输配气门站2座，储配站1座，调压站41个，调压箱（柜）1688座，年供气量164011万立方米以上，拥有天然气用户15万余户。分公司从2017年3月27日起，下调非居民用气销售价格下调0.17元/立方米。2017年9月，根据省发改委文件，上游单位下调非居用气门站价格0.10元/立方米。公司根据江发改〔2017〕456号文件，下调非居用气销售价格0.12元/立方米。根据上游单位2017年10月23日《关于2017年今冬明春非居民气价上浮的通知》，公司通过认真测算，上报市发改局，上调非居用气销售价格0.22元/立方米，执行价格为2.65元/立方米。开展居民和非居民用户的安全检查，全年共计检查燃气居民用户1.5万户，商业用户3200户。

图84 建设中的江东配气站

【城市供水】 2017年，鸿飞水务分公司拥有城市自来水生产场站3座，全年售水量1800万立方米，水质综合合格率100%。自来水用户达14.4万余户。全年共计清理出有表无户、有户常年未抄见大用户共计18户，补收水费16万余元。全年稽核用户3765户，查处违章用水34处，补收水费14万余元，查出漏户和办理销户217户，变更水价54户。全年新用户发展10217户，旧户改造564户。

【城市公交】 全年，鸿飞公交公司拥有公交营运车辆近180辆，其中包括添置高级空调车71辆，开通公交线路18余条，实施无人售票线路17条，建成公交站台230个，拥有汽车修理厂、CNG加气站各1处。2017年公司参营驾驶员261人，参运车辆180辆，发班41万趟次，营运里程1000万公里左右，推广江油通公交卡，2017年江油通公交卡销售2.2万张。

【生活垃圾处理】 城市垃圾卫生填埋场全年累计处理121176吨，月处理垃圾渗滤液约0.12万吨，垃圾渗沥液处理达到国家表二标准。截至2017年年底，使用雨污分流PE膜2.9万平方米，及时清理垃圾填埋场各高程截洪沟渠和外围永久性防洪沟渠，确保截洪沟渠畅通，减少雨污混合产生，共清理排洪沟渠约1500米。

【机动车检测服务】 全年，鸿飞机动车检测服务有限公司共检测车辆1.2万辆，初检合格率65%；完成考试人数32287人，其中科目二21143人次，科目三17651人次。拥有考试专用车辆22辆，摩托车检测线各2条，环保检测线4条，年检车能力达3万辆，年容纳驾驶员考试能力达1.8万人。

（张 静）

城市重点项目建设

【市委、市政府重点工程】 方特项目于2016年9月12日经绵阳科管委核准，已完成第一批、第二批土地公开竞拍、挂牌及出让合同的签订，完成场地内建渣清运、土地回填等工作，完成施工临时用水用电方案；年内正加快推进园区建设，项目计划2019年3月达到接待条件。江彰大道北段道路建设工程于2016年12月16日经江发改〔2016〕514号批准可研报告，2017年已完成沿线用地拆迁补偿，勘察、施工图设计和审查工作，正进行沿线杆管线迁改。圌山路建设工程、江油市让水河片区滨河西路基础设施建设项目、方特项目的辅道工程。这三个项目于2017年11月14日，分别经江发改〔2017〕516号、517号、515号批准项目建议书，圌山路已完成立项及代理机构确定，让水河片区滨河西路完成立项批复，方特辅道完成可研编制及评审、选址意见、用地预审，正在进行立项工作。

【工业园区污水处理厂项目】 该项目于2017年6月9日经江发改〔2017〕247号批准可研。建设内容及规模：在江油市彰明镇新建工业污水处理厂1座，项目总规模3万吨/日，建设截污干管3公里，尾水排放管道1.2公里。7月3日经江发改〔2017〕291号批准项目EPC招标方式。该项目于10月28日正式开工，年内场区建设与官网安装同时进行。第三批乡镇污水处理厂项目该项目于2017年10月19日，经江发改〔2017〕535号批准可研。年内正进行可研编制。

（张 静）

住房公积金归集与管理

【概况】 绵阳市住房公积金管理中心江油分中心于2017年整体移交绵阳市住房公积金管理中心，直属绵阳市人民政府，为不以营利为目的财政全额拨款事业单位，实行统一管理、统一制度、统一核算；分中心根据市中心的授权进行江油市行政区域内住房公积金归集提取，职工贷款和财务会计业务管理。内设办公室、资金归集股、职工贷款股、财务会计股；分中心在岗职工15人，其中：财政全额供给13人、聘用人员2人。

全年实现新增归集住房公积金5.05亿元，净增建制扩面189人，办理支取住房公积金2.7384亿元，办理职工住房公积金购房贷1091户2.76亿元。截至2017年12月31日，全市累计缴存住房公积金单位598个，职工4.27万人；累计缴存住房公积金总额33.18亿元，累计缴存余额15.33亿元；累计支取职工住房公积金17.85亿元；累计发放职工个人住房贷款18.62亿元。银行存款余额4.69亿元，贷款余额10.88亿元,累计提取廉租住房补充资金5520万元,资金使用率达86.6%；贷款逾期率0.2‰，个贷率71%。

【政策宣传】 转发绵阳市住房公积金管委会《关于印发绵阳市住房公积金失信行为处理暂行办法》《绵阳市农民工及个体从业人员缴存使用住房公积金管理暂行办法的通知》《关于规范住房公积金贷款政策的意见》，主动与受托银行、相关部门召开联系会，讲解3个文件。组织《住房公积金管理条例》颁布实施18周年宣传月活动。通过在各受托银行(营业网点)、政务中心LED电子屏滚动播出宣传标语;在各大、中型企业、房地产开发楼盘、乡镇悬挂宣传标语达到200幅以上,深入市境内各缴交单位上门宣传政策法规,集中在江油摩尔玛广场开展宣传咨询活动,发放宣传资料共计3500余份,现场答疑120人次。在江油广播电台阳光976、“生活在江油”频道,电视栏目“帮帮我”以及微信公众号投放宣传广告,播放具体细则,操作流程等内容。印制1万余份宣传材料,扩大政策影响。深入到四川巨鑫实业集团、远方机械装备股份有限公司等市重点招商企业进行政策宣讲,了解员工诉求,开辟“绿色通道”。发挥“12329”公积金自助查询功能,为缴存人提供方便快捷的资讯。利用党员活动日深入到联系社区进行公积金政策宣传咨询,加深职工群众对公积金制度的理解和知晓。

【资金归集管理】 主动与人力资源和社会保障局、卫生和计划生育局协调沟通,清理国家机关和事业单位等财政供养人员的聘用、“三支一扶”人员建立住房公积金制度情况,筛查全市社会团体组织、非公有制企业公积金缴存情况,重点核实人大代表、政协委员企业家领办企业的建制情况,努力做到应缴尽缴。为市国土资源管理局、城市执法大队等60多位聘用人员落实缴交制度。借助全市规模以上企业工作会平台,进行住房公积金相关政策法规的宣讲,在会上作《非公有制企业建立住房公积金制度是政府的要求、企业的责任、职工的福祉》发言。将农民工和个体从业人员纳入住房公积金实施范围,班子成员带队分赴各乡镇和重要场所对农民工个体从业人员开展政策宣讲,已办理缴存17户,缴存金额42414元。分步骤、分系统对江油辖区内缴存单位进行预缴存的登记工作实施,规范缴交流程和方式,提高办事效率。严格落实惠民政策,提高资金使用率。贯彻落实各级公积金提取新政,严把支取关,完善审批程序,防止骗取、套取公积金行为发生。针对攀长钢公司运营不佳现状,凡子女考入大学后,可凭入学通知提取公积金支付学费,从而减轻职工家庭负担。加强年度结息对账和基数审核工作。推行网上营业厅业务信息查询与使用,严格“控高保低”缴存政策的规定,审核职工缴存基数,维护政策的公平性和严肃性。

【职工贷款管理】 摸清全市新楼盘储备情况,通过对房屋存量及销售情况进行分析,研判贷款发放工作。实地考察君贤城市广场、英伦庄园、公园一号等楼盘,并给销售人员讲解贷款政策,对住房公积金贷款疑点、难点进行解答。通过电话、上门发催收通知、单位协助催收、房屋回购等多种方式加大对逾期贷款的催收,对长时间逾期的贷款户邀请律师催收。在工作中随时监督、检查各委托银行的抵押落实情况,提高贷款安全性,截至12月底共逾期23户212622.75元,贷款逾期率一直控制在2‰内,未发生一笔贷款坏账损失,确保住房公积金资金安全、保值和增值。将个贷信息资料立卷归档,装订成册,编发序号,纸质档案和电子档案同步并行,由专职人员负责管理。

【财务管理】 加强分中心资金的精细化运作,定期分析公积金业务运行和资金收支情况,合理调整资金存量结构,做好结存资金的运作。编制预决算报表,准确报送住房公积金日常快报、财务会计报表;“三公经费”严格按照中央八项规定要求执行,主动公布住房公积金财务收支情况报告,落实信息公开工作,提高公积金管理透明度。根据经济责任审计报告,对存在的问题作具体落实,对超标准审批提取住房公积金35744.61元,予以全额收回。做好公积金系统升级,配合做好专网运行保障工作,建立江油分中心独立机房并正式投入使用。完成对在职人员社保清理核对和结算,已转移至绵阳社保局实行缴费。对受托银行账户分别进行清理,分中心委托市境内7家银行总计13个专用账户办理公积金日常业务。

【政务服务工作】 组织窗口人员学习法律法规和公积金管理各

项政策法规，组织参加市中心和江油市政务中心组织的业务及服务礼仪培训。强化干部职工对“三声四心五服务”规定等规章制度的学习，全面推行岗位责任制、首问责任制、责任追究制，推行周末延时服务。全面提升窗口建设工作。在业务大厅公布更新办事指南及流程，设置工作人员公示栏，设立便民箱、药箱、意见簿，购置电脑二台方便单位经办人办理网上业务。参与市政务中心红旗窗口和优秀个人评选活动，激励员工创先争优；全年窗口办理业务13344件，每月办件量在政务中心排前五名。2017年度被评为政务服务工作“红旗窗口”，6人获得优秀个人表彰。

（何玉清）

环境保护

【概况】 2017年，江油市环境保护局牢固树立绿色发展理念，落实关于生态文明建设和环境保护工作部署，坚持问题导向，着眼环境质量的改善和提升，全面部署污染防治“三大战役”，全力解决各类突出环境问题，不断加大环境保护执法力度，通过中央及省环保督察，全面完成上级下达的目标考核任务，获绵阳市环保系统目标考核一等奖。

【明确环保责任】 2017年3月13日，成立江油市环境保护委员会，印发实施《关于环境保护“党政同责、一岗双责”的实施意见（试行）》《市级领导带队开展环境保护综合督察的通知》等文件，签订《环境保护目标责任书》《饮用水源环境保护目标责任书》《突出环境问题整改工作目标责任书》，按照“依法依规、党政同责、归属明晰、权责一致、多方联动”的原则，进一步明确党委、政府及相关部门的环境保护职责。

【通过环保督察】 成立迎接中央和省环境保护督察工作领导小组和突出环境问题整改领导小组，做好迎接中央、省环保督察相关工作，顺利通过环保督察的考核检验，统筹协调、指导推进全市环境问题整改工作。涉及全市中央环保督察转办案件整改完成58件，涉及全市省环保督察发现并移交的问题整改完成107个。

图85 6月5日，市委副书记、市长柳江（中）出席江油市2017年“六五世界环境日”宣传活动

【污染防治】 印发《关于切实做好大气污染防治工作的通知》《2017年江油市水污染防治行动计划工作实施方案》等一系列文件，打响“蓝天碧水净土”环保战役。深入实施大气污染防治，以“减排、压煤、抑尘、治车、控秸”五大工程为重点，推进多元污染物协同减排，修订《江油市重污染天气应急预案》，编制《大气质量限期达标规划》，切实抓好今冬明春大气污染防治攻坚行动。启动乡镇集中式饮用水水源地划定调整，开展饮用水水源地及水库水质专项整治，推动城乡污水处理设施建设，加强农村面源污染治理。5月，第二污水处理厂建成投运；10月，工业园区污水处理厂进场施工；11月底，禁养区内规模养殖场2家和畜禽养殖场专业户147家全部完成关停、搬迁。编制完成3个土壤污染防治项目建议书，争取项目专项资金6766.1万元，开展机

动车维修企业危废专项检查，组织全市危废规范化考核，开展全市电子废物等再生利用行业清理整顿，转出危险废物1100余吨加强对核技术利用单位和电磁技术利用单位的全面监管，组织开展涉野外探伤作业企业辐射安全专项检查。

【生态文明建设】 健全完善生态文明体制机制，完善生态文明建设评价考核体系，出台《江油市"十三五"生态环境保护规划》《江油市生态文明体制改革实施方案》《江油市环境保护"党政同责、一岗双责"责任制考核办法》，深入推进江油市生态环境监测网络建设和生态环境保护督察方案实施，持续实施涪江流域水环境生态补偿和断面资金扣缴制度，扩大企业环境信用评价试点范围，积极推动生态红线划定。

【环境监管】 建立环境网格化体系，落实《江油市网格化环境监管实施方案（试行）》，督促各乡镇、各职能部门健全网格化环境监管机制，严格执行排污费征收制度，推行"双随机"检查工作，采取联合执法、上下联动的工作方式，全面排查全市环境信访问题，组织开展碳酸钙企业、"散乱污"企业、砖瓦行业、附子加工行业、自然保护区联合检查等专项执法行动，整治"散乱污"企业318家，处置环境污染投诉480件，查办环境案件79件。

【环境监测监察】 投入120万元，建成双河镇六参数空气自动站并投入使用，争取中央专项资金600余万元及地方配套资金100万元，启动绵阳市片区土壤监测中心建设，环境监测规范化、自动化和信息化技术水平逐渐提高。组织全市40个乡镇环保办召开2期培训会，基层环保人员业务能力不断加强，逐步提升环境管理服务水平。

【环保宣传】 组织全市开展"6·5世界环境日"环保系列宣传活动，深入推广"环保十进"活动，结合"4·22"地球日"12·4国家宪法日"等重要节日，进一步加大环境保护宣传力度，提高公众环保意识和企业的守法意识，构建起党政主导、部门联动、企业治理、社会监督、公众参与的多元共享共治格局。

（李　玲）

科学技术

Science and Technology

科学技术

【概况】 2017年，江油市坚持把推进创新创业作为实施创新驱动发展战略的重要载体,推进“工业强市、产业兴市”的重要举措,实现新旧动能转换的重要抓手，通过培育创新创业主体，实施高新技术企业倍增计划，开展创新创业活动，大众创业、万众创新呈现出良好的发展态势。全年实现高新技术产业产值161.55亿元。全市新增科技型中小企业218户，新建科技企业孵化器面积1.2万平方米，专利申请810件、授权专利388件。实现技术合同交易7389万元。

【培育创新创业主体】 全年新建科技企业孵化器3个、总数达9个，新增面积1.2平方米、总数达5.8平方米，入孵企业达170余户。江油创客空间被认定为省级孵化器。强力推进“5万吨/聚甲氧基二甲醚项目”“家兔现代产业链关键技术集成研究与产业化示范”等58个省、市级重点科技项目实施。召开全市人才工作会，对5个创新团队，15名优秀创新人才进行表彰奖励。

【高新技术产业发展】 全面落实高新技术企业所得税减扣和企业研发投入加计扣除政策，对2016年首次认定的6户高新技术企业进行表彰奖励，高新技术产业加快发展。梳理高企培育潜在企业并建立跟踪培育台账，确定中恒特钢、泰铸耐磨、鸿祥特钢等20余户高新技术培育企业，指导企业按照高企标准进行建设，攀长钢、中恒特钢等4户企业被认定为国家高新技术4户、高企业总数达27户，高新技术产业产值约占规模工业总产值的比例达27%，提高3.5个百分点。

图86 9月7日至9日，江油市组团参加第五届中国（绵阳）科博会。攀长钢等6家企业参加展示

【深化科技金融结合】 落实300万元的科技金融结合风险池资金，江油信用联社河西支行、商业银行江油三合支行、建行江油工业园区支行3家科技型中小微企业金融服务中心正式挂牌营业。建立科技型中小企业信息库，1000余家科技型中小企业基本信息全部录入信息库。新增科技金融贷款2.06亿元，缓解科技型中小企业融资难、融资贵。江油市重鑫特钢、新为橡塑等14家科技型企业成功在天府（四川）联合股权交易中心科技金融板、双创板、军民融合板挂牌上市。

【科技扶贫】 大力普及农村先进实用技术，在全市组织开展以“绿色发展、脱贫奔康”为主题的科技之春科普宣传月活动，市科技领导小组24个成员单位的200余名科技人员深入到全市40个乡镇，发放农村先进适用技术52种、10万余份，下乡指导农业生产1500余人次，推广先进适用技术50余项，受惠群众达1万余人次。举办农村创新创业培训，在雁门、文胜、马角、战旗、新安等20多个乡镇村开展养蜂、电子商务、稻田龙虾养殖、蜀绣职业技能、生猪标准化养殖等科技扶贫培训24期，编印《土蜂养殖》《生猪标准化养殖技术》《稻田龙虾养殖实用技术手册》培训教材3种2000余册。培训种养殖户及蜀绣职业技能人才1800余人，普及推广“稻田龙虾高效养殖技术”“标准化（数控）养蜂技术”“猕猴桃高效种植技术”“生猪标准化养殖技术”等农村先进实用技术50多项，受训群众普遍掌握2~3项实用技术。推动农业科技成果转化，举办“2017年江油市农业科技成果对接会”，促成高山生态蔬菜标准化种植技术、辣椒新品种的引进及腌制加工适性研究等10多项农业科技成果在全市转化，玉茂园农业科技、蜀贡农业等10余户农业科技企业与西科大、绵阳农科院开展项目合作，协同推进产业扶贫。

【开展创新创业活动】 在市电台《法治江油》、电视台《法在身边》大型活动栏目开展2期“大众创业 万众创新”主题宣传活动，宣传国家高新技术企业，知识产权创造、运用、保护和管理有关知识，以及国家、省、市支持创新创业政策，引导各类主体创新创业。举办“江油创客创投路演暨融资对话峰会”，绵阳惠捷科技有限公司、四川建元天地环保科技有限公司等6家企业与中国建设银行、华夏银行等10家金融机构达成合作意向，签订4000余万元意向投资协议。举办“2017年科技创新业务培训”“知识产权培训”等科技创新培训4期，培训企业管理人员600余人次，企业运用各级政策推进创新能力不断增强。举行“2017年全国大众创业万众创新活动周”活动，展示创新创业成果30多项。在电视台开办的“美丽江油、建功有我”双创栏目，开展创新创业先进典型宣传10余期。

【对外合作交流】 组织攀长钢、星联电子等5户企业参加绵阳科博会展览展示，组织80多家企业参加科技成果和专利技术发布与交易等7个专场，向大会推介融资项目12项，展出科技创新产品50多种，充分展示江油科技企业的创新能力和竞争优势，促进企业对外合作开放，攀长钢、重鑫特种材料等11户企业与北京钢研总院、上海大学、西华大学等21所高校院所开展产学研协同创新，转化“一种用于燃机转化盘的高性能耐热钢材及其制备方法”等专利成果68项。

（沙洪梅）

防震减灾

【防震减灾管理机制】 严格落实联席会议制度，2017年5月召开全市防震减灾工作会议和防震减灾成员单位会议，总结和部署防震减灾工作。建立健全考核评价机制，将全市2017年防震减灾工作任务细化分解，任务下达到乡镇、防震减灾领导小组成员单位，并将考核结果纳入年终目标绩效管理体系。由市委、市政府目督办牵头，开展全市防震减灾工作专项督查，推动全市防震减灾工作向纵深开展。市人民政府第22次常务会议审定通过《江油市“十三五”防震减灾规划》。全年完成规划项目2个。

【地震监测分析】 全年，地震前兆监测仪器运转正常，采集、上报地下水和水温数据17551组、倾斜数据25873组、电磁波数据17675组。完成2017年震情分析会商改革任务，7月制定《江油市震情会商制度改革实施方案》，10月贯彻落实会商改革制度，坚持周、月、半年、年度会商，全年参加绵阳市汛期加密会商会、九寨沟7.0级地震专题会商会和年中、年度会商会，研判震情，形成会商报告4份。地震前兆观测系统升级改造，4月完成文胜台、白衣村台站倾斜仪、电磁波仪器升级改造，监测数据并入省局“十五”数据库，实现数据共享。继续推进国家地震烈度速报与预警工程建设，完成绵阳市地震监测台网子项目预警建设江油市境内厚坝、西屏、方水3个站点的选址及设备安装。9月，市防震减灾局与市委党校联合举办全市各乡镇人民政府防震减灾工作分管领导和防震减灾助理员业务培训班，邀请绵阳市防震减灾领导和专家到会讲课和指导。

【地震灾害防御】 抓好建设工程抗震设防管理。改革抗震设防要求审查备案方式，9月召开江油市人民政府市长办公会议，市政府副市长、公安局局长宋进勇主持会议，专题研究全市一般工业和民用建设工程抗震设防要求管理工作。会议明确对全市一般工业和建设工程的抗震设防要求的备案审查由市发改局、市行政审批局、市住建局等相关部门在立项申请、项目选址和施工图审批时一并纳入，市防震减灾局将全市境内一般工业和建设工程的抗震设防要求（地震动参数区划图）抄送相关部门，以此作为审查依据，有关项目审批部门将项目抗震设防要求审查情况存档并抄送市防震减灾局。创建农居地震安全示范点，加强农村村民住宅和乡村公共设施抗震设防的管理，组织开展“农居地震安全工程示范点”创建工作，提高农村村民住宅和乡村公共设施抗震设防水平。2017年，市防震减灾局会同市住建部门在青莲、武都镇开展“绵阳市农居地震安全工程示范点”创建活动；12月，青莲镇太白古村成功创建为绵阳市地震安全农居工程示范点。

【地震应急准备】 开展全市地震应急综合演练，5月在武都镇豆坪村1组举行“2017年江油市防灾救灾综合实战演练”。市级相关单位、各应急队伍、民兵预备役人员、武都镇干部群众等280余人参演，出动机械设备11台。市应急委副主任、市政府副市长、公安局局长宋进勇现场指挥并点评致辞，市级部门负责人和各乡镇乡镇长共80余人现场观摩。演练以模拟地震为背景，包括应急指挥系统、道路抢通应急、河堤抢险加固、地质灾害防灾和群众疏散转移安置演练。出动各类机械装备20台（套），武警公安消防、民兵预备役、各类专业应急救援力量、村组干部200余人，群众近100人参与演练。整个过程秩序井然，达到“安全快速、镇定从容、整体有序”的预期演练目标。全力提升防震减灾局机关应急处置能力，制定《江油市防震减灾局地震应急预案》，实施24小时地震应急值班带班，保障通信畅通。抓好九寨沟7.0级、青川5.4级地震应对处置工作。一是快速响应、迅速启动地震应急预案。以局长为组长，综合股、地震监测站负责为副组长的应急工作组全体人员在地震发生后10分钟内全部赶到应急指挥室，紧急部署地震应急工作。并通过电话向市委、市政府有关领导第一时间报告地震发生的时间、地点、震级、震源深度等震情初步情况。二是精心组织、卓有成效开展应急工作。根据《江油市防震减灾局地震应急预案》和平时演练的经验，开启地震应急指挥决策系统，对灾情初步估算，向市委、市政府领导和绵阳市防震减灾局报告，同时组织迅速收集全市灾情，及时向市委、市政府报告动态情况。加强震情监测分析与信息收集，开展震情会商研判，对余震情况进行趋势性判断，对地震应对工作提出建议并向市委、市政府领导报送书面报告。三是与新闻宣传部门联系，运用微信、手机APP等新媒体开展震后地震科学知识和自救互救知识宣传，避免地震谣传、误传。四是统筹推进灾情现场核查、灾害监测和防控工作，全面准确收集全市灾情，为科学救灾、减灾、防灾提供支撑。着力提升防震减灾综合技术能力。争取专项资金64万元，推进信息节点、现场同传等信息网络建设，及时更新基础

图87 5月19日，江油市防震减灾技术系统升级改造项目通过验收

数据，制作专题图件，全面完成江油市防震减灾综合技术系统升级改造。

【防震减灾科普宣传】 全年，充分利用科技“三下乡”、唐山大地震纪念日、国际减灾日等重点时段，深入开展防震减灾知识“进机关、进学校、进社区、进农村、进企业、进家庭”活动。做好防震减灾科普示范学校社区创建。组织开展市花园初中创建国家级防震减灾科普示范校、市诗诚小学南校区创建绵阳市级防震减灾科普示范校，加强全市学校和社区防震减灾科普宣教基础能力建设，大力宣传防震减灾知识，不断提高学生和社区民众防震减灾意识。策划办好“法治周周行走进防震减灾”专题节目。9月，市防震减灾局联合江油电视台、江油广播电台亲自参与录制“法治周周行走进防震减灾”专题节目。围绕“走进防震减灾”主题，在全市开展防震减灾法制文化教育宣传周活动。通过这次宣传活动，向社会各方面普及防震减灾法律知识，弘扬法治文化，进一步增强干部和市民的防震减灾法律意识，提高全民防震减灾综合能力。

（杨　玲）

网络建设与管理

【舆情监管】 2017年，市网信办及时研判报告全市网络意识形态领域情况，及时清理网上政治类谣言和有害信息，印发《关于加强党政机关及市属企事业单位工作QQ群和微信群管理的通知》，从明确范围、加强管理、加强信息巡查和正面引导等方面，对全市党政机关、市属企事业单位工作类QQ群和微信群的管理进行规范。在中共十九大、省第十一次党代会等重要时段，指导组织辖区新媒体平台，全面准确宣传会议精神，营造隆重、喜庆、热烈的网上舆论氛围。组织新媒体开展“网络中国节·元宵节”“网络中国节·端午节”“网络中国节·中秋节”等传统节日网上宣传活动，宣扬中国传统文化。完成“江油网信”系统的搜集系统、关键字过滤短信报警、舆情转办、回帖搜索和短信报警、舆情统计五大功能的程序开发，已覆盖九大网络互动板块，共抓取网贴超过10万篇，转办4544篇。严格落实24小时值班监控制度，借助舆情软件和手机APP实现全互联网舆情收集，做到及时发现、及时上报、及时处置。针对重大事项、关键时间节点，提前做好舆情处置预案，及时组织协调相关单位妥善应对舆情。截至2017年11月底，共处置涉江舆情4935条。其中，相关单位回复处置3827条，正面引导1965条，删除46条；上报涉江重要舆情37条；印发《舆情周报》40期、《舆情专报》35期、《舆情快报》3期、《网络舆情预警信息》5期。

【网络理政】 着力抓好网络理政工作的开展，努力搭建起政府与群众之间的网络沟通平台，使民意得到有效疏通、民心得到有效凝聚、矛盾得到有效化解。截至2017年11月底，两级信箱系统共收到来信2389件，均及时进行办理。同时，为加大督查力度，完善督办措施，按季度印发《书记市长信箱办理情况通报》，及时通报信件及留言办理情况。人民网地方领导留言版共收到网友留言58条，已全部办理回复。

【网络安全】 不断加大依法治网力度。开展“净化网上舆论环境专项整治工作”“属地网站落实主体责任专项检查工作”“网络弹窗专项整治工作”“打击网上暴恐音视频、清理涉民族宗教有害信息专项行动工作”等专项工作，对江油属地844家网站进行了摸底排查，草拟《江油市属地网站管理制度》，进一步加强属地网站管理。开展《中华人民共和国网络安全法》集中宣传活动,共制作宣传展板11张，发放《中华人民共和国网络安全法》单行本150余本、宣传单5000余份、宣传手册200余本；成功举办“绵阳市暨江油市2017年国家网络安全宣传周‘校园日’活动”，被绵阳市网信办通报表扬，并要求其他县市区学习借鉴。认真组织网络安全检查。把日常网络安全检查和2017年关键信息基础设施专项检查同谋划，共收到19家单位的自查总结及关键信息基础设施调查表，通过分析安全隐患，评估安全风险，提升各单位网络安全和保密意识，促进各单位加强网络安全管理。

【信息化建设】 做好云办公平台VPN安全防护措施的部署。讨论部署方式2次，优化部署方案2次，测试开发的集成VPN移动端APP10余次，提出APP优化2项，录入VPN账号4900余个，完成使用单位VPN切换1家。完成了江油云办公平台与绵阳云办公平台公文交换的对接工作。为帮助各单位完善流程设置，主动与各单位对接，为其量身定制公文流转流程，并将其部署到云办公平台。截至2017年年底，已完成31家单位的云办公平台内部流程设置，制作公文笺60余份，设计模板60余个。积极开展上门培训。全年市网信办上门培训24个单位，举办集中培训班2次，上门培训24次，编写操作教程10篇，上门解决使用问题20余次，通过电话、QQ、远程协助等方式解决问题近千次。

（网信办）

农业科技教育

遴选确定2017年度农业主导品种34个，其中：种植业25个，养殖业9个。主推技术28项，其中：种植业19项，养殖业9项。培育农业科技示范主体1440户（贫困村900户），辐射带动2.88万户。向科技示范户发放水稻种4150公斤、玉米种3050公斤、小麦种2.5万公斤，油菜种611.2公斤和中华蜜蜂600群。农业经营主体培育279人，现代青年家庭农场主培养10人。与福建农林大学蜂学院缔结中华蜜蜂养殖技术推广联盟，联合推广应用中华蜜蜂“活框养殖技术、高效育王技术、春繁强群技术、蜂群治螨技术、越冬饲养管理技术”，建成中华蜜蜂养殖试验示范基地1个、种蜂繁育场4个，为贫困村培育中华蜜蜂养殖科技示范户100户，辐射带动2000户。

（农牧局）

卫生科技普及与教育

【健康科普宣传】 在“江油发布”、江油电视台等媒体加大宣传的力度，还在绵阳日报、大众健康报等上有所宣传。全年对“健康江油”微信公众号进行改版，及时发布卫生计生政务信息、卫生政策法规、卫生服务信息和健康教育知识信息，结合卫生计生重点工作，分别开展精准扶贫脱贫攻坚、基本公共卫生服务、全面两孩政策、卫生计生监督执法等一系列大中型的专题宣传活动。历时1年编成《江油市居民健康状况和常见疾病防控知识读本》，翔实介绍影响江油市居民健康的主要疾病致病因素、防治措施等，通俗易懂，图文并茂，首批印制10万册。加强与新闻单位的联络沟通，每逢重大卫生事件，主动加强与媒体的沟通与联络，征求意见，通报工作，确保正确的舆论导向；加强系统内部信息联系沟通，在上下之间建立通畅、快捷、高效的信息渠道。7月11日在江油大剧院广场开展大型人口文化日主题宣传活动。10月26日健康四川幸福同行”江油站活动在江油市顺利进行。11月6日在全市开展健康中国行“合理膳食”大型宣传系列活动。

【人口健康信息平台建设】 继续推进县级人口健康信息平台建设，全市所有乡镇（中心）卫生院、二级及以上医疗机构基本实现全市人口健康信息互联互通。结合“三医”监管平台建设，构建全市统一的信息联通平台，并与省、绵阳市级平台互联互通，从而推进全市卫生计生行政管理、科学决策地高效进行。推进基层医疗卫生机构管理信息系统村级应用，实现基本医疗、公共卫生、药品与物资管理、绩效考核、病历书写、病案首页报送、区域检验会诊报告等线上全面运用。继续巩固数字化医院评审成果，并将数字化医院评审成效向全市所有医疗卫生机构普及，逐步提高乡镇（中心）卫生院信息化建设水平。在“健康江油”平台开通健康教育、网上挂号功能；二级及以上公立医疗机构通过信息化手段，实现预约挂号并提供网络支付、诊费结算；建成并完善运行县级区域远程会诊平台，提供远程影像、心电、检验会诊服务，区域检验乡镇（中心）卫生院全覆盖。

（卫计局）

气象预报与服务

【概况】 2017年，市气象部门建立健全气象灾害防御组织体系，落实相关责任，加强技术保障，开展汛前检查，对新一代天气雷达、区域自动站、人影作业装备、应急保障设备等业务系统进行全面检查和维护。汛期参加辖区和涪江片区天气联防会商，全面开展中小河流洪水和山洪地质灾害气象风险预警。强化与应急办、防汛办、国土局等部门的协调配合，参与社会应急联动。落实《江油市气象灾害应急预案》，建立起部门联动机制。

【预警信息发布】 全年，市气象局共发布预警9期，预警信号45期，临近天气预报45期，地质灾害气象风险预警5期，中小河流洪水风险预警4期，中期重要天气趋势4期，气象要情专报22期，每日雨情报告78期，雨情现报150余份，发送各类预警服务短信320万余条。

【应急处置】 全年，气象预警预报信息在抗洪抢险工作中发挥重要的作用。各乡镇、各相关部门在收到气象预警信息后，加强应急值守，积极开展抗洪抢险、紧急转移群众。各乡镇和地质灾害隐患点责任人根据预警预报，及时组织群众防灾避险。

（张健龙）

江油年鉴

教育·体育·文化

Education·Sports·Culture

概 述

2017年，市教育体育和文化广电新闻出版局进一步优化配置、深化改革、强化管理，统筹推进全市教育体育和文化广电新闻出版事业快速协调发展，在基层党的建设、教育质量管理、对口扶贫攻坚、信访维稳和综治安全、非遗项目展示、文艺节目展演、电视节目评比、体育竞技比赛等方面多次获得上级表彰奖励，累计获奖项目106个。

全市有各类公办教育学校92所，其中完全小学48所、村小8所、分校（校区）7所，初中13所、九年一贯制学校4所，普通高中3所，职业高中1所，特殊教育学校1所，公立幼儿园5所，建制成人教育学校2所。有各类民办学校153所，其中义务教育阶段学校2所（江油外国语学校、江油实验学校），高中阶段1所（江油实验学校高中部），培训学校71所，学前教育学校79所。有公办在园幼儿6930人，在校中小学生55075人；有民办在园幼儿14981人，在校中小学生5529人。有在职教职工5104人，退休教职工3515人。全力落实《教育扶贫2017年专项实施方案》和《文化扶贫2017年专项实施方案》，严格执行各类教育扶贫支助救助，大力推进文化广电惠民工作，规范实施2.08万农村义务教育学生免费营养午餐计划，如期落实1000户电视户户通、20个广播村村响、45个贫困村综合文化服务中心建设，完成牵头承担的省级民生工程23项、市级民生工作5项。同时，全力落实对口帮扶布拖县工作，计投入资金50多万元，派出管理干部、民生记者和教师等优秀人才300余人次，招收布托学生122人，培训布托师资293人，为布托经济、社会持续发展提供助力。

全市有体育馆1座，全民健身中心1处，综合性体育场1处，标准游泳池1个，国家青少年体育俱乐部2家,体育社团和单项体育协会23个。全市现有公共体育设施面积46.5万平方米（不含学校），人均拥有公共体育设施面积2.3平方米（仅限于城区人口）。

全市有原文化广电新闻出版系统在编在职职工174人，退休职工185人。有对外免费开放公共文化服务机构54个（即：市文化馆、市图书馆、李白纪念馆、红军文物陈列馆和40个乡镇综合文化站、10个城市社区文化服务中心和街道文化站）。有作家、美术、书法、摄影、音乐、舞蹈等民间文艺协会40个，其中有国家级会员18人，省级会员230人。有文化经营单位174家，其中网吧90家、文艺表演团体7家、歌舞游戏娱乐场所78家。有农家书屋365个，社区书屋95个。有馆藏可移动文物8848件，其中国家一级文物7件、二级文物64件、三级文物1356件。有不可移动文物601处，其中窦圌山云岩寺、老君山硝洞遗址、青林口古建筑群为全国重点文物保护单位，另有9处四川省级文物保护单位、25处江油市（县）级文物保护单位。有国家级非物质文化遗产1个：青林口高抬戏；省级非物质文化遗产2个：雾山石刻制作工艺、重华烟火架制作工艺。另有绵阳市级非物质文化遗产13个和江油市（县）级非物质文化遗产12个。

全市有直播卫星用户3303户，有线电视注册用户21.8万户：其中数字电视用户15.4万户（高清互动电视用户4.5万户），IPTV用户0.2万户，有线宽带用户4.5万户。全市346个行政村实现广播村村响，地面数字电视覆盖235个自然村。有城区影院6家、乡镇固定电影放映厅20个、村级固定电影放映点94个。有印刷企业23家，出版物发行单位94家。

除各级各类学校外，另有教育体育和文化广电新闻出版局直属事业单位30个，分别是市成人教育中心、市教育发展中心、市教学仪器设备管理站、市中小学卫生保健所、市会计核算中心教育分中心、市体育中心管理处、市青少年活动中心、市广播电视台、市文化市场综合执法大队、市文化馆、市海灯武馆、市李白纪念馆、市太白公园、市文物保护管理所、市云岩寺文物管理所、市图书馆及14个乡镇广播电视站。

高度重视信访稳定工作，建

立领导包案、岗位责任、重大事项报告等一系列制度，加大维稳排查，完善社会矛盾和信访隐患排查档案。全年共受理信访总量412件次，全部办理完成。

教　育

【两支队伍建设】 加强校长队伍建设，创新选拔校级后备干部72人，通过集中培训、论坛沙龙、拓展训练、研修考察等方式进行培训培养。深入开展师德师风专项治理活动。投入191万元，扎实推进师资培训工作，共培训管理干部350人次、教师4822人次、对口帮扶培训343人次。进一步促进教育人力资源均衡配置，全年安排158名农村超编学校教师到城区锻炼,15名郊区学校教师到农村支教。

【教育质量】 2017年上半年和下半年分两次举办第二届小学和中学素质教育成果展，全方位展演和展示近年全面深化素质教育的新特色、新成就。中考优生人数、优生率、合格率、普高最低录取线均居绵阳各县市区第1名，700分以上7人，650分以上205人。高考2017年参考5917人，比2016年减少654人，重点本科上线1755人，比2016年增长9人，上线率29.66%，比2016年增长3.1个百分点；一般本科上线4407人，上线率74.48%，比2016年增长3.3个百分点。

图88　6月29日，全市素质教育成果展演

【义务教育】 全年投入各类资金4722万元，实施“改薄”(即改善贫困地区义务教育薄弱学校基本办学条件)“维改”(校舍维护改革)等项目建设18个，改扩建校舍面积3万余平方米，义务教育办学条件进一步改善。义务教育普及成果进一步巩固，小学、初中适龄儿童入学率分别达到102.12%、108.73%，小学、初中巩固率分别达100.28%、102.12%，三残儿童入学率达99.5%。

【学前和民办教育】 加强学前和民办教育过程监管，规范依法办学行为，不断强化师培工作，全年组织专项检查4次、清理非法办学点7处、开展政策法规培训300人次、幼教师资培训250人次、保育员培训182人次。全市学前和民办教育快速发展，全年新增民办高中学校1所，学前三年毛入园率达94.68%，接受绵阳市政府学前教育督导评估，综合评定为“优秀”等级，参加绵阳市第四届幼儿教师职业技能大赛，综合全能和单项技能均包揽一半一等奖奖项。

【职业和成人教育】 职业教育2017年招收新生1700人，在册在籍学生巩固率为95%；“双师型”教师不断成长，江油职中老师阮绍南获2017年“诗城工匠”称号。对口升学总体上线率达95.28%，连续17年位居绵阳市第一名。学生技能大赛成绩突出，获国家级三等奖和绵阳市团体一等奖。学生毕业就业率达到98.2%，对口就业达83%。全年开展社区教育活动30多期次，参加活动居民5000余人。开展成人教育五大培训工程，全年完成各类农村成人教育培训6136人。

【校园安全工作】 强化安全教

育、预防和专项治理工作，全年召开安全专项会议6次，组织专项检查6次，分行业开展应急培训演练3次，整治较大安全隐患7处，组织校园安全专项检查610所次。努力提升校园安保水平，投入700多万元，为全市学校配备专业保安237名。先后获得绵阳市第四届“暑期消防安全宣传教育行动”先进单位、四川省“安全知识普及阅读活动先进集体”等荣誉。

（教体局）

四川省江油中学

【概况】 四川省江油中学（以下简称江高）始建于1956年，为四川省一级示范性普通高中。先后获得全国体育先进集体、全国篮球特色学校、中国/WHO健康促进学校、省校风示范学校、省实验教学示范学校、绵阳市最佳文明单位等20多项市级以上荣誉称号。学校园占地215亩，有教学班115个，6300多名在校学生，425名在岗教职工中，全国优秀教育工作者1人，全国优秀教师2人，中学特级教师2人，四川省教育专家1人，省市级优秀教师、班主任、学科骨干100多人，中、高级教师260余人。学校硬件设备一流，所有教室实现多媒体教学，实验室功能齐全，电脑广场能同时容纳130人上课，A级学生食堂、高级公寓安装空调，寝室楼层配置全自动洗衣机，室内体育馆设施齐全，400米标准跑道，室内恒温游泳池，为学生更好的学习、生活提供物质保障。

【办学成绩】 2017年高考，江油中学高考一本上线1111人，上线率36.5%，其中应届一本上线率达42%，本科硬上线2370人，上线率78%，徐涛、刘钊希、王露、罗梦蝶4位同学考入北京大学，另有9名同学考入复旦大学。各项比率、3年出入口变化优势明显，再一次获得“绵阳市普通高中教育质量综合评估A1组学校特等奖”。数学竞赛曾义鹏获得国家级二等奖，李天成、刘宇、房晨获得国家三等奖，何峻潇等14名同学分别获得四川省一、二、三等奖。物理竞赛肖霁洋、李天成等16名同学分别获得国家级二、三等奖，万泽宇等7名同学获得四川省一等奖。化学竞赛瞿洋、杨严沛获得国家二等奖，胡轩博等34名同学分别获得四川省一、二、三等奖。生物竞赛肖霁洋、丁李樾等6名同学分别获得国家二、三等奖，邓子辉等14名同学分别获得四川省一、二、三等奖。英语竞赛黄子杰等6名同学获得国家级一等奖，徐一丹等21名同学获得国家级二等奖，王乐等24名同学获得国家级三等奖；第十九届“语文报杯”全国中学生作文大赛邱思涵、余思涵等4名同学分别获得国家二、三等奖，郭好、李晨、康森森等23名同学分别获得省一、二、三等奖。

【校园文化建设】 江油中学校园文化建设逐步实现由显性向隐性的升华，以“明道、厚德、建功、立言”为教育工作立足点，重点突出书香气息，不断提升文化品位，充分发挥环境的育人功能。设计学校文化长廊，展示学校各处室责任，及时更新近期重要工作内容。设置廉政建设展板、橱窗，宣讲中共十九大精神，自查自纠，反腐倡廉。指导创办江油中学第一份学生报纸“星火报”，为学生搭建起展示平台与交流平台。制作《同心同德新跨越》第二届素质教育宣传片，展示崭新江高之美。通过学校官方网站和微信公众号展示今日江高新形象。全年上传学校新闻85条，更新微信信息78条，引导家长、学生新增关注1100多人。校团委每周六晚，开放周末影院，播放有健康价值导向的经典电影，并协调开放图书阅览室、电脑广场，通过这些活动，帮助学生优化周末安排。“12·9”校园文化艺术节期间，在全校范围内组织开展一系列丰富多彩的文化艺术活动，丰富学生的校园文化生活。

【教学管理】 恢复教研组建制，任命学科教研组长。开展16次备课组活动、4次教研组活动和举行优秀青年教师展示课16堂。推进“高效课堂”的建设，每周备课组活动都有一堂“高效课堂”的示范课展示。推行“中心发言人”制度，收到中心发言稿

452 篇。推进“高考试题研究”工作，教师做完 3 套试卷，写出分析表，教研组长综合教师、备课组分析，得出全校性的分析报告。坚持青蓝工程的安排、检查，安排新教师合格课 13 堂。开齐开足物理、化学、生物的实验课，共开设物理分组实验课 96 堂，化学分组实验课 141 堂，生物分组实验课 120 堂，化学演示实验 21 堂，实验室管理人员跟班进行辅导。精心组织和安排各次考试，安排高三及补习班的教学督导工作，2 次对高三和 1 次对补习班进行教学督导工作，共听督导课 139 节次。安排组织高一、高二学生的读书月活动，协助校团委开展“寻找小李白”的征文活动，共收到学生征文 60 余篇。邀请四川省教育科学研究院教研员董洪丹、段增勇、吴中林、宋怀彬、马红艳、何兴明、卢志、陈静亦、张白峡、四川大学教授等领导专家到校指导工作，同时选派 6 名学校干部到上海、杭州考察学习选课走班工作。积极关注“985”高校特别是北大清华的“筑梦计划”“冬令营活动”等，为 10 名特尖生提供帮助，协助做好材料准备、资料报送、选拔推荐等，提供证明材料 30 多份。承办 5 次绵阳江油的培训，如：绵阳市化学骨干教师培训、绵阳市历史骨干教师培训、绵阳市高三政治教研会、绵阳网站人员培训等，18 人次主讲，接待培训人员 360 人次。开展语言、普通话活动 5 次，包括国学比赛、国学社团、高一高二主持人大赛、演讲比赛等，参加学生 200 人次，教师辅导 35 人次。

【科研课题】 《农村高中四维指导体系建构的实践研究》获四川省第六届普教教学成果二等奖。《农村高中家庭教育指导的问题及对策研究》通过绵阳市教科所审核，入编《绵阳市 2016 教育科研年度报告》。2017 年 1 月，在省级课题“家庭教育指导”研究的基础上，指导中心向绵阳市社科联申报并立项“农村高中家庭教育指导路径的实践研究”规划课题，并于 9 月结题。

（黄晓敏）

图 89　4 月 25 日，荷兰法肯堡市市长尤林斯率团到江油中学考察交流

四川省江油市第一中学

【概况】 2017 年，江油市第一中学（以下简称江油一中）认真落实“立德树人”学校教育总要求，推动学校综合改革，不断推进学校发展。进一步规范办学行为，加强行风建设和师德师风建设，努力提升教师教书育人技能，为学生全面发展、个性发展、幸福成长提供坚强保障。完成校级领导干部换届、中层及年级等管理团队的选拔聘任，新增党委办、招生办、监察室 3 个部门，新、老干部顺利交接；原太白中学王国金任江油一中党委书记、校长。

【办学荣誉】 全年，学校获得全国国防教育特色学校、四川省文明校园、绵阳市教育工作先进集体称号，绵阳市首届寻找小李白活动文化展示第一名，获江油市德育工作先进集体、江油市社科工作先进集体、市五四红旗团委、教体文广系统职工风采大赛特等奖。组织全国英语能力大赛四川赛区总决赛。

【高考升学】 2017 年高考，江油一中连续13年获得绵阳市普通高中教育质量综合评估特等奖，同时获得江油市特等奖，江油市特优生特别贡献奖。重本上线513人，重本上线率34%，比2016年增长4.6个百分点；二本上线1209人，本科上线率79%，增长6.3个百分点；艺体双上线64人，总上线1273人，总上线率83%，增长,10.3个百分点。其中，文科生杨萍662分取得全省第3名、绵阳市第1名，理科寇锋以688分取得江油市第1名，两人均被北京大学录取。

【素质教育】 全年完成四川省阳光体育示范学校和四川省传统体育学校复查验收工作，学校女子足球队夺得四川省校园足球总决赛冠军、四川省中学生足球比赛第一名、四川省青少年足球锦标赛第三名、绵阳市高中校园足球赛中超组第一名等荣誉，7人达国家二级运动员标准。田径队获四川省中学生田径比赛获团体总分第三名，绵阳市中小学田径运动会第三名。获江油市素质教育成果特等奖。学科竞赛方面，共有70人次获全国理化生学科国家级等级奖，参加创新作文大赛，5名学生取得全国总决赛，1人获一等奖，其余获二、三等奖。

【精准扶贫】 全年完成六合乡小池村第一书记第一任届满、选派第二任书记的交接工作；领导班子多次深入小池村对口帮扶，结对干部捐钱捐物，工作扎实；全体党员干部、教职工捐款15400元，加上各类物质资助，全年帮扶小池村资助总额11万余元。经上级考核验收，小池村如期脱贫。与红原藏文中学结对帮扶，44名藏族学生到江油一中生活学习。

(赵　斌)

图90　2017年江油一中高三学生成人礼

江油实验学校

【概况】 江油实验学校（以下简称江实）位于江油市城区昌明河畔，与李白纪念馆、太白公园毗邻。2017年，学校有初中3个年级共48个教学班，师生员工3000余人。有四川省优秀校长1人；中学高级教师、四川省级以上骨干教师27人；中学一级教师、绵阳市级以上学科带头人、优秀教师、优秀班主任、骨干教师87人；江油市级以上优秀教师、优秀班主任、骨干教师、名优教师113人。学校每年皆获绵阳市、江油市中考质量综合评价最高等级奖，文明修身教育、科技创新教育、体育艺术教育、英语口语教学四大特色优势明显。

【安全工作】 学校严格执行安全管理制度，设岗定责，严格考核，确保安全工作落到实处。坚持校园环境消毒、安全隐患排查、每日校门口行政领导和值周教师执勤巡查、学生上下楼高峰期教师楼道执勤、学生管制刀具的清缴等等。坚持开展安全教育，承办绵阳市暨江油市2017年国家网络安全宣传周“校园日”活动启动仪式。举行多次应急疏散演练，提高师生应对紧急突发事件的能力。9月29日下午，江油北部发生5.4级地震，全校师生迅速安全有序疏散到运动场，达到平常演练的效果。加强心理健康教育，不但有心理辅导室的个别心理咨询，还保证每班每学期至少开设两堂心理健康课。

图 91　9 月 19 日，江油实验学校承办绵阳市暨江油市 2017 年国家网络安全宣传周“校园日”活动启动仪式

【德育工作】　全年，学校坚持“文明修身”的德育主题，以文明城市创建为契机，创新德育工作方法，开展丰富多彩的德育活动，让学生在活动中体验，在活动中感悟，在活动中成长。每个月都确立 1 个德育主题，并围绕主题开展系列活动。全年除科技节、艺术节等传统德育活动外，还开展“传家风　树新风”主题教育活动、传承和弘扬民族优秀文化教育活动、为布拖贫困学生募捐活动等等，让“文明修身”德育主题的内涵更为丰富。为学生搭建锻炼和展示才能的舞台，让校园生活丰富而精彩，学生的品德与修养在活动中得到熏染和提升。

【教学教研】　学校坚持以“1252-（SMART）智慧课堂”为突破口，发挥教学科研的引领作用，促进教师教学能力和水平的提升。全年组织开展“1252 智慧课堂教学模式”教师教育理论学习和科研技能培训。教科室每月编辑《江实教科研学报》，并上传到校园科研网，供老师们学习、研讨。开展“1252 智慧课堂教学模式”下的同课异构赛课活动。通过教学科研活动的开展，转变教师重教学轻教研的思维，拓展教师发展空间、改善课堂生态、提高课堂效率、提升学校教育科研的影响力、知名度和美誉度。“1252 智慧课堂教学模式”获绵阳市首届民办教育优秀教科研成果奖，通过绵阳市教科所课题中期评审，并获 2017 年四川省教育科研课题阶段成果评审二等奖。

【素质教育】　学校继续在初一年级开设舞蹈、美术、棋类、演讲等特长活动课，培养学生的艺术体育素养。组织开展智力运动会、足篮排三大球的联赛、初一年级阳光大课间活动比赛、第十五届校园艺术节等，并组队参加上级组办的各种艺术体育活动。在四川省中学生乒乓球锦标赛中取得两个亚军和两个季军的优异成绩，有 3 位同学在此次比赛中获国家一级运动员称号，有 5 位同学获国家二级运动员称号。参加第 15 届四川省机器人创新实践活动，获得 FLL 项目初中组一等奖。参加 2017 年四川省青少年女子曲棍球冠军杯赛，获丙组第二名。参加绵阳市科技创新大赛以及电脑制作评比两项赛事中，有 20 名同学获奖。参加全国第 13 届宋庆龄少年儿童发明奖，获四川省一等奖、全国二等奖。参加绵阳市 2017 年航空、航海、车辆模型比赛获团体总分第一名，有 34 名学生在比赛中获奖。参加绵阳市第二届青少年机器人创客大赛运动机器人创意搭建比赛，前 10 名中江实占 7 名。参加 2017 年“体彩杯”绵阳市青少年棋类比赛，获团体总分第一名。参加绵阳市 2017 年中小学学生探究性实验实践活动评选，获一等奖。全年在江油市级及以上的艺术体育赛事中，获集体奖 16 个，教师个人获奖 17 人次，学生个人获奖 152 人次。

【办学业绩】　2017 年中考，江油市前 10 名，江实占 9 人；全市前 50 名，江实占 47 人；全市前 100 名，江实占 92 人。中考数据创下多项历史新高：全市前600名（A1），江实占468名，占全市78%，年级比率48.2%；全市前2000名（A优），江实占852人，年级比率88%；升入普通高中人数915人，年级比率达94.23%；体育平均分高达76.62。学校获得江油市2017年初中教育质量综合评价（M组学校）一等奖。全年两次选派优秀教师赴凉山州布拖县布拖中学，给学生上课，给老师作专题讲座，并接纳布拖近40名教师到江油实验进行为期1周的跟岗学习。学校还接纳广元市中子中学的数学教研组长简秋华到江油实验学校挂职校长助理半年，接纳江油市校级后备干部到校跟岗学习1周。派出名优教师、市联合教研组成员参加送教下乡活动上百人次。全年获全国作文教学先进单位、全国青少年校园足球特色学校、绵阳市最佳文明单位、绵阳市阳光体育示范学校、绵阳市2017年义务教育先进学校、江油市教育科研“先进集体”、江油市教体文广系统先进基层党组织、江油市教育工作先进集体等荣誉称号。

（王小敏）

江油市太白中学

【概况】 江油市太白中学位于江油市武都镇，是一所绵阳市示范性普通高中。学校创办于1970年，原名长钢四中，2001年从长钢剥离并更名为“四川省江油市太白中学”。学校有教职工203人，有教学班54个，在校学生2941人。有专家型校长1人，专家型教师2人，国家级、省级、市级骨干教师50多名。2017年高考本科硬上线838人，学校连续9年居绵阳市示范高中榜首。全年，学校获得江油市教育工作先进集体称号、江油市教育科研先进集体称号、江油市第二届中小学素质教育成果展优秀组织奖，绵阳市女篮中超组第二名，四川省创设中学生上肢力量练习方法一等奖等荣誉。

【办学理念】 学校始终传承“诗化人生，节砺天下”的校风；“承圣人风，传君子道”的教风，“钢以铸志，诗以怡情”的学风，坚持以人为本，面向全体学生，发展素质教育，培养学生的实践能力和创新能力，进一步突出“低进高出，高进杰出”的办学特色。

【教学理念】 学校围绕“关爱全体学生，推进整体进步”的发展战略，坚持以人为本的办学理念，积极践行新课改，大力实施素质教育，继续高效构建“10+30+5”课堂，即10分钟回顾旧知，30分钟讲授新知，5分钟消化知识。同时体现“四主”教学理念，即教师为主导，学生为主体，训练为主线，目标达成为主旨，在教学过程中，做到讲练结合，知识过手，消化巩固，激发学生的学习兴趣，有效提升课堂效率。

【德育理念】 学校立足德育阵地，坚持正面引导教育，强化学生的规范意识让学生明曲直，辨是非。学校高度重视活动的教化作用，坚持寓教于乐的教育理念，开展丰富多彩的教育教学活动。新生军训铸钢铁意志，“十

图92 12月6日，江油市教体文广局党委宣讲团到太白中学宣讲中共十九大精神

佳歌手”比赛抒诗人情怀，“12·9”文艺会演展师生风采，啦啦操训练显学子活力，大课间活动比年级特色，教学开放周助高位求进……师生活动常态性与灵活性相结合，形式多样，主题突出，效果显著。

（林　珊）

江油市华丰初级中学校

【概况】　江油市华丰初中创建于1978年，原名江油城郊初中，1996年原工农街初中迁入合并，2017年有30个教学班，学生近1800余人，是江油市最大的一所公办完全初中。学校占地2.92公顷。建有教学大楼、综合楼、实验楼、学生公寓、学生食堂、体育馆各1幢，塑胶运动场1个。各功能用房配备齐全，设施设备配备标准。学校在岗专任教师120人，中高级以上职称占50%，有全国优秀教师1人，省学科骨干教师、绵阳市级优秀教师、绵阳市级骨干教师20人。学校提出“培育核心素养，创造更多可能”办学理念，以立德树人为根本任务，办学文化底蕴厚重，育人环境好，师资队伍精良，办学业绩卓著，先后创建为国家、省、市各种示范校。2017年成功创建第一届四川省文明校园，获得绵阳市教育工作先进集体。

【办学特色】　通过高效课堂建设、高效教研课建设、“2+1”和“1+1”高效艺体课程建设、教师阅读力建设，提升教师素养，引领教师做一个简单、阳光、智慧的教师。多元课程建设、优秀书籍分享活动、梦想种植园体验活动、户外亲近大自然活动、假期社会实践活动、班级实践周管理活动、抱抱熊多媒体空间项目、“5+3+2”家校互动空间建设培育学生核心素养，目标：做“梦想、自主、阳光、智慧”的学生。校园女足引领校园体育优质发展。校园女子足球队已是四川省、绵阳市青少年足球队伍中的一支劲旅，曾获全国青少年校园足球联赛一等奖、省青少年女足冠军多项荣誉。深入实施“五类球（足球、篮球、排球、乒乓球、羽毛球）”项目建设。建有全国首家抱抱熊多媒体空间（ID3项目）。拥有江油市初中唯一的管乐队，连续两届获绵阳校园管乐比赛一等奖。2017年12月8日，华丰初中承办江油市初中第二届素质成果展。

图93　10月，华丰初中共建活动小组到凉山州布拖县交际河中学开展教育共建活动

【办学成果】　2017年获四川省青少年校园足球联赛总决（初中女子组）第4名；2017年四川省青少年足球锦标赛（女子乙组）第3名；2017年绵阳市校园足球联赛总决赛（初中女子乙组）第1名；江油市第十三届中学生“青春风采”辩论赛一等奖；江油市首届舞蹈大赛一等奖（第1名）；江油市第二届素质教育成果展优秀组织奖（特等奖7个、一等奖5个）。12月11日，举办“2017年国际足联——中国足协Live Your Goals（追梦）”女孩足球节。

【交流与共建】　2017年2月15日和11月20日，凉山州布拖县交际河中学到华丰初中参加教育共建活动；华丰初中在4月15日和10月15分别派人到交际河中学参与共建活动，分别捐赠

17555元现金成立华丰教育基金，价值6000余元教师用书与学生用书。12月4日，平武县教育交流考察团到华丰初中交流访问，华丰初中校长马仕才做《立足素养，精致管理，提升质量》专题报告。12月22日香港著名实业家、“抱抱熊多媒体图书空间”捐建者区文中携家人与志愿者一行和华丰初中全体老师就“变化和机会”的主题进行互动讨论。

（刘　辉）

江油市长城实验学校

【概况】　江油市长城实验学校地处涪江东岸聚慧路，攀长钢中心社区，1960年建校，前身为长城特殊钢有限公司子弟校，2001年3月划归地方管理并更名为江油市长城实验学校。2016年7月，三合镇初级中学作为北校区正式并入长城实验学校，学校形成一校三区四部六校联盟（南校区、北校区、成教区，小学部、北区初中部、南区初中部、成教部，与坚勇五一二小学、三合小学、建设路小学、逸夫小学、贯山小学结成集团化办学联盟）的办学格局，2017年有教学班81个，在校学生4302人，教职工282人，是江油地区规模最大的一所九年一贯制义务教育学校，相继成为国家基础教育实验中心外语实验学校，四川省《区域性心理健康教育发展研究》实验学校，绵阳市首批甲级校风示范校，绵阳市示范初中，绵阳市示范小学，绵阳市科研重点联系学校，绵阳市校园文化特色学校，绵阳市少先队工作示范校，绵阳市体育传统项目学校，绵阳市依法治校示范校和绵阳市阳光体育示范校。

【教学管理】　随着办学规模的扩大和办学方式的转变，如何提升管理效益就成为学校2017年学校管理的重要课题。全年，学校大力推进南北校区制度融合，在北校区建立管理、教育信息资源中心并积极探索南北校区联合教研模式，逐步实现南北区学校管理的同步接轨和升级跃位。在推进江东地区小学六校集团联盟协作发展中，学校申请成立第七教研联合体并以此为载体，发挥辐射中心作用，组织开展各学科的说课、赛课、名师工作室研修、重大节庆观摩以及六校联考等活动，促进六校教育教学整体水平的提升。在教学常规精细化管理中，建立和完善包括学风教风督查、安全隐患排查、三检督查、课堂巡查、采购监督、周边环境整治在内的值周体系，干部“四包”体系和年级主任督学体系。以上措施让两区三部九年三阶段的管理体系日趋完善，形成融合度和开放度较高的各段管理流程，让教学常规精细化、资源信息共享化、专题交流常态化、监控考核制度化初具成形，各段教育质量均实现稳中有升的良性循环，学校整体教育质量在同类学校中保持领先，2017年教学质量小学A组、初中A组和B组均获一等奖。

图94　2月15日，凉山州布拖县校长培训会代表到江油长城实验学校参观交流

【教育扶贫】　2017年，学校贯彻江油市委、市政府对布拖县的教育精准扶贫工作方案，让彝族孩子“筑梦”长实。学校成立布

拖班工作小组，从生源考察到选拔，从师资配备到教学专题研究，从学生生活细节安排到学习策略制定均做到精心部署、严密实施。先后组织布拖班参加军训、学前培训、体检、体能训练、郊游参观、彝历新年的庆祝、视频见面会等关爱活动，还派出英语骨干教师参加由江油市名师工作室组织的与布拖县英语教师的联合教研活动。在市第二届素质教育成果展上，学校为彝族孩子精心编排的《达体舞》获得动态节目一等奖。

【教师队伍建设】 2017年，为进一步巩固两校区教工队伍的稳定，学校非常重视教师队伍凝聚力建设。学校工会全力围绕“增进团结、构建和谐教工之家”的奋斗目标，开展第二届“长实最美教师”评选活动，“经典引领成教师成长”教工经典诵读赛，“长实好声音”歌咏赛，“做四有好老师”演讲赛以及乒乓球联谊赛，女教工健康徒步及关爱女教工健康讲座活动等一系列有声有色的工会活动，教工经典诵读获江油市2017年教工风采赛预决赛一等奖，逐步形成“大长实”独有的教工文化。

【教学科研】 为有效发挥合校后南校区的教育优势和学校在江东小学教育联盟的主导作用，学校积极探索联合教研模式和提升课堂效益。2017年，学校探索“一课三研修”，围绕全年校本研修课题《中小学学科教学资源的整合及应用》开展年级组、教研组、备课组联合专题教研活动及配合市教研室做好跨区域研训活动，创设教师学习新知识、提升新能力的氛围，发挥名优教师的辐射引领作用。学校承担的市重点科技计划项目《班班通环境下的学科教学资源整合研究》顺利结题并取得丰硕成果。该课题本着“凸显技术、有效辅助”的原则，围绕“信息化教学”推进设备使用、备课、评课、推优、教研制度建设，开展系列基于现代教育技术下的课堂教学大赛，名师示范课观摩，邀请省教科院举办讲座和指导研究。鉴定组给予课题“内容朴实、过程真实、成果扎实”的高度评价。同时，学校推进市教育发展中心研究课题《小学新生入学教育》，围绕提炼入学教育校本教材、推广运用入学教育的内容和方法、收集入学教育研究的原始资料三大主题内容开展研究，注重研究工作常态化、成果分析提炼化、课题推广应用化，该课题年内已进入结题阶段。教务处积极推进教师“微课”研究与应用。利用“班班通”实践阵地，通过全员培训，加强对教师基于新课程标准的“微课程”设计与实施的指导，运用“云资源”，建立“微课库”，学科组微型小课题研究并开展微课制作比赛，全面提升学校教育教学现代化水平，12名老师获得绵阳市第二届微课大赛等级奖。

【素质教育】 学校一直把学生素质教育放在优先发展的地位。2017年，学校继续精心打造班级走廊文化，内容涵盖班训班规、班级特色、学生作品、百科知识、评优展示等，融教育性、知识性和艺术性于一体，构成一道道生动且文化气息十足的艺术走廊。此外，学校还坚持每月校园最美少年、班级美德少年和文明示范班评选活动，坚持在校园及周边开展文明监督岗活动，不断提升红领巾广播站和《校园之声》校刊的宣传质量，还围绕社会主义核心价值观和宣传中共十九大开展系列班队会和主题团日活动，丰富学生校园文化生活和精神生活。全年，学校成功举办第二届科技节，活动分年级进行科普宣传、纸飞机标靶赛、四驱车拼装竞速赛、纸桥承重赛、大国工匠创意绘画等活动。在绵阳市2017年度中小学电脑制作评选活动中，学生电脑绘画作品全部获奖，在绵阳市2017年三模比赛中，学校参赛的项目全部进入前8名并获得优秀组织奖和综合团体二等奖。2017年，学校举办的以“艺术点亮人生，行动实现梦想”为主题的第十六届校园艺术节，参赛及会演观摩达到3000多人次。举办的“读书励志、放飞梦想”第二届读书节活动吸引两校区共2000多名学生参加，内容涉及经典分享、故事绘本创编、书签设计、读书小报、名言赏析、读书演讲等，活动还评选出“书香班级”和“书韵少年”若干。

【办学成绩】 2017年，学校大力开展阳光体育运动。充分利用大课间活动、课外活动、少年宫活动、运动队集训和武术基地训练提升学生运动素养和围绕竞技赛、体质健康标准、毕业班体测项目开展有针对性训练，通过少年宫成果展、田径运动会、体育节、全市体育竞技赛和武术比赛为学生提供展示舞台。在举办的“阳光运动添活力，魅力体育展风采”为主题的第二届体育节中，分段开展亲子趣味运动会、“体育节随笔”征文、跳短绳比赛、校园足球联赛、跳大绳比赛及拔河比赛。学校在全市体育竞技赛中先后获得绵阳市第二届阳光大课间活动展示评比一等奖，江油市2017年中小学田径运动会（小学组）第1名，校园篮球联赛初中男子第3名、足球联赛小学初中男子第3名，中小学乒乓球运动会（初中组）第2名的好成绩。学校武术培训基地也在江油市教体文广局的招生政策支持下，立足校本师资，吸收本校和江油地区优秀武术人才，坚持开展以武术、散打、跆拳道为教学内容的训练活动，已代表江油市参加国家级、省市级各项赛事取得上百枚金、银、铜牌的优异成绩，输送一大批优秀武术运动员进入四川省专业队并获江油市政府“突出贡献奖”。2017年还代表绵阳市在四川省武术竞标赛上取得2金3银5铜，在绵阳市2017年首届中小学武术展示活动中获特等奖。2018年，学校还将代表绵阳参加四川省第十三届运动会武术比赛。

（魏兴江）

江油市彰明中学校

【概况】 江油市彰明中学校（原江油二中）是江油市教育和体育局直属的一所农村中学，创办于1930年，初名为彰明县国立女子中学，1953年成为省教厅直属县立初级初中，1988年更名为江油市彰明中学校（完全中学），2011年学校调整布局，完成高中办学使命。学校位于江彰大道彰明镇中心，距江油城区7公里，占地面积5.33公顷，2008年汶川地震后国际佛光会和江油市人民政府共投入3000多万元对校园重建，整合高中办学资源，倾力打造初中优质教育品牌。

【教学设施】 学校有多媒体阶梯教室1个、学术报告厅1个，18个“班班通”教室，配齐先进的教学设施和教学软件；校园网络中心、理化生仪器室、实验室、图书室（藏书近5万册）、阅览室、音体美器材室、广播室及音乐、美术、书法、舞蹈、象棋、围棋等专用教室一应俱全，为学校教育教学提供完善的硬件设施和畅通的信息渠道。实现办公自动化、备课网络化、教学多媒体化。学校有6×300米塑胶环形跑道的高标准操场，并有4个塑胶标准篮球场，1栋室内体育馆。学生寝室装配空气源恒温热水供应系统，学生寝室可全天供应恒温热水。一流的设施配置为学校的发展提供有力的硬件支撑。

【师资力量】 2017年，学校有在职教职工90人，其中专任教师83人（一线教师学历全部达到大学本科及以上），有高级教师9人，中级40人；省级骨干教师2人，市级骨干教师9人，县级骨干教师13人；有18个教学班，学生493人。在88年的办学历程中，学校为国家培养大

图95 彰明中学体育馆（贾金尧摄影）

量人才，校友遍布全球，其中有在科技、农业战线的研究员，有高校院长、书记，有军事领域的高级将领，商海驰骋的佼佼者，以及地方各级政府的领导。

【制度理念创新】 在学校管理中，不断以新理念引领学校发展。形成一个共识：全面提高教育教学质量；实现“两个结合”：课堂教学与常规教研相结合，教育科研与教师培训相结合；落实“三个带进”：把微笑带进课堂，把激励带进课堂，把和谐带进课堂；做到“四个关注”：关注班级建设，关注困难学生，关注科学教育，关注学科整合；加强五项工作：加强执行力建设，加强队伍建设，加强课程改革，加强德育工作，加强环境建设。教育教学中注重过程管理和考核，科学使用作息时间，严格执行课程标准，建立了一整套的检查、考核、评价机制。

【对外交流】 学校本着“内塑信心，外塑形象”的宗旨强化学校内部管理，着力打造学校初中教育品牌。特别是台湾援建后学校成为海峡两岸联系的桥梁和纽带，台湾、香港地区多次派人到学校交流，“海峡两岸记者交流会”分会场两次在学校举办，学校亦两次组织“青少年文化交流团”赴台湾交流，并与台湾普门中学结为友好学校。

【办学特色】 学校始终坚持“面向全体学生，优化教育过程，培养素质特长，促进全面发展”的教育原则，把“求知、创新、发展、进取”作为学生培养目标。实施“关爱学生温暖计划、校本课程建设、尝试走班制教学”促进学校发展。与江油中学携手，成为江油中学“学生发展指导实验学校”，共同研发《农村初中学生前置性学习方法及习惯培养研究》课题，为学生的发展和升学提供更广阔的空间。学校管理三化初步形成。一是学校管理人性化：努力把学校建设成师生的乐园、家园、学园；让老师乐于从教，学生乐于学习，师生在学校能感受到家的温暖。二是课程建设校本化：少年宫学生兴趣特长发展活动课全面开展，有足球、篮球、田径、舞蹈、合唱、书法、美术、象棋等课外活动小组，为孩子们提供适合自己特长发展的校本课程。三是教学科研常态化：2017年获全市初中教学质量综合评价一等奖，年终目标考核评价二等奖第一名，江油市科研先进学校，江油市第二届素质教育成果展舞蹈《等着我》获一等奖。

（孙　勇）

江油市中坝镇文化街小学

【概况】 江油市中坝镇文化街小学始建于1904年，占地面积8000余平方米。2017年有24个教学班，1413名学生，66名教师。学校少先队曾被共青团中央评为“少先队红旗大队”、学校被省教育厅评为“首批省级重点小学”。近十年在江油市教育质量综合评价和江油市小学综合目标考核中，均获得一等奖。学校还先后被评为绵阳市教师职业技能示范小学、绵阳市校风示范小学、绵阳市示范小学、绵阳市小学教育质量先进单位、绵阳市警校共建示范学校、四川省语言文字规范化示范学校、全国青少年

图96　文化街小学阳光大课间活动

校园足球特色学校、世界卫生组织(WHO)健康铜牌促进学校等。

【抓德育促安全】 2017年,学校德育活动丰富多彩,让孩子们在快乐中学习,在锻炼中成长。学校充分利用班队会、国旗下讲话、宣传栏等德育阵地,坚持开展"学雷锋、树新风""祭英烈、传美德""知安全、懂生活""有理想、向未来"等主题教育活动以及"阳光小天使"社会公益活动、"花儿朵朵向太阳"欢庆六一暨校园艺术节活动、"星星火炬代代传"建队日庆祝活动等。学校再次被评为江油市德育工作先进集体,并获得绵阳市青少年书信比赛优秀组织奖等。严格落实干部值周值班制度、教师楼道值守制度、低年级路队放学制度等。学校定期排查和消除安全隐患,有计划地开展安全知识讲座和应急疏散演练,参加法律、安全知识竞赛,杜绝安全事故的发生。

【抓教研提质量】 学校构建"以行政蹲点管理为经,以年级组驻点管理为纬,以教研组和班级定点管理为网"的分层管理体系,学校语文组、数学组、艺体组、综合组定期开展教研活动,共同探究教学策略,教师之间相互学习,促进教师教学能力的提升。继续开展课题研究,其中《在群文阅读中有效提升小学中高年级阅读理解能力的研究》已进入总结验收阶段,在接受上级教研检查时获得积极评价。2017年,学校教学管理进一步规范化,常态化,教师的团队意识、协作意识进一步凸显。全年开展4次教学质量分析会,统一教师思想,明确努力方向,教学质量获得江油市小学教育教学综合评价(A1组学校)一等奖,语文、数学、英语、科学等学科均受到表彰。

【常规与特色】 全年重视常规活动的开展,通过活动丰富学生课余生活,提高学生综合素质,有序开展体育节、艺术节、英语节、读书节、科技节、数学周等活动,办学效益显著提升。学校获得绵阳市2017年航空航海车辆模型锦标赛优秀组织奖和综合团体奖,以及纸桥承重比赛团体第2名、固定翼教练飞机模型穿越龙门比赛团体第4名、电动自由飞模型竞时赛团体第8名;获得绵阳市第二届机器人创客大赛优秀组织奖;获得绵阳市第二届"阳光大课间幸福体育梦"展评活动一等奖。

(李久飞)

江油市中坝镇人民街幼儿园

【概况】 江油市中坝镇人民街幼儿园始建于1937年,原名"私立中坝培本幼稚园"。1992年被评为"四川省示范性幼儿园",2008年被评为"全国巾帼文明岗",2010年起陆续被评为"绵阳市一级幼儿园""四川省语言文字规范化示范校""四川幼专实习见习基地"。园舍占地面积2348.57平方米,建筑面积3469.51平方米,2017年有教学班12个,在园幼儿529名,有教职工67人。

【纪念建园80周年】 2017年是人民街幼儿园建园80周年的日子。10月28日,人民街幼儿园工会邀请全园在岗职工、退休教工和幼儿园第六、七、八、九、十、十一、十二任园长欢聚一堂,举行人民街幼儿园建园80周年暨重阳节庆祝活动。人民街幼儿园从私立幼儿园成为公办幼儿园,曾经四度更名,80年园址未变、功能未变,不管经历怎样的时代变革,人民街幼儿园始终坚持"不为积习所弊,不为时尚所获",坚持"学为人师,行为世范",以无怨无悔的爱哺育每个孩子的健康成长,倍受家长和社会的信赖。制作的画册《爱的事业》记录人民街幼儿园诞生、成长和发展的经历。

【政府重点科技项目课题研究】 2017年度,江油市政府重点科技项目课题《江油市幼儿园区域游戏活动实施现状、问题与对策》的研究工作,通过主研和参研人员的实地走访、问卷调查,基本掌握全市各幼儿园关于区域游戏活动的现状,明确已有的成绩和不足,为今后这项工作的推进获得宏观数据。16位参研教师独立撰写的论文、案例等参加中国幼儿教育学会2017年第六届中国幼儿教育系统年度论文评选，有5篇获得一等奖、11篇获得二等奖。

【帮扶工作】 2017年4月和8月，在教体文广局的带领下，实地为布拖县特木里镇洛奎村幼儿园、布拖县乐安乡补莫村幼儿园高品质完成校园文化建设及教育环境创设，并辅助顺利开园。6月，完成江油市对口帮扶布拖县"一村一幼"幼儿辅导员跟岗一天的培训。人民街幼儿园获得绵阳市公办幼儿园帮扶民办幼儿园先进集体荣誉称号，另有3位老师获绵阳市公办幼儿园帮扶民办幼儿园先进个人。

【教育辐射】 2017年5月和6月，人民街幼儿园有4人次教师应邀为四川幼专国培班学员主题讲座《指南背景下幼儿音乐活动的设计与实施》《做一名幸福的幼儿教师》，为江油市教师进修学校开展的幼儿教师上岗培训班学员和保育员上岗培训主题讲座《指南科学领域的理解与实践》《保育员工作职责与技能》。12月，完成江油市学前教育领域5名后备干部为期1周的跟岗培训。全年共接待四川幼专、江油职中见习实习学生约2000多名，接待四川幼专和江油职中学前教育教师深入一线学习调研约80余人，就学前教育专业学生的课程设置、特长培养主题开展研讨活动5次。6月、9月、10月、11月先后4次被江油电视台文教栏目"幼儿户外体育游戏活动""六一庆祝活动""人幼与四川幼专美术教师共同探讨教育环境创设""建园80年写真""建园80年庆祝及重阳节活动"视频报道。

（人民街幼儿园）

图97 10月28日，人民街幼儿园举办80年园庆

体 育

【学校体育】 全年印发《强化学校体育工作 促进学生身心健康的实施意见》，全面深化学校体育工作。大力开展学校体育运动，组织187支代表队，2552名运动员，开展校园"三大球"联赛3209场。组织78支代表队，近千名运动员，开展12项青少年体育赛事活动，17人次打破10项江油市纪录。做好学生体质健康检测和军训工作，完成初中毕业升学体育考试5203人，普通高中体育与健康学业水平考查4572人，组织新生军训8160人，招收体育特长生136人。

【群众体育】 加快群众体育基础设施建设，完成18个全民健身路径建设，维修完善13条农民体育健身工程。体育场馆开放，全年接纳15万人次。开展"健康江油、幸福江油"千人健身公益培训，2400人次参培受益。筹备组织元旦迎春健身长跑、"五一"职工趣味运动会和江油市首届国庆职工运动会等群众体育活动，另开展篮球、五人制足球等单项群众性体育赛事活动6次。

【青少年竞技获奖】 建立全国校园足球特色学校创建单位10所，组建50支校园足球队。青少年体育相继获四川省中学生校园足球总决赛女足甲组冠军、四川省青少年足球锦标赛女子丙组冠军、绵阳市校园足球联赛高中女子和初中女子冠军、绵阳市青少年乒乓球锦标赛团体总分第一、四川省中学生田径锦标赛团体总分第三、四川省第二届幼儿快乐动感操比赛幼儿组自编操金奖和规定操金奖的好成绩。

【承办重大赛事】 全年先后承办省第十三届青少年乒乓球公开赛、"李白故里杯"全国象棋公开赛、2017年亚足联女孩足球节、中国足协女子甲级联赛四川队主场比赛、四川省业余足球联赛分区赛等大型赛事活动。

【武术运动】 为铸造全国武术之乡品牌形象，2017年上半年和下半年分别举办峨眉传奇——"海灯武术杯"C3国际职业搏击联赛揭幕战和总决赛，吸引数万群众观赛。举办江油市首届职工运动会和江油市第二十一届小学生武术比赛，武术项目参赛选手达到200余人。组队参加全国重大武术赛事活动取得骄人成绩:在省第十三届运动会群众太极拳项目中，获一等奖6个、二等奖12个、三等奖2个；在河北沧州举行的第十四届全国武术之乡比赛中，获5金、13银、4铜，团体总分四川第一；在第七届世界传统武术锦标赛中，获一等奖11个、二等奖20个、三等奖31个。

（教体局）

图98 9月29日，江油市举办2017年秋季职工运动会。（吴鸣摄影）

文 化

【公共文化服务体系建设】 市委办、市政府办印发《加快构建现代公共文化服务体系的实施办法》，政策保障进一步完善。市图书馆、文化馆、李白纪念馆、红军文物陈列馆和40个乡镇综合文化站全年免费接待群众累计突破120万人次。市图书馆完成国家一级图书馆评估定级工作，成为市级社科普及基地；李白纪念馆完成国家AAAA级旅游景区、省社科基地、省级爱国主义教育基地复检；红军文物陈列馆分别被绵阳市委组织部、党校、社科联授予"绵阳市党性教育基地""绵阳市革命传统文化普及基地"。

【群众文化活动】 创办江油春晚、承办李白诗歌奖颁奖晚会、组织民俗文化展演、开展农民书画摄影展览、举办首届舞蹈大赛、开展庆祝中共十九大文化惠民演出等，全年共开展富有江油气息、江油气派的重大特色群众文化活动40多场次。深入开展送对联、送年画、送图书、送节目等文化下乡活动，为25个贫困村演出节目25场，观演群众过万人。精准开展群众文化艺术培训工作，为20多个乡镇、市级相关部门进行文艺节目编排、辅导、书法、美术、音乐、舞蹈培训400多人次。

【文艺创作展演】 深入学习习近平总书记在文艺工作座谈会上的重要讲话精神，10余名国家级会员参加全国文联组织的研讨班学习。全年在国家、省、市级报刊发表作品500余件，出版专著2部。蒋晓青、雷兴双等分别获中国诗歌学会、北京大学举办的"我们与你在一起公益诗歌大赛"原创奖和提名奖；刘强、赵斌获

"头条诗人"称号；杨安文摄影作品获"大美四川"特等奖；市川剧团刘长青、曾小梅等表演《骂鸡新编》《停电》参加央视"一鸣惊人"栏目，获团体银奖；市文化馆培训的少儿节目获四川省第六届少儿新春联欢会优秀节目，培训的拉丁舞获四川省十七届国家标准舞锦标赛亚军；网络作家谢林作品与成都一文化公司签约打造影视动漫游戏产品。

【文化市场管理】 配合全市文明城市创建的工作，推进网吧行业专项治理和规范化建设，共出动执法巡查900人次，查处违规网吧11家，罚款47500元，停业2家。深入推进"扫黄打非"进基层工作，太平镇德胜社区示范点被省"扫黄打非"办确立为全省"扫黄打非"网格化管理示范点。加强文化稽查，加大联合执法力度，全面净化文化市场环境，全年受理举报12件；立案调查12件；取缔销售出版物的流动摊点3个，收缴盗版光碟90张，口袋书36本；立案查处娱乐场所违规经营案3件；立案调查违规经营网络游戏公司1家；移交公安机关立案查处刑事案件2件。

【文物保护与管理】 投入资金435万元，完成窦圌山云岩寺飞天藏及飞天藏殿维修保护工程。投入资金170万元，完成清真寺维修保护工程。对37处国家、省、市级文物保护单位进行安全巡查，发现问题43个，发出整改通知14份。对全市县级文物状况进行评估调查，编制完成并上报青林口古建筑群、老君山硝洞遗址文物保护总体规划立项方案。完成阴平遗址、双河报恩寺、蒋德钧德政坊、告成寺4处文物资料申报省级文物保护单位。

【非物质文化遗产保护】 开展全市"非遗"普查工作，分别到义新、东兴、大康、新春、敬元等乡镇对草编、狮灯、山歌、唢呐、刺绣等"非遗"项目进行田野调查，完成4个绵阳市级和4个四川省级的项目申报工作。在成都"非遗日"期间，完成绵阳馆江油主题的展演，雾山石刻《九龙砚》受到各方好评，受到绵阳市文广新局奖励。同时，深入开展"博物馆进校园"、戏剧进校园、非遗项目进校园等活动。

【弘扬李白文化】 完成四川省李白研究会换届工作。推进李白研究工作，加强李白重要游踪地的联系、交流和合作，全年开展"李白诗歌奖颁奖晚会""丁酉·端午太白诗会""少儿李白诗歌书画展"、李白诗歌朗诵比赛等多场主题文化活动，并组织李白文化大讲坛12次。申报李白为四川省首批历史名人，完成市委、市政府部署《李白家规家风诗仙李白的家国情怀》电视剧脚本创作任务。

【图书管理】 图书馆2017年分编上架新书8万余册，订购报刊342种，图书流通量突破32万余册次。新老图书馆365天免费开放，并实行夜间开放，全年共接待读者14万余人次，接待参考咨询读者1100余人次，新办借书证3476个。加强古籍保护和地方文献收集，全年收集地方文献100余种。努力探索总分馆建设模式，在全市新建8个分馆，完成分馆数据编目2万余条。大

图99 10月30日，庆祝十九大召开文化惠民慰问演出

力开展全民阅读系列主题活动和系列社会培训活动，参加活动人次达5100人次，开展社会培训5590人次。

【广播电视】 完成20个行政村广播村村响建设任务。江油电视台围绕市委、市政府的重点工作和主题活动，全年先后完成《大会战》《2017招商专题》《江油作风整治》《王右木》《敬元扶贫》《布拖扶贫攻坚》等重点工作、脱贫攻坚专题片、汇报片和行业专题片26部，总时长达289分钟。制作的“喜迎十九大、科学发展铸辉煌”新闻被中央电视台《新闻联播》采用，策划的中共十九大宣传节目在绵阳2017年全市试听评议会上获第1名。

【电影放映】 全年全市城市影院达到6家，其中2017年新增2家，票房收入同期相比稳中有升，1月至12月累计放映场次为6.11万场次，观影人次突破70.26万人，票房收入突破1800万元。全年农村公益电影放映任务为4380场，实际完成4380场，完成率100%，观影人数达350632人。

（黄　涛）

卫生与计划生育

Health and Family Planning

卫　生

【概述】　2017年，江油市卫生计生系统共有各级各类医疗机构687个，政府举办的公立医疗机构455所，其中综合医院11所，中医医院1所，专科医院3所，妇幼保健机构1所，社区卫生服务中心6所，乡镇（中心）卫生院40所，村卫生站393所（其中中医医疗机构113个）；全市有编制床位6124张，实际开放床位7430张（含新增华夏眼科医院50张），其中中医编制床位786张，开放中医床位812张，每千人拥有中医座位0.92张；有卫生技术人员4914人，护士2485人，执业医师、助理执业医师2180人，其他人员309人，全年门诊人次439.28万人次；住院19.45万人次，出院19.40万人次。江油市卫生和计划生育局被评为2017年四川省基层流动人口计生服务管理先进单位、四川省爱国卫生先进单位、四川省医疗信息化应用示范县、四川省卫生计生宣传工作先进集体、四川省中医药先进集体、绵阳市献血先进县、绵阳市血吸虫防治先进单位、绵阳市2017年度医疗服务工作优秀单位、“8.8”九寨沟地震抗震救灾工作优秀单位。代勇被评为四川省实施妇女儿童发展纲要先进个人、何勇被评为四川省中医药工作先进个人、陈宇被评为四川省爱国卫生先进个人、贾瑜被评为绵阳市“三八红旗手”、姜娜被评为绵阳市卫生计生宣传工作先进个人、刘妍秋被评为四川省组织系统优秀网宣员。

创建卫生强市（县）

【更新医疗设备】　争取农工民主党中央、四川省主委、中国初级卫生保健基金会大力支持，区域卫生发展精准扶贫项目落地江油，向江油市基层卫生院捐赠755台总价值6093.27万元的医疗设备，捐赠设备覆盖江油市38个卫生院和387个村卫生室，市财政承担75%的医疗设备安装费、运输费、培训费、税费等732.153万元，各乡镇（中心）卫生院承担25%的费用244.051万元。江油市9家卫生院全面升级全自动生化分析仪，7家卫生院升级自动血液分析仪，13家卫生院升级超声诊断仪。同时，其他乡镇卫生院也不同程度的更新、更换部分落后医疗设施设备。

【创新联姻行动】　采取“一对一”对口帮扶模式，实施“彝江联姻行动”，建立12个结对共建“联姻家庭”，开出“三张处方”，实施“靶向精准帮扶”，为布拖卫生计生发展献计出力。全年共派出医护人员34人，义诊专家80余名，指导开展各类手术150余台，诊疗患者3000余人次；开展大型义诊活动4次，巡诊活动10次，义诊咨询3000余人次，免费发放药品6320余元，培训各级各类医务人员285人次。江油市卫生计生系统总投入80余万元，完成中彝医院中医馆建设，乐安乡日朵村、瓦沟村、火烈乡若普村村卫生室标准化建设，拖觉镇卫生院标准化建设，捐赠医疗设施设备23台（套），

图100　9月21日，中国保健基金会向江油市40个乡镇（中心）卫生院捐赠医疗设备总价值6093.27万元。（王波摄影）

实施九都乡奎久村人畜饮水改造工程，新建九都乡奎久村村卫生室，开展为期半月的“生育秩序”整治行动、为期4个月的全民健康体检专项工作。

【监督执法】 创建标准化的片区乡镇协管室，探索协管员跨区域集中巡查、专项监督巡查等创新模式，将41个协管室分8个片区进行岗位技能培训和经验交流。主动上门为业主送上法律知识、协助办理相关证件、现场指导企业规范卫生行为。将每周四定为集中办案日，全年共查处违法案件171件。6月21日，绵阳市监督执法工作现场会在江油召开，向全市各县市区推广此模式。全年行权平台案件录入9071件，并新建一体化平台，认领省卫生计生委、四川省人口和计划生育局、四川省中医药局下放的事项270项，运行269项，废止1项；上报违法生育11例，办理生育服务证8203个。

【推进民生工程】 全年计划生育奖励扶助38186人，拨付资金4654.3万元，完成率100%；对贫困白内障患者实施复明手术105例，完成率100%；城乡居民建档753833人，建档率95.01%，完成率102.16%；自愿免费婚前医学检查5736对，完成率104.39%；免费孕前优生健康体检5207人，完成149.63率%；重大传染病和地方病防治1156人，完成率112.81%。全面取消公立医院药品加成，拨付资金525.62万元，完成率121.50%。

【推进卫生强县】 在2017年的卫生计生工作会上，江油市提出围绕“建设健康江油、实现全面小康”这条主线，通过全力推进卫生大市（县）向卫生强市（县）跨越发展，重点解决卫生事业发展的薄弱环节，采取卫生强基惠民、公共卫生强化、公立医院优化、社会办医创新、人才科技优先、中医药服务能力提升、执法监督体系提升、智慧健康体系提升、全民健康促进、计划生育服务能力提升“十大行动”，强力推进江油市由卫生大县向卫生强县跨越发展，到“十三五”末，形成与全面小康社会目标相适应、城乡统筹发展相同步的医疗卫生服务体系宏伟蓝图，更好地满足人民群众多层次、多样化的医疗卫生服务需求。

【推进“互联网+”】 以四川省基层医疗卫生机构管理信息系统试点为基础，深入推进“互联网+”智慧医疗服务模式，建成以江油市人民医院为区域中心的区域影像、心电、检验系统，使39家乡镇（中心）卫生院、3家社区卫生服务中心信息数据互联互通、共享。以“分级诊疗系统”构建“基层首诊、双向转诊、急慢分治、上下联动”的信息化模式。医务人员通过手机APP为居民提供慢病访视、家庭医生签约等服务，并可以发起网络问诊、健康咨询、就诊预约。全年家庭医生共签约54648份，远程会诊系统月均会诊病例数400余例。7家乡镇（中心）卫生院开展数字化医院建设，走在全省前列，并通过四川省卫生计生委信息中心专家组评审。

【医药改革】 按照“上下联动、内增活力、外加推力”的原则，探索公立医院管理体制、补偿机制、人事分配、药品供应、价格机制等综合改革。严格落实公立医院全面取消药品加成（中药饮片除外），有效减轻广大老百姓看病就医费用负担。完善法人治理结构、药品采购机制、惠民举措改进群众就医服务。强力推进分级诊疗、家庭医生签约服务，严格执行双向转诊政策，落实医保补偿政策，鼓励患者就近就医，县域内就诊率达95%。

【卫生应急】 进一步完善有关应急预案、应急物资储备等工作，强化应急演练。成功应对H7N9禽流感疫情，组织各成员单位召开协调工作会议4次，以市政府名义召开1次防控部署工作会议，全年无病例发生。协助市政府成功处理“天一公司水质异常”事件，连续工作3天3夜，完成绵阳市政府下达的恢复供水时间。成功举办国家卫计委和国家总工会首届“卫生应急技能竞赛”江油赛区活动，参加绵阳地区“卫生应急技能竞赛”荣获团队三等奖、突发事件紧急医学救援一等奖及二等奖、突发中毒事件处置一等奖。九寨沟地震共出动10台次车辆，39名医务人员到达九寨沟地震灾区，送转伤员10人到绵阳中心医院。灾区游客撤离沿途的7个医疗救助点共救治游客186人，外伤处理78人。调派价值65万元的3车应急救灾药品送往灾区。设立4个医疗救援分队、1个卫生防疫分队、1个卫生监督分队、1个中毒救治分队、1个核与辐射分队、1个心理干预分队，形成了全面覆盖的县乡村三级卫生应急服务体系。全年共接警56389次，处警29135次，出动救护车台9333次，接回病伤员7269人，处理重特大事件80件。

医政医管

【落实分级诊疗制度】 加强医联体建设、开展分级诊疗、双向转诊及医师多点执业工作。按照省卫计委、市卫生局的要求，建立以市人民医院、市第二人民医院、市中医医院、九〇三医院牵头的4个医联体，开展分级诊疗工作。完善医疗机构双向转诊工作，督导各二、三级医疗机构与基层医疗机构开展双向转诊，全年转诊6458人次，其中上转4840人次，下转1618人次。开展医师多点执业，全年办理23人的医师多点执业审核、登记工作,医师多点执业人数较2016年增长64%。

【重点专科建设】 不断提升县级公立医院的医疗服务能力，建成省级重点专科4个、绵阳市级重点专科32个。开展科研学术活动，省卫计委立项科研项目1个，绵阳市卫计委科研课题33个，撰写学术论文42篇，国内发明专利授权3项。

【继续教育与培训工作】 组织乡镇（中心）卫生院和相关卫生专业技术人才参加2017年基层人员培训，共计1800余人次参培；全年县级医院专业技术人员到三级医院进修学习共计54名；乡镇（中心）卫生院及社区卫生服务中心医技人员到县级医院进修学习、进修的人员共有98人，较2016年增长22%。开展各项专业培训工作，委托市卫生人员进修学校开展基层医疗技术培训。2017年6月至7月开展全市在岗乡村医生继续医学教育培训工作，共培训乡村医生608人。2017年11月开展江油市乡镇（中心）卫生院及社区卫生服务中心专业技术人员继续医学教育培训班，共计培训卫生院和社区卫生专业技术人员854人；9月组织开展江油市抗菌药物临床应用处方权限及调剂资格培训，共计培训102人；组织1100名在职卫技人员参加“好医生网”继续医学教育学习，领发一类、二类学分证书2000份。

【医疗责任保险】 进一步健全医疗纠纷风险分担机制，落实所有公立医疗机构医疗责任保险。市二级及以上医院机构和乡镇（中心）卫生院全部参加医疗责任保险，参保率达100%。鼓励其他各级各类医疗机构按照绵阳市的统一规划部署要求参加医疗责任保险。按照国家、省市卫计部门关于进一步加强行风建设工作要求，制定江油市卫计系统医德医风建设3年行动实施方案，并要求各级医疗卫生机构严格执行。

【县级医疗质量控制中心建设】 2017年8月先后成立江油市建立县级医疗质量质控中心21个，其中市人民医院13个、市第二人民医院5个、市九〇三医院2个、市精神病医院1个。21个医疗质量质控中心先后组织开展医疗质量控制专项检查，共计出动车辆51台次，医务人员275人次，检查指导各级各类医疗机构70家。

【控制医疗费用不合理增长】 为控制县级公共医院医疗费用不合理增长，印发《江油市控制公立医院医疗费用不合理增长实施方案》，要求各级医疗机构按照文件要求，建立一把手负责制，签订控费责任书，层层落实。推进临床路径工作，转发《关于印发医疗机构临床路径管理指导原则的通知》，要求各级医疗机构认真落实。11月初市卫计局组织专家督导组，对二级以上医疗机构和5个中心卫生院开展专项督导。

【医疗纠纷处置】 进一步健全医疗纠纷风险分担机制，落实所有公立医疗机构医疗责任保险，妥善处置医疗纠纷。受理医疗纠纷投诉共76起，及时开展医疗纠纷调查、组织医患双方座谈50轮次，积极依法妥善处置纠纷；处理医闹12起，协助市人民调解中心调解重大医疗纠纷95起（含2017年前的医疗纠纷40起），及时化解医患矛盾，维护社会和谐。

【对口支援】 制定《江油市城乡医疗卫生对口支援工作实施方案（2017—2020年）》。实现对1个贫困县、民族县的县级医院和对2个贫困、民族县的疾控、监督、中心卫生院以及1个民族县妇幼保健机构的对口支援全覆盖；完成精准扶贫工作任务、对口支援乡镇卫生院和77个贫困村巡回医疗卫生服务。江油市人民医院对口支援宜宾市兴文县人民医院，九〇三医院对口支援布拖县人民医院，江油市中医医院对口支援布拖县中彝医院，江油市妇幼保健院对口支援红原县妇幼保健院、布拖县妇幼保健计划生育服务中心，江油市骨科医院对口支援布拖县龙潭镇中心卫生院，江油市传染病医院对口支援布拖县拖觉镇中心卫生院，三〇五医院对口支援布拖县俄里坪乡中心卫生院，川西北石油医院对口支援布拖县补洛乡中心卫生院，江油市人民医院对口支援平武县南坝镇、水晶镇、豆叩镇等3所中心卫生院，江油市第二人民医院对口支援平武县古城镇、大桥镇、白马镇等3所中心卫生院，江油市疾病预防控制中心对口支援平武县、红原县、布拖县等3所疾病预防控制中心，江油市卫生计生监督执法大队对口支援红原县、布拖县等2所卫生计生监督执法大队。今年共计派出各级医疗卫生专业驻地支援人员184名，巡回医疗、义诊等5656人次。派驻乡镇卫生院医技人员54人，参加诊疗患者7886人次，会诊及疑难病例讨论次数168次，手术106台，开展新业务14个。开展健康讲座和学术讲座164次，开展业务培训538次，教学查房223次，手术示例76台，建设特色专科1个，配套支援资金38万。接收基层医务人员参加进修51人。捐赠基层医疗机构援助资金10万元，设备价值5.5万元。

【征兵体检】 按照2017年度征兵工作及市征兵领导工作小组工作安排，组织50余名中高职称医务人员参加夏秋季征兵体检工作，完成征兵工作体检任务。

【无偿献血】 按照绵阳市献血办下达给江油市的应急献血任务开展无偿献血招募工作，组织市卫计系统370余家医疗机构医务人员、三〇五厂区职工、长城特殊钢公司职工、江油汇星实业集团员工、江油电厂等单位应急献血4次，协助临时献血点每周三、四、五、周六开展无偿献血活动共55次，共有4422人参加无偿献血，完成绵阳市献血办下达的指令性任务。审核献血后临床用血报销资料600人次，报销用血费用600余人次。

中医药工作

【发挥中医药在医改中的作用】 出台江油市中医药发展“十三五”规划，制定《油市基层中医药服务能力提升工程“十三五”行动计划》。建立健全中医药服务体系，把中医药适宜技术纳入医保报销范围，参加医保病人就

图101　11月22日，第三届江油市名中医授牌仪式（王波摄影）

诊，鼓励使用中医药，全市医疗机构中，普遍能为群众提供安全、有效的中医药服务；大力推行中医药健康管理服务，65岁以上老年人、0~36个月儿童中医药健康管理率达65%以上；对基公平台系统操作进行培训，完成对各项目实施单位中医药健康管理服务的半年和年度考核；在家庭医生签约服务中，每一户都有一名能够提供中医药服务的乡村医生。

【中医药健康服务】 广泛宣传贯彻落实《中华人民共和国中医药法》。开展“中医中药—进乡村、进社区、进家庭”活动，三九贴、三伏贴等中医药传统技术进行保健养生服务。完成第三届“江油市名中医”评选，评选出10名“江油市名中医”，并颁发牌匾及授予荣誉证书。举办“江油市首届膏方节”“中医经典诵读”活动，广泛推广八段锦、五禽戏等中医传统养生操。

【提升中医药服务体系新能力】 市中医医院加强基础设施、重点专科、信息化建设，科室设置齐全，服务功能完善，中医药特色突出，院内制剂室能生产独具特色的中医药院内制剂22种，各综合医院、妇幼保健机构均设置中医科、中药房、并能提供煎药服务。按照“保基本、强基层、建机制”的要求，100%的乡镇卫生院和社区卫生服务中心均设置中医科，中药饮片达300种以上，能够提供6类以上中医药适宜技术服务和煎药服务，中医药服务量达40%以上。中医集中诊疗区、中医馆设置不断规范。100%的社区卫生服务站、75%以上村卫生站能够提供4类以上中医药适宜技术服务，中医药服务量达30%以上。40%以上的社区卫生服务站、村卫生室配备100种中药饮片，其他社区卫生服务站、村卫生室配备中成药50种以上。

【中医药人才培养和队伍建设】 加大基层中医药基层实用性人才培养力度，强化中青年骨干医师培养，分级进修培训30余人。开展全国基层名老中医药专家传承师带徒工作。完成2016年度中医类别15人的全科医师转岗培训，安排2017年度西学中人员培训，探索乡村医生开展大专以上学历教育，提升基层中医药人员的学历层次；加强继续教育培训，开展对全市常见心脑血管疾病中西医诊治进展、中医药适宜技术临床应用推广、肺系疾病中西医规范化诊治、中医特色护理技术基层推广应用、内分泌代谢疾病中西医诊疗等培训，培训人次共计1086人次。开展中医适宜技术推广培训工作，培训人次约700余人次。

妇幼卫生

【指标完成情况】 全市孕产妇保健管理8048人，孕产妇保健覆盖率99.14%；辖区活产8118人，住院分娩8118人，住院分娩率100%，新法接生8118人，新法接生率100%；高危孕产妇1581人，高危孕妇住院分娩1581人，高危住院分娩率100%；无辖区户籍孕产妇死亡。全市0~6岁儿童43228人，保健管理42275人，儿童保健覆盖率97.79%；3岁以下儿童系统管理21144人，3岁以下系统管理率97.40%；5岁以下儿童死亡37例，5岁以下儿童死亡率4.56‰；婴儿死亡29例，婴儿死亡率3.60‰；新生儿死亡18例，新生儿死亡率2.22‰；无新生儿破伤风发生。

【妇幼卫生项目】 农村孕产妇住院分娩补助项目：全市参加新型农村合作医疗的孕产妇在定点医疗保健机构住院分娩继续实行由中央资金和新农合资金同时补助，截至7月31日全市补助3423人，补助覆盖率和补助率均为100%，使用中央补助资金171.15万元。农村妇女增补叶酸项目：全年累计为7530名农村育龄妇女免费发放叶酸33337瓶，目标人群叶酸知识知晓率、服用率、依从率分别达99.9%、100%、100%。预防艾滋病、梅毒和乙肝母婴传播项目：全市艾滋病免费咨询10365人，免费检测10445人，发现阳性病例2人，对2对感染产妇及所生儿童母子进行治疗管理；梅毒免费检测10445人，其中阳性病例6人。对6对梅毒感染产妇及所生儿童进行治疗管理；乙肝免费检测10445人，其中阳性病例431人，对感染产妇所生儿童24小时内注射乙肝免疫球蛋白431人。

农村妇女“两癌”免费检查项目：2017年全市农村妇女“两癌”检查项目工作于3月1日启动，11月20日全部结束。江油市提前足额完成免费检查2.5万人目标任务，为全市35~64岁已婚农村妇女免费检查25337人，其中宫颈癌检查20312人，乳腺癌检查?5025人，完成率为101.35%。检出生殖道感染4938人，检出率为24.31%，宫颈癌及癌前病变34人，阳性检出率167.39/10万，乳腺良性疾病432人，检出率8.60%，乳腺癌及癌前病变检出5人，乳腺癌及癌前病变检出率99.50/10万。免费婚前医学检查：全市登记结婚5784对，免费婚前医学检查5736对，婚检率99.17%；检出各种疾病和异常情况人数1307人，占婚检总人数的11.39%。在检出的疾病人数中，暂缓结婚309人，占婚检总数的2.69%；建议采取医学措施48人，占婚检总数的0.42%；婚前卫生指导率为100%，卫生咨询率为100%

【妇幼保健技术服务】 《出生医学证明》管理制度：全市实行网络管理，电子办证，所有助产机构均购置专用设备，所有补发均由市妇幼保健院办理。全市医疗机构出生活产8203人，共首次签发《出生医学证明》8155份，首次签发率99.41%，废证率0.36%。全市各医疗保健单位均未发生违规收费办理现象，各种登记按要求规范填写，原始资料定期装订成册归档备查。新生儿疾病筛查：全市14家开展产科助产技术服务单位全部开展新生儿疾病筛查，各单位切实做好新生儿疾病筛查告知和将《新生儿遗传代谢性疾病筛查同意书》归入病历保存等工作。全市新生儿疾病筛查8127例，筛查率达99.07%。新生儿听力筛查：全市共有5家医院开展新生儿听力筛查工作，新生儿听力筛查7728例，听力筛查率94.21%。托幼机构保健管理：2017年3月和9月，分别对全市所有托幼机构卫生保健工作进行了督查指导，全市儿童年度常规检查率为95.73%；入园体检4106人，检查率为97.32%；工作人员年度体检2199人，体检率为99.68%。

【妇幼卫生统计】 全市各单位进一步落实妇幼卫生信息人员职责，强化妇幼卫生监督评估、质量管理和控制，全市所有医疗机构信息妇幼统计人员均加入江油市妇幼QQ群和妇幼微信群，所有妇幼卫生信息及时上传报告，运行状态良好。建立健全绵阳市母子保健管理“一卡通”，全市56家服务机构均开通“一卡通”，全年累计建卡8048人，系统录入率达99.14%。通过分娩信息审核和保健手册流转，进一步提高复诊信息完整性，对孕产妇、儿童健康管理的完整性、连续性、时效性起到了促进作用。坚持一月一次报表，一季度一次业务培训一次工作例会，基础报表逐步实行电子报表，统计分析总结全部实行电子打印，资料按统一规定存档保存，每季度对报表进行一次质量控制分析，对存在的问题及时反馈，及时纠正，保证报表质量。

【提高妇幼保健工作质量】 每季度对全市乡级保健人员进行一次相关知识培训，全年培训重大公共卫生专项妇幼卫生项目相关知识、围产期保健内容及方法、《江油市预防艾滋病、梅毒、乙肝母婴传播工作实施方案》、儿童保健与指导等。通过培训，进一步规范孕产妇保健和儿童保健工作的管理，提高基层保健人员对孕产妇保健和儿童保健重要性认识，强化基层妇幼保健工作职责。

【基层卫生工作】 全面开展“基层医疗卫生服务能力提升年”活动，重点提升基层医疗卫生机构管理、门诊医疗服务、急诊急救、住院服务、中医药服务能力和信息化建设，继续开展基层医疗卫生机构规范化建设活动，全市基层医疗卫生机构规范化建设28家，达标率70%，群众满意乡镇卫生院10家。全市基层医疗卫生机构门诊诊疗量上涨5.02%，住院服务量上涨4.13%。全科医生转岗培训50人，全市全科医生累计160人。2017年全市乡村医生注册考试合格10人，充实乡村医生队伍。继续推动落实乡村医生养老保障，为1011名符合条件的退出乡村医生发放生活补助1120150元，为296名在岗乡村医生发放购买养老保险补助255500元，补助率均达100%。

【基本公共卫生工作】 全市累计建立居民健康档案691314份，建档率87.13%；建立电子档案672630份，规范化电子建档率84.78%。健康档案动态使用率90%。儿童健康管理37680人，健康管理率94.52%，预防接种率接种率98.52%；孕产妇健康管理5991人，健康管理率99.81%；老年人健康管理64184人，健康管理率70%；高血压患者共61264人，健康管理率37.56%，规范管理44288人，规范管理率72%；糖尿病患者共健康管理21633人，健康管理率34.46%，规范管理15279人，规范管理率70.6%；登记在册重性精神疾病患者共3817人，检出率4.8‰；规范管理3583人，规范管理率94%；年内经上级定点医疗机构确诊并通知基层医疗卫生机构管理的肺结核患者482人，已管理的肺结核患者482人，健康管理率100%；0~36个月儿童中医药健康管理16922人，0~36个月儿童中医药健康管理率71.23%；65岁以上老年人中医药健康管理63861人，老年人中医药健康管理服务率69.75%。城镇居民健康知识知晓率达71%，健康行为形成率达61%，农村健康知识知晓率达66%，健康行为形成率达56%。

【家庭医生签约服务】 成立1276名医护人员组成的360支家庭医生签约服务团队，按照以上级帮扶医院为技术依托、城乡居民及其家庭健康管理为工作内容、契约服务关系为工作形式的新型医疗保健服务模式，以健康为中心、家庭为单位、需求为导向、建档贫困人口为核心，聚焦妇女、儿童、老年人、慢性病人、残疾人和计生特殊人群等重点人群，融预防、医疗、保健、康复、健康教育、计划生育技术指导为一体，纵深推进家庭医生签约服务，最大限度地满足了城乡居民基本卫生需求。截至2017年12月31日，常住人口签约数达49.2万人，签约率62%，其中重点人群签约率84.11%，建档立卡贫困人口签约率100%，计生特殊家庭签约率100%，残疾人签约率100%。

疾病控制

【传染病防控】 2016年9月至2017年9月，全市共报告乙丙类传染病报告卡3061例，报告率100%，及时报卡率为99.93%；共处理各类传染病疫情119起，其中传染病疫情34起，食品安全事件20起，非职业性一氧化碳中毒事件3起，不明原因气体中毒1起，水污染事件27起，其他事件34起，共出动应急队员422人次，派出车辆90台次。开展了“8·8”九寨沟地震灾害后卫生防疫支援工作，共出动卫生防疫人员50人次，车辆46台次，受指导人数3862人，发放宣传资料3600余份。

【重点疾病防治】 霍乱监测防治：各医疗机构报告腹泻病例霍乱弧菌快诊检测检查15例，共采集了涪江及昌明河河水18份，污水处理厂污水6份，自来水6份，游厨等重点人群监测30人，海水产品35份，霍乱弧菌检测结果均为阴性。钩端螺旋体病防治：按照《全国钩端螺旋体病监测实施方案》，开展钩端螺旋体传染源监测调查。鼠密度监测共放置鼠夹3835只、收夹3726只，捕获野鼠101只，有效接种100只；采购猪肾50只，青蛙50只，进行病原学分离和培养，结果均为阴性；采集健康人群的血清102份进行检测，全年无钩端螺旋体病报告病例。禽流感监测：5月、11月在全市范围内开展了活禽交易市场及部分禽类养殖场的外环境监测工作。采集禽类粪便、污水、禽类饮水、笼具擦拭等样品共计159份，送绵阳市疾控中心进行检测，查出H5N1型阳性样品2份，无H7N9阳性样品。麻风病防治：开展院外6例现症病人的治疗监测工作，做到了定期随访、网络上报，通过临床检查、细菌检验结果，符合判愈标准，判愈2例，同时对25例密切接触者进行采血和临床检查，家属中无疑似麻风病发生，疫点普查100余人次，线索调查11例，无疑似病例发生，为20例畸残较严重的病人发放护理包、防护鞋、加强自我护理康复，有效控制畸残再次发生。

【艾滋病防治】 全年开展免费自愿咨询194580人次，艾滋病及时报告比例达100%，艾滋病病毒感染者/病人随访检测比例达80.42%，艾滋病病毒感染者/病人的配偶/固定性伴HIV抗体检测率达89.66%；艾滋病夫妻一方阳性家庭的配偶传播率下降到2.5%以下，母婴传播率控制在5%以下；艾滋病病毒感染者/病人接受结核检查的比例达99.13%；社区美沙酮维持治疗年保持率达88.16%；暗娼月均干预覆盖比例达96.40%，男男性行为者月均干预覆盖比例达94.50%；正在接受抗病毒治疗病人完成病毒载量检测的比例达88.30%，抗病毒治疗病人病毒抑制率达89.90%；社区美沙酮维持治疗受治者实验室检测结果上报率达80%，暗娼HIV抗体检测比例达88.9%，男男性行为者HIV抗体检测比例达94.50%。

【结核病防治】 全市共接诊可疑肺结核病患者2528例，查痰人数2395例，查痰率97.74%。登记结核病患者506例，其中涂阳肺结核患者119例（97例为初治、21例复治），涂阴患者387例（初治涂阴342例、复治涂阴45例、其中重症涂阴107例），结核性胸膜炎5例，其他肺外结核3例；为484例患者的762名家属开展了筛查工作，密切接触者筛查率为100%。开展中美新发和再发传染病合作项目老年人主动筛查策略应用及规范制定研究项目和开展省级结核病患病率调查项目工作。

【寄生虫病、地方病防治】 血吸虫病防治：春、秋两季共查螺32.74万平方米、灭螺11万平方米。完成小溪坝镇监测点流动人口监测142人，当地人群查病300人，完成率100%；全市共计开展人群血检查病3180人次，粪检查病970人次，制定《江油市血吸虫病风险监测方案》，并在方水镇开展了风险监测工作；钉螺调查3.6万平方米、野粪监测52份，漂浮物监测47.0千克，钉螺输入监测1.6万平方米；发放宣传资料1.5万余份，协助绵阳市疾控中心承办绵阳市血防技术培训1次，举办本级血防相关培训4次，下乡、下村督导40余次，9月25日江油市通过血吸虫病消除达标省级验收。包虫病防治：严格按照《江油市2017年包虫病防治方案》开展项目工作，完成13~65岁人群筛查1943人，完成率64.77%，发现肝囊肿、包块、钙化点的异常人群70人，采集血液标本68份；6~12岁中小学筛查911人，完成率91.1%；中间宿主鼠感染情况调查，调查791只，完成率为79.1%；终宿主犬感染情况调查应收集621份，完成率51.75%；包虫病健康知识知晓率调查完成150人，完成率75%；规范治疗和管理包虫病病人3例，并免费提供治疗用药品阿苯达唑片；制作和发放宣传品3000余份。疟疾防控：截至10月底，各医疗机构共监测“三热”病人1853例，共报告输入性疟疾病例2例，均开展了流行病学调查和疫点处置，无本土病例发生。碘缺乏病防治：严格按照随机原则划分为5个片区，每个片区随机抽取1个乡镇开展碘盐监测。在每个乡镇随机抽取1所小学，全市共5所小学，每所小学各随机抽检40名在当地居住半年以上的非寄宿8~10周岁儿童（性别、年龄均衡）B超检查甲状腺，采集儿童家中食用盐，共抽取200户居民户的100克食盐进行碘盐监测，同时在每个乡镇随机抽检20名孕妇（早、中、晚孕期均衡），采集孕妇家中食用盐，在每个行政村随机抽取了100户居民户的100克食盐进行盐碘监测。共监测300份盐样，合格碘盐286份，合格率95.3%，实验室检测碘含量范围为8.6~43.5毫克/千克，中位数为26.9毫克/千克。8~10岁学生尿碘中位数为236.75微克/升，尿碘含量低于50微克/升的比例为2.5%。孕妇尿碘中位数为195.1微克/升。经临床医生B超检查，200名学生均未见甲状腺肿大。在全市40个乡镇中开展了水碘含量调查。采集饮用水样品844份做碘含量检测，除大堰乡水碘含量中位数大于10微克/升，进一步做村级监测外，其余乡镇水碘含量均符合国家要求。饮水型地方型氟中毒控制：10月中旬，通过对马角镇、二郎庙镇、三合镇3个乡镇历史病区的饮用水进行氟含量检测，现场对8~12岁儿童氟斑牙患病情况进行进行调查，江油市顺利通过了由省计生卫生委组织的水氟病控制省级抽查。

【病媒生物监测】 开展病媒生物苍蝇、老鼠、蚊子、蟑螂密度监测工作。苍蝇密度监测：在中坝镇、太平镇、三合镇3个片区的农贸市场、餐饮点、居民小区、绿化带随机布点放置蝇笼135个，捕蝇587只，平均密度4.3只/笼。主要蝇种为家蝇、丝光绿蝇、铜绿蝇、麻蝇。鼠密度监测：在中坝镇、太平镇、三合镇3个片区的居民小区、农村自然村、特殊行业布放鼠夹6000个，有效鼠夹5965个。捕鼠共74只，平均密度1.24%，主要鼠种为四川短尾、褐家鼠、黑线姬鼠。蚊密度监测：4~11月共布放诱蚊灯120盏（居民区、公园、医院、农户1、农户2各布放24盏），捕雌蚊数2632只，其中致倦库蚊2127只，三带喙库蚊320只，骚扰阿蚊106只，中华按蚊49只，白纹伊蚊29只。总密度10.97只/灯、夜。蚊类构成比为：致倦库蚊占81%，其次为三带喙库蚊占12%，骚扰阿蚊占4%，中华按蚊占2%，白纹伊蚊1.1%。蟑螂密度监测：在中坝镇、太平镇、三合镇3个片区的医院、农贸市场、酒店、餐饮、居民小区共布放粘蟑纸1440张，回收1380张，阳性225张，捕蟑数698只。其中德国小蠊665只、美洲大蠊33只，总密度为0.51只/张，侵害率16.30%。

【健康危害因素监测】 开展食品安全风险监测工作，全年完成3大类87份样品采集及检测工作，处置食源性疾病暴发事件22起，完成哨点医院上报食源性疾病病例审核1061例。城市饮用水检测样品46个，合格45个，合格率97.8%；农村饮用水检测样品165个，合格99个，合格率为60%，个人和单位委托检测饮用水样品156个，合格123个，合格率78.85%，不合格指标主要是感官和微生物指标。对5所学校的教学与生活环境卫生进行教室采光照明等项目的监测，对1200名学生进行了学生常见病及健康危险因素监测；学校及托幼机构餐用具消毒效果监测99家，合格91家，合格率91.92%，发放学校卫生指导意见书148份。高、中考期间，对全市所有考生食宿点的餐具、环境、饮用水进行消毒指导及消毒效果检测，发放指导意见书7份。完成617家公共场所单位的监测，合格542家，合格率87.84%。完成了903材料所职业病危害因素12次检测工作，合格率为100%。总粉尘浓度共采样36个，合格率为100%；噪声检测36个，合格率为100%。共监测医疗卫生机构207家，包括市级医院、乡镇卫生院、民营医院、村卫生站及个体诊所，合格199家，合格率96.13%。检测医疗机构52家医疗机构的污水53个样，其中合格47个样，样品合格率88.7%。2017年配合绵阳市疾控中心对全市放射人员和放射装置进行了摸底。全市共有放射医疗仪器75台，放射工作人员199人。按照《放射工作人员健康管理办法规定》及绵阳市疾控中心有关文件要求，继续组织开展全市放射人员个人剂量检测工作。全年放射工作体检84人，体检结果建议暂时脱离放射岗位工作8人，1人不宜从事放射工作。预防性从业人员健康体检20087人，较去年同期增长54%，及时为检查合格者出具健康合格证。

【免疫规划】 常规接种监测：全市本地、流动儿童建卡、建证7119人，国家免疫规划疫苗累计报告接种率除流脑A+C、脊灰疫苗第1剂因缺苗外均达98%以上。2017年5月至6月抽取5个乡镇共1260名儿童进行国家免疫规划疫苗接种率调查，经入户和快速调查，国家免疫规划疫苗基础免疫、加强免单苗合格接种率均达96%。以麻疹风疹二联疫苗为主的国家免疫规疫苗集中查漏补种：2017年至4月对全市12岁以下所有适龄儿童开展以麻疹风疹疫苗为主的国家免疫规划疫苗查漏补种活动，共摸底调查12岁以下目标儿童67035人，报告查漏补种率97.58%；应补种其他国家免疫规划疫苗共计1535剂次，实补种1462剂次，报告查漏补种率95.24%。开展监测，免疫规划疫苗针对传染病发病维持较低水平，开展AFP主动监测报告率100%。全市各医疗机构报告疑似AFP病例2例，各项监测指标均达到国家监测方案要求。麻疹主动监测报告率100%。共报告麻疹疑似病例19例，其中排除麻疹和风疹病例18例，报告发病率2.29/10万，麻疹1例，报告发病率0.11/10万。各项监测指标均达到麻疹监测方案要求，无麻疹疫情和暴发疫情发生。全市通过中国免疫规划信息管理系统AEFI信息管理系统共报告AEFI病例,62例，全市无群体性AEFI发生。组织江油市预防接种异常反应调查诊断专家组开展诊断工作会2次，AEFI规范处置率达到100%。疫苗及冷链管理：截至10月底，共下发12种国家免疫规划疫苗84257剂、注射器129540具，在使用过程中未发生差错事故、疫苗过期失效和积压浪费情况。第二类疫苗管理严格执行疫苗挂网阳关采购、验收、索证和温度全程监控记录制度，共配送18种第二类疫苗121777剂。进一步加强预防接种门诊规范化和信息化建设，保障接种质量和安全：2017年全市53家预防接种单位，其中3A级预防接种门诊25个、2A级预防接种门诊19个、其他类型预防接种门诊2个和产科接种单位7个，接种门诊规范化覆盖率达到100%。2017年10月按照《四川省预防接种单位管理办法》相关要求，江油市预防接种门诊规范化建设评审小组对18个AA级进行复评审。继续实施预防接种信息化管理，以接种门诊为单位，儿童预防接种信息化实施率为100%，全市客户端录入0~6岁儿童个案7044人。为不断探索“互联网+”预防接种信息化管理模式，方便儿童家长及时了解接种信息，全市儿童家长推广使用预防接种手机APP软件，据统计0~2岁儿童家长手机关联数4899人，关联率23.24%。

【慢性非传染性防控】 35岁以上人群首诊测血压：全市各级医疗机构均建立35岁以上人群首诊测血压制度。首诊测血压率95.6%。慢性病患者健康管理：管理高血压患者61246人，健康管理率37.56%,规范管理率72%，管理糖尿病患者21633人，健康管理率34.46%，规范管理率70.6%。重性精神疾病患者健康管理：国家严重精神障碍信息系统录入患者4056人，现登记在册患者3817人，报告患病率为4.85‰，纳入管理3706人，管理率97%，规范管理率94.1%，患者治疗率77.34%，病情稳定率97%。老年人健康管理：健康管理65岁以上老年人64184人，健康管理率70%，体检表的完整率80%。死因监测：全市62家医疗机构均开展死因监测工作，报告覆盖率100%，共报告死亡病例4457例，报告粗死亡率608.8/10万。肿瘤登记报告：全市62家医疗机构均开展肿瘤登记报告工作，报告覆盖率100%，共报告新发恶性肿瘤和中枢神经系统的良性肿瘤1220例，报告发病率166.64/10万。心血管事件监测：全市62家医疗机构均开展心血管事件监测工作，报告覆盖率100%。1月至10月，共报告心脑血管病例发病2498人，报告发病率341.2/10万。双生子项目工作：开展项目培训，启动项目工作，开展随访和专题调查。人群合理膳食指导：全市所有乡镇均开展人群合理膳食指导工作，乡镇覆盖率100%。全市累计发放宣传资料2.5万余份，播放广播40余期，覆盖人群72.4万人，人群覆盖率91%。慢性病综合防控示范区工作：进一步完善慢性病防治相关政策，打造健康环境，建立了慢性病防控服务体系，通过多种渠道开展慢性病防治全民健康教育，居民重点慢性病核心知识知晓率和健康素养水平不断提高。结合文明城市创建、基本公共卫生服务等工作开展慢性病防控工作，广开思路，在工作中积极创新，创造特色。口腔项目工作：通过举办健康讲座、爱牙日宣传活动、发放宣传资料、校讯通等4种方式广泛开展健康教育和健康促进活动，共举办健康知识讲座12次，发放宣传资料3000余份，现场咨询约2500人次，共覆盖9420人。检查7至9岁儿童2308人，筛选出适合做封闭的儿童1020人实施窝沟封闭，已封闭1020人、3058颗牙齿，封闭任务完成率102%。对1030名儿童开展两次局部用氟，任务完成率达

103%，儿童局部用氟信息已录入系统。伤害监测：6月在全市开展伤害监测工作，各学校共报告伤害7例。全民健康生活方式行动：开展慢性病防控健康巡讲，市级慢病巡讲共开展4期，覆盖了医务人员、党政机关群体、学生、社区居民等，参与巡讲人员共455人，推进健康教育工作进机关、进学校、进企业、进社区、进军营、进乡村，大力宣传健康生活方式。推广《中国居民膳食指南》《中国成人超重和肥胖症预防控制指南》，全市基层医疗机构均开展人群合理膳食指导，覆盖常住72.4万人，覆盖率91.0%。开展第二届“万步有约”职业人群健走激励大奖赛，全市共21个单位23支队伍共480人参加。继续开展健康生活方式指导员试点工作，共招募健康生活方式指导员213人，在居民中广泛开展健康知识、技能传播。

【精神卫生试点】 成立“江油市国家精神卫生综合管理试点工作领导小组”，形成政府牵头，6部门齐抓共管的综合防治格局。建立“部门协调机制”“信息交换机制”“年终考核机制”等制度各项工作稳步推进。登记在册患者3817人，报告患病在册率4.85‰；纳入管理3706人，管理率97.09%。市精神病医院投入120万元打造医院康复中心，针对精神疾病患者的康复项目，设立不同的康复功能室：学习能力训练室、手工制作训练室、娱疗康复室、棋牌室、体能训练康复室、职业培训部、居家体验室、爱心超市、农疗基地、园艺基地、室外运动场等。根据康复患者个人爱好特长，重点对康复患者进行职业技能培训。有效促进患者的身心康复。通过康复治疗，有效改善和提高患者的独立生活能力，促进患者早日回归社会和家庭。

健康教育

【提升服务能力】 邀请省疾控中心预防医学会副秘书长、协会党支部书记汤大俊及省预防医学会杂志编辑部主任廖如珺分别就健康素养、健康教育基础理论和科研论文撰写方法、步骤等进行系统详细的培训，对全市乡镇（中心）卫生院，社区卫生服务中心的公共卫生科科长、健康教育工作人员进行健康教育服务规范培训。对全市45家基本公共卫生项目实施单位健康教育项目工作进行4次督导检查。开展健康科普宣传，做好重要卫生日宣传工作。开展重大疾病和突发公共卫生事件健康教育。全面推进控烟履约工作。开展健康教育六进活动，2017年全市共设置健康教育宣传栏524个，更换2620次，各医疗卫生单位先后开展健康知识讲座1300余场次，参加人数12万余人，开展健康咨询、义诊活动1000余次，发放各类宣传资料20万余份。免费发放《江油市居民健康状况和常见疾病防控知识读本》10万余本。“减盐限油”礼品盒400份，健康知识的环保购物袋400条。

爱国卫生

【开展爱卫活动】 重新调整市爱卫会组织机构，由分管副市长任爱卫会主任，爱卫办挂靠市卫计生局，在市爱卫会的统一协调下开展工作。印发《江油市2017年爱国卫生工作要点》明确创建任务，与26个成员单位和各乡镇人民政府手签订爱国卫生工作目标责任书，并把爱国卫生工作纳入到市委、市政府年度绩效考核目标管理。2017年创建成果：江油市第一个国家卫生镇武都通过暗访，省级卫生乡镇创建6个、卫生村创建40个、卫生单位6个、无烟单位4个；市级卫生乡镇创建5个、卫生村创建40个、卫生单位25个、无烟单位2个。对省、市级卫生先进单位实行动态管理，严格按照省、市级卫生单位、卫生乡镇、村创建标准开展爱国卫生创建。各创建单位积极发挥乡镇、村（社区）等基层组织群众工作优势，推进爱国卫生工作向基层延伸，积极开展爱国卫生进社区、进农村、进学校、进单位、进市场等活动，形成专群结合、群防群控、健康促进的社会大卫生综合治理格局。各创建单位认真组织和推动卫生乡镇、卫生村（社区）、卫生单位的创建，形成卫生创建部门齐抓共管、全社会广泛参与的工作格局。在开展纪念爱国卫生65周年日和4月爱卫月活动的基础上，各单位、部门广泛发动干部、群众，结合全省城乡环境综合整治，以创全国文明城市为契机，推动爱卫工作不断向纵深发展。市级部门和群团组织开展爱卫工作和城乡环境综合整治等工作。卫生系统结合4月7日世界

图102　6月5日，江油市卫生和计划生育局在江油大剧院广场参加江油市“绿水青山就是金山银山”主题活动（王波摄影）

卫生日、4月25日预防接种日和健康教育“六进”活动，加强公共场所专项整治行动，对全市公共场所环境、消毒设施和卫生许可证等进行集中清查，组织全市各医疗卫生单位开展一系列健康教育宣传活动。教体文广局结合“小手牵大手”“青年志愿者活动”组织辖区学校开展清除垃圾、污物、杂物；全面整治乱涂乱画乱贴行为，清理校园内外各种张贴物、悬挂物；加大文化场所健康教育工作，在各影剧院等文化公共场所设置宣传专栏，在景区景点设置卫生健康教育宣传专栏，各娱乐场所设置禁烟标志，严禁观众在场所内吸烟；市公安局开展交通秩序专项治理，突出治理了车辆乱停乱放、不按规定行驶，加大文明劝导力度，解决行人乱穿马路、不走斑马线、闯红灯。翻越交通隔离设施等行为。市卫计局、食药工质局开展食品卫生专项治理，加强小餐馆、酒店、宾馆食品卫生监督力度。商旅局、城市执法局和公安局开展市场秩序专项治理，重点解决了市场内“脏、乱、差”和市场周边占道经营、乱停乱放等问题。

【倡导科学文明健康生活方式】

年初，市爱卫办向各乡镇、部门下发控烟及健康教育相关文件及相关制度等，邀请四川省、绵阳市的健康巡讲团专家到乡镇开展健康巡讲，开展健康教育宣传进社区，进机关，进农村，进学校，进敬老院活动1354次，开展公众健康咨询1000余次，接受咨询10万余人。免费发放《江油市居民健康状况和常见疾病防控知识读本》健康教育读本7万册。同时，充分利用世界卫生日、世界无烟日、爱牙日、爱耳日、爱眼日、艾滋病预防日等进行宣传，通过全方位，多种形式的健康教育活动的开展，使江油市城镇居民的健康知识知晓率达71%以上，健康行为形成率达61%以上，全民文明卫生素质明显提高。2017年4月是全国第29个爱国卫生月，要求各单位把爱国卫生月活动作为全年爱国卫生工作的一项重要任务，切实加强组织领导，制定爱卫月活动计划和宣传工作方案，主要领导要亲自抓，层层落实责任，广泛发动机关、学校、社会团体和居民参加开展环境卫生专项整治、病媒生物防制消杀、全民健身、健康教育等活动，在全市范围内掀起爱国卫生运动的新热潮。结合爱卫65周年纪念活动，江油市于4月7日组织各成员单位与省爱卫办同步开展爱国卫生运动65周年纪念大型活动，通过歌舞话剧等通俗易懂、生动活泼的形式，运用手机短信、微信、微博、LED等新媒体，介绍65年来爱国卫生运动走过的辉煌历史和取得的成就，宣传新时期爱国卫生运动重要意义和重点任务，提高群众参与爱国卫生工作的积

极性和主动性。据统计，江油市开展第29个爱国卫生月活动制作宣传展板50张，LED广告宣传标语150余幅，发放宣传资料5万余份。

【病媒生物防制】 市爱卫办在春秋两季分别对全市20多个部门，40个乡镇分管领导及工作人员，共计150余人进行系统的、全面的病媒生物防制工作培训，并要求对辖区开展的病媒生物防制工作进行指导。各单位按照"环境治理为主"的病媒生物综合防制原则，全面组织开展病媒生物防制工作，动员群众开展大规模的除四害活动，彻底清除病媒生物孳生地，全方位开展消杀工作，做好春秋季灭鼠、灭蝇、灭蟑螂工作，各乡镇组织群众对镇周边主干道沿线，村子周边垃圾进行重点清理，开展对居民楼院、农户院坝进行城乡环境综合整造活动，彻底治理环境卫生死角，群众参与150879人次，出动车辆450台次，清运垃圾71余吨。清扫环境15万平方米，清理垃圾50余吨。共投放鼠药(杀鼠剂) 520公斤，投放灭蝇蚊药品255公斤。对社区内路面、绿化、房前屋后、公厕进行喷药灭菌，消毒液喷洒面8万平方米，消灭蚊蝇的孳生地；组织社区居民对居住环境开展义务劳动，清除牛皮癣9500多处，小广告5000余处，参加人数16万余人次。

卫生计生监督执法

【卫生监督执法】 全年，卫生监督执法大队执法人员和乡 (镇) 卫计监督协管员累计共出动5560人次，检查各级各类医疗机构2516户次，其中二级以上医疗机构11家，乡镇卫生院40家，社区卫生服务中心5家，社区卫生服务站13家，门诊7家，个体医疗机构197家，村卫生站386家；打击非法行医专项工作中，检查城区农贸市场12个，乡镇农贸市场40个，城乡接合部6处。共取缔无证摊点11个，无证行医4家。针对部分医疗机构出现的违规现象，大队当即下达监督意见书50余份。

【公共场所监管】 全年培训公共场所卫生管理员、公共场所经营单位负责人9期720余人次，培训公共场所从业人员40余期1420余名。出动宣传车4台次，开展街头宣传4次，发放宣传资料,3000余份。出动执法人员4390人次，实施监督1032户次。责令整改146户次。游泳场馆专项整治单位17家；中央空调通风系统的专项整治单位34家；餐饮具集中消毒单位进行专项检查2家；二级以上医疗机构候诊室专项整治11家；生活美容场所专项整治224家。

【学校卫生监管】 全年共出动执法人员1318人次，监督检查各级各类学校和托幼机构515户次。其中中、小学校75所、托幼机构85所、大专院校1所，共计161所学校和托幼机构。全市共有学生108605人，托幼机构共有学生21480人。建立健全疫情报告制度，一旦发生传染病人或疑似传染病人，能做到早发现、早隔离、早报告、早治疗。有住校学生的学校，定期对学生公寓、食堂、厕所等重点区域进行全面的清扫和消毒，经常保持场所内空气流通，有效控制传染病的发生与流行。

【生活饮用水卫生监管】 市境内有集中式供水单位34家，其中取得"生活饮用水卫生许可证"的集中式供水单位有20家(城市设计日供水能力千吨以上水厂3家，农村设计日供水能力千吨以上水厂5家)，未取得"生活饮用水卫生许可证"的集中式供水单位有14家（主要对乡镇场镇供水)，针对未办证的14家单位进行了现场调查和到当地政府进行了解，未办证的原因主要是：资产归属不清，无责任人；净水和消毒等卫生设施不齐或不能正常运转；水质检测不符合《生活饮用水国家卫生标准》。

【医疗市场监督】 规范两法衔接信息共享平台操作，完成四川省一体化政务服务平台建设。全年共监督医疗卫生单位2516户次，覆盖率100%；公共场所1032户次，覆盖率96.93%；饮用水200户次，覆盖率92.86%；放射诊疗85户次，覆盖率100%；学校卫生515户次，覆盖率98.61%；传染病防治1640户次，覆盖率100%；计划生育71户次，覆盖率100%；查处违法案件179件。行政执法和刑事司法衔接信息共享平台案件录入8483件，完成率94.26%，编辑认领事项278项；上报违法生育11例，办理生育服务证8203个。

120紧急救援指挥中心

【紧急救援指挥调度】 120救援分中心指挥调度工作严格按照就近、就急、快捷、科学原则进行，2017年1月至10月共接警56389次，处警29135次，其中有效接警8371次；出动救护车台9333次，接回病伤员7269人；处理重特大事件80件，无一例差错事故发生。

【九寨沟抗震救灾紧急救援】 8月9日上午10点，在卫生和计划生育局代勇局长的领导下，加入筹备应急物资和安置观察室等准备工作中。中午12点，转移人员陆陆续续到达，组织市人民医院、第四人民医院6名医护人员对伤者进行包扎、救治处理。下午4点左右，中医医院、太平镇卫生院、中坝镇卫生院调度12名医护人员到服务区，截至下午五点，共外科清创缝合6人次，外伤给予止血包扎18人，骨折固定7人次，外伤处理3人，送转伤员4人到绵阳市中心医院。

【救护车维护保养】 为规范救护车安全使用，保障日常院前医疗急救工作的调度，保障突发事件的紧急医疗救援工作的指挥，分中心2017年7月、8月、9月通过实地查看、检查的方式，对全市对53个网络医院，108辆救护车基本信息及维护保养进行摸底调查，收集车辆维修保养、行驶公里数等情况，为江油市救护车管理提供详细数据。

【救护车驾驶员急救培训】 分中心开展2017年度全市救护车驾驶员急救知识培训，培训分两期，共4天，对54家医院90名救护车驾驶员进行了基本急救知识和技能、车辆维护保养及交通安全等知识的培训。通过定期培训和规范化管理，江油市救护车驾驶员管理进一步专业化和规范化。

重点医院

【江油市人民医院】 全年完成门诊诊疗人次860444人，比2016年同期下降21275人次，减少2.41%；入院38443人，比2016年同期增加1638人次，增长4.45%；住院手术人次数15771人次，同比增加1146人次，增长7.84%；体检人数74787人，同比增加526人，增长0.71%；病床使用率97.5%，调整后同比提高6.4个百分点；药品构成19.22%，同比下降1.13个百分点；人均费用7142.55元，同比增加605.93元，增长9.27%；每床日费用689.50元，同比增加39.18元，增长6.02%；人均药费1372.91元，同比增加42.45元，增长3.19%。

图103 4月20日，江油市人民医院妇产科获国家妇女联合会巾帼文明岗荣誉称号（张虹摄影）

【江油市中医医院】 全年医院完成门诊量183079人次，与2016年同比增长14.6%；出院12557人次，同比增长18.4%。医疗总收入11052.4万元，同比增长18.5%。

【江油市第二人民医院】 全年有在职职工744人，门诊372006人次，住院人次264403，病床使用率92.48%，平均住院天数11.63%。

人口与计划生育

【概况】 全面两孩政策稳妥推进，2017年全市出生人口9991人，其中二孩生育与2016年同期相比增加1279人，增长47.10%；符合政策生育率99.04%；综合节育率85.07%。开展集中整治“两非”专项行动，出生婴儿性别比100∶104，基本稳定在合理区间。

【计生家庭能力提升】 全年全市新增独生子女父母奖励2151人，奖扶对象6870人、特扶新增237人；享受国扶33081人、省扶3539人、特扶1566人，独生子女父母奖励47077户（85687人），共计发放资金5168.42万元，兑付率100%；计划生育家庭参保金额为233.53万元，参保面达82.67%，已赔付141.68万元。

【流动人口服务】 全市流动人口总数为155628人，其中流出人口151692人，流入人口3936人，流动人口婚育证明查验率为100%，各类重点信息通报接受率均达95%以上。

（卫计局）

社会民生

Social Well-being

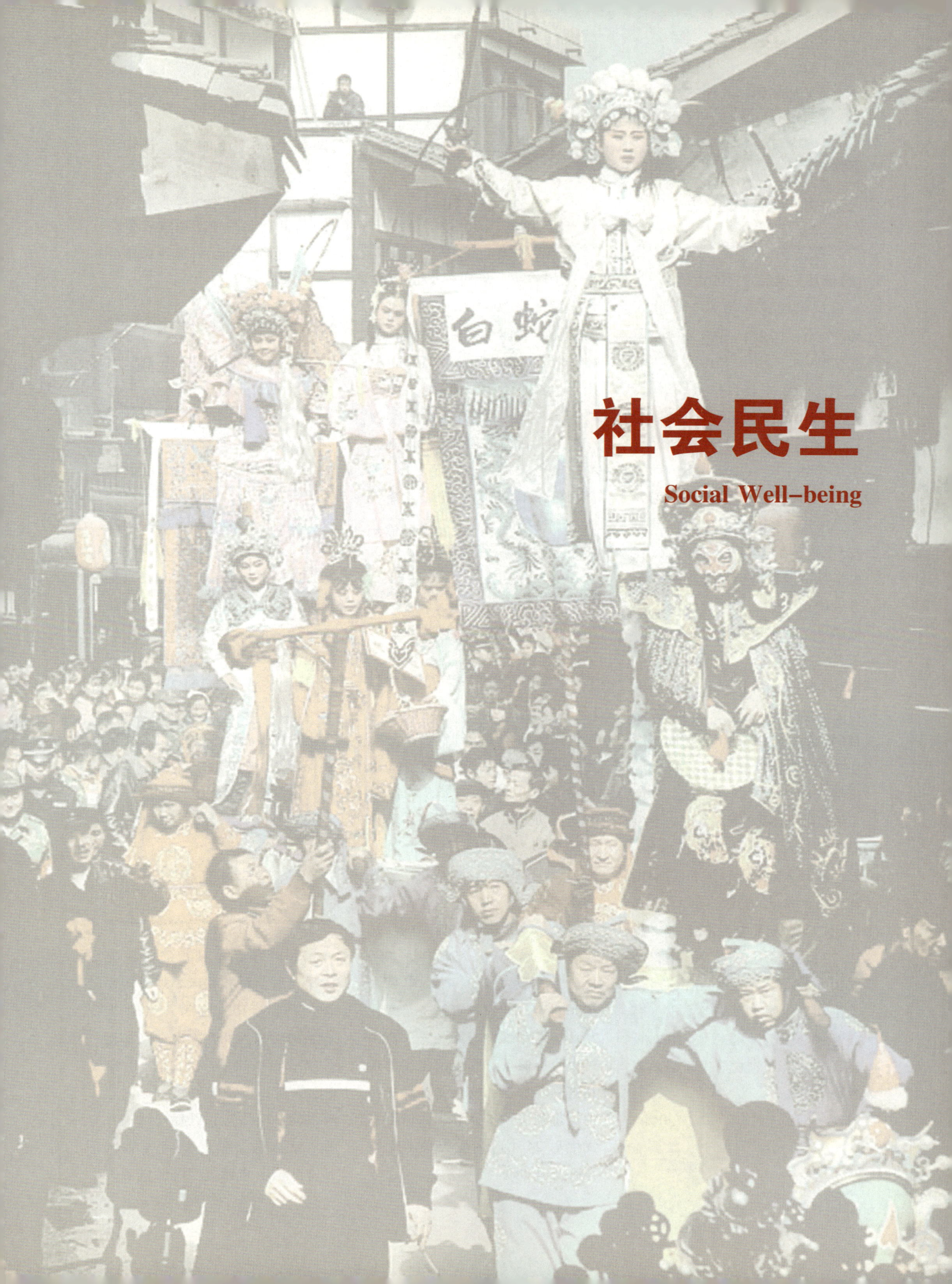

城乡居民生活

【城镇居民生活】 2017年，江油市城镇居民人均可支配收入30798元，比2016年（下同）增加2295元，增长8.1%。其中：工资性收入18114元，增长6.8%；经营净收入4344元，增长11.3%；财产净收入2780元，增长9.5%；转移净收入5560元，增长9.1%。人均消费支出20394元，增长7.4%。其中：食品支出7251元，增长7.9%；居住支出、生活用品及服务、医疗保健支出分别增长4.6%、8.8%、10%。城镇居民恩格尔系数为35.6%。

【农村居民生活】 全年，江油市农村居民人均可支配收入15642元，比2016年（下同）增加1338元，增长9.4%，快于城镇居民收入1.3个百分点。其中工资性收入6361元，增长7.1%；经营净收入6219元，增长9.4%；财产净收入673元，增长17.4%；转移净收入2390元，增长13.6%。农民人均生活消费支出12377元，增长8.5%。其中食品支出4886元，增长9.0%；居住支出、生活用品及服务支出、医疗保健支出分别增长10.7%、5.6%、6.4%。农村居民恩格尔系数为39.5%。

（统计局）

社会福利

2017年，落实养老服务体系建设资金1962万元，全面完成社会养老体系民生目标任务：400张公办养老床位改造、新增民办养老机构床位200张、43个城乡社区日间照料中心建设和为1.14万名困难失能半失能和80岁以上老人提供居家养老服务。全面开展留守儿童摸底排查工作，通过精准排查，江油市建立4806名留守儿童信息库。

灾害救济

【救灾救济】 全年对自然灾害应急预案进行完善和修订，初步建立灾民自救、部门包村、社会互助、政府救助的救灾工作机制。对防灾减灾应急指挥系统各项功能进行调试完善，不断提高自然灾害应急指挥能力。为“8·8九寨沟”地震灾区紧急调运2批次、10车次，价值300万元救灾应急物资。包括帐篷400顶，方便食品2234件，矿泉水1000件。市救灾物资储备仓库和7个山区乡镇物资储备站、9个村级物资储备点的规范化建设得到进一步加强，物资储备机制和种类得到进一步完善，确保灾害发生后24小时内受灾群众能够得到及时救助。

【慈善救助】 全年开展扶贫济困慈善救助活动，开展各类慈善活动5次，累计使用慈善资金近120万元（其中用于脱贫攻坚帮扶资金近60万元），惠及困难群众1000余人次。

城乡最低生活保障

2017年，社会救助进一步强化，社会兜底保障能力不断提升。开展低保“回头看”，取消农村低保316户640人，新增272户493人，确保人员精准。从2017年7月起，全市农村低保提标至275元/月，实现“两线合一”。全年累计发放城乡低保资金5511.15万元，城乡低保人均月补助达386元和221.98元。发放困难残疾人生活补贴73812人次，发放资金516.68万元。依法保障23名孤儿合法权益,发放孤儿保障金16.48万元。

精神卫生

2017年，市精神病医院完善康复医学科和临床心理科的建设，共收治新入院病人1031人次，出院病人955人次；门诊就诊27325人次；收治优抚对象143人次；做精神残疾、智力残疾鉴定372人次；医疗一站式救助533人次。对全市45家社区服务中心、乡镇卫生院的精防负责人及精防医生进行《精神卫生法及相关法律法规解读》《6种重性精神疾病识别与诊断》《重性精神疾病管理规范及存在问题的通报》等方面的培训；对社区人员、公安人员进行重性精神疾病防治知识的培训。

城乡医疗救助

城乡困难群众重特大疾病医疗救助覆盖率达100%。全年累计救助33438人次，累计发放城乡医疗救助、城乡临时生活救助1718.17万元，惠及困难群众41733人次。城乡医疗救助政策范围内住院自负费用救助比例达75%。

拥军优抚

【拥军优属】 2017年，全市组织开展双拥“四个一”活动，春节、“八一”和烈士纪念日期间，对全市境内10个驻军单位、2个优抚事业单位，252名重点优抚对象进行走访慰问，发放价值25万余元的慰问品及慰问金15万余元。

【安置工作】 全年接收退役士兵316人，发放补助费和生活费841.4万元，对符合政府安工的24人完成安置工作。依托市人社部门定点专业技术技能院校创新开展退役士兵培训，共计培训247人次，做到培训知晓率和有意愿参训的培训率双100%。

【优抚工作】 全年发放定补定抚3898.31万元，伤残金1015.8万元，提标补差115.57万元。3328人次重点优抚对象接受“一站式”医疗救助，救助资金234.2万元。深入开展“关爱奉献者”活动，市县两级对68名特困退役军人发放困难帮扶资金约40.5万元。

基层政权建设

【基层政权】 全年，全面开展行业协会商会会费收缴清理工作，全市社会组织涉企收费行为自觉规范，未发现乱收费、强制收费、违法收费的情况。全面开展行业协会商会与行政机关脱钩工作，排查行业协会商会98家，明确需要脱钩33家，涉及18个业务主管单位，199个在职在编人员。第一批9家脱钩试点工作已完成。完成第十届村社区换届工作，全市75个社区、358个村一次选举成功，6个村另行选举成功，1个村推迟选举成功。中坝镇天宝社区作为绵阳市第十届社区居民委员会换届选举试点直选成功。与绵阳市安州区民政局开展第三轮县级行政区域界线联合检查工作。

【地名普查】 推进第二次全国地名普查工作，全面完成绵阳市二普办提出的整改内容，江油市地名普查成果已通过省厅验收，并上报民政部。

【社区建设】 不断推进社区协商制度化、规范化和程序化。全年进一步修改和完善社区居民公约。做好信息化平台上线准备工

图104 5月17日，四川省民政厅长益西达瓦（中）调研江油市社区建设工作

作，完成相关数据录入，全面提升全市社区服务能力和信息化管理水平。全面推进社区“三治模式”。在完成12个村（社区）试点单位检查验收的基础上，继续加强宣传，提升“三治模式”知晓率，在全市上下形成基层群众自治良序。持续推进家农村社区建设，官渡村成功创建为全国农村社区建设示范单位。确定19个行政村为省级农村社区建设示范创建单位。继续加强社区标准化建设指导力度，共指导10个社区开展社区标准化建设改造。推进社区治理工作，通过省级专项资金购买专业社工组织在德胜社区开展专业社区治理。配合市精神卫生试点办搞好社区康复站建设，年内在德胜社区建设的德康家园社区康复站已投入运行。

（民政局）

老龄工作

2017年，全市累计发放高龄补贴243128人次，累计发放811.81万元。全市80至89岁18653人，90至99岁2147人，100岁以上37人。

（老龄办）

殡　葬

2017年，深化殡葬改革提升服务能力，进一步落实惠民殡葬政策，引导群众树立节地生态安葬、文明低碳祭扫新风尚，火化区火化率保持在99.9%以上。

（民政局）

婚姻与家庭

【婚姻登记】 依法规范开展婚姻登记工作进一步完善婚姻登记中心设施设备，不断提升婚姻登记规范化建设。全年共办理结婚6586对，离婚3548对，补领结婚证4390对，补领离婚证257对，登记合格率100%。

【幸福家庭行动】 坚持把家庭文明建设作为培育和践行社会主义核心价值观的重要载体，开展寻找“最美家庭”行动，以电视网络直播颁奖典礼、优秀事迹电视展播等形式，对10户2016年度“最美家庭”进行表扬、宣传。推进“家风工程”建设，表扬“文明家庭”85户，开展“传家风·树新风”活动走进校园活动，新建“社区家长夜校”1所。稳步推进家庭教育，注重师资力量培养，以群众喜闻乐见、易于接受的方式开展“科学家教进万家”系列公益讲座。全年，全市共集训培养家庭教育骨干讲师100余名，深入全市中小学、社区、村举办家庭教育讲座70余场、印发宣传资料3万份，服务家长、儿童近2万名。妇联班子成员走进校园开展“青春期自我保护知识”“小学生心理健康知识”讲座2场。实施“关爱女性保障计划”，分散和化解广大家庭因病致贫的风险，全市共有39248名城乡妇女加入“关爱女性保障计划”，24名“两癌”患病妇女共获赔156万元；为26名“两癌”贫困家庭妇女向上申请救助基金26万元。关注少年儿童健康成长，“六一”期间承办市四大班子领导慰问活动，为米其林特殊教育学校、文化街小学、中原爱心学校、长城实验学校的少年儿童送去慰问金、慰问品等，价值3.5万余元。市妇联还深入新安、敬元、小溪坝、新兴等乡镇学校与少年儿童共庆“六一”，送去慰问金、品价值3万余元。与团市委共同举办庆“六一”国际儿童节暨“小跳蚤”公益市场活动，培养少年儿童社会责任感。主动参与中学生“青春风采”辩论赛组织工作，以“校风·家风对学生成长影响更大”为辩题，引领更多家长及有识之士关注和参与家庭、家教、家风建设实践。继续关心关爱贫困党员、贫困妇女、困境儿童、未获助“两癌”贫困妇女，走访慰问50人，发放慰问金、慰问品，价值2.7万元。继续实施贫困女大学生助学行动，争取绵阳市妇联和市本级资金2.8万元资助14名贫困女大学生圆大学梦。

（民政局　妇　联）

社会保障

【企业职工基本养老保险】 2017年，征收企业职工基本养老保险基金6.77亿元。新增退休人员5100人，因病提前退休人员11人，特殊工种提前退休768人；享受病残津贴的有58人；参加调待100733人。全市企业离退休人员共104107人，累计发放养老金24亿元。

【城乡居民社会养老保险】 全年，城乡居民社会养老保险实际缴费人数18.49万人，缴费金额5803.8万元。办理养老保险关系转移接续6498人，其中省内转入648人、省内转出444人、省外转入795人、省外转出92人、接收军队复转军人养老保险关系转入211人、城乡居保转企业保4308人；办理参保人员非因公死亡待遇支付176人。

【机关事业单位养老保险】 全年，全市机关事业单位社会保险参保缴费人员12704人，机关事业单位养老保险实征22418.39万元；职业年金实征4220.96万元，医疗保险实征6749.95万元，工伤保险实征206.67万元，生育保险实征322.24万元，失业保险实征591.91万元。

【基本医疗保险】 全年，全市城镇职工基本医疗保险覆盖人数122294人，其中：在职职工58341人，退休职工63953人；实现基金征缴32498万元，累计报销金额31075.17万元；城镇居民基本医疗保险覆盖人数134285人，实现基金征缴8523.45万元，累计报销金额3498.83万元。

【工伤保险】 全年，工伤保险参保6.54万人，实现基金本级收入2678.65万元，为5008人次支付待遇2194.02万元。

【生育保险】 全年，生育保险参保5.57万人，实现基金本级收入1377.46万元，为2006人支付待遇1166.70万元。

【失业保险】 全年，失业保险参保5.01万人，实现基金收入2393.82万元，基金支出8640.25万元，其中：为失业人员6794人，59924人次核发失业保险金5794.11万元，职工医保支出2072.84万元,生育补贴0.58万元；审核并发放2016年度失业保险支持企业稳岗补贴772.72万元。

【社保基金管理】 全年，基金财务核算严格按照社会保险基金财务会计制度，真实、完整地反映基金收入和支出，严格执行收支两条线管理。2016年开始对全市定点医疗机构、零售药店、诊所分别开展集中整治活动，2017年共查处违规（约）单位10家次，按协议扣除罚款3.4万元，暂停定点资格10家，限期整改10家。

【企业离退休人员社会化管理】 全年，全市应认证100130人，实际认证99658人（其中本地居住90662人、异地居住9468人），未验证217人，认证率达99%以上。

【社保扶贫】 全年为1360名重度残疾人代缴城乡居民基本养老保险费136000元，对应补贴54400元。

（人社局）

民族宗教事务管理

【概况】 江油市有回族、满族、羌族、藏族、彝族、土家族、苗族、布依族、蒙古族、侗族、白族、高山族、壮族、朝鲜族、哈尼族、傣族、锡伯族、水族、纳西族、仡佬族、撒拉族、维吾尔族、土族23个少数民族。全市有宗教团体4个，开放的宗教活动场所21处，有等级备案的宗教教职人员96人，有信教公民约12万人。2017年江油市民族宗教事务管理局被绵阳市民宗局评为：全市宗教工作特等奖、全市民族工作一等奖、民族宗教信息工作先进集体。

【民族工作】 全年，充分借助媒体优势，广泛开展民族团结进步宣传。及时发布民族团结进步创建活动动态，宣传党的民族方针政策，进一步巩固和发展平等、团结、互助、和谐的社会主义民族关系，筑牢各民族共同团结奋斗、共同繁荣发展的理念。为少数民族群众排忧解难，帮助他们解决实际问题。与妇联联动，利用清真寺闲置空地投入2万元建成绵阳首家穆斯林群众妇幼健身中心；向省民宗委争取专项排危补助经费20万元对清真寺礼拜大殿进行维修；协调市教体文广局实施清真寺礼拜大殿维修工程，确保宗教活动场所安全；与农投公司衔接，积极稳妥推进清真牛羊集中屠宰点建设工作。做好少数民族流动人口的服务管理工作。建立少数民族流动人口一人一卡的登记制度，详细登记其流出地、籍贯等，做到外来人口管理底子清、情况明。

【宗教事务管理】 全面贯彻党的宗教信仰自由政策，依法管理宗教事务，引导宗教与社会主义社会相适应。继续开展“同心同行·共建和谐”“寻梦中国.正言正行”“和谐寺观教堂创建”等系列学习活动，以“规范”为主题，纯正信仰、持守教规，抓好宗教活动场所民主管理建设、和谐文化建设、思想道风建设等工作，引导宗教与社会主义社会相适应。贯彻落实绵阳市民宗局《关于2017年以“教风”为主题开展和谐寺观教堂创建活动的通知》精神，依照四川省《宗教事务条例》要求，开展“教风整治”活动，进一步树立宗教界良好形象。以罗汉寺创建全国“和谐寺观教堂”为引领，建立健全“两室六员一队”制度，人员、组织、财务、会计、安全、消防、档案、文物保护、卫生防疫及大型宗教活动、外事接待等内部管理制度，建立重大事故事件防范报告制度、场所负责人民主评议制度、信教群众参与监督管理场所制度等，加强宗教场所重大活动的管理，促进各宗教活动场所的管理规范和宗教教职人员行为规范，各项大型宗教活动无一起影响安全或稳定的事件发生。6月20日，在罗汉寺举行2017年度宗教场所安全知识培训暨消防应急演练。市民宗局与司法、科技、防邪办等部门针对宗教活动场所及其教职人员开展宗教事务、普法、科普和防邪反邪方面知识的集中教育培训活动。与司法局、法院、律师事务所联合举办“法制周周行”进宗教场所活动，向宗教教职人员、宗教场所（团体）管委会成员及信众代表专题宣讲《宗教事务条例》《中华人民共和国消防安全法》等方面的法律法规知识。组织全市宗教界和信教群众积极参加“宗教慈善周”活动，以宗教活动场所为单位就近开展扶贫、济困、助残、救灾、养老、助学等公益慈善活动18场，共支出善款7万余元。组织宗教界代表人士到布拖县和花石村开展捐资助学、扶贫帮困等活动，筹集慰问金共计5万余元。

（民宗局）

劳动就业

【就业促进】 2017年，全市城镇新增就业人员8845人，其中：城镇失业人员再就业2347人，就业困难人员再就业724人；城镇登记失业率3.71%，动态消除零就业家庭。组织开展举办“春风送岗位”“民营企业招聘周”“就业扶贫”等就业促进现场招

图105 3月10日“创青春·创富中国行”江油青年创业沙龙活动

聘会7场，提供就业岗位2.3万余个，吸引求职者上万人，现场达成意向性用工3867余人。

【援企稳岗惠民生】 全年共为56800人次发放失业金5496.11万元，医保参保缴费支出2236.47万元，生育补助6人1.76万元，抚恤金5人4.83万元；为181家企业发放稳岗补贴474.89万元。

【返乡农民工就业创业】 将市电子商务创业中心、市创客空间、大堰镇创新创业服务中心认定为第二批返乡农民工创业园；认定武都镇“黑宝彩谷”农牧示范基地等8个“农旅示范基地”，全面承载返乡农民工创新创业。农民工返乡创业18514人，其中创业成功12785人，创办企业和农村经营合作组织3576家，吸纳就业67500余人，实现产值113亿元。2017年，为20名返乡创业者发放小额担保贷款194万元；为63名返乡农民工发放创业补贴61.7万元。

【高校毕业生就业创业】 全年接收毕业生返乡报到1834人，举办大学生专题招聘会2场，开展离校未就业高校毕业生实名登记198人。建立高校毕业生见习基地12个，公布见习岗位450个，接收就业见习高校毕业生229人，发放就业见习补贴113.83万元；支持全市139名高校毕业生实现成功创业，发放创业补贴210.6万元。

【职业培训】 全年共组织开展各类培训5110人，其中青年技能培训3978人，创业培训622人，品牌培训263人，培训建档立卡贫困户654人。鉴定职业技能鉴定站62批、鉴定合格1880人。

【劳务输出】 全年农村劳动力输出转移25.4万人，公共就业机构组织化转移输出6.3万人，实现劳务收入36亿元。

【劳动人事争议仲裁】 全年劳动人事争议仲裁共受理案件171件，涉案金额990万元。结案177件（含上年度未结7件），结案率99.43%；其中调解结案98件，案外调解118件，调解率73%；裁决结案79件，终局裁决31件，终局裁决率39%。

【劳动监察和农民工合法权益保护】 全年整治劳务派遣单位37家1500余人。受理劳动监察、仲裁案件374件，涉及金额6100余万元。

【就业扶贫】 全年举办扶贫专场招聘会5场，发布就业岗位5030个，现场达成意向性用工800多人。组织扶贫培训专班20余期，培训建档立卡人员654人；评选出就业扶贫示范基地2个、就业扶贫示范村3个，其中江油市推荐的永超旅游开发公司被评为全国就业扶贫示范基地，双河牛踩石村被评为四川省就业扶贫示范村；为脱贫村安置贫困户公益性岗位129名，拨付岗位补贴79.14万元。

（人社局）

消费者合法权益保护

大力开展消法宣传活动，加强消费维权体系建设。全年共受理消费者投诉307件，处理投诉调解307件，受理消费者咨询376件，为消费者挽回经济损失22.37万元。

（赖　寒）

扶贫开发工作

【概况】 2017年，经绵阳市全覆盖验收，江油市27个贫困村达到“一低五有”（即贫困发生率低于3%，有集体经济收入、有硬化路、有卫生室、有文化室、有通信网络）退出标准；经江油脱贫攻坚领导小组全覆盖验收，全市4400名贫困人口全面达到“一超六有”（年人均纯收入稳定超过国家扶贫标准且吃穿不愁，有义务教育保障、有基本医疗保障、有住房安全保障、有安全饮用水，有生活用电，有广播电视）标准，报经江油市人民政府批准脱贫并公告，全市贫困发生率下降至0.96%；减贫人口人均纯收入达7072元，超省定脱贫人均收入标准3772元，贫困村集体经济经营性人均收入达31.6元，超省定退出贫困村人均收入标准25.6元；义务教育就学率、贫困户参合（保）率、广播电视达标率均达100%，实现贫困村卫生室、文化室全覆盖。未发现有“漏评、错评、错退”现象，群众认可度达96.7%。2017年4月被省委、省政府评为“2016年度脱贫攻坚先进县”。2017年11月承办全省“中国社会扶贫网”推广暨扶贫移民系统宣传工作会。

【产业扶贫】 以农业供给侧结构性改革为主线，大力实施“一村一品”“一村多品”行动战略，在77个贫困村“孵化”233个种养殖项目，建成28个种植园区，推进养马峡避暑、青龙峡漂流等9个旅游扶贫项目建设。开发山区老鹰茶、干（林）果、中药材等特色农产品，打造“寻山记”特色山货品牌，通过O2O等模式线上线下推广销售。探索发展“四方合作共富”“入股保底分红”“代种代养”“认种认养认购”等8种“造血式”产业脱贫模式，完善贫困户利益联结机制，做精做实“五项红利”分配机制，帮助贫困群众致富增收。

【资金保障】 集中50%以上的涉农项目资金投向贫困村产业发展和贫困户致富增收，向77个贫困村平均按每村500万元投入资金，其中用于产业发展的资金每村不低于100万元，产业扶持基金每村不低于50万元。为“插花”贫困户每人安排1000元扶贫周转金，给予“三建五改”资金补助户均不低于3500元。设立产业扶持、教育救助、医疗救助和小额扶贫信贷“四项扶贫基金”，基金总规模达6901.73万元。为建档立卡贫困户统一购买人身意外保险。

【基础建设】 加强贫困村幸福美丽新村、基础设施和公共服务配套设施建设，大力实施“道路畅通”“农村用水”“宽带乡村”等基础设施项目，通村公路硬化率、安全饮水达标率、广播电视达标率均为100%。开展77个贫困村卫生室新建改造，实现贫困村卫生室、文化室全覆盖。改造贫困户D级危房14户、C级危房364户，完成全部易地扶贫搬迁190户497人。加大就业帮扶力度，实现有劳动能力的贫困家庭至少有1人就地就近就业。提高城乡低保保障标准，率先实现“两线合一”（即农村居民最低生活保障标准与农村困难群众扶贫标准“两线合一”）。落实贫困家庭学费和生活费资助政策，义务教育就学率、贫困户参保率均达100%。

【集体经济】 注重党建引领，强化基层党组织政治功能和服务功能，围绕发展壮大集体经济这一中心任务，探索产业带动、创办实体、盘活资源、入股分红、村企共建、能人带动等“1+N”发展模式，全力推进资源转化为资产、资产转化为股权、农民转化为股东的“三转”工作，贫困村集体经济不断发展壮大，带动示范效应明显。2017年贫困村集体经济经营性人均收入达31.6元，超省定标准25.6元。成功承办绵阳市发展壮大村集体经济现场会。江油发展壮大村集体经济的做法得到四川省委常委曲木史哈的肯定，并在省《三农要情》刊发。

【扶志扶智】 坚持扶贫同扶志、扶智相结合，以创建“四好村”为主线，开展“感恩党、传家风、早脱贫、奔小康”主题教育活动，激励贫困群众思变求进。围绕贫困村产业发展，依托365所农民夜校开展实用技术培训，实施劳动力转移、新型职业农民等定制化培训，增强贫困群众脱贫的能力和信心。以创建全国文明城市为契机，开展“十大好习惯”“江油十大好人”“五好文明家庭户”“好媳妇”“好邻居”争创评选活动，引导群众摒除陋习、崇尚新风。成功创建省级“四好村”42个、绵阳市级“四好村”95个。

【社会扶贫】 调整优化“六个一”（即拉好一次家常、宣讲一次政策、填好一本手册、完善一项对策、实现一个小心愿、参加一次劳动）帮扶力量，28名市级联系领导、90个部门、118家企业、77名第一书记、77名农技员、360个家庭医生团队1276名成员与贫困村、贫困户结对帮扶。发挥农投、旅投国有公司平台作用，吸纳社会资本2.2亿元参与扶贫项目。开展“百企帮百村”活动和“10·17”全国扶贫日宣传活动，已累计募集资金2026.466万元。依托中国社会扶贫网、广播电视台和论坛等载体，目前已发布贫困需求和爱心捐赠27680条，成功对接帮扶17233条。承办省“中国社会扶贫网”推广现场会，探索创新的县级“1335”、乡镇级“政社协同、三网互动”、村级“两基两众”三大社会扶贫模式在全省推广。

【对口帮扶】 立足“布拖所需、江油所能”，成立对口帮扶凉山州布拖县领导小组和前线指挥部，选派73名党员干部奔赴帮扶一线，确定26个部门和乡镇定点帮扶26个极度贫困村。编制《江油市对口帮扶布拖县脱贫攻坚2016—2020年工作规划》，确定“12345”工作思路和举措。将省上确定的对口帮扶资金标准由0.3%提高到0.5%，预计5年资金总额不低于5000万元，已拨付资金1900万元；聚焦产业发展，启动总投资近4000万元的“布江蜀丰现代农业科技示范园”和“瓦沟村民俗文化活动中心”两大基地建设；聚焦公共服务，开展“千人培训计划”扶智扶技补短板；聚焦移风易俗，开展“四好家庭”创建评选活动，促进受扶群众站起来、干起来、强起来。至2017年年底，已帮扶22个贫困村退出、874户4121人脱贫。

【“雨露计划”】 做好2016年秋季雨露计划申报审核工作，市扶贫移民局主动与市教体文广局、市学生资助管理中心联系，通过发放宣传资料1万余份、深入中坝职中开展宣传讲解、帮扶干部入户宣传等多种形式指导大、中专在校学生在线申请。经过贫困学生在校申请、贫困资格审核、学籍比对等流程，2016年全市共支助中职在线学生66名、支助在校大学生28名。2017年秋季雨露计划于11月10日全面启动。2017年春秋两季共为1098名贫困学生发放教育扶贫救助资金105.986万元，免除建档立卡户幼儿保教费24.5万元，“金秋助学”活动为12名学生发放助学金2.9万元。

【数据系统平台建设】 强化国扶子系统和省“六有”信息系统平台建设，组织乡镇统计人员召开数据系统数据管理培训会议16次，对国扶子系统和省“六有”信息系统的操作流程、数据逻辑关系、数据清洗操作及各类报表填报规范进行讲解培训。组织全市各乡镇集中进行数据清理复核工作，修改更正2万余条数据信息，实现两个系统数据有效统一，做到数据真实、准确、可追溯。为市委、市政府科学决策、坚决打赢脱贫攻坚战提供重要依据。

【移民扶持】 全年发放移民后期扶持直补资金359.35万元，发放养老保障金43.02万元；对2016—2017年跨年度实施的41个移民项目进行验收，拨付资金225.5万元。开展沉水水库淹没区实物补偿、枢纽工程区永久征地和临时用地的补偿补助等工作；启动2017年度移民后期扶持项目建设32个，项目计划总投资772万元，移民后期扶持资金768万元；完成35个乡（镇）218个移民村6019名享受后扶政策人口的信息核查、数据录入和维护工作。

图106 3月30日，农业部渔业渔政管理局计财处一行到江油市贯山镇调研

【移民技能培训】 市农牧局以

提高移民自身发展能力为目的，以帮助移民增收致富为目标，结合库区和安置区产业结构调整、优势产业发展以及移民需求，启动技能培训、实用技术培训，参训移民200人。

【移民矛盾化解】 加大信访相关法规政策宣传力度，引导移民群众依法理性表达诉求；围绕瀑电移民稳定，指导做好稳控和问题化解工作。建立领导协调机制，成立以市委书记、市长为双组长的移民维稳工作领导小组。设立4个工作组，细化明确分工负责落实化解、处置、稳控等任务。实行市级部门单位联系瀑电移民户，由59个市级部门全覆盖联系204户瀑电移民；组织研究制定房屋处漏方案，开展节日慰问、文体活动、结对帮扶、困难救助等工作，化解个性诉求98条。

【移民帮扶】 对瀑电移民帮扶，新增移民低保3户、纳入建档立卡贫困户4户，协助残疾认定6人、白内障检查5人，解决临时救助资金7万余元。对发生重大疾病或意外伤害的困难移民，协助解决困难补助，全年发放困难补助0.9万元。开展一年一度的贫困移民户慰问活动，慰问困难移民户100户，发放慰问金4万元。

(王　静　田春燕)

办事处·乡镇概况

Offices·Overview of Villages and Towns

办事处

江油市华坪办事处

【概况】 江油市华坪办事处是市人民政府派出机构，于2003年7月成立。其主要职责是负责原国营八五七厂企业关闭破产后和原四川双马投资集团有限公司企业改制后的社会事务管理服务工作。办事处内设党委办（行政办）、离退休管理股、综合服务股、物业管理股、双马工作站、华坪社区服务中心等管理机构，下辖华坪银河、华坪君山、华坪双马3个社区。2017年，华坪办事处积极推动办事处队伍建设、政治建设、文化建设、社会建设等各项工作，努力维护辖区社会稳定，各项工作有序开展。

【社会事务】 全年走访慰问离退休困难人员221人次，完成城镇居民医疗保目标任务253名，发放社会保障卡1000余张；协助报销药费98余人约113.44万元；异地门诊转卡223人次；协助办理丧葬费20余人次，发放离休遗孀等补贴7.58万元，发放离休人员、退养人员、工伤人员生活费52.46万元，代扣代缴养保医保43万元，组织辖区内的失业人员178人参加就业招聘会4次，失业人员实现再就业84人，办理就业困难人员养保医保补贴28人；落实退休职工困难人员生活补助2034人共计20.34万元，发放857厂离退休人员统筹外补贴等123.75万元；企业退休教师养老金补差66.86万元，发放慰问金49万元。发放困难群众救助保障金和困难救助金7.05万元；帮扶特扶家庭0.88万元、对辖区310名育龄妇女建档立卡、发放独生子女父母奖励金0.3万元，全年辖区内无政策外生育现象；为辖区93名80岁以上高龄老人提供居家养老服务。开展拥军优属活动，发放军烈属慰问慰问金0.48万元；为辖区97名残疾人提供“量体裁衣”服务，全年申报、审核发放重度残疾人护理补贴12人共计1.04万元；完成民政救助、残联各项工作。完善残疾人量体裁衣个性化服务措施，完成计生日常服务管理，计划生育政策内生育率达100%。完成辖区生活供水22万吨、生产供水20万吨任务，并经江油市疾控中心水质监测全部达标；维修辖区住户水、气300次，抢修天然气主管线漏气点8处；双马社区老年人日间照料中心新建工程建成竣工验收；为辖区住房困难群众申请公租房15套、经济适用房8套，缓解部分群众住房困难问题。

【社会治理】 加强和创新社会管理，开展网格化管理工作,按照“整合资源、网络互动、注重运用”原则，以“社情全摸清、矛盾全掌握、服务全方位”为目标，大力推进社会服务信息化综合服务平台建设，网格已收集社情民意1502条、服务民生520次、事件处理191件、政策法规宣传125次、社情民意收集222件、矛盾劝解115件、参与社会治安防控8次。全年组织开展辖区群众文化娱乐活动8次。开展大调解及七五普法、法治江油建设各项工作，围绕“6·26国际禁毒宣传日”“反邪教宣传活动”“12·4”等重要时机，开展“法治江油周周行”“推进社会治理创建、深化平安社区建设”等各类法律知识宣传活动，全年共举办法制宣传活动7次，开展大型主题活动3次，发放各类宣传资料2700余份，张贴各类横幅标语25条。加强法律顾问制度建设，开展基层法治示范创建活动，将法治宣传与法治创建相结合，持续推进“法治社区”示范的创建，2017 年华坪双马社区创建为法治示范社区。推进综治中心建设，完成综治中心建设任务。

【安全工作与环境治理】 办事处加强安全管理，不断完善各种规章制度，坚持“安全第一、预防为主、综合治理”原则，与各社区签订安全生产和消防安全目标责任书。充分利用宣传栏、标语、宣传单等方式，开展安全宣传教育，开展安全生产专项治理和“安全生产月”活动，制定安全事故应急预案并实施，对发现的问题、隐患及时整改，处理辖区危房隐患 3 处，排除老旧屋面、围墙、树木安全隐患点 20 多处。加强汛期值班监测和地质灾害隐患监测,及时排除事故隐患，避免安全事故的发生。开展“食品周”安全活动，联合工质所开展 2 次辖区食品安全检查工作，建立工作台账及隐患问题台账。环境保护方面，建立履职情况报告制度，开展“6·5”世界环境日宣传活动，建立问题台账，处理环境信访问题 2 起。加强防灾减灾工作，组织宣传防震减灾知识，增强辖区群众防震减灾意识。组织开展消防安全知识培训、演练及“119”消防宣传活动，制定应急疏散预案，成立 2 个义务消防队，提升辖区居民安全防护意识和能力。加强生态文明建设，开展环境综合整治，组织开展“除陋习、树新风”活动、“七进”及志愿者等环境综合治理专项攻坚活动，组织社区、物业公司对辖区环境卫生进行全面整治，清除垃圾 120 余吨，对辖区内市场乱摆乱放、牛皮癣小广告等现象进行彻底清理和规范，保障辖区居民良好的生活环境，辖区环境进一步改善。

图 107 6 月 16 日，江油市华坪办开展“贯彻省党代会精神，争当干事创业先锋”主题学习教育活动

【基础设施建设】 稳步推进原国营八五七厂家属生活区“三供一业”分离移交和维修改造，该项目涉及办事处华坪生活区 1508 户、中坝生活区 168 户、广汉生活区 100 户，作业面涉及 5 镇 3 小区及多个村组。至年底，供水管网、供气管网改造及移交工作进入尾声，均已完成 95%以上工程量。项目改建完成后，华坪生活区的居民生活条件基本达到城市小区的生活条件。

【社区换届】 在全市第十届村（居）民委员会换届选举工作中，办事处 3 个社区均在 2 月 22 日完成居委会换届选举，依法选举产生新一届居委会班子，共选出居委会主任 3 名、专职委员 3 名、非专职委员 9 名。

【维护社会稳定】 将基层法治建设与维护社会稳定相结合，进一步完善矛盾纠纷排查化解机制，多渠道化解信访矛盾，全力维护社会稳定。在化解原八五七厂职工长期信访工作中，围绕发展，惠民保稳,引导群众理性表达诉求，依法维护权益，及时做好重要节点和敏感时期的舆论监管，做好信访人员的稳控工作。全年处理网上信访和上级转办的信访件 36 件，分 3 批次进京到省维稳，确保全国“两会”和中共十九大期间进京“零登记”目标并受到中核集团表彰。

（赵丽娟）

江油市长城街道办事处

【概况】 江油市长城办事处成立于2010年1月，2015年6月由“长城办事处”更名为“长城街道办事处”。长城街道办事处位于江油市江彰平原东部三合镇境内，东临新安镇、贯山乡、大堰乡，南接彰明镇，西以涪江东侧为界，北部与武都镇、双河口镇接壤。负责中坝、厚坝、含增、武都4个镇原长钢生活区居民的社会化管理和服务。办事处内设党政办公室、劳动和社会保障办公室、社会事务办公室、综合治理办公室、财务室、便民服务中心，下设中心社区、南二社区、北二社区、南苑社区、临江社区、二万八社区、西坪社区、盘江社区、潼江社区等9个社区。有9个党总支，41个党支部(含9个流动党支部)，92个党小组。有常住人口2.13万户、6.2万余人，党员约5100余名。2017年，长城街道办事处加强基层组织建设，关注民生，开展全国文明城市创建工作，推进社会化服务和社会治理创新，全面完成全年各项目标任务。

【社区管理】 全年做好文明城市创建和城乡环境综合治理日常工作和资料收集、整理、上报。做好两次上级督查（暗访）迎检准备工作。完成网上申报工作，完成省测、国测资料准备、归档和日常工作。社区每月开展一次不文明行为排查，每季度上报一次。扎实开展每月的城市清洁日活动，及时上报资料图片。信息采用11篇，出简报8篇。街容环境明显改善，群众知晓率、参与率、满意率明显提升。推进社区基础设施建设，北二、中心社区老旧小区基础设施改造工程基本结束，涉及43栋1586户小区居民。

【社区自治】 坚持政务居务公开，将涉及群众切身利益的社会公益性事项纳入公开范畴。建立健全重大事项公示制度和听证会制度，定期或不定期听取和解答居民提出的问题、意见和建议。正确引导居民通过合法途径维护自身权益，构建良好社会秩序。开展“法律七进”，增强居民学法知法守法用法的意识。全年机关、社区共组织40余次学法培训会，培训1500余人次，开展法治宣传2次，被绵阳市委评为法治宣传先进街道。各社区制定《居民公约》《五联公约》，大多数居民从过去依赖企业大包大办的观念转变为主动参与自治的观念。探索创新社会治理新模式，打造以加强道德建设为主要内容的社会治理新模式。围绕社会公德、家庭美德、个人品德、职业道德的教育和引导，涌现出一批优秀传统道德模范和先进共产党员典型事迹。“七一”建党节开展办事处先进典型巡讲报告会。通过典型模范的引领作用，热心公益、谦让友爱的良好氛围已经形成，为遵纪守法、依法治理创造了良好的社会环境。深化和规范“单元化联户共建共享工程”及网格化管理工作。办事处将网格化服务与管理和“单元化联户共建共享工程”做到有机结合，在社区处理各类事务中积极发挥作用。全年办事处各网格共处理各类事件5432件，其中收集并办理社情民意265条、民生服务1536件、参与社会治安防控1231次。开展多元化志愿者服务活动，各分队结合每月主题志愿服务活动，开展3月学雷锋活动、6月江油市创国家文明城市、重阳节敬老活动、特殊人群、城市清洁日等各项活动。全年参加志愿服务3200人次，服务时长2.8万小时，志愿者信息市上用稿26篇。中心社区被绵阳市文明委评为优秀志愿服务站，北二社区被确定为绵阳党员志愿服务示范团队。开展系列文化体育活动9次。指导各社区开展“健身每一天，喜迎十九大”为主题的全民健身月活动。通过新型社区的打造，居民的文明素质明显提高、自治意识增强。

【社会综合治理】 办事处把政治综治工作和平安建设工作列为重要工作，党工委书记为维护社会稳定第一责任人，并建立综治责任人档案作为年终考评的重要依据。完善目标管理责任制，与各社区签订综治维稳目标责任书。实行责任追究制。坚持每季度召开一次综治例会，努力提高上下信息畅通、综治队伍调处能力及有效掌控辖区稳定情况。妥善处理，确保社会和谐稳定。做好全国“两会”、“省党代会”、中共十九大等特殊时期的维稳工作，做好排查和“零报告”，搞好工作预案。对重点涉稳人员落实“一位包案领导、一套化解班子、一套稳控措施”，确保包案化解落实到位。全年接待来访群众近40余人次。处理上级转办信件6件、书记市长信箱5件、人民网地方领导留言板1件、市长公开电话交办8件、热点问题反映答复回帖12条。规范矛盾纠纷排查调处工作体系，着力抓好矛调工作体系建设。全年指导社区人民调解26起，辖区无一起因民事纠纷转为刑事案例，调处率100%,调解成功率为100%。定期召开会议专题研究部署防范和处理邪教工作，开展防邪警示教育，出防邪专栏28期，同时完善防邪教工作台账，加强对邪教重点人员的管控和帮教工作。规范管理吸毒人员帮教工作，社区康复戒毒29人，定期尿检8人，开展2次禁毒宣传，对违反社区戒毒协议的人员进行走访、发放告诫书50余人次。做好地质灾害巡查、监测和预警预报工作，确保信息畅通，防灾、避灾、救灾、治灾措施及时有效。向群众普及地质灾害防灾、避险知识。严格落实汛期值班制度。6月在盘江社区开展近百人的应急演练活动，转移撤离地质灾害点80户、63人。全年对辖内汛期安全排查10余次，进行老旧房屋排查7次，组织消防安全知识培训2次，参加人次200余人。

【社会事业】 办事处辖区居民60岁以上的占80%，老龄化现象突出，做好上主动门服务，在市民政局支持下，办事处社区2017年新建3个日间照料中心。对活动不便，身体差的高龄老人养老认证、医疗救助、低保等办理事宜主动上门服务。组织社区的失业人员及灵活就业人员共计771人参加人社局、工会、民政局等单位举办的“暖人心送岗位”“春风送岗位”“大型民营企业招聘会”等各类招聘会。组织社区及时把相关单位招工信息通知失业人员关注。全年共组织298人参加创业教育培训，组织辖区失业人员330人参加免费技能培训，共办理新增就业728人，其中就业困难人员41名、失业人员再就业720名。全面落实计生奖励政策和各项计生惠民政策，落实独生子女奖励制度、开展计划生育特殊家庭帮扶，对辖区内54户计生特殊家庭给予紧急困难救助和医疗救助，全年享受计生特殊家庭122人，特别扶助金68.52万元。继续开展独生子女家庭意外伤害保险和“婚育新风进社区”“关爱女孩行动”“生育关怀行动”等宣传活动，发放宣传资料1000余份，避孕药具400余盒；加强流动人口的计划生育管理和服务；开通“12356”阳光计生服务热线；完善人口数据信息工作。全年政策生育率达到97%、综合节育率达85%、“三金”发放准确率100%、兑现率100%，办理“流动人口婚育证”53本，对外出具各项计划生育证明160人次，回复异地来电来函200余次。搞好社会救助和低保等社会保障工作。开展困难群众节假日送温暖活动，走访慰问困难群众400余人次共9万余

图108　5月26日，人社部失业保险司司长桂桢（中）在江油长城街道北二社区调研就业再就业工作

元，其中对15户因家庭成员患重病造成生活困难的家庭发放临时生活救助金3.13万元，为60余名困难残疾人申报生活补贴，1月至11月发放困难残疾人生活补贴金4.52万元。对生活困难的家庭进行及时救助，成功实施医疗救助4人，为120人发放低保金。做好“量服”工作的入户调查和个性化服务方案的制定；做好持证残疾人入户调查工作和白内障筛查工作以及重点残疾人护理补贴工作；做好33名灵活就业（创业）直补和2户残疾人无障碍改造工作，有4户肢体残疾人享受燃油补贴。督促指导社区做好基本养老金资格认证，对行动不便和卧床人员进行上门认证，对有“飞地”管理的社区进行设点集中办理，完成养老金资格认证21675人，认证率达100%。城镇居民养老保险认证263人，认证率98.87%。完成中低收入家庭公租房配租摸底、上报及配租工作，使10户低收入家庭有房住；完成中低收入家庭住房补贴摸底调查、上报等工作，使27户低收入家庭得到4万余元的住房补贴。节假日期间看望和慰问困难复退转军人150多人次。为15名义务兵家属发放优待金19.8万余元。为8名新增军人家属赠挂光荣牌。完成优抚对象年审工作。

（陈荣辉）

乡 镇

中坝镇

【概况】 中坝镇是中共江油市委、江油市人民政府所在地，为全市政治、经济、文化、交通、通讯中心，东连三合镇，西接太平镇，南距绵阳41千米、成都175千米，北距广元160千米。西（安）成（都）高铁，宝（鸡）成（都）铁路，绵（阳）江（油）高等级公路、绵（阳）广（元）高速公路纵贯其中，交通、通信十分便利。全镇面积10.09平方千米，辖21个社区居委会（涪利、花园、画屏、明月、银河、纪念碑、桃源、天宝、天府、先锋、新场、诗仙、金轮、太白、滨江、明珠、华丰、昌明、大河、涪江、东胜），4个行政村（幸福、城北、华丰、金轮），17个村民小组。境内有3所幼儿园、4所小学校、1所初中、1所卫生院。耕地面积144公顷。辖区常住人口为208418人（其中农业人5611人）,主要为汉族，也有回族、羌族、藏族等少数民族。

2017年中坝镇各行政村基本情况表

表8

村名	面积（平方千米）	户数（户）	人口（人）	农村经济总收入（万元）	农村经济总费用（万元）	农村经济净收入（万元）	农村人均纯收入（元）
幸　福	3.5	1187	2957	8857.62	7295	1562.12	18639
金　轮	0.5	425	938	9783.54	7828.43	1955.11	17500
城　北	0.3	439	918	9011.5	7750.7	1260.8	20163.18
华　丰	0.7	423	798	3329.24	2310.69	982.88	20600

2017年，全镇实现规模工业总产值3亿元，固定资产投资1.97亿元，限额以上社会消费品零售总额完成67.77亿元；发展小微型科技企业22家；全年完成税收3.12亿元。第三产业成为经济发展的稳定驱动力。

【地名由来与建置沿革】 因其地形如船，两面皆水，中间为坝，故名中坝，在清代有“小成都”之称，民国时期被誉为四川四大名镇和五大药材集散地之一。始建于元惠宗时期（1333—1368），原址位于罗汉坝，初名兴隆场，后改名为双流场，明末毁于战火，清康熙三年（1664）重建于今址。清雍正九年（1731）设江油县署衙中坝分司（巡检司），管理中坝场及近乡的行政事务。清乾隆年间（1736—1795）为江油县第三甲管区。民国2年（1913）设中坝场团防局，代理行政事务维持地方治安并兼管商务。民国14年改中坝场为中坝镇。民国24年（1935）红四方面军进驻江油，建立中坝市苏维埃政府。红军西进转移后中坝镇改设联保办事处。1949年12月22日江油县解放，成立中坝镇军事管制委员会。1950年3月属第二区。1951年5月，江油县人民政府由武都迁中坝，改为城关镇。1954年改名城关区。1955年城关区改为城关镇，下辖10个居委会。1958年江油、彰明两县合并，彰明县的太平场、三合场并入城关镇，下辖10个居委会。1961年恢复中坝镇。1981年更名为中坝区。1985年金轮乡被撤销，并入中坝镇。

【项目建设】 重大项目稳步推进，完成明月岛湿地公园一期拆迁项目，公园于2017年向市民开放。二期拆迁工作稳妥推进。全力做好解放北路新居工程，全面完成金轮村1组、市政府北侧项目拆迁工作。太平场旧城改造、圣名国际、涪江北路西区、幸福村新居工程匹配用地等项目顺利推进。

【城镇建设】 中坝镇将全国文明城市创建工作作为重中之重，认真部署，精心组织。全年先后投入经费20余万元，出动人力1100余人次，发放各类宣传资料7万份，组织文明城市创建问卷调查宣传活动；以新一轮市级部门结对共建联系社区和开展城市“清洁日”活动为契机，集中治理“五乱”，将治理工作重点向背街小巷、城中村延伸，清除背街小巷小广告数以万计，清理建渣垃圾近百吨。全年投入400余万元（其中中坝镇本级筹措90余万元）开展环境整治工作，依法拆除禁养区养猪场3家，关闭各类违规养殖场10家；联合城管集中整治露天烧烤油烟直排问题，现整改率达98%。

【社会治理】 全年共排查各类矛盾纠纷1266起，调处率100%，成功率100%以上；镇信访办接待来访18件，办结17件，网转件18件，办结18件，全镇社会稳定。坚持“安全第一，预防为主，综合治理”的方针，将日常安全巡查与重要节点专项检查结合，全年共开展安全隐患排查200余次，发现一般安全隐患104个，现场立即整改53个，其余均建立隐患动态监管台账，实行动态管理。以“强化红线意识、促进安全发展”为主题，加强安全生产宣传教育，编印、发放各类宣传资料1万余份，让安全知识走进基层、深入社区居民。

【民生事业】 全年共计发放地力保护补贴16.97万元，农机购置补贴5600元，利用各类强农惠农政策资金，让农民真正得到实惠。月发放城乡低保金21.8万元，全年发放优抚及补助约480万余元。为128户低收入家庭发放租赁住房补贴15.75万元，申办公租房103套。为全镇3250名残疾人提供“量体裁衣”式服务，发放各类补助资金30.4余万元。2017年4月，中坝镇被四川省政府残工委、省人社厅授予“全省残疾人工作先进单位”称号。

（李烟烟）

图109　中坝城区夜景（于连平摄影）

三合镇

【概况】 三合镇位于江彰平原的涪江以东，面积86平方千米，与市中心隔江相望，东靠贯山镇、新安镇、大堰镇，南接彰明镇，北及武都镇、双河镇，西临涪江。全镇丘陵与平原各占辖区总面积的50%，其中城镇面积10.1平方千米。三合镇东北为丘区，林木葱郁，景色宜人，西南部为平坝区，土地肥沃，工业发达。全镇地势北高南低，平均海拔550米，北部石岭片区为浅丘地形，南部三合片区属平原地形。气候温和，日照充足，雨量充沛，年平均气温17℃，年降水量700~1200毫米，属亚热带湿润季风气候类型。土地主要为冲击潮土，土质肥沃，水利资源丰富。境内蕴藏丰富的石油、天然气资源。江油发电厂、川西北石油矿区位于境内，工业能源充裕。全镇辖19个行政村（双流、柏盖、桂香、松林、宝轮、羊河、新发、广胜、喻家观、龙桥、北林、白至、双江、蟠龙、杨家庵、石岭、劳坪、高坪、瓦店），8个社区（江东、双流、迎宾、建北、石油、双江、老坪、川矿），总人口13.89万人，其中农业人口5.01万人。

2017年三合镇各行政村基本情况表

表9

村名	面积(平方千米)	户数(户)	人口(人)	农村经济收入(万元)	农村经济总费用(万元)	农村经济净收入(万元)	农民人均纯收入(元)
双流	2.5	1298	3107	21910.05	18251.07	3658.96	18618
柏盖	1.5	888	2306	4617	2645	1972	18408
桂香	3.5	943	2760	5892.44	4247.19	1645.25	18169
松林	3.2	813	2608	3903.59	2632.81	1270.78	18299
宝轮	2.6	652	2095	4813.09	4214.00	599.09	17901
羊河	2.6	1256	3871	16290	13337	2953	18466
新发	2	835	2435	5545.89	3992	1553.98	18472
广胜	5.6	994	3127	13408	8890	4518	18200
喻家观	8.6	1273	3817	7369.05	5549.28	1819.77	18294
龙桥	1.9	792	2020	7952.33	5782.71	2169.62	17773
北林	2.5	1371	3791	18992	14880	4112	18494
白至	2.7	711	2035	2796.2	1457	1339.2	18275
双江	2.5	1083	2372	3635.04	1214.21	2420.83	18645
蟠龙	1.5	1075	2298	4029.05	2135	1894.05	18521
杨家庵	11	994	3215	5468	3216.00	2252	16734
石岭	8.3	1078	3243	5975.6	4216.60	1759	18390
劳坪	2.7	557	1752	12459.29	10272.40	2186.89	18220
高坪	10.8	810	2649	7878.2	4780.20	3098	17138
瓦店	3.5	436	1302	3770.93	2466.25	1304.68	17558

2017年，全镇实现财税收入2.86亿元，规模工业总产值110.7亿元，固定资产投资6.5亿元，新增规模工业企业3家、科技型中小企业11家，招商引资到位资金5.5亿元，签约落地项目7个。

【地名由来与建置沿革】 因系涪江及两条套河汇集之处，故名三合。原属彰明县地。始建于明世宗嘉靖年间（1522—1566）。清末置乡，名高坪乡。1935年改名高坪联保，1940年因驻地迁三合场而改名三合联保；同年废联保制，改名三合乡。新中国成立时，1950年仍沿用三合乡。1952年分为三合、环秀两乡。1956年1月又将两乡合为三合乡。1958年成立三合公社。1983年公社改乡。1992年撤销三合乡，与石岭乡合并为三合镇。

【工业经济】 2017年，总投资1亿元的旺利康公司食品深加工项目、总投资5000万元的茵盛农业玫瑰精油提取项目、投资5000万元的奥博利公司防眩玻璃生产线项目、总投资2000万元的三兴金属结构件项目、总投资2000万元的工物联科技公司物质能源设备生产线项目均进入建成投产阶段；总投资1亿元的易锄农业科技公司新建农业机械项目、总投资5000万元的黄河造型材料有限公司新建覆膜砂技术改造项目、总投资2000万元的兰金预制构件厂项目加快推进；万利化工年产15万吨工业双氧水项目顺利推进并纳入江油市“四定”项目；三合工业集中区实现“九通一平”，建成面积达到20公顷，完工标准厂房7万平方米，储备可用工业用地指标33.33公顷。神华集团江油发电厂热电联产项目一号线建成并试运营，为三合镇工业转型升级奠定坚实基础。全年招商引资到位资金5.5亿元，签约落地项目7个，其中亿元项目3个、千万元项目4个。

【农业发展】 全年，三合镇实现农民人均可支配收入18148元、比2016年增长15.1%；村组集体经济收入426万元，增幅8.56%；人均财产性净收入实现705元，增幅52%。茵盛农业食用玫瑰产业园现栽种面积已达133.33公顷，进入“玫瑰精油”“玫瑰露”“玫瑰茶”系列产品深加工阶段；天盛核桃基地延伸产业链，开发出以“优核农庄”为主的“核桃酥”“核桃油”等系列绿色产品；益弘种养殖循环农业在高坪村流转土地86.67公顷，发展核桃种植和林下跑山鸡养殖，形成“一园、两基地、三特色”的现代种养殖业。新增种养殖大户7户和家庭农场3户，蜀岭联合社被评为国家级示范合作社，并成立全国首家资金互助合作社。基础设施建设持续加强，硬化村组道路1100米，维修水库1座、塘堰8口，加固危桥1座，完成石岭村人饮工程。农村集体产权制度改革稳步推进，对15个村，116个村民小组进行确权登记，确权9321户，三轮承包面积1357.25公顷，确权面积1528.28公顷。探索“支部+合作社+工商资本或龙头企业”经营模式，盘活闲置资产，实现资产变资本，不断壮大集体经济。

【第三产业】 全年实现限额以上社会消费品总额9.65亿元，新增限上商贸企业4家，发展规上服务业1家。探索现代服务业发展道路，以江彰大道北段建设和旧城改造为契机，加快打造江油市城东商贸圈，着力培育六合新材料、昊千等一批成长性企业成为限上商贸企业，为三合服务业打下坚实基础。7个村试点建立电商服务站，网上销售额平均增长30%。成功举办第十一届“七夕鹊桥节”（农产品交易会）、第四届哪吒庙会等民俗旅游节会。

【项目建设】 全年完成总投资7.5亿元的江彰大道北段项目16公顷的交地任务；有序推进两新产业园、西成客专、太合药业、10万平方标准厂房、星联电子卫生防护距离等16个征地拆迁项目，拆迁房屋1407户，交地127.2公顷，分配安置房723套、安置拆迁群众1663人。

【环境治理】 深入开展全国文明城市创建工作，着力改善乱设摊点等城市“污点”现象。大力实施生活垃圾治理，对城镇卫生死角垃圾、河道淤泥、建筑垃圾等进行全面清理。聘请专业保洁员19人，村（社区）临时保洁员60人，新增环保警示牌109块。加大垃圾组收集，村转运力度，减少垃圾乱堆乱倒乱放的现象。全年对老火车站片区周边企业及固体堆场进行专项整治，整改4家堆场，取缔4家堆场。辖区内5家企业燃煤锅炉完成技改升级。整治“散乱污”企业136家、关停4家、自行整改101家、强制停电31家。河长制工作全面落实，取缔畜禽养殖场和专业户45家；完成境内4条河流、2座水库环境问题整治。以中央、省委环保督察为契机，认真抓好25个省环保督察发现问题整改以及6件中央环保督察转办信访案件办理工作，整改率100%。2017年，处理环保信访投诉187件，办结187件，群众满意率98%。

【脱贫攻坚】 全年对239户519人建档立卡贫困户反复核对，精准识别，完善“六有”指标体系。对照验收标准，因户施策，精准制定帮扶方案，完善“三本台账”。全年完成脱贫任务34

户、70人，实现全域全员脱贫。响应市委安排，先后派出3批帮扶队伍赴布拖县俄里坪村开展对口帮扶，筹集资金70余万元，陆续实施牲畜交易市场建设、道路建设及发展魔芋产业等一系列符合当地实际的项目。

图110 9月13日，江油市三合镇对口援建四川凉山州布拖县峨里坪乡牲畜交易市场竣工交接仪式

【民生事业】 全年核发城市低保462户，618人，225.3万元；农村低保491户，794人，165.7万元；落实城市低保户医疗救助资金2.09万元，开展农村低保户、五保户“一站式”服务医疗救助357人次；核发城乡困难群众临时生活救助金23万元，城乡低保困难残疾群众生活补助37.8万元，重度残疾人护理补贴22.2万元，重点优抚对象生活补助金178.6万元。落实伤残军人伤残金211.4万元，退伍老兵生活补助金68.5万元。核发独生子女父母奖励金62.4万元，农村计划生育家庭奖励225.4万元，特别扶助157人、114.34万元。核发耕地地力保护补贴217万元。核发住房货币补贴111户，14.4万元。分配公租房70套。镇便民服务站中心和27个村（社区）便民服务站高效运转，一站式服务便民贴心，积极探索网络办证、村组干部代办、上门办理等服务方式。加强农业生产技术指导，深入田间地头加强农作物病虫害调查，推广秸秆还田、小麦“一喷三防”等技术。强化农村“三资”管理，19个村“三务”管理全面纳入江油市纪委村务监督平台。新建村（社区）老年人日间照料中心1座，组织三合卫生院深入村（社区）免费为育龄妇女进行生殖健康和两癌筛查，设立双流社区、六合锻造2个慢性病防控示范区。开展“双拥”工作，积极开展烈士公祭和烈士亲属慰问活动。

【安全保障】 切实发挥联席会议制度综合协调作用，镇、村、企业、班组层层签订目标责任书，督促协助25家重点企业全面完善“三评一化”责任清单。把好安全生产责任关、指导关和监督关，抓好安全生产基层、基础、基本功建设，建立安全隐患定期排查、定向排查和联合排查制度，开展日常安全检查、执法检查共计47次。全力创建绵阳市级食品安全示范乡镇，切实加强食品药品监管，严厉打击食品药品违法行为。通过广播、微信、电影、宣传栏、安全主题文化广场、安全小屋等多种形式进行宣传，营造“人人讲安全、事事讲安全、时时讲安全”的浓厚氛围。全年，三合镇未发生一起重特大安全生产事故，事故指标控制良好。

【社情民意】 全年共计接待群众来信来访265批、1195人次，其中集访65批、585人。办结四川省网上信访信息系统受理的来信来访26件。办理三合镇第七届人民代表大会第三次会议期间人大代表所提议案、建议、批评和意见共计10件，满意率达100%。大力推进网络问政，收到书记镇长信箱来信22件，回复22件，回复率100%。全年共计收集网络舆情113条，处理回复84条，解决实际问题55件，正在处理问题6件，群众满意率达90%。

【社会治理】 推进“七五”普法，做好法律援助和社区矫正工作。健全“多元化调解”工作体系，协助调解各类矛盾纠纷1020件，录入四川省维稳工作平台调解信息937条。加强网格化管理服务，录入社情民意等信息8200条。实现中共十九大期间零进京到省到绵阳市上访。构建防范、控制、打击“三位一体”的打击传销体系。高标准、高规格建成镇级综治中心1个，村（社区）综治中心27个全面完成，“雪亮工程”监控点与镇综治中心有效互联。

（李秋霞）

太平镇

【概况】 太平镇位于江油市城市西区，是江油政治、经济、文化中心的重要组成部分、江油市构建50万人口城市的重要核心。东与中坝镇相连，南与彰明镇、青莲镇接壤，西与含增镇、西屏镇交界，北与大康镇、武都镇毗邻。全镇面积86.86平方千米，有耕地1986.7公顷，其中水田1600公顷、旱地386.67公顷。辖4个社区居民委员会（文风、德胜、永丰、涪滨），25个行政村（龙茶、安丰、红旗、五星、新华、大莜、德胜、会昌、红庙、桥楼、合江、双胜、竹林、月爱、泗洲、龙门、天池、清华、普照、古柏、石磬、读书台、边界沟、青龙、凌角），225个村民小组。总人口150331人、44095户，其中农村人口72841人，社区人口77490人。境内有省级文物保护单位小匡山（李白读书台），县级文物保护单位月爱寺、龙门寺、普照寺等，有西山公园、石磬景区、太阳岛等旅游、休闲胜地。

2017年，全镇实现财政收入2.38亿元，规模工业产值7.9亿元，招商引资到位资金19.7亿元，固定资产投资到位3亿元。农村人均可支配收入增加1830元，达17510元。

2017年太平镇各行政村基本情况表

表10

村名	面积（平方千米）	户数（户）	人口（人）	农村经济收入（万元）	农村经济总费用（万元）	农村经济净收入（万元）	农民人均纯收入（元）
龙　茶	8.31	1746	5636	9183.63	4079.79	5103.84	16881
安　丰	1.81	1197	3506	4104.25	1801.50	2302.75	16783
红　旗	2.41	542	1645	2900.71	1703.71	1197.00	16859
五　星	2.2	957	2395	4701	2410.32	2290.68	17364
新　华	2.17	1824	6715	10134.69	5193.09	4641.60	17541
大　莜	6.68	1248	3752	5379.56	2827.19	2552.37	16698
德　胜	2.15	2044	5287	4103.65	1855.38	2248.27	17480
会　昌	2.57	1134	3772	6394.29	2977.76	3416.53	17316
红　庙	1.75	1178	3438	6757.74	3753.36	3004.38	18077
桥　楼	3.55	1031	3380	7202.49	3789.78	3412.71	19514
合　江	2.23	821	2701	5366.64	2980.63	2386.01	19568
双　胜	1.63	647	2227	4463.40	2169.69	2293.71	20161
竹　林	1.53	586	2047	3727.52	1800.31	1927.21	17742
月　爱	2.23	971	3146	5599.45	2818.38	2781.07	16700
泗　洲	1.75	589	2106	3846.79	2184.06	1662.73	16788
龙　门	3.6	930	3146	6250.32	3248.82	3001.50	16606
天　池	1.63	410	1352	1497.58	702.86	794.72	16278
清　华	5.9	606	2134	2477.86	1180.61	1297.25	16337
普　照	2.34	734	2390	5152.60	2390.13	2762.47	19750
古　柏	3.01	780	2516	7318.96	4111.75	3207.21	19832
石　磬	5.75	914	2977	3982.53	1921.44	2061.09	16550
读书台	2.43	537	1805	2205.73	1063.94	1141.79	16819
边界沟	3.21	291	931	991.32	483.52	507.80	16389
青　龙	11.2	812	2908	3828.18	1797.08	2031.10	16306
凌　角	4.82	287	929	1161.51	628.75	532.76	16254

【地名由来与建置沿革】 始建于明孝宗弘治元年（1488），为中坝三场之一，原名太平乡，隶彰明县。1950年3月建永丰乡，1950年8月建河西乡，1950年10月建让水乡。1953年，彰明县撤太平乡建太平镇。1958年9—10月，相继建立永丰人民公社（1981年11月更名为德胜人民公社）、河西人民公社、让水人民公社，太平乡并入江油城关镇。1984年1月，德胜、河西、让水3乡建制恢复，隶中坝区。1992年撤销中坝区，德胜、河西、让水三乡合并建立太平镇。

【工农业发展】 2017年，全镇工业总产值7.9亿元，主营业务收入6.5亿元，利润2968万元，限上企业社会消费品零售额达6.7亿元，招商引资到位资金19.7亿元，固定资产投资到位3亿元，培育规模企业6家，其中升规企业2家，新增限上社消零单位7家，注册科技型中小企业59家。坚持走“党组织+合作社+专家大院+公司+农户”的产业化发展模式，突出附子和蔬菜主导产业，与川农大、绵阳农科院密切合作，建立产业发展专家大院，带动农户发展特色产业致富；在让水片区，以生态循环农业为着力点，坚持走农旅结合的绿色发展道路，促进农民增收；在德胜片区积极发展第三产业，引导农户通过务工经商，农民收入持续增长。全年蔬菜菜种植面积达1440公顷，产量5.02万吨，中药材280公顷，优势特色农业发展迅速；全年粮食面积2433.33公顷，总产16700吨；油料作物733.33公顷，总产1890吨。

【项目建设】 全年完成占江油市拆迁任务量50%的九绵高速征地拆迁工作；配合华强方特的顺利开工建设；3个半月完成外国语学校高中部扩建拆迁；公园西大门、中央大道三期B区全面拆迁全面完成；有序推进李白大道西片区改造、C18、南一环、龙湾半岛、城西幼儿园、军魂项目、公园一号预征地、皓月广场等21个项目拆迁。

图111　6月30日，太平镇庆祝建党96周年大会暨文艺调演

【基础设施建设】 全年硬化水渠9.2千米，保养、维护、维修提灌站35处；对2处水库、33口塘堰和涪西堰、彰明堰、七里堰三大灌区的水利设施进行维护，其中精修山坪塘9口；硬化整治村级道路23.8千米；解决1400余人饮水困难问题。

【民生事业】 解决华强方特、南一环项目1026人、九绵高速1031人、历史遗留拆迁项目3873人，共计5930人的社保医保安置。共计为12854人次城乡低保群众发放生活补贴资金414.4万元，为9661人次优抚、优待对象发放生活补贴资金356.2万元，为16名立功受奖现役军人发放奖励金6300元，对6名重点优抚对象发放医疗补助金11061元，为66名义务兵发放优待金86.5万元，为13名大学生入伍士兵发放奖励金4.7万元，为44名伤残军人发放伤残金38.2万元，对残疾群众进行实用业务技能培训180人，残疾人灵活就业162人，扶贫帮困残疾人31人。落实对口帮扶资金48余万元，在凉山州布拖县依作老哈村加大对附子种植等主导产业的技术指导，共发展附子产业20公顷，高山玉米套种魔芋5吨，光伏发电200平方米。

【社会工作】 深入推进“法律

七进”、“七五”普法、“法治创建”、送法进校园、防邪反邪、禁毒宣传教育和平安建设工作。全镇网格化管理工作走上正轨，雪亮工程项目建设加快推进，调处民事纠纷72件，接待来访群众720余人、处理系统信访件36件，被评为“绵阳市信访工作先进集体”。加强食品药品监管，严厉打击食品药品违法行为。深化对重点行业领域的专项安全整治，推进安全隐患排查治理体系建设，落实安全生产责任制，与村、社区、场镇企事业单位签订安全生产目标管理责任书，发放各类安全知识宣传资料2万份，全年无一起安全责任事故发生。

【城乡环境综合治理】 全力创建文明城市，大力开展志愿者服务、文明劝导、环境治理等活动，抓好城市建设、管理、改造、规划和提升工作，发放宣传资料，制作宣传栏、宣传卡片及标识，出动文明城市宣传车，对门前五包、小区楼栋、集贸市场、背街小巷等公共场所进行集中规范、整治。深入村（社区）、组、企业抓好环境保护，建立实施河长制，明确排查涪江、让水河两岸整治区域以及辖区内5个灌溉堰、2个水库及塘堰等，确保发现一处、清理一处，不留死角，打好“碧水”保卫战；持续治理禽畜养殖业污染，对全镇134户规模养殖场全面排查，锁定“禁养区”关停47户、整改“适养区”面源污染87户，全面完成关停整改，打好“净土”保卫战；持续抓好秸秆禁烧、垃圾焚烧工作，与村级签订目标责任书29份、发放宣传资料2万余份，深入田间地头、道路沿线，打好“蓝天”保卫战。

（魏　星）

武都镇

【概况】 武都镇是江油的老县城、四川马列主义先驱王右木的故乡，位于江油市境中西部，距江油市区15千米，面积146平方千米。东与永胜镇、双河镇连界，南与三合镇、太平镇相交，西与大康镇、北川羌族自治县毗邻，北与平武县接壤。全镇辖16个行政村（公坪、双埝、五通、接官厅、豆坪、汝州、龙安、涪阳、海金、圌山、金武、田坝、兴印、永放、北山、东坪），3个社区居民委员会（圌山、右木、汝州），164个村民小组。全镇总人口6.6万人，其中农业人口33612人，11125户。山林面积9977.59公顷，耕地面积1373.4公顷。

2017年，全年规模工业总产值41.83亿元，实现税收收入1.44亿元，固定资产投资7.5亿

2017年武都镇各行政村基本情况表

表11

村名	面积（平方千米）	户数（户）	人口（人）	农村经济收入（万元）	农村经济总费用（万元）	农村经济净收入（万元）	农民人均纯收入（元）
公坪	2	898	2234	3852.79	1733.59	2119.2	17202
双埝	2.5	553	1304	1076.92	484.63	592.29	17157
五通	1.1	778	2292	2386.19	1079.19	1307	18398
接官厅	7.8	1234	3865	8413	3785.45	4627.55	18374
豆坪	4	482	1524	3346.56	1542.54	1804.02	18071
汝州	4	646	1873	3165.58	1424.51	1741.07	17179
龙安	7.5	1040	3328	4507.68	2028.68	2479	16938
涪阳	2.9	701	2263	2617.26	1185.16	1432.10	16960
海金	3.3	1100	3484	6715.63	3062.99	3652.64	17290
圌山	7.8	562	1736	2626.96	1182.14	1444.82	16803
金武	12.8	768	2325	4419.37	1996.82	2422.55	16957
田坝	5.8	401	1290	2749.70	1265.84	1483.86	17068
兴印	9.8	611	2025	4374.82	1973.04	2401.78	16954
永放	15	559	1742	3229.81	1550	1679.81	15536
北山	34	496	1449	2911.97	1366.47	1945.5	16721
东坪	22	296	878	1896	853.31	1042.69	16534

元，人均可支配收入17127元。

【地名由来与建置沿革】 原名兴教镇，刘宋时期（420—479）属武都郡。武都名称的由来有两说：一说郡废后兴教承继郡名，一说镇东南有演武场叫武都坝。元顺帝至正二十三年（1363）至1951年4月为江油县治地，其间亦有兴废。1951年建武都乡。1955年11月改为武都镇。1958年9月合并城塘乡、阳亭乡、北城乡、武都镇，建立红旗公社。1961年3月，红旗公社划分为城塘、阳亭、北城3个公社。1984年1月撤销城塘、阳亭公社，建立城塘乡、阳亭乡。1984年12月21日，撤销城塘、阳亭两乡建立武都镇。1985年5月与武都区公所合署办公。1992年4月撤销武都区公所，建立武都镇。2006年2月，撤销北城乡建制，部分村组并入武都镇。

【农业发展】 全年坚持“种养加游、贸工农旅”一体化的农业全产业链发展，加快推进农业农村现代化。创新“11333”产业发展模式，重点推进永放村土黑猪、豚狸养殖和生态循环产业园以及东坪村猕猴桃种植基地建设，带动周边群众人均增收1400元。加快培育新型农民经营主体，引导发展专业合作社和家庭农场，全年新增种养殖大户6户，新引进农业综合开发项目1个，新注册专合社3家、家庭农场3家。加大农业基础设施建设投入力度，新建、整治渠道16千米，整治塘堰10口，新建、改建提灌站6处，机耕道硬化9千米，重点实施总投资1160万元的2017年国家农业综合开发高标准农田建设，进一步补齐农业农村短板，夯实农村发展基础。

【工业发展】 全年重点推进重鑫高性能模具钢生产线技术改造项目、立航金属材料的机械零部件加工项目、惠州风语声扬声器生产线项目和川西北气矿的双探11井等项目，新增规模工业企业3家、限上商贸企业3家、科技型企业13家，实现工业投资74968万元、技改投资26298万元，完成招商引资项目8个，招商引资到位资金45579万元，全面超额完成各项目标任务。以新材料和电声产业为主攻方向，加快建设电子产业园，2017年落户电声企业4户、签约7户，产业转型升级有效破题。

【文化旅游】 群众文化活动丰富，全年共举办春节文化大巡游、庆祝中国共产党建党96周年文艺会演等5次大型文化活动。参加市大型文化活动并取得较好成绩。着力打造右木红色旅游阵地，完成王右木纪念馆的陈列布展和改造提升工程，并举办纪念王右木130周年诞辰活动。

【城镇建设】 坚持以破解发展瓶颈、完善城市功能、改善人居环境为重点，完成武引右支渠、滨江公园改造扩园、入口道路绿化提升、右木纪念馆二期等项目，强力推进煸水路等建设项目，为广大人民群众创造了良好的人居环境。完成全全国文明村镇复核验收工作和国家卫生镇创建初验工作，配合全市开展文明城市创建工作，共拆除场镇主要街道违章搭建49户，查处、教育流动摊位50余人次，对镇区范围乱张贴乱涂写以及卫生死角等进行清理700余处，清除乱堆乱放45余处，人居环境得到有效改善和提升。

【社会保障】 认真落实基本养老、基本医疗等惠民工程，新型城乡医疗保险参保人数达29387人，城乡居民社会养老保险缴费人数达9986人，努力做到“幼有所育、学有所教、劳有所得、病有所医、老有所养、住有所居、弱有所扶”。

【民生事业】 做好低保、五保、优抚、伤残等人员补助资金的发放工作，加大困难人员救助力度，全年共发放各类补助资金500余万元。加大困难群体救助力度，全年办理农村低保56户、城镇低保3户、五保10人，网上医疗救助累计653人次，发放临时生活救助90626元。加强镇便民服务中心建设，落实“首问负责、限时办结、责任追究、一次性告知和AB岗”制度，全年共办理各类办件5200余件，办结率、满意率100%。全面开展“两孩”政策的宣传，共办理生育服务证411例。做好计生特殊家庭帮扶工作，享受特扶47人。

全年开展健康知识讲座28次，注重食品药品安全监管，重点加强对校园周边的食品安全检查。关爱留守妇女儿童，新建妇女儿童之家1个。全面促进教育均衡、优质、特色发展，教育事业取得全面进步；继续推行“网格化联系群众模式”、搭建“流水线服务平台”、开展“亲情化结对帮扶”，共排查矛盾纠纷128起，全年化解历史遗留问题24件，突出信访问题8件，预防群体性事件12起；办理各类网络舆情164件，满意率达97%以上。全年开展安全大检查、排查等10余次，尤其在“7·5”暴雨期间，做好防汛暨地质灾害防治工作，安全转移群众62户185人，确保人民群众的生命财产安全，并通过四川省安全社区复查评定工作，全年无重特大安全生产事故发生。围绕就学、就业、就医、社保、困难群体等基础民生和环境、城乡设施等重点民生持续发力，确保了社会和谐稳定。

【脱贫攻坚】 创新“11333”产业扶贫模式［即以基层组织建设为核心、以深化互联网思维为重点，坚持三方联动、三股投入、三次分配］和“一核两翼三引领”就业扶贫模式［即以村（社区）基层党组织为核心，以媒介传播和技能培训为两翼，引领贫困户三向就业］，在贫困村推进豚狸和土黑猪养殖，带动该村200余人人均增收1400元；在永放村推进生态循环产业园，连片发展桃茶套种，带动800余人人均增收2000元；在东坪村发展猕猴桃产业，带动400余人人均增收1300元；多渠道引导贫困户就业近200人，脱贫户的工资性收入占到家庭总收入的80%，完成年度脱贫减贫任务54户152人，实现永放村整村脱贫，代表全市高质量通过贫困村省级交叉考核，人均可支配收入达到17127元。同时，引领贫困户通过转移输出就业、就地就近消化就业、自主创业三向就业，入库劳动力近1000人，开展技能培训近10次，转移贫困劳动力就业100余人次，当地企业和重大项目建设共吸纳贫困人口就业40余人，公岗就业6人，自主创业成功4户。开展“爱心行动”聚力社会扶贫，高度重视社会扶贫网注册工作，动员社会力量参与全镇的扶贫工作。

图112 武都电声产业园企业生产车间

【生态环保】 高度重视生态环保工作，实行最严格的生态环境保护制度，生态环保工作成效显著。开展“大气污染”防治行动，共关停企业2家，停产整改5家，关停小作坊23家，下达整改通知书11份。完成全面禁烧工作任务，被绵阳市“三大战役”领导小组办公室评为秸秆禁烧工作先进集体。开展“水库水质”整治行动，严格落实河长制，加强涪江河环境整治和黑臭水体治理，加快污水处理厂规范运营、达标排放整改工作。开展“面源污染”整治行动，加大违法建设、垃圾清运查处管控力度，关停畜禽养殖12户,完成整改44户。开展环保突出信访问题专项整治行动，收集环保突出信访问题36件，化解处理率和满意率达100%。协助市上紧急处理数万吨猛渣，为江油市顺利通过中央环保督察做出贡献。

【文农林旅示范点建设】 围绕建设“山水田园小镇，幸福文明武都”的发展目标，重点推进黑宝彩谷、彩谷新村建设。截至2017年年底，“黑宝彩谷”项目累计完成投资2.5亿元，彩谷新村农房建设完成85%；公司一期集配中心、前山标准化养殖示范区等5个子项目基本全面完工。

(廖 璐)

青莲镇

【概况】 青莲镇位于江油市西南部，东邻涪江，隔江为彰明镇、龙凤镇，南与九岭镇隔盘江相望，西与香水镇毗邻，北与太平镇、西屏镇接壤。青莲镇是唐代伟大诗人李白的故居，全国文明村镇，国家级环境优美乡镇，国家级改革与发展试点镇，省级历史文化名镇，省级风景名胜区，省级文明卫生城镇，全镇面积23.4平方千米，其中耕地面积5.1平方千米，场镇面积2.25平方千米，常住人口2.1万人，辖7个行政村（月圆、太白、诗仙、太华、裕光、文丰、邀月），1个李白故居社区居委会，56个村民小组。青莲镇地处绵阳、江油两市之间，是绵阳市打造绵江经济走廊的支撑点，距江油市区12千米，绵阳市区23千米，108国道（绵阳—广元）高速公路入口处10千米，距绵阳机场28千米，距省会城市成都仅150千米。绵江快速通道穿镇而过，是中国黄金旅游线路——九（寨）黄（龙）旅游环线东线上的重要节点，是绵江经济走廊的重要连接点，是绵阳、江油旅游的重要组成部分。2017年年底，西成高铁正式建成通车，青莲由此进入“高铁时代”。境内李白文化旅游资源丰富，名胜古迹众多，其中省级文物保护单位5处。有李白生活、学习、居住的遗址，如陇西院、粉竹楼、太白祠、白玉堂、洗墨池、衣冠墓等十余处景点，以及名贤祠、文昌宫、牛雪樵德政坊等古迹，是怀古抚今，凭吊诗仙的好去处，是当今世界上反映李白文化最完整、最集中的地方。有诗云：“太白文光照九州，青莲雅秀自古流，陇西映日彩霞涌，粉竹千年茂而幽，罗汉仙洞堪避暑，红岩夜雨卧石牛，四方碑对月圆楼”，正是对青莲重要景点的高度概括。

2017年，全镇工农业生产总值达8.232亿元。其中：农业总产值1.994亿元，工业总产值6.238亿元，固定资产投资2.264亿元，工业和技改投资1.553亿元，社会消费品零售总额实现1.297元，招商引资到位资金1.829亿元。财税总收入完成2838.35万元，其中：国税收入1513.16万元，地税收入1325.19万元。农民人均纯收入实现17506元，接待游客160余万人次。

2017年青莲镇各行政村基本情况表

表12

村名	面积(平方千米)	户数(户)	人口(人)	农村经济收入(万元)	农村经济总费用(万元)	农村经济净收入(万元)	农民人均纯收入(元)
月圆	1.1	780	1290	3225.20	1290.08	1935.12	18355
太白	1.3	409	1215	1294.62	388.39	906.23	16999
诗仙	3.1	773	2000	2334.55	903.77	1430.78	18342
太华	3.2	453	1136	1983.00	596.00	1387.00	18081
裕光	3.0	506	1450	2295.00	964.00	1331.00	18000
文丰	2.3	685	1812	3429.36	1406.03	2023.33	18038
邀月	9.4	1234	3629	5380.00	2044.00	3336.00	16272

【地名由来与建置沿革】 晋武帝时侨置汉昌县于今青莲镇南3里盘江北岸，后迁彰明镇。相传南朝刘宋时宋明帝问梓潼郡人范柏年家乡有贪泉否，范答“臣居梁益之地，有廉水、让水，不闻有贪泉”（见《宋书》）。时人感慕，遂改盘江为廉水，名此地为清廉乡。后因唐李白自号青莲居士，逝世后乡人追怀，再改清廉乡为青莲乡。民国3年（1914）为彰明县第六区驻地。民国24年（1935）又设为第二区和乡联保。民国29年（1940）设乡。

新中国成立后，1952年将青莲乡场划出建青莲镇，为乡级政权，农村部分建立中心乡。1958年镇与中心乡合并为青莲乡，隶属于青莲区；同年改为公社。1983年公社改乡。1984年撤乡建镇。

【文旅融合】 2017年，在李白文化产业园建设中，青莲镇主动深入征地拆迁和项目建设一线，凝聚各方力量，全力以赴强势攻坚，主动化解矛盾、解决实际问题，为各个项目建设有序推进凝聚力量、奠定基础。全力以赴抓好产业园二期李白·时光小镇、桃花山酒店、大田景观、艺术家村落等项目的征地拆迁安置工作。李白·时光小镇项目及桃花山酒店项目区内房屋拆迁及附着物补偿工作全面完成，项目建设稳步推进。太白古村A区基础设施建设完成，219户拆迁建房户全部领取房屋钥匙；B区初设完成，年内正在加紧完善设计方案和进行项目区内征地拆迁。完成青莲世界段人行道塌陷修复等项目建设。完成九绵高速拆迁任务，拆迁房屋24户，涉及人员77人，拨付拆迁款1600余万元。完善景区营运机制。不断巩固李白故居景区创AAAA成果，加强与竹园公司对接，明确景区经营管理单位主体责任，强化景区管理、服务和安全检查、隐患排除，加快完善旅游配套服务功能，提升景区运营水平。从盘活资源角度出发，注重引进、管理和使用好民间资本、实体，对陕西会馆、粉竹楼等进行开发、运营、宣传，促进旅游产业焕发新的生机与活力。加强辖区内文物保护单位的检查、管理和保护，确保文保单位的合理利用及开发。举办“2017诗意中国·李白故里第十一届青莲桃花节”，开展“新春送文化下乡”“青莲镇迎春文艺会演”等文化活动，举办“纪念5·18世界博物馆日”暨“中国非遗教育传承基地”“中国非遗研究院翰雅非遗文创研发中心”授牌仪式，不断丰富群众精神文化生活，充实旅游产业业态，提升青莲国际诗歌小镇的知名度和美誉度。

【农旅融合】 青莲镇坚持农业优先发展，按照产业兴旺、生态宜居、乡风文明、治理有效、生活富裕的总体要求，加快、加速推进农业农村现代化。加快推进邀月村精致农业产业园建设，逐渐形成以看桃花、赏牡丹、钓清水鱼、摘无公害桃子、葡萄、葵花为主要内容，以梦唐·牡丹园、桃花山为乡村旅游目的地的特色鲜明的乡村旅游产业。梦唐·牡丹园、佳顺葡萄园、桃花山水果基地等受到各地客商的欢迎，解决农民就近务工就业1000余人，使居家灵活就业成为乡村人才回引的有效方式，形成新的经济增长点。新增家庭农场4个，转移剩余劳动力4500余人。高标准完成第三次全国农业普查工作。完成7个村16个村民小组农村集体产权制度改革任务。高标准开展“三资”管理、防汛抢险、地质灾害防治、森林防火、农机安全、种子农业安全、面源污染治理等工作；解决农民就近务工就业1000余人，开展农民技能培训14期，培训农民工1200人次，转移劳动力4500余人；全面完成农业政策性保险和小额人身意外保险工作等。

【特色小镇建设】 2017年，青莲镇获得“四川省第一批特色小镇”“国家第二批特色小镇”“四川省园林镇”等荣誉称号。为巩固特色小镇创建成果，统筹城乡、消除二元结构，促进全镇协调发展，实现机制健全、运转规范、管理精细、清洁卫生、整齐有序、充满活力的目标。持续改善场镇环境。完成明月路亮化工程，加快实施城镇北绿化亮化美化项目、太华街改造提升项目，加强城镇基础设施建设；招聘4名交通协管员，增加城镇管理力量，加强城管人员管理和培训，改善居民生活居住环境，场镇综合承载力显著提升。严格建房审批，加大“两违”管控和治理，处置违建7起，发出停工通知7份，落实整改7件。加大环境治理力度。日处理能力1000吨的污水处理厂建设完成，全镇污水管网正在进行规划对接。新建高标准垃圾分类房6座，分类垃圾亭建设1处，在邀月村、裕光村实施生活垃圾无害化治理，宣传栏2处，配备电动三轮车7辆，配备保洁清运人员8人，建成再生资源回收站1处。全力打好“三大战役”。紧扣“天蓝”推进工业企业由“两高一低”向

"退二进三"转型，关停重污染企业7家，整改3家。围绕"水绿"全面推行河长制，建立镇村两级河长和村级巡河员的河长制体系，完善专兼职巡河员相结合的河道巡查机制；盯住"地沃"全面开展面源污染治理和畜禽养殖业的整顿，对8处农村面源污染问题进行整治，搬迁撤除禁养区的3户养殖户。同时，全力协助市级相关部门，对中央巡视组交办的2家砂场进行严格整治。严格查处群众反映的环保问题8起。

【社会民生】 青莲镇深入实施民生工程，深入落实惠民政策，办好民生实事，保障改善民生，维护社会和谐稳定，提升人民幸福指数，营造出宜居宜业、安全和谐的生活环境。2017年度全镇出生人口254人，死亡157人，人口出生率为13.56‰，人口自然增长率为5.17‰；违法生育立案5例，备案1例，征收社会抚养费7.4万元；发放独生子女父母资金7.44万元，发放农村计生家庭奖扶资金104.256万元，发放计生特扶资金21.36万元。民政社保残联工作全面落实。共发放城镇低保资金24.9万元，发放农村低保资金41.8万元，发放五保供养资金27.79万元，发放优抚资金80.25元，发放80岁以上老龄补助14.89万元，发放困难残疾人生活补贴6万元。下拨冬令春荒救灾资金7万元。教育事业不断发展进步。对23名贫困学生进行物资帮扶，对3名精准扶贫对象提供教育保障，补助资金8万元用于增添教育设施设备，全镇教育工作在全市名列前茅。公共卫生服务水平显著提升。全镇新农合参合人数15004人，完成率达110%。共补偿参合住院病人2059人次，门诊统筹报销费用100余万元。建立居民电子档案15952人。完成特殊家庭、五保、低保、精准贫困户家庭医生签约服务工作。

（王远华）

图113 青莲镇农村集体产权制度改革之新产业新业态建设——梦唐·牡丹生态园

厚坝镇

【概况】 厚坝镇位于市境东北部，距江油市区43千米。北靠二郎庙镇，东连重兴乡、河口镇，南与小溪坝接壤，西与重华镇、文胜镇相邻，面积61.8平方千米，是全国重点镇、四川省百镇建设试点镇、扩权强镇试点镇、省中小企业创业基地、省环境综合治理示范镇、部级粮油高产示范基地、江油市北片区中心镇、"一园四带"重点镇之一。全镇辖8个行政村（万寿、烧坊、高院、玄武、林镜、犀牛、白马、香龙），1个白塔社区，69个村民小组，总人口3.5万人，其中城镇常住人口2.1万人。绵广高速、宝成复线、中雁公路穿镇而过；西成客运专线及江油北站已建设完成，并于2017年12月6日正式开通运营。镇内有江油市第五人民医院（由江油骨科医院、镇卫生院合并而成）；有初中1所、小学1所、幼儿园2所；有规模企业11家，中小企业30余家。全镇有耕地1200公顷，森林覆盖率39.9%。

2017年，全镇实现规模工业总产值46.13亿元，主营业务收入45.4亿元，固定资产投资3.24亿元，工业投资、技改投资3.04亿元，社会消费品零售总额0.69亿元，招商引资到位资金3.5亿元。新增规模企业2个，新增科技型企业5个，培育升规

表13

2017年厚坝镇各行政村基本情况表

村名	面积(平方千米)	户数(户)	人口(人)	农村经济收入(万元)	农村经济总费用(万元)	农村经济净收入(万元)	农民人均纯收入(元)
万寿	7.78	971	3258	3979.51	2050.91	1928.6	16948
烧坊	5.17	407	1284	1890.64	874.93	1015.71	16801
高院	6.65	865	2947	4790.10	2293.12	2496.98	16950
玄武	7.08	361	1329	2235.64	1042.55	1193.09	16696
林镜	15.14	771	2718	3637.48	1885.72	1751.76	16760
犀牛	4.85	647	2109	2661.10	1151.63	1509.47	16931
白马	6.39	993	3476	3212.96	1338.19	1874.77	16974
香龙	8.28	1049	3544	3843.18	1984.42	1856.76	16952

企业8个，辖区内企业申请专利17个。农村经济总收入达2.68亿元，农民人均纯收入达16555元，新增种养殖大户3户，家庭农场7户，专业合作社1户。实现税收收入1100万元。

【地名由来与建置沿革】 场镇所在地系潼江上游土壤较厚、面积较大的平坝，故称厚坝。又名万寿场，因场上有万寿寺，故名。原属梓潼县第三区（重华）青寿乡管辖。1950年建乡，名万寿乡。1953年划归江油县。1955年并入青寿乡。1961年从青寿公社划出，成立厚坝公社。1983年公社改乡。1984年9月撤乡建镇。1992年9月，撤百胜乡并入厚坝镇。

【工业经济】 全年工业项目建成5个：大汉矿业200万吨环保新材料项目完成一期生产线建设，并投入生产；众诚木业投资2300万元技改刨花板生产线，新增120万元环保设备，建成投产；中林化工投资2300万元技改新建两条年产3000吨无氟制冷剂生产线建成投产；引进联重科技总投资3.5亿元的重汽部件配套产业园项目，重型汽车零部件一期已投入试产；川西北投资1.5亿元的双探9井项目，已完成投资。拟盘活存量资产5处：利用长钢二分厂游泳池建设商业综合体、利用铁鹰机械老厂房建设城镇综合体、利用西成高铁搅拌站建设三聚环保秸秆生物质综合循环利用项目、利用原长宏公司厂房建设大鑫科技项目、利用原厚坝初中操场建设教育培训中心。在谈意向投资项目4个：赛伯乐产业园、浙商卓越产业园、中国重汽配套产业园、航空产业园。

【新农村建设】 以基础设施建设促进农业产业化和新农村建设顺利推进。争取“一事一议”项目资金70万元、产油大县项目资金130万元，硬化道路9条4.3千米，硬化河堰1道、硬化渠系7条，精修塘堰4口，全年完成农村C级危房改造43户，D级危房改造2户，原供销社危房改造工程全面完工。全面推行农村股份制改革，年内已完成前期数据摸底、审核，共申报股份制合作社11家。实施小麦200公顷、水稻333.33公顷病虫防治社会化服务项目；完成2017年江油市国家现代农业示范区——部级水稻高产创建示范区200公顷建设任务。小春粮食总产量3243吨，比2016年增长32.7%；油料产量930吨，同比增长12.4%。完成1080公顷耕地地力保护补贴的核实和177.1万元的资金发放工作。政策性农业保险投保19.9万元，理赔17.89万元；小额人身保险投保5980人，理赔19.3万元。2017年防洪度汛，及时开展防汛应急演练，争取应急抢险资金17万，浆砌排洪渠200米，清淤1100米。稳步推进农村土地确权登记、水利确权登记、普查入户登记、农村经济抽样调查、科技示范户等工作。在巩固脱贫成果的基础上，按照贫困人口“一超六有”、贫困村“一低五有”的标准全力推进全镇64户162名贫困人口减贫，确保林镜村退出省级贫困村。投入500余万元为林镜村硬化道路4223米，新建错车道29处，新建渠系3919米，精修塘堰7口，修缮提水站2处，进行“三建五改”68户，危旧房改造20户，新建文化活动广场200平方米，配备健身器材5套，新建电子商务平台1处，新建老年日间照料中心。按照“统一圈舍、统一种苗、统一防疫”的“三统一”养殖模式，依托林镜湖生态资源打造林镜湖小家禽联盟。采用“企业+合作社+党员+农户”的模式，成立老木湾鹌鹑养殖专业合作社，注册老木湾鹌鹑蛋品牌，将产业发展资金60.47万元入股到合作社，村集体每年获得保底分红3万余元；利用工业反哺农业基金，将产业项目发展资金中规划的30万元工业基金及非贫困村产业扶持周转金20万元投入到厚坝镇公共事务理事会，按年利率10%获得收益，所得收益70%用于贫困户帮扶，30%用于壮大村集体经济。督促易地搬迁8户20人完成房屋修建工作，年内所有易地搬迁户全部迁入新居。开展贫困户“精准再识别”，清退出不符合标准的贫困户263人，新增贫困户217人。插花村投入资金50万元对2014年、2015年、2016年已脱贫的贫困户进行“回头看、回头帮”，确保零返贫。

【城镇建设管理】 有序推进城镇建设，配合住建局、城投公司开展投资2.5亿元的西成客专江油北车站站前广场及下穿道路征地拆迁和规划设计工作，完成站前广场，下穿道路半幅已通车。建成日处理1200~1500吨污水处理厂项目，城镇污水主管网铺设完成，并与高铁站前广场与安置小区污水排放项目进行衔接。完成西成高铁征地拆迁安置小区基础设施建设项目，居民建房进度超70%。投资196万元安装119盏仿古风格路灯，美化亮化城镇环境。东大街延伸段二期完成项目选址和报批，年内正在进行征地拆迁。加强城镇管理，制定《厚坝镇镇乡建设总体规划》，把环境建设、房屋风貌建设、城乡绿化、美化列入规划内容。建立健全环境整治工作责任制、城镇保洁、处罚制度等共10余个管理制度。协管队员增至5人，成立由社区、万寿村低保户组成的6人文明行为义务劝导队。新建垃圾池22个，同颐博鸿传媒公司签订协议，由颐博鸿传媒公司免费提供垃圾箱70个；对城镇800余棵绿化树木进行防虫、治虫、修剪。新建垃圾中转站年内正在征地过程中，投入资金20余万治理垃圾填埋场。垃圾户清扫、村收集、镇运输及处理，开展整治“五乱”活动10余次、清理牛皮癣23次。

图114 厚坝林镜湖

【社会事业】 全年新建社会公共管理与服务事业项目5个：农村C级危房改造43户，D级危房改造2户，原供销社危房改造工程已经全面完工；投资380万元建厚坝卫生院职工周转房36套；争取民政资金50余万元，建成片区养老服务中心；争取民政资金25万元，建设白马村老年人日间照料中心，年内正抓紧施工；投入30余万元，建设白塔社区老年日间照料中心，年内正在设计。加强基层政权建设，完成第十届村（居）民委会换届选举工作。为全镇74户生活困难户发放临时性救助资金8.07万元。做好城乡低保的清查工作，清理出46户、72人不符合低保政策，已全部取消资格，发放低保108.16万元，发放高龄补助16.18万元。做好省级计生监测点工作，加强信息化建设。完成重度残疾人护理补贴审核上报219人，发放残疾人护理补贴7.92万元。城乡居民社会养老保险参保6017人，缴费金额138.39万元，综合完成进度全市排名第4。鼓励和指导返乡农民工创业4家，大学生创业1家，发放补贴资金4.5万元，政府贴息贷款10万元，带动30余人就业。全面落实依法治理，加强法律援助、社会矫正和人民调解，深入开展“七五”普法和法律“七进”工作，开展社会综合治理和平安创建，认真开展禁毒宣传及社区戒毒工作，扎实推进防邪反邪。全年共受理信访案件97件次，对上级交办的21件重点案件，已结案息访19件，结案息访率达90%，共受理民事纠纷案件167件，调解成功165件，调解成功率达98.8%。采取有效措施，确保重点时期的社会稳定。打击各类违法犯罪，全年共立刑事案件28件，破获12件；起诉17人，拘留39人；抓获历年逃犯3人；查获、收缴火药枪3支；发生治安案件53件，查处53件，查处率100%。开展铁路爱路护路工作，协办省综治委全省爱路护路宣传启动活动。

【城乡环境综合治理】 为迎接中央环保督察工作，加强组织建机构，处置各类环境问题23起，做到在督察期间零信访和零投诉。抓好农村环境整治，编制面源污染治理方案，整治养殖场25家，拆出禁养区养殖场3家，共计补偿款69.5万元；完成全镇水库水质管理阶段性工作，编制“一库一策”治理方案，检测水质8次，年底全面消除劣五类水质；启动落实河长制工作，落实巡河员9名，组织清理河道3次；开展夏秋两季秸秆禁烧，查处违禁3起。采取政府主导、企业为主体、社会组织和公众共同参与的方式，对境内30家工业企业、汽车维修单位、废旧塑料分解加工单位分类整治，关停“散乱污”企业8家，停业整顿无环评、危废处置不合格汽车维修单位16家。通过整治，全镇有4个工业企业、3家二类汽车维修通过环评验收，10家三类汽车维修单位进行环评备案登记，另有4家工业企业正在进行环评。

（白涔涔）

含增镇

【概况】 含增镇位于江油市西部，东与大康镇、太平镇连接，南与西屏镇相交，西与北川羌族自治县香泉乡、通口镇毗邻，距江油市区13千米，面积80.7平方千米。全镇辖1个乾元社区居委会，6个行政村（含增、谭庄、界池、安湾、长春、乾元山），54个村民小组。2017年年底，全镇总户数3630户，其中农业2771户，总人口9669人，其中非农业人口1180人、农业人口8489人。实有耕地面积325.27公顷，其中水田102.4公顷，旱地222.87公顷。退耕还林254.67公顷，共有天然林保护面积5660公顷，其中有林地2753.33公顷，森林覆盖率为55%。

2017年，全镇实现规模工业生产总产值24.2亿元，完成全社会固定资产投资3.1亿元，实现限上社会消费品零售总额0.08亿元，新增规模工业企业2个（共16个）、限上服务业1个、科技型企业4个；城镇居民可支配收入比2016年增长9.7%；农民人均纯收入同比增长14.9%，达到16176元；财税收入实现3746万元。

2017年含增镇各行政村基本情况表

表14

村名	面积（平方千米）	户数（户）	人口（人）	农村经济收入（万元）	农村经济总费用（万元）	农村经济净收入（万元）	农民人均纯收入（元）
含增	12.5	638	1681	3810	1875	1935	15688
谭庄	10	570	1663	3256.15	1465.27	1790.88	15797
界池	5	485	1855	2294.56	1032.55	1262.01	17985
安湾	2.2	359	1072	727.3	400.02	327.28	15805
长春	11	265	880	1127.46	657.01	470.45	15365
乾元山	40	454	1338	2555.12	1533.07	1022.05	15586

【地名由来与建置沿革】 民国时期属让水乡管辖。1950年10月将龙潭子以内的牛王庙、阎家观、安家湾、麻柳湾、黎家山、响石坝、青衣界组建为含增乡，因乡政府设界池村含增寺而得名。1956年1月并入让水乡。1961年5月，从让水公社划出，建立含增公社。1967年更名为建

设公社。1981年恢复含增公社名称。1984年公社改乡。1988年撤乡建镇。

【工业旅游招商】 2017年，含增镇立足重大项目招商、技术招商，改善投资软硬环境，抓好项目引进和建设投产落户。按照市委的决策部署，加快淘汰落后产能和积极推进工业集中区建设步伐，做大工业规模。至12月底，集中区10万伏供电线路已架通，排水管网延伸项目已经完成，生活用水接通，场地“三通一平”基本实现。总投资达4.5亿元的运龙、洪伟、万山、少彬、宏维、天雄、铭诚、蜀玉等8家企业入园建设，建成后可实现年工业总产值6亿元。旅游产业项目实现重大突破，10月1日，投资10.7亿元国家AAAA级中华洞天旅游景区一期项目开业。

【脱贫攻坚】 全年投入贫困村产业扶持基金和产业发展资金共计100万元，其中20万元被贫困户借出用于产业发展，其余80万元全部投入市农投集团公司发展产业并进行分红获利，有效确保集体收益和贫困户稳定增收。投资179万元，对2千米村道加宽1.5米，硬化贫困户入户道路2.2千米，贫困村安湾村基础设施全面提升。同时新建饮水工程，全面提升全村饮水质量。投入70万元对50户建档立卡贫困户实施“三建五改”工程，全面提升贫困户的生活和居住条件。投入24万元对村文化室和卫生室进行改善，提升村文化室和卫生室规范化建设，增强服务功能。投入10万元对村两委阵地进行改造，全面提升村两委阵地形象，增强宣传、教育和服务等功能。全镇未脱贫的48户136人均按照产业扶持、医疗救助、政策兜底三种方式进行分类帮扶，落实产业扶持和生产就业35户113人、医疗保障43户123人、低保兜底22户61人，通过精准分类、精准施策，确保全镇脱贫攻坚工作取得实效。

图115 中华洞天景观

【城乡环境治理】 全年召开环保会议20余次，对涉及整顿的22家矿产品加工企业的生产要素、设备、违法事实等进行再次清理，共梳理出违法用地12.93公顷、违法建筑28451平方米，完成违法行为的取证工作，配合完成行政执法300余人次，出动机械60多小时，拆除违法建筑2万多平方米，拆除加工机械20余台套，完成矿产品加工企业的清理整顿工作。同时认真落实河长制，抓好全面露天禁烧工作，加强农业面源污染管控和治理。对辖区内19户专规模养殖户（其中规模户2户、专业户17户）按要求进行整顿，对禁养区的4户养殖户进行了关停搬迁，对其余15户限养区及适养区内未达标建设环保处理设施的养殖户，督促其全面整改落实。通过全年的环境整治，全镇空气质量明显改善，城乡环境逐步好转。

【社会事业】 全年，全镇出生人口一孩124人、二孩53人，政策生育率为100%，死亡人口61人，综合节育率86%，孕前免费检查85人，全面落实计生奖励扶助政策，新增农村计生家庭奖励扶助48人，历年奖励扶助379人，计生特服家庭7户10人。全年农村新农合保险完成8528人，参合率101.5%；城乡居保完成2697人，综合完成94%；城镇居民基本医疗保险人数382人。继续完善农村低保动态管理，做到应保尽保，及时发放民政优抚等资金，把国家惠民利民政策落到实处。全面落实“党政”同责安全生产责任制，与6村1社区签订了《安全生产监管责任书》，与辖区内22家企业签定《安全生产责任书》。全年开展115家（次）安全生产大检查，查找出安全隐患14起，对查出的安全隐患及时下达整改通知书，指定落实时限和具体责任人，完善安全生产长效机制。组织全镇机关干部深入基层一线，排查调处矛盾纠纷和治安问题，受理和解决群众诉求，把矛盾纠纷解决在当地。全年共接待群众来信来访13件次，办结12件，办结率92%，排查出各类矛盾纠纷9起，成功调处9起，化解积案2起，全年没有发生重大群体性事件和重大安全生产责任事故，没有发生群体性越级赴省进京上访事件。

（付成军）

大康镇

【概况】 大康镇位于江油市西北部，距江油市区11千米，面积120平方千米。东与武都镇连界,南与太平镇相交，西与含增镇接壤，北与北川羌族自治县桂溪乡毗邻。全镇辖8个行政村（官渡、旧县、星火、因明、下庄坝、旱丰、水口庙、前锋），1个匡山社区，99个村民小组，总人口25419人。辖区地形为平原、丘陵、高山“三分天下”，平通河贯穿其中，镇内矿产资源品种多、储量大，主要为石灰石、硅石、大理石等，石灰石储量达6000万吨，大理石储量达4800万吨。旅游资源丰富，主要有国家AAAA级景区百年好合爱情谷、佛爷洞，大匡山、吴家后山、城塘关等。

2017年，全镇完成规模工业总产值3.88亿元，规模工业主营业务收入3.6亿元，规模工业利润2745万元；完成固定资产投资1.7亿元，工业投资1.2亿元，技改投资1.2亿元。完成社会消费品零售2.27亿元。农村居民年人均可支配收入达17792元，增加1906元，增幅11.2%。

2017年大康镇各行政村基本情况表

表15

村名	面积（平方千米）	户数（户）	人口（人）	农村经济收入（万元）	农村经济总费用（万元）	农村经济净收入（万元）	农民人均纯收入（元）
官渡	17	738	2319	3606.9	1081.8	2525.1	17805
旧县	14.8	1176	3815	4467.45	1480.69	2986.76	17851
星火	6.7	1021	3143	4354	1742	2612	18782
因明	7	809	2585	3853.52	1669.73	2183.79	17443
下庄坝	13	784	2587	2582.15	1013.58	1568.57	14348
旱丰	45	421	1286	1521.2	326	1195.2	13755
水口庙	5.8	690	2030	1642.19	580.45	1061.74	15169
前锋	6.7	792	2614	2392.7	932.36	1459.91	15123

【地名由来与建置沿革】 因境内大匡山而得名，宋时因避太祖赵匡胤讳更名大康山，清代建制即以大康为名。旧县坝在南宋理宗宝祐六年（1258）至元顺帝至正二十三年（1363）江油县治地。民国24年（1935）改为大康职保。1950年分为大康、白水两乡。1955年将白水5村并入。1958年将城塘公社、水口庙、前锋、高堂、松花岭大队并入成立大康公社，隶属武都区。1983年公社改乡，名大康乡。1992年撤区并乡建镇时，设大康镇。

【经济结构调整】 全年，依托全镇资源优势继续实施项目带动发展，以做大做强工业经济总量为工作重点，继续加大招商力度，着力在金属制造、旅游纪念品加工、食品加工、特色农产品加工、高山蔬菜（药材）加工、餐厨垃圾资源化利用等产业上下功夫。整顿关停落后产能企业，发展质量进一步提升。培育规模企业4家，完成小升规2家（四川鸿润佳禾食品开发有限公司、江油市金杰橡胶制品有限公司），完成任务的200%。新增科技型企业3家（山盟农业科技有限公司、江油市康鸿鸵鸟生态养殖、四川鸿润佳禾食品开发有限公司）。

【农业发展】 全年依法完成村(居)民委员会换届工作。推进农村承包土地和土地流转规范化管理，开展农村承包土地确权登记颁证工作；农村集体产权制度改革，最大限度发挥村社基础建设中的作用，确保“一事一议”财政奖补项目顺利开展；建立健全各项规章制度，重组三资管理办公室，进一步强化村级集体“三资”监管，规范农村财务行为；加强农民负担监督管理，确保惠农政策落到实处。全年水稻、玉米、小麦、油菜等粮食作物投保90%，母猪投保80%，粮食直补、良种补贴共计发放1125977.51元。培育、扶持新型农业经营主体发展。鼓励、引导发展专业合作、股份合作等多种形式的农民合作社。大力培育农民专业合作社示范社，引导发展农民专业合作社联合社。全镇新发展家庭农场1个、专合组织1个、种养大户7户，完成新型职业农民培训200人。

【农旅融合】 全年举办吴家后山第五届辛夷花节，协助百年好合爱情谷举办“相约爱情谷·品味中国年”民俗文化节、中华旅游小姐绵阳之旅走进百年好合爱情谷以及第三届国际百合花节等，举办星火村首届“玫瑰花节”、佛爷洞景区放生节系列活动。百年好合爱情谷和佛爷洞景区通过国家AAAA级景区验收，并正式授牌。官渡村最美乡村、省级“四好村”、培育践行社会主义核心价值观“和文化”基地等亮丽呈现。

【脱贫攻坚】 全年，大康镇按照“精准扶贫、不落一人”的要求，做好产业扶贫提质、医疗扶贫提能、教育扶贫提智、危房改造提效、社会保障提标等工作。全镇建档立卡贫困户381户1162人，年底已脱贫346户1082人。全镇完成教育扶贫58人，雨露计划16人，医疗扶贫共计382人，C、D级危旧房重建35户，低保兜底184人，291户贫困户小额贷款460余万元，贷款率达91%，产业就业发展扶持537人。财政拨付到位扶贫资金586.65万元，其中贫困村到位扶贫资金507.55万元，使用规范合理。为增强脱贫村旱丰村持续增收内生造血能力，成立楠苑种养殖专业合作社，发展高山蔬菜产业，以特色农产品种植与电商平台合作包装销售，确保脱贫村不返贫。

【基础设施建设】 全年组织资金近1400万元，新建村组道路9.78千米，白任路1.83千米道路预计月底通车，瓦子坪至杨家梁2.1千米道路预计四月底通车；投资45万元，新建水口庙4组电杆桥1座，彻底解决该组群众安全出行问题；全兴渡渡改桥工程快速推进，年内完成工程量的60%;争取电力部门支持，投资1680余万元，完成官渡村35千伏变电站建设；完成污水处理厂500米进厂道路硬化和场镇污水管网建设，解决多年困扰老百姓的问题。与海天鸿飞公司正式办理污水处理厂移交手续，并投入运营；官渡村创建为全国农村幸福社区建设示范单位，官渡、星

图116 12月22日，民政部发布《关于公示首批全国农村幸福社区建设示范单位的公告》，江油市大康镇官渡新村被确定为村（农村社区）示范单位

火村创建为省级“四好”村；“和谐官渡”通过四川省新产业新业态验收小组和绵阳市农委验收；争取项目资金35万元实施原建新村人畜饮水工程建设，解决265户、871人吃水和1200余亩田地灌溉问题；全镇完成4口塘堰和4000米沟渠整治；完成九绵高速大康段主线12千米、互通出口线4千米、停车服务场所1处、管理站1处的拆迁和土地征用等相关工作。

【社会民生】 推进社会救助精准化，应保尽保，强化低保、五保、残疾人补贴及优抚对象的动态管理。全年完成城乡居民养老保险参保6689人，完成金额172万元。城镇居民医保、小额人身意外保险、农村劳动力转移就业、返乡农民工创业、大学生创业工作等按质按量完成。全年独生子女父母奖励1254户，完成孕前优生健康检查122人，申报农村计划生育家庭奖励扶助135人，违法生育立案8户，引导计生家庭自愿参保综合保险1162户。

（何罗宝）

新安镇

【概况】 新安镇位于江油东部，面积51.35平方千米，东接战旗镇，南临义新乡、贯山镇，西连三合镇，北靠双河镇、新兴乡。植被覆盖率29.9%，耕地面积1366.5公顷。辖11个行政村（新店、大岩、石桥、南山、天岭、黑滩、许家桥、晒经、金瓜岭、黄土、古道），1个金果社区，92个村民小组，总人口1.8万人。京昆（G5）高速公路、国道347公路纵贯全境，是四川省小城镇示范乡镇、四川省农业标准化生产示范乡镇，素有“梨花之乡”之美誉。2017年镇境内建成省级示范农业主题公园1个——新安镇现代农业公园，成功获批全省第4个、绵阳唯一“中国农业公园创建单位”，通过全国第七批“一村一品”示范村镇认定。

2017年，全镇实现农村经济总收入3.4亿元，固定资产投资7600万元，招商引资10290万元，财政收入492.29万元。新增中小科技企业7个；新增种养殖大户6户；农民年度人均可支配收入16454元，比2016年增长9.3%。

2017年新安镇各行政村基本情况表

表16

村名	面积（平方千米）	户数（户）	人口（人）	农村经济收入（万元）	农村经济总费用（万元）	农村经济净收入（万元）	农民人均纯收入（元）
新店	4.51	736	2008	3822	1876.4	1945.9	15477
大岩	4.15	478	1507	2714	1742	992.3	14877
石桥	3.08	396	1144	2140	1115	1025.1	14166
南山	6.15	536	1661	3084	1461.6	1622.6	15102
天岭	6.44	566	1827	3297	1549.8	1747.6	14799
黑滩	4.80	500	1560	2847	1396.5	1450.7	16663
许家桥	5.67	450	1450	2666	1299.9	1366.3	15646
晒经	3.77	416	1271	2301	1146.6	1154.6	14323
金瓜岭	4.20	574	1696	3052	1434.3	1617.9	14775
黄土	2.85	239	719	1446	769.2	676.6	14846
古道	5.73	688	2259	3988	1834.4	2153.9	14784

【地名由来与建置沿革】 清初建置。相传，清初，此处新设客店，接待过往的湖广移民，新建场镇即名新店子。新安意为新来的农户安居乐业。民国29年（1940）隶属于第二区。新中国成立后，1950年1月设新安为第四区。1951年新安乡改12保为14村，隶江油县第四区（驻新安）。1958年10月成立新安人民公社。1983年公社改乡。1992年撤乡建镇。

【新安农业公园建设】 2017年，鼓励引导园区企业修建有机水果展厅4处2700平方米，种植绿化花树8公顷，重点打造占地2.67公顷、配套儿童游乐设施的

图 117　新安现代农业公园

“花海迷宫”。引进聚友休闲庄、江油市五鑫猕猴桃种植专业合作社 2 家业主，投资 100 余万元。实现依顿土地完全流转和石桥村居民点预留土地再流转。园区实现挂果 5000 吨，实现水果销售收入 1 亿元。举办“新安镇第十一届梨花节”“激情一夏”“江油市第五届乡村文化旅游节暨第四届采果节”等系列活动，吸引游客 40 万人次，实现旅游收入 4500 余万元。设计实施新安农业公园农产品追溯系统，通过扫描产品二维码商标直接查询生产厂家和采摘时间。拓展优质水果和水产的销售渠道，2017 年全镇电子商务实现销售收入 3500 万元。中国农业公园创建被纳入全市重点项目，经过多方努力，新安农业公园于 6 月 26 日获得中国农业公园创建资格。

【产业发展】 全年粮食播种面积 1313.33 公顷，小春粮食作物总产量 2079 吨，蔬菜播种面积 23.53 公顷，总产量 618 吨，新增红虾养殖面积 14 公顷，达到 248.07 公顷。引入循环农业试点项目，建立“550”“1100”模式养猪场，年出栏 17600 头，实现“猪—沼—果”的种养结合，开发具有市场竞争力和消费潜力的特色优势农产品，逐步构筑起产销一体化的现代农业产业化体系。新增无花果、杨梅等种植面积 17.33 公顷，倡导畜粪的生态循环利用。

【基础设施建设】 全年硬化道路6 千米、组道路铺设碎石 4 千米、精修塘堰 1 个、改建提灌站 1 个，有序推进 500 千伏输变电站项目。主动与市交通运输局对接，开通江油至农业公园内的专线班车。建成污水处理厂 1 座，疏通清理污水管网 2000 余米。

【城乡环境综合整治】 创新农村环境保洁新模式，引导金果社区集体成立江油市兴旺园林绿化工程有限公司，农村环境保洁由政府直接参与变为购买社会化服务，全年收集、转运垃圾 1200 吨。对不合规的养殖场限期整改 63 家，完成全镇 12 座水库水质取样送检工作，全面完成全镇 6 个存在突出环境问题的养殖大户、30 家小规模养殖户销号工作。

【社会事业】 全年新增就业 85 人、创业人员 3 人。转发就业信息和组织参加招聘会，帮助大学生申报创业贷款、创业补贴等。与市级部门配合，组织开展各项职业技能、职业资格的培训，共有 45 人参加培训，涵盖农村实用技术、家政服务等培训。全年城乡居保参保人数达 10853 人，参保率 92%，新农合参合率 98.5%；发放民政资金 162 万元；临时救济 16 人，发放资金 3.28 万元。为 684 名残疾人员提供“量体裁衣”服务。做好中医药发展综合改革试点工作。

【精准扶贫】 推广集体经济互助发展，引导黑滩村集体成立新园农业开发有限公司，打捆各类资金 275 万元，支持发展“双创”企业 8 家，帮助贫困户就业 156 人，带动人均增收 2000 元。发挥农业公园“辐射产业发展、带动农民增收”作用，吸纳贫困户就近就业 38 人，带动人均增收 7800 元。创新“1+5”非贫困村贫困户脱贫模式，整合帮扶捐助资金 20 余万元，支持贫困户产业发展；发放扶贫补助金 46.5 万元，帮助 120 名贫困人员就业；用好脱贫兜底政策，111 名贫困对象纳入农村低保。

（新安镇）

九岭镇

【概况】 九岭镇位于江油市西南部，绵江产业带中部，紧邻宝成铁路和绵广高速公路，东与龙凤镇隔涪江相望，北接青莲镇，西连香水镇、八一镇，西南与方水镇接壤，南临绵阳市涪城区龙门镇，总面积43.46平方千米，辖9个行政村（柏河、景云、大宝、红岩、扎营、苏溪、双石、中河、藕塘），1个双江社区居民委员会，78个村民小组。全镇总户6050户，总人口18450人，其中：农业人口16785人，非农业人口1665人。辖区面积43.46平方千米，山林814公顷，耕地1025.6公顷（其中水田817.1公顷）。

2017年，全镇生产总值达7.2亿元，比2016年增长9.3%；农业总产值4.092亿元，增长6.4%；新增家庭农场3个；农村剩余劳动力转移4356人；全镇农民人均纯收入达18903元。

2017年九岭镇各行政村基本情况表

表17

村名	面积（平方千米）	户数（户）	人口（人）	农村经济收入（万元）	农村经济总费用（万元）	农村经济净收入（万元）	农民人均纯收入（元）
柏　河	3.68	698	1881	4712.06	1715.46	2996.59	19690
景　云	2.83	730	2149	4320.38	1593.39	2726.99	17775
大　宝	2.99	623	1882	4344.44	1195.06	3149.38	19792
红　岩	4.95	469	1358	3116.82	1441.88	1674.94	16069
扎　营	6.00	509	1467	4445.19	2279.27	2165.92	17863
苏　溪	4.03	448	1396	3482.66	1274.59	2208.06	19163
双　石	8.71	954	3066	8961.99	4548.94	4413.05	17780
藕　塘	3.74	468	1369	3759.22	1569.03	2190.18	18799
中　河	5.62	765	2477	7311.63	2493.93	4817.70	22064

【地名由来与建置沿革】 因地处九岭岗北麓，故名。原名双河乡，清末建置，民国沿用，属彰明县。新中国成立后仍用旧名。1958年人民公社化时，成立双河公社。1961年更名为九岭公社。1983年公社改乡。2002年撤乡建镇。

【农旅融合】 通过科学规划、政府引导、企业带动，推进农产业发展，遵循“种养循环、农旅结合、一二三产业融合发展”的理念，打造特色农旅项目。建成特色产业折耳根200公顷，番茄40公顷，韭菜133.33公顷，莲藕200公顷。培育和发展一批以江油市三一农业有限公司为代表的农业企业，培育蔬菜专业合作社14个。发展悠然等家庭式休闲农场12个，培育葡萄、草莓、蓝莓采摘体验园450余亩，收入2650万元。建成大宝村玫瑰园、藕塘村蜗牛部落亲子乐园、画里香村芍药种植基地，接待游客10余万人次，收入2160万元；在建的三一国际共享农场计划2018年正式开放，可接纳游客8万余人次。鼓励农业企业、专业合作社及种植大户创建品牌，截至2017年12月，在国家商标总局注册果蔬品牌“九绿·香蔬”，申报“绿色”农产品认证14个。

【招商引资】 九岭镇立足于盘

图118　三一国际共享农场

活现有存量，解决历史遗留问题，坚持以建强创业载体为龙头，充分发挥区位和地理优势，着力内引外培，通过强化领导、硬化措施、优化服务等方式促使招商引资和重大项目建设取得新突破。全年引进四川金诚祥厨具有限公司年产500万口民用铁锅生产建设项目、四川蜀香九岭食品科技有限公司蔬菜及农副产品加工项目2个，江油市华威环保建材有限公司完成年产1万吨水性涂料生产线技改项目1个，绵阳兵彬泽一环保材料有限责任公司建渣和钢渣混合海绵透水砖生产项目，四川冠富科技有限公司江油分公司汽车零部件生产加工项目，四川东卓昌和新材料科技有限公司新型高分子无机粉体材料生产项目，新增科技型中小企业3户；新增规模工业企业1户，实现招商引资到位资金1.4亿元；规模工业总产值2.9亿元，同比增长49.5%；固定资产投资1.09亿元；技改投资6880万元；新增科技型中小企业3户；新增规模工业企业1户。

【基础设施建设】 按照配合产业发展、方便群众生活的原则，加大基础设施建设投入力度，为加快发展创造良好的硬件环境。全年通过“一事一议”项目资金整治塘堰7口，提灌站、蓄水池18处，田间作业道35.8千米，村道18.5千米，硬化渠730米，扩建村级道路400米；治理地质灾害点2处。

【乡村文化活动】 大力实施文化进村工程，规范村文化活动室10个；利用社区秧歌队、村舞蹈队，在“三八妇女节”“六一儿童节”“重阳节”，引导群众要自觉地学法、知法、用法、守法，培养正确的人生观和价值观，开展各类文艺活动65余次。

【城乡环境治理】 按照“幸福美丽新村”的建设要求，以治理“五乱”为切入点，继续完善“四清三改两建”相关工作，努力提升农村综合环境。加大环境整治力度，投资1465万元，修建污水处理厂及干线收集管网，于5月正式运行,在通过涪江流域专项资金修建1320米污水管网。为各村（社区）新配置保洁人员13人，新修建村社垃圾房6个、1个500平方米的垃圾收集池，新增垃圾清运车辆3台，垃圾桶130个，使全镇垃圾天天清理；为农户配置垃圾桶共计1500个，对全镇辖区内交通道路、河流、铁路沿线村庄院落等进行全方位治理，累计出动机械136台班，清理河道8.3千米，清扫道路210千米。

【民生工程】 镇政府自筹资金铺设场镇4条街的人行道彩砖4670平方米，路灯线路6000米，修建检查井36个，协助自来水公司安装了76户自来水，协调天然气公司安装230户；大力实施脱贫攻坚工作，全年实现4户10人脱贫，对中河村3户、大宝村3户、红岩村2户、扎营村1户、双石村2户、藕塘村1户贫困户进行环境整治及“三建五改”。建立特困难优抚对象“一对一”帮扶机制，看望慰问特困难重点优抚对象7人次，共计2万余元；发放优抚对象生活补助2558人次，共计93.08万元；为重度残疾人申请居家托养补助119人。做好国家强农惠农政策的宣传和兑现落实工作，有效改善群众生产生活条件。

【社会保障】 全面落实社会保障政策，城乡困难群众最低生活保障做到应保尽保，城乡居民养老保险参保6739人，参保率达98.2%以上；新型农村合作医疗参合率100%；社区居民养老保险参保957人。帮助申请农村低保户233户409人、五保户70户其中：集中供养11人，对五保、低保、困难群众实施一站式医疗救助177人次，实施临时救助59户8.8745余万元。落实国家义务教育“两免一补”政策，在金秋助学中资助大学生6名。全面落实计生政策，政策生育率达100%，稳定低生育水平。调查核实计生家庭奖励扶助对象，奖扶对象1134人，全年新申报奖特扶共计126人（其中奖扶116人、特扶10人），全镇共有计生特扶39人，全年退出1人。全镇独生子女共计1500人，发放独生子女经费158580元。镇便民服务中心共为群众办理各种便民服务事项5413件，村便民服务室办理3581余件。

【社会治理】 全面落实安全生产责任制，开展安全培训、宣传培训12次，培训人员1000余人次，安全检查72次，检查各类安全隐患120个，整改率98%。大力推进依法治理，通过法治宣传教育、法治政府建设、法治文化建设，大力提升干部群众依法行政、依法维权的法制意识。深入开展信访与矛盾纠纷化解和排查，收到信访件40件，成功化解40件，调解矛盾纠纷114件，信访数量逐年下降。全镇无一例集访、非访事件。

（张红玲）

西屏镇

【概况】 西屏镇位于江油市西南部，绵江快速通道西侧，东与太平镇连界，南与青莲镇接壤，西与香水镇相交，北与含增镇相连，是绵江产业带的重要组成区域，是“中国海棠小镇”“中国獭兔之乡”和江油市现代农业发展示范镇，距江油城区13千米。辖区面积41.9平方千米，以浅丘为主，有耕地979公顷。全镇辖1个永安社区，9个行政村（永兴、常青、柏林、黑石、桃园、四方、凉风、祥和、白龙），64个村民小组，总人口5485户、17254人。

2017年，全镇招商引资到位资金8580万元；固定资产投资6041万元；规模工业总产值4430万元，主营业务收入2700万元，利润340万元；财税收入347.62万元；农民人均可支配收入17424元，比2016年增长10%；佳菡电子升规工作取得阶段性成果。

2017年西屏镇各行政村基本情况表

表18

村名	面积（平方千米）	户数（户）	人口（人）	农村经济收入（万元）	农村经济总费用（万元）	农村经济净收入（万元）	农民人均纯收入（元）
永兴	3.2	719	2335	4697.61	1691	3006.61	16545.44
常青	4.19	801	2611	4915.81	1691.58	3224.23	16634.16
柏林	2.26	502	1624	2682.28	825	1757.28	16192.00
黑石	2.54	343	1119	924.02	199	725.02	15531.19
桃园	4.55	675	2132	5065.03	1842.6	2979.91	19131.66
四方	6.3	917	3067	7285.34	1661	3873.14	19155.66
凉风	3.28	357	1175	2322.35	515.3	1456.91	15515.66
祥和	5.5	721	2256	3792.76	1084.44	2078.06	15582.67
白龙	10.08	346	935	725.49	158	546.9	15336.90

【地名由来与建置沿革】 原属彰明县。清同治《彰明县志》载：“紫山横屹，西南盘江迂回，四壁拼翠，俨若锦屏。”故名西屏。民国初建香屏乡。民国19年（1930）分设香水、西屏乡。民国24年（1935）由香水乡西二保，青莲乡西四保各划部分，设立西屏联保。民国29年（1940）改联保为西屏乡。新中国成立后，1950年改设村、组，隶彰明县第二区。1958年成立西屏公社，改隶青莲区。1959年2月将原属江油县的祥和公社撤销后并入西屏公社。1960年1月撤销香水公社并入西屏公社。1961年4月更名为西坪公社。1981年恢复西屏原名。1983年公社改乡。1992年9月，撤销西屏乡并入青莲镇。1995年11月从青莲镇分离恢复西屏乡建制。2014年9月撤乡建镇。

【产业发展】 与川农大果蔬研究所等科研院所展开战略合作，全面推进凉风柑橘—永兴桃子产业集中连片一体发展，优质桃子、柑橘园达到133.33公顷，包装农业项目2个，新培育专合组织1个、家庭农场3个、专业大户4户。黑石23.33公顷冷水鱼养殖基地建成投产，祥和稻虾共生养殖基地建设完工，东升、地安猕猴桃“绿色食品”，成功申报盘龙岛鲟鱼“无公害食品”。“西屏造”生态农产品初具雏形。

【民生事业】 建设产业扶贫基地6个，创建省级“四好村”1个、绵阳市级“四好村”3个，评定“十星户”272户，农民人均可支配收入同比增长9.9%，全年12户28人脱贫。全镇义务教育教学水平稳中有升，适龄儿童入学率达100%，初中生毕业率达100%；新农合筹资达95%以上，参加城乡居民养老保险5795人，缴费177.52万元。计划生育符合政策生育率控制90%以上。全年发放各类救助救济资金275.8万元，救助1410人次；新增人饮工程1处，解决400余人的吃水问题。

【征地拆迁与生态环保】 统筹推进九绵高速"西屏段"3.17千米的房屋拆迁、土地征用等工作，全面完成16户5002平方米房屋拆除、154户13.53公顷青苗及附着物补偿工作。坚守绿色发展理念，全面加强农村面源污染，建立责任清单，发出整改通知，跟踪督办落实，重点整治境内48家养殖企业（大户）和7家高污染企业，累计查处环保突出问题29项236个，约谈违规排放业主55个，停业整顿7家，关闭2家，行政处罚3万元，督促企业投入180余万元进行环保改造，中央巡视交办案3件、江油督办案28件均按要求整改完成。全面落实"河长制"，下大力气对通口河沿岸的乱倒垃圾、侵占河道和非法采砂等5大突出问题进行清理整治，打捞河道和水库垃圾80余吨，规范整治砂场3座，严格规范长江水库、太平桥水库周边养殖行为，全域水质进一步改善。

【社会管理】 全面落实上级会议部署特别是信访联席会议等重要会议部署，梳理稳定隐患，建立问题台账，从严践行属地管理，落实包案领导和单位责任，逐一化解处理。特别是高度重视、全力以赴抓好瀑电移民信访维稳，建立专项工作组，做好信息收集、问题研判、政策宣传、重点稳控等关键环节工作，开展多层次政策解答、个性问题解决等工作，累计接访100余批次，成功劝返到省、市集访11批次，6次纠正移民表外搭电违法行为，在中共十九大、全国"两会"期间等重点时段将移民成功稳控在西屏，得到市委、市政府主要领导肯定。

（西屏镇）

图119 西屏镇常青村党群服务中心

文胜镇

【概况】 文胜镇位于江油市西北部，距江油市区56千米。西北与平武县、东北与江油市六合乡接壤，东与马角镇、二郎庙镇相连，东南与厚坝镇、西南与新春乡、重华镇连界。全镇面积120.20平方千米，集镇面积1.7平方千米。全镇辖6个行政村（长坪、潼梁、仁和、花石、白洋、安顺），1个村联建社区（文星），62个农业合作社，总人口9781人（其中农业人口9215人）。全镇有耕地632.4公顷。粮食作物主要以水稻、小麦、玉米为主，油料作物以油菜、花生为主。经济作物主要有生姜、西瓜、海椒、豇豆、番茄等。养殖业以养猪、牛、羊、兔为主，小家禽主要有鸡、鸭、鹅等。森林覆盖率为78%。

2017年，全镇工农业总产值实现18199.18万元，比2016年增长30.59%；农业总产值实现13936.18万元，粮食产量由4698吨提高到4897吨、比2016年增长4.24%，其中畜牧业产值实现6828.7万元、占农业总产值的

2017 年文胜镇各行政村基本情况表

表19

村名	面积(平方千米)	户数(户)	人口(人)	农村经济收入(万元)	农村经济总费用(万元)	农村经济净收入(万元)	农民人均纯收入(元)
长　坪	3.58	626	2007	2837.66	1390.45	3302	16390.2
潼　梁	2.6	210	709	1061.23	451.65	1160.85	16328
仁　和	7.42	783	2530	2903.2	1127.63	4221.96	16654
花　石	7.8	508	1576	2207.53	727.32	2975.01	18721.5
白　洋	39.51	593	1742	2573.61	1261.8	2745.36	15511.8
安　顺	59.29	225	651	2352.96	1062.9	1506.96	23019.4

49%；完成规模工业总产值 4263 万元，比 2016 年增长 10.35%；农民人均纯收入提高到 17158.8 元，比 2016 年增加 2763.8 元，增长 19.2%。全年转移农村剩余劳动力 4033 人次，创收 7985.22 万元。

【地名由来与建置沿革】 集市位于长坪。长坪又名文星场，清末建置，原属梓潼县管辖。1950 年年初，为庆祝解放胜利，改名为文胜乡。1953 年 1 月划归江油县。1959 年 2 月百胜乡并入文胜，成立文胜公社。1967 年 2 月改名为长胜公社。1981 年地名普查中恢复文胜原名。1983 年底公社改乡。2014 年 9 月撤乡建镇。

【经济发展】 2017 年，文胜镇完成招商引资 1.5 亿元；工业总产值 4200 万元，实现税收 119 万元。工业项目投资包括道路改造、景区升级打造等建设。全镇农业发展坚持以市场为导向，以效益为中心、以规模化为主导，建立规模农业企业和合作社 2 家，形成生猪基地年出栏 3500 余头，薄壳核桃基地 66.67 公顷，红心猕猴桃基地 20 公顷以及金银花、樱桃、葡萄等生产基地。培育新增种植、养殖业大户 7 户；特色种植大户 3 户。初步形成“公司+基地+农户”“支部+协会+农户”的模式，进一步加强农业产业化基地建设。开展农业技术培训，为农业、畜牧业、外出务工创收的稳定发展提供坚强后盾。

【交通与基础设施建设】 通过“一事一议、财政奖补”，全镇交通和水利设施得到较大改善和提升。全镇已形成以武马路、厚六路为干线的公路交通运输网络。有武马路县道横穿境内，通乡公路 2 条，通村公路 26 条，总里程达 146 千米。基础设施建设投入达 155 余万元。硬化村组道路 3.9 千米，渠道硬化 2.4 千米，新建垃圾池 6 处；新建文化卫生室 1 处，完成“三建五改”81 户，危房改造 33 户，完成新建农村安全饮水工程 6 处，污水处理厂 1 处。

【脱贫攻坚】 全镇共有建档立卡贫困户 338 户，981 人，至 2017 年累计脱贫 276 户 835 人，其中 2017 年脱贫 28 户 91 人。通过夯实基础设施，坚持走“农旅融合”发展之路，助农增收，产业扶持到村进户，积极开展结对帮扶和送温暖活动。

【社会事业】 文胜镇小学在校学生 159 人，在职教师 22 人，2017 年获得江油市教学质量评价一等奖。全镇 6 个村级图书室，藏书 1 万余册；有腰鼓队 2 个。文胜镇有门诊大楼、住院楼各 1 幢，共 1700 平方米。实际开放床位 25 张，年门诊 2.1 万人次，住院 900 人次。2017 年建立居民健康档案累计人数 8990 人（包含电子档案和纸质档案），建档率 100%，建档合格率 95%以上。向城镇居民提供健康教育宣传信息和健康教育咨询服务，发放各种健康知识宣传单、健康教育处方 20 余种，计 8000 余份。2017 年，全镇新农合参保 8864 人，累计补偿 2.4 万人次；65 岁以上老年人体检 840 人次，管理与服务高血压、糖尿病、重性精神疾病 1100 人，计划免疫服务与管理儿童 560 人，孕产妇保健服务 69 人。全镇公共场所卫生许可证持证 62 家。

【旅游业发展】 养马峡风景区位于文胜镇安顺村，距江油市区 75 千米，景区总面积约 40 平方

图 120　养马峡风景区

千米，属藏王寨自然保护区的重要组成部分。景区以苍翠的群山、茂密的原始森林和草地为基调，“一谷一坝三洞四峡”景观为代表，峰丛绝壁、群潭众瀑、古镇古道古寺为主景，三国蜀汉和明代文化为背景，组成多景型综合性的中低峡谷自然景观和独特的历史文化人文景观。景区共有共有农家乐、休闲庄 83 余家，年接待游客 30 余万人次。

（何坤芮）

重华镇

【概况】　重华镇位于江油市境中西部，距江油城区约 40 千米，东与厚坝镇交界，南邻小溪坝镇、新春乡，西与铜星乡、西北与新春乡毗连，东北与文胜乡接壤。全镇面积 68.48 平方千米，集镇建成面积 2.5 平方千米。辖 9 个行政村（华红、双河、集体、大兴、平桥、福胜、广利、双石、星顺），1 个社区（公安），共 95 个村民小组，村（居）民 5617 户，总人口约 1.7 万人。全镇有耕地 1104.4 公顷，其中水田 859.33 公顷，旱地 245.07 公顷。重华镇是著名武术大师——海灯法师的故乡，在老君山自然风景区内的全国重点文物保护单位——老君山古硝洞遗址是迄今为止世界上发现的规模最大、开发最久、持续时间最长的火药原料生产场所，2006 年 6 月在国家工商总局正式注册“中国火药之乡”。

2017 年，全镇完成固定资产投资 7200 万元，招商引资到位资金 5529 万元，财税收入 258.24 万元；农民人均纯收入增加 1316 元，达 15161 元；新增专业大户 18 户，新增家庭农场 7 个；引进高标准农田示范项目投资 3843.6 万元，落地土地双挂钩资金 358 万元，小农水项目资金 500 万元。

【地名由来与建置沿革】　因当地重华堰而得名。民国时期，属梓潼县第三区。民国 24 年（1935）4 月，工农红军四方面军在重华场建立重华县苏维埃政府。新中国成立后，1953 年 1 月划交江油县。1955 年将星顺、双柏乡的 13 个村和五星乡的双河、

2017 年重华镇各行政村基本情况表

表20

村名	面积（平方千米）	户数（户）	人口（人）	农村经济收入（万元）	农村经济总费用（万元）	农村经济净收入（万元）	农民人均纯收入（元）
华红	4.25	716	2315	2954.00	1521.31	3623.00	15650
双河	2.66	495	1613	2107.00	1085.07	2545.95	15784
集体	1.99	405	1299	1382.00	718.50	2061.90	15873
大兴	4.28	430	1376	1318.00	685.33	2160.73	15703
平桥	5.78	475	1601	2006.50	1033.35	2495.64	15588
福胜	10.57	517	1694	2927.12	1385.83	2653.48	15664
广利	16.06	382	1209	1665.87	859.46	1905.87	15764
双石	8.48	906	2886	2852.00	1454.45	4587.30	15894
星顺	3.96	648	1938	3375.00	1653.78	3110.88	16052

红花、大兴村并入重华乡。1958年10月，重华乡改建为重华乡人民公社。1983年公社改乡。1990年撤乡建镇。

【基础设施建设】 全年，依托胜利水库灌区、小农水、“一事一议”财政奖补、脱贫攻坚等项目，发动群众投工投劳，硬化道路2.1千米，修建错车道39处、堡坎16处、塘堰7口、石河堰4处、提灌站1处、渠系24千米，改善农田灌溉条件7800亩；对集镇电网进行改造升级，更换方杆45根，农村电网改造升级率达95%，移动、联通、电信三网通信网络实现全覆盖。

【产业发展】 坚持文农旅融合发展之路，深入挖掘古镇内涵，举办传统民俗文化节暨海灯武术节，启动“探秘老君山”系列活动，协助中央台《中国影像方志》栏目完成老君山火药文化拍摄，投资30万元修缮本源精舍、海灯园林等海灯纪念设施，公安社区申报为四川省传统村落。以中央农发办高标准农田示范项目落户重华为契机，完成双石、广利、平桥、福胜等4个村的土地整理项目规划，制定“龙头企业+产业合作社+农户”、农牧结合、种养循环发展模式的重华农业产业发展规划，结合老君山旅游资源发展乡村旅游产业，为打造重华现代生态循环农业示范区奠定坚实基础。

图121　11月，中央电视台《中国影像方志》栏目在重华镇拍摄老君山古硝洞遗址

【脱贫攻坚】 总结脱贫攻坚工作成果，抓好“因户施策”精准帮扶、发展产业促脱贫、“回头看、回头帮”防返贫等举措，全力脱贫攻坚，决胜全面小康。对全镇369户、1158人建卡贫困人口进行逐户甄别，确保精准识别。充分利用脱贫产业周转金，发展集体经济，平桥村同羌山畜牧签订订单式农业合作协议，星顺村发展龙虾养殖、蓝莓采摘等休闲观光农业，大兴村发展连片青花椒种植，双石村发展青黛、附子产业，广利村围绕老君山发展农家乐；针对可能返贫家庭，量身制定帮扶措施，改善居住环境136户，引导贫困群众发展产业35户、外出务工75人。全年实现脱贫46户132人。

【场镇管理】 实施生态环境工程，加大环境突出问题整改力度，完成场镇污水处理厂主体工程，全面启动支管网建设，提高全镇污水无害化处理水平。开展春季植树造林活动，种植五角枫、银杏树5300棵，巩固退耕还林成果65.19公顷。增设交通标识标牌20处，新建停车场1处，新规划停车点4处，严禁车辆乱停乱放，规范场镇秩序；对垃圾填埋场进行消毒灭蝇和覆土绿化，与江油市生活垃圾综合处理有限公司签订。开展秸秆禁烧宣传整治，抓好大气污染防治工作。

【社会民生】 新农合、新农保、农村生产性政策保险等惠民政策落实落地；整合政务服务大厅，实现一站式服务；主动关爱困难群众、留守人员、孤寡老人等弱势群体，发动党员领导干部对接联系及帮扶困难群众。深入推进依法治理工作，完善镇综治中心规范化建设，整合“小天网”“雪亮工程”，提升全镇安全保障能力。建立维稳联动机制，及时化解群众矛盾纠纷49起。做好安全生产工作，成立应急抢险队伍17支1100余人，建立应急物资储备库2处，开展防汛救灾综合实战演练，确保辖区内无重大安全事故发生。

（张潇霄）

永胜镇

【概况】 胜镇位于江油市西部，东与新春乡相邻，南与双河镇交界，西与武都镇毗邻，北与平武县接壤，是四川省小城镇建设试点镇、绵阳市村民自治模范镇，辖16个行政村（河口坝、水牌楼、朝阳、青竹、双庙、海棠、龙宫、桐柳、红莲、高庙、文明新、金安、金凤、文化新、新北、白云），1个文峰社区，172个村民小组。全镇总户数8962户，其中农业户6825户；总人口30236人，其中农业人口28546人。山林面积5652公顷；耕地面积2028公顷，其中水田1226.53公顷。

2017年，全年共实现农业总产值3.9亿元，比2016年增长16.42%；农民人均纯收入16521元、增长2039.5元，同比增长14.1%。招商引资3200万元，限额以上社会消费品零售总额5540万元，固定资产投资6271万元，增长25.42%。财政收入220万元。

2017年永胜镇各行政村基本情况表

表21

村名	面积(平方千米)	户数(户)	人口(人)	农村经济收入(万元)	农村经济总费用(万元)	农村经济净收入(万元)	农民人均纯收入(元)
河口坝	3.13	712	2295	3130.26	1449.04	1681.22	16820
水牌楼	3.33	699	2252	2380.26	1132.54	1247.72	16796
朝　阳	1.17	530	1724	1514.6	711.6	803	15700
青　竹	1.61	596	1925	1944.53	939.45	1005.08	16725
双 庙	2.23	602	1923	2583.47	1240.05	1343.42	16720
海棠铺	2.61	588	1902	1799.96	845.97	953.99	17444
龙宫寺	6.43	464	1576	2420	1161.6	1258.4	17451
桐　柳	3.52	689	2210	4799	2255.53	2543.47	17478
红　莲	5.82	732	2264	1927.75	925.32	1002.43	16332
高　庙	1.18	454	1437	1549.91	728.47	821.44	16800
金　凤	1.26	398	1190	2667	1232.54	1434.46	17168
金　安	1.45	368	1141	2212.68	1062.09	1150.59	16799
文明新	5.16	1008	3275	3411	1637	1774	15805
文化新	4.03	678	2130	2464.64	1183	1281.64	17200
新　北	9.80	215	588	483.06	193.55	289.51	15892
白　云	24.70	137	359	438.23	197.2	241.03	15969

【地名由来与建置沿革】 北宋时期为彰明七镇之一。初名捡石坝，清雍正《江油县志》载，因其地“沙土多石。居人辟地，捡石高积如阜，故名。”清雍正元年（1723）设复兴场。雍正九年（1731）由平武县划入江油县。清乾隆时期，因茧市兴盛，更名为茧市坝。清道光年间（1821—1850），因乡场建有龙泉寺而名龙泉场。民国3年（1914）设龙泉镇。民国29年（1940）遭匪徒劫掠，剿灭匪患后，为求永远平安，遂更名为永平。新中国成立后，1950年更名为永平公社，隶属于永胜区公所；1967年2月更名为永胜公社。1983年由公社改乡。1992年9月撤销永胜区公所，将永胜、新凤乡合并建立永胜镇。

【农业经济发展】 全乡发展优质稻466.67公顷，合作建立五粮液酿酒原材料基地，发展优质小麦266.67公顷。樵夫农园扩园至20公顷，猕猴桃扩园13.33公顷，山区中药材种植面积增加至80公顷，新增二荆条海椒、折耳根、香芋、小白菜等蔬菜种植面积266.67公顷，西瓜800公顷。加大招商引资力度，“花韵咏盛”武马路产业带项目总投资近2亿元，一期已完成66.67公顷苗木花卉种植、塘堰整治9口。畜牧业发展以家畜家禽养殖为主，全年生猪出栏20677头，年末存栏15810头，羊出栏4100只，年末存栏2870只，牛出栏510头，年末存栏1890头，家禽出栏527880羽，年末存栏178840只，畜牧业总产值1.8亿元，占农业总产值的46.1%。水产品养殖以龙虾、鱼类为主，水产面积280公顷，水产品产量1736.8吨，渔业总产值2260万元，占农业总产值的5.8%。

图122　5月16日，永胜镇承办江油市2017年水稻带药移栽现场观摩培训会

【商贸与旅游】　2017年年末，全镇共有商业网点328个，职工612人，社会商品销售总额达5540万元。利用“涪江六峡”的开发机遇和毗邻窦圌山旅游景区的优势，以“樵夫农园”和文金双果蔬产业区采摘为主，以龙虾垂钓、野外露营、徒步登山等农村休闲、避暑项目为辅，大力发展农村农旅融合产业，年接待游客6万人次。

【村镇基础设施建设】　全年深入推进民生工程，现代农业（水稻）项目竣工，完成田型调整106.67公顷，新建灌溉渠35千米、道路52千米；4米宽、11.33千米的白云村村道于6月竣工通车；文化新村、金安村土地整理项目年内已完工；永胜镇场镇棚户区改造150套保障性住房主体已完成，基础设施正在设计；神华四川天明电厂“永双”管道工程主体工程已完工；向家沟荒山治理项目完成道路、蓄水池等80%的工程量，完善和规范场镇秩序，场镇承载能力不断增强，镇村面貌不断改善。

【社会事业】　农村劳动力转移就业1.3万人，兵役登记130余人，开展农民工技能培训20余次，扩大城乡低保覆盖面，全镇享受低保545户903人，加大社会救助力度，救助困难群众500余人次，发放各类困难帮扶资金477.69万元，统筹推进城乡社会保障工作，新农保参保率达98%，新农合参保率达99.99%，实现大病保险全覆盖；走访慰问残疾人、困难儿童、优抚对象、贫困户等700余人次。严格落实安全生产责任制，突出对重点企业、行业的监管力度，注重安全隐患的排查和整治，开展对重点企业、行业的安全排查17次，整改安全隐患4处，抓好防汛减灾及地质灾害隐患排查与防治工作，新排查地质灾害隐患点15处，并安排专人进行监控，成立16支防汛抗旱应急抢险队伍，完成2017年地质灾害暨防汛抢险应急演练。完成高庙木桥隐患治理，确保群众出行安全。

【脱贫攻坚】　分类施策实施好小额信贷、特色产业发展、易地扶贫搬迁等扶贫项目，2017年125户370人实现脱贫，新北村、白云村两个贫困村完成第一、第二批脱贫攻坚项目建设，文化新村创建为省级四好村。完成三建五改212户，危旧房改造28户，规划发展产业33.33公顷；白云村聚居点基础配套设施完工。全镇通过绵阳、江油两级脱贫攻坚检查验收，被江油市委、江油市人民政府评为2017年度“脱贫攻坚工作先进单位”。

（谢孟先）

雁门镇

【概况】 雁门镇地处江油市东北部山区,距江油城区83千米,东南与石元乡、东北与青川县马鹿乡相连,南与马角镇接壤,西南与六合乡、西北与敬元乡交界,辖区面积110.2平方千米。全镇辖8个行政村(大桥、园坝、云锣、柳坝、西坝、斑竹园、北口、会龙),1个双桥社区居委会。全乡总人口10277人。

2017年,全镇实现工农业总产值2.6亿元,较2016年增加3200万元;农民人均纯收入13487元,较2016年;固定资产投资3984万元。全镇产业结构进一步优化,综合经济平稳发展,雁门特色小镇已被纳入国家发改委"千企千镇工程"项目库。

【地名由来与建置沿革】 相传,古时此地树林茂密,水草丰盛,大雁每年南来北往在此歇落;该地为进入西北山区天然门户;清江从崇山峻岭中急流而出,至此河套开阔,两岸形成狭小平坝,故名雁门坝。东汉光武帝建武元年(25)在此设置德阳县。清末建雁门场。民国时期设第三区公署。1935年4月,红四方面军进入江油,在雁门建立中共济时县委员会、济时县苏维埃政府。1950年7月设立江油县第八区,区委驻雁门坝,1992年9月撤区,由雁门乡、石元乡合并建立雁门镇。1995年11月石元乡行政区域划出,单设雁门镇。

图123 宝成铁路清江大桥横跨雁门镇

【脱贫攻坚】 雁门镇所辖8个村均为贫困村,有建档立卡贫困户602户1518人。截至2017年底,完成465户1227人脱贫。为确保完成脱贫任务,雁门镇查找薄弱环节,探索出3种模式,即:扶贫项目资金入股龙头企业,股份量化保底分红模式;成立农民专业合作社,以"公司+合作社+农户"抱团进入市场模式;"农业公司+农户"的银杏产业模式。农民人均纯收入达到13487元.二是抓基础设施建设。年末,完成省道S209东(河口)雁(门)路扩展改造柏油路工程、县道雁(门)七(青川七佛乡)路拓宽工程即将动工,雁门到G5高速连接线与高速出口前期工作已启动,雁门镇村道硬化率达100%,组道、入户道路硬化率达70%以上;群众安全饮水

2017年雁门镇各行政村基本情况表

表22

村名	面积(平方千米)	户数(户)	人口(人)	农村经济收入(万元)	农村经济总费用(万元)	农村经济净收入(万元)	农民人均纯收入(元)
大桥	7.67	397	1144	1462.49	352.34	599.93	12784
园坝	9.6	347	1115	1451.81	422.04	725.99	13032
云锣	13.72	316	1023	1263.72	287.69	537.47	12353
柳坝	12.72	240	697	868.81	222.48	453.18	12465
西坝	17.94	490	1579	2020.07	343.37	1045.2	12793
斑竹园	11.56	460	1476	1872.43	265.75	504.65	12686
北口	20.04	436	1334	1715.26	311.72	588.15	12858
会龙	16.35	247	711	910.87	188.56	367	12811

率达98%以上；完成光纤宽带接入，8个贫困村4G信号全覆盖；建有中心卫生院1处、标准化卫生站7个，中心小学、中学各1所，贫困群众基本医疗卫生、文化教育保障全覆盖。实现政府、部门、社会大扶贫格局，解决群众发展能力不足的问题。村上建有驻村工作台账和结对帮扶台账，详细记录驻村及结对帮扶情况。主动向联系领导、帮扶部门汇报各贫困村的发展思路规划，争取项目、资金支持；抓住“百企帮百村”机遇，与联系企业签订帮扶协议书；抓住农业科技人员驻村机遇，结合各村实际，有针对性地提出产业发展项目。配合第一书记启动实施贫困村贫困党员示范工程，充分利用第一书记资源，推动精准扶贫向纵深发展。与乡村医生做好对接，真正实现贫困户零障碍看病就医。按照新型城镇化和社会主义新农村建设要求，加大以农村人居环境改善为主要内容的幸福美丽新村建设。实施农房“三建五改”，整治前庭后院，全年共计拆除土坯房35处，实施“三建五改”200余户，庭院改造28户。持续推进城乡环境综合治理，新建垃圾压缩站1处，垃圾池20个，添置垃圾箱50个，农村新貌精彩呈现。引导农户发展具有山区特色的小菜园、小果园等“微田园”。结合山区秀美特色资源，文农林旅融合发展，拓展群众增收新途径。

【产业发展】 雁门镇立足山区优势，突破惯性思维，依托冠尚农业市场渠道，引进专业农业公司，按照“两线一片一中心”的产业发展规划，种植老鹰茶树666.67公顷以上，打造中国老鹰茶之乡。同时在老鹰茶树中间套种黄花、杂粮、中药材等特色山货产品，为冠尚农业配套，形成山区现代农业产业园，提高山区农业生产效益，实现群众大幅增收致富。2017年，在斑竹园村发展“老鹰茶+西瓜”基地13.33公顷，北口村“老鹰茶+杂粮”基地6.67公顷，大桥、园坝、云锣、柳坝等村连片发展“老鹰茶+黄花”基地26.67公顷。同时，在严守生态红线的基础上，建设山货产业基地，全年新发展猕猴桃3.33公顷，藤椒26.67公顷，药用银杏66.67公顷，老鹰茶2万余株。发展农村电子商务，拓展特色山货销售。借助“互联网+”，克服地域局限，依托冠尚农业，组织返乡大学生和农民工电商培训和再创业，整合山货销售商和种养殖大户成立电商协会，建立雁门（北部山区）电子商务区域服务中心，完善物流链条，开展培育一批电子商务示范企业、示范村和示范户，促进雁门电商发展，拓宽雁门特色农产品销售渠道。

【社会事业】 2017年，城乡低保规范管理，全镇享受城乡低保共137户183人，享受五保50人，建成北口村130平方米、会龙村220平方米、斑竹园村360平方米日间照料中心，新建大桥村、斑竹园村、北口村、会龙村文化活动室，敬老院改扩建竣工投入使用；加大社会救助力度，累计救助困难群众66余人次，发放救助资金23.8余万元，妇女、儿童、老年人、残疾人权益得到保障。广播“村村响”、电视“村村通”全面完成。完成省级计生监测点工作，全面实施二孩政策。持续抓好安全生产、社会治安综合治理工作，增强群众安全感。举办“五一文艺会演”系列活动，群丰富众精神文化生活。

（杜维勤）

大堰镇

【概况】 大堰镇地处江油市东南部，距江油城区8千米，东连贯山镇，南接绵阳市游仙区凤凰乡、忠兴镇和云凤乡，西邻东兴乡、彰明镇，北靠三合镇。辖区面积48.6平方千米，有耕地1374.85公顷，辖11个村（群光、爱国、红豆、泉水、集贤、复兴、南河、龙王、宝回、开化、青龙），1个飞跃社区，总户数5468户，总人口16017人。京昆高速途经大堰6个村，全长8.6千米，京昆高速江油收费站距场镇仅400米，是江油城区进出国道的主要道口。全镇有中心小学校1所，场镇中心幼儿园2所，其中私立幼儿园1所，教职工53人，就读学生、幼儿479余人；镇卫生院1所，有专业医护人员38人；自来水厂、畜牧站、客运站、供电所、信用社、邮政所、燃气公司等便民商业网点、生活服务设施一应俱全。大堰镇境内有小（一）型水库1座，小（二）型水库9座，山坪塘885口。新型集镇面积约1.5平方千米，以康乌鱼为代表的特色餐饮远近闻名。

2017年，全镇固定资产投资6466万元；招商引资项目3个，完成项目投资11600万元。新增科技型中小企业3家。限上商贸企业社消零完成9867万元。新增种养殖大户6户，发展农业产业化项目2个。财税收入862万元。农村剩余劳动力转移7776人，外出务工劳务收入达12528万元。农民人均纯收入达15840元，同比增加1682元。

【地名由来与建置沿革】 因当地四周山梁环绕，中间地势低凹，形如大堰塘，故名。原属彰明县，清末始置大堰乡。民国3年（1914）为第四区所辖，民国24年（1935）改乡为联保。新中国成立后，1950年废保甲制，复名大堰乡。1952年将大堰乡划为大堰、南河两乡。1954年并入江油县贯山乡，1956年并入南河乡。1958年江、彰合县后成立大堰公社，辖6个管理区，隶治城区。1983年底公社改乡，更名为大堰乡。2013年撤乡建镇。

【脱贫攻坚】 2017年，全镇脱贫49户103人，集贤村整村脱贫摘帽。管好用好“第一书记”、党员、农村基层人才“三支队伍”，做好农村领导班子建设、党员精准扶贫示范工程、大学生村官创业“三项工作”，全面提升农村基层党建工作水平，更好地引领和服务农村脱贫攻坚工作。继续完善“公司+农民专合社+农村职业经理人+产业基地”的现代农业发展机制和“企业包技术包销售、专合社包资金包土地流转、农村职业经理人包管理包生产”的联合发展模式，以集贤、复兴等村133.33公顷稻菜粮经复合（大春稻鸭共育、小春优质蔬菜）、133.33公顷九叶青花椒、30万只肉鹅孵化养殖、2万头生猪养殖等产业发展，带动贫困户共同发展。完善道路、水利、人畜饮水和人居环境建设，完成村组道路硬化5.8千米，新建蓄水池4口，新建集中供水点1处，完成危旧房改造3户，“三建五改”32户，新建日间照料中心1处，村文化广场1处。进一步完善贫困村的档案资料，贫困户“一户一档”资料。做好“中国社会扶贫网”的宣传推广工作，省“中国社会扶贫网”推广暨扶贫移民宣传工作培训会在江油召开之际，集贤村被列为现场会参观的信息点之一。

【现代农业发展】 全年，在村域经济发展上按照“市场牵引、错位联动、体现特色”的思路，继续大力实施“一村一品”工程。全镇已流转土地344.27公顷，占耕地总面积的24.5%，累计成立农村专业合作组织35个（其中新增1个，县级示范社1个），家庭农场15个（其中新增3个，县级示范农场3个，绵阳

2017年大堰镇各行政村基本情况表

表23

村名	面积(平方千米)	户数(户)	人口(人)	农村经济收入(万元)	农村经济总费用(万元)	农村经济净收入(万元)	农民人均纯收入(元)
群光	2.68	418	998	1344.73	685.81	658.92	15578
爱国	2.4	352	1012	1599.50	832	767.5	15805
红豆	6.5	697	2091	3218.02	1673.37	1544.65	15667
泉水	1.67	449	1351	2213.30	1106.65	1106.65	15602
集贤	8.4	658	1908	2658.84	1356	1302.84	15715
复兴	3.5	420	1277	1640.00	836.4	803.6	15926
南河	3	470	1410	1670.28	868.55	801.73	15576
龙王	4.1	506	1592	1645.37	839.14	806.23	15844
宝回	8.6	646	1894	2050.55	973.54	1077.01	15553
开化	3.5	449	1360	2032.30	1056.8	975.5	16583
青龙	2.75	403	1124	1446.76	737.9	708.97	15998

级示范农场 1 个）。复兴、集贤等 5 个村的水稻制种和生猪、肉鹅养殖，集贤、南河、复兴等 7 个村的稻鸭共育、九叶青花椒、稻菜粮经复合，红豆、开化等 5 个村的大蒜种植、肉兔养殖等支柱产业项目蓬勃发展，带动全镇农民增收致富。

【基础设施建设】 在做好产业发展的同时，更加注重基础设施的持续提升。按照“住上好房子、过上好日子、形成好风气、养成好习惯”的“四个好”要求，开展“四好村”创建活动，将红豆、开化等 4 个村申报为省级“四好村”，龙王、集贤等 3 个村申报为绵阳市级、江油市级“四好村”。易地搬迁 10 户 19 人。完成苏家堰水库除险加固及大贯斗渠泄洪设施建设。全面完成狮儿河周边环境整治项目、场镇基础设施建设项目、贫困村第一批、第二批项目、农发项目。全年完成硬化村组道路 16.2 千米，完成渠道整治 8495 米、山坪塘整治 11 口。

图 124　大堰镇集贤村社会扶贫网村级信息点

【现代服务业】 全年，大堰镇依托江油大道建成通车以及江油东大门打造推动现代服务业发展从“边缘”走向“前沿”。围绕农民增收，重点发展南部现代生态循环农业园区和北部精致休闲农业园区，以集贤村、复兴村为核心的稻菜粮经复合和青花椒为主导产业的生态循环农业园区，已初具规模，以“青龙湖山庄”“泰谷人家”“印象逸景苑”为代表的近郊休闲农旅融合产业正蓬勃发展。主动对接“一区多园一走廊”的工业空间战略布局，规划占地 200 公顷的工业园。开展“招商引资大会战”，与归派国际旅游文化集团、营火国际营地教育集团等建立战略合作关系，通过以色列总领馆建立起农业项目国际合作的桥梁，与藏格控股、重庆市有机农业联盟、哈尔滨君瀚农业有限公司等达成合作意向，为大堰全域发展转型升级奠定坚实基础。

【社会事业】 全年，大堰镇注重提升民生工程和社会治理工作精准度。开展农业农民技能培训 7 期 200 余人；利用春节、重阳节等重点节庆日举办文艺晚会、趣味运动会等群众性的文娱活动 5 次。教育、卫生等社会事业发展实现长足进步，基本公共服务均等化步伐进一步加快。完成第二次全国地名普查工作，按时完成年度 40%、总量 80%的地名普查任务。社会治安防控体系和应急管理体系更加健全，全镇安全生产形势和社会大局保持稳定。

【招商引资】 全年，大堰镇立足招才引智，打造招商引资平台，进一步优化投资环境。成功引进“泰谷人家”“印象逸景苑”等企业，谋划“一湖领动、两翼齐飞”（“一湖”即沿狮王湖布局的农旅融合理想小镇地产项目，“两翼”即沿京昆高速布局的“国家现代农业之翼”和沿江油大道布局的“中国民宿文化之翼”）的全域发展思路，全域创建国家级“田园综合体”。

（大堰镇）

方水镇

【概况】 方水镇位于江油市最南端，属绵阳涪城、安县、江油三市（县、区）交汇的三角地带，距江油城区22千米。东南与绵阳市龙门镇交界，西南与安县黄土镇相邻，东北与九岭镇接壤，西北与八一乡相连。新塔九路横贯乡境。全乡面积48.06平方千米，耕地面积1188.87公顷，辖9个行政村（官田、广义、白玉、高包、宝塔、宝珠、元门、古树、西林）和1个永镇社区，74个村民小组。总人口15980余人，其中农业人口15281人，居民人口700余人。

2017年，全镇实现规模工业产值2.8亿元，固定资产投资9800万元，社会消费品零售总额1300万元，到位招商引资资金5000万元，财政收入388.51万元，人均可支配收入17398元。

2017年方水镇各行政村基本情况表

表24

村名	面积(平方千米)	户数(户)	人口(人)	农村经济收入(万元)	农村经济总费用(万元)	农村经济净收入(万元)	农民人均纯收入(元)
官田	2.19	409	1133	2139.8	1005.7	1134.1	17621
广义	7.9	667	2178	3593	1616	1977	16198
白玉	8.14	836	2644	7917.57	3325.38	4592.19	20126
高包	2.13	378	1188	1756	793	963	16050
宝塔	3.23	370	1254	1820	765	1055	16271
宝珠	6.57	580	1801	3182.68	1400.38	1782.3	16129
元门	6.5	654	2043	2394	740	1654	16935
古树	7.8	563	1642	2475	1130	1345	15978
西林	3.6	418	1398	2425	1091	1334	20064

【地名由来与建置沿革】 原名三河场。清嘉庆时，因当地山水形似“方”字而更名方水，原属安县。民国时期，因此地位于绵阳、安县、彰明三县交界处，社会秩序较为混乱，土匪横行，民不聊生，当地豪绅将方水场更名为永镇场，寓“永远镇压”之意。新中国成立后，即恢复方水原名。1958年成立方水公社。1983年公社改乡。2015年4月撤乡建镇。

【产业发展】 全镇以水果种植、生态养殖和乡村旅游为主导产业。2017年，枇杷、桃、猕猴桃、葡萄等各类优质水果种植面积1066.67公顷、年产值4200余万元，冬草莓种植面积20公顷、年产值660余万元。种植菜头、萝卜等蔬菜666.67公顷（含复种面积），销售收入1800余万元。大力推进循环农业发展，国程生态农业公司成功取得养心菜、山羊2个有机产品认证。全年成功举办第十届白玉枇杷节，新增家庭农场4家，示范农场2家，星级农场1家，年接待游客20万人次，旅游收入近1500万元。推进农业供给侧结构性改革，加强以白玉村、西林村和塔九路沿线为主的乡村旅游核心区域打造，大力推进特色种养殖业规模化、标准化建设，绵阳市休闲农业和乡村旅游行业协会成立大会在国程生态农业有限公司举行。

【招商引资】 全年引进三江商混、宝珠村精品水果种植2个项目，协议引资5800万元。国程休闲食品加工生产线、绵阳阿里乐米食品加工等招商引资项目年内抓紧建设，计划2018年全部投产。

【脱贫攻坚】 方水镇按照精准识别“回头看”要求，开展省、市、县三级比对。年内承办四川省“中国社会扶贫网”试点现场会，创新实施“政社协同、三网互动”工作法，注册爱心人士2089人，对接贫困户需求336条。开展一村一户精准帮扶，投入生活用品、种子肥料等物资4.8万元。2017年全镇实现全面脱贫，被江油市委、市政府评为“2017年度脱贫攻坚突出贡献奖”。

【社会民生】 全年争取各类财政资金约150万元，加快农村道路、水利、日间照料中心等基础设施建设，全镇通组道路达100%。全年镇、村投入60余万元，实现全域生活垃圾收集无害化处理。加快幸福美丽新村建设，广义、白玉、宝珠、西林、高包先后被评为省级、市级“四好村”。全年完成职业技能培训37人、农村实用技术培训120人次，实现农村剩余劳动力转移6619人，劳务收入0.275亿元。匹配专项资金支持村（社区）文化娱乐活动开展。城乡居保完成缴费6786人，综合完成比90.12%，新农合全覆盖。小额人身保险参保4895人，90人享受理赔。农资综合补贴、良种补贴、农机补贴、农村低保五保补贴等资金足额发放。全面实施两孩政策，生育登记220人，新增计生奖扶113人。10名学生考入重点初中，农村义务教育学生免费午餐计划惠及341名学生。

【社会治理】 全年，方水镇大力开展以畜禽养殖、水库、河道、农村生活垃圾污染和秸秆禁烧为重点环保问题整治。强力实施污染防治“三大战役”，实行全年秸秆禁烧改善空气质量，实行劣五类水质整治，实行白色垃圾、废旧农药瓶回收。全年开展环保专项督查180次，发出整改通知102份，整治群众反映环保问题12个，关停存在重大污染养殖场19户，整治养殖户、家庭作坊及企业220家，新建污水处理厂已投入试运行。全面开展矛盾纠纷排查，对排查梳理出的5个重点信访问题实行领导包案，成功化解4个。受理来信来访52件次，调处各类矛盾纠纷13件，调解率100%。与各村（社区）、镇辖单位签订安全生产责任书13份。全年重点领域开展集中安全排查10次，发现隐患20处，已整治15处。

图125 方水白玉新村

【基础设施建设】 全年争取财政总投资4357万元，场镇饮用水工程投资650万元，主管网于2017年12月29日建成通水，申请用水330户，年内已安装200余户。土地双挂钩配套基础设施项目投资947万元，已进入设计阶段，计划2018年5月底开工。官田、古树、西林村土地整理项目投资1200余万元，年内已完工，整理土地133.33公顷，新建道路15千米，整治塘堰和蓄水池17口，整理配套沟渠10.8千米。投资1200万元的方八路改造项目已完成通车。省重点项目500千伏高压线路13座塔基全部建好。

（李冬梅）

马角镇

【概况】 马角镇位于江油市北部潼江上游，距市区62千米，东与二郎庙镇、石元乡相邻，西南与文胜镇接壤，北与六合乡、雁门镇毗邻,面积147.63平方千米。全镇辖8个行政村（龙宫、岳村、大炉山、马阁寺、前进、沉水、印坪、油房沟），69个村民小组和1个梓江社区居民委员，总人口14905人，其中农业人口12165人，农村劳动力8790人。城镇建成面积2平方千米，常住非农业人口8363人。全镇有耕地628公顷，其中水稻292

公顷。境内有拉法基双马矿山、南联矿业有限责任公司、中航物流、铁骝木业加工厂、国家物资储备局438处等国有及民营企、事业单位。镇内基础设施较为完善，江油市鸿飞集团马角水厂可供马角、二郎庙、厚坝地区生产、生活、工业用水，2座11万千伏输变电站保障辖区工业、农业、生活用电；有可供城镇5000户居民用天然气站1座；有中心小学、卫生院各1所；电信、移动、联通信号覆盖全境；有线电视线路覆盖面达95%；有火车货站、汽车客运站各1个，宝成铁路纵贯南北，县道中雁公路、武马路穿镇而过。距绵广高速出入口约20千米，交通较为便利。境内自然资源十分丰富，有石灰石、铁矿石、石英砂、白云石、页岩等矿产资源，尤其以石灰石含量最大，碳酸钙含量最高达55%，且品位高，可供上百年开采利用。有林地1.47万公顷。境内有梓江、潼江两大水系交汇穿过。四川省级生态小区青沟、鸡膝沟四季青翠，流水潺潺，清澈见底；青龙宫内怪石嶙峋，幽长深邃，是人们度假、避暑、旅游、休闲的理想去处。

2017年，全镇完成规模企业产值完成2.78亿元,主营业务收入2.785亿元，利润总额1879.6万元，固定资产投资6033万元，工业投资3031万元，技改投资3031万元，中小型科技型企业审核通过3家，培育规模企业4户，其中升规企业1户。农民人均纯收入实现15764元，比2016年增长9.3%。财政总收入完成597.56万元。

2017年马角镇各行政村基本情况表

表25

村名	面积(平方千米)	户数(户)	人口(人)	农村经济收入(万元)	农村经济总费用(万元)	农村经济净收入(万元)	农民人均纯收入(元)
龙宫	7.11	874	2397	2370.49	1043	1327.49	15810
岳村	24.45	493	1551	2669.00	1347	1322	15813
大炉山	32.5	482	1412	2379.00	1427.4	951.6	16137
马阁寺	17.6	655	1979	3177.00	1430	1747	15813
前进	6.19	581	1773	3077.00	1364	1713	15167
沉水	16.71	401	1245	1991.00	896	1095	16107
印坪	41.67	288	877	1434.00	645	789	15424
油房沟	5.5	329	931	1482.97	741.48	741.49	15734

【地名由来与建置沿革】 相传三国时魏将邓艾军行至此，路不得通，乃悬车束马，造作栈阁，始通江油，因名马阁。为记其事而名其山为马阁山，并建立马阁寺。民国时期因场内有青龙寺而得名青龙场。1952年为建于此镇的火车站取名时，因四川方音“阁”与“角”同音，误为马角，遂称马角坝。民国时名青龙乡，隶属于梓潼县。1953年1月青龙划归江油，并将江油县的第六区设在青龙，同时分青龙乡地域新设明镜乡。1955年10月第六区改名为青龙区，12月，撤销青龙区，原辖青龙乡改隶青寿（今青林口）区；撤销澄水乡，区域并入青龙乡。1956年12月，青寿区迁驻青龙场。1958年10月改青龙乡为青龙公社，改青寿区为马角区。1966年12月，马角区改向阳区，青龙公社改向阳公社。1981年9月地名普查时向阳区更名为马角区，向阳公社更名为马角公社。1983年公社改乡。1984年10月撤销马角乡和明镜乡合并建立马角镇。1992年9月，撤销马角区公所，保留马角镇。

【工业发展】 招商引资取得突破性进展，总投资30亿元的浙江日昌升集团年产3000万吨新型建筑材料项目于2017年6月30日与江油市政府签订框架协议。制定出台招商引资工作实绩考核奖惩制度，全年外出招商11次，收集招商信息12条，跟踪在谈项目2个，编制招商引资手册2000册，包装项目2个。中小型科技型企业审核通过3家，培育规模企业4户，其中升规企业1户。

【农业产业化发展】 农村集体产权制度改革有序推进，全镇清产核资及成员界定全面完成，办证工作已经启动，土地确权基本完成。不断培育新型经营主体，全年新增种养大户达3个，家庭农场达3个，引进资金500余万元。大力发展农村电子商务，已上报农村电子商务经营个体20个。规范土地、林地适度流转，规模化、集约化、专业化水平进一步提高，全年共流转土地200公顷。农业面源污染得到有效控制，农业面源污染得到有效控制，河长制扎实开展，防洪度汛安全顺利。

【脱贫攻坚】 全年强力推进全镇438户、1286人的脱贫攻坚工作。以镇党委书记为第一责任人，实行党委成员包村负责制，成立8个工作小组，在全镇范围内展开拉网式排查识别，全体干部深入村社及群众家中，对照标准条件，逐人逐户走访，对不符合条件的坚决清退，对符合条件的重新登记。针对国家和省脱贫攻坚2016年度考核反馈问题、绵阳市2016年度第三方评估、绵阳市暗访和绵阳市、江油市检查验收发现的问题，镇党委政府建立问题清单、责任清单、整改清单，每个问题都落实责任领导、责任部门、具体责任人，上门入户进行核实，制定措施进行整改，所有问题得到全面解决。以短、中、长期产业发展相结合为工作思路，大力实施“双百工程”，即“人均百只鸡，户均百棵树”，产业发展成效显著，发展三批土鸡养殖达5万余只，规划建设印坪村13.33公顷核桃生产基地、13.33公顷雷竹产业园、土鸡养殖示范基地；马阁寺村10公顷车厘子产业园、33.33公顷雷竹生态产业园及大沙坪露营地。成功引进清沟旅游发展有限公司对清沟旅游进行深度开发，已投资1500余万元，已建成景区停车场、游客接待中心等一批基础设施，年内启动5.6千米景区道路建设，同步建设清沟沿岸景观带、山门、游客服务中心、景观湖泊、景观亭等设施。对39户贫困户实施贫困户危旧房、土坯房重建、对27户贫困户实施维修加固，实施“三建五改”180户，22户49人享受异地搬迁政策（其中19户集中安置、3户分散安置），规划5个集中安置点，贫困户生活环境得到进一步改善。

【社会保障】 全年新增就业岗位2个，办理就业援助1人，新增就业80人，就业失业登记人口6人；新型农村养老保险完成3344人，上缴养保资金128.3万元；新型农村合作医疗整体推进，享受医保面不断扩大；完成农村城镇居民医疗保险11564人。全镇享受农村低保294户，457人，城镇低保69户，88人，发放低保金154.76万元，做到应保尽保。

【社会事业】 农村土地承包经营权确权登记、农村宅基地使用权确权登记、农村房屋所有权登记工作顺利推进。新型农村养老保险、城镇农村低保实现应保尽保，享受新型农村合作医疗群体不断扩大。以中央环保督查为契机，城乡环境综合整治继续深入开展。通过集中整治、有效关停和取缔、全面禁烧，全年清理取缔非法工商户1户、关停重度污染隐患企业1家，完成重点污染源限期治理项目3个，农村集中式饮用水源地保护有效改善，农村养殖业等重点污染源治理取得新进展，小企业小作坊环境违法行为得到遏制，大气污染防治初见成效。大力支持江油市重点工程建设，沉水水库建设工程进展顺利。强化安全监管责任体系建设，全镇未发生一起安全事故。

【社会管理】 坚持依法治市，深入开展法律“七进”和普法教育，遵法学法、守法用法意识不断加强。坚持会前学法，聘请法律顾问，开展法律培训。全年开展普法宣传2次，会前学法37次，张贴各种标语30余幅。充分发挥“大调解中心”、司法服务所、法律服务所的积极作用，搞好矛盾纠纷排查，坚持领导包案制度，努力化解矛盾纠纷。加强社会治安综合治理，严厉打击、严密防范各类违法犯罪。按照“五级五覆盖”“五落实五到位”要求，全面落实“党政同责”“五个全覆盖”工作制度，进一步明确主要领导、分管领导和职能部门的安全责任，构建“党政同责、一岗双责、齐抓共管”安全责任体系，安全隐患排查不留死角，“打非治危”和各

图 126 马角镇香菇种植基地

项专项治理活动有效开展，确保全镇社会稳定、人民群众安居乐业。2017 年，全镇处理民事纠纷 53 起、信访案件 12 件、上级批办信访件 8 件，接待上访人员 12 起，无进京赴省上访事件发生。

【基础设施建设】 全年投入 3000 余万元硬化水泥道路 40 千米，河堤整治 5.6 千米，维修整治渠系 2.5 千米、精修塘堰 3 口，整治新修拦河堰 4 道，新投入变压器 4 台、整治改造供电线路 6.5 千米，架设通信光纤线路 5.3 千米。

（刘 江）

二郎庙镇

【概况】 二郎庙镇位于江油市东北部，距江油市区 54 千米，面积 148.42 平方千米，东临云集乡，南接厚坝镇、重兴乡，西与文胜乡、马角镇接壤，北与石元乡相邻。有耕地 1195.13 公顷，人均耕地面积 0.76 亩。辖 13 个行政村（明镜塔坝、新安、八角、东华、渭河、雷江、龙潭、金石、高坝、青林、桥上河、保林、芭蕉湾），122 个组，2 个社区居委会（南山、二青），总人口 3.16 万人（其中农村人口 2.19 万人）。森林覆盖率 67%。为省级试点小城镇，四川省卫生镇，绵阳市级文明城镇，绵阳市安全生产示范镇，绵阳市爱国主义教育基地，四川省小企业创业基地，国家级“亿万农民健身活动”先进乡镇，国家“十二五”重传项目先进集体，四川省生态镇。

2017 年，全镇农业总产值 2.3 亿元，粮食总产量 9039 吨、水果总产量 15750 吨、生猪出栏 16004 头；财税收入 3894.12 万元；农民人均可支配收入达到 16503 元，比 2016 年增长 1162 元；规模工业总产值 21.5 亿元，招商引资到位资金 1.06 亿元。

2017 年二郎庙镇各行政村基本情况表

表26

村名	面积（平方千米）	户数（户）	人口（人）	农村经济收入（万元）	农村经济总费用（万元）	农村经济净收入（万元）	农民人均纯收入（元）
明镜塔坝	12.6	1069	3036	6584	4279	2304	21687
新　安	10.7	849	2705	5421	3523	1897	20041
八　角	8.1	667	2112	4221	2743	1477	19987
东　华	4.3	395	1221	2443	1588	855	20010
渭　河	9.7	500	1608	3186	2071	1115	19818
雷　江	24.3	570	1411	2700	1755	945	19140
龙　潭	18.5	368	1224	2424	1575	848	19806
金　石	8.6	327	1067	1576	1024	551	14771
高　坝	4.2	362	1064	2142	1392	749	20131
青　林	18.6	751	1937	4072	2647	1425	21024
桥上河	7.5	338	1070	2017	1311	706	18858
保　林	14.2	363	1119	2100	1365	735	18769
芭蕉湾	8.7	789	2350	4849	3152	1697	20638

【地名由来与建置沿革】 因场镇西边明镜山有唐朝初年修建的二郎庙而得名。秦时为蜀郡地，西汉属梓潼县，东汉时曾隶德阳县。刘宋明帝泰始元年（465）后，改属北阴平郡阴平县，至宋端平三年，因战事阴平县废，隶属梓潼县。元、明、清因之。民国时为梓潼县第三区（重华区）青龙乡辖区。新中国成立后，1950年分为青龙、明镜两乡。1953年5月划入江油。1959年划归马角区，改名为明镜公社。1984年11月，撤销乡的建制，划归马角区公所和马角镇直辖，场镇设（明镜）办事处。1988年7月，成立二郎庙镇，马角区公所迁入镇上，区镇合署办公。1992年9月，撤区合并青林口乡，建立二郎庙镇。

【工业经济】 2017年，二郎庙镇为加快“江油工业重镇”建设，围绕产业结构调整，优化产业布局，促进产业升级。以非金属新材料为主导，以能源基地和工业物流基地建设为重点，不断促进绿色产业发展，大力淘汰落后、过剩产能。国储255处扩容项目建设顺利推进；兴蜀石化营销网点布局更加合理；四川都邦纳石化项目完成土地手续过户，取得江油市行政审批局环评批复和四川省安全生产监督管理局项目安全审查意见书，全面完成三通一平建设；成功引进上市企业重庆长江材料覆膜项目，延长了石英砂产业链；全年固定资产投资2.06亿元；技改投资1.95亿元；招商引资1.06亿元；新增规模工业企业2户、3户企业被认定为中小型科技企业。

【小企业创业园】 位于二郎庙镇芭蕉湾村的小企业创业园于2006年9月26日开工建设，以新型建材、木业加工、玻纤制品为主，基础设施建设逐步完善。创业园分A、B两个区，规划占地20公顷，现已开工建设A区，占地8公顷。创业园建设已初具规模。2008年11月被四川省中小企业局授牌为四川省小企业创业基地。2017年，石原玻纤有限公司完成技改工作，正常生产；川闽胶合板厂正常运转；宇丰玻璃公司积极筹备恢复生产；砖厂破产拆除。

【农业发展】 全面规划全镇农业发展，包装农业招商引资项目14个，推动实施龙潭红香椿种植、雷江康养基地建设项目，建设高级实用木材红香椿基地66.67公顷。以专合组织、家庭农场、种养殖大户和龙头企业为依托，大力拓展特色产业发展，规模种植生姜186.67公顷、白花桃426.67、皂角66.67公顷。芭蕉湾村示范种植羊肚菌6.67公顷。通过与记账户定期例会、结对找增收项目、激励奖惩等措施，促进农民增收。深化农业农村综合改革，推进农村集体建设用地、农村土地确权颁证等多项农村改革工作。

【旅游景点及其发展】 青林口古镇保留着明清时代的建筑风格和历史文化遗迹，具有独特的民情民俗和民间文化。整个场镇占地大约1平方千米，依山傍水、风景优美，有完好的文昌宫、闽粤会馆、火神庙、黄家大院、红军桥、红军石刻碑文及宣传标语、《西游记》《大话水浒》电视剧外景拍摄地等，2015年获国家级文物保护单位、绵阳市级爱国主义教育基地。灾后重建极大地提升了青林口古镇的名声以及旅游接待能力和接待水平。每年

图127 青林口古镇红军桥

农历二月初一的古庙会，白天有“高抬戏”表演、夜间有“烧火龙”表演；青林口“高抬戏”2006年10月代表四川在广东番禺参演，获得第八届中国民间文艺展演最高奖——山花奖，并被列入第二批国家级非物质文化遗产名录。2016年，青林口古镇被评为“中国传统保护村落”和四川省“历史文化名村”。2017年，按照“千年古驿站、红色青林口”的定位，加大对青林口古镇的保护与开发，编制《青林口古镇旅游发展规划编制》，为引进社会资本进行创意打造打下基础。投入150万元，实施索桥加固、公厕建设、标示标牌、光伏照明、路灯亮化、环境整治等传统村落保护项目，不断改善古镇环境。拍摄专题片2部，分别对古镇和红色文化进行宣传，不断提升古镇的文化底蕴和知名度。道教圣地“二郎庙”，相传建于唐朝初年，为纪念“二郎神”而建，香火旺盛。佛教圣地石岩寺，相传“安史之乱”时，唐明皇西蜀避乱，路经此处，见其风景优雅，便在石碑上题诗以做留念，后人在此建起寺庙，终年香火不断。距场镇11千米的黄龙洞，曲幽险奇，风景独特，是观赏溶洞的好去处。青云湖的旅游开发正在招商引资中。

【精准扶贫】 在精准识别基础上开展帮扶工作，为全镇贫困户购买“扶贫保”，并实现义务教育、基本医疗保障全覆盖。2017年，全镇贫困家庭累计报销医疗费45.22万元，报销比例达97.15%，发放教育基金10.98万元；全面完成65户“三建五改”，9户38人的易地搬迁入住，全面提升贫困户的居住条件。在贫困村建设皂角基地800亩，投入60万元产业资金，参股生猪代养，为村集体经济找到增收渠道；投入20万元，帮助59户贫困户发展自主养殖等产业；加快脱贫基础设施项目建设，投入200万元修建人饮工程，着力解决金石村1000余人的饮水问题，硬化路面7.78千米，修建机耕道1.2千米，精修塘堰3口。完成文化室、卫生室建设、地质灾害点整治、低压线路改造等项目。在贫困村举办“真诚感恩奋进、建设美丽新村”迎新春文艺会演。经考核验收，省级贫困村金石村脱贫。

【环境保护】 坚持人与自然和谐共生，树立和践行“绿水青山就是金山银山”的理念，坚持节约资源和保护环境的基本国策。加大摸排力度，对全镇的11座小（II）型水库实地查看，按照“一库一策”的模式进行治理，关停1家，整改3家，取缔投料机7台、投料盘1个、增氧泵9台。加大畜禽养殖业环保整治工作。按期完成规模养殖4户、专业养殖户17户、一般散养殖户23户的环保整治。利用市委常委、纪委书记姚华宗任涪河河长和副市长李海任梓江河河长的契机，全面落实河长工作制，推进流域生态建设，河道水域生态全面恢复。农村生活集中饮用水源地保护更加科学规范。新增双土地水库隔离网251米，标识标牌13个，出动75人次对水源保护区内的环境卫生进行集中清理，水质得到明显改善。全面压实企业环保责任，8户石英砂企业环保技改全面完成，实现废水循环利用不外排，石原玻纤降氮脱硝技改项目顺利推进，氮氧化物指标得到有效控制，企业主体责任得到全面落实。省级环保督查和中央环保督查实现“零投诉”，全年共投入环保技改资金3800万元。农村垃圾处理，“户收集、村转运、镇处理”的运行机制得到强化，新建垃圾池70个，方便群众垃圾堆放。场镇垃圾填埋场管理科学高效，安排专人管理，坚持每天集中消毒，定期对垃圾填埋场进行蚊虫消杀和覆土绿化处理。总投资40万元的场镇散户污水收集治理项目已动工建设。

【国土城建】 全年共依法办理农户新改建房屋申报用地手续45户，审批种养殖专业合作社办理设施农用地2户，依法制止和查处未批先建占地3户。坚持地质灾害防治工作监测与治理相结合，争取上级国土补助资金70余万元，对全镇6处地质灾害隐患点进行应急排危处置和工程治理。对高铁建设新增红线用地、沿线群众房屋炮损补偿、道路水利设施还建与恢复、临时用地复垦等工作主动进行协调。强化城镇基础设施建设和管护。全年共投入资金10万元对原中天公司公厕进行维修，对场镇路灯、环卫设施等按时检修，确保公共设施正常使用。分栋逐户排查危房15栋1万余平方米。争取农村危房改造资金30万元，启动C、D级危房改造24户。

【社会民生】 全年，全镇农村劳动力输出9754人，劳动技能培训152人，新增城镇就业人员80人，发放创业补贴5.9万元；建立健全老年人、留守妇女、留守儿童、残疾人等弱势群体关爱服务体系；新农合参保22798人；落实老龄补贴507人，发放资金20.89万元。落实城乡低保户344户520人，累计发放资金158.95万元。落实残疾人各项补助471人，发放资金26.48万元。

（万川友）

彰明镇

【概况】 彰明镇地处四川盆地第二大平原——江彰平原腹地，位于江油城区东南部，面积23.8平方千米，西临涪江河，西南与青莲镇相望，北与太平镇接壤，东连三合镇和东兴乡，南接龙凤镇，处于城市规划范围内，属江油市工业开发区。全镇辖8个行政村（昌明、长庚、金林、明月、北江、南江、福田、五龙）和1个治城社区居委会。全镇总人口18665人（其中城镇人口4112人、农村人口14553人），是江油50万人口大城市建设南部重要组成部分。

2017年，全镇实现规模工业总产值31.4亿元，固定资产投资1.73亿元，技改投资5000万元，社消零2503万元；完成招商引资到位资金5.25亿元，实现税收收入3587.98万元。

【地名由来与建置沿革】 古称孟津里，秦为蜀郡地，两汉时归涪县，西晋怀帝永嘉元年（307）属涪城县。晋武帝自白沙戍迁汉昌县侨置于青莲乡。西魏废帝二年（552）迁汉昌县治于今彰明镇，更名昌隆县，镇名治城。唐玄宗先天元年（712）因避庙讳而改名为昌明县，五代时再因避庙讳而改为彰明县。北宋时彰明镇名双流镇，后更名城厢乡。清道光时（1821—1850）为万安团地，清末为城厢乡中一保。民国3年（1914）为第一区中一保。民国29年（1940）改称治城镇。新中国成立后，1950年3月改名治城乡。1958年11月江油、彰明两县合并，名治城公社。1981年更名为彰明公社。1983年公社改乡。1984年撤乡建镇。

【工业发展】 2017年，利用中央环保督察契机，推进德华皮革公司、雄飞锻造等工业企业技改转型升级。全年外出招商16次，引进江油瑞隆精密材料项目、四川博能燃气工业配套项目。全年新增巧之园食品有限公司、瑞隆精密仪器制造公司、江油市新耀环保节能设备有限公司等科技型中小企业3户。

【农业发展】 坚持统筹推进全镇一、二、三产业协调发展，指导做好省级监测点和市级监测点记账户工作，鼓励农民发展种养殖业、商业和外出务工，推行“合作社+农户”“合作社+专业户”模式，远惠生猪专业合作社带动742户农户增收。全镇实现农民人均纯收入18189元，较

2017年彰明镇各行政村基本情况表

表27

村名	面积（平方千米）	户数（户）	人口（人）	农村经济收入（万元）	农村经济总费用（万元）	农村经济净收入（万元）	农民人均纯收入（元）
昌明	2.7	770	2153	6066.88	3424.18	2642.7	18986.00
长庚	2	424	1274	2799.26	1670.21	1129.05	18516.00
金林	2.9	775	1689	1825.96	1018.19	807.77	18513.00
明月	2.4	832	2134	3009.85	1882.38	1127.47	18392.00
北江	3	577	1777	1376.22	631.62	744.6	17943.00
南江	2.7	689	2078	4895.74	2234.32	2661.42	18518.00
福田	2.7	534	1700	3692.54	2086.83	1605.71	17423.00
五龙	5.2	575	1748	4178.10	2305.10	1873	17014.00

2016年增长11.6%。

【城镇化建设】 严格实行重点项目“领导逐个负责、任务一包到底”的工作机制，抓住村组干部、党员、议事代表等“关键群体”，用好用活拆迁激励奖惩政策，仅用12天就完成九绵高速彰明段31户房屋的签约工作。历时28天，完成中绵复线应拆迁房屋202户中198户签约。同时，完成华博易造项目55户房屋签约和拆除，邀月路、二污厂第二管线、中绵输气管线等项目顺利推进，拆除违建52处3521.76平方米。全年完成征地拆迁86.79公顷，为全市重点工程建设用地提供保障。

【社会事业】 全年发放城镇农村低保资金107.99万元，优抚救济资金125.71万元，高龄补贴15.97万元，重度残疾补助金7.56万元；城乡居民养老保险参保6632人，共计发放2196人养老保险金合计18.66万元。完成14个项目1179人失地农民社保参保工作，其中补缴8个项目288人。以创建全国文明城市为契机，彻底清理江彰大道和各村村道环境卫生、户外广告、牛皮癣、河沟垃圾漂浮物等；坚决取缔占道经营、非法营运等现象，规范设置停车线，不断推进场镇交通规范化管理；加大教育基建投入，补助4万元改善教育教学环境，彰明中学中考实现新突破；对9个村（社区）阵地开展规范化建设，严格实行“三务公开”。提高医疗服务水平和质量，促进基层卫生事业发展。开展“双拥双建”，强化人民武装，促进社会事业和谐发展。

【精准扶贫】 开展小额扶贫贷款工作，联系17个帮扶单位、10个社会公益组织、6名市人大代表参与扶贫攻坚，德华皮草通过义卖捐赠5万元专项用于脱贫攻坚，实现20户44人顺利脱贫。倾力对口帮扶工作，党委主要领导赶赴布拖县补洛乡尾什沟村摸情况、定方案，与彝族同胞共创脱贫攻坚。

【人居环境改善】 全年共出动人力1000余次，清除卫生死角50余处，清除垃圾10余吨，清理乱堆乱放1200余处，清除破损、陈旧广告60余幅，规范乱停乱放车辆100余辆，整治场镇随意焚烧垃圾和废弃物5起；狠抓农业面源污染整治，常态开展秸秆禁烧工作，明确由各村主任负责各辖区的巡查监督，制定有效措施，加大宣传，严肃处置露天焚烧秸秆现象；开展重点规模畜禽养殖整治工作，49家规模畜禽养殖场完成整改、3家关停；狠抓附子加工坊整改工作，督促5家完成环评手续办理、4家关停。制定《彰明镇环境保护工作职责分工方案》《彰明镇网格化环境监管实施方案》，开展河长制工作，规范建立网格化环境监管体系，形成横向到边、纵向到底的环保工作格局；与各村（社区）和场镇单位签订《环境保护目标责任书》《环保承诺书》，保证环保工作运行规范有序；全年制作悬挂秸秆禁烧、环保宣传横幅标语80余幅，通过微信群、QQ群宣传30余次，利用手机平台发布短信100余条，制作宣传专栏（展板）4个，印发宣传资料1000余份。

【社会稳定】 建立综合治理长效机制，全方位编制应急预案，全面提高应急维稳处理水平。严格落实安全生产责任制和追究

图128 12月21日，江油市四套班子领导调研中绵路

制，深入开展安全生产培训和法律法规宣传教育，把安全生产工作纳入目标管理体系，开展各类安全大检查20余次。加大校园周边环境整治力度，重点排查校园食堂、周边副食店、饮食摊点的安全情况。落实班子成员信访接待日制度，健全矛盾纠纷调解机制，定期开展矛盾纠纷排查，及时化解群众纠纷，做好中共十九大、春节、“两会”等重点时间节点信访维稳工作。加强高危人群管控工作，落实重点稳控人员包保责任，完善治安防控体系。深入开展“七五”普法教育，制定完善全镇“第七个五年普法”规划，严厉打击各类违法犯罪活动，常态开展社区矫正和法律援助工作，着力维护社会稳定，促进和谐发展。

（高存龙）

龙凤镇

【概况】 龙凤镇位于江油市东南部,东与东兴乡接壤，南与绵阳市游仙区相邻，西与青莲镇、九岭镇相连，北与彰明镇毗邻，距江油市区16千米，距绵阳市18千米，面积35.12平方千米。有耕地1008.4公顷，人均占有耕地1.26亩，有林地512.8公顷，森林覆盖率14.6%。全镇辖区内6个行政村（飞凤、顺江、龙云、中坪、歧山、鲁班），1个龙泰社区，68个村民小组。全乡总人口15805人（其中非农业人口3278人），人口自然增长率为2.8‰。辖区内水库5座，塘堰800余口，提灌站40处。

2017年，全镇实现辖区规模工业总产值16.04亿元，比2016年增长21.5%；完成固定资产投资7.11亿元，同比增长36.2%；技改投资6.78亿元，同比增长31.2%；农民人均纯收入达到16066元，增长9.6%。招商引资到位资金5.3亿元，同比增长32.5%。完成财政税收1817万元，同比增长19.5%。

【地名由来与建置沿革】 场镇因上有回龙寺、下有飞凤山而得名。民国17年（1928）设新民乡，隶属于彰明县第一区。新中国成立后仍名新民乡，为彰明县第二区所辖。1959年11月江、彰合县，成立新民人民公社，隶属彰明区。1984年公社改乡，恢复为新民乡。1989年撤销新民乡，设置龙凤镇。

【工业经济】 2017年，龙凤镇工业发展围绕夯实集中区工业发展基础、推在建项目、创新模式招商引资等工作，不断推进产业技改提升、转型升级，推动工业发展水平迈上新台阶。工业集中区基础设施建设PPP项目完成可研评审代立项、两评一案的编制及评审等前期工作，完成勘察设计、采购出社会资本方。项目建设上，绵阳市重点项目鑫达新能源聚甲氧基二甲醚项目年内完成投资4亿余元，如期建成并试车成功。路博润滑油4万吨/年废矿物油综合利用项目取得环评，计划2018年初恢复建设。招商引资上，引进晟睿泰塑业投资5.5亿元盘活启明星硅业公司存量土地13.07公顷，股权收购、公司变更、旧厂房拆除、场地平整等工作已完成，计划2018年7月建成投产。

【农村产业化发展】 全年以精准扶贫为抓手，抢抓交通大会战契机，以“一园一区一基地”（生态垂钓区、绿色果品种植园、国家级水稻制种基地）为载体，

2017年龙凤镇各行政村基本情况表

表28

村名	面积（平方千米）	户数（户）	人口（人）	农村经济收入（万元）	农村经济总费用（万元）	农村经济净收入（万元）	农民人均纯收入（元）
鲁班	6.53	711	2110	3676.78	1739.35	3386.22	16048
龙云	7.2	1029	3324	2597.88	618.32	5230.46	15736
飞凤	7.65	778	2186	1680.88	663.9	3693.58	15396
歧山	3.8	467	1355	1288.89	486.1	2141.34	15810
顺江	3.7	601	1921	1707.23	631.2	3885.29	20230
中坪	5.2	552	1631	1720.83	709.14	2479.82	15210

发展好特色主导产业，不断提高农业产业化水平，提升群众生产生活条件。基础设施建设上，全年硬化道路20余千米，新建塘堰1口，精修塘堰2口，改造提升生态垂钓区塘堰风貌20口，新建提灌站1座，维修干渠1500米；龙东路已完成建设通车。产业结构调整上，引进四川森林雨农业科技有限公司，总投资1.63亿元，流转土地近70公顷，打造西南地区首家将高科技、高附加值的农业与养殖业相结合，将生态观光农业与休闲旅游农业相结合的现代渔业产业园，项目建成后可提供就业岗位200余人；依托龙云村1100型生猪代养场、顺江村彬家湾家庭农场、韩氏家庭农场的生猪及禽类养殖，将其连点成线，周边配套20至33.33公顷林果种植，辐射连片云龙塔苗木生产（樱花观赏）基地，打造以种养结合为主的生态循环农业产业园；多途径培训农民工200余人次，多渠道推荐就业，新农村建设上，以建设“业兴、家富、人和、村美”的幸福美丽新村为目标，以文明村镇创建为抓手，广泛开展“四好村”创建活动，实现农村面貌持续改善、村民生活水平大幅提高。成功创建绵阳市级“四好村”1个、“卫生村”2个，江油市级“四好村”5个、“文明村”3个。

【脱贫攻坚】 全年实施危旧房屋改造8户，厨房改造13户、厕所改造12户、硬化院坝11户。利用产业发展基金50万元发动全镇71户贫困户加入产业发展，逐步提高人均增收。通过小额信贷为153户贫困户贷款640.2万元，助力贫困户发展产业。推广中国社会扶贫网“3+”模式，累计注册贫困户220人，爱心人士499人，发布贫困需求121条，成功对接96条，努力构建“镇村联动抓扶贫、社会齐心促攻坚”的局面。通过推进“六个一”帮扶，压实责任，58户162人贫困人口全面脱贫。

图129 龙凤镇田园风光

【民生保障和社会事务】 坚持“应保尽保”“应退即退”原则，2017年全镇农村低保共清理取消48户99人、新增29户54人，年内有农村低保172户291人，新增城市低保0户0人，城市低保21户31人。全年新审批农村五保供养待遇7人，新批集中供养3人，清理出不符合五保条件2人。截至12月底，享受农村五保供养待遇81人，其中敬老院集中供养44人、散居37人。全镇城乡医保参保率达100%。为375户因灾致困的家庭发放冬令春荒资金9万元。全年发放优抚优待资金共发放优抚资金84万余元。为353名80周岁以上的高龄老人发放高龄津贴11.8万元，为63人办理“老年优待证”，为172名老人购买居家养老服务，为582名老人购买老龄意外保险。对10户贫困残疾进行走访并发放慰问金2000元；免费康复训练救助贫困脑瘫残疾儿童1名，并为3名精神患者申请落实精神病人服药及住院费用报销；居家脱养救助28人，困难残疾人生活补贴125人，重度残疾人护理费用补贴114人；申请贫困白内障患者复明手术8例和贫困精神病患者免费服药3例。全年共组织集中安全检查16次，发现问题和隐患56起，整改56起；全面落实安全生产“一岗双责”制度，加大安全隐患排查治理，全年无重大安全责任事故发生；调解矛盾纠纷29件，化解积案3件，重大节日和重要会议期间无到省进京上访事件，全镇积案明显减少，信访总量下降；防邪禁毒工作有效加强，全镇和谐稳定。

【项目拆迁】 坚持科学安排、连轴运转，全面推进九绵高速（龙凤段）、江油至芦溪快速通道、路平—富乐500千伏输变电线路、兰成渝输气管线及工业集中区基础设施建设等5个重大项目征地拆迁工作。其中九绵高速（龙凤段）项目拆迁工作，镇村社党员干部主动担当作为，仅用19天迁移农户63户，迁坟166座，拆除房屋1.8万余平方米，支付房屋及附着物补偿款约2080万元人民币，完成拆迁任务。随后，全镇干部通力合作、连续作战，仅历时25天完成江油至芦溪快速通道拆迁任务，迁移农户69户，迁坟300余座，拆除房屋2.2万余平方米，支付房屋补偿款约2013万元。同时全面推进路平—富乐500千伏输变电线路、兰成渝输气管线及工业集中区基础设施建设项目。

【旅游景区景点】 龙凤镇环境优美，涪水环绕、青山相抱，有列为江油市文物保护单位两个：一是建于清代、被誉为江油第一高塔的云龙塔，六角九重檐、高30余米；二是位于涪江，盘江汇合处的观音岩石刻佛像和碑文，碑文记载为初唐贞观年间（627—649）陆续刻成，极具开发价值。

（王　菊）

小溪坝镇

【概况】 小溪坝镇位于江油市中东部，江油、梓潼、剑阁三县交界处，北与重华镇、厚坝镇相邻，东与河口镇接壤，南与东安乡交界，西与新春乡毗邻，面积48.4平方千米，城镇面积1平方千米。全镇共辖8个行政村（小溪、阴坪、三合、人民、五里坝、鲜花、鲤鱼口、民政）、1个社区居委会（新民）、85个村民小组，总人口17347人（其中农业人口14768人，非农业人口2579人）。镇内有小（二）型水库4座，山坪塘388口，排灌渠道11万米，水源丰富，网络布设合理。全镇耕地总面积999.13公顷（其中田面积800公顷、地面积199.13公顷），林地面积2018.4公顷。镇内共有企业24家，规模企业7家，其中农产品加工企业6家。

2017年，全镇规模工业总产值实现8.76亿元，固定资产投资实现4400万元，招商引资实现4010万元，限额以上社会消费品零售总额实现1800万元；完成2000万元招商引资项目2个（其中农业项目1个、工业项目1个）。

表29　2017年小溪坝镇各行政村基本情况表

村名	户数（户）	人口（人）	农村经济收入（万元）	农村经济总费用（万元）	农村经济净收入（万元）	农民人均纯收入（元）
小　溪	1125	3057	4455	1336.5	3118.5	16024
阴　坪	607	1680	1575.5	472.7	1102.9	16533
三　合	461	1596	1272.41	763.44	508.97	16422
人　民	694	2230	2599.3	909.8	1689.6	14912
五里坝	551	1798	1895	758	1137	19485
鲜　花	360	1317	1141.9	342.6	799.4	15892
鲤鱼口	527	1820	2336.7	719	1618	16808
民　政	419	1288	1444.55	592.27	852.28	16567

【地名由来与建置沿革】 小溪坝因境内有一条自西向东流的小溪迂回曲折汇入潼江，两岸有小块平坝，故名。原名五星乡，隶属于梓潼县。1953年1月并入江油县，隶属于重华区。1958年改名五星公社。1981年11月更名为小溪坝公社。1984年1月公社改乡。1984年12月撤乡建镇。境内阴平村是西晋怀帝永嘉年至南宋理宗端平二年（1235）间北阴平郡、阴平县治地。

【精准扶贫】 全年深入推进“百日攻坚行动”，开创“产业引领、汇聚力量、村企联动”的产业扶贫、促农增收道路。产业扶贫亮点纷呈。采取“抓项目促扶贫，抓产业促扶贫”的路径，在鲜花村发展6.67公顷土李子种植项目，筹措扶贫资金免费为自愿发展的91户贫困户分别提供母猪47头、蛋鸡1310只。围绕“政府搭台·产业扶贫”，村企联建形成合力，促成了川通生态农场、微米电商与贫困村结对帮扶。“基金入股+联合产业+保底分红”的发展模式和“622”的分配模式顺利实施，扶贫枣园、蛋鸡寄养、生猪代养等扶贫产业持续为贫困户带来稳定收益。长短结合的增收模式初见成效，实现34户104人如期脱贫，省级贫困村鲜花村摘帽。第一书记、驻村干部、帮扶干部等“六个一”帮扶力量的建设和管理更为具体，帮扶责任全面压实，帮扶措施更为精细。全年小额贷款贴息覆盖141户、贷款金额200.23万元。家庭医生签约服务266户贫困户，医疗救助219人次。帮助6户贫困中高职学生办理“雨露计划”，申请救助资金0.45万元；帮助53户贫困幼儿、小学、初中高、大中专等学生申请江油市教育扶贫基金4.84万元，帮助1户贫困大学生申请四川省教育救助基金0.4万元。全年发放城市低保11.91万元、农村低保77.64万元、五保金26.36万元。为困难群众申请临时救助共3.92万元，为低保、五保户困难群众进行网上医疗救助245人次。组织75名残疾人参加劳动技能培训，促进弱势群体就业创业。

图130　小溪坝镇民政村桃园

【城乡建设管理】 全年通过开展环境整治行动，扎实推进生态文明建设。污染防治“三大战役”强力推进，全覆盖专项排查收集各类环保问题41个，逐一整改落实。关停散乱污企业1家，停产整改榨油坊3家、砖瓦企业3家、农机汽修8家，注销危废回收企业1家，“河长制”“田长制”等环保网格化管理制度全面落实，完成饮用水源地保护地划定。完成4座小二型水库和6处养殖场的整改，投资30万元整治潼江流域环境，持续推进污水管网配套工程和垃圾中转站建设项目，处理乱堆乱放违规建筑等15起，通过中央环境保护督察检查。各类城乡建设项目相继实施，在人民村新建垃圾房7个,新建垃圾池6个，维修垃圾池6个，购置垃圾桶200个。二小干道改造全面完成。投资185万元的棚户区改造项目通过竣工验收，城乡面貌进一步改善。开展幸福美丽新村建设和“四好村”建设，推进移风易俗，开展治脏、治乱、治违活动，深入发动群众，坚持做到常抓不懈。2017年小溪坝镇被评为绵阳市文明城镇。民政村先后被评为四川省卫生村、省“四好村”。小溪村、五里坝村被评为绵阳市“四好村”，所有村都被评为江油市文明村。

【农业发展】 全年完成土地确权4520户，确权承包面积890.07公顷。通过土地流转等方式，新培育家庭农场2户，种养殖大户各1户，农民专业合作社1户，引导农户走产业化发展道路。大力实施农村集体经济体制改革，年底已全面建立村级农村集体经济合作社8个，社级合作社85个。全年新建村组级道路近3千米，贫困户入户道路近4千米；实施“三建五改”178户，解决530余人因住房、厨房、厕所、圈舍、院坝、入户道路等难题。推广水稻旱育秧32公顷、抛栽面积400公顷、机插面积80公顷；推广测土配方施肥技术300公顷；建立水稻全程机械化高产示范片13.33公顷、66.67公顷水稻高产核心示范区1个。争取江油市水稻病虫防治社会化服务项目4个。发布农情简报8期，发放技术资料2000份，科技下村活动进行培训共6场次，覆盖2200余人次。抓好惠民政策宣传和落实，抓好农业保险投保，到账灾害理赔金额22万余元，帮助农民减轻农业损失。农民平均收入达16129元，增加1386元、增幅9.4%。

【社会事业】 镇综治中心规范化建设初步完成，“矛盾纠纷联调、社会治安联防、重点问题联治、重点人员联管、服务管理联抓、基层平安联创”的工作格局初步形成。在全国“两会”、省第十一次党代会、第五届科博会、中共十九大、“12·6”西成客专首发日等重大敏感时期前共摸排可能影响社会稳定的不稳定因素14件，预防越级上访9件，预防群体性上访4件，调处小型矛盾纠纷51件，排查治安隐患15个。运用“矛盾纠纷多元化解协调中心”，处理不稳定因素9件，办理办结到市上访3件、市长热线11件、网络信访5件，成功处置“11·6”民工围堵西成客专小溪坝项目部及堵路事件。群体性进京赴省到绵阳市非正常上访等“五个不发生”全面实现。全面开展“平安小溪坝”建设。组建治安联防队伍和“红袖标”队伍10支，实现日常巡防常态化。圆满完成9次铁路一级安保任务，沿线四村一社区创建为省级“九无”平安铁路示范村(社区)，小溪坝镇被评为绵阳市2017年度铁路护路联防工作先进集体。深入开展“无邪教示范乡镇”创建工作，持续强化严重精神障碍患者和社区矫正人员的管理和帮扶，社区戒毒社区康复工作机制逐步完善。全年共开展易制危爆品、寄递物流、禁毒戒毒、扫黄打非、校园环境、打击非法集资和非法传销等专项整治行动11次，全镇未发生重大治安或刑事案件。全年未发生一起安全责任事故，通过国务院安全生产督察检查和四川省级安全社区持续改进复核评定。全年开展道路交通、安全生产、消防安全、烟花爆竹、危化品等各类专项检查宣传20余次，处罚企业4家。实施地质灾害隐患点应急排危2处，道路桥梁隐患点整治8处。完善防灾减灾和地质灾害防治预案，人员、物资、器材落实到位，做好森林防火、防汛抗旱准备。大力宣传防火知识，搞好防火应急演练。树立防大汛抗大旱的思想，全面落实防汛抗旱责任制，深入开展防汛防火安全隐患大排查，及时消除隐患，确保安全度汛，保障人民生命财产安全。

（龙　刚）

双河镇

【概况】 双河镇位于江油市中部，北与永胜镇、新春乡接壤，东与东安乡、新兴乡连界，南与新安镇、三合镇毗邻，西与武都镇相连，距江油市区19千米，面积52.46平方千米。全镇辖9个行政村（分水岭、八角庙、邓家塔、天明、桂花、报恩寺、蒲溪、望乡台、牛踩石）和1个居委会（双百）；总人口19103人：其中农业人口16495人，非农业人口2280人；场镇常住人口3720余人。全镇耕地面积1052.67公顷，其中：水田631.6公顷，旱地421.07公顷。境内有小（一）型水库1座、小（二）型水库5座、山坪塘849口、排灌渠道15.6千米，网络布局合理，是江油的主要粮油产区之一。宝成铁路、中雁公路、西成高铁纵贯全境，交通十分便利，宝成铁路在镇区内设有客、货运站台，物资交易及运输十分方便。另有红永路、双新路、双一路与周边乡镇相通。全镇各村新修通村组道路硬化16.4千米，村组道路基本实现全面贯通。

2017年，全镇地方生产总值4.6亿元、比2016年增长12.2%；实现工业总产值1.92亿元、同比增长23.9%；招商引资到位资金12.3亿元、同比增长65%；完成固定资产投资6500万元、同比增长3.6%；财政税收

2017年双河镇各行政村基本情况表

表30

村 名	面 积(平方千米)	户 数(户)	人 口(人)	农村经济收入(万元)	农村经济总费用(万元)	农村经济净收入(万元)	农民人均纯收入(元)
分水岭	9.8	894	2864	4439	2320	2770	16815
八角庙	6.2	440	1426	1895	1016	1080	15929
邓家塔	4.9	564	1873	2802	1490	1202	16476
天 明	4.11	470	1721	3178	1670	1572	18347
桂 花	10.25	904	2961	5929	3319	3473	18020
报恩寺	6	597	2010	4650.36	2790.2	3361.41	16361
蒲 溪	3.5	516	1703	2805	1543	1683	16101
望乡台	3.6	335	1050	2047	1090	920	16264
牛踩石	4.1	283	896	1310	720.5	988	16179

1650万元、同比增长8.69%。农民人均纯收入达16878元、同比增长13.5%，在全市年度考核工业主导类乡镇中位列第二名。

【地名由来与建置沿革】 因镇政府所在地处于蒲溪沟、蒋家沟的交汇处，故名两河口，又名双河口。明嘉靖年间（1522—1566）设两河场。民国25年（1936）建联保，改为双河口场。民国29年（1940）改保为乡，隶属于第二区。新中国成立后，1950年10月设立双河乡。1958年改为双河人民公社。1983年公社改乡。1992年撤乡建镇。

【重点项目建设】 全年完成神华天明电厂“三线”建设项目拆迁，基本完成西成客专还建工程。顺利推进神华天明发电厂项目，全年完成投资19亿元，加快推进循环经济产业园基础设施（PPP模式），加大招商引资力度，与金和集团等4家企业签订投资协议，协议金额达79亿元，招商引资到位资金12.3亿元。

图131 建设中的神华天明煤电一体化循环经济产业园

【基础设施建设】 全年硬化村组道路16.4千米，精修沟渠7.36千米、塘堰23口、蓄水池2口，整治提灌站5处、防洪项目2个，惠及群众1万余人。

【农业产业化发展】 产业布局更趋合理，双河生态循环农业经济产业园建设初见成效，各村相继按照“支部+公司+合作社（农户）+银行+基地”五位一体生产经营模式成立合作社，全面推进“种养结合、农旅融合”发展。产业化水平不断提升，鼓励群众进行土地流转，发展家庭农场、合作社等经营模式，新增合作社9个，推动农业规模化、产业化、高效化。

【脱贫攻坚】 牛踩石村通过上级验收，退出贫困村序列，52户149人贫困户如期脱贫，贫困人口脱贫准确率达100%。依托双河生态循环农业经济产业园，为贫困村36户贫困户划拨产业发展股本参与专业合作社发展初见成效，为23户贫困户38人提供就业岗位。扎实开展政策扶贫，对254户建档立卡贫困户进行“三建五改”，为175户贫困户发放扶贫贴息贷款372.9万元，为

63户建档立卡贫困户发放教育帮扶资金3.7万元，为105户建档立卡贫困户发放医疗救助资金59万元。

【民生事业】 全面落实惠民政策，发放城乡低保、救灾救济、医疗救助、优抚安置等惠民资金170余万元，惠及5000余人次。关心关爱群众困难，挤出机关办公经费12万元，慰问孤寡老人、离职村干部、退伍复转军人、贫困党员、贫困户等400余人。加强社会治理，充分发挥天明法治服务站功能，化解矛盾纠纷180余件。建立企地项目推进联动机制，实行台账动态管理，协调解决农民工工资1436万元，全镇安全生产和社会大局持续稳定。

（王　敏）

贯山镇

【概况】 贯山镇位于市境东南部，距市区12千米。东南与义新镇、南与绵阳游仙区凤凰乡毗邻，西北与三合镇相连，西南与大堰乡接壤，东北与新安镇交界。辖区面积37.38平方千米，耕地面积1568.27公顷。辖6个行政村（老君殿、高板、马凤、懒板凳、清平、三教），1个高新社区，70个村民小组，总人口14449人。场镇设政府机构1个，公安派出所警务室1个，场镇企事业单位9个。

2017年，全镇社会生产总值3.55亿元，比2016年增长12.7%；全社会固定资产投资总额完成2633万元，增长30%；招商引资完成3100万元；农林牧渔总产值2.3亿元；税收收入完成224万元，实现农民人均可支配收入17069元，增加1621元。

【地名由来与建置沿革】 因从前烧制陶罐于小丘之上而得名罐子包，后易名为贯山。清末建置。民国24年（1935）改为贯山联保。民国29年（1940）废保复乡，隶属于江油县第二区。新中国成立后，1950年成立贯山乡，隶属于彰明县第四区。1958年成立贯山公社，隶属于新安区。1967年更名为建山公社，1980年恢复原名。1983年改公社为乡，名贯山乡。2014年撤乡建镇。

【农业发展】 全年坚持推进绿色发展，全镇新增稻蟹种养面积6.67公顷，新增土李子种植13.33公顷，产值达310万元，贯凤土李子已申报绿色认证。贵妃枣初挂果，产值1万余元。先后创建省级稻渔综合种养示范区和第一批国家级稻渔综合种养示范区。大力培育以现代农业产业化龙头企业为核心、农民专业合作社为纽带、家庭农场为基础的现代农业产业化联合体，全年新增科技型中小企业3家、家庭农场8家、专业合作社2个，吸纳社员278户。

【城镇建设】 全年硬化道路7千米、整治维修堰塘12口，新修沟渠13千米，蓄水池3口。农网改造全面延伸，投资460万元，新建及改造10千伏线路500米，低压线路43千米，接户线11.2千米，新建及增容变压器14台，改善农村生活、生产用电条件。投入30余万元，栽种场镇行道树150余株，铺设场镇入口绿化草坪200余平方米，场镇面貌大为改观。改造场镇公厕，改善农村卫生条件，补齐影响群众生活品质的短板。镇内建有老年

2017年贯山镇各行政村基本情况表

表31

村名	面积（平方千米）	户数（户）	人口（人）	农村经济收入（万元）	农村经济总费用（万元）	农村经济净收入（万元）	农民人均纯收入（元）
高　新	6.1	800	2432	4538	1874	2730	11324
老君殿	4.7	551	1823	3811	1456	2457	14325
高　板	4.5	573	1671	2727	1133	1741	10352
马　凤	6.1	600	1897	3561	1688	2034	11337
懒板凳	6.5	945	2946	4450	2012	2435	9543
清　平	3.5	398	1203	2765	1257	1832	14194
三　教	5.6	555	1703	2574	1013	1537	10635

活动中心2处，中心图书室1个，村级图书室7个，规格50平方米/个，藏书3万册，远程教育专用设施8套。幼儿园1所，小学1所。

【社会保障】 推进脱贫攻坚，全年有70户210人实现脱贫，24户“三建五改”、5户异地搬迁、1户危房改造全面完成，发放小额信贷贴息贷款198户540万元，补助48万元采取养猪、养鸡、养蜂、养鱼等措施对218户贫困户进行“回头帮”“回头看”。全年发放农村城镇低保资金126.5372万元，办理农村低保297户557人，新增就业30人，城镇失业人员再就业2人，解决应参保失地农民参保8人。新农合、新农保实现了应参尽参、应保尽保，全镇参保率达100%。

【民生事业】 全年投资40万元，对敬老院床位、消防设施进行改造提升，初步实现敬老院住房公寓化、环境花园化、卫生整洁化。投资25万元新建马凤村老年人日间照料中心。全年发放粮食补贴161.89万元、良种补贴32.15万元，优抚抚恤金、伤残金41.7336万元，退役士兵生活补助14.01万元，农村五保70人，城镇低保17户26人，民政优抚对象176人，临时救济199人，全年共发放民生经费246.4万。全面落实两孩政策，年内出生126人，征收社会抚养费4万元，发放独生子女父母奖励金752人4.5万元，发放计生奖扶特扶883人101万元，计生工作从管理型向服务型转变。

【社会稳定】 全年开展矛盾纠纷排查，坚持一月一通报、一季一汇总，排查矛盾纠纷95件，成功调处88件，诉讼解决4件，化解信访积案3起。认真开展领导包案化解重点信访事项活动，落实领导包案机制，全年共接待信访群众80余人次，化解信访问题37件，绵阳交办的3件积案全部办结，实现关键时期信访维稳零非访零登记目标。严格落实安全生产责任制和责任追究制，成立安全大检查领导小组，集中开展安全检查，坚决遏制违规作业情况发生，全年安全零事故。

【文农林旅示范园区建设】 大力开发现代农业多种功能，实施休闲农业和乡村旅游精品工程，结合创建稻渔综合种养示范区，全年成功举办钓鱼节、大闸蟹开捕节等休闲渔业项目，提供观光、摄影、餐饮、垂钓、度假于一体的休闲产业链条，全方位、深层次宣传贯山镇旅游资源及旅游发展格局，依托生态休闲旅游协会，拓展服务功能，提升服务水平，发展乡村共享经济、创意农业、特色文化产业，建设设施完备、功能多样的休闲观光园区、康养基地、乡村民宿，逐步打造乡村旅游“一日游”旅游线路，拓展综合种养的产业功能，实现一、三产业融合发展。

【城乡环境综合治理】 全年规范各村垃圾站点，严格开展秸秆、垃圾禁烧工作，制定和完善城乡环境综合治理工作方案和制度，实施环境综合治理工作考评办法，每季度对村（社区）环境进行考核，施行奖惩。坚持全员参与、全域覆盖，每月28日定期开展环境卫生大整治，全面改

图132　12月20日，贯山镇创建国家级稻田综合种养示范区汇报会

善城乡环境卫生。实施马凤、清平农垃整治省级民生工程，修、改建垃圾池11口，配备垃圾车2辆、垃圾桶20个、割草机2台，无缝对接大堰垃圾处理转运点，确保垃圾日产日清，定期做好村组道路砍青、修剪管护及补植，打造绿色靓丽新形象。

（贯山镇）

战旗镇

【概况】 战旗镇位于江油市东部，距江油城区25千米，东与梓潼县黎雅镇交界，南与游仙区太平乡相接，西邻江油市新安镇、义新镇，北接江油市新兴乡，辖11个行政村（中和、梨园、青华、石庙、白沙、海棠、三清、白坪、白云、瓦子、回龙），113个村民小组，1个和平社区。2017年年末，全镇总户数5169户，15830人，其中农业人口15910人。战旗镇属农业大镇，浅丘地貌，面积50.76平方千米，植被覆盖率36.5%。全镇有耕地1511公顷，农民人均占有耕地0.09公顷。农业以种植水稻、玉米、小麦、油菜为主，特色种植业有“九叶青”花椒、“二荆条”海椒、莲藕、水稻制种、桑葚、石斛中药材、金丝皇菊等。畜牧业以种养殖猪、鸡、鸭、鹅、兔等为主，注重发展生猪、蛋鸡、肉牛等养殖大户。

2017年，全镇固定资产投资4800万元；招商引资2000万元；农民人均可支配收入实现15818元；新增专业大户8户；镇农村劳动力转移6600人，实现劳务收入9356万元，人均劳务收入14175元；新增返乡农民工创业项目1个。

2017年战旗镇各行政村基本情况表

表32

村名	面积（平方千米）	户数（户）	人口（人）	农村经济收入（万元）	农村经济总费用（万元）	农村经济净收入（万元）	农民人均纯收入（元）
中　和	6.40	722	2118	2955.13	1354.9	1600.13	16072
梨　园	4.28	430	1268	1425	656.09	768.91	15949
青　华	5.18	573	1685	1794.57	821.05	973.52	15966
石　庙	5.91	712	2207	2254.26	1032.02	1222.24	16051
白　沙	2.65	292	918	1258.67	621.62	677.55	15755
海　棠	5.45	555	1826	2074.1	945.51	1124.59	15816
三　清	3.10	314	1002	1227.93	586.05	691.88	15876
白　坪	3.62	403	1250	1877.36	858.67	1018.69	15719
白　云	3.87	365	1102	1401.75	645.17	756.58	16257
瓦　子	5.82	508	1574	1636.09	748.6	887.49	15467
回　龙	3.13	295	880	1064.51	486.98	577.53	15762

【地名由来与建置沿革】 清初建置，原名中和乡。民国沿旧制。新中国成立后，1950年将原1~4、9、10保组成中和乡，原5~8、11保组成金顶乡。1953年，将梓潼县瓦子乡划入。1955年，将金顶乡的生产村（即白云村）、莲花村和瓦子乡的瓦子村、回龙村、公坪村并入。1958年10月成立中和乡人民公社，辖10个管理区，隶新安区。1967年破“四旧”时更名为战旗公社，寓意“战斗的旗帜”。1983年公社改乡。1992年9月撤乡建镇。

【脱贫攻坚】 全镇贫困人口281户812人，省定贫困村白沙村有贫困人口43户124人。至2017年共脱贫235户685人。全面完成易地扶贫搬迁工作，42户107人已全部入住，统筹资金160万元加强基础设施建设，在白沙建提灌站2处，在白沙、回龙、青华硬化道路2.38千米。投入资金38.93万元开展“回头看、回头帮”；投入资金13.65万元，实施39户贫困户“三建五改”，确保达到真脱贫不返贫，贫困村水蜜桃产业园初见成效，村集体经济进一步壮大。

【农村产业化发展】 推进壮大农村集体经济改革试点工作，成立江油三清裕农土地股份经营合作社，募得启动资金40余万元，流转本村农户土地53.33公顷，实现集体经济增收1.4万元。加强对石斛养生产业园、双椒产业园、循环经济产业园等产业园区的新型经济组织的政策扶持、配套设施建设和行政服务，初步建成集育苗、种植、初加工、养生文化农旅结合的石斛产业园，可实现年产值5000万元;中药材产业园达到40公顷；扩大水蜜桃、葡萄基地400公顷，发展优质水果46.67公顷。

【环境治理】 以中央环保督察为契机，全力打好污染防治“三大战役”，抓好秸秆禁烧、饮用水源地保护、水库水质管理保护、畜禽养殖污染治理、农村面源污染治理及河长制工作。关停禁养区养殖场2户，搬迁禁养区养殖户1户，完成限养区5户、适养区35户畜禽养殖户的限期整改。用好公共维护运行费，常态化开展城乡环境综合治理，高标准完成三清生活垃圾治理省级民生项目。开展“四好村”创建，白沙、石庙评为省级“四好村”，三清、中和、白坪评为绵阳四好村，三清生态功能区环境保护项目扎实推进。利用“一事一议”、革命老区、产粮食大县、生态建设等财政资金，争取到宏安集团捐助资金，大力加强基础设施建设，硬化道路8895米，硬化渠道2500米，整治塘堰17口，建设提灌站2处。

【民生事业】 落实各项涉农补贴政策，发放涉农补贴242.67万元。落实社会保障政策，发放救助类补贴270余万元。新型农村社会养老保险试点覆盖10482人，提前完成432人全民参保任务，为116名老人提供居家养老服务，战旗敬老院新建养护楼项目有序推进。开展“七五”普法，推行依法治理，全面落实安全生产“一岗双责”制度，加大安全隐患排查治理，无重大安全责任事故；调解矛盾纠纷23件，化解积案3件，重大节日和重要会议期间无到省进京上访事件；防邪禁毒工作有效加强，全镇社会和谐稳定。

（勾永波）

图133 11月17日，战旗镇快板小分队下村宣讲中共十九大精神

河口镇

【概况】 河口镇位于市境东部边沿，地处江油、梓潼、剑阁一市两县交界处，距市区54千米。东与重兴乡接壤，东南与剑阁县东宝镇相连，南与梓潼县小垭乡、仙峰乡毗邻，西南方与梓潼县双板乡交界，西与厚坝镇、小溪坝镇、东安乡相连。全镇总面积58.03平方千米，辖1个三千米社区，8个行政村（燕子、文星、石寨、统一、圣马、合龙、宏江、石佛），73个村民小组。全镇总户数4191户，其中农业户3865户、农业人口12485人，有外来人口120人。山林面积1217公顷；耕地面积1239公顷，其中水田940公顷。

2017年，全镇地区生产总值达3.819亿元，比2016年增长7.91%。固定资产投资2866万元，招商引资到位资金2000万元，实现财税收入95.2万元。全年新增科技型中小企业1家，培育专业大户2户、家庭农场2个，建设幸福美丽新村1个，包装农业招商引资项目5个。农民人均纯收达16929元，人均增收1662元，镇域经济持续健康发展。

2017年河口镇各行政村基本情况表

表33

村名	面积(平方千米)	户数(户)	人口(人)	农村经济收入(万元)	农村经济总费用(万元)	农村经济净收入(万元)	农民人均纯收入(元)
燕　子	3.5	484	1416	2250.22	1012.59	1237.62	16196
文　星	5.3	372	1266	2371.24	1090.77	1280.47	16455
石　寨	6.12	352	1122	2105.11	9473.03	1157.81	16832
统　一	8.5	572	1785	2856.61	1485.43	1371.17	16391
圣　马	10	666	2227	4190.38	1885.67	2304.70	16074
合　龙	8.6	531	1745	3396.85	1358.74	2038.11	16579
宏　江	7.5	490	1610	3015.02	1386.91	1628.11	16603
石　佛	8.01	398	1314	2606.45	1198.97	1407.48	16462

【地名由来与建置沿革】 因镇政府驻地小河口位于源自青林、重兴的一条小河汇入潼江的山嘴上而得名。民国时期名统驭乡。新中国成立后，1951年3月更名为中兴乡，以示从此兴旺发达之意。1958年成立中兴人民公社。1981年地名普查时因与邻县重名改为河口公社。1983年公社改乡。1992年撤乡建镇。

【产业发展】 全年成立、引进蜜柚种植专业合作社5家，发展入社农户830余户，蜜柚栽种新增面积33.33公顷，建成3个蜜柚产业园区。通过举办蜜柚采摘节、与电商协会合作等方式，“好阿柚”蜜柚线上线下累计销售2200吨，实现产值530万元。被确定为市委书记挂牌联系的“经营主体+产业园区”发展模式改革试点乡镇之一。坚持生态、环保理念，以生猪养殖为重点拓展种养结合的循环经济发展模式，推动全镇畜牧产业良性发展，出栏生猪31490头、牛羊1200头、禽类52万余只。以文星村、石寨村为核心，进一步打造贡米基地，全年总产优质粮油12400余吨。此外，石佛村芍药种植、合龙村早熟桃、统一村西红柿等多元产业稳步发展。

【基础设施建设】 争取临江街地质灾害点综合整治项目，2017年11月底完成一期应急治理工程，投资170万元。二期到位资金1500万元，年内正在进行设计招标。整合美丽乡村、生态功能区、“一事一议”、革命老区、人饮及水利项目资金620余万元，硬化村组道路19.3千米，整治渠系7千米，精修塘堰10口。与梓潼县仙峰乡共建共管的污水处理厂主体工程全部完工，进入设备调试阶段，配套实施的场镇污水管网改造工程已经完成可行性研究。大力推行市场整治，完成加油站改造，场镇基础设施综合水平不断提升。

【脱贫攻坚】 新建的“六合一”党群服务中心于2017年4月正式投入使用，圣马村6户贫困户迁入居民集中安置点。全年实施危旧房屋改造44户，厨房改造19户、厕所改造6户、硬化院坝17户、新建圈舍2户。利用产业周转金80.1万元发动全镇262户贫困户加入产业发展，逐步提高人均增收。通过小额信贷为138

图134　6月21日，河口镇举行临江街地质灾害避险应急演练

户贫困户贷款190万元，统一入股农投公司生猪代养全产业链，实现年固定分红达6.2%以上。推广中国社会扶贫网“3+”模式，累计注册贫困户274人，爱心人士301人，发布贫困需求487条，成功对接281条，努力构建“镇村联动抓扶贫、社会齐心促攻坚”的局面。全年实现29户93人贫困人口全部脱贫，圣马村整村摘帽工作通过验收。河口镇及圣马村连续两年获江油市脱贫攻坚工作先进单位荣誉称号，多人获得江油市级脱贫攻坚先进个人荣誉称号。

【社会民生】 全年全镇全年出生人口200人，落实计划生育奖励扶持对象911人，失独特别扶助家庭30人。创建省级卫生村和绵阳市级卫生村各1个，绵阳市级卫生镇1个，落实家庭医生服务对象8769名，建立健康档案11925份，累计减免诊疗费用26.87万元。为232名在校小学生提供免费营养午餐，补助88名困难学生学费8.8万元。按时足额发放各项惠民、奖补、救助资金375万元。城乡居民保险参保3945人，综合参合率93.01%，城乡居民医疗保险参保完成银行签约人数10653人，完成签约比94.39%。开展董家堰水库防洪度汛应急演练及临江街地质灾害避险应急演练，汛期内4次转移安置临江街地质灾害点群众共计725人次，全镇防灾减灾能力不断提升。全年争创绵阳市级“四好村”1个，江油市级“文明村”3个。

【环境保护】 建立健全镇村二级“河长”组织体系，对梓江、金天河、6座小（二）型水库全部落实河库长，以村为单位开展各类清理保洁活动近20次，整治河道17千米、打捞垃圾36吨。全年累计关停、搬迁禁养区养殖场6家，整改销号各类环保问题131件次，养殖面源污染得到有效治理。扎实开展水库水质综合治理，水库水质全面达标，完成饮用水源集中保护区环境突出问题整改。开展“大规模绿化全川行动”，新增植树面积20公顷，种植各类苗木2.5万余株。

（田光美）

香水镇

【概况】 香水镇位于江油市西南部，北川羌族自治县、安县、江油三县（市）交界处，距江油城区30千米，东与西屏镇、青莲镇交界，西与北川县双潭乡相连，北接北川县香泉乡，南连江油市八一镇、九岭镇。全乡总面积32.04平方千米，辖7个行政村（战斗、镇江、元坪、洪林、紫宝、荣华、治胜），1个香江社区，49个村民小组，总户数2770户，总人口9133人，其中农业人口8659人，场镇常住人口846人。有耕地491.33公顷，林地2279公顷。

2017年，香水镇规模工业总产值5.54亿元，规模工业主营业务收入4.8亿元，规模工业利润3200万元；实现农业总产值9453万元，农民人均纯收入15743元；固定资产投资9000万元；财税收入1650万元。全年新增工业企业2户，项目包装4个，跟踪4个。村组道路建设6千米。新增种养大户3户，家庭农场2家。

【地名由来与建置沿革】 因政府驻地香水场而得名。民国初，

2017年香水镇各行政村基本情况表

表34

村名	面积(平方千米)	户数(户)	人口(人)	农村经济收入(万元)	农村经济总费用(万元)	农村经济净收入(万元)	农民人均纯收入(元)
战斗	3.96	277	753	1015.1	581.7	433.4	15240
镇江	3.2	215	733	578	333	245	14976
元坪	3	380	1183	1710	974	736	16896
洪林	3.5	318	987	962	372.8	589.2	15322
紫宝	7.9	514	1550	2110.8	682.08	1428.72	15905
荣华	4.5	438	1342	1442.5	522	920.5	16311
治胜	5.98	628	2111	2685	1073.28	1611.72	15259

建香屏乡，隶属彰明县。20世纪40年代中期，分设西屏、香水两乡。新中国成立后，仍名香水乡，隶属于彰明县。1958年江、彰合县，成立香水公社。1992年8月，撤区并乡建镇，设香水乡。2015年3月撤乡建镇。

【农旅融合】 香水镇大力推进农村产业转型升级，坚持生态美镇不动摇，在紫云山上山沿途道路栽种观赏红叶桃、李树近百万株，形成“一台一景观、一弯一亮点”的特点。倾力打造鹰嘴岩攀岩速降、徒步运动、山地自行车、紫云山露营及农家体验等户外运动基地，并发展休闲、观光、采摘农业经济，使产业发展和农户增收相结合，提升周末休闲接待能力，增加群众经济收入。鹰嘴岩景点作为周末休闲去处已初具规模。

【脱贫攻坚】 全镇共有建卡贫困户207户、650人，两个省级贫困村。在脱贫攻坚过程中，严格按照“两不愁，三保障”“一超六有”“一低五有”相关标准，全面落实各项政策，严格推进项目建设，强化“五个一”帮扶力量责任，2017年年底完成全镇贫困村、贫困人口退出，实现全面脱贫。

【工业发展】 全镇有规模工业企业5家，依托省道302线，充分利用丰富的矿产资源的有利条件，围绕非金属新材料做文章，在元坪村、战斗村规划江油市非金属新材料工业集中区，占地面积106.67公顷，主要发展碳酸钙价格及下游产业链项目。大力开展非煤矿山整治，规范矿石开采，加大植被恢复，消除安全隐患。支持传统企业加大技改投资，加强企业标准化建设，完成丰宇建材技改项目；强力推进在建项目建设，华川矿业项目计划2018年建成投产。主动外出考察，大力招商引资，取得洽谈项目4个。

【社会事业】 全年共医疗救助171人次，发放城乡低保补助金233人、71.24万元；发放五保费用金56人、29万元；发放优抚金114人、43万元；精减人员39人、发放补助金18.72万元；发放高龄老人补贴金242人、9.25万元；临时救助180人、发放补贴金7万元；发放困难残疾人资金59人、5万元。全年新增奖扶75人，特扶3人，发放0~18岁独生子女父母奖励金564人、33840元；为符合条件的65对夫妇提供计划生育服务证。发放重度残疾资金78人、51160元，发放扶贫残疾人资金3人、2928元。全年，城乡居保缴费3041人，退休人员领取待遇1670人；城镇新增就业31人，其中，失业人员实现再就业4人，就业困难人员实现再就业3人；2名建档立卡贫困户参加绵阳“扶贫专班”培训。城乡居民基本医疗保险缴费8048人。全镇其他各项社会事业均全面有序发展。

【林业工作】 全年召开村组专题防火会议6次，出动宣传车下村入户宣传森林防火法规知识50余次，发放宣传资料4000余份。在公路沿线，显眼地段刷写护林防火标语达50余幅，在场镇主要干道书写大标语5幅，在主要路段制作固定宣传大标语15幅。加强木材加工企业安全生产检查工作，对辖区内1个木材加工企业安全生产隐患排查整改情况进行了回头看。全镇退耕还林523亩。参加义务植树4600余人，居民尽责率90%以上，共完成义

图135　香水田园风光

务植树15800株，苗木成活率达90%，全镇森林覆盖率达65%。大力宣传《野生动、植物保护条例》，确保野生动、植物的成长。协助野生动物驯养繁殖户做好年检换证工作。

【社会稳定】 镇党委、政府整合力量开展平安创建工作，按照“属地原则”，组织各村（社区）、场镇单位开展平安乡镇和平安村（社区）创建活动，以预防化解社会矛盾、完善社会治安防控体系和公共安全体系、夯实基层基础为重点，做好群众来信来访工作，有效控制越级上访和集体上访事件发生，全年无越级上访、进京上访事件发生，维护和谐稳定局面。

【安全生产】 全年开展大排查大整治活动20余次。认真执行国务院办公厅《关于加强安全生产监管执法的通知》，严格落实执法措施，严厉打击违法违规行为，全年开展委托执法22次，出具检查记录45份，出具整改指令书45份，出具复查意见书45份，排查整改隐患14处，整改率达100%。全年共开展驾驶员培训2次，镇道路交通劝导站劝导员培训4次，消防安全知识培训4次，其他培训5次，参培人员覆盖企业职工、机关工作人员、村（社区）四职干部等。共发放各类宣传单1000余份，张贴宣传贴图20余幅，在主要街道张贴、悬挂、书写宣传标语、横幅15幅，有效地促进全镇广大干部群众学法、知法、懂法、守法，强化全民安全生产意识。全年无大型以上安全生产事故发生。

（赵　芬）

八一镇

【概况】 八一镇位于江油市西南部，北与香水镇、北川羌族自治县香泉乡交界，东与九岭镇、东南与方水镇相连，西与南同安州区接壤，距江油市区约30千米，面积58.88平方千米，辖8个行政村（中心、团结、天台、永远、东岳、东山、白互、阳明），82个村民小组，1个祥瑞社区，总人口18227人，耕地面积1223公顷。境内有7座小（二）型水库和1座中型水库，塘堰860余口，常年蓄水量在1800万立方米以上。境内交通便捷，两条县道安梓路（安州区至梓潼）、香青路（香水至青义）呈东西和南北向贯穿全镇。

2017年，全乡招商引资2400万元，固定资产投资2354万元；新增科技型中小企业2个，引进农业综合开发项目2个，增加家庭农场5个，增加种养殖大户4户。

【地名由来与建置沿革】 因境内八一水库而得名。原名毛家场，隶属于安县。1942年，彰明、安县两县互调飞地，划归彰明县，更名为复兴乡。新中国成立后，属彰明县第三区。1958年秋，江油、彰明合县后，更名为复兴公社；同年8月1日在八面村动工修建八一水库，是年底将公社名更名为“八一”。1983年年底，公社改乡。2015年12月撤乡建镇。

【产业发展】 按照“突出特色种植养殖业、创新发展环保生态工业、保护性开发太白湖天台山

2017年八一镇各行政村基本情况表

表35

村名	面积(平方千米)	户数(户)	人口(人)	农村经济收入(万元)	农村经济总费用(万元)	农村经济净收入(万元)	农民人均纯收入(元)
中　心	7.82	1058	3342	7504	3481	4206	16221
团　结	6.97	782	2513	6253	3331	2970	15281
天　台	9.84	432	1342	481	1822	1409	14154
永　远	9.42	445	1369	3667	2028	1450	14303
东　岳	5.93	697	2260	5492	2835	2493	15115
东　山	6.77	592	1962	4537	2432	2034	15003
白　互	4.82	522	1652	4085	2010	2285	19919
阳　明	6.36	694	2353	5167	2645	2755	16298

旅游风景区”总体思路，和“一核、两带、三单元”（一核：八一场镇；两带：安梓路、香青路乡村旅游发展带；三单元：“种—养”生态循环产村发展单元、特色环保生态产业发展单元、太白湖—天台山旅游发展单元）空间布局，不断发展壮大以传统蔬菜、生猪养殖、粑粑柑、脆红李等为主的特色种植养殖基地，蔬菜及林果经济作物种植规模达733.33公顷，生猪年出栏达2.2万头。秸秆综合利用基地二期改造项目和雪宝矿泉水厂新生产线建设竣工投产。完成太白湖天台山旅游风景区一期风貌改造提升，生态康养开发项目达成意向性协议，加快形成“一园一区一基地”产业发展格局。

【基础设施建设】 建立以镇、村二级“河长”为主要内容的“河长制”组织体系，对全镇范围内3条主要河流全部落实具体责任人，以问题为导向，整治水域面积6万余平方米、河道12千米，大力消除重点污染源，加强流域生态保护，加大日常监管和整治力度，强化督查考核，确保河长制全面落实。投入保障性经费30余万元，科学设置垃圾处理设施设备，健全垃圾清运机制，推进垃圾治理工作常态化，重点针对进出口道路、村委会、河道、城乡接合部，每月1次全域清洁卫生大扫除，新建、修缮垃圾池20余口。投入1600余万元完成八方路一段7.9千米的道路扩宽工程、安装波形护栏1300米，整合资金600余万元进行30千米的村道（社道）硬化，整理农田20公顷，投资200余万元的东山村涉农资金项目全面完成，为东山村退出贫困村奠定基础。农村用电和通信网络条件持续改善，覆盖率均达100%。

【社会事业】 制定时间表、路线图，有序推进农村承包土地确权、小型水利工程确权、农村宅基地确权、深化林权制度等12项重点改革工作。制定工作方案，加强记账户的指导服务；搞好劳务输出，引导富余劳动力就近务工；发展新型农业经营主体，促进农业产业提质增效；加大土地流转力度，盘活农村资源资产，全年农村居民人均可支配收入达15900元。对排查出的5口塘堰、2处水库、15处山洪灾害、13个地灾点隐患进行动态化管理和整治，组织应急演练6次，开展防灾避灾宣传教育8次、抢险队伍技能培训2次，优化避险撤离疏散线路12条，全力确保安全度汛。全年共计发放各类涉农补贴资金180万元、城乡低保金78万元、五保资金23万元，残疾人补贴9.5万元。35岁以上育龄妇女“两癌”免费筛查387人，全年婚前医学检查率达100%，新生儿疾病筛查率达100%。加强流动人口管理，加强社会抚养费征收力度，落实“两孩”政策。通过大力宣传，强化执法，落实责任，抓好秸秆禁烧和秸秆综合利用工作。助力贫困村东山村建成1.33公顷“莲藕+虾田”种养示范基地、8公顷水果种植基地，共计投入470余万元的26个财政涉农资金项目全部完工。整合帮扶力量，实施土坯房拆除重建、无房户新建、危旧房改造13户，“三建五改”175户；卫生扶贫医疗救助357人次、91.7万元；“雨露计划”救助11人，获批教育扶贫救助基金16.2万元；建立村级金融服务联络员制度，协调金融机构向有发展需求的贫困群众发放小额扶贫贷款593.5万元。2017年，

图136 10月14日，八一镇接受四川省安全社区建设专家现场评定

全镇46户148人脱贫、贫困村东山村摘帽。

【社会管理】 全力推动信访积案化解，排查调处矛盾纠纷56起，调处成功率达100%。办理网上信访5起，全部办结。深化平安创建，在民情大走访中共为群众解决困难问题62个，做好政策解答120余人次。严厉打击违法犯罪，共立刑事案件9起，受理行政案件13起，查处13起。

（刘 欢）

东兴镇

【概况】 东兴镇位于江油市东南端，距城区20千米，东与江油市大堰镇接壤，南与绵阳市游仙区云凤乡毗邻，西与江油市龙凤镇相邻，北与江油市彰明镇交界，面积30.5平方千米。全镇辖8个行政村（全平、新苏、双新、新建、丰收、朝天、莲花、阳光），64个村民小组。全镇有耕地1009.4公顷，人均耕地1.5亩。

2017年，全镇实现地区生产总值26592万元，其中工业产值57万元，农业产值8134万元；固定资产投资1320万元，招商引资2100万元；税收收入283.22万元。全年新增种植养殖业大户4户，新增中小科技型企业1家，农民年人均纯收入15185元，转移剩余劳动力4366人。

【地名由来与建置沿革】 东兴俗名草坝场，原属江油县在彰明县境内的飞地。民国32年（1943）划归彰明县，又从新民、大堰两乡各划出部分土地，组成东兴乡。因位于彰明县城之东，以兴旺之意而取名东兴。1958年江、彰合县后，设东兴公社。1983年公社改乡，更名为东兴乡。2016年10月撤乡建镇，2017年8月举行揭牌仪式。

【产业发展】 东兴镇立足实际，坚持走现代农业发展之路，确定主打方向，守住农业根本，全程贯穿“小微组生”理念，培育新型农业经营主体，促使区域经济增长，产业发展再上新的台阶。培育新型农业经营主体，组建合作社2个，家庭农场3家，发展种养销大户近20家，引进优质稻种植近33.33公顷，初步种植角角菜近7公顷，种植青花椒33.33公顷，建立13.33公顷农业生态园，4000平方米高标准连体智能大棚，66.67公顷柑橘种植园。

【基础设施建设】 东兴镇通过上争外引，锁定农田水利、村组道路及场镇设施建设等重点领域，推动全镇基础设施建设。2017年，全镇争取市政府专项资金600余万元建设高位水池和供水管网，解决群众多年生活用水无保障和安全饮用水问题；争取革命老区建设资金30万元，其中：10万元用于硬化渠道1.5千米、计划20万元投入朝天柑橘产业园基础设施建设；争取市政府专项资金45万元，对原垃圾暂存场实施存量垃圾清运和覆土植绿，并新建垃圾压缩转运站1座和整治场镇排污管网1处，并对场镇交通、停车区域标线进行规划、划定；争取交通专项资金40余万元，硬化阳光村、丰收村、莲花村道路1.65千米；投放“一事一议”资金20万元，完成精修塘堰3口、拦河堰10口、组道硬化3.1千米、渠系整治1.9

2017年东兴镇各行政村基本情况表

表36

村名	面积(平方千米)	户数(户)	人口(人)	农村经济收入(万元)	农村经济总费用(万元)	农村经济净收入(万元)	农民人均纯收入(元)
全平	3.55	486	1497	2921	1189	1753	14700
新苏	3.68	419	1118	2122	1048	1266	14750
双新	3.33	348	1007	1668	91085	1001	14685
新建	5.34	610	1766	3154	1398	1890	14793
丰收	3.43	467	1354	2580	1255	1215	15038
朝天	2.69	296	842	2074	1046	1242	14210
莲花	2.33	255	815	2700	1295	1672	19796
阳光	3.35	466	1398	2248	1176	1300	15236

千米；投资140万元，全长1.7千米的龙东路（龙凤至东兴段）改造提升工程年初完成建设通车。相继完成九绵高速、江油至三台芦溪公路的征地拆迁。

【招商引资】 全年，东兴镇采取有效方法，将近郊绵阳、江油两个城市的地理优势，土地、环境资源优势，人力资源优势宣传出去，以优惠的政策、优质的服务、良好的环境争取一些科技含量高、生产效益好、环境污染低、带动就业强的企业或大户入驻东兴，促进剩余劳动力就地解决就业问题，实现增收。共实现招商引资项目落地2个，包装储备项目2个，实现投资2100万元，完成固定资产投资1320万元。

【城乡治理】 东兴镇坚持生态优先，按照“绿水青山就是金山银山”的要求，落实“党政同责、一岗双责”的环境保护职责，开展水大气土壤污染防治，突出“散乱污”企业、露天焚烧、农业面源污染和水环境等集中整治，全面推进“河长制”，建立“目标、问题、任务、责任”四张清单、完善6座水库和7条河流“一河（库）一策”管理保护方案，明确河段长和巡河员，常态开展日常巡河。实施农村饮用水水源地保护，划定保护区范围，增设标识标牌和隔离设施。全年共计发放环境保护倡议书5000余份、问卷调查2300余份、收集问题及建设14条，开展各类宣传、专项检查和巡察130余次，发出环保整改通知书30余份，发现并整治突出环保问题7件，并加大畜禽养殖污染治理，对全镇规模养殖户进行拉网式排查，限时责令49户养殖户完成沼液池、沼气池、阳光大棚等养殖环保处理设施建设。

图137　8月17日，东兴撤乡建镇揭牌仪式

【社会事业】 全年，全镇新增老年人日间照料中心1个；新建群众文化活动中心1个；投资600余万元，新建2000立方米高位储水池2座，可满足全镇群众生活用水需求；150余万元高效节水项目、60余万元农村机耕道项目，分别在朝天村、丰收村落地建设。城乡低保实现应保尽保和动态管理，全年累计为全镇低收入群体发放低保金185.13万元、优抚生活补助金38.13万元，为34名建档立卡贫困学生申报教育补助金2.2万元。全镇完成夏季征兵入伍工作目标，全面两孩政策稳妥实施，医疗卫生改革纵深推进，基本医疗卫生服务水平全面提升。

【脱贫攻坚】 全年，东兴镇围绕1个贫困村退出、省定54户163人、市定12户37人退贫的目标任务，精准发力，下足“绣花”功夫，把基础设施建设、特色产业培育、教育医疗救助、人居环境改善等抓细抓具体，为高质量完成脱贫任务打下坚实的基础。全年，全镇7户易地搬迁任务全部完成，贫困户“三建五改”100户，开工91户，完工76户；贫困村产业基地，完成8公顷雷竹栽种（计划13.3公顷）、6.67公顷五福生态家庭农场建设，66.67公顷柑橘产业园已进入设计阶段，加快推进村组道路硬化工程。相继通过江油、绵阳两级脱贫攻坚验收考核任务。

（东兴镇）

义新镇

【概况】 义新镇位于江油市东南部，距江油市区26千米，属浅丘陵农业乡。东与江油市战旗镇、梓潼县黎雅镇，南与绵阳市游仙区太平乡和凤凰乡，西与江油市贯山镇，北与江油市新安镇接壤。辖区面积45.6平方千米，有耕地1313.3公顷，人均耕地面积1.42亩。武都引水工程总干渠横穿境内，乡境内有两条溪河，10座水库，1216口山塘堰。全乡辖9个行政村（白庙、茅庵、书房、保宁、石音、新堰、大石、金顶、树家弯），65个村民小组，1个白庙社区居民委员会。2017年年底，全镇总人口13239人。

2017年义新镇各行政村基本情况表

表38

村名	面积(平方千米)	户数(户)	人口(人)	农村经济收入(万元)	农村经济总费用(万元)	农村经济净收入(万元)	农民人均纯收入(元)
白庙	7.4	860	2510	3398	978	2420	16466
茅庵	5.8	481	1445	2020	581	1439	17003
书房	6.3	532	1664	2193	631	1562	16028
保宁	3.8	312	933	1238	356	882	16131
石音	4.1	349	1118	1468	422	1046	15957
新堰	5.8	406	1357	1773	510	1263	15888
大石	3.2	313	1009	1329	384	945	15996
金顶	6.8	670	2167	2957	851	2106	16594
树家弯	3.1	324	1036	1348	387	961	15811

2017年，全镇固定资产投资达2600万元，招商引资项目共5个、到位资金1860万元，税收213万余元；农民人均可支配收入实现15420元，引进新建的光伏发电工业项目，结束义新无工业的历史。

【地名由来与建置沿革】 集镇原名白庙子，又名义兴场。原属贯山乡。1951年建乡，名义兴，辖6个村。1958年成立义兴公社。1981年地名普查中因重名，更名义新公社。1983年公社改乡。2017年6月撤乡建镇。

【农业经济发展】 大力发展“一村一品”“庭院经济”，全年新增葡萄、柑橘等66.67公顷。全年先后举办“首届栀子花节”“葡萄采摘节”等活动，产业合作社创新推出“先卖农户产品、后卖合作社产品”的制度，促进农户发展产业的积极性。借助“国家级水稻制种基地”“四川省绿色水产养殖基地”的招牌，搭建网上销售平台，绿汇养鱼合作社的水产品进入成都超市。2017年全镇农民人均可支配收入实现15420元，增加1528元，增幅11%。

【产业发展持续增效】 大力推进“南融北进”战略，向南融入城市20分钟黄金旅游圈，发展花药两用的黄栀子等中药材产业近200公顷，打造“四季花海”农旅融合产业；向北主动进入新安农业公园，大力发展葡萄、蜜柚、大枣等水果产业200公顷，引进正禾农业、多元农业在义新镇建设基地，并搭建电商销售平台，产品走向全省。新建保宁村“孝亲果园”,发展柑橘26.67公顷、芦笋10公顷、丹参芍药6.67公顷、水产4公顷，与已建成的孝亲广场、孝亲农场，逐步形成集采摘、游玩、科普于一体的“孝亲文化一日游”品牌线路。全年引进投资1亿元的新希望养殖项目。

【脱贫攻坚】 打造“党建引领产业脱贫示范基地”，坚持“种养循环、长短结合、以短为主”的思路，新建水产养殖4公顷、扩展水果种植20公顷，建成绵阳最大光伏发电项目，形成“水陆空”立体增收脱贫循环体系，贫困村保宁村已然成为全镇“最富村”。通过绵阳、江油“全覆盖”检查，全镇2017年脱贫人口人均纯收入达4200元。贫困村全镇共有建档立卡贫困户365

户 949 人，2017 年全镇脱贫 52 户 140 人。省级贫困村保宁村硬化道路 12.88 千米、修缮沟渠 1.62 千米、三建五改 30 户、新建产业园区 3 个、发放生产性贷款 10 万元、产业扩面 16.67 公顷、发放苗木 8809 株、家禽 1800 头（只），报销医疗费用 14.98 万元、民政救助 1.2 万元、捐赠物资 25 万元，全村农民年均纯收入 16658 元，同比增长 10.3%，全村贫困户全部脱贫、贫困发生率降低为 0，提前达到“2018 年整村退出贫困村”的标准要求，在 2017 年 10 月底实现脱贫，保宁村第一书记尹作全获“全省脱贫攻坚五个一优秀第一书记”称号。

【社会事业】 认真落实各项救助补助保障政策，及时公开低保信息资源，对符合条件的低收入农户，实现应保尽保；加大智力扶贫力度，解决贫困户的实际困难，确保贫困户早日脱贫。新建 1 个保宁村卫生室，改善村级医疗卫生条件，方便村民就医；新建保宁村、树家湾村 2 个老年人日间照料中心；先后实施广播电视村村通，全镇数字电视改造等项目。全年开展就业培训 6 次，培训 200 余人次，劳务输出 8200 余人。

【安全与稳定工作】 义新镇高度重视安全稳定工作，坚持“早发现、早介入，包片包案、处早处小”原则，连续 3 年未出现越级上访非访现象。工作中强化领导，用问责倒逼责任落实；精心摸排，用汗水维护大局稳定；强化宣传，用法治手段处理社会纠纷。每月进行一次矛盾纠纷和安全生产大排查，建立台账。全年来信来访 16 件，办结 16 件，处置历史“老上访”2 件，满意率 100%。阶段性开展两节、汛期和高温季节安全生产专项检查，配合市级部门对“打非治违”专项整治工作进行全程监督，确保“打非治违”专项整治安全工作，被江油市安委会评为“安全生产先进单位”。

【弘扬“孝亲敬老”文化】 2017 年 2 月，中央电视台少儿频道《芝麻开门》摄制组走进义新镇，录制“孝义大挑战”特别节目，并在 4 月 3 日播出。全镇“养老护理员培训班开班仪式”在书房村举行，为未就业青年搭建就业平台，更好提升养老服务。承办“第三届孝亲文化节暨 2017 年孝亲敬老先进表扬大会”。围绕孝亲小镇建设，开展“敬老月”活动，塑造“孝亲敬老”典型，白庙村被评为“孝亲敬老”先进单位，新堰村田彬被评为“孝亲敬老”先进个人。

【村镇建设】 以“综合化的业态、差异化的文态、山水化的形态、景观化的生态”推进村镇建设。持续推进场镇“硬化、亮化、绿化、洁化、美化”工程，新架设路灯 10 余盏，维修路灯 8 盏次；新建、改建垃圾池 9 个，布设垃圾桶 8 个。村级基础设施日趋完善。整合各类资金，实施一大批交通水利等基础设施，全年硬化道路 22.7 千米，其中：“一事一议”2.9 千米，交通局道路项目 19.8 千米（树家湾村 9 千米、石音村 3 千米、书房村 2.5 千米、白庙村 3.3 千米、金顶村 1 千米、新堰村 1.0 千米）。改建道路 20.2 千米。精修塘堰 4 口，其中：“一事一议”项目 2 口，水务局项目 2 口，全镇村级基础设施得到极大改善。严格按照污

图 138　2 月，中央电视台少儿频道《芝麻开门》摄制组在江油义新录制《孝义大挑战》特别节目

染防治"三大战役"的要求，集中整治公路沿线村生活垃圾30余次，加大绿化造林力度，狠抓秸秆禁烧工作，签订城乡环境综合治理目标责任书，成立"党员服务队"11支、"文明劝导队"10支，组织开展城乡环境综合治理活动20余次，制作宣传标语横幅70余幅，印发宣传资料4000余份。完成饮用水保护地(本觉院水库)4家养殖户拆迁任务。制定印发河长制工作方案，对义新镇境内的4条江油市级河流,进行日常巡查，建立台账、制作平面图，完善"一河一策"治理方案。

（张琼月）

铜星乡

【概况】 铜星乡位于江油市西北部，东南邻重华镇,西北接壤新春乡，距江油市区48千米，东距宝成铁路小溪坝站14千米，面积47.05平方千米。辖7个行政村（五佛、福长、兴旺、铜广、宝藏、白坭、菩堤），1个铜星社区，76个村民小组。全乡3886户，13798人（其中场镇110户，657人）。

2017年，全乡实现工农业总产值10047.56万元，固定资产投资1210万元，招商引资600万元，财税收入实现190万元；农民人均可支配收入15134元，比2016年增长12%；农村劳动力转移6600人，新增种植养殖大户5户。

【地名由来与建置沿革】 因乡政府驻地西侧有一山，形如铜罐，山脚下有一洞形如嘴，名"铜罐嘴"。民国时期，分属江油和梓潼两县管辖。1953年划入江油县。1954年五星、新建乡撤销，新建乡部分划归新春，其余部分和重华部分以及五星合建铜星乡，乡政府所在地位于铜星村铜罐嘴。1966年5月，造反派认为此名带有迷信色彩，遂更名为红星公社。1981年地名普查时更名铜星乡。1992年撤乡并镇时，划入重华镇。1995年恢复铜星乡建置。

【脱贫攻坚】 2017年，兴旺村通过脱贫退出验收，实现集体经济收入5万元。五佛村退出条件基本达标，实现集体经济收入4万元。菩堤村侨爱蛋鸽一期实现经济收入近5万元、二期正加紧建设，绿壳蛋鸡基地加紧建设，投资500万元的脱贫攻坚项目在年内启动。针对贫困户致贫原因，实施医疗救助、教育帮扶、劳务输出、技能培训、"三建五改"等帮扶措施，落实好新农合、新农保、小额信贷等各项惠农政策。3个贫困村按照30元/人标准，实现集体经济收入分红1次244户770人，共2.31万元；4个非贫困村按照20元/人标准，实现集体经济收入分红1次210户665人，共1.33万元。贫困户收入增加，39户128名贫困人口脱贫。

【农业发展】 菩堤村绿壳蛋鸡基地、侨爱蛋鸽基地、五佛村钓鱼基地二期、兴旺村穗丰和观音堂种植合作社、宝藏村九月香穗种植合作社等加快发展。推广"基地（合作社）+农户"模式，探索完善集体经济和农户利益链接机制，农民可支配收入稳中有升。农田水利设施不断改善，完成投资170余万元水利项目建设，整治渠道2.4千米、塘堰40口，提灌站常态化维护进一步加

2017年铜星乡各行政村基本情况表

表37

村名	面积（平方千米）	户数（户）	人口（人）	农村经济收入（万元）	农村经济总费用（万元）	农村经济净收入（万元）	农民人均纯收入（元）
五佛	11.57	558	1698	1722.6	726.88	995.68	15951
福长	4.83	535	1787	850.08	135.56	714.56	15702
兴旺	6.87	726	2386	1989.12	435.68	1553.44	15348
铜广	4.45	563	1746	1589.28	367.36	1221.92	15885
宝藏	4.43	575	1870	1845.76	343.84	15.1.92	16218
白坭	3.99	507	1619	1218.56	584.4	664.16	15399
菩堤	3.97	340	1062	832.16	316.96	515.7	15178

强。发展优质粮油1666.67公顷，实现大小春作物总产量1.14万余吨，年产值达3300余万元。投资800余万元的兴旺、宝藏土地整理项目基本完成，投资700余万元的菩堤、铜广、宝藏、五佛水土保持项目已经启动。着力推动农旅融合，打造“龙鱼溪”乡村旅游品牌，举办“江油市第五届乡村旅游节暨铜星乡第三届龙渔溪垂钓节”。九月香穗稻米完成质量检测，进一步提升品牌包装。开展“互联网+”电商平台认购销售，培育推广“铜罐嘴”品牌，第三届龙渔溪垂钓节上鸽蛋和绿壳鸡蛋认购金额达到6万余元。

【生态环境改善】 以中央环保督查为契机，下大力气整治环境污染，乡属水库投饵机、增氧泵、鸭舍全部拆除，拆除禁养区畜禽养殖场2户，停养非禁养区畜禽养殖场2户，整顿畜禽养殖场10余户。垃圾清运、垃圾填埋场治理和饮用水源地保护进一步加强。制定《铜星乡“河长制”实施方案》和《铜星乡“河长制”实施细则》，对乡内2条主要河流建立“一河一档”基础档案，设立“河长公示牌”5块，与各村签订目标责任书，全年开展河道清洁整治8次。全面禁烧秸秆，签订乡、村、社和田主(林主)四级目标责任书，落实乡包村、村包组、组包户、户包田块（林块)，发放宣传单3000余份，张贴标语20余幅，做到禁烧工作家喻户晓、人人皆知。

【社会事业】 全年完成“兴旺—福长—五佛—铜广”7.4千米环线道路扩宽工程和场镇二号桥—武马路3.8千米河堤道路扩宽工程，完成组道建设11.5千米，完成“兴旺—福长—五佛—铜广”环线、铜（星）重（华）路亮化工程，安装路灯300余盏，组织资金400万元对乡村道路共计22千米实施扩建改造。路面加宽至5米，同时配套安装路灯，波行防护栏和路旁绿化等基础设施。有效改善交通条件，方便群众出行。改造危房7户，土坯房整治进一步加强；投资20余万元人饮水管网改造基本完成，自来水管理进一步加强，长效机制正在加紧研究；改建“五佛—福长—兴旺”环线垃圾池8处，场镇污水处理厂功能完善方案正在编制，幸福美丽新村建设加快推进。协调鼎天律师事务所捐助2.5万元贫困学生救助金，争取“红字会”博爱送万家2万元专项资金。保障体系日趋完善，及时兑付低保、五保、临时救助、优抚等各类资金120余万元，城乡居保参保完成缴费3688人143.61万元，城乡居民医保缴费人数达1万余人，做到应保尽保。研究临时救助、低保评议新机制，各项支农惠农政策得到有效落实，确保国家惠民政策真正惠及需要帮助的困难群众。新建文化休闲广场2处，举办庆“七一”文艺表演等文化活动，全年开展群众文化活动17场次。全面加强防洪度汛、地质灾害防治、卫生防疫、学校安全、敬老院安全等工作。接待群众来访13批30人次，受理群众来信来访9件、办结9件、办结率100%，排查各类矛盾纠纷17件次、调解率达100%、成功率达96%，全年未发生安全事故和重大群体性事件。

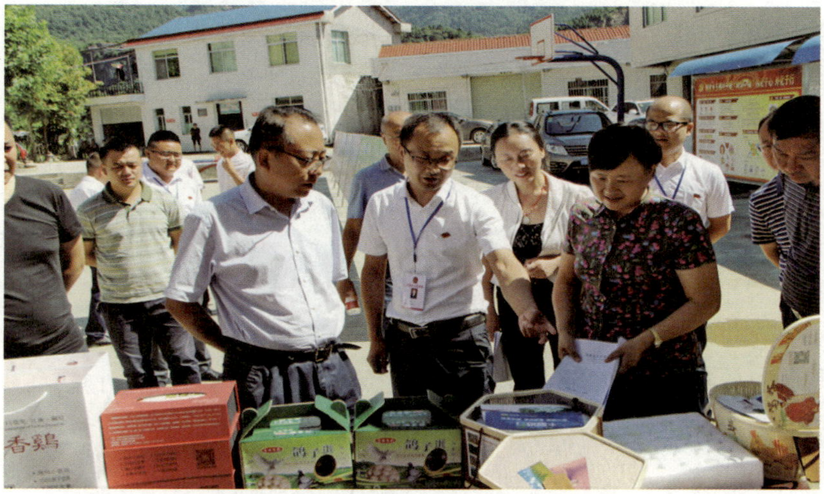

图139 9月11日，江油市委书记周涛（前排左）在龙渔溪指导特色农产品认购销售

（杨万刚）

新春乡

【概况】 新春乡位于江油市境中部，距市中心36千米，东与重华镇、铜星乡、小溪坝镇连界，南与双河镇接壤，西与永胜镇毗邻，北与文胜乡、平武县平驿乡相连，面积92.4平方千米。全乡辖8个行政村（梓江、双星、红塔、三圣、柳松、三星、佛牛、景台），1个明阳社区，93个村民小组，15718人。地形由西北向东南呈狭长走向，属高山、浅丘及和平坝交织地貌，地势差异较大。西北为高寒山区和深丘，面积占全乡的60%以上；东南为浅丘和平坝地貌。农业以水稻、小麦、油菜、玉米为主，经济作物以生姜种植为龙头。畜牧业以养猪、牛、羊及各种小家禽。渔业以大型水库为基点。药材以天麻、杜仲、辛夷花为主，出产在高山林区。矿产资源以分布在山区的铅锌矿、硫铁矿和石灰岩为主。

2017年，全乡固定资产投资1562万元，招商引资到位资金2350万元，引进重大产业项目1个，跟踪、洽谈、推进重点项目1个，完成储备、包装、推出项目1个。全年新增专业大户3户，农业招商引资包装项目3个、协议项目1个、开工项目2个，发展家庭农场2个。

【地名由来与建置沿革】 民国时期属永平乡14至19保。新中国成立后，1950年初成立乡时，正值新春二月，故名新春。1958年10月成立新春人民公社。1983年公社改乡。

【农业产业发展】 2017年农村经济总收入实现16021万元，比2016年增加1717.2万元，增幅12%。农村经济纯收入实现13392万元同比增幅11.9%。农民人均可支配收入实现15987元，增幅15%。全乡农作总播种面积2754.73公顷，粮油总产量13782吨。继续推进以红塔、双星、三圣村为主的153公顷高效生态水产基地建设，道路硬化2000米；新增龙虾、泥鳅养殖大户3户，达35户；成鱼养殖水面达266.67公顷。成功争取红塔村省级野生鱼救护基地项目。形成以鱼苗繁殖、健康水产养殖为主的特色产业。依托蜀香生态优质稻米专合组织的品牌效应，搭建“农户+专业合作社+超市”的产业发展平台，发展生态优质水稻133.33公顷，“梓江牌”生态优质稻米获提绿色食品认证，进入绵阳、成都各大超市。依托红塔生姜专业合作社，在红塔、双星、三圣等村，引导农户自行发展生姜80公顷。扶持发展畜牧产业，贵兴牧业1000头良种母猪项目建成投产，2017年全乡肉牛出栏512头；生猪出栏14337头；禽类出栏51万只。引导三星、佛牛等村种植折耳根，在2016年53.33公顷的基础上新增近13.33公顷。三圣村有机农业项目、梓江村千亩藤椒项目、梓江村国家制种基地核心区项目等一批投资上千万的农业项目落户新春，极大推动全乡农业转型升级。另外，做好省级、市级记账户基础工作。

【基础设施建设】 全年投入农网改造资金320余万元，改造10

2017年新春乡各行政村基本情况表

表39

村名	面积（平方千米）	户数（户）	人口（人）	农村经济收入（万元）	农村经济总费用（万元）	农村经济净收入（万元）	农民人均纯收入（元）
梓江	8.55	863	2691	2726	1045.82	1679.89	15332
双星	5.69	735	2398	2339	992.03	1346.5	15345
红塔	3.76	485	1484	1976	838.93	1136.95	15738
三圣	3.63	441	1387	1598	737.27	860.9	15008
柳松	6.28	803	2479	2771	818.86	1952.34	15274
三星	6.08	769	2364	2842	913.54	1927.98	15415
佛牛	5.38	718	2150	2177	743.33	1433.32	14915
景台（藏王寨）	52.58	83	217	193	49.7	143.59	12721

千伏线路11.8千米,改造配变压台区18个，新投更换变压器13台（1300千伏安），新建改造低压线路52.8千米，有效改造景台、佛牛、大松、三圣、猫儿寺、杨官、高台、元山等地的供电网络，有效解决10千伏线路供电半径过长、线路“卡脖子”问题，为群众正常生产、生活和经济发展提供了可靠的电力保障。实施土地整理200余亩，整治沟渠3270米，精修整治塘堰5口，修建拦河堰3道，修建蓄水池1口,重建桥梁2座，维修提灌站泵房1处，硬化道路6271米，铺泥结碎石路4310米，修补水泥路面1020平方米，道路设限2处，浆砌堡坎450米。完成景台村村办公楼、活动场所维修升级工作和景台村12户新居建设工程，新建景台村卫生医疗站和电商服务站等基础设施建设。

【社会事业】 落实惠农政策，按时足额发放各类惠农补贴。全年民主评议农村低保户168户301人，城市低保户4户12人，截至11月发放资金2092034元。社会保障全面落实，新农合、城乡居保、小额人身意外保险参保率进一步扩大。城镇居民医疗保险参保缴费100人，小额保险完成7976人319044元，位列全市第一。全民参保完成583人。计划生育国策全面落实，政策内生育128人，政策外生育0人，政策生育率为100%。

【安全和维稳】 乡党委以平安创建为载体，化解社会矛盾，维护社会稳定，为经济发展和社会和谐创造良好的社会环境。对重点信访人和各类特殊利益群体再次进行全面排查，建立重点人员、特殊群体台账，责任到人，稳控到位。在全国“两会”、G20峰会、中共十九大期间，制定社会维稳突发事件应急预案，全天候应急值守，确保重要时期全乡未发生1例越级非访和群体性事件。建立领导包案、信访接待日、信访例会、日排查等制度，以追责倒逼责任落实，共接访71人次，调解各类纠纷35件。全年领导班子成员共接访群众10件，处理答复10件，机关干部开展走基层、访民情活动共400余次，答复和处理200余次，解决群众一般问题24件。全年基本做到小事不出村，大事不出乡。严格落实安全生产责任制，层层签订安全生产目标责任书，进一步完善各村安全监管机构。强化非煤矿山、私挖乱采、道路交通、建设施工、森林防火、防洪度汛、地质灾害、食品卫生等安全监管工作，全年没有发生较大以上安全生产责任事故，确保人民群众生命财产安全。

【环境保护】 全力做好中央环保督查迎检工作，整治畜禽养殖场4处，取缔水库养殖设施8处，整治道路30千米，清理河道及沟渠10千米，规范垃圾清运。全乡8座水库全面消除劣五类水质。通过广泛宣传、设禁烧卡点、不间断昼夜巡逻等举措，确保夏秋两季辖区内无秸秆焚烧现象发生。加大淘汰治理黄标车工作力度，淘汰黄标车2辆；投入资金20余万元，增添垃圾处理设施和修复损毁道路；规范场镇经营和车辆停放秩序，达到坐商归店，行商归市，营造了一个整洁优美的生活环境。抓好生态环境保护，制止乱砍滥伐现象，严格执行封山育林制度，加强森林消防和森林病虫害防治，进一步提高全乡森林覆盖率；实施彩林项目，美化环境；加大对政府周边及公路沿线的保洁力度，深入推进城乡环境综合治理进村社活动，引导居民养成文明、健康、进步的生活习惯,巩固城乡环境综合治理成果。加大环保专项整治力度，工作重心由单一的秸秆禁烧向水污染防治、大气污染防治、土壤污染防治综合治理转变。同时做好“河长制”工作，加大对畜禽养殖场的排污监管，引导生态渔业生产，做好水源保护，减轻水体污染。

【脱贫攻坚】 2017年，全乡58户160人（省定45户120人、市定13户40人）实现脱贫，人均可支配收入达4500元以上的退出户占比93.2%。贫困村景台村通过脱贫验收,按程序退出。针对三轮巡视反馈意见和暗访、督查意见，全乡建立整改责任台账，限时全部销号。全面完成贫困村及非贫困村插花户“三建五改”“易地搬迁”“地灾搬迁”任务。认真落实贫困村“六个一”和非贫困村“三个一”工作要求，为选派人员提供食宿保障，定期听取第一书记和工作组汇报，安排第一书记和工作组成员参加乡村干部大会和有关脱贫攻坚会议。常态化开展“走基层”和“结队帮扶”工作。有效实施党员精准扶贫示范工程。帮扶企业宏安集团捐资80余万元修建宏安桥建成通车。全面消除“空壳村”。

【农村改革】 充分发挥乡村理事会的作用，创新工作模式，教育引导群众，为社会和谐稳定贡献民间组织力量。全面推进集体土地所有权、集体建设用地和宅基地使用权等确权登记发证工作。加强农村集体经济组织“三资”规范化管理，引入社会资本盘活“三资”，壮大农村集体资产。探索农业混合所有制经济。鼓励、引导发展专业合作社、股份合作等多种形式的农民合作社；发展农产品电子商务，扩大销售渠道，不断提升新春“梓江”生态大米、“红塔”生姜、“三星”折耳根等特色农产品知名度和美誉度。

图140 新春乡景台村归心谷

【旅游景区景点】 藏王寨最高海拔2345.7米(梨树坪)，相对高差达1676米。相传明朝建文帝朱允炆兵变后归隐此山，故此地又称“藏（cang）王寨”。阳春踏青，仲夏避暑，秋日狩猎，冬季观雪，别有一番风味。“归心谷”位于新春乡景台村，是乡党委、政府借助脱贫攻坚之力，凭借得天独厚的自然景观规划的全生态避暑度假旅游胜地。景区不收门票，基础设施齐全、交通便利，保持自然景观的原生态，被誉为“天然氧吧”。

（新春乡）

新兴乡

【概况】 新兴乡位于江油市境中东部，距市区29千米，东连东安乡，东南与梓潼县金龙场连接，南与战旗镇毗邻，西北与双河镇相邻，西南与新安镇相交。地势西北高，东南低，海拔最高825米，最低570米，森林覆盖率28.5%，面积40.32平方千米。全乡有耕地1020公顷，人均耕地面积1.1亩。全乡辖8个行政村（马蹄岗、银水、新红、双沟、玉清、佛岩、桅杆、中源），1个莲花社区，4380户，总人口13475人。主产水稻、玉米、小麦、油菜、药材。

2017年，全乡农民人均可

表40

2017 年新兴乡各行政村基本情况表

村名	面积(平方千米)	户数(户)	人口(人)	农村经济收入(万元)	农村经济总费用(万元)	农村经济净收入(万元)	农民人均纯收入(元)
马蹄岗	1.23	640	1827	4223.2	1338.96	2911.66	15937
银　水	1.39	523	1602	2972.79	610.98	2361.28	14740
新　红	0.86	376	1200	2888.38	1016.51	1871.87	15599
双　沟	1.92	744	2265	5017.2	1438.89	3606.1	15921
玉　清	1.47	603	1907	4496.87	1584.37	2925.66	15342
佛　岩	0.85	338	1074	2615.64	949.75	1665.2	15505
桅　杆	0.97	447	1470	3360.5	1059.65	2300.85	15652
中　源	1.51	709	2130	4561.61	1280.54	3278.77	15393

支配收入达15526元，增加1444元，比2016年增长12.5%。农村富余劳动力转移6575人次，农村劳动力培训1200人次，劳务收入7500万元，新增种养大户3户，完成招商引资700万元，完成固定资产投资2200万元，新引进农业综合开发项目2个，项目包装1个。

【地名由来与建置沿革】 明清时名马蹄关（俗称马蹄岗），为江梓通道上隘口，清乾隆时始置场市，取“新设必兴”之意命名。民国24年（1935）为新兴联保，民国29年（1943）建乡。新中国成立后，1951年改保为村，设新兴、永兴两乡。1955年11月，撤销永兴乡，并入新兴乡。1958年10月成立新兴公社。1983年公社改乡。

【基础设施建设】 全年完成“双金”路、新新路升级改造，硬化桅杆村7组、8组2.4千米，玉清村14.8千米通组道路，进一步完善公路网络；精修塘堰2口，沟渠1700米。推进人饮工程，解决玉清村5、8组65户饮水困难群众人畜饮水问题。神华煤电一体化项目灰坝建设征地拆迁工作有序推进，神华天明电厂灰坝及运灰道路建设征地拆迁全面完成耕地、林地净地交付，社保安置116人，红线内24户人员房屋拆迁已完成16户，完成集中安置点前期规划设计和地勘、还建工作的规划设计。

【产业发展】 坚持“1+2+3”的产业发展思路不动摇，加快推进和扶持农业产业化经营，采取“公司+支部+协会+基地+农户”的发展模式，因地制宜，以“一乡一业，一村一品”特色产业为支撑，逐步形成以中药材、猕猴桃、柑橘、特色养殖为核心的产业布局。全乡中药材种植面积突破133.33公顷，亩均增收近千元。33.33公顷猕猴桃生态种植园实现盛挂果，实现产值800万元。全乡家庭农场发展至8家，农业专合组织达6个。3个传统优势产业稳步发展，全乡小家禽养殖年出栏达52万余羽，为进一步加快全乡特色养殖业发展奠定坚实基础。乡村两级农村电商平台有效搭建并投入运营，刘氏、幺师傅两家烤肉企业品牌效应持续提升，线上线下颇受消费者喜爱。手工竹编制品远销陕西、山西等省，年创收500余万元，有效助民增收。

【脱贫攻坚】 引进总投资300余万元的精品果园建设项目落户玉清村并完成一期果树种植，通过精准施策，示范引领，带动全乡贫困户大力发展庭院生态小循环扶贫产业，成效凸显。全乡178户贫困户参与果树种植、45户贫困户参与黄柏等中药材种植，28户贫困户参加生态粮食猪代养119头，每头增收1200元；村级专合组织采取入股分红模式，先后在碧翠山峦农业有限公司、鸿鹄农业有限公司、农投集团投资入股共计121万元，年集体经济增收10.3万元，贫困户、非贫困户均获得投资红利。引导14户贫困户参与市农投公司、邮储银行的金融扶贫项目，对接信用社引导落实237户贫困户每户3000~50000元的产业扶持贷款政策，有效解决贫困户产业发展资金短缺的实际困难。全乡7户异地搬迁、2户危房改造、180户贫困户的“三建五改”项目全部完成；贫困村文化活动中心、日

图 141　12 月 19 日，新兴乡玉清村爱心生态猪销售启动仪式

间照料活动中心、人饮、道路硬化等建设项目全部建成投入使用。全乡 50 户 172 名贫困人口脱贫，省级贫困村玉清村脱贫退出。

【社会事业】 计划生育基本国策全面落实，政策生育率始终保持在 89%以上。农村低保实现应保尽保、应退尽退，动态管理。抓实重要节点的信访维稳工作，认真落实定期排查、领导包案和“五个一”积案难案化解工作机制，全年无人进京赴省上访。完善社会治安防控体系，坚决打击各类违法犯罪活动和邪教组织的非法活动。全面落实安全生产责任制，强化重点行业领域的隐患排查和专项整治，开展安全检查 20 余次，发放整改通知书 30 余份，停业整顿 2 家；拉网式地质灾害隐患点排查 4 次，整治 2 处，监测 15 处，防汛和地质灾害应急演练 1 次。加强依法治理，开展“七五”普法宣传教育，法治赶场 7 次，发放宣传资料 3000 余份，法律知识咨询 18 人次，提高群众法治意识。抓好送文化下乡活动，推进信息资源共享、农家书屋建设，开展扶贫文化下乡 1 场，新建文化院坝 1 处，开展全民健身活动。

【生态环境保护】 以环保督查突出问题为导向，把农业面源污染、水库水质保护、大气污染防治，以养殖户、水库、场镇农村生活垃圾、秸秆垃圾焚烧作为整治重点，层层落实责任。与各村(社区)、场镇单位签订环保工作目标责任书 40 份，与农户签订秸秆禁烧承诺书 4300 份，与养殖户签订面源污染、水库水质治理承诺书 52 份，开通环保举报电话，发放宣传资料 4800 余份，标语 80 余份，出动宣传车 1200 余台次，整治场镇垃圾场 1 处。落实乡、村、部门三级包案负责工作机制，严格执行“销号制”，确保环保问题整改落实到位。

【村级“两委”换届】 2017 年 2 月，全乡 8 个村、1 个社区按照换届选举有关规定，全部完成村（社区）两委换届选举工作，选举产生新一届村（社区）党(总）支部委员 55 名，村（居）委会成员45 人。

（何　丹）

东安乡

【概况】 东安乡位于江油市东北部，东邻江油市河口镇，南邻梓潼县金龙场乡，西与江油市新兴乡接壤，北靠江油市小溪坝镇，面积 43.51 平方千米,森林覆盖率 29.2%，有耕地1212 公顷。全乡有小（一）型水库 2 座：红豆嘴水库、擦尔岩水库；小（二）水库 6 座；山坪塘 1260 口；灌溉渠道 50 余千米，总蓄水量 750 万立方米，属典型的农业乡。全乡辖 8 个行政村（马鞍、构树、银匠沟、金宝、印石、泥村、乌龙观、福严），80 个村民小组，1 个马鞍社区居委会，3 个居民小组，总户数 4035 户，总人口12879 人，其中农业人口12521人、非农业人口 358 人。全乡乡村道路相通,江梓水泥标美路横贯 6 个村，有线数字电视实现全覆盖。

2017 年，全乡农村经济总收入达 3.12 亿元，农民人均纯收入达 15405 元、比 2016 年增长 10.5%。全乡固定资产投资完成 1220 万元，招商引资实现 800 万

2017年东安乡各行政村基本情况表

表41

村名	面积(平方千米)	户数(户)	人口(人)	农村经济收入(万元)	农村经济净收入(万元)	农民人均纯收入(元)
马　鞍	8.17	957	2930	6956.2	4604.46	15715
构　树	6.83	638	1923	4696.24	2904.92	15106
银匠沟	3.91	409	1217	2987.95	1860.11	15284
金　宝	7.05	522	1648	3972.42	2501.7	15180
印　石	5.23	364	1152	2806.86	1751.12	15201
泥　村	3.68	329	1007	2647.76	1563.01	15521
乌龙观	5.09	481	1589	3898.59	2410.52	15170
福　严	3.55	339	1055	3240.02	1693.15	16049

元。争取生态功能环境整治项目2个。

【地名由来与建置沿革】 传说很久以前，小溪坝阴坪坝皇帝山草寇大王花天武途经东安时，将马鞍掉落在东安场镇附近，化作石马鞍，建寺后取名马鞍寺。因该地位于县境东面，取安定之意名东安场，乡以场名。原属金龙地界；民国24年（1935）设东安联保。新中国成立后，1950年在原1至5保地域内建立东安乡，隶属于江油县第七区；在原6至10保地域上建立西安乡。1955年11月，将西安乡和江清乡的民主、石佛、梨树村并入东安乡。1958年划归重华区。1966年更名为东风公社。1981年地名普查中因重名，恢复为东安公社。1983年公社改乡，名东安乡。

【基础设施建设】 针对东安乡基础设施条件薄弱这一突出问题，全年共计投入1700万元，实施8个项目加以改善。规划并启动实施农村安全饮水管网建设工程、构建农业灌溉网络，天一自来水厂标准化制水设备建成投入运行，全乡通往各村主管网建设已完工达70%近80千米。福严村分管网率先铺通，实现6个社343户群众用上干净自来水。整治塘堰15口，维修渠系2000余米。全年新建道路12千米，扩建道路6.5千米，维修道路12处。

【农业经济发展】 以农业供给侧结构性改革为抓手，通过“稻香湾”生态种养示范基地引领，选择宜香优2115优质稻，全年发展优质水稻333.33公顷、优质油菜466.67公顷，总产量稳定在1万吨。东安优质米开启“定制销售”模式，特供市内外大酒店及高档商住小区，销售价格比普通大米均价高出6倍多。木樨花蛋成功跻身市委、市政府指定对外农产品接待用品，年销售量突破6000枚。在保障生态的前提下，支持家庭农场、返乡创业工商户发展标准化规模农业，新建2个规模超过6.67公顷的水果及蚕桑示范基地。全年出栏生猪1.5万头、销售仔猪1.6万头、小家禽出栏达20.6万羽。利用江油市第五届乡村旅游节暨东安乡桂花节成功举办之机，突出以社会

图142　9月23日，江油市第五届乡村文化旅游节暨东安桂花节开幕式

力量为主、政府为辅的节会推广模式，拉动社会人力、物力齐聚东安，以骑游、健身步行、抓鱼、露营等独特模式带动景区人气，全年景区旅游综合收入达到100万元，旅游人次累计6万人次。

【脱贫攻坚】 全年把脱贫攻坚作为全乡头等大事，动员市乡村社四级共110名机关及村社干部、教师、医生、场镇单位职工逐户结对帮扶。与农投集团、邮储银行、华夏村镇银行等机构共实施151户金融扶贫，贫困户户均分红达3100元；对29户贫困群众发放贷款73.3万元，政府全额贴息2.7万元支持发展生产；投入江油农投公司和金宝村光伏电站项目31.2万元产业周转金。整合三建五改、农村危旧房改造、易地扶贫搬迁、地灾避险等各项涉农项目资金180多万元，实施28户房屋新建、166户房屋修缮及功能提升，贫困群众人居环境得到极大改善。落实医疗扶贫政策，减免贫困户住院费用178人次，共计28.4万元；申请卫生扶贫救助基金30人次，共计8.5万元，确保所有贫困群众病有所医。落实教育扶贫政策，全乡35名义务教育年龄段内贫困学生全面落实“三免一补”政策享受补助7万元，同时整合金秋助学、江油市教育扶贫救助基金、四川省学生资助网等几类平台，对义务教育外的大学、职业学校、幼儿学校的45名贫困家庭子女落实补助资金8.84万元，确保所有学生学有所教。共发放救助资金及物资折合资金共17万元，解决贫困群众最基本的吃穿问题。共发放产业帮扶资金2.4万元，重点支持有条件的群众发展生猪及小家禽产业，解决贫困群众收入来源问题。2017年，全乡39户85人脱贫。

【深化改革】 深化农村供给侧结构性改革，着力转变农业经营方式、生产方式、资源利用方式和管理方式，打造并扶持以“天宝山木樨花蛋”品牌为主的“互联网+”电子商务产业，成功迈出一条东安乡新型产业转型升级的创新、突破之路。率先在全市启动“银政企民”合作共赢工作机制，搭建“银政企民”工作平台，建立银行（农村信用社、邮储银行）、政府、企业（农投集团、雅凡科技等）、民（民间协会、合作社、家庭农场等）合作机制信息畅通机制，将全乡种植、养殖及其他新型业态进行梳理，和银行及龙头企业建立合作意向。

【环境保护】 在全乡范围内全年任何区域严禁露天禁烧秸秆、落叶、沥青、油毡、橡胶、塑料、皮革、垃圾以及其他产生烟尘、恶臭气体的物质，加强惩戒力度。划定禁养区，明确了禁养、限养、适养范围，有效化解畜禽养殖污染问题。科学制定《东安乡畜禽养殖技术总体方案》《场镇污水处理规划》《垃圾处理规划》，关停违规养殖场4个。对全乡8座小（二）型以上水库、1200口塘堰、3条小型河流全部建立乡党政班子成员负总责的总河长、总库长，各自明确管护、监督责任。印发东安乡系列水域水质达标规范，拆除河库区养殖设施、搬离养殖场地、关停排污口等举措，全面消除辖区水库劣五类水质。将饮用水源地列为规划管控区，实施最为严格的种养殖、设施建设并联递进审批制度，坚决管好污染源。

【社会事业】 全面完成农村集体土地确权登记及全民参保登记工作，农村书屋实现100%全覆盖，电视“村村通”全面完成，农村天然气入户95%，“宽带进村”入户98%。对提灌设施进行全面更换、翻修，保障全乡农业生产。严格推行以群众评议为主的动态低保管理制度。全年累计发放地力综合补贴187万元、城乡低保84.7万元、养老保险270万元、五保14.6万元、计生奖扶100万元、高龄补贴12万元、军烈属补助55万元、困难生活补贴5.7万元、重度残疾人补助10万元、临时救灾救济6.7万元。

【社会治理】 落实安全生产“一岗双责”制度，努力抓好建筑、危化易爆物品、水利工程、交通道路、地质灾害、森林防火、食品健康等安全的防控和整治，实现安全事故“零”发生。完成综治中心建设，调解矛盾纠纷23件，化解积案3件，重大节日和重要会议期间无违法违规情况发生。加大对各类违法犯罪行为的打击、惩治力度，构建和谐稳定的社会局面。

（刘国浩）

云集乡

【概况】 云集乡位于江油市东北部，距江油市区63千米，面积81.34平方千米，东与剑阁县盐店乡、秀钟乡、西庙乡交界，南与剑阁县东宝镇和江油市重兴乡相连，西与二郎庙镇为邻，北连石元乡，属典型的山区乡镇，平均海拔850米，平均气温16℃。全乡辖7个行政村（云峰、关炉、牛郎、将台、洗脚、和平、高桥），1个黄樘椏社区居民委员会，86个村民小组。全乡总户数2712户，8766人。有耕地810公顷，森林覆盖率74%，木材蓄积量居全市首位。境内有小圌山、洗脚台、旱瀑布、渡师观等景点，具备开发价值。

2017年，全乡固定资产投资2300万元，招商引资到位资金8000万元，财税收入36.03万元，转移农村剩余劳动力4000余人，农民人均纯收入达14650元。

【地名由来与建置沿革】 原名黄樘垭（又名皇堂垭）、黄塘垭，为古代江油通往剑州西南的要道。民国20年（1931）建场，因场镇后山山顶云雾集绕，故名云集。新中国成立后，1950年成立云集乡。1958年改公社。1983年公社改乡。

【基础设施建设】 全年全乡共完成硬化村组道路近11千米，其中硬化和平村环形路（原尹家寺村委会至原石门村委会）6千米，建设将台村2千米组道、牛郎村1.5千米组道、洗脚村1千米组道。利用村级公共运维资金维修维护各村现有泥结石道路近8千米。实施改造洗脚村、牛郎村农村电网，共计改造高、低压线路27千米，新增变压器8台，改善两个村近三千名群众的用电问题。对关田坝、关刀岭水库5千米放水渠进行整治，更换关田坝水库放水阀钢绳；维修整治和平村罗锅堰放水渠；新建青杠坡水库备用取水点1处。对和平村、云峰村道路安全隐患进行整治，安装道路波形护栏1千米；整治三江路和将台村至剑阁县秀中乡道路安全隐患，安装道路波形护栏7千米；在云集场镇、高桥村、洗脚村、牛郎村等特别危险地段安装波形护栏200米。

【产业发展】 落实农民增收书记乡长责任制，实施“一村一品”发展战略，着力在能繁母牛、核桃种植、土鸡养殖、林下种养、传统作物改良等富民产业发展上进行引导扶持。引进能繁母牛105头，全乡能繁母牛数量超500头；扩大土鸡散养规模，新增土鸡养殖大户2户。在云峰村新栽种李子树2万余株，在将台村品种改良核桃树2000余株。注重新品种培育，种植贵妃枣2公顷，巩固繁育黄花种苗3.33公顷，养殖藏香猪300余头。利用“农民夜校”，加大对群众种养殖技术等知识的培训。与西南大学农学院开展“乡校合作”，对生姜进行高科技脱毒改良，提升传统种植作物改良。推进文农林旅深度融合发展，规划洗脚台亲水旅游线、七彩梯田农旅融合示范区，并争取将洗脚台风景区纳入全市北部山区旅游环线。以多种形式开展技能培训，受训人员达600余人次，全乡实现3600多人

2017年云集乡各行政村基本情况表

表42

村名	面积(平方千米)	户数(户)	人口(人)	农村经济收入(万元)	农村经济总费用(万元)	农村经济净收入(万元)	农民人均纯收入(元)
云峰	9.6	482	1465	1487	986	501	14368
关炉	8.3	416	1290	1208	556	652	14447
牛郎	12	346	1206	1732	691	1041	15243
将台	14.4	488	1625	1470.18	925.5	544.7	14338
洗脚	30	294	1000	1627	846	781	14459
和平	16.2	366	1147	1380.35	813.4	567	15402
高桥	7.8	320	1033	1248.31	578.5	669.8	14290

图 143　云集乡洗脚台七彩梯田

市外务工，400余人境内务工。

【脱贫攻坚】　开展“感党恩、早脱贫、传家风、奔小康”系列活动，动员广大贫困户积极参与、自力更生，完成全年脱贫目标任务，其中省定38户142人脱贫，省级贫困村洗脚村脱贫。在产业发展方面，乡财政统筹4个贫困村产业发展资金60万元，解决非贫困村发展产业无任何资金的困境，确保各村农村集体经济发展全面实施；洗脚村、牛郎村通过产业发展资金入股能繁母牛项目，将台村通过产业发展资金建设生猪代养场，关炉村通过产业发展资金投资光伏发电、入股农家乐，云峰村通过产业发展入股农家乐，均实现集体经济收入“零”的突破。在公共服务和农居环境改善方面，完成牛郎村生猪代养场建设项目；完成牛郎村标准化卫计室、老年日间照料中心、文化休闲广场等公共服务设施项目；完成洗脚村、牛郎村村委会改造工程，完成洗脚村、和平村、关炉村、高桥村、牛郎村8户贫困户异地搬迁项目；完成“四类人员”（精准扶贫户危房户、低保户危房户、残疾人贫困户危房户、家庭年收入4500元以下的一般贫困户危房户）危房改造建设项目；结合“三建五改”（建园、建池、建家和改厕、改水、改圈、改厨、改路），2014年、2015年脱贫户“回头看、回头帮”项目，大力实施贫困户改厨、改厕，庭院硬化，购置家具家电等，不断改善贫困户居住环境和生活条件。全面落实医疗、教育、金融扶贫有关政策；全力做好帮扶单位结对帮扶工作的沟通、联系、协调工作，确保“点对点、一对一”结对帮扶工作落到实处；争取帮扶企业的支持，彰明金谷植物油向洗脚村帮扶1万元；在10月17日国家扶贫日期间，辖区内企业、干部职工、党员群众捐款捐物，累计资金7万多元。

【社会民生】　全年认真落实“两免一补”政策，全乡适龄儿童入学率达100%，入学巩固率达100%；支持非物质文化进校园活动，收录云集山歌30余首编印《云上歌声》读本。小额人身意外伤害保险工作连续4年获得绵阳市表彰，统筹推进“全民参保工作”，做好城镇居民医保和新型农村合作医疗“两保合一”工作。搞好计划生育“三结合”工作，全年政策生育率100%。累计发放五保低保、重残补助、优抚优待伤残、临时生活救助等资金180余万元，2名残疾群众在绵阳市首届职业技能大赛上获奖。推进普法和信访维稳工作，干部群众法治意识越来越浓，办事依法、遇事找法、解决问题用法、化解矛盾靠法的良好氛围努力形成，全年无群体上访事件发生。完成“小天网”建设，打好平安云集建设技术基础，有效遏制关炉村1名儿童被拐事件的发生。全面完成年满18周岁的男性公民兵役登记和征兵工作。持续开展“百日安全生产活动”，对乡境内的兰成输油管线，在建的双探8、12井、道路交通事故易发点、烟花爆竹易燃点等进行定期或不定期开展安全生产检查，确保全乡无重大安全事故发生。加大防汛抢险工作力度，确保“8·7”“8·21”洪灾中无人员伤亡。

（阳容华）

重兴乡

【概况】　重兴乡位于江油市境东部，距市区65千米，东依剑阁县东宝镇，东北靠云集乡，西与南连河口镇，北与二郎庙镇、西北与厚坝镇相邻，面积42.9平方千米。辖8个行政村（新隆、白土、紫荆、玉皇、隆庆、重兴、大石、石桥河），70个村民小组。全乡总户数2906户，其中农业户2820户；总人口9331人，其中农业人口9052人。人口自然增长率1.51‰。山林面积1652公顷；耕地面积957公顷，其中，水田376公顷。

2017年，全乡实现工农业总产值1.45亿元，比2016年增长7.9%；固定资产投资1200万元，招商引资650万元，财政总收入892.57万元，其中，地方财政收入2.03万元；上缴2.03万元。农民人均收入13381元，同比增长10.59%。

【地名由来与建置沿革】 原名“重石庙”。场头原有两块重叠的巨石，手可推动而不倒，乃一奇观。当地人在此建一寺庙，名“重石庙”，后兴集成场。民国时期，属江油县统驭乡第3、4、5保和东兴乡第4、5、6保管辖。新中国成立后，1950年成立重兴乡，寓“重新兴旺”之意，辖8个行政村。1954年7月划出龙凤半个村交由剑阁县。1958年10月成立重兴乡人民公社。1983年公社改乡。

【特色产业发展】 2017年，乡党委、政府在做好传统优质产业发展的同时，培育新兴产业，“六位一体产业”构架基本形成。充分利用海拔高、温度低，苦李子生长周期长于这一特性，在历年不断发展扩大的53.33公顷的基础上，利用脱贫攻坚机会，带领新隆、重兴、大石的贫困户和非贫困户发展高山苦李子33.33公顷，全乡苦李子种植面积达86.67公顷，成熟挂果面积约23.33公顷，经济效益达280余万元。做乡党委、政府通过邀请专家指导、调查座谈等形式,结合本地种植习惯，将核桃作为优势产业之一进行培育，全乡种植面积约533.33公顷，品质改良工作基本完成。四川省优秀合作社良琪苗木种植合作社带动周边群众参加合作社并种植金丝楠木，同时大力发展珍稀苗木种植，助推基地上档升级、提质增效。全年新发展种植雷竹3.33公顷。在隆庆村发展芍药种植6公顷，栽种丹参8.67公顷。石桥河中蜂养殖基地年内已达200余箱。

图144 重兴乡“高山苦李子”

【基础设施建设】 以脱贫攻坚为契机，以各级配套资金为保障，全年投入财政涉农资金270余万元，硬化道路12.853千米，投入项目资金391.5万元，硬化道路11.6千米，其中投入157.5万元，完成重兴乡石桥河村和厚坝镇宁静村的道路硬化，打通重兴和厚坝的另一条连接通道，全乡道路交通网络格局进一步优化。同时，全乡8个村共投入运维资金24万元，用于组道路维修、塘堰清淤、渠系整治。

【脱贫攻坚】 按照“扶贫到村，

2017年重兴乡各行政村基本情况表

表43

村名	面积（平方千米）	户数（户）	人口（人）	农村经济收入（万元）	农村经济总费用（万元）	农村经济净收入（万元）	农民人均纯收入（元）
新隆	6.1	388	1248	2068	805	1263	14484
白土	3.3	250	813	1347	563	784	13795
紫荆	6.8	479	1617	2018	843	1175	13515
玉皇	3.9	342	1065	1703	659	1044	13656
隆庆	3.7	239	768	1319	563	756	13329
重兴	3.2	239	738	1237	552	685	12570
大石	7.4	427	1445	2812	1338	1474	14709
石桥河	8.5	542	1637	2443	1163	1280	11231

落实到户，整合资源，合力攻坚”的总规划，强化领导，科学规划，主动作为，全面破解百姓在住房、医疗、就学、产业发展等方面的难题。完成隆庆村省定贫困村退出任务，完成280人脱贫任务（其中大石村68人、石桥河村74人、重兴村52人、新隆村15人、紫荆村50人、玉皇村21人）。同时利用“回头看回头帮”资金，对已经脱贫的贫困户，按照“缺什么补什么”的总要求，进行“三建五改”、危旧房改造及产业帮扶，群众获得感大幅提升。

【环境保护】 以中央环保督查为契机，对存在的农村面源污染情况进行集中整治，重拳出击整治40余户存在突出环境问题的养殖大户，其中禁养区关停1户、完成整改30余户。整改群众反映强烈的突出环保信访问题6件；制定“一库一策”水质管理和保护实施方案，对6座小（二）型水库进行集中治理；编制一河一策方案，设乡级第一总河长1名，总河长1名，村级河长1名，累计巡河40余次。加大秸秆禁烧工作力度，实行全年全方位无死角巡逻宣传。同时做好场镇交通秩序和集市管理，划定场镇停车线和摊位排放区，场镇乱象得到有效治理，场镇秩序得到有效的规范。

【社会事业】 把安全生产放在工作的重中之重，落实领导安全生产、森林防火、防汛抗旱、秸秆禁烧“一岗双责”责任制，加强日常巡查和检查，确保“零险情”。坚持矛盾纠纷排查和月上报制度，做到排查一处、化解一处，把矛盾消灭在萌芽状态。开展“七五”普法宣传，深入开展全民法治教育，使广大群众能够学法、知法、懂法，按照法律办事，用法律手段来维护自身利益。完善乡村卫生服务体系，努力提升医疗服务水平。全年新农合参合率达99.2%，为605名住院病人减免医药费50.16万元，门诊统筹30.45万元；为383人建档立卡贫困户减免住院费用48.53万元；严格落实“三金”奖扶政策，继续实施国家孕前免费检查工程，开展育龄妇女免费检查2次，共发放“三金”奖励金共计46.852万元；着力抓好城乡居民社会养老保险、医疗保险、小额人身意外保险、地震保险等工作，继续扩大社会保障覆盖面。全乡缴费参与新农保1607人，收缴养老保险金62.3万元，发放60岁以上的老人基础养老金178.4553万元。同时，关心特困家庭生产生活，按时足额发放低保、五保、民政优抚生活救助金138.9万元。

（严春桃）

石元乡

【概况】 石元乡位于江油市东北部，距市区96千米，北与雁门镇，南与马角镇，东与青川县竹园镇，南与二郎庙镇接壤，系龙门山脉中段，地势东高西低，以老鸦山、秤砣山、旱坪山为代表呈东西走向。境内最高海拔1661米，最低海拔为680米，绵（阳）广（元）高速、宝（鸡）成（都）铁路、西（安）成（都）高铁穿境而过，有清江河段7千米，从西北角雁门镇流经

2017年石元乡各行政村基本情况表

表44

村名	面积（平方千米）	户数（户）	人口（人）	农村经济收入（万元）	农村经济总费用（万元）	农村经济净收入（万元）	农民人均纯收入（元）
石瓶（石磐社区）	6.2	260	875	1323.9625	463.3868	860.5757	15131
青杠林	10.5	259	876	730.4943	263.9937	466.5006	15884
旱坪山	11.5	89	245	324.8	98.47	226.33	14986
铁　坪	12.2	140	398	524.6037	139.6367	384.967	15714
樟木山	11.6	102	274	414.9678	145.23873	269.72907	15663
仙鹤池	13.5	127	364	415.8157	99.7935	316.0222	14215
五指山	10.7	127	398	309.06	87.0914	221.9685	14235
楠木园	10.6	187	554	830.6676	249.2003	581.4673	14994

石元乡后过青川竹园镇入嘉陵江。辖区面积86.8平方千米，属典型山区乡，辖8个行政村（石瓶、青杠林、旱坪山、铁坪、樟木山、仙鹤池、五指山、楠木园），39个村民小组，总户数1291户，总人口3984人（其中：建档立卡贫困户184户、467人）。全乡有耕地134.53公顷，森林6148.39公顷，植被覆盖率85%。境内蕴藏丰富的石英砂、煤炭等矿产资源，有虹吸猕猴桃、黄花、茶叶、香菇等地方特产，有规模以上工业企业3家。

2017年，全乡完成规模工业总产值2.38亿元，工业利润2300万元，固定资产投资1256万元，招商引资到位资金850万元，财税收入207万元，新增规模工业企业1家；转移农村剩余劳动力1438人，农民人均可支配收入14956元；全乡出生人口31人，死亡30人。青杠林村、旱坪山村、铁坪村、樟木山村退出贫困村序列，19户、41人脱贫。

【地名由来与建置沿革】 境内青江南岸圆包山上有两个对立的瓶子状巨石，后建石瓶寺。建乡时各取一字，名石圆，后简称石元。民国时期，属雁门乡。1950年建石元乡。1958年更名为石元公社。1983年公社改乡。1992年调整乡镇建制时，撤石元乡并入雁门镇。1995年从雁门镇划出原石元乡所属行政区域恢复石元乡。

【经济工作】 2017年，全乡规模工业总产值达2.38亿元，固定资产投资1256万元，财税收入207万元。新增规模企业1家。新增家庭农场2家、种养大户2户、集体股份经济合作社8个，全乡家庭农场、农民专业合作社、集体股份经济合作社总数分别达24家、5个和8个，农业产业经营主体日益丰富。按照“一村一产、一产多基地”目标，因村编制种养殖产业规划8类11项，建成生态菜、绿色果、中药材3个千亩生态产业基地，产业面积达186.7公顷，生态产业面积率达70%以上，年产值近1360万元。创新“党支部+专合社+农户”“专合社+专合社+农户”、村集体入股等共建共享分配方式，构建村集体入股红利、土地入股红利、劳动务工红利等5项惠及全体群众的分配机制。据不完全统计，全年共引导536户1765名群众入股专合社，贫困群众人均增收1200元以上，集体经济收入最少的村也有1.2万元。

【脱贫攻坚】 总体思路上，对标“两不愁三保障四个好”（到2020年稳定实现农村贫困人口不愁吃、不愁穿，农村贫困人口义务教育、基本医疗、住房安全有保障。让贫困群众住上好房子、过上好日子、养成好习惯、形成好风气）目标，按照“六个精准（扶持对象精准、扶贫项目精准、资金使用精准、扶贫措施精准、驻村帮扶精准、脱贫成效精准）”、“五个一批”（生产就业一批，低保兜底一批，医疗救助一批，易地搬迁一批，灾后重建一批）要求，有针对性地制定帮扶措施，形成帮扶计划，开展联系帮扶。具体举措上，严明脱贫责任，激发干群活力。建立脱贫攻坚责任体系，乡党委书记任脱贫攻坚指挥长，党委班子成员包干联系1~2个贫困村，每村安排2~3名机关干部驻村，任务到人、责任到人。从工作推进成效、在村工作时间、群众满意度等5个方面，制定20条考核指标，每年安排3万元~5万元考核奖励村集体，拿出目标考核奖金10%奖惩机关干部。通报进度迟缓、落实有差错的工作及责任人，形成比脱贫比业绩的态势。筹资6万元，实施党员精准扶贫示范工程3个，引导15名先富党员结对帮扶40户贫困户，组织外出务工经商党员提供就业岗位73个、销售农副产品100多万元，带动贫困户人均增收1700多元。将4个强村与4个弱村结对，实现支部联建、思想帮带、技术辅导、产业连片抱团发展。组织本地企业吸纳52名贫困人员就业、为贫困村捐资12.5万元，开展脱贫攻坚志愿服务480人次。乡村两级开展“脱贫致富能手”“光荣脱贫示范户”评选表扬活动；通过村民自治，在村上建立红黑榜制度，表扬脱贫攻坚中的好习惯、好风气，批评等靠要、不履行基本义务的群众，激发自主脱贫内生动力。着眼“精神扶贫”，纵深推进“扶志扶智”，通过创建“文明村”“四好村”、农民夜校，开展以“好日子怎么来、怎么过”“惠从何来、恩向谁报”等主题教育，引导群众感恩党、传家风、早脱贫、奔小康，厚植乡村振兴沃土。2017年，全乡完成青杠林、旱坪山、铁坪、樟木山等4个村退出，19户、41名贫困群众脱贫任务，贫困发生率下降至1.8%，贫困人口人均纯收入增至5960元，高标准通过省、绵阳和江油三级检查验收，获“江油市脱贫攻坚先进单位”称号。

图145 石元乡高山生态蔬菜种植产业园

【美丽乡村建设】 努力践行“绿水青山就是金山银山”的理念，把良好生态环境和完善的基础设施配套作为农村最大优势和宝贵财富。以中央、省、市环境保护督查为契机，下大力气整治石英砂开采、加工企业环保突出问题，整治企业3家、非煤矿山5处，淘汰黄标车16辆，开展原矿运输“抛洒滴漏”专项整治，全面整治石英砂加工企业露天堆料、乱排废水等老大难问题。完成3家畜禽养殖场（户）治理，强力推进规模畜禽养殖粪便收集和无害化处理，加大林业资源管理和养护工作，严厉整治秸秆和生活垃圾乱堆、乱倒和露天焚烧之风，农村突出环境综合治理迈出坚实步伐，“碧水、蓝天、净土”正在实现。完成楠木园村整村脱贫项目规划和实施，近百户群众实施“三建五改”。全年完成交通投资316.9万元，建成产业道路3条1.27千米，通村道路硬化率达100%。完成明德小学画墙绘工程和日照中心休闲广场建设，场镇安全监控系统完成联调测试；场镇饮用水源地保护工程前期工作全面完成；建成幸福美丽新村文化院坝4个……乡村公共基础设施得到极大改善和丰富。

【社会民生】 2017年度，全乡养老、医疗、救助、最低生活“四大保障”体系基本实现全覆盖。实现广播村村响、数字电视村村通、网络村村有。组织江油市馨川中药材种植农民专业合作社参加各类展销活动3次建成“互联网+电子商务”乡级服务中心1个，电商（含微商）交易规模首次突破10万元。持续丰富乡级综合文化站、村级“农家书屋”内涵并正常运转。新增就业15人，劳务输出1480人；全民参保登记计划扎实开展，全乡参保率达100%。城乡最低生活保障标准线分别提高至460元/月、275元/月，“两线合一”全面实现。文化惠民工程深入实施，覆盖全乡村社的基层文体设施体系正加速建成。公立医院综合改革政策和补偿机制全面落实，家庭医生签约服务有序推进。“雪亮工程”“综治中心”初步建成，社会治安防控全面加强。全乡安全形势总体稳定，群众满意度进一步提升。

（刘　涛）

敬元乡

【概况】 敬元乡位于江油市北部，距市区94千米，东、北部与青川县相邻，南与雁门镇接壤，西与六合乡、枫顺乡相邻，总面积111.8平方千米，辖7个行政村（新房、大池、敬元、沐水、松潘、小石、潮阳），1个新建社区，52个村民小组。全乡属高山地形，最高海拔大龙池2150米，最低海拔毛坝子630米。全乡有林地1万公顷，退耕还林622.16公顷，有耕地250.33公顷（其中水田92.2公顷、旱地

2017 年敬元乡各行政村基本情况表

表45

村名	面积(平方千米)	户数(户)	人口(人)	农村经济收入(万元)	农村经济总费用(万元)	农村经济净收入(万元)	农民人均纯收入(元)
新房	15.7	290	958	1425.38	951.6	473.78	13960
大池	17.1	375	1223	1654.62	772.4	882.22	15581
敬元	8.2	501	1557	2012.62	1254.28	758.34	16019
沐水	10.2	342	1202	1457.01	562.8	894.21	13157
松潘	19.3	418	1256	1611.06	596	1015.06	14570
小石	32.6	251	801	877.22	322.7	554.52	12550
潮阳	8.7	235	685	949.34	523	426.34	13348

158.13 公顷)。全乡总人口 7674 人。

2017 年，全乡完成招商引资 3000 万元，比 2016 年增长 36.36%；固定资产投资 2700 万元；实现农民人均可支配收入 14408 元，比 2016 年增长 14%；完成财税收入 40 万元。

【地名由来与建置沿革】 民国末年，敬元属原雁门乡第 3、4、5、6 保。1950 年设乡，因乡政府驻敬家院子，故名敬院乡。1951 年与沐水乡、松潘乡以东的地区合并设置新的敬院乡。1958 年撤销敬院乡，建立敬院公社。1967 年更名为新建公社。1981 年更名为敬元公社。1983 年公社改乡。

图 146 6 月，青龙峡激流勇士漂流项目建成试漂

【农业发展】 2017 年，全乡大小春农作物总播种面积 408 公顷。以柴胡为主的中药材种植面积达 300 公顷，钩藤种植 5.33 公 4.67 公顷，乌药 2 公顷。

【基础设施建设】 全年新建 60 平方米卫计室 2 处；改造文化活动室 2 处；完成护坡改造 480 立方米；新修蓄水池 2 处；整治塘堰 7 处；硬化堰渠 400 米；“三建五改”改厕 110 户、改厨 116 户、危旧房改造 54 户、院户路硬化 3896 米；防洪沟整治 600米。

【脱贫攻坚】 建立健全长效帮扶机制，持续开展“一对一、多对一”帮扶，巩固脱贫成果。鼓励企业、社会组织与贫困户建立利益联结机制，发挥现有产业优势，积极探索群众增收渠道，提高脱贫致富能力。创新工作举措，在脱贫工作中善于总结亮点，力争全市推广，加强贫困户的感恩教育，由被动脱贫变主动脱贫。全年实现敬元村省定脱贫摘帽，大池村、松潘村市定脱贫摘帽的脱贫目标。

【民生工程】 全年投资 30 万元在新房村修建人畜饮水工程，缓解场镇及周边村社的人畜饮水困难问题；投资 20 万元新修敬元乡卫生院污水处理设施，解决卫生院多年来污水超标排放问题；全力支持江油市重点交通项目东雁公路扩建工程；启动46千米的国家旅游步道建设和岗口大桥的规划设计以及敬沐公路扩建的规划设计；完成易地扶贫搬迁的基础设施配套建设；投资50万元新修潮阳村观音店桥，工程年内已完工。

【旅游发展】 充分利用独特的山区资源优势，招商引资，大力发展农旅融合发展产业。2017年1月至6月江油永超旅游公司自筹资金2000余万元，建成3.5千米激流勇士漂项目。2017年3月利用拓展基地引进成都自驾游协会投资2000余万元建成自驾游露营基地1处。

（冯　超）

六合乡

【概况】 六合乡地处江油市东北端，距江油城区100千米，属典型的山区乡镇。东与敬元乡、雁门镇接壤，南与马角镇、文胜镇交界，西与平武县接壤，北与枫顺乡交界。全乡面积102.8平方千米，有耕地面积217.13公顷，人均耕地0.76亩。全乡辖8个行政村（龙池、白果、吉安、小池、六合、河石、檬针、杨家院），41个村民小组，1个硫铁社区居民委员会。全乡总户数1440户，总人口5025人，其中农业人口4212人、非农业人口813人。

2017年，实现固定资产投资2360万元，招商引资1063万元，完成转移农村剩余劳动力1502人，实现农民人均纯收入13866元，财税收入21.15万元。

【地名由来与建置沿革】 原名鹿鹤沟，清末建场。相传一次山洪暴发，场镇被冲毁，后由当地六姓人家合力修建，故名六合场。民国时期，属星顺乡第10、11保和雁门乡第7保管辖。1950年初，成立六合乡，辖7个行政村。1952年，将枫顺、枫香村划出成立枫顺乡；将兴隆村划出，与莲花村成立新农乡。1955年又将新农乡并入六合。1958年将枫顺公社并入，成立六合人民公社。1961年再将枫顺公社划出。1983年公社改乡，名六合乡。

【自然资源和旅游资源】 六合乡的粮食作物主产水稻、玉米、小麦等；经济作物有木耳、香菇、板栗、核桃、猕猴桃、梨、苹果、桃、蕨菜、竹笋、茶叶、特色老鹰茶；中药材有黄柏、杜仲、天麻、柴胡等；国家野生保护动物有金丝猴、黑熊、岩羊、獐子、大鲵等；矿产资源：硫铁矿、辉绿岩。全乡生态资源保护较好，无污染企业，自然风景优美，空气清新，气候宜人，是夏季避暑、秋季枫叶观赏、冬季赏雪、周末休闲度假的好地方。生态建设持续发展，夏季清凉游初具规模，充分利用六合优美自然的生态风光，延伸养马峡旅游线，推动原生态旅游业发展，已开发打造出高山古寺玄帝崖，10千米无人烟大峡谷叶家沟，百年古寺庙莲花寺，避暑探幽圣地梅花洞群，生态休闲河谷五道河等各具特色旅游点，并配套建设10家农家乐、5家农家客栈、5家餐饮店提供旅游后勤服务。

【农业特色经济】 充分利用山区优势资源,大力发展特色产业。

2017年六合乡各行政村基本情况表

表46

村名	面积（平方千米）	户数（户）	人口（人）	农村经济收入（万元）	农村经济总费用（万元）	农村经济净收入（万元）	农民人均纯收入（元）
龙　池	17.88	124	339	412.70	90.67	322.03	14528
白　果	17.83	157	458	645.71	103.16	422.60	14026
吉　安	15.21	205	601	624.14	135.51	510.53	14368
小　池	10.06	73	181	163.45	49.79	110.71	14368
六　合	18.18	258	871	1079.59	295.02	784.57	14278
河　石	7.05	175	503	650.66	218.40	432.26	14216
檬　针	8.95	259	747	889.12	173.34	689.12	13913
杨家院	7.66	189	512	298.28	160.65	265.28	14494

持续推动香菇、板栗、猕猴桃、蜂蜜、黑山羊、生态猪、跑山鸡、高山蔬菜等特色种养殖业的发展。2017年，全乡种植香菇250万袋，黄花5.33公顷，青花椒10公顷，迷你型红薯6.67公顷，高山蔬菜6.67公顷亩，蓝莓2.67公顷，辣椒2.67公顷，已建成板栗基地规模200公顷，猕猴桃基地50公顷，油茶树基地166.67公顷；养殖生态猪3500头、黑山羊1500只、跑山鸡5000只。乡香菇种植省级标准化建设已通过省级验收，为全乡香菇种植标准化流程提供保障。

【惠民工作】 全年发放耕地地力保护补贴35万余元，退耕还林补贴49万余元，发放专项民政资金83万余元，全年新增低保10人，取消低保2余人，新增困难残疾人享受生活补助6人，新增奖扶24人，新批农村退役士兵2人。修建困难群众周转房26间300平方米，在建困难群众周转房28间350平方米。改建村卫生室1个改建面积55平方米，新建村卫生室1个建筑面积60平方米，并配备专职医生，增添药品药具，彻底解决群众看病难问题。场镇新建河堤文化走廊1200平方米，完善文化广场配套设施设备；新建5个村文化室，购置文化器材，增加图书1万余册。

【精准扶贫】 全年，六合乡5个村通过四川省、绵阳市、江油市的脱贫考核、验收，其中：省定2个村、市定3个村，贫困户省定82户171人，市定60户129人。全乡共投资产业扶持资金400万元，通过入股和专业合作社形式，完成蓝莓、辣椒、蜂蜜、青花椒、高山蔬菜、生态猪等项目，实现分红20.752万元。完成7户18人易地扶贫搬迁工作；完成危房改建41户；全年改“三建五改”197户；新建入户道路0.62千米。发放猪仔125头、家禽1350羽、蜂箱470个；医疗救助207人；政策兜底61人；提供就近务工235人、提供贫困户公益性岗位15人、提供国有林护林员4人；发放扶贫贷款108万余元。

图147　六合乡场镇俯瞰

【城乡环境综合治理】 全年调整城乡环境综合治理领导小组，加强宣传，突出整治，注重实效制定具体的实施方案，与各村签订城乡环境综合治理目标责任书，明确治理责任。落实保洁人员12名，制定垃圾清运、垃圾场管理、场乡五乱治理、乡村干部包片管理以及卫生考核评比机制。为加强各村城乡环境综合治理力度，出资在全乡各村新建垃圾池4座，租赁垃圾清运车1辆。2017年全乡累计投入12万余元用于城乡环境综合治理工作。

【安全稳定工作】 牢固树立“抓安全就是抓发展”的理念，与各单位签订安全生产目标责任书，落实责任。全年4次深入变电站检查安全工作，确保企业安全生产。同时，抓好食品、药品、学校和道路交通安全，加强领导、明确责任，严格检查，确保全乡无食品、药品、校园、道路交通安全事故发生。全乡全力构建社会和谐，上下各级单位部门明确辖区内的社情民意，及时掌握群众热点、难点问题，明确信访责任，与12个乡属单位签订信访稳定责任书，加强矛盾源头治理，实行领导包案工作制，重点落实解决信访积案问题。完善和探索信访工作机制，严格落实“一岗双责”制度，坚持开展领导接访和干部下访工作，确保每天有1名党委班子成员接待来访群众，驻村干部至少每周1次到村上解决群众反映的问题，通过有效举措，全年全乡共处理11件群众来信来访问题，群众满意率100%。基本实现“小事不出村，大事不出乡”工作目标。协助相关部门协调处理雁门硫铁矿因股权纠纷而引起维稳事件，引导相关当事人不激化矛盾，依法诉求。健全社会稳定的监测预测、预报预警制度，在各村、各单位确定15名维稳信息员，落实工作责任。在重大时段无到绵、赴省、进京非访事件发生。

（杨 烨）

枫顺乡

【概况】 枫顺乡位于江油市最北端，距市区118千米，东与敬元乡相邻，南与六合乡相连，西与平武县接壤，北与青川县马公乡和石坝乡连界，最高海拔2356米，最低海拔750米，辖5个行政村（小坝村、清花村、枫橡村、夏村、小院村），22个村民小组，1红枫社区。辖区面积94.6平方千米，全乡有829户、2318人。年末有林地8829.89公顷，有耕地140公顷（其中水田17公顷，旱地123公顷）。

2017年，全乡农村经济总收入3955.75万元；农村居民人均可支配收入14137元，比2016年增加2553元；完成固定资产投资1100万元；转移农村劳动力1200人，实现务工收入2880万元。

【地名由来与建置沿革】 清末建场。原属星顺乡飞地，因当地有一小坝，且多枫橡树，故名枫顺坝，又名枫香坝。1950年划归六合乡。1952年从六合乡划出枫香村、枫顺村，与平武县划归江油县的小坝乡合并成立枫顺乡。1958年并入六合公社。1961年又将原枫顺乡地划出成立枫顺公社。1967年更名为丰收公社。1981年更名为枫顺公社。1983年公社改乡。

【蜂产业助农脱贫】 枫顺乡是江油市的北部山区，有森林面积8829.89公顷，境内生物多样，农林植物丰富，草花树花各异，种类繁多，为蜜蜂生存创造良好条件。枫顺以种玉米、土豆、苦荞油菜为主，农作物不打农药，有利蜜蜂生长和采蜜，蜂蜜绿色天然。乡党委政府重视蜂产业发展，为扩大规模，蜂农通过乡林业站审批，可间伐两根树用来挖蜂槽，扩大养殖规模，增加农民的收入。2017年，全乡5个村的村民养蜂2059箱，年收获蜂蜜15.44吨，收入139万元。

【生态立乡】 乡党委政府把“生态立乡，产业强乡”作为经济发展战略，走生态产业化，产业生态化的兴乡富民之路，携手共创“轿子顶”省级森林公园，建设美丽幸福和谐新枫顺。坚持保护与利用并重，处罚与鼓励相结合的生态文明建设思路，通过对乱砍滥伐、偷猎盗猎等处罚和案例1人的宣传与剖析有效震慑乱砍滥伐、偷猎盗猎等违法行为，有力保护全乡林业资源和野生动植物资源；“轿子顶”植物呈垂直分布，动植物分布各异，是生物多样性的宝库，是研究、开发、利用生物多样性的首选之地。通过景区风貌提升和大规模植树造林，栽植黄连树和银杏4000余株，完成新一轮退耕还林

2017年枫顺乡各行政村基本情况表

表47

村名	面积（平方千米）	户数（户）	人口（人）	农村经济收入（万元）	农村经济总费用（万元）	农村经济净收入（万元）	农民人均纯收入（元）
小坝	50.72	128	320	680.28	286.79	393.49	15848
清花	12.48	166	483	856.56	401.72	485.84	14088
枫橡	8.76	246	706	1150.25	447.16	703.09	13967
夏村	14.00	183	496	730.92	308.38	422.54	13464
小院	8.60	106	313	537.74	230.32	332.42	13920

任务134.56公顷，在小院村种植红叶1000株，种植红叶苗木3.33公顷，为“轿子顶”森林公园打造和红叶景观打造创造条件。全面落实河长制，对乡内青江河常年巡查管护，禁止非法捕鱼、网鱼、电鱼120余人次，收缴放生非法捕获的鱼158公斤；给青江河投放鱼苗1.6万尾，为开发乡村旅游、保护野生鱼类，实现“清河、护岸、净水、保水”打下基础。夏村在3、5、7组栽雷竹4公顷，栽植核桃14.47公顷，全乡栽车厘子20公顷，其中夏村栽植10公顷。分别在5个村开展植树造林活动。到2017年年底，全乡森林面积达588.66公顷，森林蓄积量达364.8万立方米，森林覆盖率达90.3%，森林生态服务价值超过13.2亿元。小坝村和小院村成功创建四川省省级卫生村，枫橡村成功创建绵阳市市级卫生村，全乡村民环境卫生得到改善。

【脱贫攻坚】 全面落实国家脱贫攻坚政策，推进精准脱贫工作，完成“三建五改”92户，完成道路建设5.9公里，发放小额贷款35户，投入资金43.9万元，借支产业发展资金2.6万元，涉及贫困户3户，完成危房改造98户，完成异地搬迁13户。以生态保护为前提，根据枫顺乡的资源为基础，以“建设轿子顶森林公园，枫顺红叶景观打造”为着力点，推进脱贫攻坚工程。采取“支部十合作社十贫困户”模式，清花村鑫果农业合作社完成5.33公顷辣椒基地建设；投资120万元新建农产品烘干加工房1幢，面积720平方米，6间3层；投资30万元，购买和安装了烘干设备。枫橡村栽植黄花13.33公顷，投资35万元，新建烘干房；给50户贫困户提供100头黑土猪猪仔实行散养；完成16.67公顷核桃基地建设。2017年，枫顺乡27户54人脱贫，清花村整村脱贫。

【社会保障】 全乡实现新农合和城镇居民基本医疗保障并轨，全乡参保率达95%以上，新农保参保率在90%以上。2017年度，农村低保新增加10户10人，共计65户91人，共发放最低生活保障金21.81万元；供养农村五保户14人。其中集中供养8人，散居五保户6人，发放资金7.06万元；临时救助对象22人，发放救助金2.26万元；优抚对象及60岁退役士兵20人，发放资金3.09万元；困难残疾人生活补贴56人，发放资金4.02万元；高领老人36人，其中80至89岁的32人，90至99岁的4人，发放资金1.50万元。

【乡村旅游】 枫顺乡重视自然生态旅游、红枫用材林、中草药、食用菌4大基地建设，依托环境优势，打造生态旅游项目——轿子顶省级森林公园。乡政府主抓乡村旅游，重点是枫橡树栽植、利用和开发并重，一、三产业同行，通过旅游，把山区土特产品销往省内外。2017年枫顺红叶季接待游客1.5万人次，带动餐饮、住宿及土特产品销售，实现收入150万元。

（刘洪友）

图148　枫顺红叶

江油年鉴

统计资料

Statistical Material

江油市2017年国民经济和社会发展主要指标

表48

指标名称	计量单位	2017 年	2016 年
一、自然资源			
行政区域面积	平方公里	2720	2720
年末实有耕地面积	公顷		37952
二、人口和就业			
户籍户数	户	301182	305099
常住人口	万人	79.05	79.41
# 城镇人口	万人	45.15	44.4
城镇化率	%	57.11	55.85
年末户籍人口	万人	86.63	87.86
# 女	万人	42.67	43.17
# 乡村户籍人口	万人	52.88	54.28
城镇户籍人口	万人	33.75	33.58
当年出生人口	人	9991	8387
当年死亡人口	人	6457	5514
社会从业人员	万人	51.13	51.21
# 第一产业	万人	15.59	15.90
第二产业	万人	17.95	18.02
第三产业	万人	17.59	17.28
三、综合经济			
地区生产总值（当年价）	万元	3845967	3507604
第一产业增加值	万元	457288	439537
第二产业增加值	万元	1489903	1410184
# 工业	万元	1249328	1203194
建筑业	万元	241628	208005
第三产业增加值	万元	1898776	1657883
地区生产总值指数（可比价计算，上年=100）	%	109.2	108.4
第一产业	%	104.0	103.9
第二产业	%	109.0	108.9

续表48

指标名称	计量单位	2017 年	2016 年
# 工业	%	109.4	109.4
# 规模以上	%	111.2	110.2
建筑业	%	106.8	105.6
第三产业	%	110.6	109.1
人均地区生产总值（当年价）	元	48542	43726
人均地区生产总值指数（可比价计算，上年=100）	%	109.4	108.4
四、农村经济			
农林牧渔业总产值	万元	805271	764162
粮食总产量	百吨	3081	3048
五、规模以上工业			
工业企业单位数	个	235	212
工业总产值（当年价）	万元	5291103	5384631
工业企业从业人员年平均数	人	31872	40846
工业企业主营业务收入	万元	5058011	4930773
# 主营业务税金及附加	万元	36652	31295
工业企业利润总额	万元	295188	273585
工业企业利税总额	万元	503390	478798
六、交通通讯能源			
境内公路总里程	公里	2655	2655.32
# 等级公路（含高级、一、二、三和四级公路）	公里	1909	1869.86
# 高速公路	公里	80	80
民用汽车拥有量	辆	81093	64451
年末公交车路数	路	19	20
年末实有公共汽（电）车营运车辆数	辆	180	180
年末实有出租汽车数	辆	256	256
邮电主营业务收入	万元	57885	61702
固定电话用户	户	187256	157884
移动电话用户	户	933944	837029
国际互联网接入户数	户	249665	221635
全社会用电量	万千瓦时	195633	167802
# 居民生活用电量	万千瓦时	39056	37480
七、固定资产投资			

续表48

指标名称	计量单位	2017年	2016年
全社会固定资产投资	万元	2180967	1831008
固定资产投资（不含农户）	万元	2160967	1801008
房地产开发投资	万元	149679	272952
八、建筑业			
建筑业总产值	万元	747281	583839
九、国内贸易、对外经济和旅游			
社会消费品零售总额	万元	1844583	1638821
# 城镇	万元	1043467	897152
乡村	万元	801115	741669
进出口总额	万美元	5241	5844
# 进口总额	万美元	3489	4689
出口总额	万美元	1752	1155
当年实际使用外资金额	万美元	1000	6100
十、人民生活			
城镇居民人均可支配收入	元	30798	28503
城镇居民人均消费支出	元	20394	18983
城镇居民恩格尔系数	%	35.6	35.4
农村居民人均可支配收入	元	15642	14304
农村居民人均生活费支出	元	12377	11407
农村居民恩格尔系数	%	39.5	39.3
十二、财政金融			
一般公共预算总收入	万元	330456	279265
# 地方一般公共预算收入	万元	190670	176392
# 各项税收	万元	95387	81592
一般公共预算支出	万元	441746	380858
# 财政八项支出	万元	336337	260617
年末金融机构各项存款余额	万元	4869957	4564794
# 居民储蓄存款余额	万元	3473250	3169729
年末金融机构各项贷款余额	万元	2242828	1951039
十三、教育科技文化卫生			
普通中学	所	22	24
中等职业教育学校	所	2	2

续表48

指标名称	计量单位	2017 年	2016 年
小学数	所	61	61
普通中学专任教师数	人	2564	2594
中等职业教育学校专任教师数	人	221	195
小学专任教师数	人	2099	2130
小学在校学生总数	人	35456	34204
普通中学在校学生总数	人	26334	27364
中等职业教育学校在校学生数	人	6837	8611
专业技术人员	人	12864	29630
其中：农业技术人员	人	696	1464
全年专利申请数	件	810	713
# 发明	件	200	237
全年专利授权数	件	388	342
# 发明	件	75	83
公共图书馆图书总藏量	千册	225	225
剧场、影剧院个数	个	6	1
体育场馆个数	个	2	2
医疗卫生机构数	个	652	646
医疗卫生机构床位数	张	7407	7329
医院、卫生院技术人员	人	4914	5535
# 执业（助理）医师	人	2180	2186
十四、资源与环境			
单位 GDP 能耗比上年降低率	%	5.61	8.42
单位工业增加值能耗比上年降低率	%	6.71	15.9

注：2017 年单位 GDP 能耗及单位工业增加值能耗比上年降低率均为绵阳数据。

（江油市统计局）

江油年鉴

名录与先进

Directory and the Advanced

江油市四大班子领导干部名录

(截至2017年12月)

■ 中国共产党江油市委员会

周　涛　市委书记
柳　江　市委副书记　市长
钟　培　市委副书记
唐传凤　常委　统战部部长　总工会主席
杜廷才　常委　市政府党组副书记、副市长
何　波　常委　人武部部长
唐顺江　常委　政法委书记
何华君　常委　组织部部长　党校校长
姚华宗　常委　纪委书记
吕　勇　常委　宣传部部长
何思文　常委

■ 江油市人民代表大会常务委员会

冯　钢　主　任　党组书记
邹　勇　副主任　党组副书记
贺　勋　副主任
卢先君　副主任
金华松　副主任

■ 江油市人民政府

柳　江　市委副书记　市长
杜廷才　市委常委　党组副书记、副市长
宋进勇　副市长　公安局党委书记、局长　督察长
许　红　副市长
杨保平　副市长
李　海　副市长
谢林川　副市长　市红十字会会长
王　磊　副市长（挂职）
黄庆华　副市长（挂职）

■ 中国人民政治协商会议江油市委员会

李　平　主　席
汤国平　副主席　党组副书记
陈清太　副主席
毛　彬　副主席

江油市市级部门、乡镇领导干部名录

（截至2017年12月）

■ 工业园区

胥　洪　党工委书记
庞华均　党工委副书记　管委会常务副主任
　　　　市政府党组副书记
李　林　党工委副书记
李　山　管委会副主任
王　成　管委会副主任
熊大斌　党工委委员（主持纪工委全面工作）
周世明　党工委委员
谭旭林　社会事务局局长
邓志钧　经济发展局局长
彭　芳　经济发展局副局长
舒启用　党工委委员　综合管理办公室主任
霞朝凤　党群工作部部长
成小军　财政局副局长
许家祥　监察局局长（兼纪工委副书记）
皮　勇　规划建设和环境保护局局长
祝玉和　规划建设和环境保护局副局长
伍　英　招商服务中心副主任
杨心源　招商服务中心副主任

■ 市人民法院、市人民检察院

法　院

罗　毅　院长　党组书记
王昭伟　副院长　党组副书记
刘玉锋　副院长（正科）
买志辉　副院长　党组成员
敬智勇　纪检组组长
仇　伟　政治处主任　党组成员
宋　强　执行局局长　党组成员
唐天武　审判委员会专职委员
冯昊鸣　审判委员会专职委员
何化中　机关党委书记　党组成员
敬显军　司法调解中心专职副主任
李光旭　三合法庭庭长
万　钦　武都法庭庭长
邓彦文　青莲法庭庭长
罗　勇　彰明法庭庭长
冯　艳　双河法庭庭长
陈龙贵　小溪坝法庭庭长
姜　勇　二郎庙法庭庭长
何自永　雁门法庭庭长

检察院

勾支洋　检察长　党组书记
郭　富　副检察长　党组副书记（正科）
徐安兵　政治处主任　党组成员
王　志　副检察长
母丽坤　副检察长　党组成员
王　斌　纪检组组长
张崇高　反贪局局长　党组成员
张瑞明　反渎局局长　党组成员
苗　俊　机关党委书记　党组成员
廖　强　反贪局教导员
张朝晖　反渎局教导员
李修建　检察委员会专职委员
田速波　检察委员会专职委员
刘　勇　派驻武都检察室主任

■ 市纪委、监察局

姚华宗　市委常委　纪委书记
武功林　副书记　监察局局长
张　杰　副书记
陈奕辉　纪委常委　纠风办主任
马　骁　纪委常委　党风政风监督室主任
　　　　监察局副局长

郎　艳　监察局副局长
曹　毅　纪委常委
马玉萍　纪委常委
秦　军　办公室主任
陈利萍　组织部（干部监督室）部长
冯国波　宣传部部长
吕正平　信访室主任
万金华　案件监督管理室主任
廖　莎　第一纪检监察室主任
骆春林　第二纪检监察室主任
王　娟　案件审理室主任

■ 市人大、市政协机关

市人大机关

景　勇　党组成员　办公室主任
贾国松　办公室副主任
张亚平　办公室副主任
曹　迅　办公室副主任
杜向阳　办公室副主任
贾明旭　研究室主任
刘中顺　研究室副主任
戴　强　财经工委主任
张来清　财经工委副主任
肖江丽　教科文卫工委主任
姜长全　教科文卫工委副主任
刘海燕　法工委主任　信访办主任
李中和　法工委副主任
黄龙林　人事代表工委主任
郭从洲　人事代表工委副主任
文国波　农工委主任
姚绍满　农工委副主任
童彦国　城环工委主任
陈　娟　城环工委副主任
何天均　信访办副主任
李晓燕　机关党总支书记
侯　毅　机关纪检员

市政协机关

罗　润　党组成员　秘书长
曾光全　副秘书长
李勇华　副秘书长
宋　军　副秘书长
李联万　办公室主任
李永强　办公室副主任
黄　滟　办公室副主任
朱　勇　研究室主任
李学奎　研究室副主任
刘明军　经济委主任
刘春品　提案委主任
刘　军　提案委副主任
文助长　农工委主任
罗　敏　法制群团联谊委主任
郭福宪　教科文卫体委主任
　　　　在外人才联谊办主任
伏德明　委员工作委员会主任
张　杰　学习文史委主任
何　阳　机关党总支书记
申鸿友　机关纪检员
罗　维　厚坝镇政协工作委员会主任
罗　娟　青莲镇政协工作委员会主任
杨尚斌　三合镇政协工作委员会主任
邓海鹰　武都镇政协工作委员会主任

■ 市委工作部门

市委办（保密局、政研室、机要局、密码局）

王　宇　办公室主任　大堰镇党委书记
王宗荣　办公室副主任　市农办主任
　　　　市脱贫办副主任
蔡由勇　办公室主任
董小斌　办公室副主任　市脱贫办副主任
汤　辉　办公室副主任
杨　娟　纪检员
王　琴　机关党委书记
杨　峰　政研室副主任
尚　艺　保密局局长
严诚亮　保密局副局长
李昌军　机要局局长（兼密码管理局局长）
陈明健　机要局副局长
谢守琥　密码管理局总工程师

目标督查办

胡景钧　主任
鲁　斌　目督办副主任
文　晓　副主任

接待办

张　剑　主任
杨　梅　副主任

组织部（机关工委、党建办、老干局、人才办、远程办、非公经济和社会组织工委、企业工委）

何华君　市委常委　组织部部长　市委党校校长
夏远航　常务副部长
田　杰　副部长　人社局局长、党组书记
敬发友　副部长　老干局局长
刘永勇　副部长　企业工委书记　非公经济和社会组织工委书记
杨　剑　副部长　人才办主任
张雪平　党委办主任
杨明文　市直机关工委书记
蒋　泰　部务委员
邓　阆　纪检员
王立言　机关党总支书记
彭　琳　市直机关工委副书记
谢家庆　党建办副主任
李亚军　非公经济和社会组织工委副书记
张　凯　人才办副主任
杨汉波　老干部局副局长
何在春　老干局副局长
陈　勇　企业工委副书记

宣传部（文明办、外宣办、网信办）

吕　勇　市委常委　宣传部部长
谢　亮　常务副部长
伍　卫　副部长　社科联主席
鲁顺义　副部长　外宣办主任
王清金　副部长
沈　俊　部务委员
杨艳明　外宣办副主任
张显勇　文明办主任
王锦萍　文明办副主任
朱　霞　创建办主任　市志愿者服务指导中心主任
廖伯逊　市新闻宣传中心主任
肖赟梅　市新闻宣传中心副主任
苏圣人　市新闻宣传中心副主任
黄　秋　互联网信息办公室主任
李　扬　互联网信息办公室副主任
王大辉　互联网信息办公室副主任

统战部（台办、民宗局）

唐传凤　市委常委　统战部部长
万承金　常务副部长　工商联第一副主席、党组书记
骆大林　副部长　民宗局局长
文助东　副部长
吴水泉　副部长
喻大富　台办主任
袁治光　纪检员

政法委（综治办、维稳办、防邪办）

唐顺江　市委常委　政法委书记　矛盾纠纷“大调解”协调中心主任
丁大银　常务副书记　政治处主任
但崇军　副书记　维稳办主任
熊寿军　副书记　综治办主任
田勇贤　纪检员
谌　文　防邪办主任
张　鸿　防邪办副主任
杨洲平　综治办专职副主任
简　雄　维稳办专职副主任
蒋小林　矛盾纠纷“大调解”协调中心主任

农　办

王宗荣　市委办副主任　市农办主任　市脱贫办主任
蒋明均　副主任
曹大明　副主任
刘宗高　副主任
刘　毅　纪检员

市委群众工作局

胡国强　局长
黄治贵　纪检员

于　超　副局长
李仕清　来访接待中心主任

市委编办（事业单位登记管理局）

丁　勇　主任
邓　斌　副主任
任　玉　副主任
余忠海　纪检员
邓睿智　事业单位登记管理局局长

巡察办

钟长征　纠风办主任　巡察办主任
李国栋　副主任
唐明君　第一巡察组组长
林玉明　第二巡察组组长
万书才　第三巡察组组长
许　芝　第四巡察组组长
李　冰　第五巡察组组长
李华金　第一巡察组副组长
宁德贵　第二巡察组副组长
王扬金　第三巡察组副组长
文明洪　第四巡察组副组长
余　泽　第五巡察组副组长

■ 市政府工作部门

市府办（法制办、外侨办、金融办）

任　俊　市政府党组成员　政府办党组书记、主任
杨小勇　政府办副主任　党组副书记
吴明亮　政府办副主任
彭健雄　政府办副主任　市脱贫办副主任
王剑锋　金融办主任
王琳玲　外侨办主任
刘　江　政府办党组成员　市脱贫办副主任
蒲真明　纪检组组长
罗　勇　机关党委书记
欧　洋　法制办副主任
杜炳俊　应急办主任
蒲　涛　侨联专职副主席

发展和改革局（粮食局）

陈晓洪　局长　党委书记　粮食局局长
李　焱　党委副书记　副局长
李世杰　副局长
龙　江　副局长
陈　果　纪委书记
李云乾　机关党总支书记
霞朝军　项目办主任
吴兴培　国民经济和装备动员办主任
宋悦宽　价格和粮食监督检查分局局长

教育体育和文化广电新闻出版局

陈远乐　局长　党委书记
胡　勇　党委副书记　副局长
曾仁亮　副局长
郭长印　副局长
吴存发　纪委书记
龙体健　党委委员　机关党总支书记
周荣胜　总督学　党委委员
盛　雄　招生办主任
冯正涛　扫黄打非办主任
黄　超　文化市场综合执法大队大队长
丁　颖　李白纪念馆馆长

广播电视台

陈爱民　教体文广局党委委员　电视台台长
雷江天　教体文广局党委委员　电视台副台长
罗见茂　副台长
何　勇　总编辑

科技和工业信息化局

王爱平　局长 党组书记
郭志强　党组副书记　副局长
刘志强　纪检组组长
雷钦蓉　副局长
赵　焕　副局长
王仕兵　机关党总支书记
母东林　党组成员　总工程师
唐　军　总经济师　党组成员

公安局

宋进勇　副市长　公安局党委书记、局长　督察长
王弟红　党委副书记　政委
薛　峰　党委副书记　常务副局长

胡锦凯　副局长
王晓东　副局长
蒋晓娟　副政委
史铁壁　副局长
韩　雨　党委委员　政治处主任
陆　春　纪委书记　第一副督察长
唐志国　指挥中心主任
李　江　刑事侦查大队大队长
帅　涛　刑事侦查大队教导员
沈　炜　交警大队大队长
葛龙明　交警大队教导员
张　戟　巡特警大队大队长
李　昕　巡特警大队教导员
杨柳松　国保大队大队长　党委委员
罗　宏　国保大队教导员
李　勇　治安管理大队大队长
杨　晓　治安管理大队教导员
胡　涛　情报信息大队大队长
王　宁　情报信息大队教导员
陈　震　中坝派出所所长
张位国　中坝派出所教导员
彭　波　城北派出所所长
朱国平　城北派出所教导员
王柏盛　城郊派出所所长
李克东　城郊派出所教导员
刘　宁　开发区派出所所长
赵　凯　开发区派出所教导员
舒　刚　城东派出所所长
邹银红　城东派出所教导员
许　柠　三合派出所所长
马　勇　三合派出所教导员
柯　竹　涪江派出所所长
李　静　涪江派出所教导员
罗本全　太白路派出所所长
向红刚　太白路派出所教导员
李　伟　武都派出所所长
贾天元　武都派出所教导员
张　啸　乾元派出所所长
王松涛　乾元派出所教导员
郭　强　青莲派出所所长
杨　勇　青莲派出所教导员
赵文全　新安派出所所长
罗建明　新安派出所教导员
刘　亮　厚坝派出所所长
张　潜　厚坝派出所教导员
冯钦皓　九岭派出所所长
杨泽贵　九岭派出所教导员
杨继勇　彰明派出所所长
孟　强　彰明派出所教导员
王　毅　双河派出所所长
沈　斌　双河派出所教导员
安文海　小溪坝派出所所长
杜丕军　小溪坝派出所教导员
赵万国　二郎庙派出所所长
罗　可　永胜派出所所长
张明龙　永胜派出所教导员
张　超　大堰派出所所长
李红木　大堰派出所教导员

民政局（老委办、社区办）

史　伟　局长　党委书记
王显成　副局长
李　立　副局长
代　勇　纪委书记
刘景寿　副局长
罗邦明　机关党总支书记
裴　刚　党委委员　老委办主任
杨明朝　老委办副主任
漆　鲰　老委办副主任
胡永建　党委委员 社区办主任

司法局

郭从明　局长　党组书记
林　勇　副局长
文福龙　副局长
何心宝　副局长
胡茂洪　纪检组组长
李保祥　机关党总支书记
王建敏　政治处主任　党组成员
史光辉　法建办主任

财政局（市国有资产监督管理办公室、财政监督检查局、国库集中支付中心、财政投资评审管理中心）

程　忠　局长　党组书记　国资办主任
魏　东　党组副书记　副局长
冯　勇　副局长
何朝品　副局长
黄　丹　纪检组组长
谭　华　党组成员　机关党总支书记
何宝林　党组成员　总会计师
尚恩斌　党组成员　财政监督检查局局长
王郁娟　农业综合开发办主任
罗春梅　国库集中支付中心主任
徐金华　投资评审管理中心主任
康潇月　市政府与社会资本合作中心主任

人力资源和社会保障局（社会保险事业管理局、就业服务管理局、医疗保险管理局、人才服务中心）

田　杰　组织部副部长　局长、党组书记
陈义杰　党组副书记　副局长
李　娟　副局长
薛建林　副局长
王云先　纪检组组长
赵芷由　党组成员　机关党总支书记
钟　伟　党组成员　社会保险事业管理局局长
赵　勇　社会保险事业管理局副局长
张太华　党组成员　就业服务管理局局长
薛　静　就业服务管理局副局长
蒲　益　党组成员　人才服务中心主任
郭建华　人才服务中心副主任
蔡道鑫　医疗保险管理局局长（副科）党组成员
晏子国　军转办主任
蹇文海　劳务开发办主任　党组成员
王志刚　市劳动人事争议仲裁院院长

国土资源局（国土资源执法监察大队、土地统征储备中心、不动产登记中心）

刘国虎　党组书记　局长
严大伟　副局长
陈　刚　副局长
严　涛　副局长
李　健　纪检组组长
王秀培　机关党总支书记
范加里　执法监察大队大队长
李阳韬　土地统征储备中心主任
肖　明　不动产登记中心主任

环境保护局（环境监察执法大队）

杨　文　局长　党组书记
王小军　副局长
杨　诚　副局长
杨茂华　副局长
甘　勇　总工程师
黄　勇　纪检组组长
赵麒淋　环境监察执法大队大队长

城乡规划建设和住房保障局（人民防空办公室）

刘　强　局长　党委书记
朱丕国　副局长 党委副书记
钟武兴　副局长
黄　辉　副局长
赵　勇　总工程师　党委委员
李治新　纪委书记
何　毅　党委委员　机关党总支书记
彭　鸿　人防办副主任
陈俊林　总规划师　党委委员
王泽红　市城乡规划技术服务中心主任
吴　红　城市建设管理监察大队大队长

交通运输局（运管所、公路管理所、路政大队、航务管理所）

许　刚　党委书记　局长
谢　兵　副局长　党委委员
李　强　副局长　党委委员
刘晓利　副局长
田　用　安全总监　党委委员
张　乐　党委委员　总工程师
张明惠　机关党总支书记
蒲维东　党委委员　纪委书记
周代全　党委委员　交通战备办主任
米　波　道路运输管理所所长

水务局（水保办）

任　伟　局长　党委书记

尤文碧　副局长
王志伟　副局长
张　峻　副局长
刘高亮　党委委员　水保办主任
蒋晓蓉　机关党总支书记
苏文钢　纪委书记
尹兴东　党委委员 总工程师
王　笑　党委委员　防汛抗旱办公室主任
汪靖发　水政监察大队大队长
尹德强　水保办副主任

武引管理局

赵　伟　水务局党委副书记　武引局局长
杨先明　副局长

农业和畜牧局

李克勇　局长　党组书记
唐德斌　副局长
聂兴发　副局长
张泽民　副局长
王力生　党组成员　纪检组组长
黄玉斌　党组成员　总农艺师
曹文江　机关党总支书记
文清玉　党组成员　总畜牧师
田　甜　蔬菜产业发展办主任
陈　蕾　农村能源建设管理办公室主任
江　静　农机监理站站长

林业局（森林公安局）

尚　俊　局长　党组书记
姚来辅　市脱贫办　副局长、党组副书记
刘光平　党组成员　副局长
曾礼东　副局长
羊　帆　纪检组组长
何利华　机关党委书记
周云川　党组成员　森林公安局局长
强中将　森林公安局教导员

商务和旅游局

余永革　局长　党组书记
周兴海　副局长
何　东　副局长
邓　伟　副局长
陈先荣　纪检组组长
彭　涛　机关党总支书记

卫生和计划生育局

代　勇　局长　党委书记
冯文涛　党委副书记、副局长
欧文孝　副局长
何　勇　副局长
周　勇　党委委员　纪委书记
贾　瑜　机关党总支书记
陈　宇　爱卫办主任

审计局（经责分局）

罗进红　局长　党组书记
任业宏　副局长
王大岚　副局长
伍　丹　副局长
王永双　总审计师
邓雨青　纪检组组长
黎炳胜　经责分局局长

统计局

张静波　局长　党组书记
刘金波　副局长
李淑娟　副局长
范力军　党组成员　副局长
刘俊飞　党组成员　总统计师
林　刚　纪检组组长

安全生产监督管理局

朱晓辉　局长　党组书记　政府安办主任
刘　韬　副局长
林　健　副局长
张立超　纪检组组长

食品药品和工商质监管理局

唐立春　局长　党组书记
周　强　党组副书记　副局长
宋年合　副局长
董文进　副局长
郭　勇　副局长
李　宁　纪检组组长
唐应全　城南食品药品和工商质监管理所所长
高　俊　城北食品药品和工商质监管理所所长

万　波　三合食品药品和工商质监管理所所长
吴　兵　太平食品药品和工商质监管理所所长
高　波　工业园区食品药品和工商质监管理所所长
梁广喜　青莲食品药品和工商质监管理所所长
赵　睿　武都食品药品和工商质监管理所所长
徐可贵　八一食品药品和工商质监管理所所长
周　静　彰明食品药品和工商质监管理所所长
赖晓明　新安食品药品和工商质监管理所所长
姜　柯　双河食品药品和工商质监管理所所长
朱永华　小溪坝食品药品和工商质监管理所所长
罗旭东　重华食品药品和工商质监管理所所长
吉　翔　厚坝食品药品和工商质监管理所所长
张小林　二郎庙食品药品和工商质监管理所所长
龙烨凌　雁门食品药品和工商质监管理所所长

城市管理局

严　勇　局长　党委书记
颜传勇　副局长
陈　路　副局长
陈　波　纪委书记
康建勇　副局长
魏轶川　机关党总支书记

行政审批局（政务服务中心）

王拥军　局长　党组书记
熊　伟　副局长
廖　伟　副主任
陈昌伦　副局长
文玉林　纪检组组长
王成彦　机关党总支书记、
唐　宏　政务服务中心主任
曹庆勇　政务服务中心副主任

■ 派出机构

长城街道办事处

董怀松　党工委书记
陈召来　党工委副书记　办事处主任
陈少荣　党工委副书记（纪工委书记）
蔡忠辉　党工委委员　副主任

华坪办事处

付寿军　党委书记
龙　合　主任
严金华　副主任
黄　亮　党委委员　副主任

■ 直属事业单位

党　校

何华君　市委常委　组织部部长　党校校长
杨旭光　常务副校长　校务委员会委员（主持工作）
安正平　副校长　校务委员会委员
左泽榕　副校长　校务委员会委员

党史研究室

胡仁强　主任

供销社

焦海平　主任
蒲　柯　副主任
周仕华　党组成员　副主任
邓小川　党组成员　机关党总支书记
唐　敏　纪检组组长

投资促进局（投资服务中心）

刘　汶　局长　党组书记
康　明　副局长　党组副书记
何　勇　副局长
李骏伟　副局长
陈　文　纪检组组长
张卫银　投资服务中心主任

档案局

陈　坤　局长　党组书记
李明轼　副局长
胡　杨　党组成员　副局长
陈荣祥　纪检组组长

防震减灾局

罗　庆　局长　党组书记
杜　刚　副局长

扶贫开发局

敖国民　政府办党组成员　局长、党组书记
张　晟　副局长

罗　淦　纪检组组长

王　勇　副局长

方志办（市政府研究室）

管宏光　方志办副主任　市政府研究室副主任

机关事务管理局

刘年高　政府办党组成员　局长、党组书记

李　超　党组成员、副局长

熊晓光　纪检组组长

群团组织

总工会

唐传凤　市委常委　统战部部长　总工会主席

梁　东　常务副主席　党组书记

李　斌　副主席　纪检员

叶　茂　党组成员　惠民帮扶中心主任

团市委

杨蕊铱　书　记

黄　堃　副书记

妇　联

韩银华　主席　党组书记

吴　棋　副主席

田　青　副主席　纪检员

工商联

万承全　统战部常务副部长　工商联第一副主席、党组书记

黄　耀　副主席

姚　涛　副主席

残　联

杨新天　理事长　党组书记

杨文勇　副理事长

夏　斌　纪检员

红十字会

谢林川　副市长　会长

刘先俊　专职副会长（正科）

文　联

蒲永见　主席

社科联

伍　卫　宣传部副部长　主席

李代兵　专职副主席

马晓燕　秘书长

科　协

任德远　科工局党组成员　主席　党组书记

吴光荣　党组成员　副主席

乡镇

中坝镇

赵和斌　书记

袁　全　副书记　镇长

江洁萍　党委委员　人大主席

杜　宏　副书记　纪委书记

邹小林　副书记

邓召平　党委委员　人武部部长　副镇长

王国芳　党委委员　副镇长

邱国民　党委委员　副镇长

赵　含　党委委员　组织委员

三合镇

刘子国　书记

刘多军　副书记　镇长

张　兵　党委委员　人大主席

张　渝　副书记　纪委书记

李昌海　副书记

蒋　俊　副书记　副镇长

田新蓉　党委委员　人武部部长　副镇长

田江东　党委委员　副镇长

许　琳　党委委员　副镇长

涂静曦　副镇长

苏茂林　副镇长

太平镇

薛长灏　书记

黄海洋　副书记　镇长

罗　军　党委委员　人大主席

谢志强　副书记　纪委书记

成丕胜　副书记

廖元友　副书记　副镇长

李　敬　党委委员　人武部部长　副镇长

董绍海　党委委员　副镇长

王　琼　党委委员　副镇长

王　林　副镇长

张瀚元　副镇长

武都镇

唐　禾　书记
薛　原　副书记　镇长
程正亮　党委委员　人大主席
周世沛　副书记　纪委书记
冯　敏　副书记
钱和平　副书记　副镇长
杜汉峰　党委委员　人武部部长　副镇长
李　惠　党委委员　副镇长
谢君红　党委委员　组织委员
李宗裕　副镇长
毋　勇　副镇长

青莲镇

李　渊　书记
田德全　副书记　镇长
谢　勇　党委委员　人大主席
胡　桂　副书记　纪委书记
张小华　副书记
庞　勇　副书记　副镇长
秦　江　党委委员　人武部部长　副镇长
王　艳　党委委员　副镇长
郭素花　党委委员　组织委员
衡　林　副镇长

大康镇

唐立成　书记
邓跃松　副书记　镇长
鲁　刚　党委委员　人大主席
罗长煜　副书记　纪委书记
刘学文　副书记
王建林　党委委员　人武部部长　副镇长
王　娟　党委委员　副镇长
何盼盼　党委委员　组织委员
张　敏　党委委员　副镇长

含增镇

李　昕　书记
万　林　副书记　镇长
尹　红　党委委员　人大主席
余文洋　副书记　纪委书记
郭定佑　副书记
刘刚宏　党委委员　人武部部长　副镇长
唐　军　党委委员　副镇长
叶金华　党委委员　副镇长
廖朝元　党委委员　组织委员

彰明镇

曾俊锋　书记
郭增伟　副书记　镇长
柯全德　党委委员　人大主席
陈世静　副书记　纪委书记
陈丽华　副书记
胡元培　党委委员　人武部部长　副镇长
闫成铀　党委委员　副镇长
赵　东　党委委员　组织委员
白　胜　党委委员　副镇长

双河镇

尹学勇　书记
邱　川　副书记　镇长
叶发刚　党委委员　人大主席
王　军　副书记　纪委书记
储虎成　副书记
冯四敏　党委委员　人武部部长　副镇长
王　玲　党委委员　副镇长
邓　丽　党委委员　副镇长
罗　彦　党委委员　组织委员

新安镇

饶中友　书记
曾　波　副书记　镇长
唐　河　党委委员　人大主席
李世勇　副书记　纪委书记
何芙蓉　副书记
笪　理　党委委员　人武部部长　副镇长
李　钊　副镇长
张　浩　党委委员　组织委员
张　洁　副镇长

龙凤镇

李兴桥　书记　人大主席
范中林　副书记　镇长
杨安向　党委委员　人大主席

毛　勇　副书记　纪委书记
曹金祥　副书记
陈　刚　党委委员　人武部部长　副镇长
龙丽羽　党委委员　副镇长
刘　维　党委委员　副镇长
张　建　党委委员　组织委员

小溪坝镇

杜　斌　书记
梁永林　副书记　镇长
左明培　党委委员　人大主席
兰　波　副书记　纪委书记
尹常辉　副书记
袁　怡　党委委员　人武部部长　副镇长
叶　欣　党委委员　副镇长
张　森　党委委员　副镇长
李　敏　党委委员　组织委员

二郎庙镇

唐何兵　书记
刘剑锋　副书记　镇长
贺模英　党委委员　人大主席
吴　云　副书记　纪委书记
李成刚　副书记
刘志忠　党委委员　人武部部长　副镇长
寇　平　党委委员　副镇长
代晓燕　党委委员　组织委员

马角镇

王　剑　书记
罗　庆　副书记　镇长
何　林　党委委员　人大主席
王　伟　副书记　纪委书记
周章频　副书记
郭　成　党委委员　副镇长　人武部部长
周　纯　党委委员　副镇长
何　勇　党委委员　副镇长
赵志梅　党委委员　组织委员

厚坝镇

何　锋　书记
刘雨鑫　副书记　镇长
陈　锐　党委委员 人大主席
徐伟炜　副书记　纪委书记
范　强　副书记
吴加友　副书记　副镇长
王　朔　党委委员　人武部部长　副镇长
王扶潘　副镇长
刘　丹　副镇长
杨进宝　党委委员　组织委员

战旗镇

林　伟　书记
李德蓉　副书记　镇长
李文富　党委委员　人大主席
王定金　副书记　纪委书记
梁安科　副书记
贺　佳　党委委员　人武部部长　副镇长
曾　波　党委委员　副镇长
陈建新　党委委员　组织委员
赵林红　党委委员　副镇长

重华镇

张　超　书记
兰梓仁　副书记　镇长
李菊华　党委委员　人大主席
刘兴国　副书记　纪委书记
李德豪　副书记
朱　学　党委委员　人武部部长　副镇长
郑　垒　党委委员　副镇长
陈海燕　党委委员　组织委员

永胜镇

文　震　书记
李　杰　副书记　镇长
谢友俊　党委委员　人大主席
胥泽春　副书记　纪委书记
卢　云　副书记
颜熙林　党委委员　人武部部长　副镇长
邹方杰　党委委员　副镇长
马　俊　党委委员　组织委员
阳明菊　党委委员　副镇长

河口镇

王成军　书记
王京伟　副书记　镇长

王中洋　党委委员　人大主席
贾　艳　副书记　纪委书记
唐云万　党委委员　人武部部长　副镇长
周　游　党委委员　副镇长
刘　达　党委委员　组织委员

雁门镇

严　浩　书记
任　东　副书记　镇长
郭瑞敏　党委委员　人大主席
欧阳再华　副书记　纪委书记
王　雨　副书记
阳玮芸　党委委员　副镇长　人武部部长
张　明　党委委员　副镇长
赵兴勇　党委委员　副镇长
李栀璇　党委委员　组织委员

九岭镇

杨　智　书记
高　玉　副书记　镇长
黄　玲　党委委员　人大主席
罗梓亓　副书记　纪委书记
向元对　副书记
向　晶　党委委员　副镇长　人武部部长
岳晓林　党委委员　副镇长
袁银宝　党委委员　副镇长
罗晓容　党委委员　组织委员

西屏镇

张正银　书记
郭忠云　副书记　镇长
肖自华　党委委员　人大主席
强永辉　副书记　纪委书记
陈　强　副书记
陈　勇　党委委员　人武部部长　副镇长
周太琼　党委委员　副镇长
文　学　党委委员　副镇长
张宝琳　党委委员　组织委员

大堰镇

王　宇　市委办主任　大堰镇党委书记
王安宁　副书记　镇长
何　敏　党委委员　人大主席
唐　勇　副书记　纪委书记
谢建萍　副书记
汤友清　党委委员　人武部部长　副镇长
谌　军　党委委员　副镇长
谌洁莉　党委委员　组织委员
向然禹　党委委员　副镇长

贯山镇

万　彪　书记
王　琴　副书记　镇长
王永春　党委委员　人大主席
周永丽　副书记　纪委书记
卫海波　副书记
许　可　党委委员　人武部部长　副镇长
杨清虎　党委委员　副镇长
田　敏　党委委员　组织委员

文胜镇

邱　钰　书记
何良斌　副书记　镇长
吴智佳　党委委员　人大主席
汪　蓉　副书记　纪委书记
马　杰　副书记
邵小建　党委委员　人武部部长　副镇长
李　军　党委委员　副镇长
黄　洁　党委委员　副镇长
何万松　党委委员　组织委员

方水镇

马　艳　书记
王　刚　副书记　镇长
李英杰　党委委员　人大主席
钟武贵　副书记　纪委书记
易明德　副书记
陈　朴　党委委员　人武部部长　副镇长
宋　波　党委委员　副镇长
谢培均　党委委员　副镇长
杨　敏　党委委员　组织委员

香水镇

刘　岚　书记
彭　雷　副书记　镇长
宋成茂　党委委员　人大主席

薛　涛　副书记　纪委书记

李　龙　党委委员　人武部部长　副镇长

董芳芳　党委委员　副镇长

李金龙　党委委员　组织委员

八一镇

范　勇　书记

刘　建　副书记　镇长

申益华　党委委员　人大主席

余学军　副书记　纪委书记

袁　智　党委委员　人武部部长　副镇长

王松林　党委委员　副镇长

钟小春　党委委员　组织委员

东兴镇

陈潇潇　书记

阮　锦　副书记　镇长

谌能常　党委委员　人大主席

冯新年　副书记　纪委书记

何　云　党委委员　人武部部长　副镇长

黄　艳　副乡长

李婷婷　党委委员　组织委员

义新镇

肖　帆　书记

甘　泉　副书记　镇长

陈清富　党委委员　人大主席

王国洪　副书记　纪委书记

王　政　党委委员　人武部部长　副镇长

谭　敏　党委委员　副镇长

卢　春　党委委员　组织委员

新春乡

王　超　书记

彭　友　副书记　乡长

刘昀钊　党委委员　人大主席

吴传斌　副书记　纪委书记

缑丽君　党委委员　人武部部长　副乡长

赵文翠　党委委员　副乡长

潘　涛　党委委员　组织委员

新兴乡

李英飞　书记

唐　兴　副书记　乡长

邹小斌　党委书记　人大主席

胡　江　副书记　纪委书记

严芙琳　党委书记　人武部部长　副乡长

谢　振　党委委员　副乡长

张光莉　党委委员　组织委员

东安乡

杨　洋　书记

杨　飞　副书记　乡长

高志强　党委委员　人大主席

张　斌　副书记　纪委书记

苏　倩　党委委员　人武部部长　副乡长

王　勇　党委委员　组织委员

程诗迪　副乡长

铜星乡

周　波　书记

谷东亚　副书记　乡长

张云金　党委书记　人大主席

吴　笛　副书记　纪委书记

杨　鹏　党委委员　人武部部长　副乡长

洪　伟　党委委员　组织委员

徐　迪　副乡长

云集乡

陈政辉　书记

张　静　副书记　乡长

陈炳贵　党委委员　人大书记

龚　丽　副书记　纪委书记

纪建军　党委委员　人武部部长　副乡长

王　雯　党委委员　副乡长

邓延闻　党委委员　组织委员

重兴乡

胡道全　书记

朱　俊　副书记　乡长

唐晓莉　党委委员　人大主席

赵文龙　副书记　纪委书记

谢　锐　党委委员　人武部部长　副乡长

魏建忠　党委委员　副乡长

严春桃　党委委员　组织委员

石元乡

丁大浩　书记

韦学清　副书记　乡长
刘宏武　党委委员　人大主席
周传金　副书记　纪委书记
黎国松　党委委员　人武部部长　副乡长
毛　玮　党委委员　组织委员
谭春勇　党委委员　副乡长

敬元乡

刘　涛　书记
刘助国　副书记　乡长
王　永　党委委员　人大主席
杨忠海　副书记　纪委书记
蔡庆统　党委委员　人武部部长　副乡长
陈　刚　党委委员　组织委员
杨　斌　副乡长

六合乡

夏虎森　书记
何　明　党委委员　乡长
杨晓波　党委委员　人大主席
杜泽锐　副书记　纪委书记
陈伦斌　党委委员　人武部部长　副乡长
刘长波　党委委员　副乡长
王素芳　党委委员　组织委员

枫顺乡

敬　微　书记
王　华　副书记　乡长
唐兴勇　党委委员　人大主席
康　阳　副书记　纪委书记
胡洪铭　党委委员　人武部部长　副乡长
王云杰　党委委员　组织委员
何小军　副乡长

2017年获绵阳市级以上表彰的部分先进集体一览表

表 48

获奖单位	获奖称号	授奖单位
江油市	第四次全国经济普查专项试点地区通报表扬	国家统计局
	国家知识产权强县工程试点县	国家知识产权局
	产粮大县粮食检测调查工作先进	国家统计局四川调查总队、四川省统计局
	2017 年度全省“三农”工作先进县	四川省委办公厅、四川省人民政府
	第四届四川省文明城市	中共四川省委、四川省人民政府
	第二届四川省未成年人思想道德建设先进县(市、区)	四川省精神文明建设委员会
	2016 年度全市工业工作先进集体	绵阳市人民政府
	2017 年度安全生产目标考核优秀单位	
中共江油市委、江油市人民政府	四川省 2016 年脱贫攻坚先进市	中共四川省委、四川省人民政府
	2016 年全省创建“三无”活动先进县(市、区)	四川省信访工作联席会议办公室
	2016 年度绵阳市信访工作先进集体	中共绵阳市委、绵阳市人民政府
	2016 年度绵阳市信访“三无”创建工作先进集体	
	全市信访维稳工作先进集体	
	中共十九大期间绵阳市信访维稳工作先进集体	
江油市人民政府	建设服务型政府工作先进单位	绵阳市人民政府
	政务服务工作先进单位	
	公共资源交易服务工作先进单位	
江油市政协	2017 年度全省政协新闻宣传工作先进单位	绵阳市政协
	绵阳市政协 2017 年度全市政协新闻宣传先进单位	
	绵阳市政协 2017 年度全创工作先进单位	
	绵阳市政协助力脱贫攻坚 2017 年度先进单位	
江油市公安局	全国优秀公安局	公安部
	现场勘查工作先进公安机关	
	全省公安机关执法示范单位	四川省公安厅
	党的十九大安保成绩突出集体	
	江油市公安局集体二等功	
	“626”专项行动	

续表 48

获奖单位	获奖称号	授奖单位
	涉疆服务管理和反恐基础摸排管控工作先进单位	
	绵阳市信访维稳工作先进集体	绵阳市人民政府
江油市人民检察院	第五届全国文明单位	中央精神文明建设指导委员会
	全国检察机关“基层民事行政检察工作推进年专项活动先进基层检察院”	最高人民检察院民事行政检察厅
	省级最佳文明单位	四川省精神文明建设指导委员会
	全省检察机关办理的刑罚交付执行法律监督精品案件	四川省人民检察院
	2016 年度全省羁押必要性审查优秀案件	
	四川省检察机关科级强检示范院	
	第二届四川省维护妇女儿童合法权益十大优秀案例	四川省妇女联合会、省女法官协会、省女检察官协会、省律师协会
江油市三合镇供销合作社	基层标杆供销社	全国供销合作总社
江油市义新镇团委	全国农村基层团建示范乡镇	共青团中央
江油市武都镇人民政府	全国文明村镇	中央精神文明建设指导委员会
	绵阳市 2017 年度“四川省安全社区”复评合格单位	四川省安全社区建设推进办公室
江油市方水镇白玉村	全国文明村复查	中央精神文明建设指导委员会
	省级及绵阳市级“四好村”	中共四川省委、四川省人民政府
江油市青莲镇	全国第二批特色小镇	住房和城乡建设部
	四川省第一批特色小镇	四川省加快推进新型城镇化工作领导小组办公室
	四川省园林镇	四川省住房和城乡建设厅
江油市人武部	全面建设先进人武部	中国人民解放军四川省军区
江油市地方志办公室	《江油年鉴(2016)》获全国地方志优秀成果三等奖	中国地方志指导小组
中共江油市纪律检查委员会	全省纪检监察系统先进集体	中共四川省纪律检查委员会、四川省人力资源和社会保障厅、四川省监察厅
中共江油市委机构编制委员会办公室	2016 年度全省机构编制系统最佳工作	中共四川省委机构编制委员会办公室
江油市看守所	全省安全文明监所	四川省公安厅
江油市环境保护局	四川省“十二五”主要污染物总量减排工作先进集体	四川省人力资源和社会保障厅、四川省环境保护厅
江油市林业局	中国智慧林业最佳实践案例 50 强	全国林业信息化工作领导小组办公室
	全国林业信息化建设十佳县级单位	国家林业局
	2016 年全省林业有害生物中心测报点工作考核的通报(考核等次:省级中心测报点优秀 江油市)	

续表 48

获奖单位	获奖称号	授奖单位
江油市林业局	2016 年全省林业有害生物中心测报点工作考核的通报（考核等次：国家级中心测报点优秀江油市）	四川省森林病虫防治检疫总站
	2016 年全省林业有害生物中心测报点工作考核的通报（业务工作：江油市）	
	2016 年全省林业有害生物中心测报点工作考核的通报（综合管理：江油市）	
	森林公安图层试点建设工作	四川省森林公安局 四川省公安厅科信处
	林业综合行政执法改革成效显著	四川省森林公安局
	2011—2015 年全市法治宣传教育先进集体（江油市）	中共绵阳市委　绵阳市人民政府
江油市卫生和计划生育局	全国巾帼文明岗（人民医院）	中华全国妇女联合会
	“十二五”全国麻风防治先进集体（疾控中心）	中国麻风防治协会
	关于 2017 年国家和省级免费孕前优生健康检查项目临床检验室间质量评果的通报（保健院）	四川省卫计委
	四川省优秀团支部（疾控中心）	共青团四川省委
	全省首届全面健康信息化技能大赛	四川省卫计委、四川省总工会
	四川省 2017 年度食品安全风险检测污染物与有害因素检测优秀单位	四川省疾控中心
	基层流动人口计生服务管理先进单位	四川省卫生和计划生育委员会
	四川省 2016 年医疗信息化应用示范县	
	四川省实施妇女儿童发展纲要先进个人	四川省政府妇女儿童工作委员会
	四川省“2016 年计生家庭保险工作先锋奖”荣誉称号	四川省计划生育协会、中国人寿四川分公司
	四川省爱卫单位	四川省爱国卫生运动委员会
	绵阳市 2011—2015 年法治宣传教育先进单位	中共绵阳市委、绵阳市人民政府
	绵阳市卫生与健康工作特别贡献先进个人	
江油市第一中学	2017 年国防教育特色学校	教育部
	2017 年四川省青少年足球锦标赛（女子组）第四名	四川省体育局
	四川省文明校园	四川省教育厅
	2017 年四川省青少年足球锦标赛女子甲组第三名	四川省体育局
	优势体育杯 2017 年四川省青少年校园足球联赛总决赛暨四川省中学生足球比赛（高中女子组）第一名	四川省教育厅、四川省体育局
	“三步一练”课堂教学模式研究结题证书	四川省教育科学研究所
	2017 年四川省中学生田径锦标赛中甲组团体总分第三名	大会组委会

续表 48

获奖单位	获奖称号	授奖单位
江油市教体文广局	第八届全国小戏小品曲艺大展优秀组织奖	中国民间文艺家协会、民间戏曲艺术委员会
	第六届国际青少年文化艺术交流“金奖”	中国人民对外友好协会
	四川省2017年全省中小学“防溺水”安全知识普及阅读活动先进集体	四川省教育厅
	2016—2017年度四川教育宣传先进单位	四川省教育厅
	脱贫攻坚“五个一”驻村帮扶先进集体和先进个人名单	中共绵阳市委、绵阳市人民政府
江油市司法局	全国法治县（市、区）创建活动先进单位	全国普法办
	人民调解宣传工作先进集体	中华全国人民调解员协会
	四川省社区矫正工作先进集体和先进个人	四川省人力资源和社会保障厅、四川省司法厅
江油市工商联	2017年全国“五好”县级工商联	中华全国工商业联合会办公厅
江油市诗城大酒店	“8·8”九寨沟抗震救灾先进单位	国家旅游局办公室
江油市总工会	全国职工公共安全卫生应急避险知识普及竞赛活动优秀组织单位	全国“安康杯”竞赛组委会办公室
江油市贯福生态种养殖专业合作社稻渔综合种养示范基地	国家级稻渔综合种养示范区	农业部渔业渔政管理局
	省级稻田综合种养示范基地	四川省水产局
江油市八一镇天台村	省级四好村	中共四川省委、四川省人民政府
江油市大康镇官渡村	全国农村幸福社区建设示范单位	民政部基层政权和社区建设司
	四好村	中共四川省委、四川省人民政府
	四好村	中共绵阳市委、绵阳市人民政府
江油市重华镇星顺村	省级四好村	中共四川省委、四川省人民政府
江油市彰明镇明月村	省级四好村	中共四川省委、四川省人民政府
江油市香水镇紫宝村	省级四好村	中共四川省委、四川省人民政府
江油市重华镇公安社区	第三批四川省传统村落	四川省住房和城乡建设厅、四川省文化厅、四川省文物局、四川省财政厅、四川省国土资源厅、四川省农业厅、四川省旅游发民委员会
江油市义新镇（乡）	四川省第六届广播电视公益广告创作大赛二等奖	中共四川省委宣传部、四川省精神文明建设办公室、四川省新闻出版广电局、四川省工商行政管理局
	2016年度“量服”示范乡镇	四川省残疾人联合会
	2016年绵阳市级文明村镇	中共绵阳市委、绵阳市人民政府
攀钢集团江油长城特殊钢有限攀长特公司	四川省科学技术进步奖二等奖	四川省人民政府
	四川省科学技术进步奖三等奖	
攀钢集团江油长城特殊钢有限炼钢总厂党委	先进党委	鞍钢集团党委

续表 48

获奖单位	获奖称号	授奖单位
攀长特物流分公司铁运作业区党支部	先进党支部	鞍钢集团党委
轧钢厂扁钢作业区党支部	先进党支部	鞍钢集团党委
炼钢总厂二作业区铸锭党小组	先进党小组	鞍钢集团党委
攀长特物流分公司铁运党支部武都党小组	先进党小组	鞍钢集团党委
江油市财政局	四川省会计工作先进集体	四川省人力资源和社会保障厅、四川省财政厅
	2016 年度农业综合开发统计工作扩权试点县（市、区）一等奖	四川省农业综合开发领导小组办公室
	2016 年度农业综合开发资金决算编报扩权试点县（市、区）一等奖	四川省财政厅
	2016 年度部门决算工作先进单位（三等奖）	
	扩权试点县（市）财政总决算工作先进单位（三等奖）	
	2016 年度政府资产报告编制工作通报表扬	
	2017 年政府性债务资产清查登记工作通报表扬	
江油市社科联	全省社科联 2017 年度先进集体	四川省社科联
江油市人民法院	2016 年度争创“两个一流”工作集体二等功	四川省高级人民法院
	全省司法警察刑事庭审警务保障执法规范化活动先进单位	
江油市人民法院三合法庭	四川省法院系统先进集体	四川省高级人民法院、四川省人力资源和社会保障厅
江油市机关事务管理局	全省机关事务管理工作先进集体	四川省人力资源和社会保障厅、四川省机关事务管理局
江油市中坝镇	全省残疾人工作先进单位	四川省政府残疾人工作委员会、四川省人力资源和社会保障厅
江油市妇联	2017 年度新闻宣传阵地建设先进单位	四川省妇女联合会
江油市新兴乡党委	四川省维护妇女儿童权益先进集体	四川省妇女联合会
江油市人力资源和社会保障局	全省劳动人事争议仲裁院法律法规知识电视竞赛第二名	四川省劳动人事争议仲裁委员会 四川广播电视台
	四川省就业扶贫示范村	四川省人力资源和社会保障厅
	全国就业扶贫示范基地	人力资源社会保障部办公厅、国务院扶贫办综合司
	全省脱贫攻坚大会经验发言	四川省人民政府
	“四川工匠杯”“四川工匠”“四川省技术能手”称号	四川省人力资源和社会保障厅等七部门
	2017 年全市住户调查样本轮换先进集体	国家统计局绵阳调查队
	成都经济区第二届职业技能大赛优秀组织单位	绵阳市人民政府

续表 48

获奖单位	获奖称号	授奖单位
江油市食品药品和工商质监管理局	四川省工商行政管理系统先进集体	四川省人力资源和社会保障厅、四川省工商行政管理局
	四川省红盾春雷 2017 先进集体	四川省工商行政管理局
	四川省 2016 年度企业年报工作通报表扬单位	
	四川省 2016 年度个体工商户年报工作通报表扬单位	
	四川省 2016 年度农民专业合作社年报工作通报表扬单位	
	四川省工商和市场监管部门“红盾春雷行动”先进集体	四川省人力资源和社会保障厅、四川省工商行政管理局
江油市商务和旅游局	全省 2016 年度扩权县商务工作先进单位	四川省商务厅
	绵阳市 2016 年度服务业工作先进单位	绵阳市人民政府
	承办四川省 “中国社会扶贫网”江油现场会	中共四川省委
	2016 年四川省旅游强县	四川省旅游产业发展领导小组
	江油市人民政府与四川新城股权投资基金管理有限公司共同发起设立总规模为人民币 50 亿元的江油新鸿旅游产业股权投资基金中心	四川省旅游发展委员会，绵阳市委、市政府
	承办四川省旅游发展委员会旅游景区新标准培训会议	四川省旅游发展委员会
	承办四川省旅游发展委员会川北片区行管督查及培训会议	
	承办“美丽的眼睛看绵阳——2017 中华旅游小姐绵阳之旅”走进江油活动	绵阳市人民政府
江油市农牧局	农业部畜产品集市价格及交易量周报工作突出单位	四川省农业厅
江油市档案局	2017 年度档案编研工作先进单位	四川省档案局
江油市统计局	全国经济普查国家级专项试点先进单位	四川省统计局
江油市三合镇	四川省第四次经济普查国家级专项试点先进单位	四川省统计局
	2011—2015 年绵阳市法治宣传教育先进乡镇	中共绵阳市委、绵阳市人民政府
江油市气象局	第四届四川省文明单位	四川省精神文明建设委员会
江油市供销社	安全工作先进单位	四川省供销合作社
江油市厚坝镇	2016 年“四川省安全社区”建成单位	四川省政府安委会
	举办四川省爱路护路集中宣传日活动启动仪式	四川省政法委
	四川省百镇建设试点先进单位	四川省住房和城乡建设厅
	“九五”平安铁路示范村（社区）、学校	四川省综治委
江油市太平镇人民政府	四川省社区戒毒社区康复工作示范点	四川省禁毒委员会
	2017 年度绵阳市信访维稳工作先进集体	中共绵阳市委、绵阳市人民政府

续表 48

获奖单位	获奖称号	授奖单位
江油市双河镇	平安铁路创建工作先进集体	四川省综治委
江油市双河镇牛踩石村	省级就业扶贫示范村作先进集体	四川省人力资源与社会保障厅
江油市永胜镇文化新村	2016 年度省级旅游扶贫示范村	四川省旅游发展委员会、四川省扶贫和移民工作局
江油市大康镇旱丰村	2016 年度省级旅游扶贫示范村	四川省旅游发展委员会、四川省扶贫和移民工作局
江油市枫顺乡小院村	2016 年度省级旅游扶贫示范村	四川省旅游发展委员会、四川省扶贫和移民工作局
江油市大康镇百年好合爱情谷景区	国家 AAAAA 级旅游景区	四川省旅游标准评定委员会
江油市彰明镇	四川省卫生乡镇	四川省爱国卫生运动委员会
江油市彰明镇福田村	四川省卫生村	四川省爱国卫生运动委员会
江油市贯山镇高新村	2016 年四川省卫生村	四川省爱国卫生运动委员会
江油市龙凤镇歧山村	2016 年四川省卫生村	四川省爱国卫生运动委员会
江油市义新乡保宁村	2016 年四川省卫生村	四川省爱国卫生运动委员会
江油市华丰初中	2017 年四川省青少年校园足球联赛总决（初中女子组）第四名	四川省教育厅
	2017 年四川省青少年足球锦标赛（女子乙组）第三名	四川省体育局
	第一届四川省文明校园	四川省教育厅
江油市太白中学	创中学生上肢力量练习方法	四川省教育厅
四川江油华夏村镇银行	2016 年度四川银行业服务实体经济先进单位	中国银监会四川省监管局
江油市审计局	2017 年度《现代审计》宣传工作先进单位	四川省审计科学研究所
江油市城市行政执法局	四川省安全生产知识网络竞赛活动优秀组织单位	四川省政府安委会办公室
江油鸿飞投资（集团）有限公司燃气分公司	四川省燃气协会先进单位	四川省燃气协会
江油市大康镇	省级卫生乡镇	四川省爱国卫生运动委员会
	绵阳市文明单位	中共绵阳市委、绵阳市人民政府
江油市大康镇星火村	百强名村	四川省村社发展促进会
	四好村	中共绵阳市委、绵阳市人民政府
江油市永胜镇林业站	森林防火宣传工作先进单位	四川省森林草原防火指挥部
江油市小溪坝镇小溪村	2017 年度“九无”平安铁路示范村	四川省综治委铁路护路联防工作领导小组
江油市小溪坝镇新民社区	2017 年度“九无”平安铁路示范村	四川省综治委铁路护路联防工作领导小组
江油市小溪坝镇人民村	2017 年度“九无”平安铁路示范村	四川省综治委铁路护路联防工作领导小组
江油市小溪坝镇民政村	2017 年度“九无”平安铁路示范村	四川省综治委铁路护路联防工作领导小组

续表 48

获奖单位	获奖称号	授奖单位
江油市小溪坝镇鲤鱼口村	2017 年度“九无”平安铁路示范村	四川省综治委铁路护路联防工作领导小组
四川省江油中学	优秀组织单位	中央电视台中学生频道《爱拼才会赢》栏目组
	优质生源基地学校	湖南大学
	《愿景》四川省中小学校园影视综艺类一等奖	四川省第十二届中小学校园电视评选
	优质生源基地学校	成都理工大学
	优质生源基地学校	四川农业大学
	四川省第六届普教教学成果二等奖	四川省教育厅、四川省政府
	特约编辑学校	四川省数学会《天府数学》杂志社
中共江油市委宣传部	绵阳市 2011—2015 年法治宣传教育先进单位	中共绵阳市委、绵阳市人民政府
	征兵工作先进单位	绵阳市人民政府、绵阳军分区
中共江油市委群众工作局	全市信访维稳工作先进集体	中共绵阳市委、绵阳市人民政府
江油市人民法院刑事审判庭	绵阳市青年文明号	中共绵阳市委、绵阳市人民政府
江油市华坪办事处	文明单位	中共绵阳市委、绵阳市人民政府
	信访稳定工作先进单位	中国核工业集团公司
江油市残联	全国第九届残疾人运动会暨第六届特殊奥林匹克运动会绵阳市筹备工作先进集体	中共绵阳市委、绵阳市人民政府
江油实验学校	最佳文明单位	中共绵阳市委、绵阳市人民政府
江油市太平镇卫生院	绵阳文明单位	中共绵阳市委、绵阳市人民政府
江油市重华镇平桥村	绵阳市市级“四好村”	中共绵阳市委、绵阳市人民政府
江油市贯山镇政府机关	绵阳市级最佳文明单位	中共绵阳市委、绵阳市人民政府
江油贯山镇人民政府	绵阳市 2011—2015 年法治宣传教育先进乡镇	中共绵阳市委、绵阳市人民政府
江油市扶贫开发局	关于 2016 年脱贫攻坚的表扬性批示	中共绵阳市委
江油市小溪坝镇	2016 年度征兵工作先进单位	绵阳市人民政府、绵阳军分区

2017年获绵阳市级以上表彰的部分先进个人一览表

表 49

姓　名	获奖称号	授奖单位	工作单位
何清蓉	全国住房城乡建设系统劳动模范	人力资源和社会保障部、住房和城乡建设部	江油市环境卫生管理所清扫四队组长
杨　玲	全国职工公共安全卫生应急避险知识普及竞赛活动组织优秀个人	全国“安康杯”竞赛组委会办公室	江油市总工会经工女工部部长
杨新天	全国第九届残疾人运动会暨第六届特殊奥林匹克运动会筹备工作先进个人	中共四川省委、四川省人民政府	江油市残联党组书记、理事长
薛长灏	四川省“8·8”九寨沟地震抗震救灾先进个人	中共四川省委、四川省人民政府	江油市太平镇党委书记
尹作全	四川省脱贫攻坚“五个一”优秀第一书记	中共四川省委、四川省人民政府	江油市义新镇党委委员（挂职）、保宁村第一书记
青方华	优秀共产党员	中共四川省委	江油市枫顺乡小坝村党支部书记
	全市脱贫攻坚优秀共产党员	中共绵阳市委	
何　波	优秀共产党员	中国人民解放军四川省军区	江油市人武部部长
文　龙	2017 年度全省政协新闻宣传工作先进个人	四川省政协办公厅	江油市政协办公室
廖伯逊	《四川政协报》2017 年度优秀通讯员	四川省政协办公厅	江油市新闻宣传中心
付正刚	优秀党务工作者	鞍钢集团党委	攀长特公司党委副书记、工会主席
练仕均	优秀共产党员	鞍钢集团党委	攀长钢轧钢厂扁钢作业区作业长、支部书记
安　然	先进生产（工作）者	攀钢集团	攀长钢人力资源部发展科科长
蒋志华	四川省妇联系统先进个人	四川省人力资源和社会保障厅、四川省妇联	江油市妇联综合部部长
李　勤	全省信访系统“三查三促三争当”活动先进个人	四川省人力资源和社会保障厅、四川省信访局	江油市委群工局办信股长
吴登义	全省国税系统“服务明星”	四川省国家税务局	江油市国税局纳税服务与收入核算科 科长
魏　乙	全省国税系统脱贫攻坚先进个人	四川省国家税务局	江油市国税局管理二科科员
李　勇	个人二等功	四川省公安厅	江油市公安局治安大队
陈　震	“万警进万家”亲民助民活动先进个人	四川省公安厅、四川省人力资源和社会保障厅	江油市公安局中坝派出所
刘　毅	“万警进万家”亲民助民活动先进个人	四川省公安厅、四川省人力资源和社会保障厅	江油市公安局八一派出所
罗　毅	2017 全省法院系统第十九届学术讨论会	四川省高级人民法院	江油市人民法院党组书记、院长
王翠翠	2017 全省法院系统第十九届学术讨论会	四川省高级人民法院	江油市人民法院民一庭审判员

续表 49

姓　名	获奖称号	授奖单位	工作单位
蒋兴旺	2016 年度全省法院信息工作先进个人	四川省高级人民法院	江油市人民法院政治处副主任
邓彦文	全国优秀法官	最高人民法院	江油市人民法院刑庭庭长
覃丽乘	第四节“治蜀兴川”论文一等奖	四川省法学会	江油市人民法院立案庭书记员
张晓俊	第四节“治蜀兴川”论文优秀奖	四川省法学会	江油市人民法院司法调解中心助理审判员
马相冰	全省司法警察刑事庭审警务保障执法规范化活动先进个人	四川省高级人民法院	江油市人民法院法警队大队长
梁雅新	全省司法警察刑事庭审警务保障执法规范化活动先进个人	四川省高级人民法院	江油市人民法院法警队政委
万心犀	表彰四川省法院系统先进个人	四川省高级人民法院 四川省人力资源和社会保障厅	江油市人民法院办公室技术人员
周晓龙	四川省法院系统第十九届学术讨论会	四川省高级人民法院	江油市人民法院行政庭庭长
童　强	全省法院“执行大会战”集中行动先进个人	四川省高级人民法院	江油市人民法院执行庭书记员
罗　毅	全省法院优秀庭审	四川省高级人民法院	江油市人民法院党组书记、院长
蒲　阳	全省法院优秀庭审	四川省高级人民法院	江油市人民法院小溪坝法庭副庭长
梅楚雪	全省法院优秀庭审	四川省高级人民法院	江油市人民法院刑庭书记员
王　英	全省法院优秀裁判文书	四川省高级人民法院	江油市人民法院刑庭副庭长
强中将	省森林公安“十佳”信息化民警，记“三等功”一次	四川省森林公安局	江油市森林公安局教导员
胡桂玲	省森林公安“十佳”法制民警，记“三等功”一次	四川省森林公安局	江油市森林公安局法制室主任
雷友福	四川省绿化奖章	四川省绿化委员会、四川省人力资源和社会保障厅	江油市林业局工作人员
苏泽源	四川省绿化奖章	四川省绿化委员会、四川省人力资源和社会保障厅	江油市林业局工作人员
杨　敏	农业部畜产品集市价格及交易量周报工作突出个人	四川省农业厅	江油市农牧局畜牧兽医股
雷钦蓉	四川省科技系统先进个人	四川省人力资源和社会保障厅、四川省科学技术厅	江油市科技和工业信息化局副局长
代　勇	四川省实施妇女儿童发展纲要先进个人	四川省政府妇女儿童工作委员会	江油市卫计局党委书记、局长
何　勇	四川省中医药工作先进个人	四川省人社厅、四川省中医药管理局	江油市卫计局党委成员、副局长
陈　宇	四川省爱国卫生先进个人	四川省人社厅、四川省爱国卫生运动委员会	江油市卫计局党委成员、爱卫办主任
罗　欣	绵阳市 2016 年基层卫生岗位练兵和技能竞赛优秀组织奖	四川省卫计委、四川省总工会	江油市卫计局

续表 49

姓 名	获奖称号	授奖单位	工作单位
刘妍秋	四川省组织系统优秀网宣员	四川省委组织部	江油市卫计局
曹 阳	优秀文化站工作者	四川省文化厅	江油市武都镇人民政府文旅中心主任
罗 超	2017 年投资促进工作先进个人	四川省人民政府驻重庆办事处	江油市投资促进局驻成渝办事处工作人员
李 拉	四川省 2016 年—2017 年度大学生志愿服务西部计划优秀志愿者荣誉称号	四川省大学生志愿服务西部计划	江油市志愿服务中心西部志愿者
雷 杰	精准扶贫优秀驻村干部	四川省农村信用联合社	江油市农村信合联社永胜分社主任
毛梓奕	技能竞赛公司条线排名前十	四川省农村信用联合社	江油市农村信合联社纪念碑分社主任
周建华	四川省会计工作先进个人	四川省财经会	江油鸿飞投资（集团）有限公司财务总监
徐伟炜	2016 年度四川省安全社区建设先进个人	四川省政府安委会办公室	江油市厚坝镇党委副书记、纪委书记
刘 丹	全国第九届残疾人运动会暨第六届特殊奥林匹克运动会绵阳市筹备工作先进个人	中共绵阳市委、绵阳市人民政府	江油市厚坝镇副镇长
胡国强	党的十九大期间绵阳市信访维稳工作先进个人	中共绵阳市委、绵阳市人民政府	江油市委群工局局长
李仕清	绵阳市“六五”普法宣传教育先进个人	中共绵阳市委、绵阳市人民政府	江油市群众来访接待中心主任
李明香	2016 年度绵阳市信访工作先进个人	中共绵阳市委、绵阳市人民政府	江油市群众来访接待中心管理干部
鲁顺义	2011—2015 年全市法治宣传教育先进个人	中共绵阳市委、绵阳市人民政府	江油市委宣传部副部长、外宣办主任
张显勇	第九届残疾人运动会暨第六届特殊奥林匹克运动会绵阳市筹备工作先进个人	中共绵阳市委、绵阳市人民政府	江油市文明办主任
彭 超	2011—2015 年全市法治宣传教育先进个人	中共绵阳市委、绵阳市人民政府	江油市委宣传部宣传股股长
彭明建	2011—2015 年绵阳市法治宣传教育先进个人	中共绵阳市委、绵阳市人民政府	江油市三合镇党委书记
卫海波	2011 年至 2015 年全市法治宣传教育先进个人	中共绵阳市委、绵阳市人民政府	江油市贯山镇党委副书记
缪时华	五好家庭	中共绵阳市委、绵阳市人民政府	江油市公安局政治处
赵 齐	反恐工作先进个人	中共绵阳市委、绵阳市人民政府	江油市公安局国保大队
邓召平	绵阳市征兵工作先进个人	中共绵阳市委、绵阳市人民政府	江油市中坝镇党委委员、人武部长、副镇长
刘 建	2011—2015 年绵阳市法治宣传教育先进个人	中共绵阳市委、绵阳市人民政府	江油市三合镇迎宾社区书记
马 翔	绵阳市 2011—2015 年法治宣传教育先进工作者	中共绵阳市委、绵阳市人民政府	九〇三医院
姚惠琼	绵阳市卫生与健康工作特别贡献先进个人	中共绵阳市委、绵阳市人民政府	江油市中医医院

续表 49

姓　名	获奖称号	授奖单位	工作单位
范中林	全社会固定资产投资和项目管理工作先进个人	绵阳市人民政府	江油市龙凤镇党委副书记、镇长
王昭品	四川省教育厅关于“文轩杯”第五届中小学校安全知识网络有奖竞赛优秀校长奖	四川省教育厅	江油实验中学党总支书记、校长
杨春懿	第十二届全国中小学生文化作文大赛指导教师二等奖	全国中小学生文化作文大赛组委会	江油实验学校教师
曾　丽	第十二届全国中小学生文化作文大赛指导教师二等奖	全国中小学生文化作文大赛组委会	江油实验学校教师
唐　明	第十二届全国中小学生文化作文大赛指导教师二等奖	全国中小学生文化作文大赛组委会	江油实验学校教师
贺　菊	第十二届全国中小学生文化作文大赛指导教师二等奖	全国中小学生文化作文大赛组委会	江油实验学校教师
欧凤玲	第十二届全国中小学生文化作文大赛指导教师一等奖	全国中小学生文化作文大赛组委会	江油实验学校教师
王义策	第十二届全国中小学生文化作文大赛指导教师一等奖	全国中小学生文化作文大赛组委会	江油实验学校教师
邹仕泽	第十二届全国中小学生文化作文大赛指导教师一等奖	全国中小学生文化作文大赛组委会	江油实验学校教师
罗喜军	第十二届全国中小学生文化作文大赛指导教师一等奖	全国中小学生文化作文大赛组委会	江油实验学校教师
杨红霞	作品《多用简易气体制取装置》获第三十一届四川省青少年科技创新大赛二等奖	四川省科协、四川省教育厅	江油实验学校教师
涂欣蕾	中国中学生作文大赛（2015—2016）“恒源祥文学之星”一等奖	中国作家协会儿童文学委员会	江油实验学校学生
	中国中学生作文大赛（2015—2016）“恒源祥文学之星”		
	中国中学生作文大赛（2015—2016）“恒源祥文学之星”最佳综合素质奖		
钱子涵	2016 年“少年传承中华传统美德”系列教育活动暨四川省中小学“阳光阅读·文轩杯”第四届读书小明星大赛四川省“科创小作家”	四川省教育厅	江油实验学校学生
蒋沛桀	2017 年四川省中学生乒乓球锦标赛（男子双打）第二名	四川省体育局	江油实验学校学生
	2017 年四川省中学生乒乓球锦标赛（男子团体）第三名		
唐菱霜	2017 年四川省中学生乒乓球锦标赛（男女混合双打）第二名	四川省体育局	江油实验学校学生
	2017 年四川省中学生乒乓球锦标赛（女子团体）第三名		
	2017 年四川省中学生乒乓球锦标赛（女子双打）第五名		

续表 49

姓　名	获奖称号	授奖单位	工作单位
杨寒云	2017 年四川省中学生乒乓球锦标赛（男子团体）第三名	四川省体育局	江油实验学校学生
胡紫意	2017 年四川省中学生乒乓球锦标赛（女子团体）第三名	四川省体育局	江油实验学校学生
张皓源	2017 年四川省中学生乒乓球锦标赛（男女混合双打）第二名	四川省体育局	江油实验学校学生
	2017 年四川省中学生乒乓球锦标赛（男子团体）第三名		
	2017 年四川省中学生乒乓球锦标赛（男子双打）第二名		
张栌月	2017 年四川省中学生乒乓球锦标赛（女子团体）第三名	四川省体育局	江油实验学校学生
何浚岑	2017 年四川省中学生乒乓球锦标赛（男子团体）第三名	四川省体育局	江油实验学校学生
刘颖轩	2017 年四川省中学生乒乓球锦标赛（女子双打）第五名	四川省体育局	江油实验学校学生
	2017 年四川省中学生乒乓球锦标赛（女子团体）第三名		
勾红蔚	优秀资深会员奖	四川省中学校长协会	江油中学党委书记、校长
王芳（音）	指导学生获一等奖	四川省学生体育艺术协会	江油中学教师
陈海龙	写作指导特等奖	第 19 届“语文报杯”全国中学生作文大赛	江油中学教师
刘　萍	写作指导特等奖	第 20 届“语文报杯”全国中学生作文大赛	江油中学教师
钟兰兰	写作指导特等奖	第 21 届“语文报杯”全国中学生作文大赛	江油中学教师
黄晓敏	写作指导特等奖	第 22 届“语文报杯”全国中学生作文大赛	江油中学语文教师
段怀金	优秀指导教师	第十届全国中学生数理化学科能力展示活动	江油中学教师
荀胜洋	一等奖	中国梦．全国优秀教育教学论文评选大赛	江油中学教师
	优秀指导教师	全国青少年语文知识暨“周有光杯”中华文化选拔赛	
刘　成	优秀指导教师	第十届全国中学生数理化学科能力解题技能展示活动	江油中学教师
张人月	二等奖	2017 年四川省高中数学教师优秀教学论文	江油中学教师
周雨婷	优秀辅导教师奖	2017 年度“戴氏杯”全国中小学生英语电视大赛	江油中学教师
邹万华	优秀辅导教师奖	2017 年度“戴氏杯”全国中小学生英语电视大赛荣誉证书	江油中学教师
王　芳	一等奖	在国家级《教育》刊发优秀论文	江油中学教师
	一等奖	指导的学生获四川省中小学生优秀艺术人才高中组	

续表 49

姓　名	获奖称号	授奖单位	工作单位
毛律军	优秀裁判员	全国体育传统项目学校田径联赛优秀裁判员	江油中学教师
陈　贤	第二名	四川省全民健身羽毛球男子双打	江油中学教师
	第七名	四川省全民健身羽毛球男女混合双打	
陈　元	一等奖	《教育学》杂志论文	江油中学教师
	一等奖	“中国名校名师精品课”优质课评选	
	一等奖	《素质教育》全国优质论文	
蒲跃林	指导奖	辅导学生肖霁洋在第 29 届生物竞赛中得全国二等奖	江油中学教师
	指导奖	辅导学生丁李樾在第 29 届生物竞赛中得全国二等奖	
甘　岚	一等奖	第二届“中国好教育联盟联合体”同课异构全国总决赛	江油中学教师
王　克	一等奖	2017 年全国优质教育科研成果展评	江油中学教师
	二等奖	2017 年全国优质课堂展示活动	
郭方兵	一等奖	论文《浅谈高中物理教学》发表在学苑新报	江油中学教师
沙玉川	指导奖	辅导学生在第 34 届物理竞赛中得全国二等奖	江油中学教师
尚金一	优秀辅导教师	全国中小学生英语电视大赛 四川省总决赛	江油中学教师
	优秀辅导教师	全国中小学生英语电视大赛 全国总决赛	
杨　晖	优秀辅导教师奖	2017 年度全国中小学生英语电视大赛全国总决赛优秀辅导教师奖	江油中学教师
周雨婷	优秀辅导教师奖	2017 年度“戴氏杯”全国中小学生英语电视大赛	江油中学教师
张入月	二等奖	2017 年四川省高中数学教师优秀教学论文	江油中学教师
刘　成	优秀指导教师	第十届全国中学生数理化学科能力解题技能展示活动	江油中学教师
陈树怀	绵阳十佳乡村教师	绵阳市委、市政府	江油市太白中学教师

优秀共产党员——青方华

青方华，男，汉族，四川江油人，1969年8月生，1995年12月加入中国共产党，1998年7月至2016年12月担任江油市枫顺乡小坝村党支部书记。

自集中脱贫攻坚工作开始之后，青方华忠实履行职责，以干事创业、造福群众为使命，投入全部家庭积蓄并向银行贷款，带领全村群众发展椴木木耳、生态养蜂、生态香菇等特色致富产业，成立两个农民专业合作社，帮助乡亲们鼓起“钱袋子”，2016年11月小坝村通过贫困村脱贫退出验收。他不怕困难、敢拼敢干，以“拼命三郎”精神，推动建成11.7公里村道、3.1公里社道、2.1公里入户路，让乡亲们走上了水泥路、干净路、致富路。他将群众利益放在首位，时刻把群众冷暖装在心里，在惠民项目安排上从不优亲厚友，突发脑梗后落下左手、左脚部分失去知觉的病根，仍然坚持一周走遍全村贫困户、一个月走遍全村所有农户，第一时间解决群众困难，用实际行动赢得群众的广泛赞誉。

2016年12月20日，青方华在走访贫困户途中在陡坡急弯处面包车坠崖，经抢救无效，因公殉职，年仅48岁。

2017年5月，中共绵阳市委追授青方华“全市脱贫攻坚优秀共产党员”称号，号召全市开展向青方华学习活动。2017年9月，中共四川省委追授青方华“四川省优秀共产党员”称号。青方华被评为“2017年度江油十大好人”之一。

2017年度“江油好人”一览表

表 50

序号	姓名	性别	年龄	政治面貌	工作单位及职业	推荐类别	照片	事迹摘要	获得荣誉称号
1	徐金发	男	76	中共党员	中物院七所退休工人	助人为乐		10多年前，徐金发所在小区附近有位要收费的磨刀人因车祸去世，家境并不富裕的徐师傅决定为大家排忧解难义务磨剪刀。11年来，徐师傅除非身体不适、刮风下雨，每天总会骑上三轮，轮换着到各个小区为居民义务磨刀，共为小区居民磨刀剪达7万多把，光用坏的磨刀石就有好几百块。在磨刀的过程中，徐师傅如果发现一些居民的自行车、雨伞等坏了，他也会主动想办法帮助人家修好。甚至走路时，发现小区人行道上的地板砖坏了，他会立即带上工具,用车从很远的地方拉来泥土,把坑填实填平，把地板铺好	
2	孙正午	男	62	中共党员	退休工人	助人为乐		献血达人。10年中在全国22个省市26座城市献血124次，累计献血量已达8850余毫升、血小板226个治疗量，曾两次获得全国无偿献血奉献奖金奖。同时也是江油第1位签订遗体捐献的志愿者，第4位眼角膜捐献者	全国无偿献血奉献奖，2016年度绵阳市无偿献血标兵
3	王开文	男	43	中共党员	川西北气矿信息站网络管理员	助人为乐		牵头成立江油滴水公益服务中心。先后组织、策划拥军、助学、敬老、应急、防溺水和疾控宣讲等各种公益活动290余场次。曾组织58名志愿者行程4120多公里，将2680个“彩虹盒子”发放到江油小溪坝、新春、铜星、云集、布拖等20多所偏远的中小学校，让2680农村贫困儿童受益。2017年4月深入布拖县俄里坪乡双河村小、乐安乡依菲老达村小、火烈乡依作老哈村小等处开展“精准关爱进布拖”活动，共商教育帮扶新举措，并向布拖困难学生赠送“彩虹盒子”714个、784件羽绒服爱心物资	四川省十佳志愿服务组织，绵阳市优秀志愿服务组织
4	王向英	女	54	中共党员	长山实业总公司副总经理	孝老爱亲		1992年，王向英的丈夫不幸去世，丢下妻子、年仅3岁的儿子、老父老母和一个智力障碍的弟弟。25年来，王向英不仅要安排好自己的工作、还要悉心照顾行动不便公公婆婆和智力障碍小叔子。她一直把公公婆婆、小叔子当成自己的亲人照顾，不离不弃，无怨无悔，坚持至今	2016年度“最美绵阳人”；江油市十佳孝星

续表 50

序号	姓名	性别	年龄	政治面貌	工作单位及职业	推荐类别	照片	事迹摘要	获得荣誉称号
5	王正屹	男	60	群众	江油市中坝镇先锋村	见义勇为		2015年11月21日下午4时30分，王正屹与朋友在涪江河堤散步时，发现一小孩（曾小桐）溺水，一成年人（许峰）施救未果也落入水中的紧急情况，立即跳入冰冷的涪江河施救。王正屹先是游到曾小桐身边，将其推至岸边，梁治尧（曾小桐同学）在岸上用结成绳的衣服将曾小桐拉上岸。紧接着王正屹又游到许峰身边，用相同的方式，将其推至岸边，在梁治尧的协助下将许峰拉上岸	
6	杨秀树	男	51	群众	江油市厚坝镇玄武村务农	见义勇为		2016年4月30日下午15时许，一外地流浪人员在厚坝镇玄武村用刀将当地一村民刺死，公安局机关接警后，立即组织公安、群防等人员展开围捕。17时许，当地村民杨秀树自愿加入到追捕犯罪嫌疑人的队伍中。19时左右，杨秀树与犯罪嫌疑人相遇，面对手持尖刀穷凶极恶的歹徒，他毫无退缩，一边呼叫其他人员，一边与歹徒展开周旋搏斗阻止其向高速公路逃窜。搏斗中，杨秀树不幸被歹徒刺断左侧两根肋骨，倒在血泊之中，随后被紧急赶来的公安和医护人员救走，经当地医院全力抢救后才脱离生命危险。杨秀树不顾个人安危自愿加入围捕队伍和勇斗歹徒的行为，在当地和社会上引起强烈的反响，受到广大人民群众的交口称赞	
7	贺烈明	男	53	中共党员	江油为民安防服务有限公司保安	敬业奉献		从1989年年初开始，已连续28年从事保安工作。现为江油为民安防服务有限公司保安部部长。他工作一直勤勤恳恳，任劳任怨，从不计较报酬。一次次协助公安机关第一个到达现场摸排破案线索，一次次临危不惧冲在抓捕犯罪嫌疑人的最前面，彰显了一名专业保安员脑子里的责任和肩膀上的担当。在他的职业生涯里，协助公安机关办案行迹遍布大半个中国	第四届“全国先进保安员”；2017年4月“四川好人”
8	青方华	男	48	中共党员	原江油市枫顺乡小坝村党支部书记	敬业奉献		青方华，男，汉族，48岁，原枫顺乡小坝村党支部书记。他长期带病工作，恪尽职守、勇挑重担、甘于奉献，把脱贫攻坚奔小康的政策变成强村富民的生动实践。带领全村党员干部群众，开隧洞、修村道、建大棚、修冻库……加快推进灾后重建、移民搬迁、“三建五改”，持续改善村民生产生活环境，积极	

续表 50

序号	姓名	性别	年龄	政治面貌	工作单位及职业	推荐类别	照片	事迹摘要	获得荣誉称号
								发展山区特色种养殖业，千方百计促农增收，使枫顺乡小坝村村民生活越过越好，在全市率先脱贫摘帽。他一生战斗在基层一线，始终把村民装在心中，凡事想着村民、工作依靠村民、一切为了村民。他用勤劳和担当改变了枫顺小坝村，用汗水和行动践行了对党和人民的忠诚和热爱。2016 年 12 月 20 日在走访贫困户途中遭遇车祸，不幸离世，年仅 48 岁	
9	贾天元	男	45	中共党员	江油市雁门镇派出所民警	敬业奉献		他用自己在雁门近 8 年的坚守，给曾经在雁门派出所工作过的 24 名民警上了 8 年的“人生指导课”。8 年时间，2920 个日日夜夜，贾天元牺牲了 300 多个双休日，用忘我兑现从警承诺，用温暖呵护辖区群众；8 年的坚守，换来雁门辖区的稳定；8 年的坚守，换来辖区群众的安全；8 年的坚守，换来大家对公安工作的理解与支持	
10	王克军	男	42	民建会员	江油市民福实业有限公司总经理	诚实守信		在企业经营过程中坚持质量第一，优化内部管理，把客户的事始终放在第一。在任公司总经理期间，始终坚持诚实守信，合法经营的理念，从未发生行政主管部门的行政处罚和违法行为，企业与个人的征信也没有不良记录，被多家银行认定为优质客户、诚信客户，在经营活动中从未拖欠各种税费和员工工资，在行业中赢得好的口碑	

附　录
Appendix

重要文件

中共江油市委办公室　江油市人民政府办公室
关于印发《关于推进“工业大会战”的若干政策暂行办法》的通知

(2017 年 3 月 2 日)

各乡镇党委、人民政府，各派出党（工）委、管委会（办事处），市级各部门：

《关于推进“工业大会战”的若干政策暂行办法》已经市工业强市领导小组2017年第1次会议审议通过，现予印发，请遵照执行。

关于推进“工业大会战”的若干政策暂行办法

“工业大会战”是我市促进工业稳增长调结构增效益，发展“两新”产业，推进产业转型升级的重要举措，也是建设“创新江油、开放江油、幸福江油、大美江油”的重要抓手。根据国家、省、绵阳市稳增长的部署，结合我市实际，现制定推进“工业大会战”若干政策暂行办法(以下简称《暂行办法》)。

一、支持方向

（一）重点支持区域。“工业大会战”政策措施主要支持“1+4+2”工业区域工业发展。

（二）重点支持产业方向。主要支持“一基地三集群”及军民融合企业和项目。

二、强力推进项目建设

（三）强化项目招引。梳理完善招商引资政策，创新招商模式，整合乡镇、园区、投促局招商力量，构筑招商项目落地机制，形成全员招商强大合力，力争每年引进固定资产投资 2000 万元以上工业项目 40 个，工业招商引资额达到 60 亿元。(责任单位：市投资促进局、工业园区、各乡镇和市级其他部门)

（四）支持“两新”产业项目。对投资强度不低于 180 万元每亩，新上固定资产投资 2000 万元~5000 万元、5000 万元~1 亿元、1 亿元~5 亿元、5 亿元以上的高新技术产业和战略性新兴产业项目，按照项目备案通知书的设计规模建成竣工投产并经验收合格后，分别奖励项目业主 5 万元、10 万元、30 万元、50 万元。(责任单位：市科工局、市财政局)

（五）做好项目建设资金保障。从 2017 年起，每年市财政预算安排 1000 万元技术改造资金支持我市工业企业技术改造、技术创新；设立市重点工业项目建设用地投标摘牌周转资金；设立工业投资公司，强化对“两新”产业项目和军民融合企业成果转化的资金保障；对重特大项目专题研究支持方案。(责任单位：市财政局、市科工局、市国土资源局)

（六）优化项目审批服务。

建立健全行政审批局规范高效运行机制，对工业领导小组确定的重点项目开设“绿色通道”、开展“一章审批”，落实全程帮办代办。（责任单位：市国土资源局、市财政局、市科工局）

（七）建立项目履约及考核机制。逗硬执行招商引资协议相关政策，督促业主履约，建立项目违约退出机制。完善对乡镇、园区、市级部门及联系领导推进项目的考核奖励机制。（责任单位：市发改局、市目督办、市投资促进局、市国土资源局、市科工局、工业园区）

三、加大企业培育力度

（八）鼓励企业做大做优。支持国有大中型企业改革发展，按照“一企一策”制定改革发展、技术创新、项目建设等方面支持政策，推动企业做大做优；围绕“一基地三集群”，打造优势企业集群。对年销售收入首次过1亿元、5亿元、10亿元、50亿元企业分别奖励5万元、10万元、20万元、50万元；支持小微企业做大，对新升规企业，奖励3万元。鼓励企业积极纳税，税收奖励办法另行制定。（责任单位：市科工局、市统计局、市财政局）

（九）支持企业创新发展。鼓励建立产学研联盟，对“一基地三集群”的产学研联盟，给予每个联盟50万元~100万元启动资金支持。对创建国家、省和市级企业技术中心和工程技术研究中心的分别给予100万元、50万元、10万元奖励；对创建驰名商标和国家名牌、省名牌和著名商标的分别给予50万元、20万元奖励；对首次通过高新技术企业认定的企业，奖励20万元，再次通过的奖励10万元；对企业主持起草的产品标准被认定为行业标准的奖励10万元，被认定为国家标准的奖励20万元；对企业申请专利，按照受理发明1000元/件、外观设计、实用新型200元/件，授权发明3000元/件、实用新型500元/件、外观设计200元/件进行奖励，继续落实好知识产权保护的相关政策。（责任单位：市科工局、市食药工质局、市财政局）

四、支持企业开拓市场

（十）做好企业产品推介。鼓励企业举办专场产品推介活动，积极参加会展活动。对参加市委、市政府组织的重大会展活动的企业，在场地租赁、公共布展等费用方面给予不低于70%的奖励。对参加市外、境外各类重大会展活动，积极拓展市场的市内工业企业，其参展的展位费、特装搭建费和展品物流费等费用支出，市财政给予一定的补助支持，单户企业补助最高不超过5万元。（责任单位：市商务局、市科工局、市财政局）

（十一）支持企业加强本地协作配套。帮助企业落实好省、绵阳市支持企业加强本地协作配套支持政策。对年度内采购使用江油市内特钢、机械、电子信息、食品、新材料等工业产品（技术服务）在1000万元以上的市内企业，按新增采购额的0.5%给予补助支持，单个企业最高补助额度不超过50万元。（责任单位：市科工局、市财政局）

（十二）强化政府采购支持。积极争取更多“江油造”产品纳入省、绵阳市政府采购目录。对江油保障房、棚户区改造、市政工程等政府投资项目，鼓励引导就地就近采购“江油造”产品，同等条件下，优先考虑江油本地产品。（责任单位：市公共资源交易中心、市财政局、市住建局、市交通运输局）

五、加强对企业融资支持

（十三）充分发挥好基金作用。三年内建立不低于10亿元的产业投资基金。市发改局、市科工局、市财政局等部门加强协作配合，强化项目包装，争取国家、省、绵阳市支持工业发展的各类基金对江油工业发展更多的支持。（责任单位：市财政局、市发改局、市科工局）

（十四）深入推进“园保贷”增信试点。支持工业园区“园保贷”增信试点工作，让更多企业获得“园保贷”支持。（责任单位：工业园区、市财政局、市银监办）

（十五）鼓励企业上市融资。企业在沪深主板、中小板、创业板或境外上市，完成股改并进入上市辅导期奖励100万元，上市后奖励200万元；企业在新三板挂牌后奖励100万元。（责任单位：市财政局、市科工局）

六、降低生产要素成本

（十六）切实降低工业用电、用气价格。积极争取工业园区、工业集中区直购电政策，探索创新江油地方水电直供机制，配合绵阳市级相关部门全力推动日用气量3万立方米及以上的企业天然气转供改直供。（责任单位：市科工局、市发改局、工业园区）

（十七）切实缓解企业资金成本压力。制定“两新”产业企业使用商业承兑、银行承兑导致资金成本上升的缓解措施。（责任单位：市科工局、市财政局、人民银行）

（十八）保障工业用地。全市供地总指标优先考虑用于工业项目，研究出台盘活存量土地、存量资产用于工业项目建设的优惠政策。（责任单位：市国土资源局、市财政局、市科工局）

七、加大人才引进培训

（十九）鼓励企业引进各类人才。设立人才发展专项资金1000万元，鼓励企业引进各类人才。根据引进人才的层次不同，5年内每月可享受0.3万元至1万元工作补贴、2万至20万元的一次性安家补贴，省内0.1万元/次，省外0.3万元/次的探亲补贴。对在江油企业引进的年薪30万元以上的高层次人才，在享受市财政给予的各项补贴的基础上，按其上一年度缴纳的个人所得税，可享受绵阳市人才发展专项资金给予等额补贴。补贴期限不超过36个月。（责任单位：市人社局、市教体文广新局、市住建局、市公安局、市科工局、市财政局）

（二十）鼓励企业加强人才平台建设。对院士工作站一次性补助20万元，对研究生工作站一次性补助10万元，对绵阳级及以上技能大师工作室一次性补助5万元，对江油技能大师工作室一次性补助2万元。对按规定在研究期内进站两年的研究人员，给予院士专家10万元经费资助、博士2万元经费资助、硕士1万元经费资助。（责任单位：市人社局、市科工局、市财政局）

（二十一）加强企业人才培训。制定我市企业家培训计划，每年安排50万元对企业负责人、企业管理人员采取多种方式进行培训；支持企业与市内外职业技术学院开展合作，对企业所需技能型人才进行订单式培训；鼓励企业与江油境内职业高中、职业技术学院共建培训基地。（责任单位：市人才办、市人社局、市科工局、市财政局）

（二十二）加快建设“人才公寓”。年内提供36套、筹建50套“人才公寓”，为工业企业引进的高层次人才提供过渡性住房。（责任单位：市人才办、市人社局、市科工局、市住建局、市财政局）

八、优化发展环境

（二十三）降低企业税费支出。全面落实国家、省减免税降费等各项减轻企业负担政策措施。对企业产品质量定期监督检验费实行免收，计量检定和特种设备安全检验检测收费降低15%。实质性开工的工业项目缓交城市配套费、白蚁防治费，工业生产厂房、库房等直接生产性设施和建筑不收取人防易地建设费。积极探索倒逼中介机构改善服务、降低收费、压缩时限、提升质量的办法,实行中介机构考评制。由行业主管部门负责，对在江油境内开展业务的中介机构进行年度考评并公开结果，供投资人参考。除法律规定外，禁止将行业协会、中介组织服务和收费作为审批备案的前置条件。（责任单位：市发改局、市科工局、市财政局、市住建局、市食药工质局、市国税局、市地税局、市行政审批局）

（二十四）加大保险业对工业支持力度。探索研究工业企业研发责任险、贷款保证保险、工业项目研发投资损失保险、产品质量责任保险等产业保险补偿机制试点。研究出台加强企业“首台（套）”产品保险扶持措施，在研发投入、融资、政府采购等方面给予大力支持。鼓励保险资产管理机构加快债权投资计划、股权投资计划、股债结合等资产管理产品创新，为战略性新兴产业、先进制造业等提供资金支持。按照国家、省的有关政策及要求，适时降低企业职工社会保险缴费费率，降低企业参保成本。（责任单位：市政府金融办、市科工局、市财政局、市人社局、市保险机构）

（二十五）维护生产要素价格市场秩序。开展全市电力、天然气、自来水价格专项检查，重点检查大工业电价水价、环保电价水价、化肥生产用气用水价格政策执行情况，依法依规查处擅自提高或变相提高生产要素价格

等违法违规行为，切实维护市场价格秩序。（责任单位：市发改局、市科工局）

（二十六）加强企业运行监测。进一步完善工业经济运行月度、季度协调分析制度。加强对规模企业、升规培育企业的运行监测和网报统计工作，对规模企业和升规成功企业的监测统计专（兼）职人员给予每人每月300元工作补助。（责任单位：市科工局、市统计局、市财政局）

（二十七）实施领导定点联系帮扶制度。认真落实市级领导联系重点工业项目、重点工业企业各项措施，切实帮助企业解决生产经营和项目建设中存在的困难和问题。（责任单位：市科工局、市发改局、市目督办、工业园区）

（二十八）优化企业建设和经营环境。切实维护项目建设和企业经营的良好秩序，依法打击强买强卖、强装强卸、强揽工程、阻挠施工、寻衅滋事等妨害企业生产经营和项目建设的行为。（责任单位：市政法委、市公安局、市住建局、市科工局）

（二十九）加强政策宣传和督查考核。积极采取多种方式，加大国家、省、绵阳、江油市支持工业企业发展的各项政策措施的宣传，让企业充分知晓政策、用好政策。市目督办要强化对贯彻落实各项促进工业发展政策措施情况的督查并将贯彻落实情况纳入年度考核。对在工业强市中不作为、乱作为的问题线索，移交市监察局严肃查处。（责任单位：市目督办、市委宣传部、市发改局、市科工局、市财政局）

（三十）《暂行办法》的执行与解释。各责任单位排序第一的为该项工作的牵头单位，负责牵头执行和解释该项工作涉及的政策。需另行出台的细化支持政策，由牵头单位负责制定，按程序审批通过后实施。

中共江油市委　江油市人民政府
关于印发《江油市全面落实河长制工作方案》的通知

（2017年5月27日）

各乡镇党委、人民政府，各派出党（工）委、管委会（办事处），市级各部门：

经市委、市政府同意，现将《江油市全面落实河长制工作方案》印发给你们，请认真贯彻落实。

江油市全面落实河长制工作方案

为贯彻落实中央、国务院，四川省委、省政府，绵阳市委、市政府全面推行河长制有关文件精神，结合我市实际，制定本方案。

一、总体要求

（一）指导思想

全面贯彻落实党的十八大和十八届三中、四中、五中、六中全会精神，深入学习贯彻习近平总书记系列重要讲话精神和治国理政新理念新思想新战略，紧紧围绕统筹推进“五位一体”总体布局和协调推进“四个全面”战略布局，深刻认识我市全面落实河长制在坚定促进转型发展、坚决守护绿水青山、全面落实主体功能区规划约束和严守资源环境生态红线等方面的重要性和紧迫性，扎实做好全面落实河长制工作，做到相关制度和政策措施到位、组织体系和责任落实到位、工作方案到位、监督检查和考核评估到位，为维护河库健康生命、实现河库功能永续利用提供制度保障。

（二）基本原则

坚持依法管护。把加强法治建设作为根本性制度措施，切实将涉河库活动纳入法治化轨道，建立健全法规制度，强化日常监管巡查，严禁涉河库违法活动。

坚持党政领导。建立健全以党政领导负责制为核心的责任体系，落实河库管理保护主体责任，强化工作措施，协调各方力量，实行联防联控，形成一级抓一级、层层抓落实的工作格局。

坚持属地管理。属地管理、分级负责，逐级逐段落实河长，明确各级各段河长职责，夯实河库管理保护的属地责任，做到守土有责、守土负责、守土尽责。

坚持谁污染谁负责谁治理。建立健全河库污染治理责任机制，加强涉河库排放监督，严格污染责任追究，创新治理模式，督促河库污染得到及时有效治理。

坚持层级考核。建立健全河库管理保护监督考核和责任追究制度，市河长负责对相应河库下一级河长进行考核，加快形成源头严防、过程严管、损害严惩、责任追究的分级治理体系。

坚持分类施策。立足不同地区不同河库实际，以问题为导向，因地制宜，统筹上下游、左右岸，实行“一河一策”分类施策，解决好河库管理保护的突出问题。

（三）主要目标

年度目标：2017年5月底前出台我市河长制工作方案；确立和分步公示市、乡（镇）两级河长和村级巡河员（村书记、村主任）名单；建立河长联席会议、信息共享和报送、工作督察、部门协调和上下联动等工作机制；7月底前建立验收制度和考核问责与激励机制；年底前编制完成全市河库“一河一策”治理及管理保护方案，确保到2017年年底前全面建立河长制。

实施目标：到2020年，全市在水资源保护、水域岸线管理保护、水污染防治、水环境治理、水生态修复、执法监督等方面取得明显成效，乱占乱建、乱采乱挖、乱倒乱排等现象有效遏制，侵占河道、超标排污、非法采砂、破坏航道、电毒炸鱼等突出问题依法得到清理整治；跨行政区域的河库管理责任明晰，上下游、左右岸联防联控机制有效运行，重大问题得到解决。

1.水资源保护目标。一是水功能区划。完成全市主要河流水功能区划，明确相应水质管理目标，完成集中式饮用水水源保护区划定。二是水库水质管理与保护。到2017年年底，全市8座生活饮用水源水库水质全部达标，其余水库无劣V类水体；到2020年年底，全市水库水质全部按水库功能达标，形成库区生态良性循环，人与自然和谐相处的宜居环境。

2.河库水域岸线管理保护目标。一是全面完成河流相关规划，完成河库管理范围及蓝线划定，完成岸线开发利用和保护规划。二是较2016年不新增河库水域侵占。三是完成问题突出的河流岸线整治，基本恢复河流水域岸线生态功能，力争整治一批生态河道。

3.水污染防治目标。一是落实《水污染防治行动计划》任务。二是加强第一批武都镇等8个乡镇、第二批厚坝镇等11个乡镇污水处理厂建设及规范化管理工作；启动第三批八一镇等15个乡镇污水处理厂建设工作；2018年全市乡镇污水处理厂建设达到全覆盖；三是完成工矿企业污染、规模化畜禽养殖污染、船舶码头污染治理，力争农业面源污染治理取得成效。四是严格入河排污口审批管理，实施入河库排污口整治，依法取缔饮用水水源保护区内的排污口。

4.水环境治理目标。一是全面完成集中式饮用水水源地划定及公示。二是全面清理集中式饮用水水源保护区内的违法建筑。三是建立水环境监测预警信息系统，完成水库及河流县级交界处水质监测预警。四是结合城市总体规划，积极开展黑臭水体治理，城市（建成区）黑臭水体控制在10%以内；因地制宜建设水生态岸线，实现部分河段环境整治优美、水清岸绿。五是沿河库无倾倒、堆放垃圾、秸秆等废弃物现象，推进美丽乡村建设。六是结合海绵城市建设，新建一批水环境工程，恢复河流两岸一级阶地地下水水位。七是湿地保有量5304.66公顷，新建和完善湿地公园1个，其中国家级1个。

5.水生态修复目标。一是禁止侵占河库、湿地等水源涵养空间。二是在规划的基础上稳步推进退田还河库还湿，退渔还河库。三是严格执行禁渔期和外来生物管控，加强河库本土生物资源保护，提高水生生物多样性。四是适时开展河库健康评估。五是加强水源保护区的保护力度，建立生态保护补偿机制。六是加强水土流失治理和预防，积极建设生态清洁型小流域，完成水土流失综合治理面积176平方公里。

6.执法监管目标。一是建立健全相关部门联合执法机制，完善行政执法与刑事司法衔接。二是在全市各乡镇建立水务警务室和健全河道警长制。三是全面执行河长巡查制度和日常河道巡查制度，实现河库动态监管。四是设立河长制办公室值班电话，建立违法举报奖励制度，达到举报及时响应的目标。

二、组织体系及职责

全面建立市、乡（镇）两级总河长、河长和村级巡河员的河长制体系，各级河长负责组织领导相应河库的管理和保护工作。市级实行河长制工作领导小组领导下的河长负责制，构建党政主导、部门联动、责任明确、协调有序的管理保护组织领导体系。

（一）成立江油市河长制工作领导小组和领导小组办公室

市委书记担任组长，市委副书记、市政府市长担任副组长，有关市委常委、市人大常委会副主任、市政府党组副书记、市政府副市长、市政协副主席担任成员。领导小组负责统筹协调全市河长制工作，组织制定落实河长制工作重要政策措施，研究解决跨部门、跨领域、跨流域的重点难点问题，督促检查重点工作落实情况。

河长制工作领导小组办公室主任由市政府分管水利工作的副市长兼任，市政府办公室有关副主任，党组成员及市水务局、市环保局主要负责同志任副主任，市级有关部门主要负责同志为成员，办公室设在水务局，负责处理日常事务。

（二）设立河长、河长办和河长联络员制度

市委书记担任第一总河长，市长担任总河长。市内28条主要河流（涪江、方水河、芙蓉溪、平通河、通口河、梓江、青江等）实行双河长制，26座小一型以上水库（武都水库、战旗水库、沉水水库等）按河流划分实行县（乡）级河长，县级河长由市委书记、市长、有关市委常委、副市长担任。

设立河长办公室为常设机构。明确河长办公室设置方案、牵头单位及组成部门，配备工作力量，落实职责和经费，制定河长制办公室工作规则。

实行河长联络员制度。河长办公室及各相关部门、乡镇对各主要河流河长各确定1名联络员。

河库所在乡（镇）党委和政府主要负责人要同时担任行政辖区总河长，并担任辖区主要河流河长。乡（镇）每条河流、每座水库均要设立河长。河流、水库较多的可以一位领导担任多个河流或水库的河长。市内除28条主要河流，26座小（一）型（含沉水水库）及以上水库实行市（县）级河长制外，其他48条河流、164座小（二）型水库不实行市（县）级河长，由属地乡镇长担任河长。

（三）设立巡河员

河库所在村的党支部书记或村主任为该村巡河员。也可根据实际安排公益性岗位的专职巡河员，但专职巡河员不能代替村的党支部书记、村主任巡河员职责。

（四）工作职责

1.总河长职责。总河长对全市范围内河库的管理和保护负全面责任。负责全面贯彻上级关于河长制工作的部署和要求；研究落实工作方案、工作要点、相关规划和制度；研究布置实施河长制相关工作，并督促检查；协调解决跨领域、跨流域、跨部门的重点难点问题。

2.河长职责。河长为所负责河流全面推进河长制的第一责任人，对涉及河库的管理和保护负主要责任。负责贯彻落实总河长会议确定的事项；负责组织领导相应河库的管理和保护工作，包括水资源保护、水域岸线管理保护、水污染防治、水环境治理、水生态修复、执法监管等；牵头制定所涉河库“一河一策”治理及管理保护方案，明确具体目标、问题、任务和责任；牵头组织对侵占河道、超标排污、非法采砂（矿）、破坏航道、电毒炸鱼等突出问题依法进行清理整治，协调解决重大问题，对跨行政区域的河库明晰管理责任，协调上下游、左右岸实行联防联控制；对相关部门和下一级河长履职情况进行督导，对目标任务完成情况进行考核，强化激励问责；督察、解决河库管理保护的重点工作及难点问题。

3.市河长办公室职责。市河长办公室负责落实总河长、河长会议确定的事项；协调督促成员单位制定“一河一策”治理及管理保护方案，并组织初步审议；研究制定我市河长制工作年度计划；组织研究全市河长制工作重大事项；统筹全市推进河长制工作的组织、协调、督察和考核；指导乡（镇）河长办公室开展工作，组织、协调、督促市级有关部门完成职责范围内的相关工作。受市级河长委托召开所涉有关单位和乡镇负责人联席会议，协调解决所涉河库河长制工作难点问题；按照市级河长指示，督促检查河长制工作，研究提出考核评价意见。

4.市河长办公室成员单位职责。按照市总河长、河长会议的工作部署，协助市河长办公室研究制定所负责河库“一河一策”治理及管理保护方案，组织落实市河长相关会议议定事项，协调督促相关部门落实“一河一策”方案。协助河长开展所负责河库管理和保护工作，向市级河长及河长办公室作出报告。

5.市级相关部门职责。按照职责分工，对所涉河库治理及管理保护工作负直接责任，协同推进各项工作。

领导小组办公室、河长办公室不代替部门行政执法、不代替部门“三定”智能、不代替河湖保护属地主体责任。

三、主要任务及责任分工

（一）基础工作

2017年5月底前完成河库分级名录梳理，各级河长拟定，河长制相关制度拟定。（责任单位：水务局。列首位为牵头单位，下同。）

2017年5月底前完成江油市河长办公室设置，建立完善工作机制，配备工作力量，落实职责和经费。（责任单位：编办、组织部、人社局、财政局）

（二）加强水资源保护

1.全面落实最严格水资源管理制度。全面落实国务院《关于实行最严格水资源管理制度的意见》（国发〔2012〕3号文件），强化水资源“三条红线”管控，加强水资源承载能力评价及监测预警，编制水资源综合规划，按时发布水资源公报。实行水资源消耗总量和强度双控行动，强化水资源承载能力对经济社会发展的刚性约束，加强用水总量控制，加强地下水监测及评价，加强规划水资源论证，严格建设项目水资源论证和取水许可管理，落实因水制宜，量水而行，对取用水总量已达到或超过控制指标的地区，暂停审批建设项目新增取水。对取用水总量接近控制指标的地区，限制审批建设项目新增取水。（责任单位：水务局、发改局、科工局、国土局、环保局、住建局、农牧局、林业局、审计局、人社局、教体文广局、行政审批局、行政执法局、统计局、食药工质局、机关事务管理局）。

全面贯彻落实省政府《关于全面推进节水型社会建设的意见》（川府发〔2011〕39号），大力推进重点领域和关键环节的节水工作，加强节水型社会重点县、节水型城市建设考核，促进节水型社会建设的整体推进。加大农业节水力度，大力发展高效节水灌溉，切实提高农田灌溉水有效利用系数。加快推进工业节水。积极推进城镇生活节水。大力推行合同节水管理。积极开展公共机构节水型单位创建和开展水效领跑者引领行动，全面提高用水效率。推进中水回用和雨水利用。（责任单位：水务局、发改局、科工局、教体文广局、住建局、农牧局、卫计局、地税局、食药工质局、机关事务管理局、国税局）

加强最严格水资源管理制度落实情况考核，督促各责任单位落实工作职责，完善考核体系，加强考核结果运用，严格责任追究。（责任单位：目督办、水务局、组织部、监察局、发改局、科工局、国土局、环保局、住建局、农牧局、林业局、审计局、人社局、教体文广局、统计局、行政审批局、食药工质局、机关事务管理局）

2.严格水功能区管理。完善水功能区划，依法划定水功能区，明确水质保护目标，实行分级分类管理，并作为水资源开发利用与保护、水污染防治和水环境综合治理的重要依据。（责任单位：水务局、环保局、发改局）

加强水功能区水质监测，逐步提高监测覆盖率，开展重要水功能区达标评价；发现水功能区水质超标的，要求有关人民政府采取治理措施，并向环境保护行政主管部门通报；科学核定水域纳污能力，提出限排意见，作为水污染防治和污染减排工作的重要依据。（责任单位：水务局、环保局）

3.严格入河库排污口管理。严格执行入河库排污口设置审批制度，行政审批部门对入河库排污口的设置意见作为环境影响评价和排污许可证核发的重要依据。开展入河库排污口普查及信息台账建设，加强入河库排污口监督管理。（责任单位：行政审批局、环保局、水务局）

严格排污许可证核发，强化排污监管；开展入河库排污口整治，制定入河库排污口整治方案；确保水功能区水质达标。加强入河库排污口和污染源监测能力建设。（责任单位：行政审批局、环保局、水务局）

4.加强饮用水水源地保护和标准化建设。开展城乡集中式饮用水水源地规范化建设和安全保障达标建设，加强饮用水水源地保护，开展饮用水水源保护检查，加强备用和应急水源建设；建立地下水开采总量和水位双控制度，防止地下水污染。（责任单位：环保局、水务局、发改局、科工局、住建局、国土局）

实施集中式饮用水源地名录管理，加强城市及乡镇集中饮用水水源地水质在线监测系统建设。（责任单位：环保局、水务局、住建局）

加强饮用水水源地、库周边和河渠沿岸造林绿化、水土保持、湿地恢复和农田林网建设，增强水源涵养功能。（责任单位：林业局、水务局、环保局、农牧局）

（三）加强河库水域岸线管理保护

1.加强水域岸线划定和管理保护。指导、统筹、完善河道管理工作，依法加强河库管理、河道采砂管理工作，推进河库管理范围划定、岸线开发利用与保护规划和河道采砂规划工作。到2020年年底基本完成全市河库管理范围划定工作，完成河流防洪规划、岸线开发利用与保护规划和河道采砂规划工作，确定岸线保护区、保留区、控制利用区和开发利用区，划定河道采砂可采区、禁采区，确定禁采期及可采量，明确河道管理目标；完成河库管护体制机制创新试点工作。（责任单位：水务局、国土局、交通运输局、住建局、农牧局、林业局）

完善河湖码头建设、航道建设和养护，依法开展码头工程建设管理范围、航道工程建设及养护管理和保护范围划定工作。（责任单位：交通运输局、国土局、住建局、水务局、农牧局、林业局）

依法加强规划蓝线管理，因地制宜建设亲水生态岸线；严格涉河项目审批，高效配置岸线资源。（责任单位：水务局、国土局、环保局、住建局、交通运输局、林业局）

2.加强河库岸线防治清理。强化河道内滩地保护，加强河道堤防和河岸的水土保持工作；加强山区河道有山体滑坡、崩岸、泥石流等自然灾害河段的监测预警；在侵蚀沟的沟坡和沟岸大力营造植物保护带。（责任单位：水务局、国土局、林业局）

加强对在江河库泊上设障阻碍行洪、擅自建设防洪工程和其他水工程、水电站等以及其他侵占河道湖泊、非法采砂取土等突出问题的监督排查，依法依规统筹开展退田还河还湿，恢复河库水域岸线生态功能。（责任单位：水务局、国土局、交通运输局、农牧局、林业局）

（四）加强水污染防治

1.实施严重污染河流综合整治。严格落实《〈水污染防治行动计划〉江油市工作方案》，以国家优先控制单元为载体，加强流域的综合整治，特别是对污染严重的重点小流域进行综合整治，强化流域水生态环境保护。以改善水体环境质量为核心加强涉水项目的环评管理，对未达到水环境质量目标考核要求的，除民生项目与节能减排项目外，对涉水项目实施区域限制。（责任

单位：环保局、水务局)

2.深化重点领域污染防治(水污染)。狠抓工业污染防治。一是推进工业企业清洁生产。强化企业排污监管，推行企业“双达标”清洁生产行动，督促重点流域“双有”、“双超”、“高耗能”企业开展强制性清洁生产审核，鼓励其他企业开展自愿性清洁生产审核，实施清洁化改造，指导企业开展清洁生产实施效果评估，并建立健全生产者责任延伸制度。加快推进园区循环化改造，推进工业园区（聚集区）废水预处理、污水集中处理设施和自动在线监控装置建设，加强全市工业集聚区的污水处理设施管控。二是推进涉磷工业污染整治，建立涉磷企业污染清单。强化工业循环用水监管和总磷排放控制，全面排查工业循环用水大户和涉磷企业；从严控制新建、改建、扩建涉磷行业的项目建设。（责任单位：环保局、发改局、科工局）

提高城镇污水垃圾收集处理水平。加快城市污水处理设施建设和提标改造，加强城镇污水处理设施建设和运维，完善污水管网配套建设，大幅提高截污截流污水收集率。完善垃圾渗滤液处理系统建设，推进乡镇污水处理设施建设，完善管网配套，实现雨污分流，因地制宜加快除磷脱氮等改造和升级，加强污泥处理处置。（责任单位：住建局、行政执法局、环保局、发改局）

加强农业农村污染防治。开展畜禽水产养殖以及农村面源污染综合防治，推广畜禽清洁养殖和畜禽粪污无害化、资源化处理技术，推行种养循环综合利用型生态治理模式，实施规模化畜禽养殖场（小区）标准化建设和改造，因地制宜建设畜禽粪污收集处理厂和沼气工程。加强湖库、河塘、滩涂水产养殖监管，推广水产健康养殖模式。（责任单位：农牧局、环保局）

控制船舶码头污染。进一步落实国家关于码头的污染防治方案。按照国家、省、市相关要求，督促码头经营人制定防治船舶及其有关活动污染水环境的应急计划。（责任单位：交通运输局、环保局、住建局）

（五）加强水环境治理

1.强化水环境质量目标管理。开展水污染风险评价，统筹编制全市重点流域水污染防治规划，完善各级水污染防治工作方案，细化明确河库水污染防治目标和任务。（责任单位：环保局）

按照统一检测规划、统一基础站点、统一标准规范、统一评价方法和统一信息发布要求，构建布局合理，功能完善的江油市地表水、地下水、集中式生活饮用水及水源地水质监测网络。开展全市水环境质量监测、评价和预报预警,建立测管协同机制。建设水环境监测信息系统，建立大数据分析模型，开展大数据关联分析，实现水环境监测数据集成，统一发布水环境监测信息。(责任单位：环保局)

严控污染物排放总量。组织开展全市水环境容量核算、更新工作，核定各河库水体纳污能力和限制排污总量。全面推行排污许可，强化监督检查。对未完成上一年度国家、省确定的重点水污染物排放总量控制指标的，暂停审批新增排放相应重点污染物的项目环评文件。（责任单位：环保局、水务局)

加强《〈水污染防治行动计划〉江油市工作方案》实施情况调度及考核。定期调度各责任单位《水污染防治行动计划绵阳市工作方案》实施情况，并按照水污染防治行动计划考核规定对全市水环境质量目标完成情况及水污染防治重点工作完成情况进行考核。（责任单位：环保局、发改局、科工局、国土局、住建局、交通运输局、水务局、农牧局、卫计局)

贯彻落实《关于实行绵阳市涪江流域水环境生态补偿和水质超标资金扣缴制度的通知》（绵府发〔2015〕16号）文件，实施流域横向生态补偿。（责任单位：财政局、环保局、发改局)

加强水环境质量通报。每月定期发布市级河长制的主要河库水环境质量及水环境质量目标完成情况，向总河长及市级河长报告并通报市级相关部门。（责任单位：环保局、水务局)

2.开展流域综合整治。加强生态良好的河库保护，加大对江河源头区、水源涵养区、生态敏感脆弱区和饮用水水源地的保护力度；加大环境生态保护资金投入，以流域为单位，以生态环境保护项目为支撑，加强水污染严

重、水生态恶化的河库治理及良好水体保护。（责任单位：环保局、水务局、住建局、林业局）

加大黑臭水体治理力度，着力维护城市水系完整性和生态良好。（责任单位：住建局、环保局、水务局）

优化取水口、入河库排污口布局，减少江河库水环境安全隐患，对因取水口、入河库排污口交错导致存在上下游污染隐患的不合理取水口、入河库排污口进行整治，改善水环境安全。（责任单位：水务局、住建局、行政审批局、环保局）

（六）加强水生态修复

1.大力加强水土保持工作。贯彻实施水土保持法律法规，依法开展水土保持目标考核和水土保持专项执法检查。（责任单位：水务局、目督办、法制办）

加大财政对水土保持防治投入力度，加快水土流失综合治理步伐，大力开展水土保持生态文明清洁小流域。积极探索和建立水土保持防治政府和社会多元化投入保障机制。（责任单位：水务局、财政局）

依法开展生产建设项目水土保持方案审批和水土保持设施竣工验收行政许可，严格落实水土保持“三同时”制度。依法开展水土保持补偿费征缴工作，杜绝以招商引资等为借口减免水土保持补偿费。（责任单位：行政审批局、水务局、发改局、财政局、法制办）

加强水土保持监测信息化建设，加大水土流失动态监测。（责任单位：水务局、目督办、发改局）

加强水土保持国策宣传教育工作。（责任单位：水务局、环保局、教体文广局）

2.加强河库生态保护。依法划定辖区内水生态保护红线，有序推进水生态保护红线边界勘定，严格水生态空间用途管控，开展全市重点小流域生态环境调查与评估。（责任单位：环保局、国土局、水务局、农牧局、林业局）

实施良好水体保护工程。开展生态安全调查和评估，严格控制开发建设活动，维持流域自然生态环境现状；实施长江上游沿江生态廊道修复与保护工程，构建长江流域生态隔离带，开展河库滨岸生态拦截工程。（责任单位：环保局、水务局、国土局、林业局）

加快制定并严格执行江油市湿地保护红线制度。完善湿地保护网络，城镇规划区内湿地纳入城镇绿线保护范围；开展河流、水库等湿地生态功能保护；继续加大退耕还林还草、退牧还湿力度。（责任单位：林业局、水务局、环保局、住建局、农牧局）

加大水生态保护区基础建设，制定重点流域水生生物多样性保护方案。加强禁渔期、渔业保护区管理，积极推动建立水工程建设涉渔生态补偿制度。（责任单位：农牧局、水务局）

3.推进河库生态修复。建立水利水电项目下泄生态流量在线监测监控系统，严格落实取水审批及环境保护措施。加强水利水电建设及运行过程监管，对不按环境影响评价和取水审批规定下泄生态流量及落实环境保护措施不到位的，依法加大处罚力度。（责任单位：环保局、水务局）

按照保护优先、自然恢复为主的原则开展水生态修复，保持江河库泊水系的自然联通，维系水体的流动性和自然净化功能。对不满足水域生态和使用功能的水体，综合运用河道治理、清淤疏浚、自然修复、截污治污等措施，推进生态功能受损河库的生态修复。（责任单位：水务局、环保局、住建局、交通局、农牧局、林业局）

强化水工程建设对生态的保护。积极推广生态河塘、生态渠道、生态河道治理、实施河库水系连通工程等措施，落实生态保护。加强河库岸边带、水域消落区的生态治理与保护，构筑沿江环湖安全生态带。综合运用调水引流、截污治污、河库清淤、生物控制等措施，推进生态脆弱河库和区域的水生态修复。（责任单位：水务局、林业局、农牧局）

加强水土保持核心区建设，营造和保护基干防护林带，构建结构合理、功能稳定的沿江森林生态系统，构建长江上游生态屏障。（责任单位：林业局、国土局、环保局、水务局）

推进湿地公园建设保护工作。（责任单位：林业局、水务局、商旅局、环保局）

（七）加强执法监督

1.完善各项制度建设。建立

健全河库保护地方规范性文件，制定和完善河库保护技术和管理规范体系。（责任单位：水务局、法制办、环保局）

2.健全监督执法机制。完善重点流域协作机制，建立联席会议制度，加强流域上下游政府和各部门信息共享、联动联治，严格落实水环境保护管理制度和最严格水资源管理制度；充分发挥人大监督和政协参政议政作用，形成河库保护管理的合力。（责任单位：水务局、环保局）

加强河库管理保护联合执法。建立多部门、常态化、严格的水环境联合执法体系和河库日常监管巡查制度；落实河库管理保护执法监管责任主体、人员、设备和经费；健全行政执法和刑事司法衔接配合，完善案件移送、受理、立案、通报等规定。严肃查处涉河库违法行为，坚决清理整治非法建设、排污、设障、捕捞、养殖、采砂、围垦、侵占水域岸线等行为。继续贯彻落实水务警务联络员制度，司法部门加强行政执法支持工作，及时受理两法衔接平台移交的刑事案件。（责任单位：水务局、环保局、编办、组织部、公安局、住建局、交通运输局、农牧局、林业局、监察局、检察院、法制办）

四、保障措施

（一）加强组织领导，健全工作机构

根据中央河长制相关文件精神，落实河长制工作机构、编制、人员、经费。按照“先构建、后完善；先实施、后规范”的工作思路，加强统筹协调，加大工作力度，市、乡（镇）、两级和村级巡河员同步开展河长制各项推进工作，做到工作重心下沉、力量下移，充分发挥市、乡（镇）、两级河库管理保护工作的前沿作用，确保河长制工作“落地生根”。

（二）建立工作制度，落实工作责任

建立健全河长会议制度、信息共享和报送制度、工作督察制度、验收制度、部门协调和上下联动机制、考核问责与激励机制等工作制度和机制。协调解决河库管理保护的重点难点问题，定期通报河库管理情况。各级河长制办公室加强组织协调，督促各相关部门单位按照职责分工，落实责任，协调联动，共同推进河库管理保护工作。

（三）完善河库名录，推进“一河一策”

完善所有河库基础信息数据库，全面建立河库名录体系；以问题为导向，自下而上、上下联动，市、乡（镇）两级同步编制“一河一策”治理及管理保护方案，明确具体的目标清单、问题清单、任务清单、责任清单，按“1+1+4”行动指南落实河库管理保护工作。

（四）强化考核结果，严格考核问责

将河库管理保护的主要指标纳入地方经济社会发展综合评价体系。河长制工作纳入各地党委、政府目标绩效考核，考核结果作为党政领导班子和有关成员综合考核评价及领导干部自然资源资产离任审计和生态环境损害责任追究的重要内容。

（五）加强能力建设，搭建信息平台

建立以流域为单元的河库信息共享机制，加快建设水资源、水环境、水生态的数据综合信息系统，打造统一化、同步化的河库数据信息共享平台；建立河库保护目标考核信息系统，对目标考核实行动态管理。

（六）创新工作方法，建立长效机制

建立完善河库健康评估体系，全面开展河库生态健康评估，强化山水林田湖系统治理。

推进全市水流生态、湿地生态、森林生态、耕地生态保护补偿试点，建立多元化补偿投入机制。进一步研究加大对江河源头区、水源涵养区、重要生态敏感区等重要水源保护功能区的生态补偿机制，研究加大对水生态保护红线区的支持力度。探索采取横向资金补助、对口援助、产业转移等方式开展水环境补偿，建立河道水域岸线及涉河水利工程占用补偿制度。

（七）广泛宣传引导，接受社会监督

利用各种媒体和传播手段，大力倡导“热爱母亲河、保护母亲河、建设母亲河、美化母亲河”理念，大力宣传经济社会可持续发展中人与环境、经济与生态和谐相处、共存共生的重要意义，为推进河长制工作营造良好的舆论氛围；加强生态文明教育，营造良好舆论环境，增强城市农村、党政机关、企事业单位以及社会各界河库管理保护的责任意识和参与意识。

加大政务公开力度，构建全民监督体系，提高社会监督意识。通过主要媒体向社会公告河长名单，在河库岸边显著位置竖立河长公示牌，规范公示河长职责、河库概况、管护目标、监督电话等内容。依法公布水环境信息；鼓励、引导民间环保组织有序参与，聘请相关专家学者、生态文明志愿者、政风行风监督员等对河库管理保护工作进行监督和评价，适时开展河库管理保护第三方评估。

（八）加强信息报送，实行定期通报

全市各部门及各乡镇人民政府要加强工作信息报送，每季度报送一次工作小结，每年报送一次年度总结，于每季度末和每年11月底前将开展及贯彻落实情况报市河长办公室。市河长办公室要定期对各单位、各乡镇开展河长制工作和信息报送工作进行通报。

中共江油市委办公室
关于印发《关于推进“两学一做”学习教育常态化制度化的实施意见》的通知

（2017年7月10日）

各乡镇党委，各派出党（工）委，市委各部委，市级各部门党组（党委）：

经市委同意，现将《关于推进“两学一做”学习教育常态化制度化的实施意见》印发给你们，请认真贯彻执行。

关于推进“两学一做”学习教育
常态化制度化的实施意见

为深入贯彻习近平总书记系列重要讲话精神和治国理政新理念新思想新战略，认真落实党的十八届六中全会和省第十一次党代会精神，持续推动全面从严治党突出“关键少数”并向基层延伸，根据中央、省委和绵阳市委文件精神，结合我市实际，现就推进“两学一做”学习教育常态化制度化提出如下实施意见。

一、准确把握目标要求，深刻理解推进“两学一做”学习教育常态化制度化的意义

党章是管党治党的总章程，党规是党员思想和行为的具体遵循。习近平总书记系列重要讲话是中国特色社会主义理论体系最新成果，是当代中国马克思主义最新发展，是中国特色社会主义伟大事业的强大思想武器。做合格党员是对每名党员的基本要求。推进“两学一做”学习教育常态化制度化，对于进一步用习近平总书记系列重要讲话精神武装头脑，加强和规范党内政治生活，保持党的先进性和纯洁性，增强党的生机活力，确保全市各级党组织和广大党员更加紧密地团结在以习近平同志为核心的党中央周围，加快建设“创新江油、开放江油、幸福江油、大美江油”，具有重大而深远的意义。

推进“两学一做”学习教育常态化制度化，必须紧密联系本单位实际，把思想政治建设摆在首位，用党章党规规范党员干部言行，用习近平总书记系列重要讲话精神武装头脑、指导实践、推动工作，坚持学思践悟、知行合一，坚持全覆盖、常态化、重创新、求实效，按照“思想教育、理论武装，融入日常、抓在经常，问题导向、务求实效，领导带头、以上率下，分类指导、激发活力”的要求，推动实现五个方面目标。

（一）政治信仰更加坚定。突出思想政治建设、党性锻炼，不断增强政治意识、大局意识、核心意识、看齐意识，做到在思想上拥护核心、政治上维护核心、行动上紧跟核心。

（二）党内政治生活更加严格。以“两学一做”为基本内容，以“三会一课”为基本制度，以党支部为基本单位，不断增强党内政治生活的政治性、时代性、原则性、战斗性，切实增强自我净化、自我完善、自我革新、自我提高能力，营造风清气正的党内政治生态。

（三）作用发挥更加充分。党组织充分履行职能、发挥核心作用，党员领导干部忠诚干净担当、发挥表率作用，党员党性坚强、发挥先锋模范作用。

（四）问题解决更加有效。把解决基层党组织和党员的突出问题贯穿始终，建立完善及时发现和解决问题的有效机制，推动各级党组织和党员依靠自身力量修正错误、改进提高。

（五）基层组织活力更加显现。抓实基层党建“3+2”书记项目，进一步完善以党组织为核心的基层治理体系，把党员群众组织起来、凝聚起来，不忘初心、继续前进。

二、精心安排学习内容，把党员教育融入日常、抓在经常

（一）系统制定学习计划。各级党组织要切实执行中央、省委、绵阳市委和市委关于在党员中开展“学党章党规、学系列讲话，做合格党员”学习教育方案的规定要求，健全习近平总书记系列重要讲话精神学习指导标准体系，按年度作出学习安排，列出重点学习书目。党委（党组）要把“两学一做”学习教育纳入党员教育规划纲要。基层党组织每年要对抓好学习作出部署，制定具体学习计划，明确学习内容、时间安排和主要方式等。党员领导干部要结合自身实际和工作需要制定个人自学计划，明确学习重点，研读必要书目，每年完成规定的学习任务。

（二）突出重点学习内容。要以尊崇党章、遵守党规为基本要求，以用习近平总书记系列重要讲话精神武装全党为根本任务，组织党员干部持续深入学习《习近平治国理政》等基本教材，学习习近平总书记系列重要讲话读本和单行本，学习党章和《中国共产党廉洁自律准则》《中国共产党纪律处分条例》《关于新形势下党内政治生活的若干准则》《中国共产党党内监督条例》等党内法规，领会掌握基本精神、基本内容、基本要求。要及时组织学习中央重要会议、重大部署、重要文件等精神，尤其是习近平总书记每次发表重要讲话、作出重要指示批示后，都要及时组织党员深入学习。要深入学习贯彻习近平总书记对四川工作的系列重要指示批示，深刻领会习近平总书记对我省经济社会发展、全面深化改革、对外开放、法治建设、脱贫攻坚、党的建设和领导班子建设等的重要论述和要求，坚定用习近平总书记系列重要讲话精神和治国理政新理念新思想新战略统揽工作全局，推动江油科学发展、加快发展。

（三）着力提升学习实效。坚持读原著、学原文、悟原理，推动党员领会掌握基本精神、基本内容、基本要求，做到学而信、学而思、学而行。学习党章党规，要深刻认识党章是管党治党的总规矩总遵循，切实践行党内政治生活准则、党内监督条例和廉洁自律准则等党内法规要求。学习习近平总书记系列重要讲话，要深刻认识讲话的重大理论意义和实践意义，深刻理解讲话的时代背景、鲜明主题、科学体系，准确把握蕴含其中的治国理政新理念新思想新战略，领会掌握贯穿其中的马克思主义立场观点方法。要把学习习近平总书记系列重要讲话同学习马克思列宁主义、毛泽东思想、邓小平理论、“三个代表”重要思想、科学发展观紧密结合起来，用党的创新理论武装头脑。

（四）注重创新学习方式。严格执行党内学习教育制度，把学党章党规、学系列讲话列入党委（党组）理论学习中心组学习、党支部“三会一课”的主要内容。党委（党组）每季度至少开展1次专题学习研讨，加强研讨式、互动式、调研式学习，落实年度学习任务。基层党组织要通过集中学习、交流研讨、党课辅导等方式，组织党员潜心静学、诵读原文、牢记要点，准确把握精神实质。在全市行政村全覆盖办好农民夜校，把学党章党规、学系列讲话作为每个月集中学习必学内容。注重运用“两微一端”等新媒体手段，把集中学习与个人自学、“线上学”与“线下学”结合起来，推动学习教育落实到每个支部、每名党员。

三、深化领导班子思想政治建设，巩固发展良好政治生态

（一）推进思想政治建设常态化。各级党委（党组）要以推进“两学一做”学习教育常态化制度化为抓手，认真贯彻落实省委关于深化领导班子思想政治建设的要求，清醒认识“三个不可低估”形势判断仍然没有过时，经常进行分析研判，持续从思想上政治上组织上作风上解决领导班子和干部队伍中存在的突出问题，着力在强化政治引领、提高执政能力、坚决刷新吏治、培育新风正气、反腐倡廉建设、激发担当精神上继续深化领导班子思想政治建设，把各级领导班子和党员干部队伍建设得更加坚强有力，为推动工作再上新台阶提供坚强保证。

（二）坚持思想建党、组织建党与制度治党紧密结合。大规模开展党中央治国理政新理念新思想新战略和省委治蜀兴川重大决策部署学习培训，准确把握内涵要求，增强贯彻落实的思想自觉、行动自觉。持续开展思想理论、法纪、警示和先进典型“四项教育”，提高党员干部理论水平和思想素养。紧扣组织建党这个重点，建好建强领导班子，充分发挥好党委（党组）统揽全局、协调各方的作用，提高领导班子整体功能；建好建强干部队伍，贯彻落实好新时期“好干部”标准，打造忠诚干净担当的骨干队伍；建好建强基层党组织，大力实施基层党建“3+2”书记项目，促进基层党建全面进步、全面过硬；建好建强党员队伍，做好发展党员和党员教育管理工作，引导广大党员充分发挥先锋模范作用。出台加强和规范党内政治生活的配套制度，加强党内政治文化建设，倡导清清爽爽的同志关系、规规矩矩的上下级关系。规范领导班子运行机制，制定实施党政机关、国有企业党组（党委）工作运行规则及非公有制企业和社会组织党组织、中小学校党组织工作实务操作手册等制度规范。坚持精准科学选人用人，制定实施考准考实领导干部政治素质的具体办法，出台防止干部“带病提拔”实施办法及系列配套制度，深刻汲取南充拉票贿选案教训，持续用力匡正选人用人风气。抓好干部正向激励，推进领导干部能上能下，健全落实容错纠错机制配套办法。

（三）从严从实抓好干部经常性管理监督。开展“新班子展示新形象、新一年再创新业绩”为主题的全覆盖干部谈心谈话。大力实施干部严管行动，建立《干部日常行为量化监管守则》，把监督工作延伸到8小时以外，让监督实现全天候不打烊。加大对乡镇党委书记、乡镇长，部门一把手等重点岗位干部的监督管理力度。完善市委巡察等党内监督有效途径，加大经济责任审计力度，切实将监督结果作为考核、奖惩、任免干部的重要依据。全面推进经常性管理监督，加大提醒函询诫勉力度，规范领导干部个人有关事项报告、干部因私出国（境）管理和选人用人“一报告两评议”工作。持续用力正风肃纪，始终保持惩治腐败高压态势，充分发挥巡察利剑作用，着力构建不敢腐、不能腐、不想腐的制度机制。

四、践行“四讲四有”标准，引导党员做合格党员、当干事先锋

（一）把握合格党员内涵。各级党组织要教育引导广大党员按照“四讲四有”标准，做到政治合格、执行纪律合格、品德合格、发挥作用合格。在政治合格方面，重点是坚定理想信念，正确把握政治方向，坚定站稳政治立场，坚决维护以习近平同志为核心的党中央权威和集中统一领导，不断增强中国特色社会主义道路自信、理论自信、制度自信、文化自信。在执行纪律合格方面，重点是增强组织纪律性，执行党的决定，服从组织分配，严守党的纪律特别是政治纪律和政治规矩。在品德合格方面，重点是继承发扬党的优良传统和作风，大力弘扬忠诚老实、光明坦荡、公道正派、实事求是、艰苦奋斗、清正廉洁等共产党人价值观，带头践行社会主义核心价值观。在发挥作用合格方面，重点是牢记党的根本宗旨，爱岗敬业、履职尽责，服务群众、奉献社会，敢担当、敢负责、敢作为，在促进改革发展稳定中作表率、当先锋。

（二）深化共产党员示范行动。深入开展“百业联动、万人争先” 党员示范行动，以“学习贯彻省第十一次党代会和市第七次党代会精神，做合格党员、当干事先锋，以优异成绩迎接党的十九大”为主题，深化党员示范行动，教育引导广大党员撸起袖子加油干、扑下身子抓落实，在推动江油科学发展、加快发展中建功立业。

（三）深入实施示范性带动工程。要抓好党员先锋行为示范行动，分级评选、动态管理，递进创建党员示范岗、示范团队、示范单位、示范行业，构建完备的党员示范体系。组织党员按照“四统一”标准佩戴党徽，推动党员亮出身份、强化责任，在本职岗位上积极主动作为、展示先锋形象。深化先进模范人物示范行动，深入宣传学习李保国、廖俊波等全国“两学一做”学习教育重大先进典型，着力在改革发展主战场、科技创新最前沿、脱贫攻坚第一线培育一批兰辉、青方华式的先进模范人物，引导党员干部见贤思齐、对标赶超、奋勇争先。

五、联系思想工作实际经常查找解决问题，保持党组织和党员的先进性和纯洁性

（一）经常进行党性分析。各级党组织和广大党员要敢于直面问题，勇于自我革命，把查找解决问题作为“两学一做”学习教育的规定要求。党员要突出“五查五改”，即查理想信念是否坚定、对党是否忠诚老实、大是大非面前是否旗帜鲜明、是否做到在思想上政治上行动上同以习近平同志为核心的党中央保持高度一致、是否充分发挥先锋模范作用，着力解决“不讲政治、不在组织、不守规矩、不起作用、不像党员”等问题。各级党委（党组）要突出“四查四改”，即查是否坚决维护党中央权威、做到令行禁止，是否落实全面从严治党主体责任，是否坚决执行党的理论和路线方针政策，是否认真坚持民主集中制，切实整改党的领导弱化、党的建设缺失、党的制度执行不力、管党治党宽松软等问题。党支部要突出“三查三改”，即查组织生活是否经常、认真、严肃，党员教育管理监督是否严格、规范，团结教育服务群众是否有力、到位，切实整改政治功能不强、组织软弱涣散、从严治党缺位等问题。

（二）严肃党的组织生活。要把党的组织生活作为查找和解决问题的重要途径，注意听取群众的意见和反映，抓早抓小、防微杜渐。民主生活会、组织生活会要严肃认真开展批评和自我批评，坚持“团结—批评—团结”，严于自我解剖，热忱帮助同志。各级党委（党组）要把本地、本部门（单位）严重违纪违法干部忏悔录作为反面教材，认真开展警示教育。主要负责同志要在民主生活会上通报班子成员受到谈话函询情况；被谈话函询的领导干部，存在错误的应作出深刻检查，受到提醒的应作出整改表态，没有问题的应说明谈话函询情况。上级党组织要加强民主生活会全程监督研判，严格实行“六叫停”。坚持谈心谈话制度，各级党组织班子成员之间、上级党组织书记与下级党组织书记之间，每年至少谈心谈话 2 次。基层党支部要严格落实“六必谈、四重点”，经常性交流思想、咬耳扯袖、关心关怀。坚持民主评议党员制度，按照“三评一定”程序客观公正评价党员表现，查实 10 种反向情形，帮助引导党员自觉认识问题、自我改进提高，严格稳慎处置不合格党员。

（三）推动整改常态长效。各级党组织和党员干部要精准聚焦民主生活会及专题组织生活会查摆的问题，制定整改方案，落实整改措施，立说立行抓整改。扎实开展三项整改“回头看”，定期排查梳理，及时跟进整治，推动新老问题一起解决，坚决防止“四风”问题反弹回潮。针对重点领域问题开展专项整治，大力整治发生在群众身边的不正之风，深入开展“村霸”“蝇贪”等问题集中整治。抓好基层党建重点任务深化落实，突出抓好建立党员电子身份信息、发展壮大薄弱村空壳村集体经济攻坚行动等任务。

六、抓住“关键少数”，着力形成以上率下生动局面

（一）领导机关坚持更高标准更严要求。始终做到“三个走在前”，即深入学习贯彻习近平总书记关于机关党的建设重要论述，扎实推进学习型机关建设，用好“党员干部学习大讲坛”“书香机关”等学习载体，抓实经常性自主学习和定期集体学习讨论，在学深悟透上走在前；深入贯彻机关基层组织工作条例，通过定期自查自纠、市委巡察整改等举措，及时找准补齐形象作风效能、党员教育管理、基层组织建设等方面的短板，在真查实改上走在前；把开展学习教育同提升能力素质、高效廉洁履职紧密结合，以“钉钉子”精神抓好各项发展任务落实，在发挥作用上走在前。

（二）领导班子充分发挥领学促学作用。党员领导干部要带头学原文读原著，参加集中学习、开展专题研讨，提高用党的创新理论指导解决实际问题的能力和水平，形成与所处领导岗位相称的政治能力。具体要做到“六个一”，即制定一份年度自学计划，每年至少讲一次党课，建立一个基层单位学习教育联系点，每季度听取一次分管部门分管领域学习教育情况汇报，每年参加不少于一次下级党组织领导班子民主生活会和组织生活会，牵头解决一批突出问题。各级党委（党组）要把学党章党规、学系列讲话作为理论学习中心组学习的主要内容，确定主题，加强研讨式、互动式、调研式学习，发挥示范引领作用。

（三）领导干部以身作则当好表率。领导干部要带头强化党性修养，时刻牢记自己第一身份是党员，时刻检视存在的差距和不足，自觉同特权思想和特权现象做斗争，不断改造自己，提高思想政治觉悟。带头严格自律，严格执行中央八项规定精神，抓好“四风”新动向新问题专项治理。落实领导干部联系指导基层、联系帮扶贫困村贫困户、联系重点项目、走基层、信访接待等密切联系群众各项制度，推动进一步精简文件简报会议，改进调研督查，规范到基层各类检查活动，切实改进作风。严格要求自己和身边工作人员，注重家庭、家教、家风，保持清正廉洁的政治本色。带头担当作为，重实干、务实功、办实事、求实效。

七、抓实基层支部，推动“两学一做”学习教育落地生根

（一）树立党的一切工作到支部的鲜明导向。坚持“落实到基层、落实靠基层”，把思想政治工作落到支部，把从严教育管理党员落到支部，把群众工作落到支部。各行业各领域党支部要充分发挥教育管理党员的主体作用，运用“三会一课”等制度抓好“两学一做”学习教育，真正成为教育党员的学校、团结群众的核心、攻坚克难的堡垒。

（二）提高“三会一课”质量。党支部要严格落实“三会一课”制度，做到“六有两公开”，强化政治性、体现仪式感，坚决防止组织生活表面化、形式化、娱乐化、庸俗化。要以学习党章党规、系列讲话为主要内容，针对党员思想工作实际，确定主题和具体方式。坚持多种方式讲党课，推广“10分钟微党课”“我是党课主讲人”等做法，加强互动交流，防止照本宣科，各级党委（党组）书记每年至少要到所在支部或联系点支部讲一次党课。党支部要严格落实主题党日活动制度，组织党员在主题党日开展“三会一课”、交纳党费、过“政治生日”、联系服务群众等活动。统一配发党支部工作手册，严格实行纪实管理，对没有正当理由长期不参加“三会一课”的党员，开展不经常、不认真、不严肃的党组织，要进行批评教育，对情况严重的要进行组织处理。

（三）加强党支部基本建设。健全基本组织，在各类基层单位中合理设置党支部，深入推进非公有制企业和社会组织“两个覆盖”攻坚行动，持续整顿软弱涣散党支部，不断扩大党的组织和工作覆盖。建强基本队伍，指导党支部按期进行换届，选好配强党支部班子，抓好党建指导员、联络员、组织员和党支部书记四支党务骨干队伍建设，加强党务工作能力培训。完善基本制度，着力解决机关基层党组织学习教育“灯下黑”和部分村党组织生活不正常、党员队伍年龄老化、带头示范作用弱化等问题。强化基本保障，健全落实稳定规范的基层党建工作经费保障机制，建立党支部工作经常性督查指导机制，推广“互联网+党建”“智慧党建”等做法，抓好支部活动阵地建设，为党支部开展活动提供必要保障。

八、压紧压实责任，层层推动工作落实

（一）严格落实责任。各级党组织要把推进“两学一做”学习教育常态化制度化作为全面从严治党的基础性工程，高度重视、精心组织，抓常抓细抓长，防止和克服紧一阵松一阵、表面化形式化、学习教育与思想工作实际“两张皮”等不良倾向。党委（党组）要切实履行主体责任，每年要专门研究部署，主要负责同志要亲自抓谋划、抓推动、抓落实，班子成员要落实一岗双责，组织部门要作出具体安排、加强督促指导，基层党委、党总支、党支部要制定具体措施，引导党员干部在真“学”实“做”上下功夫。

（二）加强检查考核。把组织开展“两学一做”学习教育情况纳入各级党组织党建工作考核、党组织书记抓党建工作述职评议考核重要内容，每年结合总结、述职进行检查和评估，作为评判党组织和党组织书记履行管党治党责任情况的重要依据。特别要加强对基层党委、党总支、党支部发挥作用情况的考核，注重从工作成效和党员作用发挥看效果、让党员群众作评价，及时总结交流新鲜经验，发现和解决存在问题。对工作落实不力、搞形式走过场的，要严肃批评、追责问责。运用多种方式深入宣传学习教育的做法和成效，加强舆论引导、营造良好氛围。

（三）注重统筹兼顾。各级党委（党组）要围绕贯彻落实省第十一次党代会精神和市委重大决策部署，自觉把抓好学习教育与做好改革发展稳定各项工作结合起来，与基层党建“3+2”书记项目结合起来，与完成本地、本部门（单位）重点任务结合起来，与中心工作深度融合、与正在做的事情有机衔接起来，坚持两手抓、做到两促进，不断激发党员干部内生动力，凝神聚力推动江油经济社会发展再上新台阶。

中共江油市委办公室　江油市人民政府办公室
关于印发《江油市全面决战决胜脱贫攻坚十条措施》的通知

（2017年11月23日）

各乡镇党委、人民政府，各派出党（工）委、管委会（办事处），市级各部门：

为认真贯彻落实《中共绵阳市委办公室、绵阳市人民政府办公室关于印发〈全面决战决胜脱贫攻坚46条硬措施〉的通知》（绵委办发〔2017〕20号）要求，进一步压紧压实脱贫攻坚工作责任，坚决打赢脱贫攻坚这场硬仗，全面推进我市精准扶贫精准脱贫“争一流、做示范”，经市委、市政府领导同意，现将《江油市全面决战决胜脱贫攻坚十条措施》印发给你们，请各乡镇各部门认真对标绵阳市46条硬措施和我市十条措施，坚持“清单制+责任制+督考制”工作法，高标准、高要求、高质量做好脱贫攻坚各项工作。

江油市全面决战决胜脱贫攻坚十条措施

一、未按省市下达目标完成年度贫困村退出、贫困户脱贫任务的，对乡镇主要领导、分管领导和驻村包片领导等相关领导及责任人予以停职检查、调离岗位、调整职务、责令辞职、降职、免职等问责处理。

二、23个专项部门脱贫攻坚工作考核结果排名绵阳市后两位的，对部门主要领导和分管领导予以停职检查、调离岗位、调整职务、责令辞职、降职、免职等问责处理。

三、贫困村“六个一”、非贫困村“三个一”特别是驻村帮扶工作落实不到位或帮扶工作不力，帮扶部门未因村因户制定帮扶计划、落实帮扶举措，影响年度脱贫攻坚任务完成或造成严重后果的，按有关规定和要求严肃追责，对帮扶部门主要领导和分管领导予以停职检查、调整职务、责令辞职等问责处理。

四、每月在村开展工作时间不足当月工作日总数三分之二的第一书记；未因村因户制定产业发展规划、每年关键农时节点或种养关键环节未到村到户开展技术指导培训的农技员，对本人及派员单位主要领导、分管领导予以约谈、诫勉谈话，影响年度脱贫攻坚任务完成或造成严重后果的，予以停职检查、组织调整等问责处理，并追究相关人员责任。

五、贫困村、非贫困村“两委”工作不力，减贫任务未完成的，对第一书记进行组织调整，对村党支部书记、村委会主任予以停职检查、免职等处理。

六、贫困户漏评率、错退率超过2%（含2%），贫困发生率超过3%（含3%），群众认可度低于90%的，对乡镇主要领导、分管领导和驻村包片领导等相关领导及责任人予以停职检查、调离岗位、调整职务、责令辞职、降职、免职等问责处理，对第一书记进行组织调整，对村党支部书记、村委会主任予以停职检查、免职等处理。

七、在脱贫攻坚中搞弄虚作假、数字脱贫的，对乡镇主要领导、分管领导和驻村包片领导等相关领导及责任人予以停职检查、调离岗位、调整职务、责令辞职、降职、免职等问责处理。

八、脱贫攻坚项目建设未按规定程序进行、未按规定时间完成、质量不达标、监管不到位、擅自改变已审批项目；扶贫资金出现被挤占挪用、虚报冒领、截留私分、挥霍浪费等违纪违规行为的，对涉及部门或乡镇主要领导、分管领导、纪委书记和驻村包片领导等相关领导及责任人予以约谈、诫勉谈话、要求作出书面检查或通报批评，造成较大损失或不良影响的，予以停职检查、调离岗位、调整职务、责令辞职、降职、免职等问责处理，并追究相关人员责任。

九、对各级督查、暗访发现的问题整改不力、整改不到位、“回头看”“回头帮”不落实、出现贫困户返贫的，对涉及部门或乡镇主要领导、分管领导和驻村包片领导等相关领导及责任人予以约谈、诫勉谈话、通报批评、停职检查、调离岗位、调整职务等问责处理。

十、根据组织安排抽调到市脱贫办集中统一办公的人员，未在市脱贫办办公或主要精力仍承担原单位工作以及主要从事其他工作的，对本人及其派员单位主要领导予以约谈、诫勉谈话、调整职务等处理，影响工作有力有序有效推进的抽调人员年度目标考核评为基本称职及以下等次。

文 存

每天将有多对G字头、C字头和D字头的列车在此停靠，带来丰富的资金、人才和信息。如何从生产要素的“过路站”变为“终点站”，江油已经开始行动——

拥有诗和远方　江油站上新起跑线

历史的轮回，有时让人惊叹不已。1958年元旦，宝成铁路全线通车仪式在成都举行。随着火车缓缓前进，“蜀道难”成为历史。位于川西北的江油市，也因铁路穿境而过，崛起为一座工业重镇。

2017年12月6日，约一甲子之后，西成高铁开通。在将西安与成都的时空距离缩短到4小时的同时，江油也再次踏上加速发展的“起跑线”——近段时间，来江油考察投资、人才交流、旅游观光的人数大增。

值得期待的还有：正在建设中的九绵高速预计将于2020年开通。届时，江油的区位优势将更加凸显——作为西成高铁、宝成铁路、京昆高速与九绵高速的“交点”，江油不仅是通往世界自然遗产九寨沟、黄龙的旅游“驿站”，还是“一带一路”的连接点：北上接入西安，一路向西，直抵欧洲；向东南经重庆接入“长江经济带”，继而出海……

从“蜀道难”到“蜀道通”，再到“蜀道快”，现代交通方式汇聚而来的资金、人才和信息，助推江油——这座老工业城市转型升级。拥有诗和远方，江油有望焕发出更加耀眼的光辉。

◎铁路“拉来”的工业城市，转型升级启新程

2017年9月，江油市重点工业企业攀钢集团江油长城特殊钢有限公司（简称“攀长钢”），结束了长达20年的亏损历史，实现扭亏为盈。

上世纪50年代，随着“三线建设”布局于江油的一批工业企业，铸造了江油工业的基础。攀长钢正是其中的代表，而其此后的起伏，也是江油这座工业城市产业发展的一个缩影。作为出川的交通干线，宝成铁路为江油工业注入了勃勃生机。一辆辆满载着“江油造”工业品的列车北上南下，也让李白故里江油闻名全国。

一组数据可以说明宝成铁路与江油工业的紧密关系——全长669公里的宝成铁路，在江油境内就设置了14个站点。彰明、三合、中坝、老坪坝、双河口、厚坝、二郎庙、马角等一个个名字背后都对应着一个或多个厂矿企业。

但以国防安全为前提布局的工业企业，也面临了新的挑战。因为地处内陆地区，交通不便，以钢铁机械为主的江油工业渐渐不复昔日兴盛。攀长钢的持续亏损，就是最典型的案例。

时代在变。在上世纪的交通格局下，宝成铁路与江油工业同步起飞；而在新的经济形势下，江油工业面临转型升级。

江油市委、市政府确定了新的发展思路，在坚定“工业强市、产业兴市”的战略布局下，紧扣供给侧结构性改革，推动工业转型升级。

攀长钢的改革也正是基于这一思路——一方面“壮士断腕”，淘汰“一吨钢铁利润不够买一根

冰淇淋”的普钢生产线；另一方面加大科研投入，向高附加值的特殊钢高端产品发力。

2017年，“江油造”模具钢产品先后进入了苹果手机供应链、韩国汽车制造领域，实现了大突破，在国内国外两个市场同步打响了江油特殊钢的品牌。正是得益于此，攀长钢走出持续亏损20年的“泥沼”，与江油一批老工业企业一同迎来“新生”。西成高铁与九绵高速的“交点”，为发展注入新能量。

◎西成高铁与九绵高速的“交点”，为发展注入新能量

时间退回到60年前，在当时的交通格局下，江油的区位优势明显。宝成铁路一路串联起成都、绵阳、德阳、宝鸡等工业城市，交通便利，促进了生产要素汇聚、产品运输、人员交流。受此推动，江油市一度跻身全省“十强县”行列。

但在交通建设飞跃发展的今天，航空、高速公路、高速铁路的出现，加速了中心城市周边地区的发展。离成都平原核心地带相对较远，使得江油的区位优势一定程度上出现“弱化”。

在这种背景下，江油迎来了两大“利好”消息——西成高铁开通和九绵高速开工建设。西成高铁、宝成铁路、京昆高速与九绵高速在此交会，从某种意义上讲，将重塑江油的交通和产业版图。

西成高铁将两个西部重要旅游城市连接起来，西安到成都只需4小时左右；九绵高速通车后，江油到九寨沟只需2个多小时。而作为距离九寨沟最近的高铁站，江油将分享成都、西安、九寨沟这三大旅游集散地的“红利”。

同时，江油拥有的优质旅游资源，包括青莲国际诗歌小镇、李白纪念馆、百年好合爱情谷在内的5个国家AAAA级景区，因为交通条件改善也将得到充分展示。随着华夏历史文化产业园等四川重点项目的建设，将加快江油建成国内知名旅游目的地和区域旅游集散地。

更值得期待的是，江油将借助成为交通要道的区位优势而走上对外开放的前沿。西成高铁的北起点是西安，由此一路向西接入“丝绸之路经济带”，“江油造”工业品可以直抵欧洲；九绵高速向东南，将与重庆相连，融入“长江经济带”，南下出海将不再是梦想。

◎提升“内功”吸附生产要素，“拥抱”新格局

高速铁路，因其可以大幅缩短沿途城市之间的时空距离，往往具备发展成为经济带的条件。在其经过的众多城市中，规模更大、发展环境更优的城市，其吸引力更强，往往也将获得更大的红利，呈现对沿途其他城市的“极化效应”。

那么，在连通成都、西安两大区域中心城市的西成高铁开通之际，地处核心地带的江油该如何应对随之而来的机遇与挑战呢？

进入2017年，江油市“动作”频繁，其出发点在“优化提升内功”上面，以增强江油的区域竞争力。

2017年5月，江油市出台“人才新政”，将设立每年1000万元的人才专项资金，同时出资1100余万元，购买和装修了36套人才公寓，以吸引和培养人才。

6月，与中科院沈阳金属材料研究所和北京科技大学钢铁研究总院达成战略合作协议之后，“四川特钢产业联盟”在江油宣告成立，将联合启动新技术、新产品的研发攻关。

9月，江油市行政审批局再次试点“提速行动”。在将原本由24个政府职能部门所承担的245项行政审批事项统一管理之后，江油把相对复杂的办理手续简化为“一个窗口”办事。如今江油行政审批事项平均办结时间压缩至2个工作日左右，办理提速88.3%，提前办结率88.6%。

受此吸引，在西成高铁开通之前，就有一批产业项目看好江油的区位和发展环境，陆续落户。投资总额超过19.6亿元的西南模具园启动建设，占地200亩的精密电路板生产线项目二期、三期高附加值精密电路板生产线即将开工建设……2017年，江油已累计签约5000万元以上的项目52个，总投资额超过400亿元,其中两新产业项目37个,总投资额超过227亿元。

（廖伯逊　明　远/文　原载《四川日报》2016年12月8日16版专刊）

◆城市名片

江油是唐代浪漫主义诗人李白的出生地，因靠近涪江上游，“江水所由”而得名，江油是中国优秀旅游城市、中国西部最具投资潜力百强县（市）和四川省历史文化名城。全市辖区面积2719平方公里，总人口88万人，城市建成区40平方公里。

江油位于成渝经济区核心地带，也是北上出川的重要枢纽。随着西成高铁的开通，江油已融入成都一小时经济圈，西安、重庆两小时经济圈。

作为“三线建设”时期的老工业基地，江油产业基础雄厚，是西部特殊钢产业基地和四川工业重镇，也是四川省工业强县示范市。目前形成了以高端金属和装备制造为主导，新材料、新能源、食品医药三大产业为支撑的“1+3”特色产业新格局。

围绕工业发展，江油市超前性、高起点编制了28.02平方公里的江油工业园区发展规划，园区西区7.29平方公里与10.59平方公里明月新城高度融合，东区扩区11.87平方公里和远景规划8.86平方公里打造“特钢新城”核心区和工业配套示范区，做到“工业”与“城市”“新城”与“园区”“一产”与“三产”相容共生。

作为李白文化精品旅游基地、大九寨旅游环线和三国蜀道文化旅游线的重要节点，李白文化、红色文化、三国文化在这里交相辉映，青莲国际诗歌小镇以深厚的文化积淀和丰富的古迹遗存组成了令人向往的“文化画卷”，见证着李白文化的传承和发扬。

江油援建布拖　小小土豆点燃产业“薯”光

2月28日，根据江油市、布拖县产业协作协议，两地农投公司共同投资兴建的布江蜀丰现代农业科技示范园项目开工，这也是布拖县最大的脱毒马铃薯种薯生产基地，建成后可年产马铃薯生产种6000吨，可满足3万亩的马铃薯种植所需。

据介绍，布拖县现有马铃薯种植面积约20万亩，但受限于当地脱毒马铃薯种薯繁育产能不足，目前仅有5万亩采用了脱毒马铃薯，大部分农户还停留在互换种薯、品种单一的阶段，导致亩产产量较低。布拖县农民俄尔家里有4亩马铃薯，每亩马铃薯产量约3000斤。如果采用脱毒马铃薯后，保守估计每亩年产量可增加2000斤。

为了提高马铃薯亩产产量，江油在当地建设了该现代农业科技示范园，一期投资2200万元，占地310亩，主要建设马铃薯原原种繁育智能温室、标准化钢架生产大棚、马铃薯冷冻冷藏库等。项目建成后，每年可产原原种500万粒，种植成栽培种后，可实现3万亩的马铃薯脱毒化转换。预计该项目建成5年后，可实现全县马铃薯种薯脱毒化并使其起到循环提供脱毒种薯的功能。仅此一项，预计可带动当地农民年增收近亿元。

更换薯种只是江油援建马铃薯产业的开始。根据设计，该现代农业科技示范园共分为3期，整合了政府、企业、科研机构等力量，以延长马铃薯的产业链。在马铃薯新品种和新种植技术研发上，引入凉山州农科所；在深加工技术上引入西昌学院作为技术支持单位，从而建立脱毒马铃薯种薯繁育、种植技术推广、马铃薯深加工、线上线下销售的现代产业链。同时，该现代农业科技示范园也借鉴了江油现代农业的经验，将建设马铃薯主食文化体验中心和优质高山蔬菜生产和销售中心，发展农村电子商务和农业休闲观光，力争把“小土豆”变成“大产业”。

（《四川日报》记者祖明远，原载2017年3月7日《四川日报》）

为了大凉山的呼唤

3月1日，总投资2200余万元的布江蜀丰现代农业科技示范园开工建设；3月3日，江油对口帮扶布拖新村聚居点建设破土动工；3月7日，江油对口帮扶布拖9所村幼儿园提升改造工程正式启动……一座座彝家新居拔地而起，一批批产业项目落地开花，一项项民生工程硕果累累，江油“加速度”助推布拖脱贫奔康驶入“快车道”。

发展不仅要有速度，更要有温度。江油一方面聚焦全市45个贫困村、6280名贫困人口脱贫摘帽目标，高标完成精准脱贫；另一方面，全力做好“四个加法”，帮扶布拖投入最大化，帮扶资金由五年总投资3000余万元增加到近亿元，援彝干部人才由28名增加到52名，结对单位由7个增加到26个，把布拖受扶村减贫成效纳入江油帮扶单位年度考核加分项目，不断为布拖脱贫奔康贡献江油力量，积极争创对口帮扶工作全省一流。

聚焦脱贫目标　明确时间表和路线图

布拖县是彝族聚居的高寒山区半农半牧县，总人口19.12万人，其中彝族占96.3%，农业人口占92.5%。作为国家扶贫开发工作重点县、乌蒙山连片特困地区的核心区、四川省大小凉山综合扶贫开发重点地区，布拖“临界贫困”问题突出，贫困程度深、扶贫成本高、脱贫难度大、返贫几率高。

自全省对口帮扶藏区彝区贫困县工作会议以来，江油市委、市政府勇于担当、主动作为，迅速成立江油市对口帮扶布拖县脱贫攻坚工作领导小组，抽调精兵强将组成江油市对口帮扶布拖县脱贫攻坚工作前线指挥部。江油市委主要领导、市政府主要领导先后多次赶赴布拖考察对接，为援彝干部树立了榜样，对帮扶工作提出了明确的指示和要求。前线指挥部不等不靠，立即在住房规划设计、产业协作发展、公共服务提升、劳务培训协作等方面深入调研，围绕“两不愁、三保障、四个好”的目标要求，立足“布托所需、江油所能”，反复讨论、广泛征求两地各方意见，精心编制了《江油市对口帮扶布拖县脱贫攻坚工作规划（2016年—2020年》，确立了以住房建设为先、产业发展为要、公共服务为基、素质提升为本的基本思路和“12345”工作举措，明确了五年帮扶工作时间表和路线图。

“1”是指“确定一个目标”，以争创全省对口帮扶工作一流为目标，着力构建政府援助、企业合作、社会帮扶,多层次、多形式、全方位的扶贫协作格局。“2”是指“带动两大片区”，以布拖西溪河坝区和衣某山区两个片区为切入点，着力推动发展提质增效、社会治理优化升级，实现对口帮扶由“输血式”向“造血式”转变。“3”是指“助推三大产业”，以附子产业转型升级、林下养殖上规模、农旅文旅融合发展破题为抓手，提高产业增值能力和吸纳就业能力。“4”是指“重点帮扶4个贫困村”，以争创省级“四好村”为目标，着力帮助若普村、瓦沟村、日朵村、俄里坪村贫困群众住上好房子、过上好日子、养成好习惯、形成好风气。“5”是指“实施五项工程”，实施安全住房建设工程、教育质量提升工程、医疗服务水平提升工程、技能培训及就业促进工程、乡风文明建设工程。

凝聚两地共识后，江油聚焦目标、密集实施、强力推进，确保助推布拖脱贫奔康之路走得更加坚实。

聚焦安全住房布拖新村美如画

3月7日，大雪纷飞，江油对口帮扶的布拖县乐安乡瓦沟村、日朵村新村聚居点建设现场，机器轰鸣、车辆来往穿梭，新居地基已经开挖，117户贫困户有望在今年8月告别简陋土房，搬进美丽新居。

江油切实把布拖安全住房建设作为首要任务，充分尊重群众意愿和干部意见，立足新村、新居、新产业、新农民、新生活的“五新一体”原则，从地形测绘、规划设计等方面着手，强化住房建设科学性、合理性、美观性，注重产村相融，将65%的对口帮扶财政资金投入安全住房建设，已完成若普、瓦沟、日朵3个村9个新村聚居点的规划方案。目前正有力有序加快推进实施。

聚焦产业发展 增强布拖“造血功能”

“我家有4亩马铃薯，每亩马铃薯产量约3000斤。如果采用脱毒马铃薯后，每亩年产量至少可增加2000斤。”布拖县特木里镇农民俄尔高兴地说。

根据江油市、布拖县产业协作协议，两地农投公司共同投资兴建的布江蜀丰现代农业科技示范园项目正加快建设，这是布拖县最大的脱毒马铃薯种薯生产基地，建成后年产马铃薯生产种6000吨，可满足3万亩的马铃薯种植所需。预计该项目建成5年后，可实现全县马铃薯种薯脱毒化并使其起到循环提供脱毒种薯的功能。仅此一项，预计可带动当地农民年增收近亿元。不仅如此，该现代农业科技示范园还借鉴了江油发展现代农业的经验，将建设马铃薯主食文化体验中心和优质高山蔬菜生产销售中心，发展农村电子商务和农业休闲观光，力争把“小土豆”变成“大产业”。

现代农业科技示范园的出现和俄尔收入的增长是江油帮扶布拖产业发展工作的一个缩影。江油在产业扶贫中突出打基础、利长远、增后劲，通过改造提升传统资源性产业、培育战略性新兴产业，全力推动布拖经济结构调整。

江油十分注重援彝资金与地方资金的整合使用，在放大项目投资和资金使用效益上进行了积极尝试。投资1000余万元的瓦沟村民俗文化活动中心一期项目，在前期工作中实现了地方专项资金与江油旅投公司帮扶资金的有机结合，并携手布拖国投推动项目建设经营、传授现代农旅融合发展经验，破题布拖乡村旅游，成为布拖经济社会发展新亮点。

江油城投公司不仅积极承建瓦沟村民俗文化活动中心，还力争以生活生产性综合市场和牲畜定点屠宰项目助推布拖城市产业发展，江油鸿飞、江油工投等国有平台公司也纷纷发挥优势、深入对接，力求踩准帮扶鼓点，助推布拖县域经济发展。

江油还投资40余万元建设两处20.4千瓦分布式光伏发电项目，助推村集体经济稳定增长；投资900余万元建设附子、魔芋、半夏等基地，助推贫困群众脱贫增收。

同时，江油充分调动社会力量，大力推动江油蜀玉实业有限公司、绵阳天农生态食品开发有限公司、宁波雅凡等10余家江油民营企业深入布拖考察，为实现合作共赢打基础。

聚焦公共服务 凝聚民心促和谐

江油始终把改善民生、凝聚人心作为帮扶工作的出发点和落脚点，坚持帮扶资金项目向民生倾斜、向基层倾斜，高标准实施教育、就业、医疗卫生、公共服务等一大批民生项目，让布拖彝族群众感受到了实实在在的改变。

布拖县民族小学的孩子在江油援建的多媒体教室里开心上课；9所村幼儿园的提升改造工程正加紧实施；在江油开设的“布拖高中班”“布拖初中班”正抓紧招生……

江油牢牢抓住教育这一民生重点，助力教育扶贫。建立教师和学校管理干部互派、校际结对共建、工作交流指导三大机制。江油实验学校等5所学校与布拖县中学等5所学校结成友好共建学校，人民街幼儿园等5所幼儿园帮扶布拖县特木里镇洛奎村等9所幼儿园。启动实施1000名教师培训工程和500名学生异地培养工程，在助力布拖教育脱贫上下深水、出实招。

江油积极帮扶布拖群众打赢健康脱贫攻坚战，大力开展医疗扶贫行动。采取结对共建、互派挂职、专家团队义务咨询、艾滋病防控等健康知识宣传，500名医技人员培训工程，乡村医疗机构标准化建设，卫生计生监督执法能力提升，县疾控中心等级评审，医疗设备捐赠等帮扶举措，挂职医生积极构建“讲、带、诊、指+微信医疗”的“4+1”培训模式，努力提升布拖医疗卫生服务水平。

在就业扶贫上，江油着力实施1000名实用技术人才培训工程，举行就业专场招聘会，建立两地就业平台资源共享机制等。

同时，按照物质文明和精神文明建设两手抓两手都要硬的要求，坚持智力扶持与物质援助并重，硬件完善与软件提升并重，着眼贫困群众形象和精神脱贫，以改善居住环境为基础、以移风易俗为重点，着力开展精神文明共建行动、文化交流互动、宣传舆论引导和教育培训帮扶“四大行动”，努力帮助布拖乡村实现物质生活和精神生活同步改善的全面小康。

（刘　嘉 肖赞梅/文 原载2017年4月24日《四川日报》）

留住蓝天白云　打响“无烟”攻坚战

入夏以来，江油市永胜镇桐柳村的村民们已不再为秸秆如何处理而烦恼。“现在我们在收割时，秸秆就直接粉碎在田里了。”不少村民告诉笔者，前些年大家也有秸秆还田的需求，但农机跟不上。如今，依靠本地维龙农机合作社的收割机，他们在收获粮食的同时，就能把秸秆还田，省了很多时间。

农机帮忙方便秸秆还田

“找不到出路，‘一把火烧掉’的习惯就难以根治。”江油的农业工作者们经过研讨，认为秸秆除了做饲料、原料，还田仍是主要出路。

在桐柳村，村民大多种植一茬小麦和一茬油菜，小麦秸秆全部粉碎后就地还田。机收油菜一亩要100元，直接把油菜籽收到家里，还能同时把油菜秸秆粉碎。“秸秆还田能肥田，我们提供服务，大家看到方便和效益，不管是小麦还是玉米，村里多数就地还田。”维龙农机合作社负责人说。

该负责人向笔者描述了农机收麦时的情景。收割机先作业，成片的小麦瞬间被一分为二，籽粒汇集到粮仓、秸秆被粉碎后平铺在麦地中间。随后，中置式秸秆打捆机将粉碎的秸秆捡拾、打捆，原本散落的秸秆变成了结实的麦秸捆，免耕播种机再把秧苗播种。整个过程结束后，原来的麦田和油菜田就变成了水稻田。

秸秆遍布江油农村，由于秸秆密度小、占用空间大且易腐烂，收集、运输和储存较困难，秸秆原料收集难、成本高成为产业化发展瓶颈。“这种即收即粉即耕作模式，也就是收粮食的同时把带水分的青秸秆粉碎并深翻到土壤中，这样秸秆才能腐烂变成肥料。”永胜镇镇长李杰说，“同时，我们还在实验使用腐熟剂，每亩只需花费10余元钱，就能加快秸秆腐烂，代替还田后常要增施价格更贵的氮肥。”

加强巡查确保不冒一股烟

今年以来，江油派出6个督查组，一方面按照《江油市环保网格化管理环境监管实施方案》的要求，建立“政府负责、部门联动、网格管理”的工作机制，以地定人，以火查人，严防死守，严厉处罚，严格问责，另一方面，落实日常巡查工作，确保禁烧全天候、监管全覆盖、查处无死角。

从4月开始，八一镇副镇长袁智曾多次入户，与农民进行交谈，及时宣传秸秆禁烧政策。“农民也不容易，大多农户都觉得一把火烧掉最方便，但他们不知道这样会对空气造成严重污染，还有可能诱发火情火灾。我们跟他们讲，不能烧秸秆，一旦被发现，交的罚款可能比自己赚的钱还多，不划算。”

镇里秸秆禁烧的到位宣传，促进了村民们保护生态环境的自觉。村民贾仁特地租了一台带有安装切碎器的收割机。“1亩秸秆只需20分钟左右就能全部还田，省时省力又省钱。”

目前，江油小麦种植面积18万亩左右，油菜种植面积24余万亩，900余台收割粉碎机穿梭田间，江油全市秸秆机械化使用率达到100%，小麦等秸秆实现了机械化切抛粉碎还田。

像八一镇这样全力做好秸秆禁烧工作的乡镇还有很多。战旗镇创新“党建+”宣传的模式，充分发动入党积分子、预备党员、党员、党支部等力量深入田间地头实地讲解秸秆禁烧政策，让秸秆禁烧政策家喻户晓；义新镇与村、组两级签订目标责任书共20份，分解责任片区，与农户签订承诺书2200份，将责任细化分解到村组户，确保做到纵向到底、横向到边，全面覆盖，不留死角……

永胜镇成立“全面禁烧工作专题巡查小组”，每天16:30至23:30在全镇范围内开展巡查，一旦发现露天焚烧情况，既追究当事人责任又追究村“两委”负责人及小组长责任，同时对禁烧工作重视不够、执行不力的单位，由镇纪委进行诫勉谈话。

（涂伟强　廖伯逊/文　原载2017年6月3日《四川农村日报》）

江油市部分单位全称、简称对照一览表

表 51

全　称	简　称	全　称	简　称
中国共产党江油市委员会	市委	江油市妇女联合会	市妇联
江油市人民代表大会常务委员会	市人大	江油市科学技术协会	市科协
江油市人民政府	市政府	江油市文学艺术界联合会	市文联
中国人民政治协商会议江油市委员会	市政协	江油市工商业联合会	市工商联
中共江油市纪律检查委员会	市纪委	江油市残疾人联合会	市残联
中共江油市委办公室	市委办	江油市人民政府法制办公室	市法制办
江油市人大办公室	市人大办	江油市民族宗教事务管理局	市民宗局
江油市人民政府办公室	市府办	江油市外事侨务办公室	市外侨办
江油市政协办公室	市政协办	江油市地方志办公室	市方志办
江油市人民武装部	市人武部	江油市人民政府金融办公室	市金融办
中国人民武装警察部队江油市中队	武警江油市中队	江油市卫生和计划生育局	市卫计局
江油市公安消防大队	市公安消防大队	江油市发展和改革局	市发改局
中共江油市委组织部	市委组织部	江油市城乡规划建设和住房保障局	市住建局
中共江油市委宣传部	市委宣传部	江油市城市管理行政执法局	市城管局
中共江油市委政策研究室	市委政研室	江油市环境保护局	市环保局
中共江油市委统战部	市委统战部	江油市国土资源局	市国土局
中共江油市委群众工作局（市政府信访局）	市信访局	江油市人力资源和社会保障局	市人社局
中共江油市委市直机关工作委员会	市直机关工委	江油市科技和工业信息化局	市科工信局
中共江油市委老干部局	市委老干局	江油市教育体育文化广电新闻出版局	市教体文广局
中共江油市委政法委员会	市政法委	江油市商务和旅游局	市商旅局
中共江油市委农村工作领导小组办公室	市委农办	江油市交通运输局	市交通局
中共江油市委台湾工作领导小组办公室	市台办	江油市投资促进局	市投促局
中共江油市委企业工作委员会	市企工委	江油市国家税务局	市国税局
中共江油市委机构编制委员会办公室	市编办	江油市地方税务局	市地税局
中共江油市委党史研究室	市委党研室	江油市食品药品和工商质监管理局	市食药工质局
中共江油市委、市政府接待办公室	市接待办	江油市农业和畜牧局	市农牧局
中共江油市委、市政府目标督查办公室	市目督办	江油市供销合作社联社	市供销社
江油市互联网信息办公室	市网信办	江油市人民防空办公室	市人防办
共青团江油市委员会	团市委	江油市安全生产监督管理局	市安监局

续表 51

全　称	简　称	全　称	简　称
江油市住房公积金管理中心	市公积金中心	江油市农村信用合作联社	市信合联社
江油市华坪办事处	市华坪办	绵阳市商业银行江油支行	市商行
江油市长城办事处	市长城办	中国人民财产保险股份有限公司江油支公司	市人保公司
江油鸿飞投资（集团）有限公司	市鸿飞公司	中国人寿保险股份有限公司江油支公司	市人寿保险公司
江油城市投资发展有限公司	市城投公司	中国电信股份有限公司江油分公司	江油电信分公司
江油市文化旅游发展有限公司	市文旅公司	中国移动通信集团四川有限公司江油分公司	江油移动分公司
江油星乙农业投资有限公司	星乙农投公司	四川省有线广播电视网络股份有限公司江油分公司	江油广电网络公司
中国人民银行江油市支行	市人行	华西证券有限责任公司江油营业部	华西证券江油营业部
中国工商银行股份有限公司江油市支行	市工行	宏信证券有限公司江油营业部	宏信证券江油营业部
中国农业银行股份有限公司江油市支行	市农行	中国石油西南油气田川西北公共事务管理中心	川西北公管中心
中国银行股份有限公司江油支行	市中行	攀钢集团江油长城特殊钢有限公司	攀长特公司
中国建设银行股份有限公司江油支行	市建行	神华四川能源有限公司江油发电厂	神华江油发电厂
中国农业发展银行江油市支行	市农行	四川省江油中学	江高
中国邮政储蓄银行股份有限公司江油市支行	市邮储行	四川省江油市第一中学	江油一中

索　引

Index

A

B

C

D

E

F

G

H

J

K

L

M

N

P

Q

R

S

T

W

X

Y

Z